Oposicionalidade – O elemento hermenêutico e a filosofia

Coleção Textos Filosóficos

- *O ser e o nada – Ensaio de ontologia fenomenológica*
  Jean-Paul Sartre
- *O princípio vida – Fundamentos para uma biologia filosófica*
  Hans Jonas
- *Sobre a potencialidade da alma – De Quantitate Animae*
  Santo Agostinho
- *No fundo das aparências*
  Michel Maffesoli
- *Elogio da razão sensível*
  Michel Maffesoli
- *Propedêutica lógico-semântica*
  Ernst Tugendhat e Ursula Wolf
- *Entre nós – Ensaios sobre a alteridade*
  Emmanuel Lévinas
- *O ente e a essência*
  Tomás de Aquino
- *Immanuel Kant – Textos seletos*
  Immanuel Kant
- *Seis estudos sobre "Ser e tempo"*
  Ernildo Stein
- *O caráter oculto da saúde*
  Hans-Georg Gadamer
- *Humanismo do outro homem*
  Emmanuel Lévinas
- *O acaso e a necessidade – Ensaio sobre a filosofia natural da biologia moderna*
  Jacques Monod
- *O que é isto – a filosofia?*
  Martin Heidegger
- *Identidade e diferença*
  Martin Heidegger
- *Hermenêutica em retrospectiva – Vol. I: Heidegger em retrospectiva*
  Hans-Georg Gadamer
- *Hermenêutica em retrospectiva – Vol. II: A virada hermenêutica*
  Hans-Georg Gadamer
- *A essência do cristianismo*
  Ludwig Feuerbach
- *Ensaios de Francis Bacon*
  Francis Bacon
- *Metafísica de Aristóteles Θ 1-3 – Sobre a essência e a realidade da força*
  Martin Heidegger
- *Oposicionalidade – O elemento hermenêutico e a filosofia*
  Günter Figal
- *Assim falava Zaratustra*
  Friedrich Nietzsche
- *Hermenêutica em retrospectiva – Vol. III: Hermenêutica e a filosofia prática*
  Hans-Georg Gadamer
- *Hermenêutica em retrospectiva – Vol. IV: A posição da filosofia na sociedade*
  Hans-Georg Gadamer

Günter Figal

Oposicionalidade

O elemento hermenêutico e a filosofia

Tradução de Marco Antônio Casanova

EDITORA
VOZES

Petrópolis

© 2006, Mohr Siebeck Tübingen

Título original alemão: *Gegenständlichkeit* – Das Hermeneutische und die Philosophie

Direitos de publicação em língua portuguesa:
2007, Editora Vozes Ltda.
Rua Frei Luís, 100
25689-900 Petrópolis, RJ
Internet: http://www.vozes.com.br
Brasil

Todos os direitos reservados. Nenhuma parte desta obra poderá ser reproduzida ou transmitida por qualquer forma e/ou quaisquer meios (eletrônico ou mecânico, incluindo fotocópia e gravação) ou arquivada em qualquer sistema ou banco de dados sem permissão escrita da Editora.

Editoração: Dora Beatriz V. Noronha
Projeto gráfico: AG.SR Desenv. Gráfico
Capa: André Esch

ISBN 978-85-326-3528-0 (edição brasileira)
ISBN 3-16-148857-1 (edição alemã)

Dados Internacionais de Catalogação na Publicação (CIP)
(Câmara Brasileira do Livro, SP, Brasil)

Figal, Günter, 1949-
    Oposicionalidade : o elemento hermenêutico e a filosofia / Günter Figal ; tradução de Marco Antônio Casanova. – Petrópolis, RJ : Vozes, 2007.
    Título original: Gegenständlichkeit : das Hermeneutische und die Philosophie.
    1. Filosofia 2. Hermenêutica I. Título.

07-1009   CDD-121.686

Índices para catálogo sistemático:
1. Filosofia e hermenêutica   121.686
2. Hermenêutica e filosofia   121.686

Este livro foi composto e impresso pela Editora Vozes Ltda.
Rua Frei Luís, 100 – Petrópolis, RJ – Brasil – CEP 25689-900
Caixa Postal 90023 – Tel.: (24) 2233-9000
Fax: (24) 2231-4676

Sumário

Apresentação, 7

Prefácio, 10

Introdução, 11

Primeiro capítulo: Da hermenêutica filosófica à filosofia hermenêutica, 15
    § 1: Ciência humana enquanto problema, 15
    § 2: Hermenêutica da facticidade, 19
    § 3: Hermenêutica e filosofia prática, 31
    § 4: Origem, 40
    § 5: Modelos originários, 45
    § 6: Momentos originários, 56

Segundo capítulo: Interpretação, 67
    § 7: Transposição, 67
    § 8: O que precisa ser interpretado, 75
    § 9: Iniciar, 82
    § 10: Relações extrínsecas, 87
    § 11: Conhecimento apresentador, 99
    § 12: Compreensão, 111
    § 13: O caráter das coisas que se encontram contrapostas, 134

Terceiro capítulo: O mundo como espaço hermenêutico, 150
    § 14: Fenomenologia, 150
    § 15: Espaço, 160
    § 16: O conceito de mundo, 179

Quarto capítulo: Liberdade, 189
    § 17: Agir, 189
    § 18: Deliberação reflexiva, 196
    § 19: Liberdade das coisas, 202

§ 20: Liberdade partilhada, 211

§ 21: Contemplação livre, 224

Quinto capítulo: Linguagem, 230

§ 22: A partir da fala, 230

§ 23: Uma simples frase singular, 238

§ 24: Sinais, 247

§ 25: Significação, 255

§ 26: Desconstrução da voz, 270

§ 27: Posições, 281

§ 28: Pensamento escrito, 289

Sexto capítulo: Tempo, 303

§ 29: Por toda parte e em tudo, 303

§ 30: Algo acontece, 305

§ 31: Ser no tempo, 320

§ 32: Tempo performativo, 326

§ 33: Temporalidade, 336

§ 34: Constelações do sentido, 349

Sétimo capítulo: Vida, 357

§ 35: No espaço hermenêutico, 357

§ 36: Destaque e entrecruzamento, 362

§ 37: Originariedade, 368

§ 38: Forma de vida, 377

§ 39: Corpo físico e corpo vital, 390

§ 40: Razão, 397

§ 41: Composição estrutural vital, 401

§ 42: Falta e plenitude, 410

Bibliografia, 415

Índice onomástico, 437

Índice analítico, 441

Índice de conceitos gregos, 455

Apresentação

Prof. Dr. Marco Antonio Casanova

Um dos princípios fundamentais do pensamento hermenêutico constrói-se a partir da circularidade de toda atividade compreensiva. De acordo com a formulação dada por Martin Heidegger e levada adiante por Hans-Georg Gadamer, quando nos aproximamos de um estado de coisas movidos pela pergunta acerca de seu significado, seja esse estado de coisas um texto literário, uma obra de arte ou uma circunstância qualquer da vida prática, nós nunca nos encontramos completamente desprovidos de todo e qualquer pressuposto, mas sempre respondemos a essa pergunta a partir de estruturas significativas prévias que orientam desde o início o nosso contato com o que procuramos compreender. Dito de maneira mais clara: nós nunca partimos do zero ao buscarmos compreender alguma coisa. Ao contrário, toda compreensão estrutura-se a partir daquilo que já foi compreendido, e o exercício mesmo da compreensão depende incontornavelmente de um conjunto de significados sedimentados em nossa linguagem. Isso não significa, contudo, que estaríamos condenados a permanecer sob o domínio de pressupostos em última instância injustificáveis e que tudo se reduziria à esfera arbitrária de tais pressupostos. A compreensão e a possibilidade interpretativa dela decorrente envolvem muito mais um movimento incessante de checagem de nossos pressupostos iniciais, um processo ininterrupto de comprovação desses pressupostos. Esse princípio, tradicionalmente denominado "círculo hermenêutico", possui uma conseqüência imediata para o pensamento filosófico em geral. Se não temos como escapar, de uma vez por todas, de nossas compreensões e interpretações prévias e se a atividade compreensiva exige muito mais um trabalho específico de análise dessas dimensões, então a nossa relação com o legado significativo da tradição não é apenas marcado por uma experiência negativa, como boa parte da filosofia do século XX nos quis fazer crer, mas também por uma positividade determinante. A tradição funciona aqui, desde o princípio, como um manancial de compreensões que foi gradualmente se cristalizando e que transpassa ainda hoje de maneira dominante o modo como vemos o mundo e como lidamos com as coisas, com os outros homens e com nós mesmos. Esse manancial, por sua vez, não pode ser simplesmente deixado de lado, mas necessariamente nos acompanha. Assim, para uma filosofia verdadeiramente hermenêutica, o diálogo com a tradição se transforma em condição *sine qua non* do próprio filosofar. Pois bem, mas como é que o diálogo possível com a tradição ganha voz no livro *Oposicionalidade – O elemento hermenêutico e a filosofia*, de Günter Figal? A resposta a essa pergunta pode ser dada, em princípio, de uma forma bastante concisa: o diálogo com a tradição constrói-se aí a partir de uma retomada exaustiva de uma série de problemas e contextos teóricos tratados no interior da história da filosofia ocidental. Desde a ligação originária do pensamento de Dilthey com a distinção entre ciências naturais e ciências humanas, passando pela questão do início da filosofia em Parmênides, Descartes e Heidegger, pelo problema da interpretação e da compreensão na tradição hermenêutica e pela análise do mundo como espaço de mostração das coisas contrapostas em uma confrontação direta com o pensamento de Heidegger, Gadamer, Husserl e Merleau-Ponty, até chegar finalmente à tematização de liberdade, linguagem e tempo como articulações fundamentais do espaço hermenêutico e à consideração da vida como unidade dinâmica dessas dimensões, o leitor vai gradualmente se deparando no livro com a possibilidade de um contato intenso com a tradição que não se reduz à mera exposição historiográfica das doutrinas dos diversos filósofos em geral, mas que sempre integra simultaneamente essas doutrinas na mobilidade inerente a toda verdadeira exposição pensante. Em outras palavras, é o próprio tratamento dos temas que vai respectivamente definindo os parceiros de diálogo e revelando tanto o poder de elucidação quanto os limites específicos de seus pensamentos. Esse tratamento, porém, não surge simplesmente de uma análise isolada de temas desde o princípio estabelecidos como relevantes e apresentados sem qualquer ligação interna imanente. Ao contrário, o texto de *Oposicionalidade* é marcado originariamente por um projeto específico que fornece ao todo da obra a sua unidade e que orienta toda a sua dinâmica de constituição: o projeto de uma hermenêutica fenomenológica.

Nós sempre nos movimentamos compreensivamente em meio a um horizonte significativo sedimentado que determina, desde o princípio, todas as nossas possibilidades de compreensão e interpretação em geral. Essa determinação prévia não funciona como uma semântica dada que é imposta aos entes sem qualquer consideração por seu modo particular de ser, mas trabalha fundamentalmente em conexão com as coisas mesmas a serem compreendidas, coisas que sempre trazem consigo o seu próprio campo de manifestação e jamais se deixam assimilar completamente às nossas compreensões iniciais. No interior do campo hermenêutico, elas se mostram muito mais como coisas contrapostas, como coisas que possuem uma certa autonomia em relação à atividade da compreensão e que precisam ser investigadas em seu próprio caráter de coisa contraposta. Nesse sentido, o movimento mesmo da compreensão envolve incessantemente dois elementos essenciais. Além da dinâmica da interpretação e dos elementos em jogo em toda compreensão, nós sempre temos o campo fenomenológico de mostração das coisas a serem interpretadas e compreendidas. Desse modo, a hermenêutica tende naturalmente para a fenomenologia, assim como a fenomenologia requisita necessariamente a hermenêutica. *Oposicionalidade* é um livro que leva a sério essa natureza dual de toda compreensão e que procura investigar de maneira conseqüente o modo como as coisas contrapostas se apresentam. Desse movimento surge a interseção entre o mundo da vida e o mundo das coisas em meio à contemplação livre da textura significativa do todo no tempo originário dos acontecimentos. Acompanhar essa interseção, fazer dela a coisa própria ao pensamento, deixar que as coisas contrapostas conquistem o seu lugar em sintonia com a dinâmica da compreensão, é a tarefa primordial do livro. Essa tarefa envolve uma inserção no espaço mesmo de constituição do elemento hermenêutico. Tal como Figal diz logo na

Apresentação

introdução: "Tornar o elemento hermenêutico transparente em sua possibilidade significa retornar à abertura, na qual o hermenêutico se delineia, se forma e se cunha. Essa abertura não é apenas a abertura do elemento hermenêutico, mas é de um tal modo que alcança no elemento hermenêutico a sua maior distinção possível. Por isso, ela pode ser denominada a partir dele; a abertura, em relação à qual o elemento hermenêutico se torna transparente, é o mundo compreendido como espaço hermenêutico. De maneira correspondente, a fenomenologia que está em questão aqui é um pensamento espacial; os seus conceitos são formados a partir da experiência do elemento espacial, ela apreende os seus fenômenos a partir de sua espacialidade. Ela procura conquistar ao mesmo tempo a essência dessa espacialidade a partir dos fenômenos, em particular a partir do elemento hermenêutico. Nesse sentido, obtêm-se as dimensões do espaço hermenêutico: liberdade, linguagem e tempo. Na sondagem dessas dimensões também deve se tornar clara a posição da filosofia no mundo. A descrição agarra a sua própria possibilidade, sem se desviar do mundo". O modo como uma tal descrição se realiza aponta, por sua vez, para algo que só podemos apreender, à medida que vamos juntando os fios argumentativos e seguindo por nós mesmos a gênese do todo. Ao seguirmos essa gênese, somos incessantemente confrontados com reapropriações de antigos problemas, com a inevitável cunhagem de novos conceitos, com a abertura de horizontes originários de compreensão. Não é demasiado lembrar, por fim, que a força de uma corrente de pensamento está na capacidade de recriar a si mesma, de se diferenciar sem perder a sua radicalidade primordial. *Oposicionalidade* é, quanto a isso, uma prova de que a hermenêutica vive e de que continua requisitando os caminhos do pensamento contemporâneo. Como toda obra fundamental, ela ilumina o passado ao mesmo tempo em que abre possibilidades de futuro para o presente. Como toda obra fundamental, ela concentra em si o sentido de um caminho que cada um de nós está agora convidado a trilhar.

Prefácio

Este livro tem uma história mais longa. As primeiras anotações que permitem reconhecer os esboços para aquilo que se encontra aqui elaborado remontam a dezesseis anos atrás. A presente elaboração surgiu nos últimos três anos. Durante esse tempo, pude colocar à prova algumas idéias em trabalhos menores, de eles encontrarem aqui a sua formulação própria para a leitura. Isso diz respeito de tudo aos artigos presentes no índice bibliográfico com o título "Zeit und Erinnerung (Tempo e lembrança)", "Gadamer im Kontext (Gadamer em contexto)", "Die Gegenständlichkeit der Welt (A oposicionalidade do mundo)", "Leben als Verstehen (Vida como compreensão)", "Ethik und Hermeneutik (Ética e hermenêutica)", assim como "Dekonstruktion und Dialektik (Desconstrução e dialética)". Além disso, no decorrer dos anos, pude colocar muitas coisas em jogo de maneira dialógica e conhecê-las melhor por meio dos companheiros de diálogo. Nesse sentido, as páginas deste livro também são sedimentos de encontros amistosos.

Para mim, com uma gratidão particular, estão presentes as muitas conversas com Hans-Georg Gadamer. O fato de ele sempre responder às indagações críticas, às objeções e aos projetos disson com a soberania calorosa daquele que sabia e dizia que sempre precisaria haver também "outros caminhos" intensificou ainda mais os nossos laços.

Sem Gottfried Boehm, eu saberia menos sobre o ver e o mostrar. O seminário conjunto no verão de 2004 foi sem dúvida alguma um impulso importante.

Mais firmemente entrelaçados na história do livro estão Damir Barbarić, Donatella Di Cesare, Hans-Helmuth Gander, Pavel Kouba, John Sallis e Dennis J. Schmidt. Devo muito à sua amizade constante.

Também gostaria de agradecer à minha assistente Friederike Rese. Ela revisou o texto com uma lúcida compreensão e forneceu muitos estímulos para a sua versão definitiva. Agradeço aos meus estud colaboradores Christian Diem, Tobias Keiling, Sophia Obergfell e Katrin Sterba pelo seu trabalho engajado e minucioso na produção do material impresso e das correções.

Um agradecimento *sui generis* vai para Bárbara. O livro é dedicado a ela – e não apenas por causa de Proust e da fotografia.

Freiburg im Breisgau, dezembro de 2005

Günter Figal

Introdução

As pessoas estão hoje bem informadas sobre a hermenêutica, mesmo sob o ponto de vista da filosofia. Todas as introduções ao tema[1] descrevem de maneira mais ou menos exata como foi que, desde o século XVII[2], a assim chamada arte da interpretação se desenvolveu e se transformou em um ponto de partida filosófico. Tampouco há alguma dúvida quanto aos nomes que são aqui determin. Sempre se trata uma vez mais de Schleiermacher, de Dilthey, de Heidegger, de Gadamer, por vezes mesmo de Ricouer. Neste contexto, não há nenhuma dúvida de que o programa de uma hermenêutica filosófica está ligado de maneira particularmente estreita ao nome de Gadamer. Foi somente por meio de Gadamer que a hermenêutica filosófica conquistou um perfil sistematicamente claro; foi somente Gadamer que tornou os seus antecessores em precursores e lhes conferiu um lugar no desenvolvimento do programa que ele mesmo defende.

O projeto gadameriano foi acolhido inicialmente de modo hesitante, mas em seguida com um grande interesse. O autor de *Verdade e método* é considerado hoje, internacionalmente, como o filósofo alemão mais significativo da segunda metade do século XX; sim, ele já é mesmo considerado como um clássico da filosofia[3]. Uma tal avaliação é justa, se considerarmos o quanto a imagem de uma filosofia compreendida hermeneuticamente, mesmo em sentido mais amplo, pertence à história das influências exercidas por Gadamer. Neste caso, o que produziu um efeito foi de tudo o gesto de seu pensamento. Esse gesto é convincente enquanto ob-

---

1. *Cf.* Jean Grondin, *Einführung in die Hermeneutik* (Introdução à hermenêutica), Darmstadt, 1991; Emil Angehrn, *Interpretation und Dekonstruktion: Untersuchungen zur Hermeneutik* (Interpretação e desconstrução: investigações sobre a hermenêutica), Weilerswist, 2003; Hans Ineichen, *Philosophische Hermeneutik* (Hermenêutica filosófica), Freiburg im Breisgau/Munique, 1991; Jean Greisch, *Hermeneutik und Metaphysik. Eine Problemgeschichte* (Hermenêutica e metafísica. A história de um problema), Munique, 1993; Erwin Hufnagel, *Einführung in die Hermeneutik* (Introdução à hermenêutica), S. Agostinho, 2000.

2. Como título de livro, esse fato encontra-se pela primeira vez documentado em Johann Conrad Dannhauer, *Hermeneutica sacra sive methodus exponendarum sacrarum proposita et rindicita*, 1654.

3. Como uma prova disso podemos tomar na literatura secundária crescente, o volume organizado por Robert J. Dostal *Cambridge Companion to Gadamer* (Cambridge, RU, 2002), assim como o volume organizado por L.E. Hahn *The Philosophy of Hans-Georg Gadamer* na *Library of Living Philosophers* (Peru, Illinois, 1997). Cf. além disso os trabalhos monográficos abrangentes de Fruchon e Deniau: Pierre Fruchon, *L'herméneutique de Gadamer: platonisme et modernité, tradition et interprétation*, Paris, 1994; Guy Deniau, *Cognitio imaginativa: la phénoménologie herméneutique de Gadamer*, Bruxelas, 2003.

jeção a uma filosofia construída monologicamente, que se movimenta em um espaço de antemão demarcado e que, por isso, apesar de toda pretensão de objetividade, nunca encontra senão intelecções que são admitidas pelos esquemas que se encontram na sua base. A um tal filosofar "sistemático" que não raramente dá a impressão de arcaico, Gadamer contrapõe, com uma radicalidade discreta, o diálogo aberto, nunca passível de ser concluído, no qual se colocam realmente em jogo as supostas certezas. O maior mérito do pensamento de Gadamer é a sua reserva ante fundamentos e fundamentações últimas; trata-se do aberto sem coerção sistemática e sem dramatização. Assim, a hermenêutica filosófica vem à tona como uma defesa sustentada diante de um pano de fundo humanista da modéstia filosófica, como uma "filosofia formadora" no sentido de Richard Rorty[4]. Juntamente com Gianni Vattimo, ela também pode ser tomada como um "pensamento fraco" que recusa as pretensões da tradição metafísica[5]. Jürgen Habermas viu-se estimulado e incentivado por Gadamer a contrapor a possibilidade democrática do "agir comunicativo" à negra imagem do mundo e do homem própria à "teoria crítica" mais antiga[6]. Enquanto um pensamento "pós-metafísico", a hermenêutica filosófica gadameriana está ligada naturalmente ao projeto da "desconstrução" empreendido por Jacques Derrida, um projeto cuja significação Gadamer reconheceu imediatamente depois da publicação dos primeiros livros de Derrida e com o qual ele continuou se confrontando em seus últimos anos de vida.

Se compararmos a história dos efeitos do pensamento gadameriano com os próprios textos de Gadamer, não há como deixar de notar a presença de modificações, alterações radicais de acento, mesmo encurtamentos. Na idéia rortyana de uma filosofia formadora perde-se o fato de que o que está em questão para Gadamer não é formação em oposição a saber, mas, como o título de sua obra central bem o diz, uma verdade especificamente hermenêutica. De uma maneira diversa do "pensamento fraco" em Vattimo, o que está em questão para Gadamer no fim da metafísica não é uma despedida da tradição filosófica, mas tornar plausível o caráter imprescindível dessa tradição para o pensamento atual. Por fim, a compreensão gadameriana do diálogo é diversa da prática social, tal como Habermas a compreende; não se trata aí de um processo de unificação sem reserva e aberto em termos de metas, mas do ser conduzido por meio da coisa mesma que é efetiva no diálogo.

Não obstante, a história dos efeitos do pensamento gadameriano não é nenhum aglomerado de arbitrariedades e incompreensões. O fato de a objetividade da experiência hermenêutica ganhar o pano de fundo ante a sua abertura e a vinculação ao diálogo está em relação com o modo como ela é concebida no próprio Gadamer. Gadamer desenvolve de tal forma a idéia da coisa mesma experimenta-

---

4. Richard Rorty, *A filosofia e o espelho da natureza*, Princeton, New Jersey, 1979 (alemão: Der Spiegel der Natur. Eine Kritik der Philosophie, Frankfurt junto ao Main, 1981).

5. Gianni Vattimo, *La fine della Modernità*, Milão, 1985 (Alemão: *Das Ende der Moderne*, Stuttgart, 1990).

6. Jürgen Habermas, *Teoria do agir comunicativo*, dois volumes, Frankfurt junto ao Main, 1981.

Introdução

da hermeneuticamente, que esta coisa deve, em verdade, sustentar o diálogo, mas imergir, porém, em seu elemento processual. Todavia, a objetividade da experiência hermenêutica pertence à sua essência. A compreensão e a interpretação estão ligadas à coisa mesma, elas são de uma maneira claramente experimentável mais dependentes da coisa do que qualquer outra forma de apreensão, do que qualquer outro acesso àquilo que é. Na experiência hermenêutica lidamos com algo que nós mesmos não somos, com algo que se acha contraposto e nos apresenta aí um desafio. A experiência hermenêutica é uma experiência do elemento próprio ao que se encontra contraposto[7] – daquilo que se encontra aí para que venhamos a entrar em correspondência com ele e que, contudo, não se deixa absorver em nenhuma tentativa de alcançar uma tal correspondência. Por isso, enquanto a coisa hermenêutica, o elemento próprio ao que se encontra contraposto precisa se encontrar no centro do pensamento hermenêutico. Oposicionalidade é o tema central da filosofia que parte de um princípio hermenêutico. Se esse fato não se deixa justificar no contexto do pensamento gadameriano e de seus efeitos, é preciso abandonar esse contexto e dizer como é que a hermenêutica filosófica, apesar de toda vinculação no que diz respeito ao particular, precisa ser pensada de maneira fundamentalmente diversa do que acontece nesse contexto.

Se considerarmos mais precisamente, é certo que a questionabilidade já começa com essa designação totalmente óbvia em Gadamer. "Hermenêutica filosófica": esse não é um título qualquer, mas a expressão de um programa hermenêutico-filosófico determinado. Com ele, a filosofia é concebida como uma possibilidade da hermenêutica; ela é retomada enquanto tal e colocada em uma conexão hermenêutica que a abarca. Já para que os pressupostos e conseqüências dessa idéia possam vir à tona, é preciso ir além do ponto de partida da hermenêutica filosófica. A pergunta sobre a relação entre o elemento hermenêutico e a filosofia acha-se fora da hermenêutica filosófica. Ela não se coloca sem uma história prévia, mas sem pressupostos e, desse modo, de maneira nova.

"O hermenêutico" – a designação deve ser compreendida aqui de forma análoga a "o belo" ou "o justo". Ela indica um estado de coisas complexo, ao qual pertence a compreensão e a interpretação tanto quanto o compreensível, o interpretável e o carente de interpretação, assim como tudo aquilo que pode ser apreendido em conceitos que diferenciam aquilo que é denominado. O que se tem em vista com isso precisa ser descrito da maneira mais livre possível. Isso acontece aqui sob a questão diretriz da atividade hermenêutica, que é a mais patente enquanto tal: a questão da interpretação. Interpretação é, como mostraremos, a prospecção do elemento próprio ao que se encontra contraposto. Ela sonda esse elemento, na medida em que o apresenta.

---

7. O termo alemão para objeto possui um acento muito maior do que o correlato latino na noção de oposição. Traduzido ao pé da letra, *Gegenstand* significa aquilo que se encontra (*-stand*) contraposto (*Gegen*). Como esse acento é decisivo para os intuitos argumentativos do autor, optamos por manter uma tradução mais literal para *das Gegenständliche* (o elemento próprio ao que se encontra contraposto) (N.T.).

O elemento hermenêutico no sentido citado seria um tema entre outros da filosofia, se a própria filosofia não fosse hermenêutica. Se ela o é, a clarificação do estado de coisas hermenêutico se transforma em uma autoclarificação da filosofia. No entanto, a filosofia sucumbiria em sua autoclarificação, se ela também não tivesse a possibilidade de se afastar do elemento hermenêutico. Essa possibilidade equivale à possibilidade de uma filosofia hermenêutica, que não é suficientemente determinada enquanto hermenêutica, sem que ela abandone, por isso, o âmbito do hermenêutico. Uma tal filosofia é, tal como se mostrará, fenomenológica; ela é uma fenomenologia pensada a partir do elemento hermenêutico, que descortina filosoficamente o pensamento hermenêutico. Enquanto tal, ela é aquela possibilidade do hermenêutico que não abandona o elemento hermenêutico, mas também não imerge nele. Assim, ela o torna transparente em sua possibilidade.

Tornar o elemento hermenêutico transparente em sua possibilidade significa retornar à abertura, na qual o hermenêutico se delineia, se forma e se cunha. Essa abertura não é apenas a abertura do elemento hermenêutico, mas é de um tal modo que alcança no elemento hermenêutico a sua maior distinção possível. Por isso, ela pode ser denominada a partir dele; a abertura, em relação à qual o elemento hermenêutico se torna transparente, é o mundo compreendido como espaço hermenêutico. De maneira correspondente, a fenomenologia que está em questão aqui é um pensamento espacial; os seus conceitos são formados a partir da experiência do elemento espacial, ela apreende os seus fenômenos a partir de sua espacialidade. Ela procura conquistar ao mesmo tempo a essência dessa espacialidade a partir dos fenômenos, em particular, a partir do elemento hermenêutico. Nesse sentido, obtêm-se as dimensões do espaço hermenêutico: liberdade, linguagem e tempo. Na sondagem dessas dimensões também deve se tornar clara a posição da filosofia no mundo. A descrição agarra a sua própria possibilidade, sem se desviar do mundo.

A filosofia, esse fato também precisa se tornar plausível aqui, pode continuar sendo sempre aquilo que ela foi desde o princípio. Não passa de lenda a afirmação de que a filosofia teria chegado ao fim a partir de sua lógica interna ou de que ela precisaria se apartar de sua tradição. De uma maneira muito melhor do que muitos conceitos modernos, os conceitos clássicos ainda nos suportam com solidez, quando sabemos empregá-los de maneira livre e em relação à coisa mesma. No que diz respeito a esse ponto, nós teremos muitas oportunidades de colocá-lo à prova; e isso o mais fundamentalmente possível em meio à pergunta conclusiva sobre o conceito diretriz para a descrição do "ser" no mundo, que não é ser algum, mas vida.

Primeiro capítulo
Da hermenêutica filosófica à filosofia hermenêutica

§ 1: Ciência humana enquanto problema

A problemática da hermenêutica filosófica pode ser compreendida a partir de seu contexto histórico. Ela surge a partir do século XIX e conquista o seu perfil propriamente dito com o desenvolvimento das ciências humanas. Em verdade, já havia anteriormente questões hermenêuticas, ou seja, questões acerca da compreensão e da interpretação. Essas questões apresentam-se logo que há uma relação reflexiva com práticas e escritos e logo que tentamos expressamente clarificar como devemos concebê-las e como devemos nos comportar em relação a elas. Todavia, é somente com o surgimento das ciências humanas que essas questões conquistaram uma significação fundamental. A partir daí, elas não foram mais vinculadas à prática da leitura, da interpretação, da exegese e do comentário, nem tampouco limitadas ao contexto de uma "arte da interpretação" própria à compreensão. Com as ciências humanas, a compreensão transformou-se em um problema universal, que abarca disciplinas particulares. A resposta à pergunta o que é propriamente a compreensão deve conduzir justamente à essência das próprias ciências humanas; as possibilidades específicas da compreensão devem ser definidas e aquilo que deve ser comprovado aí é o seu direito peculiar ante as outras formas do conhecimento.

Apesar de o projeto gadameriano de uma hermenêutica filosófica enquanto o mais significativo de seu gênero não pertencer mais há muito tempo à fase de fundação da hermenêutica filosófica, ele também continua sendo marcado pelo modo primevo de colocação dos problemas próprios a esta hermenêutica. O que está em questão para o autor de *Verdade e método* e para os escritos que dão prosseguimento e que diferenciam o princípio de sua obra central não é uma hermenêutica universal no sentido de Schleiermacher. Gadamer está longe de uma elucidação formal da compreensão e da interpretação que pretende desenvolver as regras do compreender "a partir da natureza da linguagem e a partir das condições fundamentais da relação entre falante e receptor". Gadamer quer realizar uma contribuição à "automeditação" das ciências humanas e, nisso, ele assume um anseio de Dilthey. No entanto, de maneira diversa da de Dilthey, que considerava as ciências naturais e as ciências humanas como duas possibilidades fundamentais de uma cientificidade formalmente determinável[1], Gadamer duvida que as ciências humanas

---

1. Hans-Helmuth Gander, *Positivismus als Metaphysik. Voraussetzungen und Grundstrukturen von Diltheys Grundlegung der Geisteswissenschaften* (Positivismo enquanto metafísica. Pressupostos e estruturas fundamentais da fundamentação diltheyana das ciências humanas), Freiburg im Breisgau/Munique, 1988, em particular p. 210-219.

possam ser concebidas a partir de uma tal cientificidade. Por isso, ele quer ir além da "problemática epistemológica" de Dilthey[2]. Enquanto Dilthey se "deixou determinar profundamente" pelo "modelo das ciências naturais"[3], Gadamer quer mostrar que a pretensão de cientificidade das ciências humanas é, enquanto tal, equivocada porque é dominada pelo ideal de ciência das ciências naturais. Para ele, isso é válido mesmo quando se procura comprovar a "autonomia metodológica"[4] das ciências humanas; já a comparação contrastante aproxima as ciências humanas das ciências naturais, à medida que essa comparação também se submete ao ideal do "método". Apesar de toda a diferença no particular, aquilo "que se denomina método na ciência moderna" seria "por toda parte uma e a mesma coisa"; isso "apenas se" cunharia "nas ciências naturais de maneira particularmente exemplar"[5]. Segundo Gadamer, porém, as ciências humanas não são compreendidas em sua peculiaridade, quando nos orientamos pelo "conceito de método da ciência moderna"[6]. Elas não seguem nenhum procedimento previamente dado por meio de um conjunto de regras, um procedimento que tem por meta o descerramento sistemático de um âmbito de objetos e o asseguramento dos resultados obtidos sob o ponto de vista da certeza. O que está em questão nas ciências humanas seria muito mais uma outra verdade, fundamentalmente impossível de ser alcançada pelas ciências: "modos de experiência"[7], que seriam insubstituíveis e irrepresentáveis pela ciência. Dito de maneira mais exata, isso significa: trata-se aqui da experiência da arte, da história e da experiência de uma filosofia que se dirige para a sua própria tradição, que é confrontada com uma "requisição de verdade" que parte dos próprios textos legados e que "não pode ser nem rejeitada, nem sobrepujada pela consciência contemporânea"[8]. Aquilo que se denominam as ciências humanas só se mostra de maneira convincente enquanto experiência da arte, da história e da filosofia.

A compreensão gadameriana da experiência é claramente orientada por Hegel, sem que Gadamer venha a segui-lo até o fim. Para Gadamer, a experiência é uma "inversão da consciência", um "movimento dialético"[9], no qual algo se mostra como diverso daquilo que inicialmente se supunha. Por isso, ela é "sempre inicialmente experiência da nulidade"[10]; ela é perda de certeza e somente por isso conquista de uma intelecção. Não obstante, e é isso que importa para Gadamer, a inte-

---

2. Hans-Georg Gadamer, *Hermenêutica I. Verdade e método: traços fundamentais de uma hermenêutica filosófica*, quinta edição, Gesammelte Werke (a seguir: GW) 1, Tübingen, 1986, p. 246.

3. Gadamer, *Verdade e método*, GW 1, p. 12.

4. Ibid.

5. Ibid., p. 13.

6. Ibid., p. 1.

7. Ibid., p. 2.

8. Ibid.

9. Ibid., p. 360.

10. Ibid.

Primeiro capítulo: Da hermenêutica filosófica à filosofia hermenêutica

lecção experimentada não foi conquistada por força própria. Ela *sucedeu-se*; *aconteceu* ao vermos de chofre algo de maneira diversa. E se isso está co-implicado com uma correção das opiniões que tínhamos anteriormente, então podemos falar aqui efetivamente de uma experiência de verdade; as opiniões sobre algo são corrigidas por meio do fato de alguém se deparar com a coisa mesma.

Quando uma coisa se descortina *sozinha* no caráter involuntário de sua experiência, a postura própria consciente ou metodicamente dirigida não pode ter sucesso. Por meio da tentativa de uma abordagem própria, a coisa é encoberta; no momento em que acreditamos que estamos de posse dela ou que a fixamos, ela desaparece uma vez mais. Por isso, é assim que Gadamer apresenta uma objeção a Hegel, a experiência também não pode se consumar em um saber; a experiência só se consuma "naquela abertura para a experiência que é liberada pela própria experiência"[11]. Compreendida desse modo, a experiência é impassível de ser concluída; à sua essência pertence o fato de ela sempre acontecer uma vez mais de maneira nova, a não ser que venhamos a impedi-la por meio da insistência na possibilidade de um conhecimento dirigido e orientado por uma meta. Dessa forma, tudo depende de uma prontidão para a experiência que se tornou possível por meio da experiência e que se torna sempre possível uma vez mais. O que conta para Gadamer não é conhecimento, mas a abertura para deixar que algo ocorra.

Gadamer, lembremo-nos disso uma vez mais, quer determinar, com essas reflexões sobre a experiência, a essência das ciências humanas. Todavia, as ciências humanas só podem ser uma experiência, se a experiência também for marcada pelo caráter das ciências humanas. Dito de outra forma, a situação peculiar das ciências humanas precisa ganhar validade enquanto experiência no interior da experiência. Para Gadamer, esse é de fato o caso: a diversidade essencial para as ciências humanas entre a "consciência contemporânea" e a tradição é a condição mais importante da experiência; como a tradição é diferente do presente e de suas certezas, é possível fazer experiências com ela. Nessas experiências, comprova-se, por sua vez, uma significação daquilo que foi[12] para o presente, uma significação que não pode ser substituída por nada presente. Assim, comprova-se a incontornabilidade das ciências humanas e da consciência histórica atuante nelas. Com isso, a experiência que atua nas ciências humanas corrige ao mesmo tempo a ingenuidade e a autopresunção do presente: não podemos nos articular por força própria

---

11. Ibid., p. 361.

12. O termo utilizado nessa passagem por Günter Figal remonta a um termo cunhado pela primeira vez por Martin Heidegger: o termo *das Gewesene*. Heidegger vale-se deste termo para diferenciar aquilo que foi essencialmente no passado e continua vigente no presente (*das Gewesene*) daquilo que simplesmente passou (*das Vergangene*) e que não pode ser senão inventariado pela ciência histórica ou objetivado pela lembrança. No caso de Heidegger, essa diferenciação encontra-se em uma relação direta com a compreensão de que em toda abertura do ente na totalidade o ser precisa se essencializar de uma maneira específica, e de que a essencialização do ser decide a cada vez as possibilidades de desdobramento da história. Traduzido ao pé da letra, *das Gewesene* significa *o sido, aquilo que foi, a determinação a cada vez estabelecida do ser*. Aqui, contudo, este sentido é restrito ao âmbito da inter-relação entre o que foi, o presente e o futuro e perde o seu significado terminológico mais próprio (N.T.).

com aquilo que foi. Algo desse genêro não pode ser senão condenado ao fracasso – tal como a arquitetura dos anos de fundação[13] – enquanto um desconhecimento das próprias possibilidades.

É bem pensado quando Gadamer desenvolve essa convicção junto à filosofia e não junto aos "modos de experiência"[14] da arte ou da história. À medida que procede assim, ele fixa as linhas fundamentais de seu próprio empreendimento filosófico e também coloca a filosofia na perspectiva das ciências humanas. Entre o "esforço filosófico de nosso tempo" e "a tradição clássica da filosofia" existe uma ruptura, de modo que não pode haver no pensamento atual "nenhum prosseguimento imediato e irrefletido" da tradição. A filosofia de hoje está muito mais "plenamente consciente de sua distância histórica em relação aos modelos clássicos". E, pouco mais tarde, uma vez mais à guisa de elucidação, ele afirma: "Perdemos a inocência ingênua, com a qual utilizávamos os conceitos da tradição para os nossos próprios pensamentos"[15].

Isso soa como o diagnóstico hegeliano sobre o fim da arte, um diagnóstico segundo o qual as obras não nos falam mais imediatamente, mas se tornaram históricas: "Nós podemos continuar achando as imagens dos deuses gregos extremamente primorosas e podemos continuar vendo Deus Pai, Cristo, Maria como representados de uma maneira extremamente digna e plena – isso não nos ajuda em nada, pois já não curvamos mais nossos joelhos"[16]. Em verdade, os "conceitos da tradição" não se transformaram para Gadamer em peças de museu como acontece, segundo Hegel, com as imagens dos deuses gregos e as obras-primas da pintura cristã. No entanto, eles não falam, em última instância, de maneira diversa dessas imagens e obras-primas – eles só falam como algo que foi privado de suas possibilidades de articulação e configuração. Tal como Hegel o fez com a arte, Gadamer coloca a filosofia no passado. A filosofia também se mostra agora como algo, para o qual podemos nos direcionar com uma postura histórica.

O conceito de experiência deve responder pelo fato de isso não precisar ser compreendido como uma recusa à filosofia. O passado deve se dar para o pensamento presente e deve poder comprovar aí a sua superioridade objetiva. Dessa forma, porém, a experiência de verdade que Gadamer atribui à filosofia não se diferencia fundamentalmente das experiências comparáveis da arte e da história. Enquanto experiência, a filosofia que o próprio Gadamer realiza na reflexão e com a apreensão conceitual da experiência é subdeterminada. Ela é mais do que inquirição histórica da tradição, sem que possa ser pensamento conceitual no sentido tradicional.

---

13. Anos de fundação: período relativo à última metade do século XIX na Alemanha, no qual um grande crescimento econômico produziu a abertura de uma série de empresas e no qual grassava um estilo de construção que procurava imitar elementos da arquitetura do passado (N.T.).

14. Gadamer, *Verdade e método*, GW 1, p. 2.

15. Ibid., p. 4.

16. G.W.F. Hegel, *Preleções sobre estética I*, Werke 13, Frankfurt junto ao Main, 1970, p. 142.

Primeiro capítulo: Da hermenêutica filosófica à filosofia hermenêutica

A resposta gadameriana à pergunta sobre como essa filosofia precisa ser pensada aponta para a sua concepção da hermenêutica filosófica. Com ela, tem-se em vista um ponto médio entre a experiência da tradição e o pensamento estabelecido sobre si mesmo: a possibilidade de uma experiência consciente que se articula conceitualmente e que é ao mesmo tempo a possibilidade de uma determinação essencial dessa experiência. Precisamos esclarecer agora como temos de apreender de maneira mais exata um pensamento filosófico desse tipo. O que está em questão neste caso é antes de tudo conhecer as suas possibilidades e limites. Por meio disso esclarece-se a possibilidade de um caminho que conduz para além desses limites.

§ 2: Hermenêutica da facticidade

Quem quer compreender a concepção gadameriana da hermenêutica filosófica precisa remontar ao ano de 1923. No semestre de verão daquele ano, aquele que seria mais tarde o autor de *Verdade e método* escutou em Freiburg a preleção de Heidegger sobre "Ontologia", uma preleção que se mostra em seu cerne como o desenvolvimento de uma hermenêutica compreendida filosoficamente[17]. Aquilo que o jovem Gadamer acolhe daí é intensificado pela sua leitura do antigo escrito programático de Heidegger, do assim chamado *Relatório-Natorp*[18], cujo manuscrito Gadamer possuía desde 1924[19]. Nesse escrito, Heidegger fala pela primeira vez de uma "hermenêutica fenomenológica da facticidade"[20] e introduz, assim, o seu discurso sobre o elemento hermenêutico, um discurso que ele já tinha feito na mais antiga preleção que nos foi legada[21], juntamente com o conceito da "vida fática", que ele utilizou pela primeira vez no inverno de 1919/20[22].

---

17. Martin Heidegger, *Ontologie: Hermeneutik der Faktizität* (Ontologia: Hermenêutica da facticidade), Gesamtausgabe (a seguir: GA), vol. 63, org. por Käte Bröcker-Oltmann, Frankfurt junto ao Main, 1988.

18. Martin Heidegger, *Phänomenologische Interpretationen zu Aristoteles: Anzeige der hermeneutischen Situation* (Interpretações fenomenológicas de Aristóteles: indicações da situação hermenêutica). Elaborado para a Faculdade de Filosofia de Marburgo e de Göttingen, 1922, in: *Phänomenologischer Interpretation ausgewählter Abhandlungen des Aristoteles zu Ontologie und Logik* (Interpretação fenomenológica de ensaios seletos de Aristóteles sobre ontologia e lógica), preleção antiga em Freiburg do semestre de verão de 1922, GA 62, org. por Günther Neumann, Frankfurt junto ao Main, 2005.

19. No envelope em que Heidegger conservou um tiposcrito de seu antigo escrito programático, isso está expressamente anotado. O envelope e o tiposcrito pertencem à obra póstuma de Heidegger, que se encontra guardada no Arquivo de Literatura Alemã de Marbach junto ao Neckar. Um facsímile do envelope está exposto no museu Martin Heidegger da cidade de Messkirch.

20. Heidegger, *Phänomenologische Interpretationen* (Interpretações fenomenológicas), GA 62, p. 364.

21. Martin Heidegger, *Die Idee der Philosophie und das Weltanschauungsproblem* (A idéia de filosofia e o problema da visão de mundo), 1919, in: *Zur Bestimmung der Philosophie* (Para a determinação da filosofia), GA 56/57, org. por Bernd Heimbüchel, Frankfurt junto ao Main, 1987, p. 1-117.

22. Martin Heidegger, *Grundprobleme der Phänomenologie* (Problemas fundamentais da fenomenologia), 1919/20, org. por Hans-Helmuth Gander, Frankfurt junto ao Main, 1993, p. 54.

A experiência do jovem Gadamer aos vinte e três anos continuou efetiva por um longo tempo e foi, por fim, convertida produtivamente[23]. Em *Verdade e método*, Gadamer assume uma vez mais o subtítulo da preleção heideggeriana: "Hermenêutica da facticidade". Nesse caso, é elucidativo para a imagem gadameriana de Heidegger o fato de o próprio Heidegger não retornar mais tarde ao título de uma hermenêutica da facticidade. Isso mostra que Gadamer lê a filosofia de Heidegger como um todo a partir de sua antiga preleção. A antiga fórmula programática entrega-lhe o ponto de vista para a compreensão de *Ser e tempo* e do pensamento heideggeriano posterior.

No entanto, a fórmula não marcou apenas a compreensão de Gadamer do pensamento de Heidegger, mas também colocou em curso o próprio pensamento gadameriano – muito antes de que ele tivesse ousado requisitar para si um caráter próprio no pensamento. Na medida em que Gadamer recorre, mais de trinta anos depois, por assim dizer obviamente, ao discurso sobre a hermenêutica da facticidade, ele indica que lugar ele queria atribuir à sua hermenêutica filosófica no interior da história dos efeitos do pensamento heideggeriano. Como veremos, esse é, ao mesmo tempo, o lugar a partir do qual Gadamer indica a sua posição na filosofia moderna em geral.

De início, porém, com o discurso sobre a hermenêutica da facticidade, o que se designa para Gadamer é a virada decisiva de Heidegger contra a fenomenologia de Husserl. Com o seu título programático, Heidegger contrapôs a essa fenomenologia uma "exigência paradoxal": "A facticidade impassível de ser fundamentada e derivada que é própria ao ser-aí, a existência, e não o puro cogito como constituição essencial de uma universalidade típica, deveria representar a base ontológica da problemática fenomenológica – um pensamento tão ousado, quanto difícil de ser resgatado"[24]. Para Gadamer, contudo, esse é um pensamento que exige em sua ousadia e dificuldade que venhamos a acolhê-lo e resgatá-lo. *Verdade e método* é uma tentativa de fazer justamente isso.

Com certeza, o retorno de Gadamer a Heidegger não é para ser compreendido no sentido de uma simples continuidade. Em nome do interesse do próprio resgate, Gadamer reinterpreta o ponto de partida hermenêutico de Heidegger, sem que essa reinterpretação seja perceptível à primeira vista. Naquilo que Gadamer escreve sobre Heidegger em *Verdade e método* não há nenhum indício de uma confrontação, com maior razão ainda, nenhuma delimitação inequívoca. Gadamer assu-

---

23. Em seu prefácio à primeira publicação do *Relatório-Natorp*, Gadamer escreve: "Quando releio hoje essa primeira parte da introdução dos estudos heideggerianos sobre Aristóteles, as *Indicações da situação hermenêutica*, tudo se dá como se reencontrasse aí o fio condutor de meu próprio percurso filosófico e como se devesse repetir a elaboração final da hermenêutica filosófica. O peso do impulso que recebi outrora ressoa em minha leitura atual e acredito que alguns leitores de meus próprios trabalhos posteriores terão uma experiência similar" (Hans- Georg Gadamer, *Heideggers theologische Jugendschrift* – O escrito teológico de juventude de Heidegger, in: Heidegger, *Phänomenologische Interpretationen zu Aristoteles* – Interpretações fenomenológicas de Aristóteles, p. 76-86, aqui p. 78-79).

24. Gadamer, *Verdade e método*, GW 1, p. 259.

Primeiro capítulo: Da hermenêutica filosófica à filosofia hermenêutica

me o pensamento de seu mestre e se coloca totalmente no contexto desse pensamento com o seu projeto de uma hermenêutica filosófica. O passo decisivo para além do historicismo de Dilthey, a "superação" de sua "problemática epistemológica", só teria se tornado possível por meio da "investigação fenomenológica" e, especialmente, por meio de Heidegger[25]. É aqui que Gadamer, como ele dá a entender, se articula. No entanto, se consideramos mais exatamente, vêm à tona tensões e desvios. Gadamer lê Heidegger de tal modo que surge algo novo com a elucidação desse programa filosófico. É somente dessa maneira que o resgate do "pensamento ousado" de Heidegger se torna possível para Gadamer.

A reinterpretação gadameriana do projeto heideggeriano já acontece no momento em que ele explicita o seu título: Heidegger nunca disse, nem pensou que com a hermenêutica da facticidade o ser-aí "impassível de ser fundamentado e derivado" se transformaria na "base" da problemática fenomenológica. Heidegger não designa de maneira alguma com o conceito "facticidade"[26] a impossibilidade de fundamentação e de derivação do ser-aí. Aquilo que ele tem em vista com essa formulação é algo diverso da "irrepresentabilidade" que se subtrai à concepção, uma "irrepresentabilidade" que Schelling tinha feito valer contra o pensamento conceitual teleológico de Hegel[27]. "Facticidade", assim encontramos formulado em Heidegger, "é a designação de 'nosso' 'próprio' *ser-aí*". E, como Heidegger acrescenta, a expressão significa mais exatamente "*a cada vez* esse ser-aí", de tal modo que o ser-aí "nunca" seria dado "primariamente como *objeto* da intuição", mas estaria "*aí* para ele mesmo" no "como de seu ser mais próprio". Neste caso, o ser precisa ser entendido, "transitivamente", como "ser a vida fática"[28]. Portanto, a vida é fática, à medida que é vivida; o ser possui "o caráter de realização"[29]; é a realização da vida e não algo que se descerra para o "sentido relacional"[30] do "elemento teórico" como "objeto"; a peculiar clareza e atualidade da vida são muito mais "um sentido performático"[31]. Elas não resultam de uma visão sobre a vida, mas são executadas na própria vida.

---

25. Ibid., p. 246.

26. Cf. também Theodor J. Kiesel, "Das Entstehen des Begriffsfeldes 'Faktizität' im Frühwerk Heideggers" (O surgimento do campo conceitual "facticidade" na obra de juventude de Heidegger), in: *Dilthey-Jahrbuch 4* (1986/87), p. 91-120.

27. Pela primeira vez in: F.W.J. Schelling, *Die Weltalter. Fragmente. In den Urfassungen von 1811 und 1813*, org. por Manfred Schröder, Munique, 1946, p. 211.

28. Heidegger, *Ontologie* (Ontologia), GA 63, p. 7.

29. Martin Heidegger, *Einleitung in die Phänomenologie der* Religion (Introdução à fenomenologia da religião), 1920/21, org. por Mathias Jung e Thomas Regehly, in: *Phänomenologie des religiösen Lebens* (Fenomenologia da vida religiosa), GA 60, Frankfurt junto ao Main, 1995, p. 3-156, aqui p. 64.

30. Heidegger, *Einleitung in die Phänomenologie der Religion* (Introdução à fenomenologia da religião), GA 60, p. 59.

31. Martin Heidegger, "Observações sobre a 'Psicologia das visões de mundo' de Karl Jaspers", 1919-1921, in: *Wegmarken* (Marcas do caminho), GA 9, org. Por Friedrich-Wilhelm von Herrmann, Frankfurt junto ao Main, 1976, p. 1-44, aqui p. 32.

Oposicionalidade – O elemento hermenêutico e a filosofia

Essa idéia poderia ser certamente compreendida como se estivéssemos nos referindo aí enfaticamente à impossibilidade de fundamentação e de derivação da vida; se a vida possui essencialmente um sentido performático, então não há nada que remonte a um ponto atrás dessa performance. Todavia, Heidegger não pensa aqui em um movimento da vida que se opõe à tentativa de determiná-la e que deixa sem resposta toda pergunta sobre a sua proveniência. O acento no elemento fático visa muito mais à respectiva atenção e clareza, com a qual a vida é conduzida. O ser fático da vida reside, como Heidegger o diz, no *ser-aí*, ou seja: na atualidade da vida, uma atualidade que constitui propriamente a vida. A vida, para a qual há atualidade, *é* a sua atualidade; a vida é vivida, na medida em que leva a termo a sua atualidade, ou seja, na medida em que, da maneira mais clara e patente possível, quer ser aberta e se retrai a partir de sua clareza e abertura para o interior do caráter crepuscular do auto-encobrimento.

A partir daqui é possível elucidar aquilo que a expressão *hermenêutica* da facticidade comporta em si. Em sua antiga preleção *Ontologie* (Ontologia), Heidegger determina como compreensão justamente a claridade da vida que é ser-aí. Essa compreensão designa "o estar desperto do ser-aí para si mesmo"[32] e é realizada, na medida em que ela se interpreta, o que significa dizer: na medida em que ela se comunica e, assim, conquista informações sobre si. Aqui temos o ponto de partida para a compreensão heideggeriana da hermenêutica: ela não é para ele nenhuma arte da interpretação, mas uma articulação filosófica da vida em seu "sentido performativo". Ela é uma apreensão que dá voz a si mesma, um "comunicado"[33] que se sabe como realização da vida[34]. Foi nesse sentido que Heidegger tinha falado sobre "intuição hermenêutica" no semestre em que foi instaurado na Alemanha o estado de necessidade de guerra. Essa "intuição hermenêutica", enquanto claridade capaz de comunicação da vida, é "um momento essencial da vida em si e por si"[35], ela acompanha "a vivência"[36].

---

32. Heidegger, *Ontologie* (Ontologia), GA 63, p. 15.

33. Ibid., p. 9. Em *Ser e tempo*, Heidegger fala sobre um logos que possui "o caráter do ἑρμηνεύειν, um logos por meio do qual "comunica-se à compreensão de ser pertinente ao próprio ser-aí o sentido propriamente dito de ser e as estruturas fundamentais de seu próprio ser" (Martin Heidegger, *Ser e tempo*, GA 2, org. por Friedrich-Wilhelm von Herrmann, Frankfurt junto ao Main, 1977, p. 50). Heidegger retoma essa determinação da hermenêutica em seu posterior "Diálogo sobre a linguagem", no qual ele explicita o ἑρμηνεύειν como um "comunicado" (Martin Heidegger, *A partir de um diálogo sobre a linguagem. Entre um japonês e um indagador*, 1953-1954), in: *A caminho da linguagem*, GA 12, org. por Friedrich-Wilhelm von Herrmann, Frankfurt junto ao Main, p. 79-146, aqui p. 115).

34. Cf. também a apresentação esclarecedora da "antiga hermenêutica de Heidegger" em Jean Grondin, *Der Sinn für Hermeneutik* (O sentido para a hermenêutica), Darmstadt, 1994, p. 71-102. Além disso, Otto Pöggeler, *Heidegger und die hermeneutische Philosophie* (Heidegger e a filosofia hermenêutica), Freiburg im Breisgau/Munique, 1983.

35. Heidegger, *Die Idee der Philosophie* (A idéia da filosofia), GA 56/57, p. 116.

36. Ibid., p. 117.

Primeiro capítulo: Da hermenêutica filosófica à filosofia hermenêutica

De maneira inequívoca, Heidegger coloca a sua compreensão da hermenêutica em contraste com a compreensão husserliana da fenomenologia; tal como podemos ver na observação gadameriana supracitada sobre o "puro cogito"[37], Gadamer assume mais tarde essa contraposição. Desde que a hermenêutica entra em jogo no jovem Heidegger, ela é pensada como um contraprojeto em relação à fenomenologia de matiz husserliano. Para a hermenêutica, não deve ser característica nenhuma relação como a relação entre "a apreensão do objeto e o objeto apreendido". Heidegger quer pensá-la muito mais enquanto um "como" possível e insigne do "caráter de ser da facticidade" – como se uma ciência pertencesse à possibilitação daquilo que ela investiga e como se, por exemplo, "as plantas fossem aquilo que e o modo como elas são juntamente com e a partir da botânica"[38]. Hermenêutica da facticidade é uma realização "insigne" da própria facticidade; ela é a clarificação expressa de um ser que é em si clarificado e que somente por isso pode se obscurecer.

É nesse ponto que Gadamer se articula. Não obstante, a coisa da hermenêutica apresenta-se para ele de maneira diversa, sem que isso tenha ficado imediatamente claro no texto de *Verdade e método*. Em um ato pleno de diplomacia filosófica, Gadamer fala contra Heidegger, dando a impressão de falar juntamente com ele. A compreensão de ser parece representar por um lado "a base derradeira" em *Ser e tempo*, mas o que estaria em questão, segundo Gadamer, seria em verdade "um fundamento totalmente diverso, que (tornaria) pela primeira vez toda compreensão de ser possível"[39]. Somente com aquilo que Heidegger denominou "a virada" seria liberada e realizada a tarefa que ele tinha colocado para si em *Ser e tempo*[40].

Todavia, a fim de elucidar essa liberação e realização, Gadamer não se refere apenas àquilo que seria de se esperar: ou seja, ele não se refere apenas à discussão heideggeriana da metafísica em termos da história do ser, nem tampouco ao seu pensamento posterior sobre a linguagem, ao qual também pertence a pergunta sobre a poesia e sobre a obra de arte. Decisivo para Gadamer é muito mais o fato de Heidegger "ter precisado colocar o problema da história no primeiro plano". Segundo Gadamer, o problema da facticidade também teria sido, por fim, o "problema central do historicismo" – "ao menos sob a forma da crítica ao pressuposto dialético hegeliano da 'razão na história'"[41]. E quando Gadamer, uma vez mais para a elucidação desse pensamento, se vale agora de uma expressão de Yorck von Wartenburg – notemos bem que não de uma expressão de Heidegger – relativa ao "pertencimento a tradições"[42], a virada para a sua própria versão de uma hermenêutica da facticidade é realizada. A hermenêutica transforma-se na cunhagem fi-

---

37. Gadamer, *Verdade e método*, GW 1, 259.

38. Heidegger, *Ontologie* (Ontologia), GA 63, p. 15.

39. Gadamer, *Verdade e método*, GW 1, p. 261.

40. Ibid., p. 262.

41. Ibid., p. 261.

42. Ibid., p. 266.

losófica de uma consciência "histórico-efetiva", ou seja, de uma consciência que se compreende como efeito da história. Ela se mostra como uma "lucidez" articulada conceitualmente "da consciência histórico-efetiva"[43], uma lucidez que também deve a sua própria articulação à história dos efeitos. Na medida em que a história experimentada como tradição é o elemento previamente dado no sentido expressivo do termo, o elemento que libera, de maneira impassível de ser ultrapassada, todas as possibilidades da articulação, alcança-se, com isso, o pensamento de uma "facticidade impassível de ser fundamentada e derivada própria ao ser-aí". Mais tarde, em um trabalho com o título *Hermenêutica e diferença ontológica* do ano de 1989, Gadamer explicita essa idéia com uma referência àquilo que não pode ser previamente pensado como sendo "que se se subtrai constantemente e justamente por isso sempre está aí"[44]. Todavia, isso não se dá apenas aqui. Já em *Verdade e método*, aquilo que não pode ser previamente pensado tinha surgido a partir do elemento fático no sentido de Heidegger.

O fato de a reinterpretação não ter podido ser empreendida de maneira mais radical fica claro, quando levamos em conta as suas conseqüências filosóficas. Enquanto Heidegger tinha projetado em sua antiga preleção a filosofia como a possibilidade de o ser-aí "vir a ser e ser para si mesmo de maneira compreensiva"[45], o que está em questão para Gadamer é transformar o ser-previamente-dado do ser histórico na "base ontológica" do pensamento filosófico. E enquanto Heidegger tinha visto na auto-interpretação filosófica do ser-aí a chance de perseguir a "tradição filosófica [...] até as fontes concretas" da autocompreensão e, com isso, "desconstruir"[46] ou "destruir" a sua validade inquestionada, Gadamer quer colocar uma vez mais a tradição em seu direito. Por mais decididamente que a filosofia possa tentar penetrar e sobrepujar aquilo que é legado pela tradição, somente a tradição está em condições de proporcionar as possibilidades do pensar filosófico.

O que é importante para Heidegger é em uma palavra o fato do elemento hermenêutico, enquanto o que importa para Gadamer é a hermenêutica do fático. Por isso, a filosofia não é mais para Gadamer a tentativa de conquistar por detrás da tradição problemáticas originárias que remontam à tradição e de tornar compreensível a possibilidade para tanto a partir do ser do ser-aí. Ao contrário, ela é uma recusa consciente ao autopresente e à autotransparência que estavam em questão para o jovem Heidegger. O "ser-histórico", disse Gadamer certa vez, "nunca significa imergir no saber de si"[47].

Essa reflexão, porém, não implica de maneira alguma uma redução da requisição filosófica. Por isso, a compreensão difundida da hermenêutica gadameriana

---

43. Ibid., p. 312.

44. Hans-Georg Gadamer, *Hermenêutica e diferença ontológica* (1989), in: *Hermenêutica em retrospectiva*, GW 10, Tübingen, 1995, p. 58-70, aqui p. 64.

45. Heidegger, *Ontologie* (Ontologia), GA 63, p. 15.

46. Ibid., p. 75.

47. Gadamer, *Verdade e método*, GW 1, p. 307.

Primeiro capítulo: Da hermenêutica filosófica à filosofia hermenêutica   25

como uma lição de modéstia filosófica também não é pertinente senão na superfície. No que concerne ao antigo projeto hermenêutico de Heidegger, a crítica gadameriana à autotransparência não é por si mesma nenhuma correção acidental. Ao contrário, visa-se aí a algo mais. Em seu cerne, a hermenêutica da facticidade gadameriana é uma crítica imanente à filosofia do espírito de Hegel[48]. Ela é direcionada contra a "afirmação híbrida" de um saber absoluto, "no qual a história alcançaria a autotransparência plena"[49]. Ela alcança a sua medida nesta concepção enquanto uma concepção do "saber de si" e conquista, assim, a concepção do elemento histórico que lhe é peculiar.

Ou, então, como o próprio Gadamer formula o pensamento decisivo de seu programa hermenêutico: "Todo saber de si emerge a partir do elemento histórico previamente dado, que denominamos com Hegel 'substância', porque esse elemento suporta, prelineia e delimita toda opinião e todo comportamento subjetivos, e, com isso, toda possibilidade de compreender uma tradição em sua alteridade histórica. A partir daí, a tarefa da hermenêutica filosófica pode ser caracterizada da seguinte forma: ela tem de percorrer de volta o caminho da *Fenomenologia do espírito* hegeliana, na medida em que se mostra em toda subjetividade a substancialidade que a determina"[50]. Neste sentido, substância é para Gadamer a história enquanto tradição. Ela é, dito juntamente com Hegel, o "*ser desprovido de um si próprio*"[51] que só é "em si". Esse "em si", porém, de acordo com a concepção gadameriana, não se desenvolve mais completamente, mas só libera possibilidades do "saber de si", para as quais a substância, a partir da qual elas vivem, permanece inesgotável. O saber de si transforma-se da autotransparência na intelecção da vinculação ao "ser desprovido de um si próprio".

Com isso, o lugar sistemático da filosofia gadameriana é denominado; sobre o solo do pensamento histórico de Hegel, Gadamer repete as objeções críticas feitas contra Hegel, tal como essas objeções foram formuladas por Schelling de uma maneira normativa para toda a crítica ulterior. Essa repetição não acontece, contudo, a partir de uma motivação teológica que foi o decisivo tanto para Schelling quanto, depois dele, para Kierkegaard. Gadamer não se volta contra a – real ou suposta – dissolução de Deus no saber de si, mas transporta o interesse teológico de Schelling e de Kierkegaard para a vida histórica. Assim, acontece de uma determinação tal como a da "coetaneidade", uma determinação com a qual Kierkegaard queria

---

48. Esclarecimentos que apontam na mesma direção que as reflexões aqui desenvolvidas encontram-se em Michael Theunissen, *Philosophische Hermeneutik als Phänomenologie der Traditionsaneignung* (Hermenêutica filosófica enquanto fenomenologia da apropriação da tradição), in: *Sein, das verstanden werden kann, ist Sprache* (Ser que pode ser compreendido é linguagem). Homenagem a Hans-Georg Gadamer, Frankfurt junto ao Main, 2001, p. 61-88.

49. Gadamer, *Verdade e método*, GW 1, p. 306.

50. Ibid., p. 307.

51. G.W.F. Hegel, *Fenomenologia do espírito*, org. por Wolfgang Bonsiepen e Reinhard Heede, edição histórico-crítica, Gesammelte Werke, org. por Rheinisch-Westfälischen Akademie der Wissenschaften, vol. 9, Hamburgo, 1980, p. 428.

26 Oposicionalidade – O elemento hermenêutico e a filosofia

tornar compreensível a relação imediata do cristão com o Cristo[52], poder se ligar agora aos textos clássicos e às obras de arte[53]. Gadamer, e nesse ponto ele permanece hegeliano, mantém-se junto à possibilidade histórica da experiência da verdade. O verdadeiro não se tornou nem irreconhecível – tal como corresponde à visão romântica – por meio da história e se acha, então, velado nas profundezas da vida passada, nem é aquilo pelo que – tal como para a compreensão do iluminista radical – precisamos primeiro lutar e conquistar contra o elemento histórico previamente dado e contra a cunhagem histórica. O verdadeiro é acessível como a coisa da tradição, mas nunca de um modo tal que poderíamos nos assegurar dele[54]. No sentido gadameriano da palavra, o verdadeiro é experimentado. O experimentado é o efeito da substância histórica.

Agora, também é possível determinar a significação da filosofia de Heidegger para Gadamer: sobre o solo do pensamento hegeliano, a hermenêutica de Heidegger abre para Gadamer o caminho que leva do sujeito à substância. Tal como Gadamer – aliás sem um ponto de apoio real nos textos antigos de Heidegger – diz, a sua hermenêutica da facticidade aponta, "atravessando a crítica a Husserl, para a crítica ontológica ao idealismo especulativo"[55]. Essa é a visão de Gadamer. Para ele, a hermenêutica do jovem Heidegger transforma-se em um corretivo contra a pretensão hegeliana a um "saber absoluto, no qual a história alcançaria a autotransparência plena"[56].

Lida desse modo, porém, a hermenêutica da facticidade heideggeriana perde o seu centro: se a hermenêutica da facticidade é estabelecida como uma correção de Hegel, então o fato de que o que está em questão para ela – diversamente da autocompreensão do pensamento hegeliano e apesar disso comparável com ela – é a autocompreensão enquanto uma possível autotransparência e o desenvolvimento de sua interpretação filosófica não pode mais ter lugar. A partir da auto-exegese que se encontra no centro do projeto heideggeriano vem à tona uma automeditação no ser histórico; a partir do saber de si vem à tona "um movimento flamejante no círculo fechado da corrente da vida histórica"[57]. Aqueles que conhecem a si mesmos imergem na história que se acha agora liberada da pretensão de autotransparência.

---

52. Soren Kierkegaard, *Philosophiske smuler* (Migalhas filosóficas), capítulos 4 e 5, in: Samlede Vaeker (a seguir: SV), org. por A.B. Drachmann, vol. 4, Copenhagen, 1902, p. 171-272, aqui p. 221-272.

53. Gadamer, *Verdade e método*, GW 1, p. 126-133.

54. Cf. Ibid., p. 286.

55. Ibid, p. 262.

56. Ibid., p. 306. É nesse sentido que também encontramos formulados ainda em 1989: a hermenêutica da facticidade aponta "para o contraconceito radical ao espírito absoluto de Hegel e à sua autotransparência" (Gadamer, *Hermenêutica e diferença ontológica*, GW 10, p. 65).

57. Gadamer, *Verdade e método*, GW 1, p. 281.

Primeiro capítulo: Da hermenêutica filosófica à filosofia hermenêutica

A imagem do círculo fechado de uma corrente, uma imagem que Gadamer encontra para a vida histórica, faz com que o seu hegelianismo da substância se torne uma vez mais particularmente claro: somente a interrupção do círculo dessa corrente torna o seu caráter fechado experimentável – assim como para Hegel é só a "consciência de se tornar outro"[58], que faz com que se torne expressa a unidade que se tinha em vista com a substância. A vida fática precisa fender-se e perder o seu caráter compacto, para ser acessível como aquilo que ela é. Todavia, a verdade não reside na interrupção, mas na continuidade que só vem à tona por meio da interrupção naquilo que ela é.

Gadamer explicitou esse fato com um pensamento central para a sua hermenêutica: "a fusão de horizontes". A pluralidade dos horizontes indicada com a expressão é visada no sentido da diversidade de um mundo presente em relação ao passado. Ela é a condição para a automeditação histórica, se é que essa automeditação só é possível por meio da distância historicizante em relação ao que é legado pela tradição; somente se o que é legado aparece como outro e alheio, podemos nos comportar em relação a ele. E é elucidativo que seja assim. No sentido de Gadamer, porém, a meditação sobre o passado só é verdadeiramente histórica, se ela reconhece a si mesma como "uma sobreposição de uma tradição que cõntinua efetiva"[59]. O projeto do historicamente outro não é, como Gadamer diz, "senão o momento de uma fase na realização da compreensão", e a "lucidez da consciência histórico-efetiva" consiste de maneira correspondente em levar a cabo, "juntamente com o projeto do horizonte histórico, a sua suspensão"[60]. Para compreender, precisamos ser provocados por algo alheio[61]. Logo que compreendemos, contudo, escorregamos de volta para o interior do fluxo da vida histórica.

A confiança gadameriana neste fluxo encontra-se em um rígido contraste com a crítica da tradição feita por Heidegger. O contraste é tão claro que poderíamos supor que Gadamer também teria desenvolvido a sua hermenêutica da substância histórica como a imagem oposta dessa crítica. Tal como Heidegger o vê, a tradição corrói nos conceitos e nos modos de pensamento tudo aquilo que tinha constituído a sua autenticidade; os conceitos e os modos de pensamento tornam-se esféricos, fáceis de manusear como uma pedra lavrada. Por isso, Heidegger coloca todo o acento em tornar esses conceitos e modos de pensamento uma vez mais ásperos, ou seja, em "empreender um *retorno desconstrutivo* às fontes originárias dos mo-

---

58. Hegel, *Fenomenologia do espírito*, Gesammelte Werke 9, p. 409.

59. Gadamer, *Verdade e método*, GW 1, p. 311.

60. O termo hegeliano *Aufhebung* é um termo que possui uma riqueza semântica difícil de ser resgatada na tradução para o português. Ele encerra em si ao mesmo tempo três momentos específicos: o momento da elevação, o momento do abandono e o momento da conservação. A fim de resgatar essa riqueza, optamos pelo termo "suspensão" porque ele também possui matizes próprios a esses três elementos (N.T.).

61. Gadamer, *Verdade e método*, GW 1, p. 312.

28 Oposicionalidade – O elemento hermenêutico e a filosofia

tivos da explicação" e em reconquistar em uma "destruição"[62] as "funções expressivas originárias"[63] dos conceitos. Assim, a tradição transforma-se na suma conceitual da auto-evidência contra a qual precisamos inicialmente lutar em meio ao esforço por um compreender propriamente dito.

A correção empreendida por Gadamer desta compreensão da história e da tradição é facilmente reconstruível. Quando ele apreende e reinterpreta a concepção heideggeriana da hermenêutica, chamando a atenção, juntamente com Yorck de Wartenburg, para o "pertencimento" à tradição, ele leva em conta com isso de maneira decisiva a prática hermenêutica. Por fim, esta prática vive do fato de se poder interpelar algo legado e mediar intelecções que não podem ser conquistadas de outra forma senão na compreensão da tradição. Esta experiência também precisa ser feita, mesmo que se queira inquirir criticamente aquilo que é legado pela tradição e "destruí-lo" com vistas a algo que permaneceu sem ser dito. De outro modo, toda "destruição" de um projeto de pensamento legado teria sempre um resultado independentemente deste projeto. O resultado poderia ser sempre o mesmo e, então, o esquecimento da tradição poderia ser a cada vez apresentado em qualquer lugar.

Com certeza, Gadamer não persegue esse pensamento com a conseqüência objetivamente exigida. Ao contrário, ele o sacrifica à sua compreensão substancialista da história. Com isso, em um aspecto decisivo, ele não vai além da compreensão da tradição que tinha sido determinante para Heidegger. À confiança gadameriana na vida histórica pertence uma imagem tão homogênea da história quanto à suspeita hermenêutica heideggeriana contra aquilo que foi legado pela tradição. A diferença reside tão-somente no modo como a homogeneidade da história é a cada vez avaliada, e, de maneira correspondente, também se avalia diversamente a possibilidade de sua interrupção: na medida em que, para Heidegger, a tradição é encobridora enquanto tal, reside na cesura que acontece com a repetição do inicial, um instante de verdade. No entanto, por meio desse instante, a tendência de encobrimento da tradição não é alijada; porquanto ela é legada, os conceitos que se tornaram transparentes no instante da destruição assumem uma vez mais a sua auto-evidência opaca. Tal como a propriedade[64] descrita por Heidegger em *Ser e tempo*, a iluminação da tradição em seu antigo programa hermenêutico já se dá como um raio na noite. Em Gadamer, as coisas se comportam ao mesmo tempo de modo diverso e similar. Porque a tradição se mostra para ele como o círculo fechado de uma corrente, a cesura momentânea só tem o sentido de fazer com que este caráter fechado se torne expresso. Aqui não há mais outra coisa senão um flamejar, uma irritação momentânea, por meio da qual a continuidade da vida histórica não pode ser senão confirmada. Em nenhum desses dois casos há a possibilidade de *manter a distância* em relação àquilo que marcou e marca alguém e de prestar contas quanto aquilo que aconteceu com alguém.

---

62. Heidegger, *Phänomenologische Interpretationen* (Interpretações fenomenológicas), GA 62, p. 368.

63. Ibid.

64. Cf. Günter Figal, *Martin Heidegger – Fenomenologia da liberdade*, Terceira edição, Weinheim, 2000, p. 190-269.

Primeiro capítulo: Da hermenêutica filosófica à filosofia hermenêutica

Todavia, desde a distinção platônica entre filosofia e ciência presente na *República*, essa foi a requisição própria à filosofia. Enquanto a ciência, por exemplo a geometria, pensa a partir de pressupostos (ὑποθέσεις), e, por isso, supõe que aquilo de que parte é totalmente evidente (παντὶ φανερόν), pertence à essência da filosofia não permitir que nenhuma auto-evidência se mostre como válida. O que está em questão para ela é clarificar expressamente aquilo que se conhece e já sempre se conhecia[65]. Na contemporaneidade, essa definição de filosofia foi acolhida de maneira enfática e efetiva por Husserl. O seu programa desenvolvido no primeiro volume das *Ideen zu einer reinen Phänomenologie und phänomenologischen Philosophie* (Idéias para uma fenomenologia pura e para uma filosofia fenomenológica) vive da possibilidade de não se acompanhar a "atitude natural"[66] de deixar subsistir e valer a realidade cotidiana, mas alterá-la antes radicalmente[67], a fim de conquistar desse modo a possibilidade constante de uma reflexão filosófica, e, com ela, a possibilidade de descrição e de formação conceitual. Enquanto filósofos, diz Husserl, nós colocamos a atitude natural "*fora de ação*", nós "*a alijamos*", nós "*a suspendemos*"[68]. Apesar de o termo husserliano para suspensão, o termo ἐποχή, ser retirado da linguagem do ceticismo[69], o próprio pensamento programático não é cético. O que se tem em vista com ele não é nenhuma mera retração em relação àquilo que pode ser tomado por verdadeiro, mas uma nova possibilidade de intelecção. Em uma primeira aproximação, poderíamos compará-la com a distância que encontramos em certas situações de vida, por exemplo, quando nos retiramos do tumulto de uma festa e nos tornamos observadores ou contempladores.

Em verdade, o jovem Heidegger desenvolveu a sua hermenêutica da facticidade contra Husserl, mas não abdicou, nesse caso, do pensamento da ἐποχή. O "retorno desconstrutivo às fontes originárias dos motivos" pressupõe a ἐποχή; ela é inserida na "facticidade" do ser-aí e, de maneira correspondente, na "intuição hermenêutica" enquanto o autopresente conceitualmente articulável do ser-aí[70]. No entanto, como a ἐποχή pertence, para Heidegger, à facticidade do ser-aí, ela é toca-

---

65. Platão, *República* 511b. Os diálogos platônicos são citados segundo *Platonis Opera*, org. por John Burnet, Oxford, 1900-1907. Cf. § 28 sobre o "Pensamento escrito".

66. Edmund Husserl, *Ideen zu einer reinen Phänomenologie und phänomenologischen Philosophie* (Idéias para uma fenomenologia pura e para uma filosofia fenomenológica), Husserliana III. 1, org. por Karl Schuhmann, Den Haag, 1976, p. 61.

67. Husserl, *Ideen I* (Idéias I), Husserliana III.1, p. 61.

68. Ibid., p. 63.

69. Cf. Sextus Empiricus, *Pyrrhoniae Hypotyposes I*, 201 (capítulo 206). Cf. também Malte Hossenfelder, *Einleitung zu: Sextus Empirikus, Grundriss der pyrrhonischen Skepsis* (Introdução a: Sexto Empírico, Plano fundamental do ceticismo pirrônico), Frankfurt junto ao Main, 1968.

70. Foi deste modo que Ernst Tugenhat respondeu à questão sobre por que Heidegger não acompanha mais a ἐποχή no sentido de Husserl, dizendo que o que está em questão para Heidegger não é, como Husserl suporia, uma recaída na ἐποχή, mas a "sua (δα ἐποχή) própria radicalização". Heidegger não necessita mais da ἐποχή porque ele se encontra "desde o princípio nela" (Ernst Tugenhat, *Der Wahrheitsbegriff bei Husserl und Heidegger* – O conceito de verdade em Husserl e Heidegger, segunda edição, Berlim, 1970, p. 263).

30 Oposicionalidade – O elemento hermenêutico e a filosofia

da pela tendência contrária e efetiva no ser-aí para o auto-obscurecimento, pela "imersão" na "cotidianidade"[71]. Ela não pode ser mantida e, portanto, não fica claro como o pensamento filosófico deve se formar e articular nela.

O pensamento husserliano da ἐποχή também continua efetivo em Gadamer. A observação gadameriana de que a experiência seria essencialmente a experiência de uma "nulidade" é visada nesse sentido. O fato de algo "nos interpelar como fala" e querer ser compreendido precisa ser entendido como uma "suspensão fundamental dos próprios pressupostos"[72], ou seja, das convicções e dos modos de pensamento que devem ser transformados pela experiência. Considerada mais exatamente, porém, a suspensão não é nenhuma retenção no sentido de Husserl, ela não é outra coisa senão a abertura para a experiência. Na experiência, nada é visto e realizado. Ao contrário, a experiência significa o mesmo que a prontidão para deixar que algo nos seja dito e para ser, assim, no acontecimento da tradição.

O fato de o pensamento da ἐποχή não desaparecer em Heidegger e em Gadamer pode ser compreendido, por um lado, como uma referência à sua imperiosidade filosófica. No entanto, quando atentamos para o valor conjuntural desse pensamento nos projetos hermenêuticos de Heidegger e de Gadamer, fica claro, por outro lado, em que medida o pensamento não pode ser desdobrado neles: o distanciamento que é indicado com este pensamento não encontra a sua base nem em um ser-aí que é apenas a sua realização, nem em uma história efetiva que não é outra coisa senão acontecimento. Heidegger e, seguindo seus passos, Gadamer pensam exclusivamente a partir do movimento; não há nada por si que pudesse se subtrair ao movimento do ser-aí ou ao fluxo do acontecimento da tradição. De maneira correspondente, mesmo a tentativa de se distanciar da realização do ser-aí ou do acontecimento da tradição precisa pertencer à realização ou ao acontecimento. Mas isso significa: ele só se dá instantaneamente, precisamente como instante da verdade ou como o flamejar no círculo da corrente da vida histórica.

A partir daqui, o programa de uma hermenêutica da facticidade tanto quanto o programa de uma hermenêutica filosófica ficam claros em seu valor conjuntural: tanto em um sentido quanto no outro, a hermenêutica é uma filosofia compreendida totalmente a partir da realização e do acontecimento, uma filosofia submetida ao movimento. É de uma maneira correspondente que se fundamenta a crítica ao pensamento da ἐποχή fenomenológica. Esse pensamento aparece como a suposição menos plausível de que poderíamos nos colocar ao lado da realização ou do acontecimento da própria vida, e, com maior razão, da vida da consciência, para observar como elas se transcorrem. Como Heidegger cedo insistiu, essa suposição só pode vir a termo sob o "domínio geral do *elemento teórico*"[73]: por meio da representação de que poderíamos conhecer processos vitais, na medida em que os consideramos como coisas. Tal como ele contrapõe a Husserl, não é senão "uma incompreensão metodológica tornar a investigação das vivências emocionais sim-

---

71. Heidegger, *Ontologie* (Ontologia), GA 63, p. 30.

72. Gadamer, *Verdade e método*, GW 1, p. 304.

73. Heidegger, *Die Idee der Philosophie* (A idéia da filosofia), GA 56/57, p. 87.

Primeiro capítulo: Da hermenêutica filosófica à filosofia hermenêutica 31

plesmente análoga ao conhecimento"[74]. Aquilo que pertence à realização ou ao acontecimento da vida não é nenhuma coisa e não o conhecemos quando o tomamos enquanto tal[75].

Sem essa crítica principial ao elemento teórico, a hermenêutica da facticidade não pode ser compreendida. Ela vive do fato de duvidar radicalmente da possibilidade de uma filosofia teórica. Todavia, como a hermenêutica deve ser apesar disso filosofia, Heidegger e, marcado por ele, do mesmo modo, Gadamer retiraram daí uma conseqüência que é natural e, contudo, problemática: eles conceberam, com acentos diversos, a hermenêutica filosófica segundo o modelo da filosofia prática[76]. Por meio daí tem lugar uma modificação tão rica em conseqüências quanto problemática. A filosofia prática transforma-se em filosofia primeira ou, dito em sintonia com Manfred Riedel, em uma filosofia "segunda", para a qual não há mais seguramente nenhuma filosofia primeira[77]. É questionável se uma tal filosofia está em condições de suportar os pesos colocados sobre ela.

§ 3: Hermenêutica e filosofia prática

A filosofia prática já está em jogo como modelo, no momento em que Heidegger caracteriza a hermenêutica da facticidade como "o *ser desperto* do ser-aí para

---

74. Martin Heidegger, *Einführung in die phänomenologische Forschung* (Introdução à investigação fenomenológica), GA 17, org. por Friedrich-Wilhelm von Herrmann, Frankfurt junto ao Main, 1994, p. 272.

75. A crítica heideggeriana é corroborada por Tugendhat. Husserl, assim insiste Tugendhat, "nunca experimentou como enigmático [...] saber *como* as *cogitationes* são dadas a si mesmas, ou seja, como é preciso compreender a autoconsciência e a reflexão". Ao invés disso, ele teria pressuposto como óbvio, segundo Tugendhat, "que é possível refletir sobre todo ato em um segundo ato que encontra o primeiro ato em uma percepção interior, exatamente como nós encontramos uma coisa qualquer na percepção exterior" (Tugendhat, *Der Wahrheitsbegriff bei Husserl und Heidegger* – O conceito de verdade em Husserl e Heidegger, p. 209).

76. A tendência de uma revalorização da filosofia prática em contraposição à filosofia teórica remonta a Kant. Kant realiza a virada em direção ao primado do prático, na medida em que determina o "intuito final para o qual tende a especulação da razão no uso transcendental" (Immanuel Kant, *Crítica da razão pura*, B 826, A 798; Obras conjuntas de Kant, org. pela Königlichen Preussischen Akademie der Wissenschaften (a seguir: AA), vol. 3, Berlim, 1911, p. 518) como um intuito prático. Aquilo que a razão distingue como os três objetos subordinados ao seu intuito final, a saber, a liberdade da vontade, a imortalidade da alma e a existência de Deus, não é "de maneira alguma necessário para o saber" (*Crítica da razão pura*, B 827, A 799; AA III, p. 519). Ao contrário, ele "só interessa propriamente" em sua importância "ao prático" (*Crítica da razão pura*, B 828, A 800; AA III, p. 519). A "reabilitação" aristotelicamente matizada "da filosofia prática" não é apenas o tema de uma coletânea em dois volumes (Manfred Riedel, org., *Die Rehabilitierung der praktischen Philosophie*, Freiburg im Breisgau, 1972), mas marcou enfaticamente o debate filosófico do final do século XX. O caráter atraente do pragmatismo e o projeto de uma "teoria do agir comunicativo" visada apenas em termos social-filosóficos pertencem a esse contexto.

77. Manfred Riedel, *Für eine zweite Philosophie. Vorträge und Abhandlungen* (Para uma filosofia segunda. Conferências e ensaios), Frankfurt junto ao Main, 1988.

si mesmo"[78]. Esse pensamento pode ser acompanhado retrospectivamente até Sócrates e sua sentença fundamental *"cuida de ti mesmo"*. Se a mensagem é não se preocupar com aquilo que pertence a cada um antes de ter cuidado consigo mesmo, mais exatamente, antes de ter cuidado para que se seja o mais primoroso e racional possível[79], então a mensagem também é: passe a tua vida desperto e não sonhando, preso em representações e imagens[80]. O que está em questão para Heidegger é a possibilidade de um cuidado de si desperto desse tipo. Para essa possibilidade, contudo, ele não encontra o modelo nos diálogos platônicos, mas em Aristóteles, mais exatamente, na idéia de uma razão prática (φρόνησις). A φρόνησις, é assim que ele insiste já no *Relatório-Natorp*, remonta a uma verdade especificamente prática (ἀλήθεια πρατική) e essa verdade "não (seria) outra coisa senão o instante pleno, a cada vez sem encobrimento, da vida fática no como da prontidão decidida para a lida com esse instante mesmo"[81].

Com certeza, Heidegger não vê essa idéia de uma "prontidão para a lida", ou seja, de um poder comportar-se em relação àquilo que se é e não se é, senão como realizada de maneira insuficiente em Aristóteles. Para Heidegger, Aristóteles só caracteriza de maneira "formal"[82] e negativa a vida humana, uma vez que a determina como aquilo que também pode ser de outro modo[83], delimitando-a, com isso, ante aquilo que está pronto, consumado. Aquilo que está pronto, porém, forja o ponto de referência propriamente dito da filosofia aristotélica, de tal modo que a sua filosofia não está orientada, em última instância, pela própria vida humana, mas pelo "movimento do *produzir*"[84]. De maneira correspondente, a filosofia se concretiza para Aristóteles no fato de buscar apreender os *"aspectos derradeiros,* nos quais o ente é trazido nele mesmo para uma determinação possível"[85]. Por conseguinte, o que está em questão para Aristóteles é a possibilidade de ir ao encontro do consumado e do ente desse gênero, daquilo que não vem mais a ser nem perece; e isso na medida em que ele pergunta pela finalidade dos movimentos. Mas o

---

78. Heidegger, *Ontologie* (Ontologia), GA 63, p. 15.

79. Platão, *Apologia* 36c: μὴ πρότερον ([...] τῶν ἑαυτοῦ μηδενὸς, ἐπιμελεῖσθαι πρὶν ἑαυτοῦ ἐπιμελθείη ὅπως ὡς βέλτιστος καὶ φρονιμώτατοσ ἔσοιτο.

80. Platão, *República* 344e, 352d.

81. Heidegger, *Phänomenologische Interpretationen* (Interpretações fenomenológicas), GA 62, p. 384. Quanto ao conceito de verdade prática, cf. Alejandro G. Vigo, *Die aristotelische Auffassung der praktischen Wahrheit* (A concepção aristotélica da verdade prática), in: Internationale Zeitschrift für Philosophie, 1998 (2), p. 285-308.

82. Heidegger, *Phänomenologische Interpretationen* (Interpretações fenomenológicas), GA 62, p. 385.

83. Cf. Aristóteles, *Ética a Nicômaco*, VI, 5; 1140a 30-32, no que se segue citada segundo *Aristotelis Ethica Nichomachea*, org. por I. Bywater, Oxford, 1894.

84. Heidegger, *Phänomenologische Interpretationen* (Interpretações fenomenológicas), GA 62, p. 385.

85. Ibid., p. 388.

Primeiro capítulo: Da hermenêutica filosófica à filosofia hermenêutica

pronto, consumado, não é precisamente experimentado no sentido da verdade prática. Ele é o correlato da "*mera* visualização"[86] da teoria.

Tal como qualquer outra ação, a teoria também está vinculada para Heidegger à vida. Ela é, tal como ele a denomina, "uma lida puramente visualizadora", um comportamento que pertence ao contexto do mundo cotidiano, um contexto determinado pelo uso das coisas, e que, não obstante, não quer mais ser um tal comportamento, mas um puro tomar-conhecimento-de. Assim, a teoria é uma lida com o ente, que se fecha contra a sua própria possibilidade e "não vê mais concomitantemente em seu em-vista-de justamente a vida, na qual ela está"[87]. Ela é uma abstração da vida na vida e, com isso, ela é mais pobre e menos clara do que a razão prática.

Todavia, à medida que Heidegger revaloriza desse modo a razão prática, ele também a transforma; à medida que concebe a teoria como forma deficiente da prática, ele posiciona absolutamente a filosofia prática. De acordo com o modelo e o contramodelo aristotélico dessa transvaloração, porém, ele retira com isso da filosofia prática o critério, segundo o qual ela estava orientada como pergunta sobre a vida boa. Aristóteles tinha respondido essa pergunta com uma definição da natureza humana orientada pela idéia da realidade consumada: a "obra" (ἔργον) propriamente dita do homem é a realidade da vida em sintonia com a razão que se articula lingüisticamente[88]. De maneira correspondente, uma vida é boa, quando é conduzida em consonância com essa determinação essencial. Nesse caso, medida por aquilo que é possível para o homem, ela se mostra como a vida mais plena, como a vida mais real – em verdade, não com a vida imutável, mas, sob as condições fundamentais do poder ser diversa, como a mais persistente. Por mais diversas que possam ser as situações da vida – todas elas são vividas na orientação permanente pelo λόγος. Em verdade, Aristóteles não deduziu o fato de a realidade ser aqui o elemento obrigatório junto à produção compreendida como fabricação. De qualquer modo, porém, ele o concebeu junto ao movimento de promover o aparecimento de algo, por exemplo, no sentido da apresentação artística; o flautista promove o aparecimento de algo, mas não produz nada. Essa orientação pelo promover o aparecimento de algo já se mostra por si só na formulação sobre a "obra do homem" (ἔργον τοῦ ἀνθρωποῦ); com ela, Aristóteles transpõe para o interior da vida humana como um todo o fato de todo saber-fazer no sentido de uma arte (τέχνη) só se mostrar enquanto tal no resultado.

No entanto, mesmo que o diagnóstico heideggeriano seja pertinente, a virada crítica que Heidegger empresta a esse diagnóstico não se justifica. Com a sua orientação pela promoção do aparecimento de algo, Aristóteles não perde de maneira alguma de vista a vida humana. Uma tal promoção não serve para ele senão como modelo. Ela deve indicar o primado do real ante o possível no sentido do saber fazer, um primado que só pode ser ele mesmo conquistado em uma discussão dos conceitos de possibilidade (δύναμις) e realidade (ἐνέργεια). A comprovação desse prima-

---

86. Ibid., p. 388.

87. Ibid., p. 389.

88. Aristóteles, *Ethica Nichomachea* I, 7; 1098a 7: ψυχῆς ἐνέργεια κατὰ λόγον.

do não pertence mais à filosofia prática, mas àquela questão sobre o próprio ente (ὄν ᾗ ὄν)[89] que foi documentada na Modernidade com o nome "ontologia". A discussão teórica, contudo, libera pela primeira vez para Aristóteles a possibilidade de perguntar filosoficamente sobre a vida boa. Com isso, Aristóteles liga a filosofia prática a uma intelecção que não pode ser conquistada em sua conexão apenas prática.

Na medida em que Heidegger prescinde desta vinculação, ele não recebe de volta nenhuma filosofia prática liberada dos lastros teóricos. Ao contrário, ele sobrecarrega muito mais a filosofia prática com tarefas da filosofia teórica. De maneira diversa da filosofia prática de Aristóteles, a hermenêutica da facticidade heideggeriana não depende de nenhuma ontologia porque ela mesma é uma ontologia. "A problemática da filosofia", assim encontra-se formulado no *Relatório-Natorp*, diz respeito ao *"ser* da vida fática"[90]. Este fato não pode ser compreendido no sentido de uma *mera* explicitação desse ser. Como é que isso seria possível, se o ente é, em verdade, múltiplo, mas de qualquer modo apresentado "em vista do um"[91], e se o "sentido de '*ser*'"[92], segundo o modelo aristotélico[93], deve ser retido como um e uniforme? Dessa forma, a ontologia da vida fática precisa ser uma "ontologia principial", de tal modo "que as ontologias regionais mundanas particulares e determinadas recebam, a partir da ontologia da facticidade, o fundamento do problema e o sentido do problema"[94]. Isso está fundamentado em *Ser e tempo* com o pensamento de que toda compreensão de algo em seu ser remonta à compreensão de ser originária, na qual o ser-aí compreende a si mesmo[95]. O ser-aí humano é para Heidegger "a condição de possibilidade de toda ontologia"[96], e, em verdade, não no sentido trivial de que não haveria nenhuma ontologia sem o homem. O que se tem em vista é muito mais o fato de ser intrínseco a toda ontologia, quer se trate do ser-aí humano ou não, a compreensão de si do ser-aí humano enquanto a possibilidade que a condiciona. Toda ontologia é, então, um entendimento mais ou menos claro do homem em relação a si mesmo.

---

89. Cf. Aristóteles, *Metafísica IV*, 1; 1003a 21: A *Metafísica* é citada segundo: *Aristotle's Metaphysics*, org. por W.D. Ross, dois volumes, Oxford, 1924.

90. Heidegger, *Phänomenologische Interpretationen* (Interpretações fenomenológicas), GA 62, p. 364.

91. Aristóteles, *Metafísica IV*, 2; 1003a 33: τὸ δὲ ὄν λέγεται πολλαχῶς, ἀλλὰ πρὸς ἕν.

92. Heidegger, *Ser e tempo*, GA 2, 1.

93. Em um olhar retrospectivo posterior, Heidegger dá claramente a entender esse modelo. Em articulação com a dissertação de Franz Brentano *Von der mannigfachen Bedeutung des Seienden nach Aristoteles* (Sobre a significação múltipla do ente em Aristóteles – 1862), ele teria sido mobilizado "desde 1907" pela questão: "Se o ente é dito com muitos significados, qual é então a significação diretriz? O que significa ser?" (Martin Heidegger, *Meu caminho na fenomenologia*, in: Heidegger, *Zur Sache des Denkens*, Tübingen, 1976, p. 81-90, aqui, p. 81).

94. Heidegger, *Phänomenologische Interpretationen* (Interpretações fenomenológicas), GA 62, p. 364.

95. Heidegger, *Ser e tempo*, GA 2, p. 16.

96. Ibid., p. 18.

Neste pensamento é certamente elucidativo o fato de todo sentido de "ser" só poder ser clarificado por sobre a compreensão de ser. De que outra forma a não ser na compreensão esse sentido deveria ser dado? No entanto, daí não se segue que toda compreensão de ser resulta da compreensão do próprio ser. Ao contrário, para apreender algo naquilo que ele é, é preciso que possamos nos abstrair de nosso próprio ser. Se não fosse assim, o outro ser seria sempre apenas uma modificação do próprio ser ou só poderia ser apreendido em contraste com esse. Todavia, esse não é o caso: dito em sintonia com Merleau-Ponty, o fato de nós estarmos *em meio às coisas*, e, em alguns aspectos, tal como as coisas[97], não é nenhuma modificação de nosso ser determinado em essência de maneira totalmente diversa. Tampouco se trata de algum outro modo de ser, incompatível com o nosso ser propriamente dito, de modo que tomaríamos parte em dois modos de ser diversos. Nosso ser é que só se descerra muito mais em meio às coisas, quando nos imiscuímos no ser das coisas. Isso, por sua vez, só é possível contemplativamente; essa é uma possibilidade da teoria que não pode ser conquistada a partir da autoclarificação da vida humana. Aquilo que pode ser esperado da teoria não é resgatado pela hermenêutica da facticidade.

A revalorização ontológica da filosofia prática que é empreendida por Heidegger é problemática ainda em um outro aspecto. Ela equivale a uma recusa de quase tudo aquilo que é prático nessa razão. Heidegger não compreende a φρόνησις, tal com o próprio Aristóteles, como uma reflexão que se dirige para as respectivas possibilidades do agir, mas apenas como abertura da própria situação de ação. A φρόνησις torna "a situação daquele que age acessível"[98]; enquanto razão "solícito-reflexiva", ela só é possível "porque é primariamente uma αἴσθησις, um abarcar o instante com o olhar de maneira derradeiramente simples"[99]. Em verdade, Heidegger pode se reportar a Aristóteles quanto à idéia de um tal "olhar". Mesmo segundo as análises da *Ética a Nicômaco* reside na φρόνησις uma apreensão imediata que Aristóteles denomina "percepção", αἴσθησις; trata-se de um apreender que precisa ser diferenciado do desempenho propriamente dito da razão (νοῦς), que tem algo em comum com os princípios (ἀρχαί) do conhecimento[100]. A percepção que se transcorre na razão prática não remonta ao imutável, mas ao "a cada vez", àquilo que se tem de fazer a cada vez (πρακτόν)[101]. Heidegger só conquista a sua interpretação por meio do fato de deduzir do πρακτόν a futuridade daquele que age e por compreender assim a φρόνησις como abertura futura – em *Ser e tempo*, essa abertura chamar-se-á "descerramento" – do ser-aí. Na interpretação heideggeriana, a φρόνησις transforma-se de uma ponderação sobre as possibilidades de ação em um

---

97. Maurice Merleau-Ponty, *Le visible et l'invisible* (O visível e o invisível), Paris, 1964, p. 180: "chose parmi les choses".

98. Heidegger, *Phänomenologische Interpretationen* (Interpretações fenomenológicas), GA 62, p. 383.

99. Ibid.

100. Aristóteles, *Ética a Nicômaco* VI, 6; 1140b 31-1141a 8.

101. Ibid., 1142a 25.

ser-possível que precede a todo agir e o abre pela primeira vez enquanto tal. Com as palavras de Heidegger: ela se transforma em "prontidão para a lida"[102].

Contra a concepção heideggeriana de uma hermenêutica da facticidade, porém, não se deve objetar apenas o fato de nela as possibilidades da razão teórica serem desconhecidas e as possibilidades da razão prática, marginalizadas. Além disso, é possível duvidar de que essa concepção faça jus à essência do elemento hermenêutico. Na medida em que Heidegger radicaliza a hermenêutica e a transforma em compreensão de si por parte do ser-aí, perde-se aquilo que era anteriormente considerado a coisa mais própria da hermenêutica: a interpretação da palavra e da escrita.

Em verdade, essa objeção não é formulada expressamente por Gadamer, mas é defendida com ênfase. Juntamente com Heidegger, Gadamer está convencido do papel hermenêutico, chave da razão prática. No entanto, de maneira diversa da de Heidegger, ele procura compreender a razão prática a partir do contexto ético ao qual ela pertence em Aristóteles. Na medida em que Gadamer, com vistas à filosofia prática, insiste na "atualidade hermenêutica de Aristóteles"[103], ele acentua ao mesmo tempo a essência prática da hermenêutica filosófica.

Para Gadamer, o ponto de partida é o mesmo que para Heidegger. A hermenêutica também se destaca "de um saber 'puro' destacado do próprio ser"[104]. No entanto, o que está em questão para ele não é uma filosofia que articule a autotransparência do ser-aí humano, mas sim o fato de o pensamento filosófico se colocar totalmente a serviço do "saber prático" que se realiza a cada vez individualmente[105]. Assim, no que concerne à hermenêutica, Gadamer ratifica o fato de o que está em questão para Aristóteles na *Ética* não é o saber, mas o agir[106]. Para a ética filosófica, o decisivo é "que ela não se lança precipitadamente para o lugar da consciência moral, nem busca tampouco um conhecimento puramente teórico, 'histórico', mas auxilia a consciência moral a alcançar uma clareza quanto a si mesma por meio da clarificação em esboço dos fenômenos"[107]. Não precisamos senão colocar no lugar da consciência moral a consciência hermenêutica, para que tenhamos nessa sentença uma autodescrição programática da filosofia gadameriana.

A "clarificação em esboço", da qual Gadamer nos fala, só é possível se a consciência hermenêutica e a consciência moral, apesar de toda diferença acentuada pelo próprio Gadamer[108], estiverem de acordo no essencial. O elemento comum re-

---

102. Heidegger, *Phänomenologische Interpretationen* (Interpretações fenomenológicas), GA 62, p. 384.

103. Gadamer, *Verdade e método*, GW 1, p. 317.

104. Ibid., p. 319.

105. "Saber prático" é o título de um antigo ensaio que antecipa momentos essenciais da concepção de *Verdade e método* (Hans-Georg Gadamer, *Praktisches Wissen*, 1930, in: *Grieschische Philosophie I*, Tübingen, 1985, GW 5, p. 230-248).

106. Aristóteles, *Ética a Nicômaco* I, 3; 1095a 5-6: τὸ τέλος ἐστίν οὐ γνῶσις ἀλλὰ πρᾶξις.

107. Gadamer, *Verdade e método*, GW 1, p. 318.

108. Cf. Ibid., p. 320: "Com certeza, não se trata na consciência hermenêutica nem de um saber técnico, nem de um saber moral".

Primeiro capítulo: Da hermenêutica filosófica à filosofia hermenêutica

side para Gadamer no fato de, nos dois casos, aquele que sabe "não" se contrapor "a um estado de coisas", "que ele apenas constata", mas ser "tocado imediatamente por aquilo que conhece": "ele é aquilo que tem de fazer"[109].

É nesse sentido que Aristóteles tinha falado da φρόνησις: ela se dirige para as "coisas humanas"[110], ou seja, para aquilo sobre o que precisamos refletir como uma pluralidade de possibilidades de ação[111], a fim de nos decidirmos na realização de uma ponderação sobre essa ação em favor daquele bem que precisamos fazer[112]. Tal como comenta Gadamer, isso significa o mesmo que "considerar da situação concreta aquilo que ela exige dele – do agente"[113]. Aquilo que é exigido não resulta, contudo, apenas da situação. Ele precisa poder ser conhecido enquanto regra em uma imperatividade que abarque essa situação, pois aquilo que é imperativo para a orientação da ação não pode ser algo único e irrepetível. Nessa medida, o exigido é aquilo "que é em geral exigido"[114].

Por conseguinte, o universal fornece previamente a compreensão da respectiva situação, uma compreensão que é obrigatória para uma ação, e se afirma ao mesmo tempo nessa situação. Enquanto algo universal, por exemplo, enquanto a convicção de que se deve ajudar alguém que está correndo risco de vida, ele está aí para descerrar uma situação e para ser realizado nela por meio da ação. Em relação a esse ponto, um saber que não é senão universal permanece "sem sentido"[115] em uma perspectiva prática.

No entanto, a ligação do universal com a situação particular não é obtida por si mesma. Ela precisa ser encontrada e é encontrada no saber prático. Seu desempenho propriamente dito não consiste certamente em ainda relacionar além disso algo universal conhecido por si com uma situação determinada. Segundo a sua essência, ele é "emprego", aplicação. O saber moral, diz Gadamer, precisaria "conter em si a aplicação do saber à própria tarefa concreta respectiva"[116]. Com certeza, essa tarefa não é um caso particular qualquer, mas uma situação na qual temos de afirmar a nós mesmos. O saber do universal que está ligado em si ao próprio agir é "um momento essencial do ser ético"[117]; ele é, como Gadamer diz em sintonia com Aristóteles, um saber de si que é um saber-por-si[118].

---

109. Ibid., p. 319.

110. Aristóteles, *Ética a Nicômaco* VI, 7; 1141b 8-9: τὰ ἀνθρώπινα.

111. Ibid., 9: περὶ ὧν ἔστι βουλεύσασθαι.

112. Ibid., 12: πρακτὸν ἀγαθόν.

113. Gadamer, *Verdade e método*, GW 1, p. 318.

114. Ibid., p. 318.

115. Ibid.

116. Ibid., p. 320.

117. Gadamer, *Verdade e método*, GW 1, p. 319.

118. Aristóteles, *Ética a Nicômaco* VI, 8; 1141b 34: τὸ αὑτῷ εἰδέναι.

Tudo isso também é válido para a "consciência hermenêutica". Para Gadamer, essa consciência é uma consciência aplicadora, que trabalha no interesse da própria vida. Também deve ser válido para as ciências humanas e para toda prática hermenêutica o fato de seu "objeto ser o homem" "e o que ele conhece de si": o homem conhece a si mesmo, "porém, como um agente e o conhecimento que ele possui desse modo sobre si "não se dispõe a constatar o que é"[119]. É muito mais "agindo" que o agente descobre "onde ele tem de intervir"; o saber deve "dirigir seu fazer"[120]. Isso acontece na prática hermenêutica, à medida que experimentamos a cada vez, a partir da tradição que se dá para nós, possibilidades da própria compreensão e as deixamos ganhar validade na respectiva situação de vida. Na aplicação, aquilo que é legado é passado adiante, nós nos deixamos determinar por meio dele em nosso presente e nos recolocamos de volta na tradição como aqueles que sabem: "Nós falamos sobre o fato de o intérprete pertencer à tradição, com a qual ele tem algo em comum, e vimos na própria compreensão um momento do acontecimento"[121].

Comparada com a concepção hermenêutica de Heidegger, a hermenêutica gadameriana é mais convincente em um aspecto: enquanto Heidegger sobrecarrega a filosofia prática por meio de sua revalorização ontológica, Gadamer deixa a filosofia prática repousar em si. Sem violências conceituais, ele permanece mais próximo do modelo aristotélico e não angaria senão esse modelo para as suas reflexões. Como a sua apresentação do "saber prático" é em si elucidativa, a analogia com a "consciência hermenêutica" também se mostra convincente. E se a consciência hermenêutica precisa ser comprovada como uma variante do saber prático, a hermenêutica filosófica pode ser compreendida conseqüentemente segundo o modelo da ética enquanto "filosofia prática"[122].

Com certeza, a dificuldade fundamental que tinha se mostrado em Heidegger também existe aqui: Gadamer deixa em aberto como é possível uma filosofia prática sem a sua relação com a filosofia teórica, uma relação que era essencial para Aristóteles. Em suas reflexões, a teoria só aparece como contra-imagem. Ela é teoria *científica* e permanece enquanto tal o modelo problemático das ciências humanas, um modelo contra o qual Gadamer investe. O "exemplo da ética aristotélica" é evocado contra os "métodos objetivantes da ciência moderna"[123], ou seja, contra um saber meramente constatador, destacado do próprio ser[124].

---

119. Gadamer, *Verdade e método*, GW 1, p. 319.

120. Ibid., p. 320.

121. Ibid., p. 319.

122. Cf. Hans-Georg Gadamer, *Hermeneutik als praktische Philosophie* (Hermenêutica enquanto filosofia prática), in: Manfred Riedel (org.), *Rehabilitierung der praktischen Philosophie* (Reabilitação da filosofia prática), vol. 1, História, Problemas, Tarefas, Freiburg im Breisgau, 1972, p. 325-344.

123. Gadamer, *Verdade e método*, GW 1, p. 319.

124. Ibid..

Primeiro capítulo: Da hermenêutica filosófica à filosofia hermenêutica

A partir desse ponto poderia falar a convicção de que, na Modernidade, a teoria não seria outra coisa senão isso, e, portanto, de que a perda da teoria filosófica precisaria ser "compensada" – em uma experiência estética, tal como Joachim Ritter[125] procurou mostrar, ou mesmo em uma experiência hermenêutica que, por mais que abarque fenômenos "estéticos", é concebida segundo o modelo da filosofia prática. Todavia, essa resposta não é satisfatória. Devemos realmente compreender a reformulação gadameriana da filosofia do espírito de Hegel como uma contribuição para a "clarificação em esboço dos fenômenos", uma clarificação que não teria por meta senão auxiliar a consciência hermenêutica a "ter clareza quanto a si mesma"?[126] Ou será que se trata aqui de uma "aplicação" da tradição filosófica a uma questão atual, que é subordinada ao "saber-por-si"? Se levarmos em conta o fato de o retorno gadameriano a Hegel não ter apenas uma função elucidativa, mas se mostrar também como uma decisão prévia, tomada de maneira consciente ou não, em favor de um princípio filosófico, nenhuma dessas duas coisas faz algum sentido. Há evidentemente questões relativas à descoberta e à formação conceitual, que não respondem à exigência de uma filosofia prática ou acentuada praticamente[127].

No que concerne à compreensão gadameriana – e heideggeriana – do elemento teórico, resta ainda uma outra questão. Será que a alternativa entre o saber-por-si e a constatação fria e imparcial esgota realmente todas as possibilidades? Ou será que há ainda aquele querer saber e aquela consideração ligados ao próprio ser e, desse modo, esquecidos de si, que são possíveis ao nos voltarmos para a natureza visível tanto quanto no interior da física teórica ou na experiência de uma obra de arte? Um saber que não desemboque na condução da própria vida talvez seja, porém, maximamente ele mesmo.

Em todo caso, contudo, há a incontornabilidade do elemento teórico; Heidegger e Gadamer a atestam à sua maneira de modo suficientemente claro. Tomar distância em relação àquilo que é realizado ou que acontece não precisa se confundir de maneira alguma com uma coisificação problemática. E não há nenhuma compreensão sem distanciamento. Algo que tínhamos empreendido até aqui como

---

125. Cf. Joachim Ritter, *Landschaft. Zur Funktion des Ästhetischen in der modernen Gesellschaft. Schriften der Gesellschaft zur Förderung des Westfälischen Wilhelms-Universität Münster* (Paisagem. Sobre a função do estético na sociedade moderna. Escritos da sociedade para o fomento da Universidade Vestefálica de Münster), vol. 54, Münster, 1963. Reimpresso in: Joachim Ritter, *Subjektivität. Sechs Aufsätze* (Subjetividade. Seis ensaios), Frankfurt junto ao Main, 1974, p. 141-163. Cf. além disso: Odo Marquard, *Kompensation. Überlegungen zu einer Verlaufsfigur geschichtlicher Prozesse* (Compensação. Reflexões sobre uma figura do transcurso de processos históricos), in: *Aesthetica und Anaesthetica. Philosophische Überlegungen* (Estética e anestética. Reflexões filosóficas), Paderborn/Munique/Viena/Zurique, 1989, p. 64-81.

126. Gadamer. *Verdade e método*, GW 1, p. 318.

127. Mesmo que Gadamer pareça encontrar um espaço para isso, um "elogio da teoria" desemboca, para ele, sub-repticiamente em um elogio da prática comum. O "afastar de si o olhar" não é válido para coisa alguma, mas para o outro, cujo "ponto de vista" temos de levar concomitantemente em conta (Hans-Georg Gadamer, *Lob der Theorie*, 1980, in: *Neuere Philosophie* II, GW 4, Tübingen, 1987, p. 37-51, aqui p. 51).

auto-evidente ou algo que acontecia sempre da mesma maneira sem chamar a atenção torna-se repentinamente questionável. Se quiséssemos saber agora o que ele é ou mesmo como devemos nos comportar em relação a ele, seria necessário um outro acesso, para o qual não pode valer mais nenhuma das obviedades anteriores enquanto tais. Nós fazemos aqui exatamente aquilo que Husserl tinha definido como a essência da ἐποχή em vista da postura cotidiana: não acompanhamos mais aquilo que é realizado ou acontece. Encontramos um outro direcionamento do olhar e nos contrapomos nesse direcionamento àquilo que era anteriormente óbvio. A isso pertence um novo sentido para o contexto e para a co-pertinência: um sentido que vê e reúne os diversos momentos de algo.

Portanto, o que se coloca em questão é a possibilidade da compreensão que, de maneira diversa da "intuição hermenêutica" heideggeriana e da hermenêutica gadameriana da consciência histórico-efetiva, *não acompanha mais simplesmente*. Essa seria uma compreensão pensada a partir da fenomenologia, uma compreensão que pode se cunhar como uma posição especificamente fenomenológica. Com ela, abre-se a possibilidade de uma hermenêutica no sentido da fenomenologia. Por isso, esta hermenêutica também precisaria poder se formar enquanto filosofia hermenêutica a partir do princípio fenomenológico, ao invés de ser uma hermenêutica filosófica.

Há um forte indício para a possibilidade de uma tal compreensão: a autocompreensão da filosofia tradicional enquanto teoria. De maneira correspondente, portanto, precisamos perguntar se a filosofia tradicional em sua essência teórica pode ser hermeneuticamente concebida como compreensão. Se esse for o caso, então um pensamento que se tornou expressamente hermenêutico pode se mostrar como uma possibilidade da filosofia tradicional, ao invés de ser apenas uma visão retrospectiva ou destrutiva dessa filosofia. Antes disso, porém, dever-se-ia saber como é preciso pensar uma distância em relação àquilo que é realizado ou acontece, uma distância que não é nenhum encobrimento do elemento histórico, mas que se mostra como descerradora e indispensável mesmo para a compreensão da tradição.

§ 4: Origem

Algo está repentinamente presente. É possível que ele tenha se preparado; condições para a sua aparição foram dadas, houve um momento propício para a sua existência. Todavia, as preparações permaneceram incognoscíveis; somente agora, depois que o novo veio à tona, também ficou visível aquilo que o preparou ou apenas anunciou. Portanto, aquilo que veio à tona nunca pode ser derivado das condições para a sua aparição; elas estavam aí como instâncias que favoreciam o seu aparecimento. Algumas se mostravam mesmo com certeza como condição *sine qua non*, mas elas não apresentam a essência daquilo que agora está aí. Mesmo o momento propício poderia ter passado, sem que algo tivesse acontecido; nada aponta para aquilo que veio à tona, não teve lugar um desenvolvimento, de modo que poderíamos ter considerado como ele foi paulatinamente ganhando forma.

Aquilo que vem à tona dessa maneira eclode, sua essência é originariedade. "Origem", é assim que se encontra formulado em Walter Benjamin, no *Prefácio*

Crítico-cognitivo à *Origem do drama barroco alemão*, é "em verdade (uma) categoria totalmente histórica". Todavia, ela "não tem nada em comum com surgimento". Na origem "não se tem em vista nenhuma gênese daquilo que surgiu, mas muito mais algo que escapou ao devir e ao perecer". A origem encontra-se "no fluxo do devir como um redemoinho" e arrasta "o material do surgimento para o interior de seu ritmo"[128].

A originariedade compreendida nesse sentido é algo assim como um centro imprevisível e impassível de ser derivado, a partir do qual e no qual todo o resto se abre de uma vez só de modo novo. A comparação de Benjamin é pertinente: o originário é como o redemoinho em um rio. Ele não se explica a partir de nenhum contexto, mas instaura pela primeira vez um contexto; ele não pertence a nenhum desenvolvimento, mas aquilo que lhe pertence como algo que está se desenvolvendo só é reconhecido enquanto tal a partir da originariedade. Desse modo, o originário é por um lado radicalmente cindido de toda configuração e reconfiguração, de toda dissolução e desaparecimento. Enquanto "algo que escapou ao devir e ao perecer", ele salta para fora desse âmbito. Ele também escapa de tal modo do devir e do perecer, que se subtrai a eles. Ele passa ileso por aí, e, em verdade, não apenas pelo fato de se afastar da configuração e da reconfiguração e só ser por si, mas por sua força marcante e integradora que repercute no devir e no perecimento. O originário determina de maneira nova aquilo de que emergiu, sem tê-lo produzido.

Assim, é possível que nada se altere com o originário e que, por outro lado, tudo se altere. Pode ser que nada daquilo que havia antes desapareça, seja reconfigurado ou se apresente de maneira nova. Tudo continua sendo reconhecível como aquilo que ele era por si, e, apesar disso, tudo se encontra aí de uma forma totalmente diversa, como que sob uma luz antes desconhecida. Ele não se altera ou, se se altera, não é isso o decisivo. Ele entra em uma nova essência.

O eclodir não é nenhuma alteração de um gênero tal que se poderia dizer: antes as coisas eram assim, agora elas são de outro modo. Mesmo o "diverso", a estranheza com a qual algo aparece repentinamente, remonta à eclosão. Eclodir é uma *mudança absoluta*; dentre os conceitos clássicos que indicam mudança, o que continua se ajustando nesse caso da melhor forma possível é o conceito de transformação, de μεταβολή. O clima transforma-se (vira)[129]; a alteração da luz e a aproximação das nuvens não são o decisivo; tudo isso também poderia pertencer a condições climáticas constantes que persistem. Só vemos as relações luminosas

---

128. Walter Benjamin, *Origem do drama barroco alemão*, in: Gesammelte Schriften (a seguir: Schriften), org. por Rolf Tiedemann, vol. I.1, segunda edição, Frankfurt junto ao Main, 1978, p. 203-409, aqui p. 206.

129. Há nesta passagem uma certa incompatibilidade entre o original e a tradução. A tradução corrente do termo alemão *Umschlag* é transformação, mudança, conversão. Todavia, ao se aplicar às mudanças climáticas, o termo designa muito mais uma alteração brusca do clima, algo que normalmente expressamos com a locução "o tempo virou". A questão é que o exemplo do clima é aqui justamente escolhido como paradigmático para a compreensão do sentido de *Umschlag*. Assim, vimo-nos diante da necessidade de forçar um pouco a língua portuguesa e dizer "o clima transforma-se", inserindo entre parênteses o verbo "virar" (N.T.).

de maneira diversa e avaliamos as nuvens de uma forma diversa, quando compreendemos que elas pertencem ao contexto de uma nova condição climática.

Em articulação com esse ponto, é preciso que tenha ficado compreensível a razão pela qual Benjamin pode denominar a origem uma "categoria histórica". O originário não esteve sempre presente, ele eclode. De maneira aproximativa, poder-se-ia designar esse fato como um acontecimento ou um evento. Todavia, trata-se de um acontecimento *sui generis* que só designamos exatamente com uma expressão que lhe é própria: ele eclode. Essa não é nenhuma evocação – como se a coisa que está aqui em questão só pudesse ser designada, à medida que repetíssemos sempre novamente a expressão que lhe é própria. Ele pode ser delimitado e explicitado por contraste.

Para tanto, é particularmente importante perceber que a eclosão se encontra de uma maneira peculiar em uma relação de través com o devir e o perecimento, e, contudo, não é independente deles. A eclosão não é nenhum vir-a-ser e perecer. Aquilo que vem a ser e perece, aquilo que pode vir-a-ser e perecer, é muito mais algo repentinamente determinado de modo diverso. No entanto, não acrescentamos àquilo que pode vir a ser e perecer nada que fosse em si mesmo de um outro tipo. O que eclodiu e o originário não possuem nenhum modo de ser próprio, que também existiria para além do modo de ser daquilo que vem a ser e perece. Ele não é possível sem algo desse gênero. O originário não é nenhum ser que se encontra ao lado do devir e do perecer, ele não é nada que estaria dado por si ao lado do devir e do perecer. Ele só existe, à medida que determina algo diverso e o deixa entrar, assim, em um contexto determinado. Ele é *limite*, compreendido como o elemento delimitador capaz de entregar ao outro que, tomado por si, é ilimitado, um valor conjuntural em um todo e, com isso, uma determinação. Com os termos limite e ilimitação estabelece-se uma distinção derradeira, que não pode continuar sendo derivada. Por isso, na imagem mítica que Platão encontra para a co-pertinência entre limite e ilimitação (πέρας e ἀπειρία), é possível dizer que eles foram dados pelos deuses ou roubados deles[130].

Enquanto originária, a limitação não chega simplesmente de fora; se ela fosse cunhada ou gravada de fora, ela já precisaria estar de algum modo dada. Ela é antes obtida do seguinte modo: tudo dá-se como se algo entrasse em um outro estado de agregação, por meio do qual esse algo se torna perceptível de maneira surpreendente e ao mesmo tempo elucidativa. Aquilo que é dado no devir e no perecer talvez tenha se expressado de uma maneira peculiar. Há, então, uma transformação, uma mudança absoluta ou um salto, e o imprevisível, o originário se faz presente.

Como o originário não pode ser sem a mudança absoluta, ele não é necessariamente durável. A nova luz sob a qual algo se encontra pode embotar e desaparecer. E, então, tudo se insere uma vez mais no fluxo de uma maneira difusa. Somente a lembrança de que algo diverso aconteceu ainda persiste. Com isso, talvez haja mesmo uma lembrança do modo, segundo o qual o originário tinha se articulado.

---

130. Platão, *Filebo* 16c.

Algo desse gênero fica para trás como os resíduos de antigas culturas; instrumentos, em relação aos quais ainda sabemos que eles eram instrumentos, mas cujo emprego nos é desconhecido.

Todavia, assim como a sua eclosão não tinha sido um surgimento, o desaparecimento do originário também não é um perecimento. Algo surge *a partir de algo* e se torna *algo* quando perece. Todo surgimento e todo perecimento mostram-se como uma *mudança relativa*; para denominá-los, precisamos poder dizer, em verdade, onde eles terminam e onde começam, sempre pensando, porém, para além do processo. Assim, a planta surge da semente e se torna terra quando perece. Ou surge um utensílio, por exemplo, um pote. Ele pode ter encontrado a sua forma por meio de mãos criadoras juntas; em todo caso, a forma precisa ter estado aí, para que o pote tenha podido ser formado a partir do barro. Com isso, o pote surge com essa forma a partir da terra, que se deixa secar ou queimar enquanto argila. Pois bem, o pote poderia ser modificado em sua forma; ao invés de barro, ele poderia ser de madeira ou de bronze. Temos sempre alguma coisa presente da qual parte o surgimento e, com maior razão, a alteração. Além disso, o perecimento e, mais ainda, a alteração sempre se dirigem novamente para algum lugar. Em contrapartida, o originário está simplesmente presente ou ausente.

No sentido explicitado, originária pode ser uma *forma de vida*. Uma *forma de vida* é por sua vez originária pelo fato de os momentos diversos – convicções, modos de comportamento, aparência, regras, rituais e coisas do gênero – formarem uma conexão una e impassível de ser derivada em seu caráter uno. Cada um desses momentos também poderia ser independente da forma de vida ou aparecer em uma outra forma de vida, e, apesar disso, eles seriam determinados em sua essência de maneira diversa. Os momentos podem variar na forma de vida, talvez mesmo mudar; uma coisa sai e uma outra se acrescenta. Não obstante, a forma de vida permanece a mesma. Enquanto há a forma de vida, ela é independente daquilo que acontece em seu âmbito.

Originárias são também as *obras de arte* que merecem realmente esse nome. Elas não pertencem, como as coisas cotidianas, a um contexto que as abarca, mas abrem contextos que só podemos experimentar tal como experimentamos por meio delas. Mesmo quando a experiência não é diretamente a experiência da obra de arte, ela permanece ligada a essa obra, por exemplo, quando olhamos na natureza para um pôr-do-sol como para um quadro de Monet ou quando a experiência de uma rememoração se dá tal como em Proust. Sem o quadro, sem o romance, a experiência tal como foi feita não seria possível. O contexto histórico que se liga a uma obra também é aberto de maneira nova pela obra; ele pertence à obra, a obra não lhe pertence.

De maneira diversa de uma forma de vida, as obras de arte não são variáveis em si ou só o são em limites muito estreitos. O quadro não é mais o que ele é quando é alterado; no poema que se mostra como uma obra-prima não falta nenhuma palavra e não há palavra alguma a mais. A alteração no âmbito da obra acontece por meio do fato de ela tornar algo diverso experimentável de maneira diversa. Enquanto as formas de vida possuem limites que podemos ultrapassar, a obra de arte é um limite que abre e não restringe.

Por fim, originárias são a *ciência* e a *filosofia*. As duas vêm à tona em um campo que, tomado por si, não é nem científico, nem filosófico, e deixam esse campo se tornar visível de uma maneira imprevisível e impassível de ser derivada. Elas sondam esse campo como um contexto que se mostra como científico ou filosófico por meio de sua sondagem e determinam de modo novo tudo aquilo que se insere neste contexto. Há possibilidades de clarificação que são originariamente científicas ou filosóficas. Na medida em que essas possibilidades são articuladas, a investigação científica e a filosofia se destacam ante outras possibilidades de compreensão da vida e do mundo. Com isso, elas entregam, com freqüência, pela primeira vez, a essas possibilidades o seu contorno; o não-científico e o não-filosófico só passam a existir por meio da ciência e da filosofia.

Por um lado, o discurso sobre o caráter originário "da" ciência e "da" filosofia é justo. Toda ciência e toda teoria científica possuem o caráter fundamental do elemento científico, assim como toda concepção filosófica tem o caráter fundamental do elemento filosófico; isso faz com que os projetos particulares se co-pertençam; isso os torna comparáveis e torna possível destacá-los de outras possibilidades do conhecimento e da experiência. Por outro lado, não há nunca "a" ciência ou "a" filosofia. Há ciências e, nessas ciências, aquelas formações originárias que Thomas S. Kuhn denominou "paradigmas"[131]. Elas são determinadas, por exemplo, por meio de métodos unos, de conceitos fundamentais reconhecidos e estruturas de entendimento mais ou menos homogêneas. A mudança de um paradigma para outro, tal como Kuhn a descreve, é absoluta. Não que não haja aqui nenhuma possibilidade de comparação. Todavia, apesar de haver uma tal possibilidade, não há *transições* possíveis de um paradigma para o outro; um estado de coisas é determinado ou bem nesse, ou bem naquele paradigma.

As coisas também se comportam desse modo no caso da filosofia. Só há filosofia enquanto filosofias, por mais que toda grande filosofia seja um paradigma no sentido de Kuhn. Com certeza, e isso ainda se mostrará mais exatamente, a filosofia, de maneira diversa da ciência, só é aquilo que ela deve ser segundo a sua essência na mudança de paradigma. Em verdade, também há na filosofia aquilo que Kuhn denomina *"normal science"*[132], ou seja, o acabamento, o refinamento, a explicitação de um grande projeto sistemático. Não obstante, algo desse gênero não é o propósito da filosofia; quando a filosofia é empreendida como *normal science*, ela fica aquém daquilo que deve ser. O que está em questão para ela não é o preenchimento de esquemas ou a aplicação de leis e regras, mas o próprio originário. Mesmo em meio ao trabalho com filosofias já elaboradas, o que importa é sempre reconquistar novamente a originariedade e compreender aquilo que está presente no contexto originário a partir de sua originariedade.

Precisamos esclarecer agora o que isso significa mais exatamente. Nesse caso, o que está em questão é, por um lado, uma definição formal da filosofia em sua originariedade. Essa definição precisa ser válida para todas as filosofias; somente desse

---

131. Cf. Thomas S. Kuhn, *The Structure of Scientific Revolutions*, Chicago, 1962.

132. Em inglês no original: ciência normal (N.T.).

modo é possível dizer a cada vez em relação àquilo que eclode que ele é filosofia. Por outro lado, a diversidade das filosofias precisa poder se tornar concebível. Por que pertence à filosofia o fato de ela sempre começar uma vez mais de maneira nova e alcançar novas soluções em verdade comparáveis, mas nunca redutíveis umas às outras? E, por fim, precisamos perguntar se o caráter hermenêutico da filosofia se abre a partir de sua originariedade. Será que a filosofia possui uma essência hermenêutica? E, se esse for o caso: como se obtém a partir dessa determinação a possibilidade de uma filosofia expressamente hermenêutica?

Tudo isso se esclarece da melhor maneira possível se nos orientarmos por modelos filosóficos, de tal modo que, exatamente como o traço essencial filosófico comum, possibilidades diversas de cunhagem da filosofia também sejam visualizadas. "A" filosofia nunca pode ser apresentada senão de maneira modelar. Ela nunca está simplesmente presente, nem tampouco se decompõe em uma série de dados históricos. Cada uma de suas possibilidades representa uma essência filosófica que é ela mesma uma possibilidade e que nunca se entrega senão em possibilidades.

§ 5: Modelos originários

Um modelo é um exemplo normativo – nem a coisa mesma, nem um fenômeno arbitrário. No modelo, a essência da coisa está por um lado presente; algo se adequa tanto mais enquanto modelo, quanto mais decididamente este for o caso. Aquilo que se experimenta de maneira modelar não é, por outro lado, simplesmente a essência da coisa, mas essa essência em um aspecto determinado. Por isso, os modelos não são nem concludentes nem arbitrários. Eles precisam ser escolhidos, e, portanto, a decisão quanto àquilo que deve servir como modelo também poderia ter sido tomada de maneira diversa; um outro modelo talvez não ajudasse menos, talvez se obtenha, em uma próxima ocasião, por meio da consideração de um outro modelo, uma outra imagem. Todavia, se lidamos realmente com modelos, não deveria haver nenhuma outra imagem essencialmente diversa.

Não se pode julgar de antemão se algo se adequa enquanto modelo; os modelos precisam se comprovar enquanto tais, na medida em que dão a conhecer as coisas para as quais eles são modelos. Se é assim, a coisa não se mostra imediatamente no modelo; um modelo é aquilo junto ao que algo pode ser mostrado. Esse também é o sentido da palavra grega, para a qual foi escolhida aqui a correspondência "modelo": παράδειγμα; παραδείκνυμι significa: eu mostro algo junto a algo e o torno, assim, presente.

Porque em um modelo a coisa que está em questão não está imediatamente presente, os modelos precisam se completar mutuamente. Quanto melhor eles são escolhidos, tanto antes isso acontece. Assim, por meio de sua combinação, surge uma imagem da coisa que dá ao mesmo tempo a conhecer a sua riqueza e o seu caráter diferenciado. Desse modo, também é possível tomar a diversidade dos modelos como ocasião para uma unificação conceitual. Com os diversos modelos pode-se sondar a essência de uma coisa. Se esta essência não é dada de maneira simples e imediata – neste caso, os modelos seriam supérfluos ou meramente ilustrativos –, uma tal sondagem é o único caminho que conduz à essência de uma coisa.

A coisa que está aqui em questão é a filosofia em sua originariedade. De maneira análoga, são as concepções filosóficas que servem aqui como modelos, concepções que dão a conhecer, de modo particularmente claro, a sua própria originariedade. Modelos devem se distinguir por meio de sua pregnância; eles precisam se comprovar enquanto tais, na medida em que deixam algo realmente se mostrar junto a eles.

Todavia, mostra-se junto aos modelos algo que não é dado apenas neles; modelos filosóficos apresentam-se fundamentalmente para toda filosofia e para a originariedade de toda filosofia. Toda filosofia é originária. Uma discussão filosófica que não é originária não é filosofia, mas apenas se interessa pela filosofia.

O fato de a discussão de sua própria possibilidade pertencer à sua essência é um indício da originariedade da filosofia. O filosofar não se mantém em nenhum procedimento fixado de uma vez por todas, ou mesmo apenas estabelecido por um determinado tempo ou direção; ou, tal como Heidegger o formulou certa vez em uma preleção mais antiga: "A filosofia só sente falta de uma coisa: da necessidade de sempre ter clareza uma vez mais sobre a sua essência, quando a idéia de ciência é estabelecida como norma"[133]. Na questão filosófica sobre a essência da filosofia entra em jogo a sua ausência de pressupostos. Segundo a sua essência, toda filosofia é algo impassível de ser derivado, algo novo. Todavia, a sua ausência de pressupostos não é atestada pelo fato de um projeto filosófico ser desenvolvido por assim dizer a partir do nada e precisar se diferenciar em todos os aspectos daquilo que já existia. Isso é impossível; toda filosofia acolhe outras ou se coloca contra elas; em cada uma encontra-se de maneira mais ou menos clara aquilo que a precedeu e que foi legado pela tradição – figuras de pensamento, padrões de representação e argumentação, conceitos e metáforas. No entanto, se a filosofia é originária, ela não pode ser derivada daquilo que a precede; ela não dá prosseguimento ao precedente, modificando-o de maneira mais ou menos intensa, e, por conseguinte, ela não imerge no que é legado. Com toda filosofia, momentos da tradição são colocados de maneira nova em uma conexão determinada; todos os momentos podem ser conhecidos, mas o todo dessa conexão é novo e diverso de todas as outras filosofias. Ele é tradicional e, contudo, escapa à tradição. Com o todo de uma filosofia, aquilo que é pensado e pensável é determinado de uma forma inconfundível; ele é limitado e, por meio daí, aberto de modo novo. O pensamento nunca é aberto senão em determinados limites; à medida que se abre, ele se limita.

Apesar de a pergunta sobre a essência da filosofia pertencer à filosofia, o pensamento filosófico pode estar mais ligado a uma coisa do que empenhado em uma autoclarificação. Somente onde o que está em jogo é um tal empenho por autoclarificação, porém, a originariedade da filosofia é experimentada enquanto tal. Isso não precisa significar que ela também seria formulada enquanto tal. Se esse fosse o caso, a originariedade não precisaria ser mostrada junto a modelos; ela residiria enquanto tal, abertamente descoberta, como um estado de coisas. Mas as coisas não se dão assim. Só há a originariedade da filosofia, na medida em que ela se ex-

---

133. Heidegger, *Einleitung in die Phänomenologie der Religion* (Introdução à fenomenologia da religião), GA 60, p. 7.

Primeiro capítulo: Da hermenêutica filosófica à filosofia hermenêutica

põe sempre uma vez mais de maneira nova no filosofar e é determinada de modo mais ou menos expresso.

A filosofia em sua originariedade mostra-se de forma particularmente clara junto a modelos que são bastante diversos. A sua seqüência histórica não desempenha neste caso papel algum; decisivo é muito mais o fato de os modelos poderem ser ligados uns aos outros em sua diversidade, de tal modo que, usando uma formulação de Benjamin, eles mantêm "o nível de energias complementares"[134]. Assim, impedimos que venhamos a nos ligar a um deles como a um pressuposto e a assumir simplesmente as suas respectivas possibilidades de descrição. Com isso, cresce a probabilidade de que neles, ou, mais exatamente, em seu campo de tensão, a filosofia possa se revelar em sua origem.

Temos de começar com uma imagem e a imagem é como um sonho acordado; ela mostra a possibilidade da filosofia como uma viagem. No começo de seu poema, Parmênides descreve como uma parelha de cavalos o conduz sobre o "tão célebre caminho da deusa"[135] através de todas as cidades, até que ele chega à luz, saindo da "casa da noite". Lá, ele se encontra com uma deusa, cuja divindade se comprova pelo fato de ela lhe prometer a verdade: ele conhecerá o "coração inabalável da verdade plenamente esférica". Não obstante, ele também conhecerá as opiniões dos mortais, nas quais não se pode confiar[136]. Tal como esse anúncio da deusa que permanece sem nome dá a conhecer e considerando-o a partir da visão mortal do mundo, a viagem é uma viagem em direção a uma verdade que é divina; com ela surge intelecção, enquanto os mortais não compreendem aquilo que é. Como "seres de duas cabeças"[137], eles não possuem senão uma "compreensão vacilante"[138] e permanecem entregues àquilo que se lhes mostra. Somente o pensamento, tal como o autor do poema requisita para si, encontra o caminho para algo irrevogável, firme.

A viagem de Parmênides tem exemplos. Hesíodo compreende a sua atividade poética como uma viagem[139]; a iniciação no saber, tal como ela acontece por meio da deusa, tem o seu paradigma na inspiração do poeta por meio das musas, que já para os poetas da Grécia arcaica eram as sapientes, aquelas que anunciam o sa-

---

134. Benjamin, *A origem do drama barroco alemão*, Schriften I.1, p. 218.

135. Hölscher traduz essa passagem como "um caminho rico em conhecimentos" (Parmênides, *Da essência do ser. Os fragmentos*, organizado, traduzido e interpretado por Uvo Hölscher, Frankfurt junto ao Main, 1969, p. 11).

136. Parmênides, Vs 28 B 1, 29-30: Ἀληθείης εὐκυκλέος ἀτρεμές ἦτορ; βροτῶν δόξας ταῖς οὐκ ἔνι πίστις ἀληθής. Os fragmentos dos pré-socráticos serão citados segundo: Hermann Diels/Walther Kranz, *Die Fragmente der Vorsokratiker* (Os fragmentos dos pré-socráticos), Sétima edição, Berlim, 1954, vol. 1-3.

137. Parmênides, Vs 28 B6, 5: δίκρανοι.

138. Ibid., 6: πλαγτὸν νόον.

139. Hesíodo, *Opera e dies* (Os trabalhos e os dias), org. por F. Solmsen, Oxford, 1970, Verso 659. Cf. Hermann Fränkel, *Dichtung und Philosophie des frühen Griechentums* (Poesia e filosofia da Grécia Antiga), Munique, 1962, p. 400.

ber[140]. Tal como o poeta inspirado, o pensador Parmênides também se restringe à transmissão daquilo que lhe é dito. Trata-se de um anúncio único, de uma verdade definitiva; aquilo ao que o poeta ou o pensador dão voz é dito a partir dessa verdade que chega até eles, que lhes é presenteada e não encontrada por eles. Sem a deusa, o ser pensante que empreende a viagem seria um mortal como os outros: alguém que permaneceria trancado em meio ao opinar vacilante e indeciso.

Mas o anúncio da deusa não é nenhuma revelação que se abate de maneira dominante sobre aquele que a escuta. Ela também não se mostra como uma doutrina que precisa ser assumida como lei. A deusa indica um *caminho*[141] e desaconselha outros caminhos. Sem ela, o ser pensante não teria encontrado este caminho. No entanto, ele mesmo tem de segui-lo; nesse caminho, em tudo, ele precisa ver aquilo "que é" (τὸ ἐόν), e, assim, não se tornar a presa da oscilação dos mortais entre o que é e o que não é. O fato de se poder pressupor que ele é capaz de algo assim é comprovado por meio da força impulsionadora de sua viagem até a deusa: a *aspiração* à verdade advém dele mesmo; os cavalos o carregam sobre o caminho do pensamento até onde alcança a força vital[142] de seu condutor.

A próxima história relativa ao pensamento começa de uma maneira muito mais tranqüila. Ela é contada de início em retrospectiva e isso corresponde ao seu tema: a experiência que está aqui em questão já se acha há alguns anos para o autor. Já lhe tinham chamado a atenção, assim relata Descartes no começo de suas *Meditationes de prima philosophia* (1641), quantas coisas falsas ele tinha acolhido em lugar da verdade e quantas coisas duvidosas havia[143]. Por isso, ficou claro para ele que ele tinha de lançar um dia tudo por terra e começar novamente a partir das primeiras bases[144], se ele quisesse afinal fixar um dia algo firme e duradouro nas ciências[145]. Como essa é uma tarefa gigantesca, ele esperou alcançar para tanto uma idade apropriadamente madura. Neste ponto, porém, chegou o momento: no tempo certo, ele liberou o seu espírito de todas as preocupações e arranjou um ócio seguro, a fim de estar preparado e livre para a reviravolta de suas opiniões[146].

Por um lado, essa experiência é similar à de Parmênides: a incerteza das opiniões cotidianamente cultivadas chama a atenção, e, em verdade, em contraste com a firmeza e a constância de uma verdade, que não se alcança no pensamento

---

140. Assim se encontra formulado no comentário de Hölscher (Parmênides, *Vom Wesen des Seienden*, p. 74).

141. Parmênides, Vs 28 B2, 2.

142. Ibid., 1: θυμός.

143. René Descartes, *Meditationes de prima philosophiae* 7-8, in: Oevres de *Descartes*, org. Por Charles Adam e Paul Tannery (a seguir : Oevres), Vol. VIII, Paris, p. 17: quàm multa [...] falsa pro veris admiserim, & quàm dubia sint.

144. Descartes, *Meditationes* I, p. 17; Oeuvres VIII, p. 8: omnia (...) esse evertenda, atque a primis fundamentis denuo inchoandum.

145. Ibid.: si quid aliquando firmum et mansurum cupiam in scientiis stabilire.

146. Ibid.: serio tandem & libere generali huic mearum opinionum eversioni vacabo.

Primeiro capítulo: Da hermenêutica filosófica à filosofia hermenêutica 49

cotidiano. Também para Descartes, o pensamento cotidiano tem duas cabeças: nele se misturam de uma maneira indistinguível algo falso e algo verdadeiro. Todavia, a verdade não é mais *indicada* para Descartes de maneira tão sonora quanto para Parmênides. Ela está muito mais *disponível*. Não se precisa senão tomar as medidas correspondentes, para que não haja, então, fundamentalmente nenhum problema para encontrá-la. É o próprio ser pensante que busca o elemento firme e permanente e o fixa nas ciências. Por isso, a sua investigação também pode esperar; ao que tudo indica, vive-se muito bem com a mistura de falso e verdadeiro até que ela comece. Não urge ao filósofo escapar da vida com duas cabeças, mas ele pode adiar a fundamentação do saber seguro enquanto o estabelecimento de uma ciência estável até a idade correta, até o instante propício. O filósofo não empreende mais nenhuma viagem, mas ele cria para si um ócio e se retrai[147].

A razão para a serenidade que fala a partir das *meditationes* ganha voz em seu pensamento central. A base firme, que é liberada no ataque às opiniões cotidianamente dominantes, é o ser do próprio pensamento, ou seja, algo que nunca se destaca do ser pensante: "eu sou", "eu existo", isso é necessariamente verdadeiro enquanto eu o enuncio para mim ou o apreendo no espírito[148]. Ele é certo, enquanto eu penso: "Portanto, eu sou uma coisa verdadeira e verdadeiramente existente. Que coisa, porém? Eu já o disse: uma coisa pensante"[149]. Isso não pode ser desconsiderado ou perdido de vista como uma verdade que vem de fora. A verdade está aí, ainda que nem sempre de maneira expressa. Ela não se perde. Por isso, há tempo para a sua liberação.

Há um questionamento crítico desse ponto de partida. Ele vem de Heidegger e é formulado na introdução redigida em 1949 à sua preleção inaugural em Freiburg *O que é metafísica?*, do ano de 1929. A partir de uma carta de Descartes, Heidegger cita aqui uma sentença, na qual Descartes compara a filosofia com uma árvore. Nesse caso, é atribuída à metafísica, ou seja, à busca pelo fundamento firme por meio do qual as ciências conquistam estabilidade, a tarefa das raízes. Em relação a essa posição, Heidegger se pergunta: "Em que solo as raízes da árvore encontram o seu apoio? A partir de que fundamento as raízes e, por meio delas, toda a árvore recebem os sucos e as forças nutrientes?" E, então, para a interpretação da comparação, ele diz: "Em que repousa e de onde emerge a essência da metafísica? O que é a metafísica vista a partir de seu fundamento? O que é no fundo efetivamente a metafísica?"[150]

---

147. De maneira similar no princípio, mas com uma outra intenção argumentativa: Cf. Damir Barbarić, *Philosophie als Zurückgezogenheit – René Descartes* (Filosofia como recolhimento – René Descartes), in: Denkwege 2, Tübingen, p. 5-50.

148. Descartes, *Meditationes I*, 18; Oeuvres VII, p. 25: *Ego sum, ego existo*, quoties a me profertur, vel mente concipitur, necessario esse verum.

149. Descartes, *Meditationes II*, 27; Oeuvres VII, p. 21: Sum autem res vera, & ver existens; sed qualis res? Dixi, cogitans.

150. Martin Heidegger, *Introdução a 'O que é metafísica?'* (1949), GA 9, p. 365-383, aqui p. 365.

A leitura heideggeriana da sentença de Descartes é facilmente reconhecível como subversiva: a imagem da árvore é levada mais além por meio do pensamento, ela é conduzida de maneira conseqüente ao seu fim e descoberta, deste modo, em sua incompletude. As raízes que nutrem e suportam não possuem a sua força a partir de si mesmas; ao contrário, elas não são senão os órgãos, com os quais a árvore retira o seu alimento do solo e se agarra à terra que a sustenta. Assim, a metafísica também não é o fundamento da filosofia, mas é *a partir* de um fundamento. É preciso perguntar sobre esse fundamento, se quisermos apreender o que a metafísica é "efetivamente no fundo". Tal como Heidegger pensa, a fundamentação não provém da própria metafísica, e, portanto, a metafísica não se constrói a partir de uma força própria. Ninguém a constrói. Ela não é erigida em nenhum fazer autônomo, mas acontece.

O que isso significa mais exatamente foi desenvolvido na preleção inaugural de Heidegger. Aí, a pergunta propriamente dita da metafísica é formulada como a pergunta sobre o "ente na totalidade"[151]. Mesmo que isso não pareça ter à primeira vista nada em comum com o programa de fundamentação de Descartes, ele é de qualquer modo, para Heidegger, o pressuposto deste programa. A desconstrução de todas as opiniões e de sua mistura turva entre verdade e falsidade conduz, sim, para além da orientação pelo a cada vez dado, pelo particular e singularizado; não recai mais nenhuma atenção sobre ele, mas a única coisa que importa passa a ser a questão acerca de sua verdade possível, uma verdade compreendida como fundada – e, com isso, a única coisa que importa passa a ser o caráter fundado e a verdade de tudo. A viagem de Parmênides também tinha conduzido a uma experiência similar: a verdade que lhe é indicada pela deusa é a verdade do todo; ela consiste na possibilidade de apreender o todo enquanto tal. Para Heidegger, porém, o importante não é mais ver em tudo aquilo "que é". A questão é muito mais como o pensamento do "ente" enquanto tal é acessível. Como, assim se encontra expressa a questão heideggeriana, o "ente na totalidade" pode ser experimentado e o que faz com que esta experiência seja filosófica? Heidegger dá a sua resposta a isso em dois passos: a experiência do ente na totalidade remonta a uma *tonalidade afetiva*; e o fato de essa tonalidade ser filosófica ou não depende da tonalidade afetiva com a qual estamos lidando.

Essa resposta vive de uma compreensão determinada da expressão tonalidade afetiva[152]. Por um lado, a tonalidade afetiva é algo involuntário, algo que se apre-

---

151. Heidegger, *O que é metafísica?*, 1929, GA 9, p. 103-122, aqui p. 110.

152. O termo alemão *Stimmung* é um termo que possui um campo semântico deveras peculiar. Traduzido em sua dimensão mais coloquial, o termo indica um "estado de humor", um "afeto", uma "disposição", assim como uma "atmosfera" que se forma em um ambiente ou um "astral" que surge em uma determinada circunstância. O uso heideggeriano do termo procura, por sua vez, retirar da palavra toda e qualquer conotação subjetivista. A *Stimmung* não é um estado de humor ou uma afecção do sujeito, mas aponta muito mais para uma afinação de todos os elementos que tomam parte em uma situação. Em sua relação com *Stimme* (voz) e *Stimmen* (afinar), a *Stimmung* indica o estabelecimento de uma afinação harmonizadora. A essa significação acrescentamos o adjetivo "afetivo" apenas porque a *Stimmung* se abate sobre nós como um afeto, como um *pathos*. Em verdade, Heidegger traduz mesmo em suas preleções de juventude o termo grego *pathos* por *Stimmung* (N.T.).

senta – em grego dir-se-ia: um παθος[153]. Por outro lado, a tonalidade afetiva não pode ser colocada em ligação com alguma coisa determinada, que provoca alegria ou temor. A tonalidade afetiva é originária, ela é como o clima; ela matiza todo singular e todo particular. Heidegger ilustra esse fato junto àquilo que ele denomina o "tédio profundo"; junto a esse tédio, a tonalidade afetiva é e não se mostra mais como um mero afeto, de modo que não é mais algo que entedia, mas "está-se entediado". "O tédio profundo", diz Heidegger, "se arrasta de um lado para o outro nos abismos do ser-aí como uma nuvem silenciadora, voltando conjuntamente todas as coisas, todos os homens e nosso si próprio com eles para o interior de uma estranha indiferença". E, então, como conseqüência: "Esse tédio torna manifesto o ente na totalidade"[154].

Essa experiência, porém, segundo a compreensão de Heidegger, ainda não é filosófica[155]. Também se experimenta o ente na totalidade no ser-aí cotidiano; nós nos "encontramos" constantemente "dispostos" no ente na totalidade e, nas tonalidades afetivas como o tédio, ele vem à tona, na medida em que o ente se retrai ao mesmo tempo em sua pluralidade e particularidade. Quando não temos mais interesse nenhum por nada, então se nos "acomete", como diz Heidegger, o "na totalidade"[156]. Todavia, ele não se torna expresso; ele não vem à tona enquanto tal. O ente na totalidade abarca; ele é como uma situação, em relação à qual não encontramos nenhum distanciamento.

As coisas são diferentes, quando há tonalidades afetivas que produzem um distanciamento; neste caso, o "na totalidade" precisaria se ligar com a atenção ao "que é (ao sendo)". Heidegger descreve uma tonalidade afetiva desse tipo: a angústia que se destaca enquanto "tonalidade afetiva fundamental"[157] das tonalidades afetivas que também absorvem o ser-aí cotidiano, e, com maior razão, do temor dirigido para um ente determinado. Na angústia, "ficamos estranhos"; não há mais a familiaridade daquilo que é. Tudo mergulha em "indiferença"[158], mas não de um modo tal que agora nada nos diz mais respeito, mas de um modo tal que a sua familiaridade desvanecida se impõe. O ente na totalidade subtrai-se enquanto contexto do próprio ser-aí e vem à tona precisamente aí. A angústia, diz Heidegger, é um estado de suspensão[159]; o ente na totalidade não oferece mais nenhum apoio e está, precisamente por isso, presente de uma maneira particularmente penetrante.

---

153. Cf. o sexto capítulo, antes de tudo § 33, pp. 339-348.

154. Heidegger, *O que é metafísica?*, GA 9, p. 110.

155. Heidegger reviu esta idéia em sua análise do tédio na preleção do semestre de inverno de 1929/30, cf. Martin Heidegger, *Os conceitos fundamentais da metafísica (mundo – finitude – solidão)*, GA 29/30, org. por Friedrich-Wilhelm von Hermann, Frankfurt junto ao Main, 1983. Cf. § 33, p. 346-348.

156. Heidegger, *O que é metafísica?*, GA 9, p. 110.

157. Ibid., p. 111.

158. Ibid.

159. Ibid., p. 112.

Heidegger resume a sua explicitação na idéia de que a angústia torna manifesto o nada[160]. Nada, *niht ihts*, como se denomina em médio alto alemão, é o "não algo", nada determinado, e, portanto, o indeterminado. Trata-se de uma modificação do "na totalidade", de tal modo que o ente se tornou agora insignificante. O nada não é a plenitude da totalidade, mas o vazio do sentido subtraído – esse vazio é o todo sem sentido e, nesse ponto, de maneira intensificada, o todo que só permanece sendo ele mesmo, o todo, no qual e a partir do qual o ente se torna urgente enquanto algo desvanecido. Enquanto nada, vem à tona de modo puro o não-ente, no qual todo ente é, à medida que se destaca do ente.

Tal como Heidegger pensa, é somente com a experiência do nada que a filosofia se torna possível. Como "ultrapassagem do ente na totalidade", a angústia é "transcendência"[161]; ou seja: ela conduz de tal modo para além daquilo que é determinado em seu contexto, que somente agora se pode perguntar também sobre o ente na totalidade. Assim, a angústia é a origem da filosofia enquanto metafísica – portanto, do ir além (μετά) do ente (τὰ φυσικά)[162] em função de seu caráter concebível. A metafísica é "o questionar para além do ente, a fim de reconquistá-lo enquanto tal e na totalidade para o conceber"[163]. Na medida em que Heidegger compreende a filosofia enquanto metafísica a partir desta pergunta, ele segue um motivo fundamental da tradição filosófica. No entanto, assim como Heidegger vê a questão e a questionabilidade emergir da tonalidade afetiva fundamental da angústia, nunca há filosoficamente senão uma questão: a questão acerca do ente na totalidade. O questionamento filosófico responde à tonalidade afetiva com a qual emerge e só responde a essa tonalidade afetiva.

Podemos ver que as coisas também podem ser diferentes junto ao quarto e derradeiro modelo para a originariedade da filosofia a ser aqui discutido. A cena é um serão. O anfitrião é um rico comerciante, com uma idade avançada e tendendo para aquele caráter meditativo que se liga à velhice, ao tempo do olhar para trás. Não é de se espantar, portanto, que ele goste de se entreter. Como ele mesmo diz, sobretudo o prazer em falar aumenta, quanto mais as satisfações corporais perdem em significação. Isso conduz logo à pergunta sobre o que torna a velhice suportável. A resposta do homem velho à referência de que quem é tão abastado quanto ele não tem maiores problemas com o estabelecimento confortável da vida e permanece firme e sereno é: a certeza de não ter feito nada injusto é o mais importante, ou seja, o fato de não se ter precisado ficar em débito com nada, nem em relação às oferendas a um deus, nem em relação ao dinheiro de um homem. Ressurge, então, a questão de saber se isso afinal é a justiça, devolver aquilo que se obteve. À objeção de que não poderia ser justo entregar àquele que enlouqueceu as armas anteriormente recebidas para guardar, o homem velho responde de maneira lapidar, na medida em que concorda. Ele quase não está mais interessado pela

---

160. Ibid.

161. Ibid., GA 9, p. 118.

162. Ibid., onde o "estranho título" é interpretado nesse sentido.

163. Ibid.

coisa. Por que ainda deveria estar? Ele está quite consigo mesmo e não precisa mais se ocupar com uma questão desse tipo.

Por isso, seu filho entra na discussão. Com certeza, justamente isso seria a justiça, ao menos se pudermos acreditar no poeta Simônides. E no que se segue, na discussão que se articula com a informação do poeta em um tema digno de questão, fica cada vez mais claro que o que está em jogo não podem ser casos particulares, intelecções ancoradas biograficamente, mas somente uma clarificação daquilo que tinha sido distintamente designado na inquirição do homem velho: isso mesmo, a justiça[164].

A cena descrita a partir do primeiro livro da *República* denomina com essa questão o tema que define todo o longo diálogo. Assim, ela forma o embrião da fundação realizada em um experimento de pensamento de uma *polis* constante (πόλις), e, com isso, também da discussão da filosofia que é colocada em curso sob o ponto de vista da questão dominante. Trata-se da questão acerca do que a filosofia é em sua essência e acerca de como esse seu modo de ser determina a sua relação com a política: os filósofos devem governar porque eles são aqueles que estão menos vinculados à *polis* e, por isso, não têm nenhum interesse no poder. Essa é uma variante da idéia do distanciamento da filosofia em relação à vida cotidiana.

No entanto, este distanciamento precisa vir a termo; algo precisa interromper a obviedade do cotidiano. Esta interrupção acontece aqui, no diálogo platônico, como uma mudança na linguagem. Uma palavra cotidianamente familiar, a palavra "justo", destaca-se repentinamente do contexto familiar de seu emprego. Isso não acontece porque ela teria sido usada de maneira falsa ou sem sentido; aquilo que o homem velho, Céfalo, diz, é reconstruível, faz sentido. As coisas só se tornam difíceis com a transposição da palavra para um outro caso. Aqui fracassa a elucidação que Céfalo tinha dado; a elucidação não tinha sido pensada para um caso imaginado de maneira tão sutil quanto o aqui em jogo. Com isso, fica evidente por que expressões lingüísticas em geral precisam ser elucidadas: elas só possuem significação e são experienciáveis significativamente porque são aplicáveis em mais do que em uma situação. A generalidade pertence à essência da linguagem. Aquilo que pode ser dito não pertence a ninguém; nenhuma palavra está ligada apenas a uma pessoa. É somente porque algo não pode ser dito apenas uma vez e em relação a uma pessoa que há linguagem, assim como um mundo compartilhado e comunicável na linguagem.

Isso não precisa ser sempre levado em conta em meio à fala – ao menos não enquanto o entendimento acontece sem problemas e o seu fracasso permanece imperceptível. Entretanto, logo que uma declaração não pode mais ser compartilhada, a expectativa do universal se torna manifesta. Inquirição e réplica são possibilidades de tornar isso expresso.

A pergunta acerca do universal não é em todos os casos filosófica, assim como não o é a dúvida ocasional em relação ao próprio saber. Aqui não se forma senão uma possibilidade para a filosofia. A reflexão de Céfalo é uma tal possibilidade

---

164. Platão, *República* 331c: τοῦτο δ᾽ αὐτό, τὴν δικαιοσύνην.

emergente. Uma outra possibilidade reside na dúvida cartesiana, que foi precedida pelo recolhimento ao ócio da reflexão fundamental; ainda uma outra se encontra nas experiências da totalidade descritas por Heidegger. A situação só se torna filosófica no instante da dúvida radical, na "tonalidade afetiva fundamental", ou, como no diálogo platônico, logo que vem à tona o universal enquanto tal. Isso pode ser descrito lingüisticamente, por exemplo, por meio da formulação que vem ao nosso encontro no texto da *República*: por meio dela mesma, a justiça.

No diálogo com Céfalo não há naturalmente nenhum ensejo para perseguir esse tema. Céfalo passa a discussão para alguém mais jovem, ele mesmo se retrai. Não há nada a censurar nesse caso; ele pode viver em paz consigo mesmo sem uma discussão que vá ao fundo e, assim, fazer o que ele compreende como justo. Podemos imaginar Céfalo como um homem justo; a condução de sua vida resiste a qualquer prova. Isso pode ser deduzido de tal modo de seu comportamento, que não existe nenhum ensejo para que se coloque isso à prova.

O ensejo para a realização da possibilidade filosófica só existe no diálogo com Polemarco, com o filho de Céfalo. Este está efetivamente enredado na linguagem; ele não expressa nenhuma experiência, mas se reporta àquilo que é dito com autoridade e que sugere que nós deveríamos nos curvar à sua autoridade. Se é possível atrair Polemarco para o diálogo e deixar claro para ele que é melhor não seguir simplesmente a sentença do poeta, mas perguntar como é preciso compreendê-la, então ele pode chegar a uma compreensão que ainda não conseguiu desenvolver por si mesmo com base em sua parca experiência de vida. Para ele, a explicitação do universal pode ser orientadora e, por isso, é bom aproveitar a possibilidade aberta pela linguagem.

Mas essa possibilidade emerge realmente da linguagem? Ainda não se falou até aqui sobre aquele que conduz a inquirição no diálogo com Céfalo e que introduz a locução sobre "essa mesma, a justiça". Ele, obviamente Sócrates, como se poderia supor, dirigiu de tal modo o diálogo, que conduziu, por fim, ao caminho filosófico. Por isso, a filosofia não teria emergido aqui da linguagem, mas Sócrates, para o autor da *República* o filósofo por excelência, já teria trazido a filosofia para a casa de Céfalo. Encontra-se aqui rapidamente uma oportunidade para colocar em jogo aquilo que ele tinha trazido consigo e é isso, por fim, que se espera dele.

Se lermos uma vez mais o começo da *República* e virmos o quão planejadamente o diálogo com Céfalo é dirigido desde o princípio para a questão da condução da vida, não se poderá rejeitar sem maiores problemas esta objeção. Por outro lado, contudo, a condução socrática do diálogo só é possível porque a linguagem o admite e sugere, talvez mesmo exija. O fato de uma declaração não se encontrar simplesmente isolada por si mesma, mas estar associada com outras declarações na medida em que o que está em questão é a mesma coisa, faz com que o entendimento e o acordo sejam possíveis e necessários – sempre novamente, logo que a obviedade do cotidiano não nos sustenta mais. Neste momento, então, emerge a filosofia. E Sócrates ou algum outro são aqueles que a *percebem* em seu emergir, isto é, que a reconhecem e concretizam.

O fato de as concepções representadas serem realmente modelos deve ter ficado claro de maneira fundamental. Nós descrevemos quatro vezes a originarieda-

Primeiro capítulo: Da hermenêutica filosófica à filosofia hermenêutica

de da filosofia; em meio a essa descrição, a filosofia se mostrou como impassível de ser derivada, tal como é constitutivo da essência da origem. A imagem da viagem ascensional de Parmênides reproduz a quebra com a cotidianidade do modo mais concreto em termos plásticos. Trata-se do arquétipo de todas as imagens de viagens e ascensões, nas quais a filosofia foi apresentada até a Modernidade, tal como se encontra formulado com uma clareza particular em Nietzsche: "Começo de agosto de 1881 em Sils-Maria, 6.000 pés acima do mar e muito acima de todas as coisas humanas!"[165] A filosofia precisava manifestamente de imagens, a fim de se compreender na totalidade, em seu posicionamento peculiar; o desenvolvimento de idéias e a argumentação já são escritos ou expostos a partir desse posicionamento, de modo que ele permanece efetivo, mas invisível neles[166].

Em Descartes, as coisas se passam de maneira mais cotidiana, e, de modo correspondente, assim como em Heidegger e no diálogo platônico, o elemento comum entre cotidianidade e filosofia também se torna reconhecível. Mesmo antes de ter se decidido à realização planejada de seu experimento da dúvida, já tinha havido vez por outra para Descartes dúvidas quanto à confiabilidade de seu saber. Segundo a descrição de Heidegger, o "na totalidade" emerge por vezes em uma tonalidade afetiva, sem implicar a abertura do questionamento filosófico. Por fim, fala-se com freqüência de justiça na vida política; onde tem lugar um ajuste de interesses e relações de dominação diversas, a pergunta acerca do caráter justo de um comportamento, de uma pessoa ou de uma comunidade sempre é colocada uma vez mais.

No entanto, todos esses são ensejos para a filosofia, eles não são nenhuma razão. Assim como Heidegger apresenta a sua questão crítica a Descartes, a própria filosofia também pode se transformar em ensejo para o filosofar. O mesmo texto, ao qual Heidegger dirige a sua questão, também poderia ter dado ensejo a uma investigação pautada na história das idéias ou a reflexões editoriais. A possibilidade do pensamento filosófico não provém de seus ensejos.

Os quatro modelos apresentados tampouco explicam a possibilidade do pensamento filosófico. Todavia, eles apresentam essa possibilidade e tentam, cada um a sua maneira, mostrar como é que se dão as coisas quando caímos nesta possibilidade. Neste caso, essa possibilidade é explicitada de uma maneira cada vez mais pormenorizada; ela se torna compreensível em diversos aspectos. Se perseguirmos as apresentações e explicitações, a originariedade da filosofia comprova-se como uma coisa tão diferenciada quanto una.

---

165. Friedrich Nietzsche, *Nachlass 1881*. 11 (141), in: *Sämtliche Werke, Kritische Studienausgabe* (a seguir: KSA), org. por Giorgio Colli e Mazzino Montinari, Berlim/New York, 1980, vol. 9, p. 494.

166. Como nenhum outro, Hans Blumenberg acentuou essa dependência da filosofia em relação à imagem e à metáfora. Cf. Hans Blumenberg, *Paradigmen zu einer Metaphorologie* (Paradigmas para uma metaforologia, 1960), Frankfurt junto ao Main, 1998. Cf. também: Hans Blumenberg, *Ästhetische und metaphorologische Schriften* (Escritos estéticos e metaforológicos). Seleção e posfácio de Anselm Haverkamp, Frankfurt junto ao Main, 2001, assim como o exemplar: Hans Blumenberg, *Schiffbruch mit Zuschauer. Paradigma zu einer Daseinsmetapher* (Naufrágio com espectadores. Paradigma para uma metáfora da existência), Frankfurt junto ao Main, 1979.

§ 6: Momentos originários

Descartes denomina três coisas que são essenciais à investigação, para a qual ele se volta: sem ócio (*otium*), ela não parece realizável. Além disso, no interior da própria realização, precisamos ser sérios (*serie*) e livres (*libere*). Por conseguinte, é constitutivo da filosofia uma *interrupção* e uma *quietude* que só são obtidas, quando conquistamos uma *liberdade* em relação aos compromissos e às compulsões do dia-a-dia. Com certeza, a retirada também poderia se mostrar como imperceptível, ela também poderia aparecer camuflada por um passeio ou por uma espera na estação de trem ou no aeroporto. Por fim, o ócio e a liberdade não são duas coisas, de modo que o ócio poderia anteceder à liberdade. Ócio é algo diverso de não fazer nada. Ele é menos uma situação do que uma postura, que se dá graças à liberdade e que se vale da liberdade[167]; somente por meio dela é possível se voltar para algo de tal modo que ele seja visualizado de maneira maximamente "imparcial", ou seja, não matizada por dependências, interesses ou compulsões à ação. Somente assim uma coisa se anuncia de maneira séria, ou seja, não apenas superficialmente, no sentido do discurso e do modo de pensar corrente.

Descartes tornou a realização dessa liberdade dependente da disciplinalização do pensamento. O pensamento, assim ele estipula para si, deve seguir um "método", isto é: orientar-se pela conexão una daquelas considerações (*considerations*) e regras (*maximes*) que lhe permitem confirmar e elevar o seu saber da maneira mais confiável possível[168]. Esse método também pode ser até mesmo desenvolvido segundo o modelo da geometria e da matemática – apesar disso, não se busca com ele uma matematização completa do pensamento. Tal como as quatro regras centrais denominadas por Descartes nos dão a conhecer, o sentido do método é antes o exercício de um determinado comportamento cognitivo. O que está em questão é ser cauteloso na investigação sobre algo para evitar precipitações e preconceitos e atentar para diferenciações, para a estruturação e a completude[169]. Mesmo quem só está seguro em alguma medida quanto a isso, pode se voltar para o trabalho filosófico com a serenidade que é descrita nas *Meditationes*.

Se Heidegger procura tornar a filosofia compreensível a partir de uma tonalidade afetiva fundamental, então precisamos ler esse fato como uma objeção contra a compreensão cartesiana da filosofia. A partir da referência à "tonalidade afetiva fundamental", o que está falando é o pensamento de que o exercício de um procedimento ponderado e cuidadoso não é suficiente para a filosofia. Ao contrário, necessita-se muito mais de um impulso inconfundível, para que capacidades espirituais, que podem se desdobrar de uma maneira ou de outra, se tornem filosóficas. Sem esse impulso, apoiado apenas no caráter confiável do método, a investigação de algo permanece ciência – uma pesquisa presa a suposições inquestionadas,

---

167. Em Platão, é nesse sentido que se fala de um educar em liberdade e ócio (τῷ ὄντι ἐν ἐλευθερίᾳ τε καὶ σχολῇ τεθραμμένου) (Platão, *Teeteto*, 175e). Cf. também Platão, *Apologia*, 36d.

168. René Descartes, *Discurso do método* 1, 3; Oeuvres VI, 3. A subdivisão em parágrafos cifrados segue a edição original.

169. Descartes, *Discurso do método* 2, 7-10; Oeuvres VI, 18-19.

Primeiro capítulo: Da hermenêutica filosófica à filosofia hermenêutica

que não alcança a ausência de pressupostos própria à filosofia. A distância em relação ao cotidiano, a interrupção ante os seus posicionamentos auto-evidentes, que Husserl denominou com o conceito de ἐποχή e que Descartes vê confirmado por meio da retirada para o interior da dúvida conduzida metodicamente, é atribuída por Heidegger apenas à "tonalidade afetiva fundamental".

A idéia heideggeriana ainda vibra na compreensão gadameriana da experiência hermenêutica; na experiência também ocorre algo que não pode ser descerrado por nenhum método. Ao contrário, a possibilidade da experiência é encoberta por meio da orientação pelo método; o fato de preconceitos só poderem ser corrigidos pela experiência permanece sem ser considerado, se tomamos por possível evitar preconceitos por meio do cuidado metódico. Portanto, é conseqüente, quando Gadamer começa com sua concepção de uma experiência hermenêutica e segue em direção a uma reabilitação dos preconceitos: preconceitos não induzem fundamentalmente a erro. Segundo ele, preconceitos não seriam nada além de convicções sempre já efetivas, "pré-conceitos" no sentido literal do termo, aos quais a experiência se atém[170].

A objeção contra a confiança irrefletida no método é elucidativa; pertence efetivamente ao filosofar o fato de algo ocorrer. De outro modo, não seria possível compreender a quebra radical com a cotidianidade, que é constitutiva da filosofia. A dúvida considerada por Descartes como ensejo para as suas meditações precisa ser perpassada por uma incerteza mais profunda que não pode ser atrelada ao que é *respectivamente* dubitável. Somente assim, ele pode encontrar a radicalidade do experimento filosófico. Se a dúvida se torna abrangente, entra em cena algo que nos transpõe para fora do curso da vida cotidiana.

Não obstante, o fato de Heidegger querer compreender esse elemento deslocador como angústia é menos elucidativo; a angústia, tal como ela é descrita na preleção inaugural em Freiburg, enquanto tonalidade afetiva fundamental da filosofia, tem pouco em comum com aquilo que se compreende normalmente por angústia. O fato de ela não tolerar "nenhuma contraposição à alegria" e se encontrar "em um laço secreto com a serenidade e com o caráter tênue da nostalgia criadora"[171] quase não é passível de ser articulado com o sentimento paralisante próprio à ausência de solo, um sentimento segundo o qual Heidegger tinha descrito a angústia em *Ser e tempo*. Em uma declaração dada em uma entrevista ocorrida no ano de 1929, ou seja, no ano de lançamento da preleção inaugural de Heidegger, Wittgenstein denominou claramente como é que a tonalidade afetiva fundamental da filosofia é propriamente visada. Ele poderia "imaginar muito bem o que Heidegger tem em vista com ser e angústia": "Pense no espanto, por exemplo, com o fato de algo existir. O espanto não pode ser expresso sob a forma de uma questão e também não há resposta alguma para ele"[172]. A pergunta sobre por que há uma coisa

---

170. Gadamer, *Verdade e método*, GW 1, 270-290.

171. Heidegger, *O que é metafísica?*, GA 9, p. 118.

172. Ludwig Wittgenstein, *Wittgenstein und der Wiener Kreis* (Wittgenstein e o círculo de Viena), Escritos 3, a partir da obra póstuma, org. por B.F. Mac Guinness, Frankfurt junto ao Main, 1967, p. 68.

58 Oposicionalidade – O elemento hermenêutico e a filosofia

determinada ou por que há em geral algo só pode ser compreendida como a pergunta sobre o fundamento da existência. No entanto, um tal fundamento não é de maneira alguma visado no espanto. Em verdade, o espanto poderia ser articulado em uma tal pergunta; ele mesmo, porém, é antes aquilo que Heidegger descreve como angústia: uma vertigem própria à não-obviedade[173]. Foi nesse sentido que o espanto foi descrito pela primeira vez por Platão[174]. Trata-se da ocorrência propriamente dita do filósofo, da experiência originária da filosofia.

Se ainda quiséssemos apreender de maneira um pouco mais exata aquilo que acontece no espanto, então teríamos de pensar em uma atenção infundada e não dirigida, no despertar de uma visão como que transposta para fora e vinda de fora. Aquilo que é experimentado aqui não é nenhuma estranheza; o estranhamento é relativo, ele co-pertence à familiaridade e tem nela o seu critério de medida. Junto ao espanto, as coisas se dão antes de um tal modo que tudo se mostra como se algo fosse afastado e recolocado uma vez mais em seu lugar na velocidade de um raio, como se ele fosse colocado à distância e ao mesmo tempo voltado para o interior de um presente que não é familiar. Neste caso, o espanto seria uma cesura no *tempo*. Ele é como uma ampliação daquilo que sempre acontece no tempo: algo se retrai, algo está presente. Só que aqui isso acontece *instantaneamente*; temos um ser-aí a partir do ter se retraído, um ter se retraído que é igualmente um ser-aí acentuado.

Se essa reflexão é pertinente, então não há o originário sem o tempo, mais exatamente, não há o originário sem o rasgo entre o ser-aí e o ser-ausente, entre o determinado e tangível e a sua negação, uma negação que pode ser transcrita como o nada e que o próprio Heidegger determina como "niilizar"[175]. Não se trata de nenhum rasgo temporal, mas do rasgo no próprio tempo, um rasgo comparável com o "repentino" (τὸ ἐξαίφνης), que mantém junto enquanto o "espaço-entre" (μεταξύ) aquilo que não pode ser associado em sua contrariedade[176].

Na tonalidade afetiva fundamental filosófica, tal como Heidegger a descreve, ganha validade um tal espaço-entre; não é algo determinado que é vivenciado como subtraído – como algo que se perdeu, que passou, que se tornou inacessível. Ao contrário, temos aqui uma subtração total. No entanto, essa subtração não é nenhum vazio, mas se constitui de um tal modo que se obtém ao mesmo tempo a partir dela a não-obviedade do aberto, ou seja, daquilo que não se acha subtraído.

---

173. Na preleção do semestre de inverno de 1937/38, Heidegger analisa mais detidamente o espanto, mas o compreende exclusivamente como a tonalidade afetiva própria ao "primeiro início" da Filosofia (Martin Heidegger, *Grundfragen der Philosophie* – Questões fundamentais da filosofia, GA 45, org. por Friedrich-Wilhelm von Herrmann, Frankfurt junto ao Main, 1984, p. 153-174).

174. Teeteto reconhece que sente vertigens ao olhar para as questões anteriormente discutidas (Platão, *Teeteto*, 155c). Sócrates comenta este fato com as seguintes palavras: μάλα γὰρ φιλοσόφου τοῦτο τὸ πάθος, τὸ θαυμάζειν· οὐ γὰρ ἄλλη ἀρχὴ φιλοσοφίας ἤ αὕτη (Platão, *Teeteto*, 155d). Cf. quanto a esse tema: Stefan Matuscheck, *Über das Staunen. Eine ideengeschichtliche Analyse* – Sobre o espanto. Uma análise em termos de história das idéias, Tübingen, 1991).

175. Heidegger, *O que é metafísica?*, GA 9, 117.

176. Platão, *Parmênides*, 156d.

De maneira concentrada, Heidegger viu essa idéia em uma palavra que dá voz à acessibilidade a partir da subtração: ἀλήϑεια designa o desvelamento, o aberto pensado a partir do fechamento[177]. É neste sentido que, em sua preleção inaugural, Heidegger diz sobre o nada que ele é "a possibilitação prévia do caráter manifesto do ente em geral"[178]. É somente "sobre a base do caráter manifesto originário do nada" que "o ser-aí do homem" poderia "aproximar-se e inserir-se no ente"[179].

De uma maneira diversa do discurso sobre o desvelamento, essas formulações dão a entender uma compreensão do originário que é característica do pensamento heideggeriano: se o originário é o "prévio", o elemento fundante, ele se aproxima do outro. Ele é o *inicial*, não no sentido de um começo fixável no tempo, mas como aquilo ao que precisamos retornar para experimentar e compreender de modo diverso.

Já podemos encontrar essa idéia no *Relatório-Natorp*: segundo a concepção da preleção inaugural em Freiburg, "as fontes motivadoras originárias", que Heidegger pretendia conquistar aí por meio de um "retorno desconstrutivo"[180], devem ser abertas por meio da "tonalidade afetiva fundamental" da angústia. Neste caso, em verdade, é possível reconhecer mais claramente o caráter histórico do originário no *Relatório-Natorp* do que na preleção inaugural; o originário era considerado aí como o começo da tradição, um começo que precisava ser liberado uma vez mais por meio do "retorno desconstrutivo". No entanto, se Heidegger compreende a tarefa da filosofia na preleção inaugural como "o pôr em curso da metafísica", um pôr em curso "no qual a metafísica chega a si mesma e às suas tarefas expressas"[181], então ele continua sempre perseguindo o mesmo programa. E, do mesmo modo que no *Relatório-Natorp*, esse programa é marcado por uma única questão: a filosofia sempre foi e continua sendo a pergunta sobre o ser do ente. Por isto, o que importa é alcançar um ponto *por detrás* dessa pergunta e se abrir para o seu começo[182].

O originário, porém, não é algo inicial que é "encoberto" por meio da orientação superficial pelo ente e que só pode se apresentar quando nós não nos "voltamos mais para o ente em nossas maquinações", nem penetramos "na superfície

---

177. Cf. Heidegger, *Da essência da verdade* (1930), GA 9, p. 177-202.

178. Heidegger, *O que é metafísica?*, p. 114.

179. Ibid., p. 114-115.

180. Heidegger, *Phänomenologische Interpretationen* (Interpretações fenomenológicas), GA 62, p. 368.

181. Heidegger, *O que é metafísica?*, p. 122.

182. De maneira correspondente, o não-inicial é de um tal modo que ele se afasta da origem compreendida como início. Na medida em que emerge, ele foge da origem. Cf. Martin Heidegger, *Die Grundprobleme der Phänomenologie* (Os problemas fundamentais da fenomenologia), GA 24, org. por Friedrich-Wilhelm von Herrmann, Frankfurt junto ao Main, 1975, p. 438: "Toda eclosão e toda gênese no campo do ontológico não se mostra como crescimento e desenvolvimento, mas como degeneração, uma vez que tudo aquilo que eclode *salta para fora*, isto é, em certa medida se evade".

60 Oposicionalidade – O elemento hermenêutico e a filosofia

pública do ser-aí"[183]. O originário está de repente presente em meio ao "ente", sempre que algo perde radicalmente a sua obviedade. Um rasgo atravessa uma coisa, com a qual temos de lidar; ela se subtrai e se impõe; por um lado, ela se perde, e, contudo, por outro lado, se transforma mais decididamente em coisa. Com certeza, só se poderá dizer que ela chamou a atenção como *ente*, se a descrição se encontrar desde o princípio em uma perspectiva ontológica. De outro modo, tudo também pode se dar como na cena da *República*: a pergunta sobre essa coisa mesma, sobre a justiça, é filosófica, mas não tem nada em comum com ontologia.

Além disso, a cena também deixa claro que a virada para a filosofia não permanece apenas no elemento flutuante e intangível de uma tonalidade afetiva. O nosso posicionamento se alterou e isso tem uma vez mais algo em comum com uma possibilidade da *linguagem*. Um termo que foi utilizado de maneira cada vez mais inquestionada se mostra repentinamente como um enigma e, ao mesmo tempo, funciona como uma promessa. Ele não designa mais coisa alguma e, apesar disso, se transforma em sinal incompreensível. As coisas dão-se antes como se só agora o termo respondesse realmente por uma coisa: por aquilo que sempre esteve em jogo quando aquilo que a cada vez vem ao encontro e é inteiramente diverso foi designado com esse termo, algo em relação ao que acreditávamos saber obviamente o que ele era. No entanto, na medida em que acreditávamos e nem mesmo sabíamos que acreditávamos, não o colocávamos em questão. A linguagem libera as duas possibilidades e, com isso, ela libera a mudança absoluta do posicionamento, não explicável por nada.

Nós não nos perguntaríamos se não estivéssemos certos de que também há aqui algo a saber. Se esse algo é filosófico, é no máximo temporariamente que o desparecimento da obviedade está em relação com a perda de orientação ou com a confusão. Não se trata de nenhum fracasso, mas de uma nova possibilidade: a abertura de um caminho que não era, em verdade, conhecido, mas que tinha sido pressentido. O fato de e o modo como este caminho é agora indicado não pode ser derivado da cotidianidade. Medido a partir desta cotidianidade, ele vem de fora: no entanto, a sua diretriz não irrompe na vida cotidiana, mas é uma possibilidade que se encontra para além dela e que advém da própria vida cotidiana, quando ela não permanece presa em si. A viagem apresentada por Parmênides responde por uma tal situação; ela está para além da senda dos homens[184], em uma direção que não tomamos cotidianamente. Todavia, a viagem não se dirige para o vazio, mas é antes para o aberto que ela conduz. A deusa responde por sua meta, pela possibilidade emergente da intelecção.

Não devemos nos deixar enganar pela imagem, com a qual Parmênides abre o seu poema, nem por todas as outras imagens de ascensão e distanciamento filosóficos. Mesmo quando se fala de "lugares supracelestes"[185], as viagens filosóficas não nos levam para fora do mundo, mas apenas concretizam de maneira plástica o dis-

---

183. Heidegger, *O que é metafísica?*, GA 9, p. 116.

184. Parmênides, VS 28 B 1, p. 27: ἀπ᾽ ὄ ἀνθρώπων ἐκτὸς πάτου ἐστίν.

185. Platão, *Fedro* 247c.

Primeiro capítulo: Da hermenêutica filosófica à filosofia hermenêutica 61

tanciamento entre o habitual e o mundo filosoficamente experimentado. Em verdade, com a emergência da filosofia, saímos daquilo que é cotidiano, mas não do mundo. O distanciamento não é visado aqui tanto como o abandono de um lugar, mas muito mais como aquela postura transformada que tivemos a oportunidade de explicitar a partir de Descartes, Heidegger e Platão; aquilo que em Parmênides se mostra como uma imagem encontra-se em Descartes como um relato autobiográfico e em Platão como uma configuração literária de uma cena original. É constitutivo da postura transformada a liberdade em relação à ação cotidiana, o ócio que significa ao mesmo tempo liberdade para a investigação. Não há uma tal liberdade sem o cruzamento de fechamento e abertura no jogo de cartas entre o nada e o ser. E ela tampouco pode ser pensada sem a mudança na linguagem, uma mudança que conduz da designação para a própria palavra e para a sua objetividade material[186].

Os modelos aos quais recorremos são elucidativos, na medida em que tornam compreensíveis em sua comparabilidade a co-pertinência entre os momentos citados. Ao mesmo tempo, eles revelam o fato de a tentativa de descrever a originariedade da filosofia a partir apenas de um momento ser insuficiente. O acento conclusivo na liberdade desconhece o acontecimento na origem. A concentração no acontecimento e na ocorrência faz com que esqueçamos a liberdade e, com ela, a disciplina responsável do procedimento. Além disso, se tomarmos a cena da *República* de maneira tão isolada quanto ela foi tomada aqui, então mesmo ela não nos fornece nenhuma imagem suficiente.

Os momentos citados da filosofia originariamente compreendida também se apresentam no mundo cotidiano. Tanto quanto a dúvida, a experiência do "na totalidade" e a pergunta sobre aquilo que algo é, uma retenção tranqüila, o ser-aí, o estar subtraído e o conteúdo material propriamente dito de uma palavra também são experimentáveis de maneira cotidiana. Uma combinação destes momentos também não seria denominada por si só filosófica. Ela poderia emergir no cotidiano e, apesar disto, estar ligada ao contexto da vida cotidiana. A combinação dos momentos originários só possui o caráter da filosofia, quando se espressa de uma maneira peculiar e pode, desse modo, produzir efeitos e subsistir por si.

É na *República* que encontramos uma vez mais a melhor elucidação sobre o que isso deve significar mais exatamente. É somente a partir de um certo grau da experiência do problema que a discussão da justiça se converte em uma experiência filosófica. Todavia, ela também poderia perder uma vez mais o seu caráter filosófico. É somente quando não nos atemos mais a nenhuma possibilidade de solução cotidiana que a questão filosófica se torna irrecusável; por exemplo, quando a compreen-

---

186. Em seu conteúdo significativo próprio, a palavra *Sachlichkeit* designa a pertinência de uma palavra, de um discurso ou de uma compreensão da coisa (*Sache*) efetivamente em questão. Neste sentido, uma das possíveis traduções de *Sachlichkeit* é objetividade. O problema desta tradução está na suposição da relação sujeito-objeto como uma relação originária e na série de pressupostos teóricos que advêm desta suposição. Para escaparmos desses pressupostos, optamos por uma tradução que acentuasse um pouco mais a autonomia da coisa e que unisse dois elementos presentes no termo *Sachlichkeit*. *Sachlichkeit* não se refere apenas à objetividade com que algo é concebido, mas esta objetividade mesma se funda aí no conteúdo de coisa, na materialidade do conhecimento. Deste modo, o termo *Sachlichkeit* pode ser traduzido por "objetividade material" (N.T.).

62   Oposicionalidade – O elemento hermenêutico e a filosofia

são cotidianamente difundida da justiça é por um lado sugestiva demais para poder ser simplesmente rejeitada e, por outro lado, não é convincente. As coisas dão-se deste modo, quando as formas de aparição daquilo que se denomina "justiça" não conduzem mais a nenhuma resposta satisfatória e quando a consideração das conseqüências do comportamento justo tampouco nos levam adiante. Neste caso, é possível que surja a pergunta sobre qual é a força que a própria justiça possui, tomada apenas em si mesma, quando ela habita no interior da alma[187].

O que acontece aí pode ser designado como a *intensificação* da questão e da clarificação. *Intensio* é a tensão, *intensus* significa "forte" ou mesmo "tensionado". Neste caso, porém, o que está em questão não é uma tensão qualquer que seja maior ou menor. Para que uma questão ou uma discussão seja filosófica, é preciso muito mais que se tenha alcançado uma determinada tensão, um determinado *grau de intensidade*. Com este grau, uma coisa está por um lado mais clara do que antes. Por outro lado, contudo, ela não é mais simplesmente ela mesma. A tensão não deixa mais que ela continue sendo compreensível da maneira até aqui familiar, e, por outro lado, obtém-se um ganho de compreensibilidade. Tudo se dá como se as coisas entrassem em um novo estado de agregação. A coisa não se transforma, mas se mostra, contudo, de maneira totalmente diversa; o novo estado de agregação, que não pode ser derivado do antigo, faz com que ela venha à tona de modo diverso e seja nessa alteridade melhor compreendida, isto é, compreendida de maneira mais intensa.

O conceito do grau de intensidade provém de um outro contexto. Ele foi cunhado por Carl Schmitt para a determinação essencial do político. Schmitt não definiu o político a partir de instituições ou da apresentação de questões e problemas especificamente políticos. Ao contrário, ele o denominou "o grau de intensidade de uma associação ou dissociação entre os homens"[188]. Como diz Schmitt, o político pode "retirar a sua força de âmbitos diversos da vida humana, de oposições religiosas, econômicas, morais entre outras"[189]; todo problema pode ser político e um problema se mostra como político, logo que se instaura uma consciência inconfundivelmente intensa da co-pertinência e da dissociação.

Se Schmitt vê essa intensificação dada na "distinção entre o amigo e o inimigo"[190], então isso não é inequívoco. No entanto, apesar de algumas passagens de seus escritos sugerirem algo deste gênero, ele não pensa que só haveria o político no momento em que um grupo de homens se volta enquanto tal ativamente contra um outro grupo. Para o âmbito político, a *possibilidade* real da inimizade, uma possibilidade dada não apenas de maneira fundamental, mas também cognoscí-

---

187. Platão, *República* 358b: τίνα ἔχει δύναμιν αὐτὸ καθοαὐτὸ ἐνὸν ἐν τῇ ψυχῇ.

188. Carl Schmitt, *Der Begriff des Politischen* (O conceito do político), segunda edição, Hamburg, 1932, p. 38. Quanto ao conceito de intensidade, cf. além disso: Ludger Heidbrink, *Intensität als Kategorie ästhetischer Erfahrung* (Intensidade enquanto categoria de uma experiência estética), in: Musik und Ästhetik 10 (1999), p. 5-27. Heidbrink compreende a intensidade subjetivamente como "Elevação da receptividade sensorial" e como estado de uma "concentração e de uma atenção" potencializadas (Heidbrink, *Intensität als Kategorie ästhetischer Erfahrung*, p. 5).

189. Schmitt, *Der Begriff des Politischen* (O conceito do político), p. 38.

190. Ibid., p. 26.

Primeiro capítulo: Da hermenêutica filosófica à filosofia hermenêutica

vel, é determinante; o fato de um grupo estar preparado para defender a sua ordem econômica, a sua convicção religiosa ou moral, faz com que esse grupo se torne político. Isso pode ser preparado, mas ele acontece de qualquer forma repentinamente, de modo que o político também se comprova como algo originário. De maneira análoga à definição citada, instituições são políticas quando são erigidas para a possibilidade do perigo e talhadas em vista dessa possibilidade. Só há a política sob o ponto de vista da ameaça possível da vida comum[191].

O fato de Schmitt conceber o seu conceito do político a partir da ameaça possível corresponde à essência da intensidade. Uma confrontação real entre povos ou grupos sociais não é mais marcada por tensão. Uma relação é tensa quando coisas diversas ou contrárias não escapam à sua diversidade ou contrariedade – quando elas estão atadas umas às outras e, neste laço, não se dissolve o elemento litigioso de sua relação. Neste sentido, a intensidade é sempre de uma tranqüilidade desequilibrada; se o diverso ou o contrário pudessem ajustar a sua relação, então a tensão seria dissolvida.

Por conseguinte, a intensidade que é essencial para a filosofia chegaria a termo porque ela não encontra nenhuma resposta conclusiva. Sempre resta um momento aberto que coloca a resposta sob uma reserva. Com certeza, esse fato não estaria tão fundamentado no caráter impassível de ser concluído de todo perguntar e responder, mas antes na originariedade da filosofia. Sem dúvida alguma, toda resposta pode ser colocada novamente em questão; toda inquirição que se mostra como material e objetivamente concreta dá ensejo a uma revisão mais ou menos fundamental. Assim como a filosofia foi visualizada de maneira modelar, porém, os seus momentos originários excluem aquilo que seria compreendido cotidianamente como "solução". Estes momentos são de um tal modo, que eles sempre se mantêm apartados uns dos outros. Com isso, eles permanecem em *suspenso* e nos deixam em suspenso, na medida em que são experimentados[192].

---

191. Aliás, Platão também já tinha mostrado isto. Enquanto os homens não vivem senão pacificamente uns com os outros e satisfazem as suas necessidades elementares, eles vivem de maneira apolítica, em um "estado de porcos" (ὑῶν πόλιν, Platão, *República* 372d), tal como se encontra formulado em uma elucidação drástica. Somente onde o modo de vida se torna opulento e ameaça o equilíbrio estável das necessidades, necessita-se do "guardião", cuja tarefa está na preservação da vida conjunta. Também há aqui a oposição entre o amigo e o inimigo – com a única diferença de que o maior inimigo da vida comunitária não vem de fora ou se coloca em um ser comum contra esse, mas, enquanto cobiça desmedida, se mostra como uma possibilidade da natureza humana. Cf. também § 42.

192. O conceito de suspensão remonta a Fichte, que define a imaginação como uma faculdade "que paira suspensa no meio do espaço entre determinação e não-determinação, finitude e infinitude" (Johann Gottlieb Fichte, *Fundamento da doutrina conjunta da ciência*, 1794, in: Sämtliche Werke, org. por Immanuel Hermann Fichte, Berlim 1845-1846, vol. 1, p. 83-328, aqui p. 216). Cf. quanto a esse ponto: Lore Hühn, *Fichte und Schelling oder: Über die Grenze menschlichen Wissens* (Fichte e Schelling ou Sobre os limites do saber humano), Stuttgart, 1994, p. 122-123. No que diz respeito a Heidegger, cf. acima p. 56s, assim como Martin Heidegger, *Die Sprache* (A linguagem – 1950), in: *A caminho da linguagem*, GA 12, p. 7-30, aqui p. 11. Cf. também Walter Schulz, *Metaphysik des Schwebens. Untersuchungen zur Geschichte der Ästhetik* (Metafísica da suspensão. Investigações sobre a história da estética), Pfullingen, 1985.

Isso já pode ser mostrado no modo como algo vem ao nosso encontro filosoficamente. Quando isso acontece sob a forma de uma auto-entrega que é em si retração, ou seja, dito juntamente com Heidegger, no jogo alternante de ser e nada, então é impossível se apoderar daquilo que vem ao encontro. O espantoso não se ajusta ao óbvio. Exatamente como o espantoso, a liberdade do "voltar-se para" que é experimentada com o ócio também não tem por propósito uma solução. Enquanto essa liberdade persiste, ela não encontra nenhum fim a partir de si mesma. Ela pode ser abandonada, interrompida, mas não aponta para um fim; ela não possui nenhuma meta. Por fim, a forma lingüística da filosofia é de uma abertura peculiar. A pergunta sobre "algo mesmo" promete um conhecimento da coisa que não existe na designação cotidiana das coisas; ao invés de considerar algo a partir de interesses respectivos, nós nos imiscuímos aqui de maneira desprendida na pergunta sobre o que este algo é. De forma correspondente, não faz parte do sentido de uma resposta encontrada, que essa resposta se transforme em convicção no jogo dos interesses. Só se faria jus à resposta na tentativa de pensá-la novamente; as elucidações que ela oferece só existem sob o ponto de vista da ausência de pressupostos. Isso não significa que descrições filosóficas não teriam nada em comum com o mundo cotidiano. A única questão é que elas apreendem esse mundo por assim dizer de fora; neste ponto, elas são comparáveis com a grande literatura. Aquilo que é descrito é um mundo, no qual também se age. No entanto, a descrição não se encontra sob a perspectiva do agir.

Se considerarmos ainda uma vez de maneira mais exata os momentos originários da filosofia em sua inter-relação, então se mostra que eles são dependentes uns dos outros de uma forma peculiar. O que vem ao encontro na auto-subtração só está presente na liberdade do voltar-se para; de outro modo, ele talvez cintilasse, mas seria logo encoberto novamente pelas fixações do cotidiano. Inversamente, a liberdade do voltar-se para só é o que ela é por meio do espantoso: ela só é um voltar-se para enquanto um voltar-se para *algo*; à medida que ocorre, o espantoso libera o voltar-se para. O fato de o voltar-se para precisar se articular deveria ser por si só elucidativo; como algo alingüístico, ele não teria nenhum direcionamento para aquilo que vem ao encontro e tampouco poderia ser, com isso, um voltar-se para. Voltar-se para o espantoso significa encontrar palavras para ele, palavras que se mostram como a articulação de uma não-obviedade. Todavia, sem que se expresse lingüisticamente, o que vem ao encontro também não é o que é. Ele não poderia se desdobrar, mas permaneceria um impulso instantâneo e não liberaria enquanto tal nenhum voltar-se para. Por outro lado, a relação entre aquilo que vem ao encontro e o voltar-se para não imerge na linguagem. O fato de algo ocorrer não vem apenas da linguagem e, sem a liberdade, a vida na linguagem não poderia ser nenhuma busca por palavras que não fossem óbvias. O fato de o funcionamento imediato dos jogos de linguagem até aqui cessar e a linguagem, como diz Wittgenstein, "festejar"[193] não tem o seu fundamento apenas na linguagem.

---

193. Ludwig Wittgenstein, *Investigações filosóficas*, 38; Schriften 1, Frankfurt junto ao Main, 1960, p. 279-544, aqui p. 309: "Os problemas filosóficos surgem, quando a linguagem *festeja*".

Se as coisas se comportam assim em relação aos momentos originários, nenhum deles é passível de ser reconduzido aos outros. Nenhum deles atua "diretamente", simplesmente como ele mesmo; de uma maneira peculiar, seu efeito é muito mais indireto. Com isso, o comportamento, tanto quanto aquilo que vem ao encontro nele é retido ou suspenso, colocado em ἐποχή. Por meio daí, a combinação dos momentos vem à tona enquanto tal. Aquilo que vem ao encontro atua por meio do voltar-se para e somente na linguagem. O voltar-se para só atua a partir daquilo que vem ao encontro e com vistas a ele; ele atua, na medida em que ganha voz e, por meio daí, ele fornece à linguagem a abertura que a deixa ser filosófica. Cada um dos momentos atua apenas através da *mediação* pelos outros, de tal modo que a originariedade da filosofia é em sua essência mediatizada. Somente enquanto mediatizada, ela é originária. Não há de início uma origem, e, então, se inicia a mediação. Com o caráter indireto dos momentos estruturais, aquilo que emerge é mediação, de tal modo que a própria mediação é originária.

Na linguagem cotidiana, "mediar" significa: colocar duas posições opostas em diálogo uma com a outra, empenhar-se por um equilíbrio entre elas e criar até mesmo talvez o equilíbrio. Em línguas mais antigas, ele também significa: alcançar algo diverso por meio de algo que serve como meio. Em todo caso, o mediador é representado como um terceiro entre dois momentos, que não teriam nenhum contato ou não teriam nenhum contato bem-sucedido. Em contraposição a isso, a mediação é pensada aqui como o caráter essencialmente indireto de algo. Aquilo que é mediado segundo a sua essência só ganha validade em um outro, mas não imerge, porém, nesse outro. É assim que se mostra a mediação entre dependência e diferença em uma única coisa; ela não é nunca uma mediação total que conduz à imediatidade ou à unidade. A mediação é visada aqui no sentido *hermenêutico*, no sentido de uma transposição. Algo está presente em algo diverso e pode ser, contudo, reconhecido nessa alteridade como aquilo que é. Se um texto é transposto para uma outra língua, então o resultado é um texto que não é simplesmente ele mesmo, mas tampouco aponta para um outro. A tradução é a alteridade do texto traduzido; por meio dela, o texto traduzido está presente, e, não obstante, ele se subtrai. Agora, se algo não é transposto por meio de uma atividade que se acrescenta a ele, mas se, ao invés disso, ele mesmo é uma transposição, então ele nunca estará presente sem a sua alteridade. Neste caso, toda palavra é indireta, nenhuma delas é falada a partir de um pleno poder próprio ou a partir da posse da coisa articulada. Toda palavra refere-se, então, a uma coisa que nunca ganha voz como ela mesma e que, contudo, não se acha velada. Tal como a palavra, a coisa também é indireta. Ela não é subtraída, mas se dá na mediação; ela não é sozinha a partir de si mesma, mas só está presente por meio de um outro. No entanto, aquilo que está presente por meio do outro é essa coisa.

Neste sentido, a mediação é o sentido da filosofia, ao menos segundo uma história contada no *Banquete*. Neste diálogo, Eros, o poder divino que determina a filosofia, é designado como mediador. Ele transpõe e transmite para os deuses aquilo que vem dos homens e para os homens aquilo que vem dos deuses: de uns as orações e os sacrifícios, dos outros as prescrições e as repostas aos sacrifícios. Deste modo, no meio dos dois, ele preenche como mediador uma totalidade que se mostra como ligada em si[194]. Eros é representado aqui como um ser que se encontra entre deuses e homens – como um ser intermediário, como um semideus. No entanto, aquilo que se tem em vista não é nenhum ser mítico do tipo descrito. Eros é o divino no homem e é nos deuses aquilo que aparece segundo a medida dos homens. Os homens estão ligados eroticamente aos deuses e realizam esta ligação de um modo humano: em oração e em sacrifício. Inversamente, a ligação dos deuses aos homens é aquilo que ultrapassa as medidas humanas e que, contudo, se mostra na vida humana: prescrições e respostas, mensagens divinas.

Certamente, o fato de a filosofia – mesmo sem imagens míticas – ser em sua originariedade hermenêutica só se mostra até aqui como uma afirmação. Pode ser que essa afirmação não seja desprovida de um caráter elucidativo. Todavia, ela só foi conquistada junto a modelos; ela não está apoiada em investigações concentradas na coisa mesma. O caráter mediado e mediador do conhecimento filosófico ainda carece de uma clarificação, e, para tanto, é preciso que digamos, por outro lado, o que é exatamente um conhecimento mediado e mediador.

A coisa que está em questão aqui é *o hermenêutico* naquele sentido amplo da palavra, um sentido que inclui a experiência hermenêutica tanto quanto os seus objetos. Na determinação desses objetos, o pensamento precisa se corroborar, se é que ele mesmo quer ser considerado como o grau de intensidade do hermenêutico. À medida que o elemento hermenêutico for conquistando contornos claros, a possibilidade de uma filosofia hermenêutica virá ao mesmo tempo à tona. Essa filosofia comprova-se por meio da apresentação de sua proveniência; ela se mostra como aquilo que é, na medida em que determina a sua coisa.

Portanto, precisamos perguntar agora por algo que, de uma maneira particularmente manifesta, é um mediar de um tipo similar ao que foi indicado aqui como a essência do elemento hermenêutico. A mediação no sentido mais conhecido, sempre uma vez mais normativo em termos hermenêuticos, é interpretação.

---

194. Platão, *Banquete* 202e: Ἑρμηνεῦον καὶ διαπορθμεῦον θεοῖς τὰ παρᾶἀνθρώπων καὶ ἀνθρώποις τὰ παρὰ θεῶν, τῶν μὲν ταὶς δεήσεις καὶ θυσίας, τῶν δὲ τὰς ἐπιτάξεις τε καὶ ἀμοιβὰς τῶν θυσιῶν, ἐν μέσῳ δὲ ὄν ἀμφοτέρων συμπληροῖ, ὥστε τὸ πᾶν αὐτὸ αὑτῷ συνδεδέσθαι.

Segundo capítulo
Interpretação

§ 7: Transposição

Interpretar é mediar, o *interpres* é o negociador, o tradutor. Ele aproxima de um outro o ponto de vista de um e ratifica, assim, o fato de os pontos de vista serem diversos; ele formula de tal modo aquilo que foi dito por alguém, que esse algo se torna compreensível para um outro. No entanto, ele nem sempre carece do terceiro; de maneira bastante freqüente, nós assumimos a nossa própria tarefa. Neste caso, então, a mediação não é a prestação de um auxílio, mas um conhecimento. E essa é a questão diretriz para as discussões seguintes: que tipo de conhecimento é o interpretar.

Quando nos aproximamos de algo diverso, acontece uma *transposição*: algo diverso, alheio, é transportado de lá para cá, é transformado em algo próprio e aí reconhecido. O processo, tal como a palavra o indica, é determinado por meio de intervalo e distanciamento; algo está em um lugar diverso daquele em que nós mesmos estamos e, então, nós o trazemos para cá. Isso não é a mesma coisa que a rápida abordagem e também poderia significar que nem todas as apropriações são também transposições. Transposições são apropriações de um tipo particular; de que tipo, isso é algo que precisamos clarificar.

Além disso, dever-se-ia distinguir entre transposição e interpretação. Transpor, *transferre*, μεταφέρειν, é uma palavra diferente de interpretar, *interpretari*, mesmo de ἑρμηνεύειν, ou seja, possivelmente, até que se prove contrário, eles tampouco designam a mesma coisa. O interpretar poderia ser uma transposição de um tipo particular. A exatidão não se transforma, por isso, em uma questão apenas de terminologia; somente se os conceitos são clarificados em sua relação material e objetiva mútua, algo também é concebido com eles.

De início, voltemos uma vez mais à apropriação: o lápis que se encontra sobre aquela mesa e que alguém segura para anotar um pensamento é apropriado – não no sentido de tomarmos posse dele, mas no sentido de que o usamos para fazer algo. Ele é reconhecido de uma maneira determinada: como algo para escrever. Este "algo como algo" – Heidegger o denomina em sua análise do utensílio o "como hermenêutico"[1] – indica uma compreensão que, em verdade, é uma media-

---

1. Heidegger, *Ser e tempo*, GA 2, p. 210; pela primeira vez in: Martin Heidegger, *Logik. Die Frage nach der Wahrheit* (Lógica. A pergunta sobre a verdade – 1925/26), GA 21, org. por Walter Biemel, Frankfurt junto ao Main, 1976, p. 143.

ção, mas não uma transposição. Em verdade, o lápis é conhecido a partir do escrever, o escrever se realiza por meio do lápis. Não foi preciso, porém, nenhum desempenho particular para o reconhecimento do lápis como um utensílio para a escrita. A lida com instrumentos de escrita também é sempre constitutiva da capacidade da escrita, que adquirimos e exercitamos. Portanto, estávamos bem preparados para reconhecer imediatamente a coisa sobre a mesa como um utensílio para a escrita. Com certeza, o reconhecimento pode não ser sempre tão fácil; para reconhecer que aquela coisa dotada de uma forma estranha é um instrumento de escrita seria necessária uma segunda olhada. Ou, então, não encontramos nenhum instrumento adequado; neste caso, ao invés de usarmos um martelo, pregamos o prego na parede com uma pedra.

Mas essa não é nenhuma transposição. Ao invés de conhecermos imediatamente algo como algo, nós apenas o *descobrimos* como algo, a saber, nós descobrimos a pedra como um instrumento possível. Sabíamos o que tínhamos de fazer e, do mesmo modo, como algo precisava ser constituído para que pudesse se mostrar como apropriado para pregar pregos. Preparados desta maneira, nós podíamos descobrir a pedra "como algo". A apropriação foi possível porque já havia algo assim como um campo das próprias capacidades e possibilidades.

As coisas dão-se de maneira similar junto à compreensão das declarações lingüísticas. Uma frase da própria língua, uma frase que é compreendida, não é transposta para o próprio uso lingüístico, e, se a interpretação é um caso especial de transposição, essa sentença também não foi interpretada[2]. Ela foi simplesmente compreendida. Mesmo o fracasso da compreensão não é nenhum indício de que se tem a ver aqui com uma transposição. A única coisa que aconteceu foi o fato de não ter se cumprido a suposição óbvia de que o outro falante emprega as expressões utilizadas mais ou menos como nós mesmos. Isso também pode ser experimentado junto ao comportamento das pessoas: um gesto que compreendemos como um cumprimento era apenas uma tentativa de soltar o relógio do pulso. O erro é possível porque as duas coisas eram tão parecidas a ponto de produzir a confusão, e um gesto como este pertence, enquanto cumprimento, ao repertório das possibilidades de expressão comuns. Onde há um tal repertório – como em toda língua e em toda convivência –, o próprio não está fundamentalmente cindido do outro; eles se co-pertencem no elemento comum.

---

2. Isso não significa que seria ilegítimo falar de interpretação neste sentido amplo. Assim, Donald Davidson designa a compreensão de todas as declarações lingüísticas, ou, mais exatamente, o passo que vai da declaração para o estado de coisas declarado, como uma "interpretação radical" (*radical interpretation*). Cf. Donald Davidson, *Radical Interpretation*, in: Davidson, *Inquiries into Truth and Interpretation*, Oxford, 1984, p. 125-139. Com certeza, o conceito é nesse caso utilizado de uma maneira tão pouco específica, que não faz sentido dizer que o interpretar deve ser compreendido e clarificado como uma realização peculiar. As análises de Oliver R. Scholz sobre o caráter "baseado em presunções" próprio ao interpretar também são pensadas em conexão com um conceito de interpretação concebido de maneira mais ampla. Cf. Oliver R. Scholz, *Verstehen und Rationalität. Untersuchungen zu den Grundlagen von Hermeneutik und Sprachphilosophie* (Compreensão e racionalidade. Investigações sobre as bases da hermenêutica e da filosofia da linguagem), Frankfurt junto ao Main, 2001, em particular p. 147-249.

Em contrapartida, sempre persiste um distanciamento nas transposições; algo que pertence simplesmente ao âmbito da própria vida não precisa ser transposto para esse âmbito. Falta à transposição a obviedade; por vezes, ela pode se mostrar como ousada ou até mesmo como inadequada, por exemplo, quando transpomos intelecções que foram conquistadas por alguém com vistas a uma coisa para uma outra coisa totalmente diferente, e empregamos, assim, as intelecções de um outro contexto no contexto próprio, claramente diverso[3].

Aquilo de que nos apropriamos no sentido da transposição é fundamentalmente *cognoscível* como algo diverso. Enquanto a transposição é consciente, a apropriação permanece sob reserva; no que a transposição aponta para a sua proveniência, ela mesma permanece em suspenso. O sentido para essa alteridade pode ser mais fraco ou pode ter mesmo se perdido, de modo que não reconhecemos mais uma transposição enquanto tal. No entanto, a intelecção pode ser reconquistada; nós tínhamos considerado aquilo que tinha sido transposto como algo próprio. Agora, contudo, o erro foi corrigido. O sentido do distanciamento que é constitutivo da transposição é novamente desperto.

Todavia, algo também poderia ser de tal modo transformado no interior da transposição, que não poderíamos mais reconhecê-lo como aquilo que ele é. O único ponto de apoio para o fato de termos neste caso algo em comum com uma transposição seria o próprio processo de transposição. Sob esta pressuposição, Nietzsche generalizou o conceito de transposição e procurou compreender todo conhecimento e, para além do conhecimento, toda pretensa relação objetiva como uma transposição ou, como se diz em grego, como uma "metáfora", como uma "interpretação"[4]. Em seu ensaio antigo, em alguns aspectos programático, *Sobre verdade e mentira no sentido extra-moral*, ele esboça uma imagem do conhecimento, segundo a qual esse conhecimento aparece como uma conseqüência de transposições descontínuas. Em primeiro lugar, "um estímulo nervoso [...]" seria "transposto para uma imagem". Em seguida, a "imagem" seria "uma vez mais transformada em um som". E "a cada vez" aconteceria "um salto completo por sobre uma esfera para o meio de uma esfera totalmente diversa e nova". Nietzsche ilustra essa idéia a partir de um experimento físico, no qual uma fina camada de areia sobre uma superfície é de tal modo posta em vibração, que ela reproduz ondas sonoras[5]. As coisas dão-se "para todos nós com a linguagem" tal como acontece com um homem surdo que "nunca teve uma sensação do som e da música" e que

---

3. Há para tanto duas provas no Dicionário Grimm (Grimm, *Deutsches Wörterbuch*, vol. 11, II seção, Leipzig 1956, colunas 598-602, aqui 599: "é inadmissível transpor leis estilísticas de um gênero artístico para o outro" (a partir de: G.W.F. Hegel, *Preleções sobre estética*, vol. 1, org. por D.H.G. Hotho, Berlim, 1835 [G.W.F. Hegels Werke, edição completa organizada por uma associação dos amigos do imortal, Berlim, 1832-, 10. volumes, primeira seção], p. 379) e "procurei transpor esses métodos e modos de tratamento para outros objetos" (a partir de: Johann Wolfgang Goethe, *Goethes Werke*, org. a pedido da Grã-duquesa Sophie von Sachsen, IV seção, Vol. 27, p. 200).

4. Cf. quanto a esse ponto *John Sallis, On translation* (Sobre tradução), Bloomington 2002, p. 21-45.

5. Trata-se de um experimento do fundador da acústica, Ernst Chladni (1756-1827).

poderia afirmar que "agora sabia seguramente o que os homens denominam o som": "nós acreditamos saber algo sobre as coisas mesmas e, contudo, não possuímos senão metáforas das coisas, metáforas que não correspondem de maneira alguma às essencialidades originárias"[6].

Contra esta descrição seria preciso objetar em primeiro lugar – repetindo a crítica hegeliana à "coisa em si"[7] – que se fala aí de "coisas" e "essencialidades originárias", apesar de se afirmar a sua inacessibilidade. Essas coisas não passam, para usar a designação hegeliana para as coisas em si, de fantasmas[8]; na medida em que falamos sobre elas, sugerimos que haveria um fora em relação à imagem representacional e à linguagem, um fora que por si não há.

No entanto, Nietzsche não precisaria se sentir tocado por esta objeção. Ele mesmo pensa que as coisas em si são fantasmas. O que está em questão para ele não é distinguir a "metáfora" enquanto mera aparição das coisas ante a substancialidade inacessível dessas coisas. O que lhe interessa é muito mais o "salto" de uma "esfera" para uma outra; a uma metáfora segue a próxima "metáfora", de modo que a realidade consiste nessa mudança de metáforas; a "transposição" ou a "interpretação" são as únicas coisas que efetivamente são. É neste sentido que Nietzsche contesta mais tarde, contra o "positivismo", a existência de fatos – "não, justamente fatos não há, há apenas interpretações" –, objetando contra o subjetivismo que mesmo o sujeito seria "interpretação", "nada dado, mas algo acrescentado imaginativamente, algo colocado por detrás"[9]. "Por fim", porém, ele sugere que não seria de maneira alguma necessário "colocar ainda o intérprete por detrás da interpretação"[10]. Na medida em que não há "fatos", o mundo não é outra coisa senão uma profusão desbaratada de "interpretações", que atuam umas sobre as outras enquanto "forças". Como "força por toda parte, como jogo de forças e ondas de forças", o mundo é uma "quantidade descomunal de força", um "mar de forças em si mesmas tempestuosas e fluentes". Ele é, como Nietzsche diz por meio de um conceito diretriz que substitui o conceito de força, "vontade de poder – e nada além disso"[11].

Com esta absolutização da transposição ou da "interpretação", contudo, o pensamento inicial se transformou: se as transposições não devem ser outra coisa senão forças que atuam umas sobre as outras, então elas não são mais nenhuma transposição. Toda transposição que deve ser reconhecida enquanto tal precisa poder ser *reconduzida* àquilo de que provém; mesmo se pudesse ser compreendi-

---

6. Friedrich Nietzsche, *Sobre verdade e mentira no sentido extramoral* (1873), KSA 1, p. 875-897, aqui p. 879.

7. Por exemplo na *Lógica*: G.W.F. Hegel, *Ciência da lógica I*, Edição histórico-crítica, *Gesammelte Werke*, org. pela Academia das Ciências Renano-Vestefaliana, Vol. 21, Hamburgo, 1985, org. por Friedrich Hogemann e Walter Jaeschke, p. 31.

8. Hegel, *Ciência da lógica*, *Gesammelte Werke* 21, p. 31.

9. Friedrich Nietzsche, *Nachlass 1886-1887*, 7(60), KSA 12, p. 315.

10. Ibid.

11. Friedrich Nietzsche, *Nachlass 1885*, 38(12), KSA 11, p. 610-611.

Segundo capítulo: Interpretação

do como transposição, ele precisaria ser inteligível para a transposição posterior como algo de que ela parte. *Porquanto* esse algo é algo a ser transposto, ele não é nenhuma transposição, mas algo que possui uma significação *material e objetiva*; para o seu valor conjuntural *em* uma transposição, não importa saber se ele pode ser determinado em um outro aspecto como transposição. Assim, um pensamento pode ser transposto para um novo contexto. Aquilo que é transposto é, então, *esse* pensamento. Se ele deveria ou não chegar a termo por meio de uma transposição é ou bem irrelevante para a transposição ulterior, ou é um momento integral daquele pensamento que é para ela o ponto de partida, e, com isso, um momento da coisa a ser transposta.

O fato de Nietzsche não levar em conta a proveniência da transposição e, juntamente com ela, a sua significação material e objetiva já pode ser visto no artigo escrito sobre verdade e mentira. O que ele designa aí como "metáfora" é "um salto completo por sobre uma esfera", ou seja, não uma transposição, mas uma quebra. Em seu pensamento posterior da "vontade de poder"[12], ele retorna à idéia mais antiga da metáfora. Uma vontade de poder é um centro de força estabelecido apenas com vistas à sua própria possibilidade, um centro de força que se liga a algo não enquanto esse algo mesmo, mas que só encontra no outro ensejos para a sua elevação, ou, como o próprio Nietzsche disse certa vez: "algo que quer crescer [...], que interpreta todas as outras coisas que querem crescer em função de seu valor"[13]. Mesmo quando a "vontade atua sobre a vontade"[14] dessa forma e só avalia outras vontades sob o ponto de vista do "valor", este acontecimento da vontade não é nenhuma transposição; e se a interpretação é um caso particular da transposição, ela também não é nenhuma interpretação. Não é acolhido e assumido nada que permaneça compreensível enquanto tal, mas tudo é estabelecido apenas como "valor", ou seja, como "condições de conservação-elevação"[15]. Tudo aquilo que é próprio para tanto é assumido no campo de força da vontade, a fim de ampliar o desenvolvimento de suas forças e a sua força. Aquilo que Nietzsche denomina "interpretação" é, em verdade, assimilação, "incorporação do mundo exterior",

---

12. Com relação a esse conceito, cf. os trabalhos decisivos de Müller-Lauter e Abel: Wolfgang Müller-Lauter, *Nietzsches Lehre vom Willen zur Macht* (A doutrina nietzschiana da vontade de poder), in: Nietzsche-Studien 3 (1974), p. 1-60; Günter Abel, *Die Dynamik der Willen zu Macht und die ewige Wiederkunft des Gleichen* (A dinâmica das vontades de poder e o eterno retorno do mesmo), Berlim/Nova York, 1984; Wolfgang Müller-Lauter, *Nietzsche. Seine Philosophie der Gegensätze und die Gegensätze seiner Philosophie* (Nietzsche. Sua filosofia das contradições e as contradições de sua filosofia), Berlim/Nova York, 1971.

13. Friedrich Nietzsche, *Nachlass 1885-1886*, 2(148), KSA 12, p. 139-140.

14. Friedrich Nietzsche, *Para além do bem e do mal*, p. 36; KSA 5, p. 9-243, aqui 55.

15. Friedrich Nietzsche, *Nachlass 1887-1888*, 11(73), KSA 13, p. 36: "O ponto de vista do 'valor' é o ponto de vista das *condições de conservação-elevação* em vista de construções complexas de duração relativa de vida no interior do devir". Para a interpretação dessa passagem, cf. Martin Heidegger, *A sentença nietzschiana 'Deus está morto'* (1943), in: *Caminhos da floresta*, GA 5, org. por Friedrich-Wilhelm von Herrmann, Frankfurt junto ao Main, 1977, p. 209-267, aqui em particular p. 227-232.

como ele formulou certa vez[16]. Apesar de uma vontade de poder só ser capaz de desdobrar a sua dinâmica junto à vontade própria que coloca exigências àquilo que lhe é exterior, não há para ela nenhum fora[17].

Para a transposição compreendida corretamente, as coisas se dão de maneira diversa; sempre há algo que não imerge aqui em seu resultado. É somente pelo fato de, em seu transcurso, a proveniência ser mantida, que se obtém por meio dela uma *ligação*. Com freqüência, porém, a ligação é cunhada de maneira tão unilateral, que é possível acompanhar o sentido da compreensão nietzschiana da transposição como integração. A relação entre dois momentos ligados um ao outro por meio da transposição nem sempre é constituída como na transposição de um método para um outro campo de objetos. Aqui, a relação é simétrica; os dois campos de objetos podem ser comparados um com o outro e, por isso, também é possível decidir se a transposição do método faz sentido ou não. As coisas dão-se de outra forma quando transpomos, por exemplo, as intelecções de um outro para as nossas próprias situações de vida. Em verdade, esta transposição pode ser uma aplicação no sentido da explicitação gadameriana do saber prático como um saber-para-si. No entanto, mesmo quando a transposição é motivada de forma material e objetiva, ela permanece de qualquer modo totalmente marcada por aquele que transpõe. O que é transposto e o modo como ele é transposto são previamente determinados em suas possibilidades e nos motivos próprios à transposição.

Nietzsche denominou esse fato "o caráter perspectivístico da existência"[18] e não viu nesse caráter perspectivístico nenhuma limitação; em uma outra passagem, ele designa "o elemento perspectivístico" como "a condição fundamental da vida"[19]. Esta idéia remonta a Leibniz. Leibniz introduziu o conceito de perspectiva na filosofia, e, em verdade, de uma maneira que permanecerá normativa para Nietzsche. Na *Monadologia*, Leibniz usa a imagem de uma cidade, para tornar plasticamente visível a essência das substâncias simples, ou seja, não compostas, a essência das "mônadas", a partir das quais o mundo é formado: assim como uma e mesma cidade, quando vista de diferentes lados, aparece de maneira diversa e como multifacetada perspectivisticamente, também temos o fato de, com base na multiplicidade infinita das substâncias simples, existirem do mesmo modo muitos mundos diversos que, contudo, não seriam outra coisa senão perspectivas de um único mundo de acordo com os diversos pontos de vista de cada mônada[20]. Perspectivístico, neste sentido, é uma visão limitada do mundo, cuja limitação é fi-

---

16. Nietzsche, *Nachlass 1885-1886*, 2(92), KSA 12, p. 106-107.

17. O mundo das "avaliações" é para Nietzsche o mundo feito por si mesmo, o mundo construído poeticamente (Friedrich Nietzsche, *A gaia ciência*, p. 301; KSA 3, p. 343-651, aqui p. 540).

18. Nietzsche, *A gaia ciência*, 374; KSA 3, p. 626.

19. Nietzsche, *Para além do bem e do mal*, Prefácio; KSA 5, p. 12.

20. Gottfried Wilhelm Leibniz, *Monadologia* § 57: "Et comme une même ville regardée de differents côtés paroist tout autre et est comme multipliée *perspectivement*, il arrive de même, que par la multitude infinie des substances simples, il y a comme autant de differents univers, qui ne sont pourtant que les perspectives d'un seul selon les differens *point de vue* de chaque Monade". A *Monadologia* é citada segundo: *Les principes de la philosophie ou la monadologie*, in: Leibniz, *Gesammelte Werke*, Band 1, org. por Hans Heinz Holz, Darmstadt, 1965.

Segundo capítulo: Interpretação

xada por meio do respectivo ponto de vista (*point de vue*). Toda visão é aí integral: tudo aquilo que é visto se encaixa em um mundo – exatamente como todo aspecto da cidade é um aspecto desta cidade, mesmo quando não vemos completamente a cidade.

O caráter perspectivístico, contudo, não diz respeito apenas ao que é visto, mas também e antes de tudo àquele mesmo que vê. Perspectividade no sentido de Leibniz não é nenhuma propriedade de uma substância simples independente desta "substância simples" determinada. A perspectividade constitui muito mais o ser das substâncias simples, isto é, das substâncias não compostas[21]; essas substâncias não são determinadas em sua perspectividade por nenhuma outra coisa senão por meio da visão una. De maneira correspondente, a multiplicidade das substâncias tem de ser apreendida como a multiplicidade do "perceber", da *perception*[22]. Uma substância simples é uma "alma" (*âme*)[23] e só é determinada por meio de sua abertura una para o mundo, uma abertura que se realiza de maneira múltipla. O fato de Leibniz dizer em relação às mônadas que elas não teriam janelas não se encontra em contradição com isto[24]. Ao contrário, esta afirmação é conseqüente: se algo pudesse se inserir nas mônadas ou sair delas, então haveria uma diferença entre elas e o seu mundo, e, então, elas não poderiam mais ser definidas como a percepção a cada vez integral do mundo. De acordo com essa definição, o mundo sempre é dado sem restos na perspectiva de cada mônada. Toda mônada é um espelho vivo, pérpetuo do universo[25]; cada habitante da cidade é, à sua maneira, toda a cidade.

Nietzsche acolheu esta compreensão do elemento perspectivístico e a dinamizou. No lugar das substâncias simples entraram em cena as muitas vontades de poder – "pontuações volitivas que constantemente ampliam ou perdem o seu poder"[26]. Exatamente como no caso das mônadas, porém, também não há para elas nenhuma diferença em relação ao mundo. Só há elas mesmas e o *seu* mundo de acordo com o modo como elas conseguem se apoderar do mundo – em uma "interpretação", cuja essência está em "violentar, ajustar, reduzir, alijar, preencher, elidir, falsear"[27]. Por outro lado, *há* o mundo fora da respectiva vontade de poder; sem uma contraparte daquilo junto ao que ela pode se realizar, uma vontade seria impossível. Não obstante, o modo *como* o mundo se encontra fora e a sua alteridade não interessam à vontade de poder.

---

21. Leibniz, *Monadologia* § 1.

22. Ibid., § 14.

23. Ibid., § 19.

24. Ibid., § 7: "Les Monades n'ont point de fenêtres, par lesquelles quelque chose y puisse entrer ou sortir".

25. Ibid., § 56: "un miroir vivant perpetuel de l'univers".

26. Nietzsche, *Nachlass 1887-1888*, 11 (73), KSA 13, p. 36-37.

27. Friedrich Nietzsche, *Genealogia da moral*, KSA 5, p. 245-412, aqui. p. 400.

74 — Oposicionalidade – O elemento hermenêutico e a filosofia

Em contrapartida, se há uma diferença em relação ao mundo, a perspectividade não é, com isto, afastada. Neste caso, porém, ela não se mostra como nenhuma visão do mundo que pertence inalteravelmente à respectiva vida, mas como uma visão limitada e a cada vez possível que se lança para o interior do mundo; é possível se referir perspectivisticamente àquilo que se apresenta aí e acontece. Quando não se é nenhuma pespectiva, mas se *tem* perspectivas, as perspectiva podem se alternar. Sempre temos, em verdade, uma perspectiva, mas nem sempre a mesma. Toda referência é perspectivística. Todavia, ela pode se dirigir para coisas diversas, assim como para o diverso no mesmo. Na medida em que não somos "nosso" mundo, há aqui um espectro de possibilidades e de escolha: voltar-se para, desviar-se de, concentração e dispersão, focalizações da atenção[28]. Tudo isto está fundamentado no posicionamento em relação às coisas. No entanto, ele não é fixado pelo próprio ser, mas apenas pelas circunstâncias e possibilidades do *respectivo* posicionamento. Em verdade, as coisas se dão certamente de tal modo que todo indivíduo possui uma determinada visão das coisas, na qual um ponto recebe mais atenção do que outro, que as coisas são "matizadas" de maneira diversa e algumas coisas, porque não temos "nenhuma sensibilidade" para elas, só se encontram no máximo à margem de nosso campo de visão. Isto não exclui, porém, o fato de podermos assumir modos de ver completamente diversos e de modos de ver que ainda não conhecíamos poderem se aproximar de nós ou se tornar marcantes para nós. Com isso, a possibilidade de perspectivas diversas é co-pertinente ao fato de não sermos "nosso" mundo, mas sermos *em* um mundo. Esse mundo não pode ser sondado sem uma mudança de posicionamento.

Inversamente, o fato de assumirmos perspectivas diversas tem algo em comum com os intuitos próprios à investigação. Não se trata aqui de nenhum indício de uma relatividade universal, de acordo com a qual algo só é como a cada vez aparece[29], mas de uma condição de *objetividade material* para seres que experimentam perspectivisticamente. Nietzsche disse isto certa vez de maneira particularmente impressionante e de modo inteiramente contraditório com a sua monadologia da vontade de poder: quanto "mais afetos nós deixarmos ganhar voz em relação a uma coisa, quanto mais olhos, olhos diversos soubermos empregar para a mesma coisa, tanto mais pleno será o nosso 'conceito' desta coisa, a nossa 'objetividade'"[30].

O que Nietzsche indica aqui é um programa de investigação complexo que não seria realizável sem uma disciplina metodológica. Não obstante, ele quase não se confundiria com aquilo que pode ser planejado como um procedimento. Afetos diversos não podem ganhar voz em relação a uma coisa sem desprendimento e franqueza; junto a uma coisa em relação à qual temos reservas, não é fácil ver nem mesmo os seus lados material e objetivamente mais frutíferos. Uma tal visão só é possível, quando encontramos antes de mais nada uma postura fundamental pró-

---

28. Cf. Bernhard Waldenfels, *Phänomenologie der Aufmerksamkeit* (Fenomenologia da atenção), Frankfurt junto ao Main, 2004.

29. Platão, *Teeteto* 152a.

30. Nietzsche, *Genealogia da moral*, KSA 5, p. 365.

pria à objetividade material. O fato de sempre lidarmos com coisas e estados de coisa não é suficiente; o que precisaria estar em questão é explicitamente o elemento material e objetivo.

As coisas ainda não se mostram de maneira tão inequívoca no que concerne à intenção de sondar algo. A sondagem poderia se encontrar no contexto de um "saber-para-si". Neste caso, o que estaria em questão seria efetivamente uma coisa, mas o elemento diretriz seria o fato de ela significar algo para alguém. Ela seria uma coisa no sentido da *causa*; esta causa é aquilo que se tem de resolver e pelo que temos de passar. E trata-se aí da *própria* coisa, da coisa que se empreende em virtude de si mesma. Em contraposição a isso, é uma outra orientação material e objetiva que está em jogo, quando buscamos apreender algo de maneira tão clara quanto possível, para que ele ganhe validade como aquilo que é. Somente isso se mostra como uma verdadeira objetividade material e não mais como um interesse material e objetivo a cada vez comprometido. Quando o que está em questão é *a coisa mesma*, não se tem nada em comum com uma mera referência e com uma mera indicação; quanto mais diferenciadas são as possibilidades oferecidas, tanto maior é a perspectiva de sucesso. Por conseguinte, a objetividade material tem, em verdade, algo em comum com o alijamento do interesse próprio, mas não com o descuido em relação a possibilidades próprias. Ela não permanece presa no caráter perspectivístico da visão própria e, deste modo, em "discussões sobre pontos de vista"[31], mas também não se realiza em uma aparição imediata e desprendida da coisa mesma, como quer que essa aparição venha a ser representada. Sua realização não reside senão na mediação da coisa, de modo que o que importa é "entregar a última palavra às coisas mesmas e ao trabalho com elas"[32]. A mediação de uma coisa, uma mediação para a qual o que está em questão é expressamente esta coisa, é uma transposição de um tipo particular. Ela é interpretação.

§ 8: O que precisa ser interpretado

A combinação de objetividade material e interpretação pode parecer estranha – ela o é certamente se a considerarmos a partir de Nietzsche; a convicção de que o que estaria em questão na interpretação seriam "valores" exclui a objetividade material. Todavia, uma experiência contrapõe-se a essa convicção: na maioria das vezes em que algo não fica suficientemente claro no modo como é vivenciado, consideramos as interpretações necessárias. Este algo pode ser tanto o comportamento de um homem quanto um acontecimento, por exemplo, o colapso de um império mundial. Com certeza, a interpretação só funciona como a clarificação aqui almejada sob duas condições: com vistas à clarificação, ela não pode se limitar a colocar em jogo fatos até aqui desconhecidos ou desconsiderados; do mesmo modo, ela precisa ser mais do que a tentativa de derivar o comportamento ou o acontecimento a partir de

---

31. Edmund Husserl, *Investigações lógicas*, Primeiro volume, Prolegômenos à lógica pura, Husserliana XVIII, org. por Elmar Holenstein, Den Haag, 1975, p. 9.

32. Husserl, *Investigações lógicas*, Husserliana XVIII, Primeiro volume; Husserliana, p. 9.

uma lei universal, e, desta forma, de estabelecer uma explicação no sentido das ciências naturais[33]. As duas coisas não têm nada em comum com as tarefas da interpretação. A sua tarefa propriamente dita só se coloca quando a pergunta sobre os fatos não desempenha mais papel algum – seja porque todos os fatos relevantes são conhecidos, seja porque não se pode conquistar uma elucidação senão sobre a base dos fatos conhecidos. E essa tarefa é colocada de um tal modo, que procuramos clarificar *em si* aquilo que temos diante de nós; o que está em questão é a co-pertinência de seus momentos, o modo como eles formam um todo. As coisas dão-se assim em relação ao comportamento de um homem, quando esse comportamento é à primeira vista confuso, ou em um acontecimento histórico, quando este acontecimento é difícil de ser abrangido com o olhar. As coisas também se dão dessa forma em relação a uma teoria científica. Quando esta teoria cumpre a sua reivindicação, há em verdade fatos que podem ser explicados a partir das leis que ela instaura. No entanto, ela mesma também pode ser interpretada.

Aquilo que é carente de interpretação e aquilo que é interpretável são conseqüentemente as conexões, cujo caráter uno se acha, apesar de toda complexidade, fora de questão e em cuja complexidade não é possível reconhecer, à primeira vista, uma ordem, mas, não obstante, é possível descobrir uma. Ordem e caráter uno precisam estar de algum modo presentes, para que possam ser descobertos por meio da interpretação. Porém, se os dois fossem dados de maneira evidente, eles não precisariam mais ser descobertos.

Com certeza, não há nada em relação ao que esse primeiro esboço de uma caracterização daquilo que é carente de interpretação e daquilo que é interpretável seja tão pertinente quanto os *textos*. Isto, porém, não significa nem que esse esboço diz respeito a tudo aquilo que é fixado pela escrita, nem que só os documentos escritos seriam interpretáveis. Textos que se mostram, ao mesmo tempo, como documentos não cunham senão uma vertente do ser textual, ainda que esta seja uma vertente particularmente clara. Eles dão a conhecer de maneira particularmente feliz o ser textual. No entanto, quando não parecem senão representá-lo, eles também o encobrem.

A palavra *textus*, tecido, entrelaçamento, não designa nenhum documento escrito, mas a *ordem* do discurso[34]; o seu equivalente grego é λόγος, o que significa discurso, e, em verdade, no sentido de uma multiplicidade lingüisticamente articulada,

---

33. Visto a partir daqui, o debate sobre "explicar e compreender" precisa ser conduzido propriamente como o debate sobre "explicar e interpretar". A razão pela qual isso é assim ainda deverá se tornar mais clara depois da clarificação do conceito de compreensão. Quanto a explicar e compreender, cf.: Karl-Otto Apel, *Die Erklären-Verstehen-Kontroverse in transzendentalpragmatischer Sicht* (A controvérsia explicação-compreensão sob uma visão pragmático-transcendental), Frankfurt junto ao Main, 1979; Manfred Riedel, *Verstehen oder Erklären? Zur Theorie und Geschichte der hermeneutischen Wissenschaften* (Compreender ou explicar? Sobre a teoria e a história das ciências hermenêuticas), Stuttgart, 1978; Georg Henrik von Wright, *Explanation and Understanding* (Explicação e compreensão), London/Ithaca NY, 1971 (Alemão: *Erklären und Verstehen*, Frankfurt junto ao Main, 1974).

34. Quintiliano, *Institutio Oratoria*, Livro IV, p. 13; cf. a edição *The Institutio Oratoria of Quintilian*, traduzido por H.E. Butler, em quatro volumes, vol. II, Cambridge/Londres, 1921.

Segundo capítulo: Interpretação

reunida ou composta em uma unidade[35]. No que diz respeito à articulação lingüística, o que está em questão é menos o dizer que está sendo enunciado do que o dito ou mesmo aquilo que é assentado pela escrita. A partir daí é compreensível porque λόγος também pode significar "relação", "proporção", "regra" ou "cálculo". O resultado de um cálculo, ou seja, um número, também é a unidade de uma multiplicidade.

Não obstante, não é por acaso que se fala na maioria das vezes sobre textos no sentido de documentos escritos. Em verdade, a unidade em si articulada, possivelmente complexa de um λόγος também pode ser desenvolvida no discurso. A fixação escrita, contudo, é uma condição essencial do fato de podermos nos *referir* a esse λόγος enquanto tal. Vista assim, a escrita que fixa o texto não seria apenas uma facilitação, mas uma condição para a acessibilidade do texto. Logo que o que está em questão é a ordem interna do dito, a fixação é indispensável. Isto também vale para partituras, no que concerne ao *Logos* da música. O "*logos* mudo"[36] do visível só se abre por meio da fixação gráfica e pictórica.

Portanto, o texto e a interpretação são feitos como que um para o outro. A expectativa textual é constitutiva da postura do interpretar: a interpretação só pode ser realizada, à medida que a expectativa textual se realiza. Isso não exclui a interpretação de modos de comportamento e de acontecimentos; o que coloca a interpretação em curso é a expectativa de um texto não-escrito, de uma ordem dos estados de coisa, que possa ser apreendida enquanto tal e que possa ser conhecida.

A partir daí fica claro uma vez mais que a interpretação não é nada secundário, algo que só se junta provisoriamente aos escritos e às obras difíceis de serem compreendidos. A interpretação não se reduz apenas à ligação com obras e escritos. Em geral, essas próprias obras e escritos são interpretações e também são designados assim em uma terminologia que não é filosoficamente forçada. Com o seu quadro, um pintor oferece uma determinada interpretação de seu tema; os filósofos interpretam o mundo e nunca fizeram efetivamente outra coisa até o século XIX[37]. De maneira correspondente, há interpretações de interpretações. Por meio daí, porém, não surge nenhuma cadeia infinita de momentos indiretos, uma cadeia na qual nós nos ligamos lingüisticamente a uma outra coisa lingüística, que está por sua vez ligada a uma outra coisa lingüística e que se esgota nessas ligações. O fato de haver interpretações de interpretações tem algo em comum, como ainda se

---

35. Visto a partir daqui, a compreensão heideggeriana do Logos como "reunião" ou "colheita" toca no ponto decisivo. Cf. Martin Heidegger, *Logos* (Heráclito, Fragmento 50), in: *Ensaios e conferências*, GA 7, org. por Friedrich-Wilhelm von Herrmann, Frankfurt junto ao Main, 2000, p. 211-234. Cf. também Günter Figal, *Logos (philosophisch)*, in: Religion in Geschichte und Gegenwart (RGG), quarta edição, vol. 7, p. 498-500.

36. Cf. Gottfried Boehm, *Der stumme Logos* (O *Logos* mudo), in: Alexandre Métraux/Bernhard Waldenfels (org.), *Leibhaftige Vernunft. Spuren von Merleau-Pontys Denken* (Razão corporal. Rastros do pensamento de Merleau-Ponty), Munique, 1986, p. 289-304.

37. Karl Marx, *Teses sobre Feuerbach*, 11ª tese; Marx/Engels Werke (a seguir: MEW), vol. 3, Berlim, 1958, p. 535. Cf. as contribuições dedicadas à décima primeira tese sobre Feuerbach in: Internationale Zeitschrift für Philosophie, 1995, Caderno 2.

mostrará, com a essência material e objetiva da interpretação e com a sua qualidade cognitiva.

Portanto, tal como deve ser desenvolvido aqui, o conceito de interpretação é amplo. Todavia, ele não se mostra, por isso, como desprovido de especificidade. Interpretar é muito mais um tipo específico de conhecimento, que pode ser apreendido conceitualmente em sua particularidade. O fato de sempre se oferecer uma vez mais nesse caso a interpretação de textos escritos como modelo e de a interpretação de obras e escritos ser mais freqüentemente considerada tem aqui uma razão muito simples: interpretações deste tipo são mais facilmente abarcáveis. Elas têm algo em comum com coisas que já foram feitas para serem interpretadas; e isso ao menos quando os escritos não são meros substitutos do discurso, mas, como Gadamer os denomina, se mostram como "textos eminentes"[38], e quando as obras não são meros produtos artesanais, mas obras de arte.

Neste contexto, é possível colocar em jogo uma significação de interpretação que permaneceu até aqui sem ser considerada. Interpretar não é apenas um modo particular de clarificação, mas também pode ser apresentação. É nesse sentido que a recitação de uma poesia, a encenação de uma peça teatral ou a sonorização de uma peça musical são interpretações. Desse modo, é importante reter genericamente este aspecto, ou seja, é importante conservá-lo para além das apresentações. De certa maneira, toda interpretação é um momento de uma apresentação; aquilo que é preciso clarificar sempre se torna presente também como ele mesmo.

Vemos rapidamente que os dois aspectos da interpretação – clarificação e apresentação – se co-pertencem; sem que venhamos a nos inserir de maneira clarificadora na ordem interna de uma obra, é quase impossível alcançar uma apresentação satisfatória, e, do mesmo modo, toda clarificação de uma obra é remetida à apresentação, ao menos sob a forma do acompanhamento de sua realização. Querer clarificar um texto sempre significa também lê-lo, e, já na leitura, o texto é apresentado.

Além disso, a co-pertinência entre apresentação e clarificação é comprovada junto a um traço fundamental que é comum às duas. Toda interpretação realça, destaca das conexões vitais determinadas pelo comportamento e pelos acontecimentos. A peça musical sonorizada encontra-se por si tanto quanto o acontecimento histórico interpretado ou o comportamento de uma pessoa que se mostra enigmático ou que se tornou carente de clarificação. Um tal realce, porém, só é possível porque aquilo que é realçado estimulou de alguma maneira a interpretação ou mesmo a exigiu. A unidade complexa que importa interpretar não pertence ao contexto mais ou menos contínuo da vida. Em verdade, ela tem uma história que poderíamos contar ou reconstruir, mas essa história não tem nada em comum com a sua carência de interpretação e com a sua interpretabilidade. Aquilo que é carente de interpretação e interpretável saltou para fora do fluxo da vida e escapou desse fluxo. Ele se acha presente de maneira simples e originária.

---

38. Hans-Georg Gadamer, *Texto e Interpretação* (1938), in: *Hermenêutica 2. Verdade e método. Complementos. Índice*, GW 2, p. 330-360, aqui p. 348.

Segundo capítulo: Interpretação

Em poucas coisas isso fica tão claro quanto junto ao contraste entre o texto escrito e a palavra falada. A palavra falada nunca se encontra por si. Ela é sempre uma *resposta*[39], uma contrapalavra no sentido exato do termo[40]; ela é réplica[41], mesmo quando é visada com concordância. A pergunta também sempre se mostra como uma resposta quando está ligada àquilo que foi dito e ela é passível de ser reconhecida como resposta, quando se mostra como uma nova pergunta ou uma outra pergunta. Todavia, enquanto contrapalavra, a resposta não permanece contraposta. Ela é direcionada para o outro e é, quando tem sucesso, acolhida por esse outro. Ela se comunica com ele. Toda palavra falada é comunicação e pertence, assim, a um *diálogo*; isso se não nos dispusermos a compreender por um tal diálogo a troca entre poucos e se retirarmos da palavra "diálogo" o sentido edificante que por vezes a envolveu. "Estar em diálogo" nem sempre é algo bom, nem precisa ser tampouco algo agradável e amistoso. O discurso político também está vinculado dialogicamente; ele também se mostra como polêmica, como provocação ou como réplica.

É nos diálogos que aquilo que é falado possui o seu valor conjuntural. Em verdade, não haveria nenhum diálogo sem aquilo que é dito. No entanto, o diálogo é sempre mais do que aquilo que é dito. A intenção também entra em jogo e sempre como aquilo que se lança para além das intenções dos parceiros de diálogo. Um diálogo não é nenhuma troca de palavras, ele não pode ser reduzido às declarações daqueles que tomam parte nele. Foi nesse sentido que Gadamer acentuou o fato de um diálogo não ser "conduzido" em sintonia com o modo de falar corrente. Com maior razão, o diálogo que tem sucesso e que se mostra, por isso, como um "diálogo propriamente dito" não seria "nunca aquilo que gostaríamos de levar a termo"; quanto mais "próprio" é um diálogo, tanto menos a "sua condução" reside "na vontade de um ou de outro dos parceiros de diálogo"[42]. Todo diálogo é um solo comum que não pode ser estabelecido por meio dos parceiros de diálogo. Este solo comum já precisa existir, para que elementos comuns possam ser descobertos.

No contexto do diálogo "propriamente dito" em que Gadamer pensa, é a coisa comum que "já sempre" ligou os parceiros de diálogo como "um perfeito *a priori*"[43]. O elemento atmosférico não poderia desempenhar um papel menor – a tonalidade afetiva, o ensejo e o ponto de partida esperado, o caráter favorável ou desfavorável de lugar e tempo. Decisiva, porém, é a familiaridade ou a estranheza em relação ao parceiro do diálogo. Delas depende o quão aberta e desprendidamente

---

39. Cf. Bernhard Wandelfels, *Antwortregister* (Índice de respostas), Frankfurt junto ao Main, 1994.

40. O termo "palavra" em alemão significa literalmente a devolução (*Ant-*) da palavra (*-wort*), uma contrapalavra (*Gegenwort*). Hans-Georg Gadamer utiliza-se com freqüência desse fato para justificar a sua posição de que o diálogo é a essência propriamente dita da linguagem (N.T.).

41. Cf. o vocábulo *antworten* (responder) no Dicionário Grimm (Grimm, Dicionário alemão, primeiro volume, Leipzig, colunas 508-510).

42. Gadamer, *Verdade e método*, GW 1, p. 387.

43. Heidegger, *Ser e tempo*, GA 2, p. 114.

80 Oposicionalidade – O elemento hermenêutico e a filosofia

nos expomos. Por exemplo, o quão aberta e desprendidamente admitimos que não sabemos como prosseguir e indagamos de maneira correspondente. Em que medida isto é possível também tem certamente algo em comum com a experiência do parceiro de diálogo, com a sua formação e os seus hábitos; além disso, essa possibilidade depende daquilo que é e daquilo que não é usual em uma forma de vida. Todavia, as coisas podem ser por princípio questionadas no diálogo. Enquanto podemos perguntar, não precisamos interpretar.

A diversidade entre diálogo e texto pode permanecer naturalmente encoberta, antes de tudo se aquilo que precisa ser interpretado é um documento escrito e se ele se assemelha a um discurso firmemente estabelecido. Neste caso, não parece haver senão uma transição entre diálogo e texto e não uma cesura. Não obstante, subsiste aí uma cesura: quando o indagamos, o texto nega a resposta.

Essa situação foi descrita no *Fedro* de Platão. O caráter temerário e perigoso (δεινόν) da escrita (γραφή) consiste no fato de ela ser similar à pintura; tal como diz literalmente a palavra grega para pintura, ζωγραφία, ela é uma escrita do vivente, mas uma escrita, na qual o vivente se dissipa. A escrita não consegue dar vida aos seus filhos, mas a sua vida é apenas simulada. Quando perguntamos algo a ela, ela se cala com uma seriedade sagrada[44].

Essas idéias, que na maioria das vezes são compreendidas[45] como uma crítica à escrita, não se mostram como uma tal crítica senão a partir de um pressuposto: o pressuposto de que a escrita é medida a partir do discurso. É justamente contra isso, porém, que somos advertidos no *Fedro*. Em uma escrita que se mostra como dialógica e que apresenta personagens como se eles falassem, a advertência pode ser particularmente oportuna. Entretanto, a advertência é universalmente válida: não se faz jus à escrita, quando não a reconhecemos em sua essência.

A dificuldade com a escrita, tal como ela é descrita aqui, repousa sobre uma desilusão que remonta, por sua vez, a uma confusão: aquilo que é escrito é tratado como uma pessoa que poderia completar, variar ou elucidar aquilo que diz. Assim, o seu silêncio aparece como uma falha; ele significaria o mesmo que a incapacidade de prestar a informação desejada. Em contraposição ao diálogo, aquilo que é escrito é, ao que parece, deficiente. Todavia, o seu silêncio é em verdade uma recusa do mesmo tipo da que também é própria aos deuses, que não se intrometem no diálogo humano e, com maior razão, não se deixam arrastar para o interior desse diálogo; é por isso que o silêncio daquilo que é escrito é um silêncio dotado de uma seriedade sagrada (σεμνῶς). Escritos não pertencem ao contexto da vida humana;

---

44. Platão, *Fedro* 275d: Δεινὸν γάρ που, ὦ Φαῖδερ, τοῦτοἔχει γραφή, καὶ ὡς ἀληϑῶς ὅμοιον ζωγραφίᾳ. καὶ γὰρ τὰ ἐκείνης ἔκγονα ἕστηκε μὲν ὡς ζῶντα, ἐὰν δ'ἀνέρῃ τι, σεμνῶς πάνυ σιγᾷ.

45. Isto é válido, antes de tudo, para os representantes da "Escola de Tübingen", que pretendem ter compreendido a filosofia não escrita de Platão como a sua filosofia propriamente dita e se reportam, para tanto, efetivamente ao *Fedro*. Cf. Thomas Szlezák, *Platon und die Schriftlichkeit der Philosophie* (Platão e a escrita da filosofia), Berlim/New York 1985. Mas cf. também Jacques Derrida, *La Pharmacie de Platon*, in: Platon. Phèdre, traduction inédite, introduction et notes par Luc Brisson, Paris, 1989, p. 257-403.

Segundo capítulo: Interpretação

eles não são pessoas. Quem gostaria de receber informações elucidativas sobre eles é remetido à consistência do escrito, àquilo que se acha presente.

Os λόγοι são, então, comparados com a escrita no sentido dos sinais assentados e constatáveis. Poderíamos acreditar que eles disseram algo como que reflexivamente. No entanto, se estamos ávidos por aprender algo com aquilo que foi dito, então eles não nos dão aparentemente a entender senão uma e mesma coisa[46]. Os λόγοι não são sem a escrita, mas eles também não são idênticos à escrita. Enquanto a escrita é a superfície perceptível dos λόγοι, esses se mostram como as unidades complexas que possuem a sua constatação material na escrita – ou seja, nos textos escritos. Eles recusam-se enquanto a escrita e com a escrita, mas se recusam de uma maneira diversa. Enquanto a escrita simplesmentes silencia, os textos fazem aquilo que, segundo a sentença de Heráclito[47], o senhor do óraculo de Delfos também faz: eles dão a entender. Eles dizem algo como se estivessem refletindo, mas não pensam. Perguntar sobre o pensamento do qual eles provieram seria sem sentido. Este pensamento efetivamente passou e aquilo que se encontra presente não é a sua relíquia; não se trata, neste caso, de uma referência ao fato de se ter um dia pensado aqui.

Os textos "dizem" algo – isso não significa que eles falam. Os textos só existem na escrita e a escrita sempre se cala. Entretanto, há algo nos textos que co-pertence de tal modo ao pensamento, que poderíamos tomá-lo pelo pensamento. Ele está fora do pensamento, mas não é, por assim dizer, separado do pensamento por um muro. Ele é o *exterior* que é *para* o pensamento – ele é exterior porque ele mesmo não é pensamento e ele é *para* o pensamento em razão de sua co-pertinência com ele. Textos não são nada para o que o pensamento poderia se dirigir por si mesmo como que para uma coisa qualquer. Eles oferecem algo ao pensamento e, com isso, o expõem a partir de si[48]. Eles lhe entregam algo que não se encontra em si mesmo e por meio de si mesmo: um *sentido*, que não é a sua própria direção. Sentido significa direção. Pensemos no "sentido dos ponteiros do relógio"; ele é aquilo que faz com que um movimento seja *dirigido*, aquilo que faz com que ele se torne mesmo significativo. Na ligação com os textos, o pensamento é *posto* em li-

---

46. Platão, *Fedro* 275d: ταὐτὸν δὲ καὶ οἱ λόγοι· δόξαις μὲν ἂν ὥς τι φρονοῦντας αὐτοὺς λέγειν, ἐὰν δέ τι ἔρῃ τῶν λεγομένων βουλόμενος μαθεῖν, ἕν τι σημαίνει μόνον ταὐτὸν ἀεί.

47. Heráclito, Vs 22, B 93: ὁ ἄναξ, οὗ τὸ μαντεῖόν ἐστι τὸ ἐν Δελφοῖς, οὔτε λέγει οὔτε κρύπτει ἀλλὰ σημαίνει.

48. Paul Ricouer segue o rastro desta exterioridade, quando acentua que um texto não pode ser compreendido a partir de um retorno ao sujeito, mas é autônomo em relação a esse sujeito (Paul Ricoeur, *La fonction herméneutique de la distanciation* – A função hermenêutica do distanciamento, in: Ricouer, *Du texte à l'action. Essais d'herméneutique II* – Do texto à ação. Ensaios sobre hermenêutica II, Paris, 1986, p. 101-117, aqui p. 111). Com certeza, Ricouer não mantém essa idéia, mas concebe o texto uma vez mais a partir do sujeito, na medida em que o determina como "meio" da autocompreensão (Ricoeur, *La fonction herméneutique de la distanciation*, p. 116). A exterioridade do texto na tensão com o caráter de realização da escrita e da leitura é discutida por Dennis Schmidt. Cf. Dennis J. Schmidt, *Words on Paper* (Palavras no papel), in: Schmidt, *Lyrical and Ethical Subjects. Essays on the Periphery of the Word, Freedom and History* (Temas líricos e éticos. Ensaios sobre a periferia de palavra, liberdade e história).

gação. Ele não se aproxima mais a partir de si mesmo de algo que apreende, nem tampouco toca a si mesmo; as coisas só se dão desse modo no primeiro momento da ilusão, um momento no qual consideramos os textos como "pensantes". Em verdade, ele os coloca em uma ligação que permite que prestemos atenção às suas possibilidades de compreensão. O pensamento só aprende algo sobre "si" quando está fora e aprende de outra forma.

Isso acontece, na medida em que os textos "dão a entender". Eles fornecem aquilo que nós mesmos temos de compreender, sem a intenção de comunicar e sem a intenção de silenciar algo. Sua escrita está apenas simplesmente presente, legível; eles se acham fora do pensamento. Por meio deles, por meio de tudo aquilo que um texto é no sentido mais restrito e mais amplo do termo, o pensamento alcança uma *exterioridade intensa, cognoscível enquanto tal*. Trata-se da exterioridade intensa do elemento hermenêutico. Esta é a cena originária do pensamento hermenêutico – de um pensamento que possui o caráter hermenêutico, assim como de uma filosofia hermenêutica que tem por propósito a sondagem desse elemento.

A questão é agora como o pensamento realiza a sua exterioridade intensa. Isto acontece na interpretação. Esta, porém, não é nenhuma resposta; o que está em questão é como a interpretação acontece. Quanto a isso, a primeira coisa a dizer é como nos inserimos na exterioridade intensa do elemento hermenêutico. Essa é a pergunta sobre o começo do interpretar. O interpretar, contudo, não começa, ele se inicia.

§ 9: Iniciar

Nós só estamos junto à coisa mesma, quando interpretamos. Não obstante, o que primeiro acontece é uma cesura; nós precisamos nos voltar para aquilo que deve ser interpretado. Um texto – uma imagem, um livro ou uma partitura – é como uma promessa que consideramos cumprida no instante em que nos voltamos para ele. Trata-se de uma promessa para o pensamento, mas não apenas para o pensamento. Esse pensamento precisa ser acompanhado pelo ver ou pelo ouvir, pelo representar, pois o texto não está para além das linhas e das superfícies, ele não está para além das palavras. Ele é o seu tecido, o aberto entre elas e a sua ligação.

Abrimos um livro. Mesmo antes da primeira frase, as coisas se transformam; tudo se aquieta. Caso haja pessoas conversando nos arredores, essas conversas se retraem. Elas só continuam se mostrando como um burburinho, como um tapete de vozes, como a água murmurante ou como o barulho distante do trânsito. Mesmo o diálogo interior dos pensamentos e representações se interrompe. O silêncio daquilo que está escrito produziu um efeito e aquietou o diálogo que estava se transcorrendo. Nós nos concentramos, recolhemo-nos, mas isso não significa, em verdade, senão o seguinte: nós nos voltamos para. Também há tensão neste ato, também há expectativa. Essa tensão provém da calma que, com isso, se mostra como uma possibilidade aberta – tal como a calma ante o primeiro som em uma canção. Exatamente como o canto, o ver, o ouvir e o ler também precisam se *ini-*

ciar: de repente, estamos junto à coisa, na relação entre o leitor e o texto, uma relação que é uma vez mais originária em todo início.

A primeira palavra, porém, não surge por si mesma. Em verdade, ela se encontra presente, mas precisa ser falada na leitura silenciosa ou em voz alta. Neste ponto, o começo pode fracassar. Então, não se encontra a língua do texto; essa língua permanece inacessível, como uma melodia estranha, talvez complicada demais, e, assim, ela se embota, de modo que acabamos atropelando o que está escrito. Na leitura em voz alta, o risco que é característico do início fica ainda mais claro. Cada palavra que se lê pode ser correta, e, contudo, o registro da voz é inapropriado, o tempo é perdido, não se acha o "tom".

Se as coisas se dão dessa forma, algo não combina; o contrato entre o leitor e o texto, um contrato que fora firmado com o início da leitura, não é ratificado. As razões para tanto são múltiplas e também secundárias. Elas não dizem respeito à relação entre leitor e texto, mas apenas à possibilidade de seu fracasso. Este era o livro errado para este leitor nesta época. Mas não é menos correto dizer que ele era o leitor errado. O único ponto é que o livro não pode se irritar com o leitor.

Mesmo se a leitura fracassa, a possibilidade de nos "voltarmos para" permanece aberta. Talvez tentemos uma vez mais e, tal como acontece freqüentemente com as repetições, agora de maneira mais consciente. É possível que já tenha lugar, então, a primeira reflexão. Trata-se menos de uma reflexão *sobre* o texto do que de uma reflexão *em direção a* ele; o "voltar-se para" que se iniciou com a leitura não é desmentido pela reflexão, nem mesmo interrompido. Ao contrário, a leitura é nesse caso *refletida*; suas possibilidades são vistas enquanto tais, pesadas umas em relação às outras e ganham validade a partir dessa atenção. A interpretação, na medida em que ela é apresentação, e o interpretar realizado enquanto reflexão em direção ao texto não são cindidos segundo a sua essência. Eles não correm paralelamente, mas se completam mutuamente. Nenhuma reflexão pode ter consistência, se não é conquistada na leitura; uma leitura que prescinde de toda reflexão não faz quase jus à coisa em questão. A reflexão não precisa ser expressamente articulada. Ela pode ser como uma hesitação, como um momento intermediário junto à leitura: uma pequena interrupção, uma reflexão e, então, nos reencontramos em meio à leitura contínua. De maneira clara, as interpretações que são apresentações em sentido marcante, ou seja, que são recensões, não são interrompidas deste modo. Por isso, a reflexão precisa ter-se inserido na apresentação, ela precisa ter penetrado nela. Com freqüência, um texto não se descortina por si mesmo. Ele precisa ser desvendado.

Em textos que são escritos, a co-pertinência entre apresentação e reflexão elucidativa é particularmente clara. Ela acontece aí da mesma maneira, a saber, de tal modo que *damos voz* ao texto por meio da leitura e da reflexão. Naquilo que é visível e audível, a co-pertinência entre eles só se fende um pouco, mas se mantém: algo se acrescenta à linguagem, algo que estabelece uma diferença na linguagem e que se ligaria, contudo, à linguagem. Assim como acontece com a contemplação de um quadro, também não podemos jogar a escuta de uma peça musical contra a reflexão. Há um ver e um ouvir reflexivos, uma reflexão que olha e que ouve inten-

84 Oposicionalidade – O elemento hermenêutico e a filosofia

cionalmente, tanto quanto um tocar e um cantar reflexivos. Tudo isto possui a mesma tarefa que o trazer-à-linguagem[49] tem na literatura: o texto precisa ser trazido à tona, ele precisa ganhar validade.

Trazer à linguagem significa aqui: trazer a uma linguagem que não possui por si aquilo que deve ser trazido à linguagem. A escrita é silenciosa, o texto não se articula de maneira pensante; por isso, carece-se aqui de uma outra voz que se acrescente de fora, de um pensamento – que ouça e veja intencionalmente – que se volte para o texto. A voz não fala nem por si mesma, nem a partir de si mesma. Apesar de toda força que possa ter, o pensamento não é nenhum pensamento em sua própria coisa. Algo ganha a linguagem e é apreendido em pensamentos, algo que não é imediatamente a coisa desta fala e deste pensamento.

Isso não precisa ser reconhecido em todos os casos. É possível que um conferencista seja considerado como alguém que apenas fala simplesmente por si mesmo. Quanto mais a interpretação é refletida e quanto mais ela é reconhecível em seu caráter refletido, tanto menos provável poderia ser uma tal confusão. Quem interpreta um texto, refere-se a ele e também faz com que essa referência se torne expressa: na designação do título ou do autor, por exemplo, cujo nome responde pelo texto.

Só pode ser *trazido* à linguagem aquilo que não é linguagem, segundo o mesmo aspecto daquilo que é trazido à linguagem. A peça musical também não é idêntica àquilo que ressoa na apresentação. Se não, ela seria algo diverso em cada apresentação e, com isso, não seria mais aquilo que é; ela teria se dissolvido em suas apresentações que, conseqüentemente, também não seriam mais apresentações. Deste modo, a música que se sonoriza só é uma interpretação, quando ela não é sonorizada de maneira imediata e irrepetível, tal como acontece nas improvisações. Aquilo que é interpretado é sempre *algo*, mais exatamente, algo que é passível de ser reconhecido uma vez mais e que, por conseguinte, é determinado nele mesmo. É por isso que o interpretável pode ser conhecido. Podemos saber antes da apresentação aquilo que será apresentado e, em geral, realmente o sabemos. Às vezes, a partir de outras apresentações, conhecemos muito bem as peças musicais.

Este fato faz com que a tensão diante do início se torne ainda mais clara em sua essência. Quando a peça musical que logo começará a ser tocada é conhecida, a tensão não tem nada em comum com uma surpresa. Mesmo uma insegurança quanto a se a peça será dominada com maestria não entra senão muito raramente em jogo. A tensão também se apresenta quando não subsiste nenhuma dúvida quanto à capacidade do intérprete. E ela também existe, quando não toma parte na interpretação nenhum apresentador, tal como a caminho de um quadro que há muito não vemos ou antes da primeira linha da releitura de um livro. Com

---

49. Nós normalmente traduzimos de maneira menos literal a expressão alemã deveras sugestiva *Zur Sprache bringen*. Até aqui, optamos normalmente pela locução "dar voz" ou pela utilização do verbo "formular". Neste caso, porém, como o autor se vale explicitamente dos termos presentes na expressão para o desenvolvimento do texto, nós nos vimos forçados a traduzi-la ao pé da letra por "trazer à linguagem" (N.T.).

certeza, porém, isto se dá da maneira mais clara possível nas apresentações em um sentido mais restrito.

Poderíamos comparar essa tensão com aquela que existe antes e mesmo durante uma exposição artística. Aquilo que nos prende aqui é a tensão não dissolvida entre capacidade e risco. Um funâmbulo, por exemplo, se entrega ao perigo, sem assumir um risco calculado. Ele domina a sua arte, e, contudo, continua em aberto se ele vai conseguir dar o salto ou não. É isso que constitui a tensão.

Na interpretação musical, as coisas são similares e ao mesmo tempo totalmente diversas. Se não existe nenhuma dúvida quanto à capacidade do intérprete, o fracasso é menos provável; no caso dos intérpretes mais significativos, a maior tensão se apresenta justamente quando não se precisa temer nenhuma queda. Além disso, apesar de toda dificuldade, a apresentação artística não tem o caráter de um espetáculo circense; em bons intérpretes, pressupomos que os desafios técnicos serão dominados. Não obstante, há algo assim como a indecisão entre sucesso e fracasso. Esta indecisão não tem, porém, algo em comum apenas com aquilo que os intérpretes podem realizar. Cada nota foi tocada de maneira correta, e, contudo, a apresentação não teve nenhum brilho. Não se alcançou o "tom correto". Faltou o decisivo.

O que faltou aqui foi a própria obra. Ao que parece, as pessoas tinham esperado por isso; a tensão antes do início tinha se voltado menos para a interpretação e muito mais para a questão de saber se a interpretação seria "mais" do que apenas uma exposição respeitável. A questão era saber se a ação do intérprete seria convertida em um acontecimento da obra.

Isso é menos enigmático do que talvez possa soar. Não precisamos senão lembrar que sempre podemos falar de apresentações de duas maneiras: a própria apresentação pode ser acentuada ou ela pode ser desconsiderada em favor daquilo que é apresentado. As duas coisas são igualmente apropriadas ao que está em questão. Sempre temos aqui algo em comum com uma interpretação de algo e, na interpretação, ao mesmo tempo com o interpretado.

De maneira correspondente, também não temos em vista o discurso sobre a "própria obra" e sobre o acontecimento da obra no sentido de uma "presença real"[50] das obras ou dos textos – como se a interpretação tivesse que se recolher, tivesse que se colocar totalmente a serviço da obra e, renunciando a toda contribuição, devesse apenas preparar a chegada da obra. Sem a ação do intérprete, a obra não chega a termo; é sempre apenas por meio da interpretação que podemos experimentá-la em sua presença. Portanto, não pode haver algo assim como uma presença real que irromperia no mundo como um evento. A interpretação o impede porque ela sempre está ao mesmo tempo presente como interpretação; sem a presença da interpretação, a obra não se faz presente.

Todavia, isso não é pensado de maneira restritiva – como se a interpretação tivesse por meta propriamente a presença real, mas "nunca" fosse por fim "senão"

---

50. Georg Steiner, *Real Presences. Is thete anything in what we say?* (Presenças reais. Há algo naquilo que dizemos?), Londres, 1989.

interpretação. A presença mediada da obra ou do texto é exatamente aquilo em que se realiza uma interpretação. A ação do intérprete não deve ser apenas ação, sem que jamais haja outra coisa senão a ação; quando os intérpretes não tocam mais, a presença da obra também cessa. *Na* ação é muito mais algo que deve acontecer; o acontecimento não deve liberar a ação ou interrompê-la. Ele não deve ser nada senão o outro lado da ação, o lado reconhecível enquanto tal.

Tomando o exemplo da apresentação musical, acontecer significa aqui o seguinte: tudo soa de tal modo, que não pensamos mais em intenção, nem muito menos em esforço. A ação é tal como deve ser. Ela cumpriu-se e tudo se dá desta forma, quando a coisa em questão está presente nela. Nesse caso, algo está na ação para além da ação, e, contudo, esse algo não se acha em um espaço transcendente, como se ele pudesse ser colocado ao lado da ação. Uma ação que permanece ao lado da coisa em jogo na ação não pode se cumprir, e, no entanto, a coisa em jogo nunca imerge na ação. Ela acontece na ação, ela se instaura. Aquilo que ganha aqui de um tal modo validade como a coisa que acontece na ação do intérprete é o texto, o tecido, a unidade complexa, para a qual o interpretar se dirigia. Ele é o elemento exterior em relação à própria ação, um elemento de acordo com o qual a ação não pode se realizar como incorporação ou assimilação. A ação só se cumpre em um efeito que não haveria, em verdade, sem a ação, mas que a ação também não pode produzir sozinha. E o cumprimento permanece provisório. Mesmo quando o texto está presente na interpretação, ele não imerge em nenhuma interpretação. Por isso, a interpretação pode se iniciar novamente ou pode ter início uma nova interpretação. Assim, a sua exterioridade não é mantida na ação, mas é intensificada. O acontecimento e, com ele, o instaurar-se da coisa se mostram como a exterioridade da própria ação.

A experiência de como se dão as coisas quando algo desse genêro acontece é mais familiar do que a sua descrição. Por outro lado, porém, a experiência só se esclarece por meio da descrição. Isso também acontece aqui: quando uma apresentação musical tem sucesso, o entusiasmo não se volta apenas para a ação do intérprete, mas sempre também para a respectiva presença da obra; se não fosse assim, essa ação seria a mesma que no circo. A alegria com as descobertas que fazemos com a leitura cuidadosa de um texto é sempre ao mesmo tempo a alegria de estar junto à coisa mesma. E quando conseguimos nos voltar com calma e com olhos livres para um quadro, somos premiados com isto pela pregnância particular do visível. Não se chegaria à idéia de valorizar essa pregnância apenas como o resultado da própria agudeza de nossa observação. A coisa que se abre na leitura também não remonta de maneira alguma ao trabalho próprio de pensamento. E, contudo, o quadro não viria à tona em um olhar menos desprendido; neste caso, nós o teríamos antes registrado, tomado conhecimento dele e ele permaneceria um quadro entre outros, uma parte da coleção na qual é conservado. Só há a coisa do texto na leitura minuciosa que não esmorece. De outro modo, o que é lido permanece uma representação esvaecida que não nos diz respeito.

Aquilo que é feito e aquilo que acontece quando a interpretação se inicia, contudo, ainda não foram suficientemente clarificados. Como precisamos pensar mais exatamente o fato de algo ganhar validade na ação e, apesar disso, reter a sua exte-

Segundo capítulo: Interpretação

rioridade? O que significa aqui "exterioridade" e como temos de conceber mais exatamente a relação com ela?

§ 10: Relações extrínsecas

Fora é uma palavra de contraste, ela designa aquilo que não está dentro. O interior é aquilo que se acha fechado. Só avançamos até ele através de uma superfície ou de um invólucro; inversamente, a superfície ou o invólucro são aquilo que protege contra um tal avanço. Eles envolvem o interior; o que eles excluem é o exterior. Um contexto também pode ser envolvente, algo ao que pertencemos ou do que tomamos parte, por exemplo, uma sociedade ou um círculo de interlocução. Neste caso, fora é aquilo que está excluído; algo está fora, quando não pertence a isso.

Textos, como quer que venham a ser dados, permanecem extrínsecos porque não respondem. Por isso, eles não pertencem ao âmbito do diálogo. O fato de eles não responderem significa: eles não comunicam nada e também não silenciam nada. Seria constitutiva dessas duas coisas uma *intenção*, e textos não possuem intenções; só pessoas podem possuir intenções. Por vezes, as pessoas comunicam as suas intenções por escrito, em cartas, por exemplo. Neste caso, intenções também podem ser silenciadas. Aquele que recebe uma carta pode se posicionar quanto a isso – julgar de maneira mais ou menos cética as intenções comunicadas e querer retirar da leitura da carta aquilo que está silenciado.

O interesse pelas intenções do outro parte em geral das próprias intenções; e isto seja na medida em que, para perseguir essas intenções, gostaríamos de conhecer as intenções dos outros, seja porque podemos ser afetados por essas intenções e, assim, obstruídos ou favorecidos na perseguição de intenções próprias. Se as coisas se mostram deste modo, lemos comunicações escritas a partir de nossas próprias intenções. A leitura pertence à perseguição de intenções próprias e, dessa forma, à realização de nossa própria vida. Para usar o conceito heideggeriano, ela tem *um sentido performativo*.

Nós nos lembramos que Heidegger joga esse conceito contra Husserl; se o ser-aí humano possui um sentido performativo, ele não poderia ser tomado apropriadamente como uma coisa, com a qual nos articulamos reflexivamente[51]. A relação com uma coisa, tal como essa relação é tomada aqui sob o modelo da reflexão, é, além disso, problemática para Heidegger, porque não ocorre no sentido performativo do ser-aí. Tal como Heidegger procura mostrar, aquilo que vem inicialmente ao encontro é de um tal modo, que ele pertence enquanto coisa de uso ou "utensílio" à lida com ele; ele é conhecido no sentido performativo do comportamento cotidiano[52].

---

51. Cf. acima, p. 28-30.

52. O primeiro desenvolvimento legado dessa idéia encontra-se no âmbito da análise da "vivência do mundo circundante". Ver Martin Heidegger: *Die Idee der Philosophie und das Weltanschauungsproblem* (A idéia da filosofia e o problema da visão de mundo), § 14; GA 56/57, aqui pp. 70-73.

Por conseguinte, o sentido performativo pertence à *imanência*. Em verdade, há muita coisa diferente de nós que se encontra presente, mas essas coisas não chamam a atenção como algo extrínseco, uma vez que pertencem ao contexto da própria vida ou do ser-aí. Aquilo que não pode mais ser compreendido desse modo vem à tona como extrínseco. Ele é destacado do sentido performativo e não nos resta senão a possibilidade de nos referirmos a ele. Ele só se abre ao *sentido referencial*.

A experiência da exterioridade pode ser algo surpreendente. Algo é diverso daquilo que normalmente vem ao encontro – ele é perturbador, enigmático e não pode ser ordenado no interior das possibilidades familiares de lida. No entanto, o sentido referencial não pode ser clarificado em contraste com o sentido performativo. Neste caso, nós suporíamos que a vida em conexão, a vida interior em sentido mais amplo, seria a vida normal, e, em contrapartida, que a descoberta do exterior seria uma espécie de perda ou de privação. Aquilo que, nas possibilidades próprias, irredutíveis e de maneira alguma "deficientes" da vida, está ligado com o sentido referencial não seria, assim, visualizado.

Não obstante, essa representação possui um ponto de apoio na coisa mesma. Apesar de as expressões serem construídas do mesmo modo, a sua significação é pensável de maneira diversa: *performance* é realização, execução, uma ação na qual algo, uma sentença judicial, por exemplo, ganha pela primeira vez efeito e realidade. Referência, em contrapartida, é a consistência de uma ligação: algo se acha em uma relação com algo diverso. Assim, pode surgir a idéia de que o sentido referencial seria abstrato, que ele não se mostraria senão como uma mera fixação do olhar em algo que, medido a partir da *performance* da vida, não pertenceria mais a ela.

No interesse de uma aplicação do sentido referencial, portanto, precisaríamos mostrar que a referência ao exterior pode ser realizada inteiramente pela vida. Enquanto uma pergunta sobre a exterioridade, a discussão da interpretação é visada exatamente nesse sentido. Em contraposição à ação que tinha se mostrado na primeira consideração da interpretação, o exterior não é de modo algum o correlato de uma visão que se tornou desprovida de contexto e de orientação, mas algo que está aí e que deve ao mesmo tempo acontecer; ele está aí e tem por propósito se dar juntamente com a ação. A ação, por sua vez, tem por propósito este acontecimento; ao menos a tensão peculiar antes do início da interpretação aponta nesta direção. Desta forma, a interpretação é uma ação que vive *em referência* ao exterior. Na medida em que tem por sentido fazer com que o exterior ganhe validade, ela não é nenhum mero estar ligado a algo, mas a realização dessa ligação. Interpretação é uma *performance* que tem seu sentido na referência, mas que, contudo, permanece subsistindo enquanto tal.

Sob esse ponto de vista, a interpretação pode ser concebida como *apresentação*. Apresentação é a presença mediatizada de algo que é dado em si, mas não nessa presença. Ela é uma presença provocada por alguém que a presentifica. Ela é a possibilidade de criar uma presença para algo, uma presença que esse algo não pode ter por si mesmo, e de tornar, ao mesmo tempo, esta presença cognoscível como uma presença emprestada. Ela não haveria se o presentificado não fosse estabelecido a partir de si com vistas à sua presença mediatizada e se não conseguíssemos conhecê-lo na mediação como aquilo que ele é. Com isso, a orientação

Segundo capítulo: Interpretação

89

pelo conceito de apresentação possui a dupla vantagem de tornar possível uma clarificação da interpretação em sua estrutura e de permitir que levemos em conta as diferentes cunhagens da interpretação. Tanto a execução quanto a clarificação de uma obra são marcadas pela apresentação e o mesmo vale para a atividade cognoscente da arte.

Para compreender esse fato mais exatamente, podemos nos articular com uma discussão clássica da apresentação. Ela encontra-se na *República* de Platão, e, em verdade, como uma discussão da μίμησις. A palavra designa o processo da apresentação e, juntamente com isso, o modo segundo o qual esse processo é realizado. A palavra *mimesis* pode ser traduzida por apresentação e por imitação, *imitatio*. Estas duas possibilidades de tradução não são alternativas, mas se completam mutuamente. Elas apreendem juntas o processo que é designado pela palavra *mimesis*.

Na *República*, a discussão da *mimesis* se encontra em conexão com a questão acerca das possibilidades e limites da poesia[53]. Sócrates distingue duas possibilidades da fala poética (λέξις): ou bem o próprio poeta fala e não quer despertar de maneira alguma a impressão de que alguma outra pessoa estaria falando; essa possibilidade é denominada "narrativa simples" (ἁπλὴ διήγησις). Ou bem o poeta quer dirigir a nossa compreensão (διξνοια) para um outro lugar e fala como se uma outra pessoa estivesse falando[54].

Com isso, introduz-se o modelo, junto ao qual Sócrates conquista a sua determinação da filosofia: por assim dizer como uma outra pessoa. A determinação própria é dada, na medida em que se diz como isso acontece: igualar-se a alguém, em voz ou figura, é essa justamente a realização da *mimesis* com vistas àquele ao qual nós nos igualamos[55].

Essa determinação fornece inicialmente uma elucidação quanto ao modo como a palavra μίμησις precisa ser traduzida. Se traduzíssemos aqui a formulação μιμεῖσθαι ἐκεῖνον por "imitar aquela pessoa", então a sentença seria uma tautologia. Μιμεῖσθαι e ὁμοιοῦν ἑαυτόν significariam simplesmente a mesma coisa, e, com isso, não se levaria em conta com que finalidade a equiparação seria empreendida no caso da *mimesis*. A tentativa de nos tornarmos semelhantes a alguém também poderia ter um sentido diverso daquele discutido na *República*: ele não precisaria ser um sentido poético ou realizado com alguma outra intenção artística. Poderíamos querer aprender algo, por exemplo, a pronúncia de uma palavra estrangeira, ou poderíamos nos esforçar por estabelecer uma coordenação entre o nosso próprio comportamento e o comportamento do outro; dança ou ginástica seriam exemplos de uma tal tentativa. Todavia, o comportamento imitador te-

---

53. Cf. também Günter Figal, *Die Wahrheit und die schöne Täuschung. Zum Verhältnis von Dichtung und Philosophie im Platonischen Denken* (A verdade e a bela ilusão. Sobre a relação entre poesia e filosofia no pensamento platônico), in: Philosophisches Jahrbuch 107 (2000), pp. 301-315.

54. Platão, *República* 393a.

55. Ibid., 393c: Οὐκοῦν τό γε ὁμοιοῦν ἑαυτὸν ἄλλῳ ἢ κατὰ φωνὴν ἢ κατὰ σχῆμα μιμεῖσθαι ἐστιν ἐκεῖνον ᾧ ἄν τις ὁμοιοῖ.

ria aqui um sentido em si, e, em verdade, o mesmo sentido que o comportamento que lhe tinha servido de modelo; este seria um comportamento do *mesmo* tipo e, enquanto tal, coroado de êxito, se conseguisse se tornar tão parecido com o modelo quanto possível e pudesse subsistir ao seu lado.

Na *mimesis*, as coisas se comportam de maneira diversa: tal como Sócrates diz, o que está em questão aqui é voltar o nosso entendimento para uma outra direção; não é o próprio comportamento que deve se encontrar no centro da atenção, mas algo diverso, um outro comportamento que só se torna presente junto ao comportamento próprio. O comportamento próprio não se encontra isolado, mas responde por algo que está fora de si.

Tal como podemos deduzir das discussões ulteriores presentes no terceiro livro da *República*, não é apenas a recitação do poeta que deve ser compreendida como *mimesis*, mas também a apresentação de um drama e a declamação de uma obra épica por uma outra pessoa que não é o poeta. Com isso, já estaria assegurado que a interpretação pode ser compreendida no sentido da apresentação enquanto *mimesis*. Em contrapartida, a pergunta sobre como se comportam as coisas no que diz respeito à clarificação ainda precisa permanecer por agora em aberto. Ela só poderá ser respondida, quando a estrutura do comportamento mimético vier à tona de maneira ainda mais distinta.

Podemos articular com isto o exemplo citado por Sócrates daquele que recita. De maneira diversa da fala poética, o seu comportamento é mesmo inteiramente mimético; só haveria aqui a diferença entre uma narrativa simples e a *mimesis*, se aquele que apresenta a poesia saísse de seu papel e completasse ou modificasse a narrativa por conta própria. Somente neste momento ele mesmo falaria, a fim de comunicar algo como ele mesmo e a partir de si mesmo. No entanto, não é isto que é buscado na *mimesis*. Um comportamento é mimético quando procura atrair a atenção para si, a fim de colocar uma outra coisa no centro das atenções. O comportamento mesmo só está em questão porque responde por algo. Ele é de tal modo que *mostra* algo diverso em si mesmo[56].

O comportamento mimético é distinto de outras possibilidades de "mostração" como o "apontar para" e o "destacar". No comportamento mimético, algo não é colocado no centro das atenções como no caso do "apontar para", por meio do fato de nós nos dirigirmos para ele ou nos ligarmos a ele e, deste modo, o realçarmos em relação a algo diverso. Também não ressaltamos algo, retirando-o de seu contexto, como no caso do destaque, e o mantemos, assim, de tal modo que ele se torna bem visível para os outros. A "mostração" dá-se muito mais por meio do fato de se fazer algo, sem fazê-lo em nome próprio. Nós *transpomos* o comportamento de um outro para nós mesmos; nós não o assumimos, mas permanecemos em uma distância em relação a ele; nós não assumimos um comportamento para nos comportarmos exatamente desta maneira, mas nos comportamos para dar validade ao comportamento enquanto tal. O que está em questão não é o fato

---

56. Quanto a uma discussão mais detalhada do mostrar, cf. o quinto capítulo, em particular § 23.

de nós mesmos nos comportarmos desta maneira, mas muito mais o próprio comportamento.

A questão é que, com isto, o comportamento mimético ainda não é suficientemente determinado. Um professor de tênis poderia dar um golpe de revés para mostrar como se deve dar um tal golpe. O que é feito aí, porém, não é nada ao que precisaríamos nos "assemelhar", porque ele já era corrente enquanto uma possibilidade própria de comportamento. Somente se o professor de tênis batesse na bola de maneira tão incorreta e desajeitada quanto o seu aluno, ele teria se "assemelhado" a ele. Sua intenção seria agora realizar de tal modo um comportamento que não é o seu próprio, que esse comportamento viesse à tona claramente naquilo que ele é. Neste momento, tem-se em vista com o próprio comportamento algo que deve estar presente nele, a saber, um outro comportamento. Em contrapartida, quando o aluno tenta dar um golpe de revés exatamente como o professor, ele imita em verdade algo e tenta se comportar de maneira similar ao professor. Todavia, o que está em questão para ele não é o comportamento do professor, na medida em que ele é o comportamento *do professor* e não o seu próprio comportamento. A semelhança é aqui um estágio intermediário, no qual o aluno adapta o comportamento do professor. Ele não quer mostrar esse comportamento, mas aprender algo, a fim de fazer por si mesmo sem a orientação por um outro.

O mostrar, tal como ele foi descrito no exemplo do professor de tênis, é, em verdade, um mostrar apresentador, e, de maneira correspondente, a *mimesis* já pode ser compreendida com ele como apresentação[57]. Todavia, em uma ação como a do professor de tênis, a apresentação permanece comprometida; ela possui uma meta que se lhe sobrepõe, e, por isso, também não é reconhecida na maioria das vezes como apresentação. As coisas dão-se de maneira diversa no caso da peça teatral, mesmo na paródia. Aí, as pessoas se comportam como um outro, elas se assemelham a ele, para que o outro se faça presente em seu comportamento. Além disso, o exemplo da paródia ensina qual é o sentido que a apresentação, visada enquanto tal, antes de tudo possui: um conhecimento mais exato daquele que é apresentado. Na apresentação coroada de êxito, o comportamento do outro vem à tona em seu caráter inconfundível de maneira mais clara do que nele mesmo. Nele mesmo, o comportamento não é senão esse comportamento determinado, mais ou menos acentuado. Na apresentação, somos levados a atentar para o comportamento porque ele está agora cindido da pessoa, à qual ele pertence. Nessa cisão, em sua presença que é indireta porque mediatizada, reconhece-se o comportamento muito melhor do que no encontro direto. Nós o subordinamos expressamente à pessoa, e, desse modo, reconhecemos a pessoa em seu comportamento.

Do mesmo modo, também podemos elucidar como isso é possível a partir da apresentação parodística. Essa apresentação só atinge a sua meta, à medida que, de modo comparável à caricatura, acentua e mesmo carrega nos traços, ou seja, à medida que se concentra em determinados traços que devem ser ressaltados e dei-

---

57. Essa é uma comprovação da tese defendida por Hermann Koller. Cf. Hermann Koller, *Die Mimesis in der Antike. Nachahmung, Darstellung, Ausdruck* (A *mimesis* na Antigüidade. Imitação, apresentação, expressão), Bern, 1954.

92 Oposicionalidade – O elemento hermenêutico e a filosofia

xa de fora, para tanto, algo diverso. O comportamento ou o modo de comportamento precisam se mostrar como algo característico para aquele que apresenta, algo junto ao que é natural pensar imediatamente na pessoa visada. Nesse caso, não se reconhece a apresentação a partir da pessoa que é visada, mas sim a pessoa a partir da apresentação: o padrão de comportamento ressaltado é tão marcante, que se pode apreendê-lo como traço fundamental no comportamento de uma pessoa. A apresentação não conduz a nenhum reconhecimento[58], mas é uma intensificação da cognoscibilidade. Nela, algo é conhecido, e, por meio do fato de aquilo que apresenta se acrescentar a algo, esse algo é realçado como algo que podemos conhecer em uma medida particular. Assim, a apresentação parodística torna possível que conheçamos a pessoa apresentada de uma maneira determinada.

Como o que está em questão na apresentação não é a duplicação de uma pessoa, mas a cognoscibilidade e o conhecimento por meio da presentificação, ela tem por conseqüência o fato de a pessoa, junto à qual um determinado padrão de comportamento é conquistado, poder se tornar irrelevante. A apresentação do padrão intensifica, deste modo, a cognoscibilidade de *muitas* pessoas ou mostra até mesmo traços fundamentais do comportamento humano em geral. Nesse caso, aquilo que é mostrado é o *típico*. A palavra tipo vem de τύπτειν, "bater". O que se tem em vista com ela é a cunhagem, o contorno distinto, gravado como em metal. Aristóteles viu a realização peculiar da *mimesis* nessa força formadora de tipos e, em comparação com a historiografia, denominou a poesia dramática, à qual se refere a sua discussão, "mais filosófica e séria"; como "mimesis de ação e vida"[59], ela conduz para além do agir faticamente executado até o universal[60]. O típico é o universal cunhado, algo que não diz respeito apenas a essa pessoa, mas que se torna claro nesta pessoa como algo suprapessoal[61]. Assim, em Molière, a apresentação de um avarento conduz ao conhecimento da avareza tanto quanto a apresentação de alguém que se imagina doente conduz ao conhecimento da hipocondria.

O típico não é ressaltado por si mesmo. Ele precisa ser ressaltado e, para tanto, é preciso "vê-lo extraído" do múltiplo que temos diante dos olhos. Poderíamos apreender esta visão como o primeiro passo para uma *mimesis*; em sintonia com este passo, então, seria preciso transpor o visto para o próprio comportamento. Todavia, a transposição não acontece de tal modo, que algo captado de início e de relance é convertido. Na apresentação, ver e fazer se co-pertencem muito mais de tal forma, que a visão já acontece em direção à apresentação; algo é visto como apresentável ou a ser apresentado. É somente por isso que a visão pode dirigir a apresentação para aquilo a ser apresentado. Ao mesmo tempo, porém, ela também se aguça na apresentação e se torna mais exata. De maneira correspondente,

---

58. Gadamer, *Verdade e método*, GW 1, p. 119.

59. Aristóteles, *De arte poetica*, 1450a 16-17: μίμησις [...] πράξεως καὶ βίου.

60. Cf. Ibid., 1451b 5-7. Citado segundo: *Aristoteles De arte poetica liber*, org. por J. Bywater, Oxford, 1867. Quanto ao conceito do universal cf. § 25, p. 259-261.

61. Cf. também Ernst Jünger, *Typus, Name, Gestalt* (Tipo, nome, figura), in: Sämtliche Werke 13, Stuttgart, 1982, p. 83-174.

o típico que está em questão na apresentação não é dado simplesmente para o primeiro lance de olhar, mas a transposição é no tornar-se-similar em geral um ressaltar do típico; nós experimentamos uma possibilidade, corrigimo-la e trabalhamos até o momento em que temos a impressão de que o típico teria sido alcançado.

Em seguida, a transposição também pode se tornar reconhecível como uma realização daquele que apresenta: em relação ao múltiplo com o qual lidamos imediatamente, ou seja, com o qual lidamos sem apresentação, aquilo que é mostrado é uma simplificação; ao invés de uma multiplicidade de aspectos possíveis, a apresentação oferece uma imagem fixa e, por isso, claramente estabelecida em seus contornos. Além disso, esta imagem deveria ser tão diferenciada a ponto de poder se ligar a algo claramente identificável como algo mostrado. Importante para a apresentação é, portanto, ser simplificadora e ao mesmo tempo diferenciadora. Nesse caso, a relação entre essas duas possibilidades não se acha simplesmente fixa, nem pode ser fixada de uma vez por todas. O modo como ela tem de ser a cada vez é determinado pela intenção da apresentação; por vezes, essa apresentação pode ter por meta mais a simplificação, por vezes, mais a diferenciação. No entanto, ela só pode efetivamente se realizar se tem por propósito um equilíbrio entre os dois.

Toda interpretação é uma apresentação no sentido explicitado. Não importa se o que está em questão é interpretar um comportamento ou um acontecimento histórico, se o que temos diante de nós é a execução de uma peça musical ou a leitura de uma obra literária. As coisas sempre se dão de um tal modo que o intérprete transpõe algo para si, algo com o que ele, por isso, ao mesmo tempo se "assemelha", a fim de torná-lo acessível em sua unidade complexa. Em meio à execução de uma peça musical, o que está em questão não é, tocando, converter uma partitura em sons, mas, na sonorização, tornar ao mesmo tempo reconhecível aquilo que está sendo sonorizado. Tal como acontece na leitura, o que está em questão é o texto que precisa ser realçado e transposto para o elemento reconhecível a partir dos sinais da partitura, a partir das frases assentadas e impressas do livro. Também há o livro sem interpretação; podem se passar muitos séculos, sem que alguém se preocupe com o seu texto. A peça musical poderia, em uma forma reproduzida, ser ouvida de manhã até a noite, sem que fosse atribuída ao seu texto a mais mínima atenção. Essa situação só se transforma por meio da interpretação.

À medida que apresentamos algo interpretativamente, nós mesmos também nos transformamos. Imiscuindo-nos em algo, nós sempre nos tornamos diferentes do que éramos antes segundo um aspecto determinado. De início, tudo aquilo em que podemos nos imiscuir se encontra fora. Ele não pertence ao comportamento habitual, nem à esfera do mundo que se tornou óbvio com esse comportamento. É somente por isso que precisamos nos dispor em relação a ele e nos imiscuir nele; precisamos nos assemelhar a ele, transpondo para o interior do comportamento próprio possibilidades de pensamento e de comportamento que são entregues por ele. Tal como na apresentação por meio de um ator, a transposição acontece aí em virtude da coisa mesma. Não queremos adaptar nenhuma nova possibilidade de pensamento e de comportamento, mas reconhecer e tornar reconhecíveis essas novas possibilidades, abrindo o acesso a algo que antes não era acessível senão por meio de um assemelhar-se.

Não obstante, nós mesmos nos transformamos por meio de apresentações. Apresentar significa fazer experiências; e as experiências colocam fora de jogo, como Gadamer acentuou, representações e modos de pensar sedimentados[62]. Todavia, os modos de pensamento e de comportamento aos quais tínhamos nos assemelhado também se tornam característicos, de tal modo que eles se tornam habituais, exatamete como aquilo que é colocado fora de jogo por eles. Tal como se constata na *República*, tudo também depende aqui de decidir o que é digno e o que não é digno de apresentação e de não nos imiscuirmos ou só nos imiscuirmos com reservas em textos problemáticos, isto é, em textos que articulam a não-verdade[63].

A idéia tem peso, mesmo se nos abstrairmos das reflexões pedagógicas, em cuja conexão ela é exposta na *República*. Ela acentua uma vez mais o fato de as interpretações enquanto apresentações não serem de modo algum assimilações de algo segundo o arbítrio do intérprete. As interpretações e, com elas, os intérpretes sempre estão concomitantemente submetidos ao poder da coisa apresentada. O fato de elas terem sucesso ou fracasso dependeria, então, antes de tudo de se a coisa pode desdobrar o seu poder na interpretação.

Foi nesse sentido que Gadamer compreendeu o conhecimento mimético. Para ele, esse conhecimento se determina até mesmo exclusivamente a partir da coisa mesma. Na *mimesis*, segundo ele, uma coisa ganha validade enquanto ela mesma, e, nessa medida, a *mimesis* é enquanto tal "conhecimento da essência"[64]. Esse fato é fundamentado por meio da referência ao caráter destacado da apresentação em relação ao contexto da vida cotidiana; aquilo que é apresentado escapa "como que por meio de uma iluminação de toda casualidade e variabilidade das circunstâncias que o condicionam"[65]; por meio daí, ele deve ser reconhecível como aquilo que ele propriamente é. É somente por meio da apresentação que há uma totalidade claramente estabelecida em seus contornos, uma totalidade que se encontra por si, por mais que algo permaneça difuso nas referências e nas ligações com o mundo cotidiano; no mundo cotidiano, ele não é "ele mesmo", mas imerge em um jogo complexo, talvez mesmo caótico, de modos de visão e de forças.

À primeira vista, a idéia pode ser elucidativa: é somente quando algo é experimentado na narrativa, quando ele é experimentado como colocado em cena enquanto drama, como musicalmente articulado ou como transposto para a imagem, ou seja, somente quando algo é experimentado em uma apresentação, que ele se torna manifesto como aquilo que ele é. A avareza ou a hipocondria podem ser experimentadas de maneira extremante freqüente no cotidiano – nós só as reconhecemos como aquilo que elas são, quando as encontramos apresentadas. Apesar disso, a idéia é problemática; ela desconsidera o fato de haver sempre muitas apresentações de uma coisa, apresentações que são com freqüência claramen-

---

62. Cf. acima p. 15-18.

63. Essa é a idéia central da assim chamada crítica à poesia (Platão, *República* 376c-398b e 395b-d).

64. Gadamer, *Verdade e método*, GW 1, p. 120.

65. Ibid., p. 119.

Segundo capítulo: Interpretação

te diversas umas das outras. Como é que, porém, essas apresentações poderiam tocar a cada vez em sua diversidade a essência da coisa apresentada, uma coisa que sempre precisa ser, de qualquer modo, a mesma? Como é que elas deveriam ser igualmente elucidativas enquanto apresentações diversas, se se trata sempre da mesma coisa? Em verdade, as diversas apresentações de uma coisa determinada só são reconhecíveis enquanto tais por meio do fato de algo marcado pelo caráter do mesmo ser experimentado nelas. No entanto, só as percebemos enquanto apresentações, quando a sua diversidade vem à tona e quando elas não vêm ao nosso encontro sempre apenas como a aparição mais ou menos variada de um mesmo. Na medida em que são transposições, as apresentações não podem ter o caráter de estados diversos, nos quais uma coisa que permanece idêntica enquanto "essência" pode vir ao nosso encontro.

Gadamer resolve essa dificuldade por meio de uma espécie de fuga para frente, na medida em que compreende toda apresentação como auto-apresentação de uma coisa em sua essência. A ação daquele que apresenta só tem para ele o sentido de proporcionar essa auto-apresentação e de se retrair totalmente em favor da coisa que está em questão. Na apresentação de uma peça teatral ou de uma peça musical, mas mesmo junto a "uma recitação épica e lírica", tudo dependeria, segundo ele, do fato de a apresentação "não se tornar temática", "mas de a obra levar a si mesma por meio dela e nela à apresentação"[66].

Com certeza, a realização de uma obra não precisa se tornar "temática"; quando isso acontece durante a realização, e o espectador ou o ouvinte ganham uma distância crítica, isso não é para Gadamer senão um indício de que a realização não teve sucesso[67]. Todavia, o fato de uma apresentação não se tornar temática não significa que ela se dissolve – tal como um ator "desaparece" totalmente para Gadamer "por sobre o conhecimento daquilo que ele apresenta[68]. Mesmo quando a apresentação não é refletida de maneira crítica ou com concordância, ela está aí enquanto tal e é somente por isso que a obra está presente. Não entenderíamos de forma alguma aquilo com o que temos de lidar, se não apreendêssemos aquilo que acontece como apresentação, como mediação da obra para o interior da presença.

Gadamer não contestaria isto; a "reprodução" da obra também se mostra para ele como uma mediação. No entanto, ele considera a mediação como "total", e, com isso, o que ele pretende dizer é "que aquilo que intermedia se suspende como algo que intermedia"[69]. A apresentação feita com sucesso não chama mais a atenção enquanto tal, mas é coroada de êxito justamente pelo fato de oferecer uma oportunidade para a obra e para a coisa que é experienciável nela se apresentarem por si mesmas. De maneira análoga, Gadamer também compreende a apresentação pictórica a partir daquilo que é apresentado e que é aí determinado como um "arquétipo". É nesse sentido que a essência do retrato reside para ele no "fato de

---

66. Ibid., p. 125.

67. Ibid.

68. Ibid., p. 120.

69. Ibid., p. 125.

aquilo que é apresentado se auto-apresentar em seu quadro e se auto-representar com o seu retrato"[70]. A imagem diversa daquilo que é apresentado pertence, não obstante, a esse que é apresentado; nela anuncia-se um *"incremento de ser"*[71], uma ampliação da própria presença, uma ampliação que sempre vive da potência já dada desta presença. O retrato faz com que o representado esteja presente mesmo lá onde ele não pode estar presente corporalmente. Por conseguinte, o arquétipo do retrato é o retrato do regente. Na medida em que este quadro é pendurado nas repartições públicas, o regente se auto-apresenta.

Nós compreenderemos ainda melhor essa idéia e as dificuldades que estão ligadas a ela, se levarmos em conta os modelos pelos quais Gadamer se orienta para a sua compreensão da auto-apresentação. As instâncias que lhe servem de modelo para a auto-apresentação são o jogo e a festa. Quem joga imerge no jogo. Jogar, tal como Gadamer o compreende, é imiscuir-se na mobilidade peculiar que o jogo é enquanto tal. Os interesses cotidianos perdem aí a sua significação. Não perseguimos mais aí nenhuma meta, que seja compreendida e levada a sério como própria. Em verdade, também há metas no jogo, mas elas não são perseguidas em função delas mesmas, mas só servem ao ensejo do jogo[72]. É nesse ensejo que residiria para ele a descarga do "colocar-se em jogo"[73], uma descarga na qual um acontecimento emerge da ação: como o jogo se transcorre "como que por si mesmo"[74], todo jogar é em verdade um ser jogado[75].

O auto-esquecimento característico do jogador também deve se mostrar agora como igualmente válido para o espectador – ou seja, mesmo quando uma "peça teatral"[76] nasce do jogo[77]. Mesmo o espectador deve "esquecer as suas próprias metas em meio a uma coisa" e tem de ser possível para ele "estar" totalmente "aí"[78]. Gadamer encontra o modelo para um tal estar-presente esquecido de si na "comunhão sagrada" da festa; o espectador propriamente dito tem o seu arquétipo no *theoros*, no participante de uma procissão festiva, e, então, também na compreensão de uma teoria filosófica como o "ser absorvido e arrastado pela visão"[79].

---

70. Ibid., p. 153.

71. Ibid., p. 145.

72. Ibid., p. 113.

73. Ibid., p. 113-114.

74. Ibid., p. 110.

75. Ibid., p. 112.

76. O termo alemão *Schauspiel* (peça teatral) envolve em seu étimo a palavra *Spiel* (jogo). Traduzido ao pé da letra, o termo significa "jogo visual". O mesmo sentido está, até certo ponto, presente em nossa expressão "jogo de papéis". Nesta passagem, Günter Figal se vale da relação entre o jogar em geral e o surgimento de um jogo específico em meio ao jogo teatral, a fim de apresentar a compreensão gadameriana de apresentação e interpretação como jogo (N.T.).

77. Gadamer, *Verdade e método*, GW 1, p. 114.

78. Ibid., p. 129.

79. Ibid., p. 131.

Segundo capítulo: Interpretação

A partir da festa, Gadamer também pretende tornar compreensível a mesmidade daquilo que sempre precisa ser realizado uma vez mais, ou seja, a mesmidade da apresentação: segundo ele, a festa que sempre retorna não seria "nem uma outra festa, nem tampouco a mera lembrança nostálgica de algo originariamente festejado". Em verdade, a festa se transforma todas as vezes, e algo diverso sempre é coetâneo a ela; trata-se sempre de outras situações, nas quais se festeja. Todavia, ela também permanece "uma e a mesma festa sob um tal aspecto histórico"[80].

Tomada por si mesma, essa posição precisaria se mostrar como elucidativa. Sem dúvida alguma, ela não seria menos elucidativa do que o acento gadameriano do auto-esquecimento no jogo. A única questão é que nunca se diria nem de uma festa, nem de um jogo, que eles são apresentações. Em verdade, jogar ou festejar são ações junto às quais ganha validade algo que constitui o sentido desta ação; e, de fato, tudo depende mais deste algo do que da própria ação – o jogo ou a festa estão em uma posição hierárquica superior em relação à nossa própria contribuição. No entanto, o elemento abrangente, envolvente do jogo e da festa não é nada em relação ao que precisamos nos assemelhar, a fim de torná-lo presente como algo que é diferente de nós mesmos. Jogos são jogados e festas são festejadas. Nenhum dos dois é apresentado. Correspondentemente, portanto, eles são inapropriados para a compreensão da apresentação. Visto a partir daí, o conceito de auto-apresentação documenta um autêntico impasse: ele deve ligar a simples auto-presença que está em questão para Gadamer com o acontecimento de uma apresentação por meio dos outros, a fim de tornar plausível, com isso, a apresentação enquanto um "conhecimento da essência". A própria palavra, porém, já se opõe com certeza a isso: quando alguém ou algo se apresenta, a apresentação também precisa ser efetuada por meio dele ou por meio desse algo mesmo[81].

Todavia, é possível acompanhar a intenção de Gadamer. A única coisa problemática é a sua realização. Gadamer quer defender a experiência da arte contra a sua redução a uma "consciência estética" que não é mais outra coisa senão a vivência de uma qualidade especificamente estética, que é tão diversa da coisa estabelecida na obra, quanto das "condições de acesso"[82] mundanas da respectiva obra. Contra esta abstração da "diferença estética", Gadamer procura reabilitar o "conhecimento" que a arte é enquanto tal e restituir uma vez mais a validade à "requisição de verdade" existente na arte, uma "requisição com certeza diversa da requisição da ciência, mas seguramente não inferior a ela"[83]. Isso, por sua vez, faz com que ele se articule com a *Estética* de Hegel e com que ele siga Hegel na convicção de que a arte só poderia ser compreendida adequadamente a partir da conexão religiosa e de que ela chegaria ao fim tão logo se cindisse dessa conexão.

---

80. Ibid., p. 128.

81. É nesse sentido que Hannah Arendt fala de auto-apresentação. Ela interpreta esta auto-interpretação como reação "ao efeito superpoderoso daquilo que é mostrado" (Hannah Arendt, *A vida do espírito*, vol. 1, O pensamento, Munique, 1979, p. 31).

82. Gadamer, *Verdade e método*, GW 1, p. 91.

83. Ibid., p. 103.

Todavia, de maneira diversa do que para Hegel, a arte não é possível para Gadamer apenas como "religião artística". Ela não precisa ser nenhuma arte religiosa – contanto que ela mantenha apenas a estrutura de um acontecimento religioso e isso significa justamente: contanto que ela mantenha a estrutura da "comunhão sagrada" e da festa. Como Gadamer disse certa vez, "uma obra de arte sempre possui algo de sagrado em si"[84]. Entretanto, o inverso é antes o caso. Se obras de arte aparecem no contexto do culto, sempre pertence também ao culto a exposição da arte. Por isso, culto e exposição podem ser confundidos um com o outro. No entanto, a sua diversidade material e objetiva não é refutada por meio da possibilidade de uma tal confusão.

É possível resgatar de uma outra maneira a intenção gadameriana de um modo muito mais convincente. Para poder compreender a arte como conhecimento e, antes disso ainda, para atribuir à *mimesis* em geral uma "função cognitiva"[85], não é preciso reconduzir o conhecimento que está aí em questão à auto-apresentação de uma essência. Ao contrário, este conhecimento reside muito mais na essência da própria apresentação. Por meio de toda e qualquer apresentação de uma coisa, essa coisa é conhecida e se torna cognoscível em um aspecto determinado. Ela ganha validade, ainda que isso aconteça sob um aspecto determinado, assim como com uma distinção e uma pregnância diversas. Evidentemente, carece-se destes aspectos diversos, para se fazer jus a uma coisa, que não é apresentada apenas uma vez; o conhecimento mimético que sempre se reinicia novamente corresponde à sua riqueza e à sua complexidade. Os grandes temas da literatura mundial são tão infinitamente apresentáveis quanto os grandes temas da pintura e nenhuma apresentação por mais coroada de êxito que seja é substituída neste caso por outras em todos os aspectos. No entanto, elas se completam e se corrigem mutuamente, de tal modo que, com freqüência, em vista da coisa em questão, elas estão antes ligadas umas às outras sob o modo da semelhança familiar[86] do que por meio de algo que possa ser definido de maneira una. Os grandes temas da literatura e da arte são múltiplos e estão ligados uns aos outros de uma forma complexa. Toda apresentação os coloca novamente sob a luz e deixa ao mesmo tempo que pressintamos latências com toda a clareza, e que possibilidades não realizadas se tornem reconhecíveis. Por isso, nenhuma apresentação convence absolutamente, nem mesmo quando provém do tecido de possibilidades complexas e se dirige para a determinação ou para a figura claramente destacada. O poder de convencimento de uma apresentação também não existe simplesmente, mas precisa ser sempre novamente reconquistado em uma apresentação.

Se tudo se dá assim, então toda apresentação levada a termo com sucesso torna tanto mais cognoscível quanto mais marcante e inconfundível ela é. As apresentações não estão simplesmente submetidas ao poder de uma coisa que impele

---

84. Ibid., p. 155.

85. Ibid., p. 120.

86. Com relação a esse conceito, cf. Wittgenstein, *Investigações filosóficas* 66-68; Schriften 1, 324-325.

à presença e que se manifesta, mas elas conquistam a sua objetividade material por meio da intensificação de seu caráter de apresentação. Uma apresentação é tanto mais convincente, quanto mais diferenciadas são as suas próprias possibilidades. Uma apresentação que é conduzida pela consciência de suas próprias possibilidades faz mais jus à coisa em jogo com ela do que uma apresentação que se recolhe e não quer ser outra coisa senão o meio desta sua coisa.

Com certeza, ainda não está claro até aqui como uma tal diferenciação e reflexividade se formam. Para clarificar este ponto, é preciso que adentremos uma vez mais na realização da apresentação e que a descrevamos aí tanto por si mesma, quanto em sua co-pertinência com a ligação com a coisa. Também precisamos perguntar nesse caso sobre o lado inverso do assemelhar-se: como é que a ação apresentadora se mostra ao mesmo tempo como um acontecimento, a saber, como o vir à tona de uma coisa? E como esta coisa conquista aí clareza e pregnância, como é que ela vem à luz no transcurso da apresentação? Para formularmos uma vez mais de modo diverso: o que importa é a questão de saber como, com a apresentação, o texto se *desenvolve* na apresentação. Podemos compreender isso no sentido da fotografia; a partir daquilo que tem de ser apresentado, a apresentação traz à tona o seu texto, assim como o processo químico no laboratório fotográfico traz à tona a imagem a partir da superfície iluminada do papel. O apresentar é como um tornar visível. Por isso, ele é conhecimento.

§ 11: Conhecimento apresentador

Toda interpretação é uma realização do intérprete. No entanto, ela também é a apresentação expressamente executada *de algo*; quem apresenta se imiscui em algo. Em verdade, o texto não fala por si mesmo, mas precisa ganhar voz. Para que isto seja possível, contudo, ele precisa poder ser assumido por si. Ele precisa vincular a atenção e a vontade de interpretação, de tal modo que a sua calma se mantenha na leitura. Trata-se desta calma que pode ser extraída do fluxo do diálogo e perdurar na leitura.

Deste modo, saímos de nós mesmos e escapamos da imanência de intenções, representações e sensações próprias; é somente porque as coisas se dão assim, que a leitura também pode distrair e relaxar. Quando temos sucesso no início, nós nos encontramos em um outro lugar, fora, junto à coisa mesma que o texto é como aquilo que é dito. Esta é a experiência da leitura, da mais simples possibilidade da exposição; só que esta exposição se dá apenas para nós mesmos, de modo que a pergunta sobre o efeito e sobre o poder de convencimento, e, com isso, mesmo a pergunta sobre alternativas possíveis, ainda não se colocam.

De maneira silenciosa ou no máximo em voz baixa, nós lemos em geral sem formar palavras, e, no entanto, aquilo que é escrito ganha expressão. As coisas comportam-se como se seguíssemos sinais de um caminho, como se antecipássemos mesmo alguns desses sinais. Quando se trata da primeira leitura, o escrito é como um terreno desconhecido, que se mostra como acessível. Nós estamos fora, mas não na selva; ao longo da escrita, há um caminho passível de ser percorrido e nós o percorremos.

Quanto mais lemos, tanto mais facilmente avançamos. As frases encaixam-se umas nas outras, com retardo ou sem esforço, mas na maioria das vezes como que por si mesmas. Elas fornecem uma direção, assim como um modo de nos movimentarmos nesta direção. Nós podemos tomar pé no movimento como em uma música. Quando conseguimos fazer isto, encontramos o tempo e o ritmo da leitura. As coisas talvez se mostrem agora de um modo tal, que nos sentimos, por assim dizer, levados pela escrita. Nós estamos naquilo que se acha presente e, por meio daí, junto ao que é dito.

Esta ausência de esforço própria à leitura pode ser pensada uma vez mais a partir do conceito gadameriano de auto-apresentação. E de fato, mesmo que o conceito não seja apropriado, aquilo que ele procura apreender existe ao menos em um aspecto: quando aquilo que é escrito não se recusa, ele conquista, por assim dizer, por si mesmo, a realidade de uma língua. As coisas só se dão de maneira diversa, quando não tomamos ou não queremos tomar pé naquilo que lemos, por reserva ou ressentimento. Neste caso, aquilo que é escrito permanece alheio, as frases se particularizam e não avançamos. Todavia, no mais tardar quando nos distraímos ou nos detemos, compreendemos que a linguagem da leitura não era a linguagem daquilo que é escrito; nada ganha mais voz e a escrita se retrai e se silencia. Portanto, nada aconteceu por si mesmo, e, contudo, o experimentado não tinha algo em comum apenas com os nossos próprios planos e desejos. O experimentado foi algo mais central: uma mediação. Nós estávamos em um outro lugar, sem nos perdermos; nós mesmos assumimos um comportamento, sem que estivéssemos junto a nós mesmos. Estávamos em um ponto central: afastados de nós junto a um outro, e, porém, junto a este outro éramos nós mesmos, com as próprias capacidades e possibilidades que tínhamos, por assim dizer, trazido conosco. Isto não aconteceu como disfarce ou adaptação, de tal modo que teríamos nos comportado como um outro. As coisas deram-se muito mais como se estivéssemos tomando pé no transcurso de um movimento, que queríamos aprender e tornar válido.

Nós nos conscientizamos do fato de a escrita ser extrínseca, quando aquilo que é escrito se torna estranho. No entanto, sempre que tem sucesso o início da leitura, experimentamos as coisas de uma maneira diversa. Nós estamos em um outro lugar e esquecemos a exterioridade daquilo que é escrito, de tal modo que não há aqui a experiência de um distanciamento. A mais antiga experiência de leitura pode confirmar isto: nós estávamos aí totalmente presentes no interior da narrativa, junto aos heróis, com os quais compartilhávamos esperanças e temores ou vivenciávamos a felicidade da aventura pela qual passamos. Nós nos tornamos tão similares àquilo que estava escrito que imergimos nele.

Imergir em uma narrativa significa *segui-la* – não apenas como uma seqüência de frases, mas como a continuidade cativante de uma descrição, e, com ela, como a continuidade de um acontecimento. Nós acompanhamos este acontecimento. Por mais esquecida de si que a leitura possa ser, contudo, a continuidade na qual ela se realiza não existe por si mesma; ela precisa ser *sustentada* – na manutenção e na antecipação daquilo que aconteceu e acontecerá: nós esperamos que o que está por vir se ajuste ao que se deu até aqui e esta expectativa só se resolve, se mantivermos o que se deu até aqui. Isto se dá de maneira tanto mais natural, quanto mais nos assemelhamos àquilo que é dito. A história é, então, como que óbvia, de modo que estaríamos tentados a dizer: ela se realiza ou acontece e não precisa ser novamente contada ou mesmo reconstruída pelo leitor.

Isso transforma-se, quando a continuidade do texto é perturbada – por exemplo, porque não conseguimos mais identificar diretamente uma pessoa ou porque uma situação não está clara. Não atentamos para uma personagem em sua primeira aparição e não notamos o seu nome; ou esquecemos algo que aconteceu anteriormente na narrativa e não sabemos mais como é que se chegou à situação, com a qual temos de lidar justamente agora.

Na maioria das vezes, a dificuldade não está na própria história; ela não *precisaria* surgir e ela não surge em uma outra leitura ou na leitura feita por uma outra pessoa. Trata-se da dificuldade do leitor e ela precisa ser correspondentemente resolvida por ele. Aquilo que é escrito oferece a possibilidade para tanto: quando não conseguimos nos lembrar, nós voltamos a folhear o livro e tentamos, com isto, reconectar uma vez mais a continuidade da história. Esta continuidade não se dá mais por si mesma, mas precisa ser produzida pelo leitor.

Em meio à leitura de histórias complexas, este é um processo normal e precisamente por isso notável. A partir dele fica claro que um texto não se revela simplesmente na leitura contínua; ele é outra coisa e mais do que um transcurso contínuo. Esse fato também pode ser explicitado uma vez mais a partir do modelo da narrativa: a coesão de uma história não se forma como uma seqüência fechada de acontecimentos, de modo que cada um destes acontecimentos não seria determinado senão pelo imediatamente precedente ou subseqüente. Para podermos seguir uma história, é preciso muito mais poder ter presente ligações que se encontram fora da seqüência imediata. Algo que foi denominado bem no começo pode ser significativo para o todo e isto não precisa se mostrar já no começo; algo que só é introduzido mais tarde pode dar à história uma nova virada e deixá-la talvez mesmo aparecer pela primeira vez como coesa. Assim, a história não pode ser seguida apenas na *realização* da leitura; ao contrário, ela também precisa ganhar validade como uma conexão complexa; precisamos apreender estes momentos dessa conexão em relação com o texto e tomá-los para a leitura. A partir do fato de também percorrermos de trás para a frente uma história, de podermos ligar reciprocamente motivos que aparecem em lugares diversos, vem à tona o fato de ela só ser coesa como um todo, como um feixe de relações racionalmente reconhecível[87]. Este todo, porém, apresenta-se com cada acontecimento narrado, em cada instante da leitura. Ele mesmo não é contínuo, mas *simultâneo*.

O fato de as coisas serem assim pode ser constatado em meio a uma leitura repetida. Quando nos lembramos do decurso da história, nós reconhecemos alusões e indicações prévias que tinham permanecido veladas na primeira, talvez mesmo na segunda leitura. Quanto mais profundamente conhecemos a história, tanto mais claro vemos como as pessoas, os motivos e os acontecimentos estão refleti-

---

87. Quanto ao conceito de razão, cf. § 40.

102   Oposicionalidade – O elemento hermenêutico e a filosofia

dos uns nos outros e só possuem o seu valor conjuntural no todo. Os momentos particulares da história não se ajustam mais uns aos outros sucessivamente, como na primeira leitura. Quando conhecemos a história de maneira suficientemente boa, não precisamos mais ler para que nos lembremos do que foi lido, nem nos deixar guiar pela expectativa em relação ao modo como as coisas prosseguirão. Temos a história como um todo na cabeça, de modo que poderíamos reconstruí-la a partir de cada um de seus momentos. Nós poderíamos abrir o livro em uma página qualquer e teríamos um ponto de apoio para a história como um todo. Em verdade, a história continua sendo sempre um transcurso; nós precisamos lê-la do início ao fim, para experimentá-la como história. No entanto, o que a torna significativa é a composição estrutural[88] de ligações, que vai se revelando paulatinamente com a leitura. Trata-se aqui de seu *texto*, compreendido como *logos*.

Por conseguinte, a relação de continuidade e simultaneidade não é nenhuma relação que envolve determinações de um mesmo nível. Toda tentativa de seguir uma história mantém-se em seu texto. Não há sucessão significativa sem simultaneidade. Aquilo que é mantido na leitura não se mostra senão para o sentido performativo como uma seqüência de acontecimentos. Em verdade, o que é mantido é o texto, contanto que ele já tenha se revelado na leitura; visto assim, o que se toma antecipadamente na leitura não é aquilo que ainda virá, mas o texto ainda não descoberto; são as manchas brancas no todo, as passagens que permanecem em aberto, cuja descoberta se encontra no horizonte da expectativa. Ou dito de uma outra forma: na continuidade da realização, o que está em questão é a simultaneidade daquilo com o que nos relacionamos como se ele fosse um todo.

Aquilo que foi descrito aqui pode ser pensado a partir de um estado de coisas conhecido no contexto hermenêutico: o círculo hermenêutico[89]. Em termos gerais, o que se tem em vista com um tal círculo é o estado de coisas, segundo o qual o particular sempre precisa ser interpretado a partir do todo ao qual ele pertence e segundo o qual o todo não pode ser descerrado senão por meio da compreensão das particularidades. Isto pode estar em relação com os momentos particulares de um texto e com a sua unidade, mas também com o texto enquanto momento de uma conexão abrangente, enquanto momento do contexto. Nós encontramos reflexões sobre isto em Schleiermacher e em Dilthey[90]. No entanto, foi somente com

---

88. O termo alemão *Gefüge* é um termo de difícil tradução. Normalmente, ele pode ser traduzido por "estrutura", "armação", "composição". Em sua ligação com o verbo *fügen* (juntar, ligar, associar), porém, ele indica um tipo específico de estrutura e de composição. *Gefüge* é um termo que designa a estrutura oriunda do entrelaçamento de elementos, da junção de um conjunto de ligações. Como este sentido é evidentemente utilizado pelo autor, optamos pela locução "composição estrutural" que sintetiza os dois pólos semânticos fundamentais do termo alemão (N.T.).

89. Cf. em termos gerais Hans-Georg Gadamer, *Vom Zirkel des Verstehen* (Sobre o círculo da compreensão), in: GW2, p. 57-65.

90. Cf. Schleiermacher, *Hermenêutica e crítica*, p. 97. Em Dilthey: Wilhelm Dilthey, *Das Wesen der Philosophie* (A essência da filosofia), in: Gesammelte Schriften (a seguir GS), vol. V, org. por Georg Misch, quarta edição, Stuttgart, 1964, p. 339-416, aqui, p. 334; Dilthey, *A construção do mundo histórico nas ciências humanas*, GS VII, org. por Bernhard Groethuysen, segunda edição, Stuttgart, 1958, p. 145; Dilthey, *Grundlegungen der Wissenschaften vom Menschen, der*

Gadamer em sua articulação com Heidegger que a estrutura do círculo foi de tal modo concretizada, que ela passou a ser tomada definitivamente como a estrutura da experiência textual. O que está em questão aí é "projetar" um sentido que se resgata, então, paulatinamente na realização da leitura. "Quem quer compreender um texto sempre realiza", tal como Gadamer nos diz, "um projeto. Ele esboça para si antecipadamente um sentido do todo, logo que um primeiro sentido se mostra no texto. Um tal sentido só se mostra, por sua vez, porque já lemos o texto com certas expectativas com vistas a um determinado sentido"[91].

O que Gadamer descreve é o jogo mútuo entre expectativa de sentido e preenchimento de sentido, de tal modo que o preenchimento parcial de sentido libera uma expectativa de sentido que atravessa todo o texto e que, inversamente, o preenchimento de sentido nunca se torna possível senão no contexto de uma expectativa de sentido. A expectativa de sentido remonta neste caso ao próprio leitor; ela é, dito com o conceito assumido por Heidegger, um "projeto"[92], isto é, a fixação de um âmbito de possibilidades, que pode ser resgatado pela ação concreta tal como o projeto de um arquiteto por meio da construção de uma casa. No entanto, aquilo que no caso do arquiteto se mostra antes como uma exceção, mostra-se aqui como a regra: o projeto sempre precisa ser corrigido uma vez mais no curso de seu resgate. Assim, ele se ajusta às experiências feitas a cada vez na leitura e leva, então, por fim, a uma compreensão daquilo "que se encontra aí"[93]. A "tarefa constante" do leitor é, como Gadamer o diz, "a elaboração dos projetos corretos, substancialmente adequados, que, enquanto projetos, são antecipações que não se confirmam senão 'junto às coisas mesmas'"[94].

Esta descrição é dada totalmente a partir da perspectiva da realização da leitura, enquanto a simultaneidade do texto não desempenha para ela papel algum. Por isto, ela não apreende o caráter circular da experiência da leitura senão de maneira unilateral. Em verdade, as coisas dão-se em geral de um tal modo que o todo do texto fica cada vez mais claro na realização da leitura. Além disto, depois de termos lido o texto até o fim, nada mais deste todo precisa ser antecipado, mas ele está presente, ao menos para a leitura que acabou de ser realizada. No entanto, isto não significa que ele se daria em meio à realização da leitura e poderia ser considerado como o seu resultado. Só podemos dizer isto, se compreendermos como Gadamer a apresentação da totalidade em meio à realização da leitura como a sua au-

---

Gesellschaft und der Geschichte. Ausarbeitungen und Entwürfe zum zweiten Band der Einleitung in die Geisteswissenschaften (Fundamentações das ciências do homem, da sociedade e da história. Reelaborações e esboços para o segundo volume da Introdução às ciências humanas – ca. 1870-1895), GSXIX, org. por Helmut Johach und Frithjof Rodi, Göttingen, 1882, p. 446, observação 554. O conceito aparece pela primeira vez em Friedrich Ast: Friedrich Ast, *Grundlinien der Grammatik, Hermeneutik und Kritik* (Linhas fundamentais da gramática, hermenêutica e crítica), Landshut, 1808.

91. Gadamer, *Verdade e método*, GW1, p. 271.

92. Cf. Heidegger, *Ser e tempo*, GA 2, pp. 193-194. Quanto a isto, ver minhas explicitações in: Figal, *Fenomenologia da liberdade*, pp. 168-170.

93. Gadamer, *Verdade e método*, GW 1, p. 271.

94. Ibid., p. 272.

to-apresentação. Todavia, o todo do texto só pode se apresentar ao final da leitura, se ele já estiver presente desde o princípio. Apesar disto, é possível que permaneçamos confusos e perplexos ao final. E também é possível que acreditemos ter entendido fundamentalmente o texto, mas que algo em particular ainda não se encaixe.

Em suma: a totalidade do texto não é resgatada por meio da realização da leitura. Para que possa ficar mais clara em uma tal realização, ela já precisa estar presente para ela como totalidade diretriz. No máximo na segunda leitura e nas leituras subseqüentes, fica claro que as coisas se comportam deste modo. Aqui, o projeto antecipativo da totalidade tornou-se supérfluo; já conhecemos o todo e vamos aprendendo a conhecê-lo cada vez melhor. Sob o ponto de vista de sua presença, a totalidade não é tomada antecipadamente pelo leitor como algo que se resgata paulatinamente na realização da leitura. Ao contrário, ela é *descoberta* na realização da apresentação como a simultaneidade já sempre dada do texto e pode sustentar, assim, a realização da apresentação.

Neste caso, a "descoberta" tem um sentido duplo: a totalidade só se manifesta, na medida em que a desvelamos e *expomos* por meio da leitura; sem a leitura, ela permaneceria sem ser descoberta. De maneira correspondente, ela só existe a cada vez segundo o modo como, lendo, nós podemos expô-la; ela nunca está presente senão em uma certa perspectiva, por meio da respectiva atenção e concentração e por meio da força que a conduz conjuntamente. Ao mesmo tempo, porém, lendo, nós *encontramos* a totalidade; logo que começamos a ler, ela se apresenta, e, nesta medida, um conhecimento entra em jogo na própria leitura. Esse conhecimento não é, por sua vez, nenhuma apreensão primeira, que se altera com cada passo ulterior. Ao contrário, há uma orientação para a realização da leitura, há o contexto, no qual se encaixa todo novo detalhe. A relação com o texto mostra-se na realização da leitura, assim como essa realização vive da referência ao texto. É este o círculo da interpretação.

De maneira particularmente feliz, é possível esclarecer como a realização da leitura e a referência textual se co-pertencem. Aqui, é evidentemente o conhecimento do texto que suporta a apresentação; em um caso propício, este conhecimento se manifesta em todo acento, em cada coloração da voz, ele é efetivo tanto no ritmo da recitação quanto na postura do leitor, uma postura que pode ser viva, distanciada, patética ou alguma outra postura qualquer. A recitação vive do texto e é somente por isto que o texto pode se apresentar na recitação. Aquilo que é experimentado a partir da referência textual na recitação lança-se para além das respectivas frases ou da respectiva parte que acompanhamos como ouvintes. Quanto melhor se reconhece o todo, tanto mais marcantemente o todo está presente em cada frase pronunciada. Este conhecimento do todo, porém, não é constatável ou definível como um estado de coisas no mundo. O texto só é conhecido na interpretação. Esta interpretação, por sua vez, não é nem a aplicação de um saber adquirido independentemente dela, nem uma realização que se mostra enquanto tal como o saber. O conhecimento apresentador que constitui a interpretação sempre possui também o caráter da apresentação cognoscente. Neste ponto, ele é comparável ao saber próprio à produção, um saber que também não subsiste por si enquanto saber e que, então, apenas se confirma na produção de algo. Aquilo que ele é en-

Segundo capítulo: Interpretação

quanto saber não pode ser de modo algum apreendido sem a realização da produção. E ele tampouco imerge na realização da produção, mas vive a partir do conhecimento de uma ordem que fornece pela primeira vez as possibilidades de ordenação do material na produção[95]. Assim como a produção, a apresentação também é um conhecimento em ação e um agir a partir do conhecimento.

Na leitura pura e simples, tudo isto permanece obscuro, pois o texto e a realização do texto não se acham aqui cindidos. Neste caso, as coisas se comportam, como se a ordem que o texto é fosse preenchida totalmente pela leitura e pelo prosseguimento da leitura. O texto só é experimentado na continuidade daquilo que é lido; ele repousa sobre a manutenção e a expectativa e não se destaca. Em verdade, o texto também já se mostra agora como diverso da realização da leitura. No entanto, a diferença – no duplo sentido da palavra – entre eles ainda não é percebida: nós não a experimentamos e, por isto, tampouco fazemos alguma coisa com ela. Esta situação altera-se, porém, logo que a realização da leitura é obstruída. Neste momento, vem à tona a totalidade do texto enquanto tal. Quando repentinamente falta um nome ou quando um acontecimento importante para a compreensão do que foi lido não está mais presente, a totalidade se transforma em uma tarefa: ela possui lugares vazios, tal como um afresco danificado; o todo das relações, tal como ele estava anteriormente presente na leitura, não se fecha mais. Assim, tentamos restabelecê-lo, fechar as lacunas, para que a leitura se realize uma vez mais sem perturbações.

Uma leitura que quer apenas se realizar sem perturbações retém a totalidade do texto na consciência, e, com isto, também permanece obscuro nesta leitura o fato de ela mesma ser uma apresentação. O fato de uma tarefa também ser colocada com isto e de o que está em questão em relação aos textos ser uma apresentação permanece, de início, completamente incompreendido. Um pressentimento da diferença entre totalidade e realização da leitura talvez venha à tona depois da conclusão da leitura. Neste momento, nada mais é realizado, mas algo ressoa. Dependendo da intensidade com que fomos marcados pelo que lemos, isto ficará agora até mesmo mais claro do que enquanto estávamos lendo – portanto, foi isto que experimentamos. À medida que refletimos sobre isto, ele vem à tona cada vez mais distintamente enquanto tal.

Isto não seria possível se o texto só fosse dado na realização da leitura; neste caso, ele teria, em verdade, a sua presença mais forte na leitura, mas ele também perderia com isto em pregnância. A reflexão sobre o que foi lido não é, porém, nenhuma lembrança da leitura; se este fosse o caso, ela não poderia ser outra coisa senão a sua reconstrução mais ou menos completa. Portanto, só resta a explicação de que o texto também é acessível de um outro modo que não a leitura. À medida que refletimos sobre o texto, já começamos, talvez de maneira imperceptível, a interpretá-lo de uma forma diversa da realização de uma exposição.

É elucidativo que esta interpretação reflexiva possa se desenvolver de um tal modo em um pensamento voltado para o texto. Isto mostra justamente que ela não é nenhuma fase intermediária que acontece na leitura, a fim de lhe garantir a

---

95. Cf. Platão, *Górgias* 503d-504a.

sua continuidade, mas antes uma possibilidade dotada de um direito próprio. O que está em questão nesta interpretação é apreender o texto de maneira mais expressa e exata. Por um lado, a interpretação reflexiva possui um distanciamento maior do que a leitura; ela não segue aquilo que está escrito, mas se encaminha depois da leitura contínua para aquilo que está escrito sob determinados pontos de vista metodologicamente clarificáveis. Apesar disto, a interpretação reflexiva está "mais próxima" do texto. Nela, aquilo que o texto é a cada vez se faz valer melhor. Ela é uma outra possibilidade da apresentação, que pode exercer um efeito sobre a leitura e a exposição, por mais que sempre obtenha uma vez mais novos pontos de vista a partir da leitura.

É possível distinguir duas formas da interpretação reflexiva: *exegese* e *indicação de sentido*[96]. As duas não acontecem senão muito raramente sozinhas; elas se completam mutuamente e só fornecem em sua conjunção a intelecção que podemos esperar de um conhecimento reflexivo. Não obstante, podemos ver como elas são diversas no fato de em geral ser preponderante nas interpretações reflexivas ou bem a exegese ou bem a dotação de sentido.

A palavra exegese (*Auslegung*) já indica o que se tem em vista com ela. Esta palavra precisa ser entendida no sentido de explicitação, o que corresponde no latim ao termo *explicatio*, um termo no qual se acha inserido o verbo *plico*, *plicare*: dobrar, desdobrar, de modo que em *explicare* esta significação é intensificada. Na interpretação, aquilo que é lido é explicitado, ou seja, a descoberta do texto que se tinha feito na transposição da leitura se torna expressa na diferenciação do plural e do particular.

Todavia, como lidamos no texto com uma totalidade, o que está em questão não é a multiplicidade de aspectos e ligações possíveis, mas sempre também a unidade. Quando nos orientamos pela compreensão exata da palavra, a descoberta da unidade não é nenhuma exegese (*Auslegung*). Ela é uma *indicação de sentido* (*Deuten*). Por um lado, a palavra alemã *Deuten* significa o mesmo que "mostrar" (*zeigen*); apontar para algo (*hinzeigen*) é o mesmo que indicar algo (*hindeuten*). Por outro lado, ela significa o mesmo que expor a significação propriamente dita de algo, uma significação que não se acha patente. Nós não interpretamos exegeticamente sonhos, enigmas ou oráculos, mas antes indicamos o seu sentido[97]. Nós esclarecemos como eles têm de ser compreendidos e isto só é possível, na medida em que transportamos

---

96. Esta passagem encerra em si um problema de tradução de difícil resolução. Günter Figal emprega distintivamente três termos que são normalmente traduzidos como sinônimos: *Interpretation, Auslegung* e *Deutung*. Cada um desses termos pode ser traduzido em português por interpretação, mas cada um deles possui uma nuança etimológica própria. Enquanto *Interpretation* possui uma relação direta com o vocábulo interpretação em português, *Auslegung* designa ao pé da letra uma ex-posição (*aus-legen*) e *Deutung* a indicação de um sentido ou de uma significação próprios àquilo que está sendo interpretado. Com a tradução por exegese e indicação de sentido, procuramos acompanhar o intuito argumentativo do autor, que aponta para um momento de explicitação e um momento de apresentação una de um sentido ou de uma significação no interior da interpretação reflexiva (N.T.).

97. O termo alemão correlato da palavra "interpretação" no título do célebre texto de Freud *A interpretação do sonho* não é, por exemplo, *Auslegung* ou *Interpretation*, mas *Deutung* (N.T.).

Segundo capítulo: Interpretação

para eles uma significação. Nós indicamos, por exemplo, o sentido de uma história, na medida em que a consideramos a partir de algo que não é dito nesta história mesma e que tampouco pode ser desenvolvido a partir daquilo que foi narrado – no sentido da exegese. Se o supremo serviçal do faraó, responsável pela ânfora que o serve, sonha com uma videira com três ramos, cujo suco ele espreme no cálice de seu senhor, então esta é uma história em si mesma clara que poderíamos tomar simplesmente por ela mesma. Algo se acrescenta a ela, contudo, quando José diz: "Este é o sentido que indico: 3 ramos são 3 dias"[98]. A indicação de sentido encontrou um ponto de vista, a partir do qual é possível *dizer de outro modo* aquilo que foi dito. Traduzido para o grego, ela se mostra como um ἀλληγορεῖν e, portanto, no sentido exato da palavra, como uma *alegoria*. A alegoria sintetiza aquilo que se assentou. A partir de algo diverso, ela aponta para o dito e o deixa vir à tona por meio daí como unidade. Por isto, a indicação de sentido também pode sintetizar muitos textos em um texto. É assim que indicamos o sentido de grupos de obras ou obras conjuntas.

Com esta determinação da indicação de sentido não está dito que tudo aquilo que se lê seria em sua unidade como um oráculo ou um enigma. Nem toda história precisa ter um sentido transcendente ou uma significação oculta; com freqüência, o sentido e a significação são obtidos a partir da própria história. Neste caso, não se necessita senão de um ponto de vista, sob o qual a sua unidade pode ser apreendida e caracterizada como aquilo que ela é. Trata-se de um motivo ou de uma idéia, por meio da qual tudo encontra a sua coesão. Mesmo neste caso, porém, uma indicação de sentido só é possível, na medida em que o motivo ou a idéia são expressamente destacados e ligados à história, a fim de tornar assim cognoscível a sua unidade. Também isto é um dizer de outro modo, só que menos radical.

Como a indicação de sentido se encaminha desta forma de fora para aquilo que é lido, ela é muitas vezes tomada por arbitrária. Quanto mais alegórica ela for, tanto antes se instaura a suspeita. Isto é particularmente válido para as interpretações que seguem a assim chamada "hermenêutica da suspeição"[99] de Ricoeur e que procuram desvendar os textos a partir de outra coisa que não se apresenta neles mesmos. Na maioria das vezes encontra-se à base desta posição a convicção de que o sentido de um texto estaria encoberto pelo texto e precisaria ganhar validade contra ele[100]. Isto, por sua vez, faz com que a indicação de sentido apareça

---

98. Moisés 40, 20, citado a partir de: A Bíblia ou todo o escrito sagrado do Antigo e do Novo Testamento segundo a tradução alemã com observações explicativas de Martinho Lutero, Stuttgart, 1912 (edição não revista da tradução de Lutero).

99. Paul Ricoeur, *De L'interprétation. Essais sur Freud* (Da interpretação. Ensaio sobre Freud), Paris, 1965, Capítulo III: "A interpretação como exercício de suspeita".

100. A afirmação de que o texto estaria corrompido e precisaria ser novamente reconstruído uma vez mais pela indicação de sentido é uma variante desta suposição, que pode ser certamente usada contra a petição de universalidade da hermenêutica da suspeição. Cf. Alfred Lorenzer, *Sprachzerstörung und Rekonstruktion, Vorarbeiten zu einer Metatheorie der Psychoanalyse* (Destruição da linguagem e reconstrução, trabalhos prévios a uma metateoria da psicanálise), quarta edição, Frankfurt junto ao Main, 1995; Jürgen Habermas, *Conhecimento e interesse*, décima primeira edição, Frankfurt junto ao Main, 1994, assim como a discussão entre Habermas e Gadamer sobre o papel paradigmático da psicanálise para a hermenêutica.

com freqüência com um gesto autoritário; ou bem a seguimos, ou nos tornamos culpados pelo mesmo encobrimento que é imputado ao texto.

Não obstante, mesmo em relação a decifrações, destruições e descobertas psicanalíticas ou científico-sociais, é válido dizer que elas só podem se afirmar, se forem passíveis de ser acompanhadas intelectivamente, ou seja, se os múltiplos momentos do texto se encaixarem por meio delas e formarem uma unidade, de tal modo que a sua relação mútua confirme a unidade expressa. Não é apenas por meio da indicação de sentido que há a unidade do texto. Todavia, sem a indicação de sentido, esta unidade não vem à tona; ela permanece vinculada à interpretação ou mesmo à co-realização daquilo que é lido.

Se é possível confirmar a indicação de sentido desta maneira, também há caminhos que levam do múltiplo à unidade. Quem reconta uma história, por exemplo, e não se perde aí em detalhes, de modo que não conseguimos mais saber de maneira alguma o que é propriamente a história, também lida com a unidade desta história; o que está em questão aí é aquilo que constitui a co-pertinência entre os diversos acontecimentos e as diversas pessoas que surgem na história. Aquilo que já tínhamos experimentado na leitura é agora apreendido expressamente. Quanto mais concisamente recontamos a história, tanto mais claro se torna o seu caráter uno. Algo particular que é considerado antes como incidental permanece, então, poupado; de maneira resumida, nós nos dirigimos totalmente para o caráter fechado e para a consonância daquilo que é lido. Para tanto, necessita-se da visão que se distancia e que indica o sentido.

De uma maneira comparável, o caráter uno daquilo que é lido também desempenha um certo papel na exegese. A sua finalidade não consiste no fato de só fazermos valer de maneira rapsódica os muitos aspectos daquilo que foi lido enquanto tal. Quando não acontece senão isto, não chegamos a nenhuma exegese, mas apenas nos restringimos a elucidações isoladas; nós explicamos a significação de expressões e sentenças, dissolvemos alusões ou produzimos ligações históricas isoladas. Se isso é realizado com vistas ao texto como um todo, então lidamos com um *comentário*: com uma seqüência mais ou menos distensa de observações e referências. Um *commentarius* é uma seqüência de anotações e esboços; *commentor, commentari* significa estabelecer considerações, fazer mesmo estudos e, em verdade, na maioria das vezes, estudos prévios. Um comentário só se transforma em uma exegese, quando as elucidações, as referências e as observações se tornam de tal forma espessas, que a conexão interna do texto se torna vigente. Quanto mais clara e quanto mais espessa é esta composição estrutural dos diversos momentos da exegese tanto mais se faz jus à sua pretensão. Quando ela acontece com sucesso, ela se mostra como uma apresentação do texto em sua totalidade, que é levada a termo a partir do particular e do múltiplo. Ela desenvolve o texto de um tal modo, que os seus diversos momentos aparecem como consonantes.

Portanto, cada passo da interpretação exegética precisa ser conduzido pela convicção de que o texto é uno. Mesmo aqui, porém, a unidade do texto não é apreendida enquanto tal. Ela pode ser visada, mas não chega propriamente a ganhar voz; ela não é senão indicada pela consonância do múltiplo.

Segundo capítulo: Interpretação

Assim como a exegese realiza, por assim dizer, os trabalhos preparatórios para a indicação de sentido, a indicação de sentido também se encaminha para a exegese. Uma indicação de sentido que se reduzisse a denominar a unidade de um texto permaneceria abstrata. Ela só se mostra como convincente, quando consegue apresentar o uno adjudicado como o uno do múltiplo. Uma indicação de sentido só tem sucesso, quando mostra como a pluralidade do texto se ajusta ao ponto de vista colocado em jogo e forma realmente uma unidade.

Precisamente em sua co-pertinência, exegese e indicação de sentido se mostram como fundamentalmente diversas. Por conta desta diversidade, uma também não pode se transformar paulatinamente na outra, mas apenas se converter nela. Não obstante, será com freqüência difícil subordinar claramente a interpretação reflexiva de um texto à exegese ou à indicação de sentido. As duas têm algo em comum com o todo do texto e a direção a partir da qual este todo é apresentado não precisa ser sempre claramente conhecida – nem pelo intérprete, nem muito menos por alguém que está de fora. Aquilo que aparece como uma exegese já pode ser dirigido pelo ponto de vista de sua unidade, sem que este ponto de vista seja denominado. Aquilo que se inicia como indicação de sentido não precisa se manter enquanto tal. O ponto de vista da unidade pode se retrair uma vez mais em favor do múltiplo; o outro, a partir do qual a unidade é denominada, não é mais visado enquanto tal, mas só continua efetivo, na medida em que organiza a discussão do múltiplo. Ou a unidade se torna duvidosa, e, então, a indicação de sentido se converte involuntariamente em exegese.

Apesar de sua complementaridade, a exegese e a indicação de sentido não se encontram no mesmo nível. A indicação de sentido é *mais* apresentação; ela faz com que aquilo que é lido se torne mais claro em sentido literal. Não nos movimentamos mais no interior daquilo que é lido, na medida em que perseguimos as suas ligações internas, mas conquistamos um distanciamento clarificador em relação a ele. A exegese encontra-se mais próxima do leitor. Em verdade, ela também tem mais em comum com o todo do texto. No entanto, como ela se encaminha para o múltiplo e para o singular, ela tende para a realização. Com a releitura ou a consulta ao texto, o que é característico dela é um modo de realização, que não segue mais aquilo que é escrito, mas que é determinado pela simultaneidade do texto. Em contrapartida, a indicação de sentido é relativa; ela é uma indicação, e, com isto, uma visada expressa.

Indicação de sentido e exegese, contudo, permanecem complementares em seu desnível. A indicação de sentido não é de tal modo superior à exegese, que ela estaria em condições de suspendê-la em si. A exegese não é negada por meio da indicação de sentido, alçada a um nível mais elevado e ao mesmo tempo conservada como algo que se deixa para trás. Nesta medida, não há nenhuma história cultural passível de ser construída segundo o modelo hegeliano. O interpretar não se preenche na indicação de sentido, mas a indicação de sentido sempre remete de volta à exegese: sob a pressuposição da unidade mencionada, a exegese do texto em relação ao qual indicamos um sentido é a prova direta quanto a se a indicação consegue ser convincente ou não. Logo que fazemos a experiência da indicação de sentido, a exegese não pode mais se mostrar como o mover-se em uma unidade óbvia, mas ela jamais deixa esta unidade vigorar senão sob a restrição de outras indicações de sentido possíveis. A possibilidade de outras exegeses que não divergem apenas no detalhe só se realiza sob o ponto de vista da indicação de sentido.

Na complementaridade entre exegese e indicação de sentido, tudo depende de expor o todo do texto. E isto significa: tudo depende de encontrar um ponto central entre a unidade e a pluralidade do texto. A unidade não deveria ser abstrata, a multiplicidade não deveria ser desorganizada. Não se pode determinar de uma vez por todas, onde é que este ponto central se encontra. Uma leitura renovada do texto, que foi interpretado exegeticamente ou que acolheu a indicação de um sentido, pode deslocá-lo: chamam a atenção particularidades que não se encaixam com aquilo que se tinha pensado antes. Em seguida, é possível que o ponto de vista da unidade de uma indicação de sentido também não se sustente do modo como ele tinha sido indicado: a correção da exegese que se articula com a nova leitura impele a apreender o elemento uno de outra forma, isto é, a indicar de outro modo o sentido do texto. Também pode ser que um ponto de vista de unidade novamente encontrado depois de uma leitura renovada nos leve a visualizar de outra forma a multiplicidade do texto. Então, apresentamos de outra maneira o todo do texto.

A nova leitura pode ter acontecido a partir de partes aleatórias; é somente no fato de lermos muitas vezes, até mesmo de sempre relermos uma vez mais, que está fundamentada a transformação das interpretações. Ou a nova leitura é colocada em curso por meio de uma *outra interpretação*, exegese ou indicação de sentido. Neste caso, a vinculação do interpretar se torna manifesta no contexto de outras interpretações, de interpretações dadas por outros. Isto se insere com uma intensificação da reflexividade; na medida em que interpretações, expressamente ou não, são desenvolvidas diferentemente de outras interpretações, o seu caráter de interpretação vem mais claramente à tona.

Em meio à exegese e à indicação de sentido, de maneira mais ou menos expressa, os outros intérpretes sempre estão em jogo – de início não certos intérpretes determinados, mas "os outros" em uma pluralidade indeterminada. Isto tem o seu fundamento na essência da escrita e do texto. Escritos são por si *públicos*; é possível que nem todos encontrem uma via de acesso ao texto, mas este acesso não é limitado e, neste sentido, mostra-se como universal. Tal como Nietzsche formulou com o subtítulo de *Assim falou Zaratustra*, escritos são fundamentalmente "para todos e para ninguém". Nós podemos nos conscientizar disto por meio do fato de procurarmos restringir o acesso a eles – por exemplo, por meio da censura ou de uma publicação restrita; neste caso, porém, fica claro que aqueles, aos quais é negado o acesso, o teriam efetivamente.

Enquanto nos mantemos apenas leitores, os outros permanecem indiferentes. Em meio à leitura, estamos sozinhos; o fato de outros também lerem não nos importa. Todavia, logo que interpretamos exegeticamente um texto ou indicamos um sentido para ele, entramos no espaço público dos intérpretes. Por isto, junto ao efeito contínuo sobre a totalidade que tínhamos descoberto com a leitura, temos de levar em conta outras exegeses e indicações de sentido, o que não significa que precisaríamos mencioná-las ou citá-las todas; elas podem permanecer marginais, se elas não são essenciais para o perfil da própria interpretação. No entanto, se elas são levadas em conta, o que aspiramos é apreender a unidade que fornece nelas o ponto de vista para a discussão da multiplicidade. Esta multiplicidade, contudo, será possivelmente uma outra na outra interpretação, e isto nos impele uma vez mais a refletir também sobre a apresentação do uno que nós mesmos tínhamos realizado.

Com certeza, a razão para tanto não reside na relação com os outros. Em relação a eles, nós poderíamos nos reportar ao fato de perseguirmos uma outra intenção com a nossa própria apresentação, de modo que as diferentes interpretações poderiam existir indiferentemente umas ao lado das outras. Entretanto, as coisas não dependem apenas da intenção. O efeito contínuo sobre uma interpretação seria ocioso, se o que estivesse em questão não fosse torná-la melhor. Visto assim, a razão para levar em conta outras interpretações reside tão-somente na coisa mesma: sem que nos imiscuíssemos mais ou menos nas outras interpretações, permaneceria obscuro se nós mesmos teríamos interpretado o texto de maneira adequada. Esta questão, por sua vez, não pode ser seriamente rejeitada: assim, o interpretar só pode ser um conhecimento, se há critérios para dizer se a coisa em questão foi realmente apreendida por ele ou se uma tal apreensão não foi senão suposta ou simulada. A pergunta sobre tais critérios é a pergunta sobre o preenchimento do conhecimento apresentador. Com ela, o que está em questão é a compreensão.

§ 12: Compreensão

Compreensão é uma palavra que sempre foi utilizada aqui uma vez mais, sem que tivesse sido esclarecida. Isto foi inevitável porque não se pode abdicar desta palavra, quando se fala de interpretação. Um tal procedimento reside na essência da linguagem: a clarificação de expressões lingüísticas só é possível na linguagem; ela não antecede à fala e à escrita e nem tudo se deixa clarificar de uma vez só. Tal como a própria língua, a sua clarificação também possui um contexto próprio. É por isto que é importante esperar pelo ponto em que é possível tematizar uma determinada palavra. Até este ponto, podemos deixá-la na auto-evidência que é e precisa ser própria a toda palavra em seu emprego, para que possamos efetivamente empregá-la.

Com freqüência, é só muito dificilmente que conseguimos delimitar a significação de "compreensão" em relação a "conceber", "entender", "apreender" ou mesmo "saber". Não obstante, sempre que a tentativa de substituí-la por uma outra palavra se mostra como inadequada, nós pressentimos o fato de ela possuir uma significação totalmente própria. Não saber algo não é a mesma coisa que não compreender algo. Podemos dizer em relação a um comportamento de uma pessoa que nós o compreendemos, mas não que o apreendemos. E quando dizemos a alguém que agora entendemos o que ele está fazendo, isto também não significa o mesmo que dizer que o compreendemos. No que concerne aos termos conceber e captar, as coisas se dão de maneira similar. Não captamos um poema, mas o compreendemos.

A significação fundamental de compreender é obtida a partir do emprego corrente da palavra. Com freqüência, compreender tem algo em comum com declarações lingüísticas, e, em verdade, em diversos aspectos. Não conseguimos compreender o que alguém disse porque a declaração não foi feita de maneira suficientemente alta ou clara, ou, do mesmo modo, porque não sabemos o que se tem em vista com ela, apesar de termos conseguido escutá-la. Por fim, pode ser que não fique claro *como* a declaração é visada. Se ela foi, por exemplo, uma piada algo tosca ou uma ofensa. Em todos os casos citados, portanto, sem se importar se o que estava em questão era o teor literal, a significação ou o sentido de uma declaração, a dificuldade é fundamentalmente a mesma: quando não compreendemos algo, não estamos em condição de *seguir* o discurso. As coisas comportam-se deste modo porque nos falta o contexto, no qual poderíamos estabelecer a declaração ou porque a declaração não se adequa ao contexto que está presente para nós. Isto também pode acontecer quando não compreendemos uma conferência, um livro ou mesmo um jogo ou uma brincadeira; não se tem nenhum contexto e não conseguimos acompanhá-los. A dificuldade pode estar ligada aos outros. Pode ser que não compreendamos aquilo que alguém faz porque não sabemos aquilo ao que visa a sua ação. Se o soubéssemos, poderíamos seguir a sua ação e reconstruir os passos particulares.

A partir do exemplo do jogo também se esclarece o fato de "compreender" significar o mesmo que "compreender como as coisas funcionam em um certo âmbito"[101]. Aqui compreender significa o mesmo que saber-fazer algo. De acordo com a distinção introduzida por Gilbert Ryle, trata-se de um *knowing how* e não de um *knowing that*[102]. Considerado assim, ele é um *saber performativo*, enquanto nas aplicações inicialmente citadas com ele o que é indicado é a capacidade para a co-realização.

Foi antes de tudo nesta última significação que a palavra também encontrou um interesse filosófico. Isto só aconteceu efetivamente mais tarde. Então, com certeza de uma maneira que assegurou à palavra uma atenção duradoura: ela serve ao estabelecimento do perfil das ciências humanas, que devem ser legitimadas como ciências e delimitadas em relação às ciências naturais. Desde então, o termo "jogo" passou a se ligar filosoficamente antes de tudo à vida histórica naquele sentido amplo, que envolve o legado pela tradição. Com isto, ele se encontra em contraposição aos conceitos que só devem viger para a relação cognitiva com a natureza. Assim, a compreensão – e não a interpretação – tornou-se o conceito central da hermenêutica moderna. Esta já é por si só uma razão para acolhê-la a partir do contexto histórico e sistemático. É somente assim também que se torna possível não seguir simplesmente as pressuposições e obviedades das concepções hermenêuticas normativas, mas lidar com elas de maneira livre e independente.

---

101. Esta é mais uma passagem de difícil tradução em função de especificidades idiossincráticas da língua alemã. *Sich auf etwas verstehen* significa literalmente "entender de alguma coisa", "saber realizar uma atividade que exige uma habilidade prática", "know-how" no sentido mais próprio do termo. No entanto, como estas traduções perderiam a ligação com o termo compreender, optamos por uma locução que explicitasse o sentido do original (N.T.).

102. Gilbert Ryle, *The concept of mind*, Londres, 1949, em particular capítulo 3 (p. 62-82). Cf. também Michael Polanyi, *Personal Knowledge. Towards a post-critical philosophy*, Londres, 1973. Assim como: Michael Polanyi, *The Tacit Dimension*, Garden City, NY (alemão: *Implizites Wissen*, Frankfurt junto ao Main, 1985).

Segundo capítulo: Interpretação

A definição indicada de compreensão remonta a Droysen, mas antes de tudo a Dilthey. Segundo Droysen, aquilo que é compreendido não é outra coisa senão o "material histórico"[103]. Dilthey, por sua vez, apresenta a sua compreensão do compreender nas *Ideen über beschreibende und zergliedernde Psychologie* (Idéias sobre uma psicologia descritiva e analítica). Neste texto, ele formula a sua compreensão em uma sentença tão marcante que, exatamente por isto, passou a ser sempre citada uma vez mais desde então: "Nós explicamos a natureza e compreendemos a vida psíquica"[104].

Com esta idéia, foi tomada uma decisão prévia bastante abrangente; a hermenêutica filosófica estipula da seguinte maneira o fato de o que deve estar em questão na compreensão ser a "vida psíquica": em tudo aquilo que é compreendido, aquilo que está em questão é, em última instância, a compreensão das pessoas. A idéia pode ser reconduzida a Schleiermacher, que determinara a hermenêutica como a "arte de compreender corretamente o discurso de um outro, principalmente o discurso escrito"[105]. A compreensão dos escritos tradicionais enquanto um *discurso* escrito marca a imagem do fazer próprio à hermenêutica e às ciências humanas. Compreender um escrito significa compreender aquilo que é visado nele e como ele é visado, e, para tanto, remonta-se à "vida psíquica" do autor.

A idéia de que o que está em questão na compreensão é, em última instância, a "vida psíquica" ainda permanece efetiva, mesmo onde a concepção diltheyana dessa idéia é criticada como insuficiente. Em sua preleção sobre hermenêutica do semestre de verão de 1923, Heidegger assume essa definição da compreensão como um "comportamento compreensivo em relação a uma outra vida", sem citar o nome de Dilthey. Para Heidegger, porém, não se indica com essa formulação senão "aquilo que normalmente é denominado compreensão". Para ele, a compreensão é "totalmente incomparável" com esta denominação, na medida em que ela – a formulação já foi citada uma vez[106] – precisa ser concebida como o "estar desperto do ser-aí para si mesmo". Esta compreensão não tem mais em comum com uma *outra* vida psíquica e com suas declarações, e, por isto, ela também não é mais nenhum "comportar-se em relação a...", mas um *"modo de ser do próprio ser-aí"*[107].

Heidegger trabalhou mais detidamente esta idéia em *Ser e tempo*. Aí, a compreensão é definida como um modo do *descerramento* do ser-aí, e não é em vão que Heidegger explicita essa definição a partir da concepção da compreensão como um poder. O único ponto é que aquilo que nós "podemos" na compreensão "não é ne-

---

103. Johann Gustav Droysen, *Grundriss der Historik* (O projeto da ciência histórica), Leipzig, 1868, § 9, p. 9-10.

104. Wilhelm Dilthey, *Ideen über eine beschreibende und zergliedernde Psychologie* (Idéias sobre uma psicologia descritiva e analítica – 1894), in: *Die geistige Welt, Einleitung in die Philosophie des Lebens* (O mundo espiritual, Introdução à filosofia da vida), GSV, p. 139-144.

105. Schleiermacher, *Hermenêutica e crítica*, p. 71.

106. Cf. acima § 2, p. 21s.

107. Heidegger, *Ontologie* (Ontologia), GA 63, p. 15.

nhum *quid*, mas o ser como existir"[108]. O compreender no sentido de *Ser e tempo* é o saber performativo do ser-aí; ele é um compreender a si mesmo que, ao menos em um aspecto, se mostra ao mesmo tempo como o ser do compreendido: como descerramento do próprio ser-possível, a compreensão não é apenas a sua concepção; como abertura do ser-possível, ela é este ser-possível mesmo. Compreender significa o mesmo que dizer que cada um é ele mesmo possível na apreensão imediata do possível que se é e do possível que o mundo é para o ser próprio.

Comparado com as reflexões de Dilthey, o aguçamento heideggeriano da compreensão, enquanto autocompreensão no sentido de um ser autocompreensivo, pode se mostrar como não sendo plausível; o fato de não se compreender outra coisa senão o ser a cada vez próprio não é ao menos elucidativo por si mesmo. No entanto, se considerarmos mais exatamente, a radicalização heideggeriana não é nenhuma posição oposta à de Dilthey. Ao contrário, Heidegger leva adiante as reflexões diltheyanas, na medida em que determina o saber existencial performativo como condição para a compreensão no sentido de Dilthey. Para que possamos conceber algo como expressão de uma "experiência interior"[109] alheia, nós precisamos poder descobri-lo ao menos em princípio como possibilidade de nossa própria vida. A compreensão funda-se, tal como se poderia pensar, na autocompreensão: compreendendo algo, nós descobrimos este algo como uma possibilidade que não nos é completamente alheia. Só pode ser "revivenciado"[110] aquilo que pode ser considerado como uma possibilidade da própria vida. Nós compreendemos algo porque podemos ou poderíamos ser este algo, ou seja, nós o compreendemos em todo caso a partir do poder-ser.

Este resultado ainda pode encontrar um ponto de apoio, se nos lembrarmos de que uma cor-realização não é possível sem uma tomada de posição própria, por mais inexpressa que essa posição possa permanecer. Quando dizemos que compreendemos o comportamento de uma outra pessoa, não raramente expressamos o fato de que era bem possível que nós mesmos tivéssemos nos comportado assim ou que ao menos poderíamos nos imaginar nos comportando assim em uma situação comparável. Quem compreende não toma simplesmente conhecimento de algo. Com freqüência, uma compreensão envolve aprovação; mas mesmo a aprovação não é possível sem co-realização; é somente na medida em que imaginamos a nós mesmos como agindo como um outro que se mostra o fato de nos distanciarmos de sua ação. Com a possibilidade da co-realização, nós mesmos estamos, em todo caso, em jogo.

Por outro lado, a reflexão mostra por que a acentuação heideggeriana do ser-possível, comparada com a concepção de Dilthey, é unilateral; ela deixa sem ser considerado um aspecto que pertence essencialmente à compreensão segundo o emprego cotidiano da expressão. O fato de estarmos em jogo com as nossas próprias convicções na compreensão não precisa indicar que o que está em questão

---

108. Heidegger, *Ser e tempo*, GA 2, p. 190-191.

109. Wilhelm Dilthey, *Die Entstehung der Hermeneutik* (O surgimento da hermenêutica – 1900), GS V, p. 317-338, aqui p. 318.

110. Dilthey, *A construção do mundo histórico nas ciências humanas*, GS VII, p. 213.

Segundo capítulo: Interpretação

aí somos nós mesmos. Todavia, se não somos nós mesmos que estamos em questão, a determinação da compreensão como o descerramento da realização da existência não é senão uma redução desprovida de plausibilidade.

No sentido heideggeriano poder-se-ia apontar ainda uma vez para o sentido performativo da compreensão e fazer valer o fato de a co-realização não ser possível sem a realização; para que possamos co-realizar algo, nós precisamos poder realizá-lo. No entanto, esta afirmação não é pertinente; um historiador poderia tentar acompanhar posteriormente a realização das decisões e o modo de agir de um chefe de governo, sem ter ele mesmo qualquer habilidade para a atividade política. E mesmo se o "poder" a ser concebido como saber performativo fosse a significação fundamental do compreender, ainda não se seguiria daí que o que estaria em questão seríamos nós mesmos. O poder que é um compreender sempre possui o caráter de uma capacidade *passível de ser adquirida*; ninguém diria que compreende como as coisas funcionam no âmbito da visão ou da escuta. Além disto, quando se fala de compreensão no sentido de capacidades, o que se tem em vista não são simplesmente estas capacidades. Ao contrário, o que é acentuado de uma maneira peculiar é muito mais a circunstância de as dominarmos; nós compreendemos como algo funciona em um certo âmbito (nós entendemos de algo), ou seja, nós o dominamos realmente ou de uma maneira particularmente boa. O que está em questão aqui não somos nós mesmos, mas aquilo que podemos fazer.

Uma tal acentuação do poder também se encontra em outros contextos. Só dizemos efetivamente que compreendemos um jogo se ainda não o tínhamos compreendido antes – agora compreendemos o que tinha permanecido até então incompreensível. E aquilo que já se compreendeu pode ser em geral melhor compreendido. Isto também é válido para declarações lingüísticas, para o comportamento dos outros, para conferências, livros ou obras de arte. O comunicado de que compreendemos algo só tem o seu sentido em conexão com a possibilidade da não-compreensão. A não-compreensão, por sua vez, pode estar ligada a uma coisa, de tal modo que não temos a menor idéia "do que poderíamos fazer" com ela. Ela também pode ser relativa; neste caso, não compreendemos tão bem algo, como poderíamos ou gostaríamos de compreendê-lo.

A partir daí obtemos uma primeira clarificação daquilo que é a compreensão: a compreensão é a conclusão coroada de êxito de uma ocupação com algo ou alguém, por vezes mesmo a conclusão de um empenho. "Compreensão" é *uma palavra que indica sucesso*; quando compreendemos, algo foi bem-sucedido, e, assim, se concluiu. Isto também é válido, quando se empreende de uma maneira coroada de êxito aquilo que foi compreendido; neste caso, o sucesso consiste no fato de, diferentemente do que se dava antes, estar-se agora em condições de fazer justamente isto. O compreendido distingue-se do já compreensível e, com maior razão, do *auto-evidente* (*compreensível por si mesmo*)[111] pelo fato de ele estar concomitantemente ligado a um sucesso. O *auto-evidente* (*compreensível por si mesmo*) foi algum dia compreendido ou exercitado e foi se tornando aí paulatina-

---

111. O termo alemão *selbstverständlich* (auto-evidente, óbvio) significa literalmente aquilo que é compreensível (*verständlich*) por si mesmo (*selbst*) (N.T.).

mente familiar. No entanto, agora isto se acha esquecido; nós nos apropriamos daquilo que a seu tempo foi compreendido e, então, ele se mostra como claro de uma maneira inquestionada. Onde tudo é compreensível e, por isto, também auto-evidente, não precisamos mais compreender.

Uma compreensão do ser-aí, tal como Heidegger a concebe, não pode nem fracassar, nem ter sucesso. Como descerramento, ela é uma condição suprema daquilo que pode ser experimentado enquanto êxito. Todavia, o fato de esta condição dever ser uma compreensão não é elucidativo a partir do sentido da palavra. Para ter o caráter de êxito, uma possibilidade *determinada* do próprio ser precisaria ser apreendida e afirmada junto à compreensão no sentido do poder. Não obstante, quando seguimos a concepção de *Ser e tempo*, justamente isto está fora de questão. Determinadas possibilidades não são compreendidas segundo a terminologia introduzida lá, mas são obtidas por meio de uma "interpretação" (exegese)[112]. É somente na interpretação (exegese), concebida por Heidegger como explicitação do próprio ser possível em diversas possibilidades particulares, que "a compreensão se apropria compreensivamente de seu compreendido"; somente ela é "a elaboração das possibilidades projetadas no compreender"[113]. A interpretação (exegese) é aqui – tal como de maneira embrionária já em Dilthey[114] – subordinada à compreensão. Na medida em que é conformação da compreensão, nós já sempre nos movimentamos interpretativamente (exegeticamente) em meio ao compreender e às possibilidades por ela projetadas. De maneira correspondente, essas possibilidades não podem ser nem confirmadas, nem se mostrar como irrealizáveis; de uma maneira diversa do projeto daquilo que precisa ser compreendido em sua totalidade, tal como Gadamer o pensa, o projeto no sentido de *Ser e tempo* é impossível de ser revisto: não se trata aqui da totalidade antecipada à guisa de ensaio de algo a ser compreendido, mas da abertura imediata do próprio ser possível. Este ser possível, porém, é sempre como ele é. Na "fuga" ante o ser possível, em verdade, ele pode se fechar, assim como ele pode se "decidir" uma vez mais na negação desse fechamento. No entanto, ele não se deixa confirmar[115].

Por conseguinte, uma situação paradoxal surge a partir da concepção heideggeriana da compreensão: nunca antes o conceito de compreensão foi filosoficamente tão central, pois nunca antes lhe foi atribuída uma significação ontológica e até mesmo "ontológico-fundamental"; a autocompreensão do ser-aí se transforma aqui no ponto crucial para a compreensão de ser em geral. Este emprego do con-

---

112. A passagem encerra em si um problema de tradução: o termo heideggeriano ao qual Günter Figal se refere é *Auslegung*. A tradução corrente deste termo em Heidegger é "interpretação". No entanto, Figal faz uma diferenciação entre *Auslegung, Deutung* e *Interpretation* que se perderia se seguíssemos simplesmente a tradução corrente do termo na obra de Heidegger. Para escapar desse problema, optamos pela inserção do termo "exegese" entre parênteses, apenas para lembrar ao leitor que o que está em questão aqui é interpretação no sentido de uma explicação, o que aliás se coaduna plenamente com o sentido de interpretação em *Ser e tempo* (N.T.).

113. Heidegger, *Ser e tempo*, GA 2, p. 197.

114. Cf. Dilthey, *Die Entstehung der Hermeneutik* (O surgimento da hermenêutica), GS V, p. 318.

115. Cf. Figal, *Fenomenologia da liberdade*, capítulo 3, em particular p. 192-194, p. 258-269.

ceito, porém, é feito às custas de seu sentido cotidiano, e, com isto, também de sua inteligibilidade: se não compreendemos senão a nós mesmos e se, na medida em que somos, já sempre compreendemos, então não há nada a compreender[116]. A autocompreensão não é central, principalmente se ela é considerada no sentido do conceito de compreensão que pode ser empregue cotidianamente. Neste caso, ele se mostra como um caso particular da compreensão de algo alheio. Nós precisamos ter nos tornado estranhos para nós mesmos, para que a tentativa de nos compreender, ou seja, de compreender um estágio anterior ou um outro aspecto de nossa própria vida, possa ser empreendida. Em contrapartida, em meio à familiaridade da própria vida, nós não precisamos nos compreender. Nesta medida, Dilthey tem razão ao não se dispor a designar "a apreensão de estados próprios [...] como compreensão senão em sentido impróprio"[117].

Portanto, é importante conceber a compreensão uma vez mais a partir daquele "comportar-se em relação a...", que Heidegger tinha rejeitado. Mesmo no poder, nós nos comportamos em relação a *algo*; ele sempre se mostra como algo que compreendemos como funciona (algo de que entendemos), e, correspondentemente, o fato de o sucesso pertencer à essência da compreensão fica tanto mais claro quanto mais claramente o "algo" em relação ao qual nós nos comportamos é reconhecido como algo que distinguimos de nós mesmos. Ao menos em um primeiro momento, isto nos leva de volta a Dilthey. A partir de suas reflexões sobre a compreensão da "vida psíquica" alheia é possível clarificar como o sentido de êxito da compreensão precisa ser concebido.

Para Dilthey[118], a compreensão é o "processo no qual reconhecemos algo interior a partir de sinais que são dados de fora" – e, em verdade, tal como precisamos acrescentar, um interior alheio[119]. Em meio à compreensão, sempre lidamos com a "apreensão de pessoas alheias"[120], que não são, enquanto tais, imediatamente acessíveis. O seu "interior" só é dado por meio de suas declarações e, portanto, tudo depende de tomarmos estas declarações como declarações de uma outra

---

116. Estou retomando aqui uma crítica que, seguindo ainda outros pressupostos, eu apresentei em meu artigo "Selbstverstehen in instabiler Freiheit. Die hermeneutische Position Martin Heideggers (Autocompreensão em uma liberdade instável. A posição hermenêutica de Martin Heidegger)". Uma das teses do artigo era que Heidegger dá "ao conceito de 'compreensão' que é central para a hermenêutica uma virada anti-hermenêutica" (Günter Figal, Selbstverstehen in instabiler Freiheit. Die hermeneutische Position Martin Heideggers, in: Hendrik Birus [org.], *Hermeneutische Positionen. Schleiermacher – Dilthey – Heidegger – Gadamer*, Göttingen, 1982, p. 89-119, aqui p. 91).

117. Dilthey, *Die Entstehung der Hermeneutik* (O surgimento da hermenêutica); GS V, p. 318. Cf. também Dilthey, A construção do mundo histórico nas ciências humanas, GS VII, p. 86-87.

118. Cf. de maneira genérica: Rudolf A. Makkreel, *Dilthey. Philosoph der Geisteswissenschaften* (Dilthey. Filósofo das ciências humanas), Frankfurt junto ao Main, 1991.

119. Dilthey, *Die Entstehung der Hermeneutik* (O surgimento da hermenêutica), GS V, p. 318.

120. Dilthey, *Ideen über eine beschreibende und zergliedernde Psychologie* (Idéias sobre uma psicologia descritiva e analítica), GS V, p. 198.

vida. Na compreensão dá-se de uma maneira coroada de êxito o acesso indireto a algo que permanece diretamente inacessível para nós.

Dilthey procurou descrever isto de maneira mais exata como um "processo intelectual que é equivalente a uma conclusão estabelecida por analogia"[121]. Uma declaração é compreensível, na medida em que é acolhida como uma declaração própria possível, mas é ligada ao mesmo tempo à vida alheia. Nós a "compreendemos" como uma declaração de uma vida alheia de uma maneira análoga ao fato de acharmos que podemos realizá-la como expressão de nossa própria vida. Nós reconhecemos algo a partir da orientação por nossa própria ação, mas o fazemos de um tal modo que não apreendemos a nossa própria ação como própria. Aquilo que Dilthey denomina como o "transpor-se" para o interior do outro mostra-se como a "transferência do próprio si mesmo para o interior de uma dada suma conceitual de exteriorizações vitais"[122].

Dilthey vê a possibilidade de uma tal transferência como fundada no elemento comum entre o indivíduo que compreende e aquele a ser compreendido. Mas qual é a extensão que um tal elemento comum precisa ter? Para Dilthey, esta possibilidade ainda não é assegurada pelo simples fato de "o mesmo espírito humano nos" falar a partir de todas as exteriorizações humanas[123]. Ele acha que um limite da compreensão já é alcançado, quando algo alheio "não apenas diverge quantitativamente da interioridade própria ou se distingue pela ausência de algo que está presente na interioridade própria"[124]. Na compreensão comprova-se, em verdade, que todo indivíduo possui "possibilidades em si, que se estendem para além daquilo que ele pode realizar como a sua própria vida"[125]. No entanto, esta possibilidade precisa estar de tal modo ancorada no elemento comum de um "mundo espiritual", que a diferença entre o indivíduo que compreende e aquele que deve ser compreendido não é mais decisiva. Com o sucesso da compreensão, ela desaparece totalmente, de tal modo que o caráter alheio daquele a ser compreendido se mostra como relativo. A transferência do comportamento próprio para o alheio só é coroada de êxito se os dois modos de comportamento forem realmente do mesmo tipo. E eles o são com base em sua co-pertinência a um mundo espiritual comum. Neste mundo, a compreensão é um "reencontro do eu no tu"[126].

---

121. Dilthey, *Ideen über eine beschreibende und zergliedernde Psychologie* (Idéias sobre uma psicologia descritiva e analítica), GS V, p. 198.

122. Dilthey, *A construção do mundo histórico nas ciências humanas*, GS VII, p. 214.

123. Dilthey, *Die Entstehung der Hermeneutik* (O surgimento da hermenêutica), GS V, p. 319.

124. Martin Heidegger, *O conceito hegeliano de experiência* (1942/43), GA 5, p. 115-208, aqui p. 199.

125. Dilthey, *A construção do mundo histórico nas ciências humanas*, GS VII, p. 259.

126. Ibid., p. 191. De uma maneira marcante, Heinrich Anz estabelece conceitualmente o pensamento decisivo de Dilthey, quando denomina a "mesmidade prévia daquele que compreende e daquilo que precisa ser compreendido" a "condição de possibilidade de toda compreensão expressa" (Heinrich Anz, *Hermeneutik der Individualität. Wilhelm Diltheys hermeneutische Position und ihre Aporien* – Hermenêutica da individualidade. A posição hermenêutica de Wilhelm Dilthey e suas aporias, in: Hendrick Birus [org.], *Hermeneutische Positionen: Schleiermacher – Dilthey – Heidegger – Gadamer*, p. 59-88, aqui p. 77).

Segundo capítulo: Interpretação

A partir das reflexões de Dilthey não precisamos senão dar um passo para alcançarmos a concepção gadameriana de uma substância histórica, que se intermedia totalmente e que apresenta a si mesma. Se o elemento comum entre aquele que compreende e aquele que deve ser compreendido se torna substancial, a compreensão "não pode ser pensada tanto como uma ação da subjetividade, mas como uma inserção em um acontecimento da tradição, no qual passado e presente se mediam constantemente"[127]. Todavia, na medida em que se efetiva na compreensão a história que se mostra como uma história espiritual, a compreensão se interrompe. Na "fusão" dos horizontes do passado e do presente, ela perece. A alteridade, na qual aquilo que precisa ser compreendido aparece, não passou de "um momento de uma fase na realização da compreensão"[128].

Com certeza, aquilo que precisa ser compreendido permaneceria tão estranho quanto antes, se a compreensão não pudesse ter nenhum êxito. No entanto, também não haveria um êxito, se a diversidade desaparecesse totalmente. Neste caso, não saberíamos mais em relação ao que teríamos agora um acesso. O sucesso da compreensão só permanece presente, se continua tão claro quanto antes *o que* e *quem* compreendemos em um determinado aspecto, e isto só é possível se o compreendido se destaca daquilo que é próprio. Aquilo que foi indicado com expressões como "co-realização" ou "revivência" só é possível com o estabelecimento de uma ponte por sobre o distanciamento que continua existindo enquanto tal. Tal como Gadamer o formulou certa vez, o compreender tem o seu lugar "entre a estranheza e a familiaridade"[129]. Esta formulação adequa-se exatamente à coisa em questão – contanto que ela não seja pensada, como o próprio Gadamer o faz, no sentido de um movimento do alheio para o familiar, que é realizado a partir de uma familiaridade prévia. O que foi compreendido não é nem familiar, nem estranho. Nós encontramos um acesso a ele, mas ele não pertence ao próprio enquanto o familiar. Ele mantém-se de fora, acessível apenas a partir de um distanciamento, e a compreensão se dá, quando o acesso àquilo que permanece distanciado tem sucesso. Neste caso, o compreendido não é mais em verdade estranho, segundo o aspecto no qual foi compreendido, mas ele se mantém o que já sempre era: autônomo em relação àquele que compreende e já por isto diferente dele. Em razão desta diversidade, a compreensão não é nem uma apropriação, nem uma imersão no outro, nem tampouco ainda uma fusão com ele. Nenhum caminho seguro conduz à compreensão e não há nenhum resultado assegurado de uma vez por todas. A compreensão se dá, ela se apresenta.

Foi neste sentido que Schleiermacher definiu a compreensão como *divination*; ela é uma capacidade comparável com o dom da adivinhação, com a *divinatio*, a capacidade de apreender o propriamente inacessível da individualidade alheia. A força divinatória da compreensão é "aquela que, na medida em que nos transformamos por assim dizer nos outros, busca apreender imediatamen-

---

127. Gadamer, *Verdade e método*, GW 1, p. 295.

128. Ibid., p. 312.

129. Ibid., p. 300.

te o individual"[130]. Adivinhação é uma abstração de si, que se mostra como uma abertura desprovida de condições e de pressupostos. Nela, aquilo que é diverso de nós mesmos pode se apresentar sem toda e qualquer mediação simplesmente como ele mesmo.

Para Schleiermacher, a compreensão não é possível senão de maneira divinatória. A adivinhação precisa ser complementada e assegurada por um segundo método próprio ao compreender: pelo método "comparativo". Em meio a este método, nós posicionamos o indivíduo a ser compreendido "como algo universal" e procuramos, então, apreender a sua peculiaridade em comparação com outros indivíduos, que caem sob o mesmo universal[131]. Tomado por si, contudo, uma comparação deste tipo não teria nenhuma função junto ao indivíduo, que precisa ser compreendido. O método comparativo não oferece, como Schleiermacher diz, "nenhuma unidade"[132]. Ele não alcança a ligação indissolúvel, na qual o universal e o particular se encontram no individual. Aqui, todo universal é particular e todo particular também universal. De maneira correspondente, eles também não podem ser cindidos na compreensão; assim dissolveríamos o elemento peculiar à compreensão. "O universal e o particular", assim sintetiza Schleiermacher a sua reflexão, "precisam se interpenetrar mutuamente e isto nunca acontece senão por meio da adivinhação"[133].

Um dos pontos fortes das reflexões de Schleiermacher é o fato de a diversidade entre aquele que compreende e aquilo que é compreendido ser considerada tão importante. Em verdade, ele ponderou certa vez como a adivinhação seria possível e se referiu a ela no sentido de uma clarificação com vistas à "receptividade" de cada indivíduo "para todos os outros"[134]. Tal como ele acrescenta, isto não parece "repousar", por sua vez, "senão no fato de cada um portar em si um mínimo de cada um"[135]. O parentesco entre os indivíduos, contudo, não pode explicar a própria adivinhação, mas somente a sua motivação. Ela é apenas "estimulada pela comparação" do outro indivíduo "consigo mesmo"[136]. A comparação, porém, ainda não é nenhuma compreensão; ela não conduz à finalidade porque desvia do desafio da individualidade.

A concepção schleiermacheriana da compreensão também é convincente pelo fato de a compreensão não ser reduzida com ela ao acompanhamento do sentido próprio à realização da "vida psíquica" alheia. Apesar de todas as determinações que apontam nesta direção e que são acolhidas por Dilthey, mesmo apesar de sua orientação hermenêutica pelo "discurso", Schleiermacher levou em conta

---

130. Schleiermacher, *Hermenêutica e crítica*, p. 169.

131. Ibid.

132. Ibid., p. 170.

133. Ibid.

134. Ibid., p. 169-170.

135. Ibid., p. 170.

136. Ibid.

que a tarefa da compreensão não diz respeito aos indivíduos por detrás dos textos, mas antes de tudo aos textos mesmos. Visto assim, o texto não é nenhuma "expressão" que precisa ser perseguida retrospectivamente em função do movimento expressivo que a produziu[137], mas possui ele mesmo o modo de ser essencial daquilo que precisa ser compreendido: o texto é individual.

Schleiermacher explicitou esta idéia com o conceito de *estilo*[138]. Não se deve compreender por esse conceito apenas "o tratamento da língua", mas a conjunção de pensamento, língua, compreensão material e composição. "O pensamento e a língua", assim encontramos formulado quanto a este ponto, "se confundem mutuamente por toda parte e o modo peculiar de apreender o objeto se confunde com a ordenação e, por isto, também com o tratamento da língua"[139]. Para que uma obra possua um estilo, as representações que precisam ganhar validade no texto precisam "provir, em verdade, da peculiaridade pessoal"; sem isto, a obra não teria nenhum estilo, mas apenas um "jeito afetado" e "a afetação é sempre um mau estilo"[140]. Todavia, se o tratamento da língua e a composição são momentos essenciais do estilo, então esse estilo não possui nenhuma realidade efetiva sem obras artísticas ou literárias. Sob o ponto de vista do estilo, o individual não pode ser apreendido senão nas obras e em sua textualidade. Os textos são individualidades compreensíveis que apresentam um desafio à compreensão.

Este resultado obriga-nos a corrigir a concepção schleiermacheriana. A associação entre método divinatório e comparativo, de acordo com a qual Schleiermacher quer conceber a compreensão, não faz jus à essência dos textos. Os textos não se descortinam nem em uma apreensão imediata, nem em uma comparação com outros textos, mas apenas por meio da interpretação. O tecido de seus momentos não pode ser tomado imediatamente como unidade, mas precisa ser interpretado. Além disto, a questão acerca do modo como um texto se comporta em relação a outros textos só pode ser desenvolvida de uma maneira fundada em conexão com a sua interpretação. Tal como em Dilthey e Gadamer, também falta a Schleiermacher o conceito decisivo.

O motivo que leva Schleiermacher à sua concepção da compreensão como "adivinhação" não é desvalorizado por meio daí. Se os textos são o elemento extrínseco em relação à interpretação, então a sua diversidade em relação à interpretação, uma diversidade impassível de ser suspensa, permanece um momento essencial. A experiência dessa diversidade, contudo, não precisa mais ser pensada como uma apreensão imediata segundo o modelo da intuição mântica. O diverso que é interpretado é efetivamente acessível por meio da interpretação; ele é apre-

---

137. Quanto à idéia desta simetria entre expressar-se e compreender: Anz, *Hermeneutik der Individualität* (Hermenêutica da individualidade). Cf. também Gadamer, *Verdade e método*, GW 1, 191.

138. Quanto à significação especificamente filosófica do conceito de estilo, cf. Manfred Frank, *Stil in der Philosophie* (Estilo na filosofia), Stuttgart, 1992.

139. Schleiermacher, *Hermenêutica e crítica*, p. 168.

140. Ibid.

sentado e aí reconhecido. Neste reconhecimento, então, a diversidade precisa estar em jogo. O que é a compreensão clarifica-se por meio do interpretar – com esta idéia não tiramos senão uma conseqüência a partir das reflexões schleiermacherianas sobre o estilo.

Com isto, não estamos dizendo que a compreensão só ocorreria no interpretar. Afirmar isto não seria plausível; em geral, junto à compreensão de uma declaração lingüística ou de um modo de comportamento, não interpretamos. Não obstante, é com certeza possível determinar muito melhor esta compreensão simples ou elementar, se clarificarmos anteriormente o compreender no interpretar. Aquilo que acontece na compreensão elementar fica mais claro a partir da cunhagem mais rica e mais complexa do estado de coisas. Quanto mais contribuímos para o sucesso da compreensão, tanto melhor vemos o próprio sucesso; em contrapartida, como "momento de uma fase" do discurso e do comportamento cotidianos, o sucesso é menos acentuado em seus contornos.

A questão sobre quando uma interpretação é coroada de êxito já foi discutida aqui uma vez. À ação do intérprete precisa se associar a presença daquilo que é interpretado; a interpretação precisa ser de um tal modo, que a "obra mesma" esteja presente nela. Quando temos esta impressão, nós dizemos do intérprete que ele compreendeu o texto. Julgando deste modo, nós mesmos compreendemos a interpretação da obra e a obra em sua interpretação. Se está claro para nós que se trata de uma exposição ou de uma execução, então distinguimos estas duas coisas uma em relação à outra – e isto não necessariamente de uma tal forma, que poderíamos destacar uma frente a outra. Sabemos, porém, que pode haver ou que já houve outras exposições ou execuções da mesma obra. Do mesmo modo, sabemos que os responsáveis pela exposição ou pela execução podem se dedicar ou já se dedicaram a outras obras e que estas obras são nesta medida similares de uma maneira que talvez seja difícil de ser determinada. Portanto, não experimentamos a diversidade entre obra e interpretação, na medida em que mantemos as duas justapostas. Como é que isto seria mesmo possível, uma vez que as obras não estão presentes em sua textualidade senão por meio da interpretação, e que as interpretações nunca podem ser senão tais interpretações de obras ou outros textos? No entanto, nós reconhecemos a interpretação como uma possibilidade da obra, assim como reconhecemos a obra como uma possibilidade na interpretação. É natural pensar que este reconhecimento seja uma compreensão. Todavia, para determinar mais exatamente a compreensão, nós precisamos clarificar inicialmente a relação aqui discutida entre possibilidade e realidade. Ao que tudo indica, aquilo que conseguimos realizar na compreensão é a intelecção a cada vez determinada desta relação.

A interpretação mostra-se como uma possibilidade, na medida em que nunca possui o caráter de um resgate derradeiro. Em verdade, enquanto apresentação, ela é a realidade da obra. No entanto, ela não se consuma nessa realidade. Ela não se confunde com o ato de trazer a obra à tona sob a forma de um resultado, mas vive a partir da obra; ela é *uma* realidade e justamente por isto uma possibilidade, em relação à qual outras alternativas são pensáveis. Em geral, tais alternativas são mesmo dadas faticamente e sempre continuam possíveis outras soluções além das soluções dadas. Toda interpretação, por mais bem-sucedida que possa ser, nunca é mais do que uma interpretação entre outras.

A obra também é uma possibilidade, ainda que de uma outra maneira. Tomada por si, ela não é nada real, mas carece da interpretação para se tornar real. A sua realidade é uma concretização da obra possível que não esgota esta obra; em nenhuma interpretação, o seu texto ganha completamente validade, mas este texto é sempre mais do que ele é a cada vez. A obra não é possível porque ela sempre se encontra sob a reserva de alternativas possíveis, mas porque o seu texto é mais rico do que a sua respectiva presença. Ela não é a possibilidade limitada a partir de uma diferenciação em relação a outras possibilidades, mas é a possibilidade inesgotável e, com isto, ilimitada. Tomada por si, a obra é a plenitude impassível de ser desenvolvida do possível.

Enquanto possibilidades, a obra e a interpretação sempre são determinadas em si de uma forma específica. A interpretação é marcada tanto pelas capacidades do intérprete – a sua habilidade no trabalho minucioso e o seu conhecimento prévio, a sua experiência –, quanto pelas decisões tomadas de maneira mais ou menos consciente, por meio das quais ela ganha termo. A partir do conhecimento correspondente, uma interpretação pode ser descrita enquanto tal em seu caráter peculiar; ela pode desempenhar em si um papel-chave enquanto interpretação e não é raro o fato de possuir a sua própria "assinatura"; ela possui o seu estilo, que reconhecemos em comparação com outras interpretações da mesma obra, assim como em comparação com interpretações de outras obras por meio do mesmo intérprete. Em sua própria determinação, as interpretações podem ser em si mesmas concludentes e coesas – mesmo quando as achamos problemáticas enquanto interpretações da obra que elas apresentam. Pensemos, por exemplo, nas gravações de Mozart feitas por Glenn Gould.

A determinação da obra é dada com o seu texto. Por meio do tecido de seus momentos formula-se a tarefa de cada interpretação, que quer ser convincente como uma interpretação desta obra. Se só fossem apresentadas partes do texto, então a interpretação permaneceria incompleta; se não reconhecêssemos momentos e ligações que são significativos para o todo do texto, então ela seria insuficiente ou mesmo marcada pelo fracasso. Apesar disto, porém, toda determinação do texto deixa aberta uma margem de variação maior ou menor para a sua concretização. Nenhum de seus momentos é fixado de um tal modo, que ele também não poderia ser lido de outra forma. Em verdade, cada momento não pode ser identificado senão como determinado, senão em conexão com outros. No entanto, diferenciações sempre são possíveis, a organização do texto em sua mesmidade sempre se mostra um pouco diversa, quando a revelamos a partir de um outro ponto de partida. Enquanto uma organização complexa, ela sempre libera possibilidades ilimitadas de interpretação. O fato de as coisas se darem deste modo pode ser constatado da melhor forma possível em comparação com outras interpretações, sem que a obra venha à tona algum dia como a soma de suas interpretações. Em verdade, o que está em questão em toda e qualquer interpretação é fazer jus o máximo possível ao texto da obra. Todavia, isto não pode significar outra coisa senão: dar validade ao texto enquanto um tecido uno, em sua totalidade e coesão, de uma maneira sempre vinculada perspectivisticamente.

Portanto, a experiência que fazemos em uma interpretação é a experiência de duas possibilidades: a experiência da possibilidade da obra e a experiência da possibilidade da interpretação. Por outro lado, contudo, trata-se de duas possibilidades em uma realidade e esta realidade não pode se mostrar como um terceiro elemento independente em relação a estas duas possibilidades; junto ao estado de coisas aqui em questão não há mais em jogo do que a interpretação e a obra ou o texto. Portanto, a realidade que experimentamos precisa ser a realidade destas duas possibilidades e, em verdade, não das duas ao mesmo tempo e segundo o mesmo aspecto; isto aniquilaria a experiência do possível, sem a qual não há a experiência da interpretação. As duas, realidade e possibilidade, são aqui experimentadas de um tal modo, que só uma das duas possibilidades pode ser vista como real. Se a interpretação aparece como real, então a obra permanece possível; se a obra aparece como real, a interpretação retém o caráter de possibilidade. Juntamente com a realidade, sempre se visualiza, ao mesmo tempo, em meio à experiência do interpretar uma possibilidade que relativiza a realidade.

Isto pode ser resgatado em uma descrição da relação entre interpretação e obra. A interpretação é real como apresentação da obra, e, enquanto apresentada, a obra tem a sua realidade na interpretação. No entanto, vista a partir da obra possível, a interpretação também permanece em sua realidade uma possibilidade; enquanto a realidade que ela é, ela é marcada com o índice da possibilidade pela plenitude do possível que a obra é. Ela é apresentação de algo, que não se esgota em nenhuma apresentação.

A realidade da obra não é dada senão com a interpretação. À medida que esta interpretação é realizada de maneira consciente e refletida, a realidade da obra obtém o índice da possibilidade a partir da interpretação. Assim, a realidade da obra que experimentamos na interpretação não é consumada, nem de um modo tal que ela se mostra como o resultado pronto de uma atividade, nem como consumação da atividade em si. Falando em termos aristotélicos, ela não é nem ἔργον nem ἐνέργεια[141].

A realidade da interpretação e a realidade da obra nunca coincidem. Elas nunca chegam a formar uma unidade, e, contudo, uma não pode ser sem a outra: como os dois lados de um mesmo estado de coisas, elas se cruzam reciprocamente de maneira quiástica[142]. Aquilo que experimentamos é a realidade de uma ação e a realidade de uma coisa, a coisa na ação e a ação na coisa, sem que as duas se confundam. As coisas comportam-se desta forma porque o real se revela a partir de duas possibilidades diversas. Quando sabemos que estamos lidando com uma interpretação, os dois lados sempre estão presentes em um jogo recíproco; ora vem à tona um, e, em seguida, uma vez mais o outro. No jogo recíproco desta realidade em si duplicada forma-se a experiência peculiar da interpretação. Neste caso, a interpretação mostra-se uma vez mais como circular. Ela é *um círculo reflexivo* e se mostra de maneira tanto mais clara, quanto mais distintamente ela volta a sua rea-

---

141. Cf. Aristóteles, *Metafísica IX*, 6; 1048b 18-35.

142. Quanto ao conceito de quiasmo, cf. a análise detalhada no § 36.

Segundo capítulo: Interpretação

lidade retroativamente para a sua possibilidade. Nós realizamos a interpretação ou acompanhamos a sua realização enquanto uma interpretação real em *ligação* com a possibilidade da obra e a reconhecemos aí como apresentação; e nós experimentamos a obra em uma realidade, na medida em que a reconhecemos na possibilidade da *realização* interpretativa ou da realização enquanto algo apresentado[143]. A interpretação, por sua vez, é reconhecível enquanto esta possibilidade a partir da obra; suas possibilidades e decisões estão presentes com vistas à sua concretização que nunca é completa. É em relação ao texto da obra que o círculo reflexivo, no qual se descortina o estado de coisas próprio à interpretação, possui o seu foco.

A intelecção obtida neste círculo reflexivo é a intelecção da compreensão. Por conseguinte, a compreensão é um conhecimento, que se dá a partir de algo. Algo não está simplesmente presente tal como ele se dá no transcurso da ação e da vivência, mas se encontra no interior da quebra esclarecedora própria a uma ligação com algo que está fora deste transcurso. É constitutivo da compreensão uma realização assentada sobre a ligação; trata-se ao mesmo tempo daquela experiência da ligação que torna inteligível a realização como a sua respectiva possibilidade. Compreensão é o conhecimento nesta relação entre ligação e realização, que se intensifica na apresentação.

Com vistas à interpretação, isto já pode ser elucidado a partir do início da compreensão: o fato de o que está em questão junto a algo ser uma interpretação se mostra na apreensão da relação entre apresentação e texto. Nós compreendemos uma interpretação, na medida em que a realizamos ou acompanhamos a sua realização em uma ligação com o texto, e, deste modo, experimentamos qual é a coisa que se revela na realização ou no acompanhamento da realização. E nós compreendemos algo revelado na apresentação, uma vez que o experimentamos nas possibilidades de sua apresentação. Nós compreendemos, então, como uma interpretação elucida um texto por meio da apresentação. Da mesma forma, nós compreendemos o que é elucidado em sua realidade, na medida em que atentamos para o que há de particular na apresentação. Por meio daí, a coisa da interpretação se abre uma vez mais; na medida em que reconhecemos a possibilidade a cada vez determinada da apresentação, a coisa pode ser apresentada e compreendida de maneira nova. Isto desperta a compreensão para a peculiaridade da obra tanto quanto para as apresentações em sua individualidade, em suas possibilidades e limites. Não compreendemos o estilo da obra, a sua inconfundibilidade, sem as suas apresentações. O estilo é aquilo que se mantém inconfundível em todas as apresentações.

Mesmo a compreensão elementar encontra-se na tensão entre ligação e realização. Se não compreendemos aquilo que é exposto por alguém, então isto é algo diverso da situação em que dizemos que não o ouvimos direito. Esta asserção tam-

---

143. Há aqui uma ressonância entre os termos alemães correlatos de "ligação" (*Bezug*) e "realização" (*Vollzug*) que se perde com a tradução. Tanto *Bezug* quanto *Vollzug* possuem em alemão uma relação com *Zug* (tração, tirada) e com o verbo *ziehen* (arrastar, puxar, tracionar). Traduzindo a experiência contida nos termos alemães, ligar (*beziehen*) significa acentuar o elo de atração entre duas coisas, enquanto realizar designa levar à plenitude, consumar (*voll*) uma tendência contida na própria coisa (N.T.).

bém poderia ser pertinente no caso de um ruído. No entanto, quando junto a algo que tomamos por uma sentença se apresenta imediatamente a expectativa de que se tenha aí algo em vista, a escuta se encontra em ligação com o contexto, no qual o dito poderia se encontrar. Se compreendemos a declaração e podemos seguir, assim, o comunicado, então compreendemos este comunicado a partir do contexto significativo, no qual ele se apresenta; nós o reconhecemos como uma possibilidade de sua concretização. As coisas dão-se de maneira similar, quando compreendemos um jogo. Neste caso, sabemos como devemos nos comportar, como podemos movimentar as nossas peças, por exemplo, porque vemos os traços singulares do contexto a partir de sua significação. Mesmo quando compreendemos o que alguém está fazendo, as coisas também se comportam de maneira similar; neste caso, estamos em condições de ver o comportamento a partir de sua finalidade e de apreendê-lo como possibilidade de sua concretização. Por conseguinte, compreender significa: ter uma ligação com uma realização e poder concretizar a cada vez uma ligação na realização.

Nos casos citados, contudo, o sentido referencial permanece por assim dizer no pano de fundo; o contexto, a partir do qual algo é compreendido, não é ele mesmo expresso, mas tudo depende da possibilidade do comportamento. As coisas dão-se de outra forma junto à interpretação; aqui, o sentido referencial possui uma posição privilegiada porque o que está em questão é o próprio contexto, a partir do qual um comportamento é possível. A tarefa da interpretação é precisamente apresentar este contexto, ou seja, o texto, expressamente.

A *produção* está mais próxima da apresentação do que o comportamento em um contexto. Se, de acordo com a definição da produção como fabricação de algo, uma definição dada no diálogo platônico *Górgias*, a produção precisa ser guiada pela visão da ordem interna daquilo que é produzido[144], para que algo em si consonante chegue a termo, então também estamos lidando aqui com um conhecimento de algo, ou seja, com uma compreensão. As coisas não dependem apenas da realização da fabricação, mas de dar validade à ordem visada no resultado da produção. Considerada desta forma, a produção não é apenas a fabricação, mas sempre também a "pro-dução" ou a exposição da "visada normativa", isto é, do εἶδος. Tal como Heidegger o expressa, algo deve ser estabelecido "naquilo que ele é [...], na visibilidade sensível e na concretude palpável". Portanto, segundo ele, aquilo que é produzido "não é propriamente a mesa particular. Ao contrário, é a essência que é pro-duzida e estabelecida na visibilidade e na concretude palpável"[145].

Mas mesmo se uma apresentação está em jogo na produção, a produção precisa ser diversa da apresentação. A produção não deve trazer apenas a essência ou a idéia da mesa à visibilidade, mas ter como resultado uma mesa utilizável. A identificação heideggeriana entre a produção e a apresentação paga como preço o fato de este resultado ser marginalizado e de a produção fabricadora se tornar um

---

144. Platão, *Górgias* 503d-504a. Cf. acima § 11, p. 104s.

145. Martin Heidegger, *Nietzsche: Der Wille zur Macht als Kunst* (Nietzsche: a vontade de poder enquanto arte), GA 43, p. 219.

Segundo capítulo: Interpretação

pro-duzir. Sob esta pressuposição, a *mimesis* pode ser inversamente explicitada como "fazer, fabricar, produzir"[146]. No entanto, tal como precisaríamos contrapor, também há em grego um termo próprio para produção. Se Platão tivesse querido falar da ποίησις ao invés da μίμησις no livro X da *República*, ele o teria certamente feito, principalmente porque a argumentação repousa aqui sobre a distinção entre estas duas atividades.

No que diz respeito à compreensão, a distinção entre o produzir e o apresentar ainda é elucidativa em um outro aspecto. Como em meio à produção tudo depende do resultado, a compreensão sempre é aqui fundamentalmente a mesma. Em verdade, com o decorrer do tempo a experiência pode ser adicionada à compreensão, de tal modo que a fabricação se torne mais segura. No entanto, por meio da experiência, a fabricação apenas se altera; a compreensão não é tocada por ela. Na apresentação, em contrapartida, tudo sempre depende ao mesmo tempo da *formação* da compreensão. Se nenhuma apresentação é definitiva e se reside além disto na essência da apresentação não ser esquematicamente repetida, a compreensão sempre se altera com toda apresentação – ou interpretação. Em verdade, também há o sucesso instantâneo da compreensão; algo pode ser compreensível "de chofre" e se elucidar "em um instante". Todavia, uma vez estabelecida a compreensão, nós sempre podemos compreender outras coisas e melhor as coisas. Este é o propósito da compreensão, sem que ela se transforme, por isto, em uma auto-excedência infinita, que sempre aniquila uma vez mais os seus resultados. Aquilo que foi anteriormente compreendido é necessariamente alijado por uma nova compreensão, mas com freqüência também diferenciado, configurado de maneira mais marcante. Em todo caso, o compreendido se enriquece, e, nesta medida, são as possibilidades da compreensão que são obtidas a partir das formas refletidas da interpretação, a partir da indicação de sentido e da exegese, concretizações conseqüentes daquilo que reside na própria compreensão.

Compreender outras coisas e compreender melhor as coisas, contudo, é algo que não tem lugar sem que compreendamos a cada vez de uma maneira nova. Por mais que a compreensão possa se enriquecer – sem que cada interpretação possa se iniciar novamente, não se conquista nenhuma nova compreensão de uma coisa. A leitura repetida de um livro precisa se reiniciar a cada vez apesar de toda familiaridade com o texto, e, de maneira análoga, a pergunta que dirige a compreensão, a pergunta acerca da relação entre o texto e a apresentação precisa ser formulada novamente. Mesmo sob este ponto de vista, a compreensão se mostra como um conhecimento de um tipo particular. Ela é um resgate ao mesmo tempo sem caráter derradeiro e sem caráter provisório; nem há um resultado que poderia ser retido de uma vez por todas, nem permanece incessantemente algo de fora que relativiza todos os resultados encontrados. E a razão para tanto reside na essência da compreensão, ou seja, no fato de ela ser tanto conhecimento do real a partir do

---

146. Heidegger: *Der Wille zur Macht als Kunst* (Nietzsche: a vontade de poder enquanto arte), GA 43, p. 219.

128 Oposicionalidade – O elemento hermenêutico e a filosofia

possível quanto experiência do possível a partir de sua realidade. Assim, sem qualquer ceticismo, o real e o possível se encontram suspensos[147].

A compreensão não poderia se iniciar novamente, se não houvesse sempre uma vez mais algo a compreender. Isto significa, contudo, que em todo compreender também se dá uma não-compreensão. A não-compreensão será tanto mais acentuada, quanto mais distintamente ressaltarmos a diversidade no que diz respeito ao compreender. A tarefa da interpretação só se coloca porque o texto da obra é diferente da interpretação. Quem se dispõe a esta tarefa ainda não compreendeu e quer compreender.

Gadamer faz com que o querer compreender remonte a um impulso, a uma perturbação com a qual se torna manifesta a "diferença" entre a "terminologia que nos é habitual e a terminologia do texto"[148]. No entanto, na medida em que "deixamos" o texto "nos dizer algo"[149] e este texto joga a "sua verdade substancial contra as nossas próprias opiniões prévias"[150], dissolve-se uma vez mais a diversidade. Na medida em que o texto se faz valer no sentido de Gadamer, surge a partir da compreensão uma familiaridade incessante que sempre se confirma uma vez mais. Em verdade, nós experimentamos como os projetos de uma totalidade de sentido são corrigidos por meio da auto-apresentação do texto. Todavia, isto só é possível porque as "opiniões prévias"[151] ou os "preconceitos"[152], sobre os quais repousam os projetos, são eles mesmos momentos da tradição experimentada nos textos. A diversidade do texto é aqui apenas um "momento próprio a uma fase na realização da compreensão"[153].

Em contrapartida, Schleiermacher acentua que a compreensão repousa "sobre o fato da não-compreensão"[154]. Além disto, ele considerou um tal fato como uma determinação fundamental da compreensão. A não-compreensão não é nenhum mero ponto de partida que deixamos para trás, na medida em que compreendemos, mas uma condição da própria compreensão. A compreensão sempre precisa ser conquistada a partir da não-compreensão; tal como Schleiermacher pensa, isto se mostra tanto mais claramente quanto mais difícil é aquilo que precisa ser compreendido. É apenas quando "lidamos preponderantemente com o insignificante ou ao menos quando queremos compreender em virtude de um certo interesse e, por isto, estabe-

---

147. Cf. acima § 6, p. 63s.

148. Gadamer, *Verdade e método*, GW 1, p. 272.

149. Cf. ibid., p. 273: "Quem quer compreender um texto está [...] pronto a deixar que ele lhe diga algo".

150. Ibid., p. 274.

151. Ibid., p. 272-273.

152. Ibid., p. 311.

153. Ibid., p. 312.

154. F.D.E. Schleiermacher, *Allgemeine Hermeneutik von 1809/10* (Hermenêutica geral de 1809/10), Org. por Wolfgang Virmond, in: Kurt-Viktor Selge (org.), Congresso internacional Schleiermacher em Berlim, 1983, vol. 2, Berlim/New York, 1985, p. 1270-1310, aqui p. 1271.

Segundo capítulo: Interpretação

lecemos para nós limites que são fáceis de realizar", que podemos chegar a pensar "que a compreensão acontece por si mesma"[155]. De outro modo, porém, o importante é conformar as possibilidades que conduzem à compreensão, ou, como Schleiermacher o formula, nós precisamos procurar abrigo na "arte", ou seja, na formação impecável e ao mesmo tempo metodologicamente dirigida de possibilidades da compreensão[156]. Este abrigo, contudo, e, com ele, a *praxis* mais rigorosa" em comparação com a orientação pelo elemento insignificante, "partem do fato de a incompreensão se dar por si mesma e de a compreensão precisar ser desejada e buscada em cada ponto"[157]. Todo querer compreender surge a partir da expectativa de uma compreensão que se instaura. É somente por isto que podemos formar a possibilidade da compreensão: é somente por isto que reside no querer compreender, tal como Schleiermacher o diz, o "abrigo" na arte.

Gadamer não faz justiça a Schleiermacher ao criticar a conformidade à arte como uma apropriação estética[158] e ao criticá-la ao mesmo tempo como o elogio de um "método dissociado de todo conteúdo"[159]. "Arte" não significa aqui nem belas-artes, nem método, mas *ars*, τέχνη; ela não é nenhum meio de uma experiência estética, nem tampouco um aparato de regras de procedimento no sentido de uma ciência empírica moderna. O que se tem em vista aí é muito mais um poder, com base no qual sabemos manter distantes de nós por meio da saída da não-compreensão as incompreensões que resultam "por si mesmas" – uma circunvisão e uma atenção adquiridas na lida com textos por meio da experiência e do exercício. As coisas são diversas em meio àquilo que Schleiermacher denomina a "*praxis* mais lassa": aí, a não-compreensão não acontece e, por isto, a incompreensão também permanece sem ser percebida. Somente a não-compreensão transpõe-nos para o interior da possibilidade de uma compreensão expressa.

Aquilo que não compreendemos e o modo como esta não-compreensão se dá é sempre algo diverso de caso para caso. Isto depende da experiência, por exemplo, da erudição do leitor ou do exegeta, assim como de sua atenção e concentração. Algo no texto pode ser desconhecido ou ter escapado durante a leitura e, por isto, a continuidade de uma história pode ser perturbada. No entanto, uma não-compreensão parcial deste tipo precisa poder se dar; se ela não estivesse assentada em tudo o que pode ser interpretado e compreendido, então a interpretação não se iniciaria em virtude da compreensão. Mesmo a atenção e a concentração na leitura seriam inexplicáveis. Nela reflete-se a expectativa de uma compreensão, da qual não sabemos nada, se a experiência da não-compreensão ainda não foi feita. Não obstante, nós contamos involuntariamente com a não-compreensão. Segundo a sua essência, o texto é de um tal modo que pode liberar a não-compreensão a cada instante.

---

155. Schleiermacher, *Hermenêutica e crítica*, p. 92.

156. Ibid.

157. Ibid.

158. Gadamer, *Verdade e método*, GW 1, p. 191.

159. Ibid., p. 198.

130 Oposicionalidade – O elemento hermenêutico e a filosofia

Aquilo que possibilita a não-compreensão é o *incompreensível*. Com isto, não se tem em vista nem algo não compreendido, nem o desconhecido. O não-compreendido é apenas o *respectivamente* incompreensível, que pode vir à tona enquanto tal e retardar ou impedir a compreensão. No entanto, ele também pode se transformar no respectivo desafio para a compreensão e, nesta medida, ele é o ainda não-compreendido que deve se tornar compreensível. Todavia, incompreensível também é aquilo que ainda não foi de modo algum levado em conta com vistas à sua compreensibilidade possível. O incompreensível não precisa chamar a atenção expressamente como este incompreensível determinado. Neste ponto, ele é comparável ao desconhecido. Para um conhecimento finito sempre há o desconhecido. O desconhecido, porém, só vem a cada vez à tona quando passamos a notá-lo por meio de algo conhecido que está ligado a ele; só podemos saber que o autor de um escrito permanece desconhecido para nós, se soubermos da existência do próprio escrito. As coisas também se comportam deste modo no que concerne ao incompreensível, que se torna, por meio daí, algo não compreendido.

Não obstante, a partir do modelo das obras literárias, podemos deixar claro o fato de o incompreensível ser de um tipo diverso do desconhecido: a personagem central de um drama pode ser claramente identificada e tudo aquilo que podemos experimentar sobre ela a partir da ação da peça também pode ser conhecido. As suas ações, contudo, e, com maior razão, os motivos de suas ações permanecem obscuros apesar de todas as tentativas de interpretação. A personagem não se encaixa ou ao menos não se encaixa sem quebras no texto. Ela é incompreensível. Ou a riqueza alusiva de uma obra pode ser reconhecida na leitura e também pode ser – em uma formação correspondente – amplamente descoberta. E, contudo, a combinação dos motivos e das personagens pode permanecer sem ser conclusiva e sem poder ser reconstruída de uma vez por todas. Ou uma narrativa, por mais simples que possa ser, libera um número tão grande de reflexões, que ela sempre pode ser apreendida uma vez mais a partir de novos pontos de vista, e que mesmo a consideração de todos estes pontos de vista não seria suficiente para apreendê-la plenamente. No *Hamlet* de Shakespeare, no *Fausto II* de Goethe, na parábola de Kafka *Diante da lei* é assim que lidamos com o incompreensível. Nós experimentamos o incompreensível como o indeterminado ou vago. Mas ele também é o complexo e inesgotável. Ele é o plurissignificativo que não se encaixa sem restos em nenhuma interpretação, em nenhuma compreensão.

A defesa mais eficaz no interior da discussão hermenêutica do incompreensível remonta a Friedrich Schlegel. O seu ensaio *Über die Unverständlichkeit* (Sobre a incompreensibilidade)[160] pode ser lido facilmente como documento de uma crítica radical à compreensão[161]. No entanto, Schlegel não quer demonstrar a impossibilidade da compreensão; para ele, a experiência da incompreensibilidade

---

160. Friedrich Schlegel, *Über die Unverständlichkeit* (Sobre a incompreensibilidade), in: *Charakteristiken und Kritiken I* (Características e críticas I), Edição crítica das obras de Friedrich Schlegel, vol. 2, org. por Hans Eichner, Munique/Paderborn/Viena, 1967, p. 363-372.

161. Cf. quanto a este ponto: Luca Crescenzi, *Die Leistung des Buchstabens. Ein ungeschriebenes Kapitel zur Unverständlichkeit in der deutschen Frühromantik* (O desempenho da letra. Um capítulo não escrito sobre a incompreensão no primeiro romantismo alemão), in: Internationales Jahrbuch für Hermeneutik, 2002, p. 81-133.

Segundo capítulo: Interpretação

não é nenhuma razão para um ceticismo hermenêutico ou para a suposição de uma anarquia total dos discursos. A sua intenção é apenas esclarecer a significação da incompreensibilidade como um corretivo e como um complemento necessário à compreensibilidade. Neste sentido, ele destaca a significação do incompreensível para a validade de tudo aquilo que foi produzido pela arte em sentido maximamente amplo. Segundo ele, "estados e sistemas, as obras mais criativas dos homens, com freqüência tão criativas que não conseguimos admirar suficientemente a sabedoria do criador", só estariam protegidas contra o ataque de uma "compreensão criminosa", se "fosse conservada neles de maneira fiel e pura" uma porção de incompreensibilidade, por menor que esta porção viesse a se mostrar. Mesmo "aquilo que os homens possuem de mais delicioso", a saber, "a sua satisfação interior", depende do quão facilmente qualquer um pode reconhecer, "por toda parte e em última instância a partir de um tal ponto, que precisa ser deixado na obscuridade, mas que também suporta e sustém em contrapartida o todo. Esta força se perderia no mesmo instante em que se quisesse dissolvê-la em compreensão"[162]. Do mesmo modo, de acordo com ele, o efeito das obras literárias estaria assegurado para além dos tempos por meio daquilo que há de incompreensível nelas: "Um escrito clássico nunca precisa poder ser totalmente compreendido. Aqueles que são cultos e que se encontram em um processo de formação, contudo, sempre precisam querer aprender mais a partir daí"[163].

Ao dizer isto, Schlegel pressupõe um conceito de compreensão que também se encontra em Schleiermacher. Nós compreendemos, quando podemos "construir" algo[164]. Construir algo completamente seria o mesmo que produzi-lo construtivamente. Este algo seria totalmente uma obra da própria compreensão, fundada sem restos em suas próprias possibilidades. Esta idéia, que se tornou proeminente por meio de Kant[165] e que foi radicalizada por Fichte, constitui o pano de fundo para

---

162. Schlegel, *Über die Unverständlichkeit* (Sobre a incompreensibilidade), Edição crítica Friedrich-Schlegel, vol. 2, p. 370.

163. Schlegel, *Über die Unverständlichkeit* (Sobre a incompreensibilidade), Edição crítica Friedrich-Schlegel, vol. 2, p. 371.

164. F.D.E. Schleiermacher, *Hermenêutica*, Segundo o manuscrito reeditado e introduzido por Heinz Kimmerle, Ensaios da Academia das Ciências de Heidelberg, Classe histórico-filosófica, Ano 1959, segundo ensaio, Heidelberg, 1959, p. 31: "Eu não compreendo nada que não posso entender e construir como necessário".

165. Kant explicita a "revolução no modo de pensar" no prefácio à segunda edição da *Crítica da razão pura* a partir do exemplo da matemática, cujo conceito de construção ele assume como normativo para a filosofia: "Para aquele que demonstrou pela primeira vez o triângulo equilátero (ele pode ter se chamado Tales ou como quer que venhamos a nomeá-lo) surgiu uma luz; pois ele achou que não devia seguir os rastros daquilo que via na figura ou mesmo do mero conceito desta figura, deduzindo, por assim dizer, as suas propriedades a partir daí, mas antes que precisava agir produtivamente por meio daquilo que, de maneira pensante, inseria e apresentava *a priori* segundo conceitos (por meio de uma construção). Além disto, ele achou que, a fim de saber seguramente algo *a priori*, ele não precisaria anexar nada à coisa senão o que seguia necessariamente daquilo que ele tinha estabelecido para ela segundo o seu próprio conceito" (Kant, *Crítica da razão pura*, B XI-XII; AA III, p. 9). Logo depois disto, segue a célebre sentença de "que a razão só entende aquilo que ela mesma produz segundo o seu projeto" (B XIII, AA III, p. 10).

132 Oposicionalidade – O elemento hermenêutico e a filosofia

a imagem apavorante evocada por Schlegel de um mundo que, "em verdade, se tornaria um dia inteiramente compreensível"[166]. A fundamentação da razão pela qual esta representação é apavorante encontra-se no ensaio *Über das Studium der griechischen Poesie* (Sobre o estudo da poesia grega): "Nada contradiz tanto o caráter e mesmo o conceito do homem quanto a idéia de uma força completamente isolada, que poderia atuar sozinha por meio de si mesma e em si"[167].

Schlegel não desenvolveu esta intelecção de um tal modo, que ela acabou por conduzir a um outro conceito de compreensão. Neste caso, ele ainda teria podido aproveitar a sua referência ao incompreensível. Se a compreensão não imerge na construção, mas na apresentação, o incompreensível é mais do que um mero corretivo; com isto, ele se mostra como um momento integral da própria compreensão. Ele é o aberto na compreensão, um aberto no qual a compreensão sempre pode se iniciar novamente e se desenvolver uma vez mais. Este aberto é a tensão indissolúvel do diverso, que se resolve por esta vez no sucesso da compreensão, e que, contudo, permanece subsistente, na medida em que nos permite esperar por uma solução diferenciada, mais exata ou de algum modo melhor.

A abertura da compreensão surge a partir de sua essência. Quando algo é realizado a partir de algo, a realização nunca vem à tona; ela permanece uma possibilidade que também poderia se dar de outro modo. Assim, os traços de um jogo sempre são apenas *um* preenchimento das regras, a partir das quais estes traços são compreendidos; aquilo que se tem em vista com uma declaração lingüística poderia ter sido dito de outra forma. As coisas dão-se ainda com maior razão desta maneira, quando a realização é uma apresentação. Uma apresentação deve tornar válido enquanto tal aquilo a partir do que ela é compreensível e, na medida em que isto não se dá em nenhuma apresentação, a abertura da compreensão reside aqui naquilo mesmo que há para compreender.

Aquilo que precisa ser compreendido, ou seja, o texto, está aberto em dois aspectos. Ele pode ser apresentado como um todo, como ordenado, e, portanto, ele mesmo precisa ser total e ordenado. Em nenhuma apresentação, contudo, ele desponta como uma totalidade, em nenhuma apresentação a sua ordem é realizada de maneira definitiva. Além disto, as coisas não se comportam assim porque esta ordem se subtrairia à apresentação; quando a apresentação tem sucesso, a sua realidade também é a realidade – determinada de tal e tal modo – do texto em sua ordem. Ao contrário, a ordem não é cognoscível pura e simplesmente enquanto ordem. Mesmo se ela devesse ser fixada de maneira tão inequívoca quanto uma peça musical na escrita das notas, as possibilidades do tempo, do fraseado, do acento e do timbre permaneceriam em aberto. A escrita das notas não comunica a ordem, mas apenas a dá a entender, de modo que ela sempre precisa soar de um modo "diverso" daquele que se encontra na partitura. E mesmo se não houvesse nenhu-

---

166. Schlegel, *Über die Unverständlichkeit* (Sobre a incompreensibilidade), Edição crítica Friedrich-Schlegel, vol. 2, p. 370.

167. Friedrich Schlegel, *Über das Studium der griechischen Poesie* (Sobre o estudo da poesia grega), Edição crítica Friedrich Schlegel, vol. 1, org. por Ernst Behler, Paderborn/Munique/Viena, 1979, p. 217-367, aqui p. 229.

ma dúvida em um poema quanto à construção frasal e a significação, permaneceriam livres as possibilidades de exegese e de indicação de sentido. Mesmo se um texto é estruturado claramente, os seus elementos não são determinados de maneira inequívoca. Cada um deles pode ser acentuado de forma diversa em suas variantes significativas e ligado de forma diversa a outros elementos. Se um episódio em um romance é mais ou menos importante para a história narrada, isto é algo que pode ser julgado de maneiras diferentes, e a história sempre seria apresentada de um modo diverso de acordo com o julgamento. Apesar disto, as pessoas a reconheceriam nas diversas interpretações como a mesma. Como o texto não diz nada, ele nunca pode ser senão dito de outra forma; para tanto, ele mesmo deixa em aberto os campos de jogo. Portanto, cada texto é por um lado ordenado, estruturado, *limitado* na relação de seus momentos, e, por outro lado, ao mesmo tempo inabarcável, não fixado, ou seja, *ilimitado*. Para os textos vale aquilo que é desenvolvido por Platão no *Filebo* como a determinação de todo ente: unidade e multiplicidade e, com elas, limite (πέρας) e ilimitação (ἄπειρον) se co-pertencem nos textos como algo que cresceu junto[168].

No entanto, textos escritos, traçados ou compostos não são simplesmente como todos os outros entes. Eles necessitam da interpretação e isto os distingue de todo o resto. Por outro lado, a sua carência de interpretação implica o fato de limite e ilimitação virem ao encontro nos textos de uma maneira diversa da habitual. Para podermos concretizar a ordem em seus limites, precisamos nos imiscuir no ilimitado que ela deixa em aberto; para fazer a experiência do ilimitado, precisamos lidar com a ordem. As indeterminações do texto são usadas para a apresentação de sua ordem, a ordem é de um tal modo, que ela se concretiza naquilo que ela não fixa. Na medida em que limite e ilimitação se encontram deste modo em uma relação de mútua referência, eles vêm ao encontro com uma intensidade particular. Isto repercute, por sua vez, sobre os próprios textos. Eles trazem esta intensidade consigo e, em verdade, por meio do modo, segundo o qual vêm ao nosso encontro.

Portanto, precisamos discutir agora mais exatamente este encontro. É somente por meio desta discussão que o estado de coisas da interpretação e da compreensão que lhe é pertinente ficará suficientemente esclarecido. Como pertence à essência da interpretação o caráter extrínseco da coisa a ser interpretada, esta coisa não pode ser definida apenas a partir da ligação entre ela e a interpretação. O importante é muito mais apreendê-la como algo extrínseco a partir dela mesma. Os textos vêm ao nosso encontro como coisas contrapostas. Portanto, é preciso clarificar o que é o elemento próprio àquilo que é contraposto, e, do mesmo modo, como este elemento ganha forma, na medida em que se transforma em *coisas que se encontram contrapostas*.

---

168. Platão, *Filebo*, 16c.

§ 13: O caráter das coisas que se encontram contrapostas[169]

A própria palavra alemã para designar as coisas que se encontram contrapostas (*Gegenstand*) diz-nos o que uma coisa contraposta é: ela é algo que se acha em uma contraposição (*das Entgegenstehende*), algo que está à nossa frente e que permanece à nossa frente. Em um uso mais antigo da língua alemã, a palavra também designa o estado daquilo que se encontra contraposto, por exemplo, no discurso sobre a "contraposição entre (*Gegenstand*)[170] os planetas"[171]. Nesta locução, ganha expressão de uma maneira particularmente clara o que é uma coisa que se encontra contraposta: uma coisa que se encontra contraposta não é nenhuma coisa qualquer, mas algo que é, *na medida em que* se acha à nossa frente. Uma coisa contraposta (*Gegenstand*) é algo em um *estado oposto* (*Gegen-Stand*).

A filosofia moderna teve sérios problemas para lidar com o elemento próprio àquilo que se encontra contraposto. Isto confere um acento crítico à sua reabilitação hermenêutica. Logo que o caráter das coisas que se encontram contrapostas foi descoberto na filosofia moderna, formulou-se a questão acerca de saber como este caráter poderia ser superado. A sua superação transformou-se tão decididamente em tarefa filosófica, que a filosofia moderna aparece como um todo enquanto um empreendimento de supressão da contraposição que é estabelecido de maneira grandiosa.

Pertencem a este contexto as idéias de dinamização e de fluidificação que não se dispõem a admitir nada fixo e estabelecido por si e que colocam tudo em movimento. O âmbito no qual este fato se expressa da maneira mais clara possível é no interior da idéia nietzschiana "de que algo presente, que de algum modo chegou a termo, sempre é interpretado exegeticamente uma vez mais por um poder que lhe é superior com vistas a novos pontos de vista, sempre é apreendido novamente, transformado e reinstaurado em nome de uma nova utilidade"[172]. A "interpretação (exegese)", compreendida como uma transposição constante, junto à qual todo "'sentido' e 'meta' até aqui precisam ser necessariamente obscurecidos ou até mes-

---

169. *Gegenständlichkeit* significa em sua tradução corrente "objetividade". No entanto, como o propósito do texto é justamente abrir espaço para uma outra experiência de objetividade que repousa sobre a tensão entre os pólos opostos da compreensão e da interpretação, preferimos seguir a sugestão do próprio autor e traduzir *Gegenständlichkeit* pela locução explicativa "o caráter das coisas que se encontram contrapostas". Esta locução envolve naturalmente uma tentativa de lutar contra a obviedade da suposição de que os objetos seriam necessariamente algo posicionado pelos sujeitos e de resgatar, assim, a positividade do mundo das coisas (N.T.).

170. Em sua tradução normal, o correto seria verter o termo *Gegenstand* neste contexto por "posição". A questão é que Günter Figal se utiliza desta expressão exatamente para designar uma experiência daquilo que se constitui a partir do estabelecimento de posições em contraste. Um planeta determina a sua posição e, conseqüentemente, o que ele é, na medida em que assume esta posição em uma tensão com os outros planetas. Assim, para seguir o intuito argumentativo do texto, traduzimos *Gegenstand* aqui por "contraposição" (N.T.).

171. A coisa contraposta (Gegenstand), in: Grimm, Dicionário alemão, vol. 4, seção 1, segunda parte, Leipzig, 1879, colunas 2263-2269.

172. Nietzsche, *Genealogia da moral*, KSA 5, p. 313.

Segundo capítulo: Interpretação

mo extintos"[173], é uma dinâmica no fluxo do perecer e do devir, que arranca e arrasta consigo todo elemento próprio às coisas contrapostas, tudo "aquilo que chegou a termo"[174].

A este contexto não pertence menos a idéia de que poderíamos nos recolher em todos os jogos comportacionais e em todos os jogos de linguagem e deixar para trás tais objetivações filosóficas. Imergir na vida a ser simplesmente vivida – neste caso, temos a convicção de Wittgenstein de que se notaria "a solução do problema da vida [...] em meio ao desaparecimento deste problema". Deste modo, todas as vezes "em que um outro quiser dizer algo metafísico", nós precisamos deixar claro para ele "que ele não ofereceu nenhuma significação para alguns sinais em suas proposições"[175].

Ainda mais elucidativos são dois outros padrões de pensamento porque eles colocam em uma posição central a discussão acerca da coisa contraposta e da absorção nas coisas contrapostas. Para um deles, o encontrar-se contraposto característico das coisas é considerado como um indício do fracasso da auto-realização; junto a um tal fracasso, comprova-se o fato de a manifestação da vida humana no mundo não poder ser, em verdade, sem a absorção nas coisas contrapostas, mas de ela não ter sucesso senão na superação e na integração do elemento próprio àquilo que se encontra contraposto. Para o outro, a absorção da própria vida no âmbito das coisas contrapostas vem à tona junto ao fato de as coisas se encontrarem contrapostas; ela é considerada como a conseqüência de um conhecimento que inscreve de maneira ordenadora e coisificante toda a vida no contexto do mundo e, assim, conduz a uma perda de si próprio.

O primeiro padrão citado leva-nos de volta a Hegel e a Marx. Em Hegel, ele encontra a sua expressão na concepção de um "espírito", que se realiza efetivamente por meio de seus próprios produtos no "meramente extrínseco, sensível e perecível"[176] e que busca fechar por meio daí o fosso entre ele mesmo e o mundo exterior. Para um espírito compreendido desta forma, a exteriorização é uma superação do caráter extrínseco: o extrínseco nunca é visualizado senão para ser reconhecido como o próprio do interior. Em articulação com Hegel, Marx desenvolve a idéia de um trabalho vital que, com os seus produtos, também transpõe o seu próprio caráter social para o interior do caráter extrínseco do "mundo das mercadorias" e que deve superar a perda de si próprio por meio da apropriação da produção[177].

De maneira particularmente marcante, o padrão vem à tona no diagnóstico realizado por Georg Simmel de uma "tragédia da cultura". Em uma recapitulação da linha tradicional que reconduz até Hegel, diz-se aí de maneira particularmente dis-

---

173. Ibid., p. 314.

174. Cf. quanto a este ponto Werner Stegmeier, *Philosophie der Fluktuanz. Dilthey und Nietzsche* (Filosofia da flutuação. Dilthey e Nietzsche), Göttingen, 1992.

175. Ludwig Wittgenstein, *Tractatus logico-philosophicus*, Schriften 1, p. 7-83, aqui p. 82.

176. Hegel, *Preleções sobre estética* I, p. 21.

177. Karl Marx, *O capital. Crítica da economia política*. Vol. 1, livro 1: O processo de produção do capital, MEW, Berlim, 1962, p. 86.

tinta como a autonomização das coisas produz um efeito sobre uma vida levada a termo como auto-realização[178]. Uma vida, que precisa se "objetivar" essencialmente e que acompanha uma tal objetivação na instauração de instituições, na construção de edifícios e na produção de obras, sempre se vê confrontada uma vez mais, tal como Simmel acentua, com a "autonomia peculiar"[179], com o "desenvolvimento próprio"[180] de seus produtos. Segundo ele, isto pertenceria à essência da produção, pois o produzido nunca é determinado apenas por meio das intenções do produtor[181]. É por isto que a tentativa de realizar a vida humana como cultura também nunca conduz a uma realidade completa da vida humana. Isto faz com que a cultura se transforme em "tragédia", em uma falha inevitável, na qual as "forças aniquiladoras dirigidas" contra a essência da cultura "emergem das camadas mais profundas justamente desta própria essência"[182]. Precisamente ao tentar conquistar a sua própria realidade, a vida humana se aliena.

No entanto, a idéia central de Simmel de "uma lógica própria ao objeto"[183] não é vista apenas como um diagnóstico. Ao mesmo tempo, Simmel mostra-se como um crítico radical da figura de pensamento dialética que, segundo a formulação normativa de Hegel, "se" posiciona "enquanto objeto (coisa contraposta)" ou, "em virtude da unidade indivisível do *ser-por-si*", posiciona "o objeto (coisa contraposta) enquanto si mesmo"[184]. O "objeto", tal como Simmel o entende, não pode ser mais mediado com o sujeito enquanto o outro do sujeito. O elemento próprio às coisas que se encontram contrapostas destaca-se do sujeito e de sua autoconsciência; ele não é mais o caráter daquilo que se encontra contraposto à consciência, mas se encontra simplesmente contraposto.

Apesar disto, a idéia de Simmel ainda vive da dialética, contra a qual ela se volta. Se o elemento próprio àquilo que se encontra contraposto não fosse pensado como aquilo que é posicionado pela consciência de si, a autonomização também não seria trágica. Em sua problemática contraposição, ela ainda continua se remetendo ao sujeito e, desde então, à sua incapacidade de automediação. Como Simmel não se liberta do ponto de partida de Hegel, ele abre o espaço para ser contradito; e isto, em verdade, não necessariamente com Hegel, mas, de qualquer modo, no sentido de Hegel. A impossibilidade de uma mediação total entre o "sujeito" e o "objeto" não precisa equivaler a um fracasso trágico da auto-realização. Se esta ob-

---

178. Sem Simmel, não há como pensar a formulação normativa para a discussão marxista que se encontra em Georg Lukács. Cf. Georg Lukács, *História e consciência de classe. Estudos sobre dialética marxista*, Berlim, 1923.

179. Georg Simmel: *Der Begriff und die Tragödie der Kultur* (O conceito e a tragédia da cultura), in: Simmel, *Das individuelle Gesetz. Philosophische Exkurse* (A lei individual. Excursos filosóficos), org. por Michael Landmann, Frankfurt junto ao Main, 1968, p. 116-147, aqui p. 116.

180. Simmel: *Der Begriff und die Tragödie der Kultur* (O conceito e a tragédia da cultura), p. 143.

181. Simmel: *Der Begriff und die Tragödie der Kultur* (O conceito e a tragédia da cultura), p. 139.

182. Ibid., p. 142.

183. Ibid., p. 145.

184. Hegel, *Fenomenologia do espírito*, Gesammelte Werke 9, p. 422.

Segundo capítulo: Interpretação   137

jeção é convincente, a dificuldade não se dissolve, em verdade, incondicionadamente como no próprio Hegel, mas, de qualquer modo, ela se dissolve em seu sentido.

Foi desta forma que Ernst Cassirer se colocou a favor de uma desdramatização
do problema descrito por Simmel. Neste caso, Cassirer articula-se com Hegel, sem
se comprometer com a idéia hegeliana de um saber absoluto, que não é perturbado
em sua autotransparência por nada alheio e que se mostra, neste sentido, como absoluto[185]. Segundo ele, a cultura seria ela mesma "dialética", na medida em que não
é nenhuma coisificação única, mas "uma ação que precisaria se iniciar constantemente de novo"; as formações culturais não poderiam permanecer estranhas à vida
formadora[186] porque elas não seriam nenhum resultado definitivo, mas "pontes"[187]
sobre as quais um eu transmite a outros as suas possibilidades culturais.

A revisão empreendida por Cassirer deixa algo decisivo sem ser considerado.
Mesmo que as obras da cultura sempre possam ser vinculadas uma vez mais à
vida, elas se destacam da vida de seus produtores, sem pertencer imediatamente à
vida daqueles que as acolhem. Cassirer não levou em conta a autonomização –
mesmo aquela que se dá apenas momentaneamente –, apesar de ter precisado
pressupô-la: as realizações culturais só podem ser "mediadoras entre o eu e o
tu"[188], na medida em que não pertencem a nenhum dos dois. Se é assim, porém,
algo que foi produzido e que se tornou autônomo não imerge mais em nenhuma
atividade integradora. As coisas encontram-se segundo a sua essência por si; é somente por isto que elas podem ser apropriadas.

O segundo padrão foi articulado principalmente por Husserl. Este padrão tem
algo em comum com o desconforto em relação à autodescrição científico-natural e
orientada em termos de ciências naturais. Na vida consciente do homem, é assim
que se encontra formulado na crítica husserliana, a ciência não vê outra coisa senão uma seqüência de acontecimentos identificáveis espaço-temporalmente e
descritíveis empiricamente[189]. Isto faz com que os conteúdos de consciência não

---

185. Cf. quanto a este ponto Günter Figal, *Lebensverstricktheit und Abstandnahme. 'Verhalten zu sich' im Anschluss an Heidegger, Kierkegaard und Hegel* (Enredamento vital e distanciamento. Comportamentos em relação a si mesmo em articulação com Heidegger, Kierkegaard
e Hegel), Tübingen, 2001.

186. Ernst Cassirer, *Die 'Tragödie der Kultur'* (A 'tragédia da cultura'), in: Cassirer, *Zur Logik
der Kulturwissenschaften. Fünf Studien* (Sobre a lógica das ciências da cultura. Cinco estudos), Darmstadt, 1961, p. 103-127, aqui p. 109. Cf. também: Birgit Recki, *'Tragödie der Kultur'
oder 'dialektische Struktur des Kulturbewusstseins'? Der ethische Kern der Kontroverse
zwischen Simmel und Cassirer* ('Tragédia da cultura' ou 'estrutura dialética da consciência cultural'? O cerne ético da controvérsia entre Simmel e Cassirer), in: Internationale Zeitschrift für
Philosophie 2000 (2), p. 157-175.

187. Cassirer, *Die 'Tragödie der Kultur'* (A tragédia da cultura), p. 110.

188. Ibid., p. 111.

189. Edmund Husserl, *Filosofia enquanto ciência rigorosa*, in: Logos, vol. 1, 1910/1911, p.
289-341 (Edição em separado: *Filosofia enquanto ciência rigorosa*, org. por Wilhelm Szilasi,
Frankfurt junto ao Main, 1965).

possam mais ser compreendidos apropriadamente. Aquilo que Husserl objeta contra a ciência é acolhido e radicalizado pelo jovem Heidegger. Tal como ele pensa, isto também é válido em relação à filosofia, que desenvolveu com a sua posição teórica em relação ao mundo o modelo para a ciência. Enquanto "objetivação", o posicionamento teórico em relação à vida humana equivale a uma "des-vivificação" que encobre a vivência originária[190]. Tal como Heidegger pensa, onde quer que a vida venha ao nosso encontro como um objeto, ela se perde; sob o "domínio genérico do teórico"[191], não consideramos mais a vida naquilo que ela propriamente é[192].

A convicção de que a autodescrição científica do homem é ameaçadora para a vida humana constitui um motivo importante para Husserl e Heidegger, talvez mesmo o motivo mais importante de suas filosofias. Apesar de toda a diversidade de seus projetos, os dois buscaram conquistar uma certa liberdade em relação à ciência. O caminho para tanto foi a descrição e a análise da vida não objetivada em sua realização. Os dois queriam retornar à vivência originária e ao sentido aberto nesta vivência, mostrando ao mesmo tempo como a auto-objetivação é possível a partir desta vivência e como ela perde de vista concomitantemente a sua essência. Nós já mostramos como isto foi concretizado, no programa heideggeriano de uma hermenêutica da facticidade, a partir de uma orientação pelo modelo da filosofia prática[193].

No entanto, as tentativas de supressão das coisas contrapostas, que são empreendidas por Husserl e Heidegger, não têm sucesso. A problematização que se volta de maneira questionadora para as condições de possibilidade da ciência, uma problematização que se mostra neste ponto como transcendental, não consegue se assenhorear da possibilidade da objetivação e da auto-objetivação. Em verdade, Husserl e o jovem Heidegger conquistam um distanciamento em relação às fixações dogmáticas da ciência. Eles destacam-se dos "objetos" e retornam à "região da pura consciência" ou à realização não-objetivada da vida ou da existência, a fim de liberar, com isto, uma conexão de sentido, a partir da qual se descerra pela primeira vez realmente o sentido daquilo que é supostamente objetivo. Todavia, eles deixam sem resposta a pergunta acerca da possibilidade da própria objetivação; nenhum caminho conduz da imanência da consciência, da vida ou da existência, para aquilo que é visado com a objetivação. Por outro lado, contudo, não há como contestar o fato de algo se encontrar "fora".

O próprio Husserl abre um espaço para que percebamos isto, ao falar de uma ligação com as coisas contrapostas que não pode mais ser compreendida como imanente, como uma "ligação da consciência ao seu elemento objetivo (ao ele-

---

190. Heidegger, *Die Idee der Philosophie* (A idéia da filosofia), GA 56/57, p. 91.

191. Ibid., p. 87.

192. Uma variante desta idéia encontra-se em Hermann Schmitz, que acentua o primado das impressões em relação ao caráter das coisas que se encontram contrapostas (Herrmann Schmitz, *Der Ursprung des Gegenstandes. Von Parmenides bis Demokrit* – A origem do objeto (da coisa contraposta). De Parmênides até Demócrito, Bonn, 1988)

193. Cf. acima § 2.

Segundo capítulo: Interpretação

mento próprio às coisas contrapostas) intencional"[194]. O que desencadeou esta posição foi a questão de saber "o que significa propriamente a 'pretensão' da consciência de se ligar realmente a algo objetivo (algo que se encontra contraposto), de ser 'pertinente'"[195]. A pergunta é respondida por Husserl, na medida em que ele atribui ao próprio conteúdo de consciência ou ao *noema* uma ligação com o objeto (a coisa contraposta). Todo *noema* possui o "seu sentido" e se liga "por meio deste sentido com o 'seu' objeto (a sua coisa contraposta)"[196]. Esta coisa contraposta seria "o puro X em uma abstração de todos os predicados"[197] e precisaria ser diferenciada enquanto o "objeto (a coisa contraposta) puro e simples" do "objeto (a coisa contraposta) no modo de suas determinações"[198]. De uma maneira comparável fala-se do objeto (da coisa que se encontra contraposta) intencional nas *Meditações cartesianas* como o "fio condutor transcendental"[199]. "O ponto de partida", assim acrescenta Husserl à guisa de elucidação, seria "necessariamente o objeto (a coisa contraposta) dado de maneira direta, a partir do qual a reflexão remonta aos respectivos modos da consciência"[200].

Em toda a sua franqueza, é impressionante que Husserl fale de "estranhas estruturas" com vistas ao estado de coisas esboçado[201]. Considerado a partir do ponto de vista da fenomenologia husserliana, o estado de coisas é de fato inquietante. Evidentemente, a ligação da consciência com o exterior é tão resistente a todas as tentativas de se abstrair da realidade das coisas que se encontram contrapostas, que Husserl se vê obrigado a atribuir ao próprio correlato noemático de consciência uma ligação com o contraposto. Assim, a consciência aparece como consciência de algo, que se liga a algo. Este fato não se coaduna com a imanência da consciência requerida para a análise fenomenológica; há algo de que a consciência necessita essencialmente: aquilo que se encontra contraposto, o exterior, que enquanto tal é mais ou menos distinto. Em verdade, Husserl nunca contestou fundamentalmente a existência do exterior e, nesta medida, ele não é nenhum "internalista"[202]. De acordo com a sua compreensão da ἐποχή, porém, a exterioridade é inessencial para a consciência; ela pode ser suspensa, de modo que as coisas só aparecem fenomenologicamente na visão de uma consciência, a cuja imanência pertence o estar dirigido para algo. A

---

194. Husserl, *Ideen I* (Idéias I), Husserliana III.1, p. 299.

195. Ibid., p. 297.

196. Ibid.

197. Ibid., p. 302.

198. Ibid., p. 303.

199. Edmund Husserl, *Meditações cartesianas*, in: *Cartesianische Meditationen und Pariser Vorträge* (Meditações cartesianas e conferências parisienses), Husserliana I, org. por S. Strasser, Den Haag, 1950, p. 41-193, aqui p. 87.

200. Husserl, *Meditações cartesianas*, Husserliana I, p. 87.

201. Husserl, *Ideen I* (Idéias I), Husserliana III.1, p. 299.

202. Cf. quanto a este debate Dan Zahavi, *Husserl'n Noema and The Internalism-Externalism Debate*, in: Inquiry 47/1 (2004), p. 42-66.

140   Oposicionalidade – O elemento hermenêutico e a filosofia

suposição de uma ligação dos noêmatas com as coisas contrapostas se acha em uma estranha dissonância em relação a este ponto.

Heidegger também não possui uma clareza menor quanto aos limites de sua posição inicial. No final de *Ser e tempo*, ele insiste que a pergunta acerca da essência da "coisificação" teria permanecido sem resposta. Segundo ele, a distinção entre o "ser do ser-aí existente" e "do ente não dotado do caráter de ser-aí" não seria senão "o ponto de partida da problemática ontológica, mas nada junto ao que a filosofia poderia se aquietar"[203]. Permaneceria, segundo ele, em aberto aquilo que a coisificação significa, a partir de onde ela surge, por que ela "sempre se torna uma vez mais dominante" e, contudo, seria inapropriada[204].

Se compararmos este resultado com o resultado da posição dialética, então resulta daí uma correspondência que talvez seja espantosa em face da diversidade das posições. A tentativa de superar a autonomia do elemento coisal mostra-se nos dois casos como problemática. Nos dois casos, ela conduz a uma imanência que, com a autonomia das coisas, colocaria ao mesmo tempo o próprio elemento coisal fora de jogo, se as coisas não se opusessem a este elemento em sua autonomia. Enquanto produto cultural no sentido de Cassirer e segundo o modelo de Hegel, a coisa se transforma em um estágio intermediário no acontecimento cultural – uma idéia que podemos encontrar de uma maneira totalmente similar na dialética gadameriana da consciência marcada pela história dos efeitos[205]. Além disto, enquanto algo que, no sentido de Husserl e de Heidegger, pertence à consciência, à vida ou à existência, a coisa se transforma em um momento de sua dação na "vida", na "existência" ou na "consciência", sem que a exterioridade ligada à objetivação ou à coisificação ainda pudesse ser concebida. Não obstante, enquanto "mediadora entre o eu e o tu", a coisa permanece tão autônoma quanto algo que se encontra contraposto e que não se encaixa mais em nenhuma ligação intencional normal, ou quanto um ente que se encontra em questão para além da ontologia fundamental orientada pelo ser-aí. Deixadas sozinhas pela reflexão dialética e transcendental, as coisas ficam simplesmente paradas em sua exterioridade.

Isto não significa que nós também as experimentaríamos em sua exterioridade. Como aquilo que apenas se acha presente, as coisas não ganham na maioria das vezes validade, mas são encobertas pelas realizações, nas quais se encontram. Mesmo se as coisas não são colocadas na imanência do ser-aí ou da consciência, elas só são experimentadas a partir dos atos da consciência apreendedora. Assim, elas se mostram como aquilo que é "contraprojetado" nesta realização de uma ligação, como *obiectum*, como ἀντικείμενον. Ἀντικειμενον é aquilo que se acha contraposto à consciência, na medida em que se encontra em uma relação pensada a partir da consciência, por exemplo, o perceptível em contraposição ao perce-

---

203. Heidegger, *Ser e tempo*, GA 2, p. 576.

204. Ibid., p. 575-576.

205. Cf. Günter Figal, *Die Komplexität philosophischer Hermeneutik* (A complexidade da hermenêutica filosófica), in: Figal, *Der Sinn des Verstehens* (O sentido da compreensão), p. 11-31, aqui p. 23-25.

Segundo capítulo: Interpretação

bido, o apreensível racionalmente em contraposição à apreensão própria à razão[206]. Os objetos estão ligados à consciência, mesmo quando lhes atribuímos exterioridade. Ou as coisas são coisas de uso e, enquanto tais, são pensadas a partir do modo como podem estar à mão, a partir de sua "manualidade"[207]. Elas também podem possuir uma significação enquanto fragmentos de lembrança, de modo que as vemos a partir daquele que as utilizou ou que lidou com elas.

No entanto, mesmo que a exterioridade das coisas permaneça sem ser experimentada, ela se acha de algum modo presente. Ela suporta precisamente os atos de consciência que se dirigem para as coisas e o comportamento que tem algo em comum com elas. Se não houvesse o perceptível para a percepção enquanto algo extrínseco, aquilo que denominamos percepção seria um sonho fechado em si mesmo. Além disto, por mais que a coisa de uso também possa ser experimentada a partir do uso, o uso continua sendo um comportamento que se lança para fora. Nunca podemos fazer algo senão com algo, e este algo precisa estar presente.

Com isto, tocamos no tema da concepção "trágica" da cultura, assim como no tema da crítica à coisificação, à objetivação ou à absorção nas coisas que se acham contrapostas. Por detrás destes conceitos, encontra-se a preocupação com o fato de, ao nos atermos ao elemento exterior, entregarmo-nos a ele e podermos nos perder nele. Se algo diverso, distinto de nós mesmos, precisa estar presente, para que nós mesmos possamos assumir um comportamento, então o comportamento não é controlável em todos os seus aspectos. Ao invés de emprestar significação às coisas a partir de uma espera segura, o próprio comportamento é transposto para o interior das coisas e isto faz com que nós mesmos nos mostremos, ao menos simultaneamente, como uma coisa entre coisas. Sem uma comunhão com as coisas, como quer que esta comunhão venha a ser pensada, não poderíamos atuar sobre elas, nem tampouco notaríamos a resistência que elas oferecem à nossa atuação. Logo que nos experimentamos em uma relação com o exterior, nós mesmo estamos fora. Nós descobrimos que podemos considerar a nós mesmos como uma coisa qualquer.

O desconforto com a exterioridade só é pensado a partir do sentido performativo. Se as coisas não são mantidas como objetos da consciência ou se não lhes advém a partir do comportamento a significação de algo utilizável e útil, elas saem, ao que parece, do âmbito do humano e só continuam se mostrando como extrínsecas. Elas são o não-humano, que só se encontra aí presente ou que se acha aí, aquilo que se tornou inútil, algo que não possui mais nenhum valor e nenhuma significação. Foi assim que Heidegger o descreveu em relação às coisas de uso. Uma coisa de uso ou um "utensílio" pode perder o caráter discreto que lhe é essencial. Neste caso, ela não se acha mais simplesmente à mão ou ela não se encontra de tal modo em seu lugar, que espera por assim dizer ser tomada pela mão. Ela é considerada, sem que isto tenha algo em comum com o seu uso possível ou fático, ou

---

206. Aristóteles, *De anima I*, 1; 402a 15. Citado a partir de: Aristotelis De anima, org. por W.D. Ross, Oxford, 1956.

207. Heidegger, *Ser e tempo*, GA 2, p. 92-97.

ela não se apresenta, quando deveria estar à mão. No primeiro caso, ela passa a "chamar a atenção", no segundo, ela "se recusa". E quando aquilo que precisa ser feito agora nos estorva, por exemplo, na medida em que se acha à nossa volta de maneira perturbadora, a coisa se torna "importuna"[208].

Heidegger investiga as situações esboçadas porque a essência do utensílio, a sua manualidade discreta, é nelas experimentável e determinável. O manual "perde aqui de certa maneira a sua manualidade". No entanto, "esta manualidade não desaparece simplesmente, mas por assim dizer se despede no fato de o inutilizável chamar a atenção". Ela "se mostra ainda uma vez" e é neste ponto, na tensão entre presença e retração, que ela se mostra efetivamente pela primeira vez de modo real[209]. Só sabemos o que algo é, quando sabemos como ele foi.

A experiência de que algo não está mais inserido no conjunto das coisas que se tornaram familiares também pode se mostrar de uma maneira totalmente diferente – de uma maneira não determinada por este conjunto e pelo comportamento que lhe empresta significação. Heidegger também oferece um exemplo disto, na medida em que não descreve algo como um utensílio, mas de uma maneira peculiar como uma "coisa". O exemplo é um cântaro, cuja forma abaulada ao mesmo tempo envolvente e aberta vem à tona de um modo tal que ele aparece, então, como a reunião de abertura e fechamento. Além disto, o cântaro pode ser pensado agora como um vaso, com o qual os homens se voltam para os deuses em meio aos sacrifícios. Neste caso, o "voltar-se para" não acontece com o cântaro, como se ele fosse uma coisa de uso, mas no verter do líquido que é experimentado enquanto tal a partir do cântaro. A ação acha-se no âmbito de influência das coisas experimentadas enquanto tais[210].

Com esta descrição, Heidegger descobre o fato de haver uma dependência em relação às coisas que não imerge no uso[211]. Isto acontece de uma tal forma, que as coisas são determinadas em sua essência. A coisa enquanto tal é *thing*, uma reunião que permite ao homem ser em ligações, que não se devem nem ao cuidado de si, nem ao próprio comportamento. Esta reunião, porém, só é possível, se algo está presente que chama a atenção para si. Somente se a coisa é experimentada em si, ela pode também apontar para o interior das ligações que Heidegger lhe atribui como essenciais. A coisa precisa ser *marcada pelo caráter daquilo que é contraposto*. O seu caráter, enquanto algo que se encontra contraposto, é pressuposto na determinação heideggeriana, como se fosse óbvio.

---

208. Ibid., p. 98-99.

209. Ibid., p. 100.

210. Martin Heidegger, *A coisa* (1950), *Ensaios e conferências*, GA 7, org. por Friedrich-Wilhelm von Herrmann, Frankfurt junto ao Main, 2000, p. 165-187.

211. As reflexões presentes no ensaio sobre a origem da obra de arte, reflexões nas quais a "confiabilidade" é, por assim dizer, determinada como o outro lado das coisas de uso, formam um estágio prévio a esta descoberta. Cf. Martin Heidegger, *A origem da obra de arte* (1935/36), in: *Caminhos da floresta*, GA 5, pp. 1-74, aqui pp. 19-20.

Segundo capítulo: Interpretação

No caráter próprio às coisas que se encontram contrapostas, a exterioridade das coisas não ganha mais validade a partir do comportamento e de sua conexão. Ela também não se mostra no fato de algo não cair sob o âmbito do comportamento e de seu contexto. Algo coloca-se muito mais defronte. O elemento objetivo oposicional é aquilo que se contrapõe e que, então, ao menos por um momento, *se encontra contraposto*.

A contraposição constitui a essência do elemento próprio àquilo que se encontra contraposto. Se o elemento próprio àquilo que se encontra contraposto não fosse senão um despontar acentuado, ele não se dissolveria em um acontecimento. Ele seria algo que espantaria e arrebataria, tal como aquilo que Heidegger extrai da leitura da locução usada por Goethe "um frente ao outro de modo sobrepujante"[212]. O "sobre" precisaria ser compreendido aqui no sentido de "abater-se sobre alguém"[213], e, com isto, como referência a uma aparição repentina, que apresenta uma requisição ao pensamento e que, porém, quase não conseguimos compreender. A essência do elemento próprio às coisas que se encontram contrapostas seria "presentificação"[214] e apenas isto. Deste modo, porém, o elemento próprio às coisas que se encontram contrapostas não é alcançado; nós o perdemos, na medida em que o dissolvemos em movimento.

Em verdade, a aparição do elemento próprio às coisas que se encontram contrapostas é um acontecimento. Algo apresenta-se aí defronte e está de uma hora para outra presente. Todavia, pertence ao elemento próprio às coisas contrapostas a sua determinação; *algo* apresenta-se aí defronte e permanece aí. A sua permanência é como uma espera; ela também é uma promessa. Ela dá a compreender e libera por meio de um tal ato a possibilidade do querer compreender.

Na medida em que aquilo que se acha contraposto se apresentou aí defronte e chamou de repente a nossa atenção, nós não nos ligamos a ele. Não havia nenhuma expectativa, nenhum interesse e também nenhuma necessidade, ou seja, tampouco havia algum olhar que primeiro buscava e, então, fixava. Uma vez que aquilo que se apresenta aí defronte vem em nossa direção, é ele que se coloca muito mais em uma ligação. Ele é comparável a uma pessoa, que vem ao nosso encon-

---

212. Há nesta passagem uma série de ressonâncias que se perdem um pouco com a tradução. A locução alemã que traduzimos aqui por "um frente ao outro de modo sobrepujante" é: "gegeinander über". Traduzida ao pé da letra, esta expressão significa "um contra o outro sobre". A primeira e mais óbvia ressonância desta locução é com o termo "gegenüber" (em frente, defronte, ante). A locução fala-nos de um estar defronte marcado por uma tensão indissolúvel (gegeneinander). A segunda nasce do isolamento da preposição über (sobre). Com este isolamento, a locução ganha a idéia de subtaneidade, de algo que se abate sobre nós: o tenso estar defronte tem lugar repentinamente. Por fim, ela acentua a aparição arrebatadora de algo: algo se apresenta repentinamente, chama a atenção para si e nos arrebata. Exatamente isto não acontece, por sua vez, com as coisas que se encontram contrapostas (N.T.).

213. Martin Heidegger, *O princípio de razão* (1955-1956), GA 10, org. por Petra Jaeger, Frankfurt junto ao Main, 1977, p. 122.

214. Martin Heidegger, *Da essência e do conceito de* Φύσις. *Aristóteles, Física B, 1* (1939), in: *Wegmarken*, GA 9, p. 239-301, aqui p. 261.

144 Oposicionalidade – O elemento hermenêutico e a filosofia

tro, de modo que nos ligamos a ela por meio dela mesma. Nós poderíamos nos afastar, mas talvez seja apenas justamente neste momento que o contrapor-se se faz sentir. Isto intensifica-se, quando a pessoa, assim como a coisa, permanece parada. Somente neste instante o encontro é experimentado em seu sentido: o importante é precisamente acolher aquilo que vem ao nosso encontro, na medida em que resistimos à sua permanência. No que diz respeito à pessoa, isto é o mesmo que corresponder à sua requisição[215]. Junto ao elemento próprio às coisas contrapostas, nós tentamos fazer com que ele conquiste validade em seu caráter enquanto coisa contraposta. Nós o apresentamos.

Isto acontece, por exemplo, quando um desenhista ou um pintor persevera junto a uma coisa e a acolhe como tema. Erhart Kästern relata algo deste gênero. Trata-se de um esboço de Caspar David Friedrich, que apresenta um pinheiro e no qual ele observa no canto: "5 horas e 1/2". Esta observação, assim nos diz Kästner, não poderia ser a indicação do tempo de surgimento do esboço. Nenhum desenhista experiente precisa de cinco horas e meia para encher uma folha como esta do tamanho de uma mão. Segundo ele, a única coisa que poderia estar sendo visada seria o "fato de este desenhista ter ficado parado por tanto tempo diante da árvore, à espera, cheio de esperanças. Cheio de esperanças? De qualquer modo, é evidente que a árvore se mostrou mais forte do que ele"[216].

Mais forte em que e com vistas ao quê? A resposta acha-se na relação entre o poder artesanal e a realização retardada intencionalmente por um longo tempo. O desenhista não quer simplificar as coisas; ele quer que algo contraposto a ele o impeça de levar a termo o exercício versado de sua arte. A espera obstrui o traço por demais usual; ela é uma resistência contra a habilidade que é sempre um risco no que concerne ao sucesso da arte. O seu risco é o declínio e a transformação em artifício. A árvore, ou seja, a coisa, deve ser mais forte e impedir o artifício. Tal como Friedrich, um outro pintor, Paul Cézanne, também passava horas diante de um motivo, detendo-se, sem uma solução precipitada. Dito juntamente com Merleau-Ponty, a sua pintura é, com isto, um paradoxo: ela visa à realidade e veda a si mesma os meios de alcançá-la[217]. No entanto, isto não indica nenhum fracasso, mas antes um respeito frente ao caráter das coisas que se encontram contrapostas. Nós só fazemos jus ao que ele é, na medida em que nos submetemos a ele como o critério de medida da apresentação. O elemento próprio às coisas contrapostas é acessível; ele não é de um tal modo que nunca poderíamos experimentar senão no fracasso aquilo que ele é. Neste sentido, ele precisa ser distinto do "não-idêntico"

---

215. O que isto significa mais exatamente está desenvolvido no § 7.

216. Erhart Kästner, *Aufstand der Dinge. Byzantinische Aufzeichnungen* (O levante das coisas. Anotações bizantinas), Frankfurt junto ao Main, 1973, p. 170.

217. No original temos: "il vise la réalité et s'interdit les moyens de l'atteindre" (Maurice Merleau-Ponty, *A dúvida de Cézanne*, in : Merleau-Ponty, *Sentido e non-sens*, Paris, 1948, p. 15-49, aqui p. 22)

Segundo capítulo: Interpretação

que Adorno compreende como limite do "espírito em todos os seus juízos"[218]. Tal como o não-idêntico, contudo, ele não é apreensível em sua acessibilidade. Quem quisesse determinar algo de maneira invasiva, talvez chegasse a apreender algo, mas não o elemento próprio às coisas contrapostas. Este elemento está aí defronte, ou seja, distanciado. É somente a partir da admissão de seu estar afastado que pode ter lugar o sucesso da apresentação. A apresentação é substancial em uma medida particular; ela não se funda no próprio poder e saber, mas vive do defronte, no qual, com a sua coisa, também se intensifica o poder e o saber.

Em princípio, tudo pode assumir o modo de ser das coisas contrapostas, sem que aconteça nele a mais mínima alteração. O pinheiro de Caspar David Friedrich, a montanha Santa Vitória de Cézanne não são em si marcados pelo caráter daquilo que se encontra contraposto. Com freqüência, são coisas banais, cotidianas, que os desenhistas e os pintores tomam por tema; uma outra pessoa teria jogado no lixo as garrafas e os vidros que representavam um desafio para Morandi. Apesar disto, o caráter daquilo que se encontra contraposto não é atribuído arbitrariamente às coisas. Ele não existe sempre, nem para qualquer um. No entanto, ele está sempre presente enquanto possibilidade. Com ele, intensifica-se a exterioridade das coisas.

Inversamente, é importante que ela seja a exterioridade *das coisas*. Se apenas descobríssemos e tomássemos conhecimento junto às coisas de algo assim como a sua "exterioridade em geral", então perderíamos de vista o decisivo; uma exterioridade, que é indeterminada e que, por isto, não nos interesse por fim em nada, não conduz para fora da imanência do sentido performativo. Permaneceria desapercebido o fato de as mesmas coisas que podem ser consideradas como objetos ou sob o aspecto da aplicabilidade e da utilidade *condicionarem* ao mesmo tempo as possibilidades de ligação. Neste caso, então, não haveria nenhuma possibilidade de entrar em uma relação com este elemento condicionante e, com isto, também permaneceria obscura a perspectiva de realização enquanto tal. Em contrapartida, abre-se com a experiência do elemento próprio às coisas contrapostas um contexto, no qual o conhecimento ligado ao objeto e o comportamento orientado pela aplicabilidade e pela utilidade não são senão um momento. O contexto das coisas, tal como este contexto aparece a partir do conhecimento ligado ao objeto e a partir do comportamento, reproduz este contexto em um encurtamento peculiar. Por isto, tudo depende de também sondá-lo de outra forma, a saber, apresentando-o.

As coisas visíveis permitem que experimentemos de forma particularmente impressionante o que é o caráter das coisas contrapostas. O estar-aí-defronte próprio ao tema que é apresentado e que, apesar disto, permanece o estar-aí-defronte em relação à apresentação, ou seja, que permanece exterior, é de uma concretude plástica em seu sentido literal. Junto às coisas visíveis, o estar contraposto àquilo que se encontra contraposto é particularmente visível. A coisa visível acha-se tran-

---

218. Theodor Wiesengrund Adorno, *Dialética negativa*, Gesammelte Schriften 6, Frankfurt junto ao Main, 1973, p. 187. Cf. meu ensaio: Günter Figal, *Über das Nichtidentische* (Sobre o não-idêntico), in: Wolfram Ette, Günter Figal, Richard Klein, Günter Peters (org.), *Adorno im Widerstreit. Zur Präsenz seines Denkens* (Adorno em controvérsia. Sobre a presença de seu pensamento), Freiburg im Breisgau/Munique, 2004, p. 13-23.

qüilamente presente, enquanto um acontecimento não pode alcançar ou conservar sem memória ou repetição o grau de intensidade próprio ao caráter das coisas que se encontram contrapostas. Em princípio, porém, tudo pode assumir o modo de ser das coisas contrapostas, por exemplo, o comportamento de um homem, na medida em que este comportamento não se explica a partir da lida até aqui e das formas de lida familiares. As coisas dão-se de maneira similar no caso de uma declaração em um diálogo. Se ela assume o modo de ser das coisas contrapostas, ela funciona como uma cisão; nós continuamos a escutar e, contudo, atua na escuta uma força que corre estranhamente na direção contrária. Uma sentença é retida durante o prosseguimento da conferência ou do diálogo e faz com que perguntemos: "O que significa isto?" Quando não esperamos nenhuma resposta de uma nova pergunta dirigida ao falante, o caráter próprio às coisas que se encontram contrapostas se apresenta.

Na medida em que algo assume o modo de ser das coisas contrapostas, ele não se metamorfoseia em uma coisa visível, mas assume de qualquer forma o caráter de coisa em um certo sentido; ele se torna *algo*, uma coisa, que não pertence mais à vida realizada, mas que se encontra por si. Ele tornou-se extrínseco às realizações vitais e, por isto, reconhecível como um momento do contexto, no qual as realizações vitais se encontram. Ele pertence às *condições* do conhecimento ligado ao objeto e do comportamento que tem por meta a aplicabilidade e a utilidade, sim, às *condições* da vida cotidianamente realizada em geral; como ele é o não-cotidiano, como ele é aquilo que não se encaixa na vida, é possível compreender a partir dele o cotidiano naquilo que ele é. De seu gênero é tudo aquilo que pode emergir e vir à tona em si mesmo enquanto unidade vital complexa a partir do contexto vivido e compreendido segundo a realização vital.

Com certeza, de maneira bastante freqüente, o que não arrefece aqui não é a coisa mesma que assumiu o modo de ser daquilo que se encontra contraposto, mas a sua apresentação. Nós nos atemos a ela, quando o que está em questão é conhecer os aspectos do mundo e da vida que se tornaram carentes de exegese e de indicação de sentido. A apresentação intervém em favor da coisa que é por ela apresentada. Isto só é possível porque a própria apresentação é marcada pelo modo de ser daquilo que se encontra contraposto. Assim, o caráter daquilo que se encontra contraposto inicialmente experimentado é acolhido nela, configurado e por meio daí fortalecido. Uma apresentação do elemento próprio às coisas contrapostas, para a qual uma tal asserção é pertinente, é visada como marcada pelo modo de ser daquilo que se encontra contraposto. Nesta medida, as apresentações não assumem apenas o modo de ser daquilo que se encontra contraposto, mas são elas mesmas *algo contraposto*.

O caráter de coisa contraposta que é próprio às apresentações mostra-se da maneira mais clara possível no interior das artes plásticas. Com isto, as artes plásticas mostram-se uma vez mais em seu valor paradigmático para o pensamento hermenêutico. Aquilo que um pintor toma como tema possui o modo de ser das coisas contrapostas, na medida em que ele é plástico. Ele destaca-se da profusão difusa dos fenômenos enquanto uma forma, enquanto cor, em sua estrutura material. Este elemento plástico está determinado desde o princípio a se tornar quadro. A atividade do pintor, junto à qual podemos apresentar a corporeidade do conheci-

Segundo capítulo: Interpretação   147

mento apresentador[219], não possui uma significação senão enquanto um estágio intermediário, um "momento de uma fase", enquanto caminho que leva do elemento pictórico para o quadro. Tal como o elemento pictórico, o quadro encontra-se diante de nossos olhos como coisa. Nós só o reconhecemos como quadro, uma vez que o compreendemos como uma coisa contraposta. Ele não é outra coisa senão fenômeno e, na medida em que é em seu fenômeno apresentação, ele também responde pelo fenômeno daquilo que é apresentado. O quadro apresenta, uma vez que ele é a forma assumida e realçada por aquilo que é apresentado, ou seja, a forma transposta, e uma vez que ele mesmo possui cor ou estrutura material. Ele não é nenhuma cópia, que remonta a um arquétipo e que poderia ser comparado com este arquétipo. No entanto, mesmo quando não pode ser considerado como uma cópia porque é "abstrato", ele possui em verdade o caráter da apresentação. Ele mostra-se, então, como uma dinâmica que se tornou forma, como um acontecimento que se tornou visível ou como a quietude transposta para a forma. Não obstante, ele sempre permite em si mesmo que algo esteja aí em uma presença mediada e, por meio disto, intensificada. O quadro traz algo para o interior do estado de contraposição (*Gegen-Stand*) porque ele mesmo é uma coisa que se encontra contraposta (*Gegenstand*)[220] – isto pode se dar por meio de um estranhamento surrealista, por meio do acento na materialidade em meio à colagem ou mesmo por meio de uma redução à forma fundamental nas naturezas mortas de Morandi. Mesmo quando o quadro não é outra coisa senão uma superfície em azul-escuro, as coisas se dão desta maneira. Neste caso, o quadro é azul e mostra o azul. O azul apresentado não é nenhuma propriedade do quadro, mas o quadro é uma exposição estática do azul, exatamente como a exposição de uma visada perspectivística ou de um aspecto[221].

É este caráter de exposição carente por sua parte de exposição que permite não apenas a uma imagem, mas também a toda obra de arte se tornar uma coisa que se encontra contraposta. Com a obra, encontra-se contraposto um texto que é oferecido *enquanto* texto, por mais que ele ainda permaneça ligado no elemento oposicional do mundo e da vida a uma coisa, a uma ação e a um acontecimento e, por isto, precise ser liberado para si. A história contada fornece o texto daquilo que aconteceu ou fornece enquanto história "ficcional" um texto, a partir do qual podemos compreender o acontecido ou o que está acontecendo. O poema que não parece senão dizer – "Acima de todos os picos reina quietude..." – fornece o texto das coisas, a amplitude da terra, a quietude que oxigena a floresta e o mundo animal e que, por fim, abarca a própria palavra e a coloca no centro das coisas. Coisas contrapostas são algo que possui o modo de ser daquilo que se encontra contraposto,

---

219. Maurice Merleau-Ponty, *O olho e o espírito*, Paris, 1967, p. 16.

220. Günter Figal joga aqui com o sentido etimológico do termo *Gegenstand* em alemão. Se levarmos em conta os dois elementos que compõem o termo, *Gegenstand* significa literalmente o estado (*Stand*) contraposto (*Gegen*) (N.T.).

221. Quanto a este último ponto, cf. Gottfried Boehm, *Bildnis und Individuum. Über den Ursprung der Porträtmalerei in der italienischen Renaissance* (Retrato e indivíduo. Sobre a origem da pintura do retrato na renascença italiana), Munique, 1985.

148 Oposicionalidade – O elemento hermenêutico e a filosofia

algo que não é outra coisa senão enquanto marcado pelo modo das coisas contrapostas; com elas, o elemento próprio às coisas contrapostas da vida e do mundo intensifica-se. Junto às coisas que se encontram contrapostas, portanto, este elemento também é experimentado de maneira mais intensa do que até então.

Neste caso, as obras de arte são coisas que se encontram contrapostas em uma medida particular. O fato de elas serem uma coisa que se encontra contraposta constitui a sua essência, por mais que elas compartilhem o seu caráter de obra com todas as coisas de uso produzidas; o seu caráter de coisa contraposta as preenche, de modo que as desconhecemos, quando não as tomamos como uma coisa que se encontra contraposta. Mais do que qualquer outra coisa que possa ser compreendida, as obras de arte, que merecem este nome, são determinadas por aquela textualidade espessa e ao mesmo tempo aberta que Schleiermacher procurou indicar com o conceito do individual. Por isto, toda tentativa de sua interpretação reconduz ao fato de elas se encontrarem insubstituivelmente em uma posição oposta. Comparações, classificações ou definições gerais precisam estar ligadas à individualidade do objeto artístico. Se isto não acontece, elas fracassam.

É natural ver os textos fundamentais da religião de uma maneira similar. Tal como as obras de arte, eles são apresentações de algo que entrou em cena aí defronte e que não podia ser conhecido senão em uma apresentação. Como textos sagrados, eles são insubstituíveis; eles são documentos relativos à revelação e se mostram como o conteúdo que instaura pela primeira vez a religião. A partir do momento em que surgem, o culto determina-se a partir deles. Eles são expostos no culto como obras de arte, apesar de a pergunta sobre a qualidade da exposição ser aqui inapropriada; a exposição pertence ao culto, sem que o próprio culto seja uma exposição[222]. Tal como junto às obras de arte, uma tradição de interpretação e de comentário também impregna os textos sagrados. Não obstante, a individualidade dos textos sagrados é menos concludente. Mesmo para religiões que são totalmente concentradas na escrita, a tradição de interpretação e comentário possui a sua força própria. A forma de representação e de pensamento da religião também pode determinar a interpretação; em verdade, não exatamente como os textos fundamentais, mas, de qualquer modo, de uma maneira tal que, sem elas, a religião não seria o que é. O cristianismo não foi marcado apenas pelos seus textos sagrados, mas também pelos Padres da Igreja e pelos místicos, pelos teólogos medievais e modernos, até mesmo pela arte, na medida em que ela se tonou parte integrante da tradição em quadros, músicas ou poemas.

Ainda mais clara é a diversidade entre a arte e a filosofia. Em verdade, grandes escritos filosóficos possuem inequivocamente um caráter de coisa que se encontra contraposta. Neles também se intensifica o caráter de coisa contraposta àquilo que impulsionou a reflexão filosófica e mesmo aqui tudo se comporta de um tal modo, que as coisas são com freqüência mais acessíveis por intermédio do texto do que quando elas vêm ao nosso encontro e se destacam do contexto do cotidiano. Sem Platão, a pergunta acerca do que é, por exemplo, a justiça não pode ser

---

222. Cf. acima p. 89-90.

Segundo capítulo: Interpretação

discutida e respondida senão de maneira muito menos convincente. Os projetos éticos mantêm-se, na maioria das vezes, no interior do campo de tensão dos textos, que foram estabelecidos previamente por Aristóteles, por Kant e pelos representantes do utilitarismo. Mesmo os textos filosóficos são constituídos de um tal modo que podemos compreender algo a partir deles. Todavia, aquilo que eles dão a entender está menos ligado a eles do que às obras de arte. Enquanto a compreensão de uma coisa por meio da arte sempre está referida uma vez mais ao texto da obra, pertence à essência da filosofia o fato de ela também se destacar dos textos que se mostram como as suas coisas contrapostas. No pensamento filosófico, o que importa é partir sempre uma vez mais do elemento mesmo que é próprio às coisas contrapostas, a fim de apreendê-lo por meio de uma apresentação. Juntamente com as possibilidades descerradoras dos textos que se mostram como coisas que se encontram contrapostas, nós também reconhecemos os seus limites.

Deste modo, segundo a sua essência, a filosofia é apresentação em um duplo aspecto: ela tem algo em comum com o elemento próprio às coisas contrapostas e com estas coisas mesmas. Esta alternância pode efetivamente chamar a atenção para o caráter de apresentação da filosofia. Refletir sobre este caráter pertence à essência da filosofia, se é que ela pode ser sozinha o que ela é no interior da clareza desprovida de pressupostos de suas ações. Neste sentido, a apresentação também precisa ser levada em conta de maneira mais fundamental do que fizemos até aqui. Nós precisamos clarificar como é que o elemento próprio às coisas que se acham contrapostas e estas coisas mesmas são dados e o que é que possibilita a ligação ao elemento próprio às coisas contrapostas, assim como ao seu encontrar-se contraposto. O que está aqui em questão é o *espaço*, no qual a apresentação pertence juntamente com aquilo que pode ser apresentado – ou seja, a questão acerca do espaço do elemento hermenêutico, o espaço que o elemento hermenêutico não contém como algo qualquer, mas que possui ele mesmo uma essência hermenêutica. O que está aqui em questão é o espaço hermenêutico.

Se tudo pode assumir em princípio o modo de ser das coisas que se encontram contrapostas e se tudo pode ser apresentável, tudo pertence a este espaço. Portanto, o próprio espaço não é nenhum espaço particular; ele não é passível de ser distinto de outros espaços, mas se mostra como a abertura para toda e qualquer ligação e para todo e qualquer comportamento, a abertura para tudo aquilo que está-aí-defronte. O espaço é o *mundo*, ao qual pertence a apresentação – não como algo que simplesmente ocorre no mundo, mas como algo que é uma possibilidade essencial deste mundo.

Assim, só podemos perguntar de maneira desprovida de pressupostos, se o princípio da consideração for anteriomente clarificado. Ela precisa ser uma consideração que não se mostre apenas como hermenêutica, mas também como uma clarificação conceitual do elemento hermenêutico a partir de sua possibilidade no mundo. Uma tal consideração é, tal como deve se mostrar em primeiro lugar, uma consideração *fenomenológica*. O que está em questão em uma tal consideração é uma fenomenologia do espaço hermenêutico orientada pela apresentação enquanto uma fenomenologia do mundo.

Terceiro capítulo
O mundo como espaço hermenêutico

§ 14: Fenomenologia

A interpretação, a compreensão e o caráter daquilo que se encontra contraposto se co-pertencem. É somente o elemento próprio às coisas contrapostas que precisa ser interpretado; é só por meio da interpretação que ele se descerra como aquilo que ele é porque somente o conhecimento apresentador preserva a exterioridade de sua coisa. Ele conta com ela e a expõe; nisto reside a sua distinção em relação à abordagem ligada ao objeto. E se uma apresentação é compreendida, a diferença entre apresentação e coisa também se torna presente juntamente com a coisa que ela faz valer. Assim, a compreensão de algo sempre se mostra ao mesmo tempo como uma compreensão da maneira como esta coisa é dada. Nós não compreendemos apenas algo, mas sempre compreendemos também a relação entre a interpretação, ou seja, a apresentação e a coisa contraposta. Aquilo que compreendemos desta maneira é a *composição estrutural da apresentação*.

A discussão filosófica da composição estrutural da apresentação não precisa esclarecer a apresentação e a compreensão como algo completamente marcado em si por aquilo que ele propriamente é. Não é necessário nem mesmo aquela virada, aquela περιαγωγή, da qual se fala na *República*[1]. Na compreensão, não tomamos nenhum fenômeno pela coisa mesma, de modo que se necessitaria de um estar voltado diretamente para aquilo que aparece, para aquelas coisas que são projetadas na parede da caverna, a fim de que o *status* daquilo que é conhecido seja experimentado. Aquilo que os habitantes da caverna precisam aprender em primeiro lugar já foi sempre conhecido na compreensão. Da mesma, forma, pertence ao interpretar a consciência de que se está interpretando. De outro modo, a interpretação não poderia se articular com nenhuma outra interpretação: ela não se encaixaria no jogo das interpretações que estão empenhadas juntas, apesar de cada um por si, pela sua coisa contraposta. Sem a consciência de que estamos interpretando, nós não interpretamos, mas apenas articulamos convicções dogmáticas em relação a um texto. Compreender e interpretar são refletidos em si. Por isto, a reflexão filosófica pode se iniciar em seu ponto central. No entanto, se a filosofia não surge, mas eclode, a reflexão sobre a composição estrutural da apresentação não se torna paulatinamente uma reflexão filosófica. Necessita-se de um determinado grau de intensidade, para que a simples reflexão hermenêutica se converta em

---

1. Cf. Platão, *Res publica* 515c e 518d.

Terceiro capítulo: O mundo como espaço hermenêutico

uma reflexão filosófica, que transponha o elemento hermenêutico para o interior de uma nova cognoscibilidade. A questão é saber quando isto acontece.

Todo intérprete cuidadoso é capaz de prestar contas sobre a sua atividade – muitas das reflexões que foram estabelecidas aqui em relação à interpretação, à exegese e à indicação de sentido, em relação ao caráter próprio às coisas que se encontram contrapostas, poderiam ser reflexões de uma ciência que procede hermeneuticamente. Aquilo que estava em jogo junto às determinações filosóficas foi obtido a partir da colocação da questão subordinada acerca de uma filosofia hermenêutica; ele tinha algo em comum com o fato de a explicitação da interpretação se encontrar em uma conexão. Na medida em que esta conexão já era a conexão da filosofia, o tornar-se filosófico da reflexão não se torna compreensível por meio dela.

Considerada a partir de uma ciência hermenêutica, a filosofia entra em jogo logo que o âmbito da ciência perde a sua obviedade. Isto pode acontecer por meio de questões provocadoras: como se comportam a exegese e a indicação de sentido da literatura, por exemplo, em relação às outras formas do conhecimento? O que isto tem em comum com a vida humana e como ele pertence à conexão desta vida, na qual ele se mostra como uma possibilidade vital entre outras?

Estas questões também podem ser formuladas pela própria filosofia, a saber, quando a filosofia é compreendida hermeneuticamente. Neste caso, ela é interpretação, apresentação e compreensão, mas não uma interpretação e uma compreensão do tipo de uma arte ou de uma ciência hermenêutica, que está fixada em um determinado âmbito de coisas e de objetos oposicionais. Ela também não oscila simplesmente entre âmbitos materiais e âmbitos de coisas que se encontram contrapostas; a filosofia não é nenhuma sondagem difusa disto ou daquilo, ela não é marcada por nenhuma onisciência acumulada no sentido da sofística definida e, em certo sentido, também caricaturada por Platão. Se a filosofia não está submetida a nenhuma limitação substancial, ela lida com a totalidade da vida e com a sua conexão. É de se perguntar, então, porém, como a sua apresentação e a sua compreensão podem se ligar ao todo da vida e à sua conexão, como elas pertencem a esse todo em sua referencialidade.

Para que possamos responder a esta questão, nós não podemos mais nos manter junto à própria composição estrutural da apresentação, mas também não podemos abandoná-la. De outro modo, a reflexão filosófica não seria mais nenhuma intensificação da reflexão hermenêutica; ela não teria mais nada em comum com as questões, nas quais esta intensificação tinha sido estabelecida; e, então, a intelecção do caráter hermenêutico da filosofia também seria perdido uma vez mais.

Portanto, não nos resta outra coisa senão a possibilidade de abrir a composição estrutural da apresentação, isto é, a possibilidade de torná-la transparente para o contexto ao qual ela pertence, a fim de considerá-la e expressá-la a partir deste contexto. Neste caso, não nos concentramos mais na própria composição estrutural da apresentação e não nos mantemos mais junto aos seus momentos, mas fazemos com que estes momentos se vinculem ao seu contexto e ao mesmo tempo provenham deste contexto. Nós observamos *como eles se mostram*; tudo depende apenas desse mostrar-se, do modo como se dá a sua vinculação e o seu despontar.

152 Oposicionalidade – O elemento hermenêutico e a filosofia

Com isto, os momentos da composição estrutural da apresentação transforma-ram-se em *fenômenos*. Vista de maneira superficial, a palavra não diz nada novo; φαι-νόμενον é aquilo que se mostra, e, nesta medida, a palavra seria prescindível. No entanto, por outro lado, ela coloca a discussão da composição estrutural da apresentação em um contexto que permite determinar o seu valor conjuntural filosófico: a consideração filosófica da composição estrutural da apresentação é *fenomenologia*.

O conceito de fenomenologia não está menos eivado de pressupostos do que o conceito de hermenêutica; se quisermos acolhê-lo, ele é tão carente de explicação quanto este último. É somente depois de clarificarmos o conceito de hermenêutica em sua significação filosófica e de o concretizarmos no interior da discussão da composição estrutural da apresentação, que a possibilidade de uma filosofia hermenêutica poderá ganhar forma. Para que esta filosofia possa se comprovar, então, como fenomenológica, nós precisamos explicitar como temos isto em vista. Uma tal explicitação é tanto mais importante, uma vez que a fenomenologia deve possuir aqui o caráter de uma intensificação da reflexão hermenêutica[2]. Isto não foi levado a cabo nem na elaboração clássica da fenomenologia em Husserl, nem tampouco em sua revisão por meio de Heidegger que, contudo, estava empenha-do na comprovação de uma co-pertinência interna entre hermenêutica e fenome-nologia. Tal como mostramos[3], porém, Heidegger restringiu o elemento hermenêu-tico à manifestação da intuição fenomenológica. E ele pensou a hermenêutica a partir de uma fenomenologia revista segundo o modelo da filosofia prática, ao in-vés de deixar a fenomenologia emergir do próprio elemento hermenêutico. Não se encontra nenhuma base na confrontação heideggeriana com Husserl nem para uma compreensão de tal modo hermenêutica da fenomenologia, nem tampouco para o resgate fenomenológico da petição filosófica da hermenêutica; o modelo da razão prática não faz jus a esta petição. Portanto, nós precisamos recorrer ao pró-prio conceito de fenomenologia e ao programa fenomenológico husserliano.

Neste caso, a primeira coisa a fazer é insistir no fato de o conceito de fenome-nologia possuir um acento crítico: ele designa a intenção filosófica de aproveitar aquilo que anteriormente era visto como secundário. De início, os fenômenos não são *senão* justamente aquilo que se mostra, algo que está presente, sem ser com-preendido naquilo que ele é. É neste sentido que as apresentações artísticas, os produtos da μίμησις, são designados na *República* como φαινόμενα e diferencia-dos daquilo que em verdade é – os ὄντα [...] τῇ ἀληθείᾳ[4]. Aqui, as representações plásticas e as concreções poéticas não são concebidas de um tal modo como fenô-menos, que elas são distintas do ente "real", tal como ele em verdade é – como se pudéssemos tomá-las por cópias que se acham ao lado daquilo que é copiado. Ao contrário, elas são um mero fenômeno, nada além da superfície daquilo que vem

---

2. Portanto, a fenomenologia e a hermenêutica não são compreendidas – tal como em Ricoeur – como duas posições filosóficas igualmente válidas, cujos pontos em comum podem ser indaga-dos. Cf. Paul Ricoeur, *Phénomenologie et herméneutique: en venant de Husserl* (Fenomenolo-gia e hermenêutica: vindo de Husserl), in: Ricoeur, *Du texte à l'action* (Do texto à ação), p. 39-73.

3. Cf. acima p. 21-23.

4. Platão, *Res publica* 596e.

Terceiro capítulo: O mundo como espaço hermenêutico

ao nosso encontro. O estrado pintado não tem nada em comum com aquilo que um estrado é em sua essência; o quadro não oferece senão a aparição pura e simples, aquilo que simplesmente aparece segundo o modo como ele está imediatamente presente, e, por isto, ele mesmo também quer ser considerado tal como aparece[5]. Os fenômenos, compreendidos desta maneira, são a dação irrefletida de algo, uma dação não mediada por nenhum saber; eles não fornecem nenhum acesso àquilo que em verdade é.

Aristóteles julga os fenômenos de uma maneira um pouco mais amistosa. Eles são incluídos no âmbito daquilo que se oferece nas visões corrente ἐνδόξα[6] e que, como aquilo que nos é mais conhecido, pode servir enquanto ponto de partida para a investigação daquilo que é conhecido segundo a sua natureza[7]. No entanto, eles só podem ser pensados assim, se aquilo que aparece é o que *inicialmente* se mostra e, enquanto tal, funciona como o começo do conhecimento. A partir dele, então, é possível conquistar uma compreensão apropriada da coisa. Todavia, considerado em si mesmo, o fenômeno também é aqui a existência irrefletida de algo, uma existência que ainda permanece ser intocada pela discussão crítica.

O primeiro emprego do título "fenomenologia" em Johann Heinrich Lambert ainda possui completamente este sentido. Com o subtítulo da obra, cuja quarta parte se chama "fenomenologia", já se expressa o decisivo: o *Novo Organon* (1764) contém *idéias sobre a investigação do verdadeiro e sobre a sua distinção em relação ao erro e à aparência*[8]. De maneira correspondente, a fenomenologia é a discussão desta aparência enquanto o ponto mais central entre verdade e ilusão; e isto com a finalidade de investigar a aparência em sua possibilidade e em seus efeitos, para desta forma contribuir com a sua superação. Quando Hegel, porém, denomina a sua primeira obra capital uma *Fenomenologia do espírito*, as coisas já são vistas de maneira diversa. Enquanto "ciência da experiência da consciência"[9], tal como se chama o título original da obra, a fenomenologia deve exibir os modos de aparição do espírito, modos estes que são respectivamente figuras da experiência do espírito. E na medida em que o espírito só é o que ele é por meio da experiência, a fenomenologia se comprova como o modo da apresentação filosófica que é perfeitamente apropriado ao espírito.

O aproveitamento do que aparece transforma-se definitivamente em programa naquela filosofia que é normativa para a compreensão contemporânea da fe-

---

5. Ibid., 598b: τὸ φαινόμενον, ὡς φαίνεται. Cf. também Platão, *O sofista* 235d-236a.

6. Aristóteles, *Ética a Nicômaco* VII, 1; 1145b 3-5.

7. Aristóteles, *Metafísica* VII, 3; 1029b 7-8.

8. Johann Heinrich Lambert, *Novo organon ou idéias sobre a investigação e a designação do verdadeiro e de sua distinção em relação ao erro e à aparência*, Philosophische Schriften, org. por Hans-Werner Arndt, vol. 1 e 2, Leipzig, 1965.

9. Hegel, *Fenomenologia do espírito*, Gesammelte Werke 9, p. 444.

nomenologia: na filosofia husserliana[10]. A idéia decisiva já está formulada bem cedo na obra de Husserl, a saber, na introdução ao segundo volume das *Investigações lógicas* (1901): as explicitações que são anunciadas aqui pertencem, como Husserl diz, a uma "teoria objetiva do conhecimento, e, o que se acha na mais intrínseca co-pertinência com uma tal teoria, a uma fenomenologia pura das vivências do pensamento e do conhecimento"[11]. Esta fenomenologia, assim prossegue Husserl, "tal como a fenomenologia pura das vivências que a abrange, lida exclusivamente com as vivências concebíveis e analisáveis na intuição em uma pura universalidade essencial, mas não com vivências empiricamente apercebidas enquanto fatos reais, enquanto vivências de homens ou animais que vivenciam no mundo fenomenal estabelecido como fato da experiência"[12]. Se os fenômenos são compreendidos como *essência* ou *eidé*, tal como encontramos formulado nas *Ideen I* (Idéias I)[13], eles possuem o mesmo *status* daquilo que, em Platão, foi designado "o que em verdade é".

Desta forma, aquilo que aparece ou se mostra é determinado de uma maneira radicalmente diversa do que acontece na tradição. Juntamente com o que realmente é ou com o elemento fático, tal como eles vêm ao nosso encontro no interior da "postura natural", também se contrapõe ao que se mostra aquilo que outrora era chamado "fenômeno". Não é a aparição, o elemento fático, que possui agora o caráter do casual, ou seja: "ela é de um modo tal que, segundo a sua essência" – enquanto algo que faticamente pode ser de uma maneira diversa –, também "poderia ser diversa"[14]. Por exemplo, um pensamento poderia ser diverso do que é agora, ao ser pensado por esta pessoa determinada, sob estas circunstâncias determinadas. Não obstante, enquanto pensamento, ele é este pensamento determinado, ele é simplesmente da maneira como é. Enquanto pensamento, disto Husserl estava convencido, ele não se confunde com o fato de ser pensado aqui e agora por este homem.

Com isto, nós tocamos em um dos temas mais importantes de Husserl. O seu programa fenomenológico está voltado contra a identificação entre as "vivências" e a sua ocorrência factual na vida psíquica de um homem ou mesmo de um animal, e, neste sentido, contra o "psicologismo". Todavia, o programa também é igualmente uma crítica à concepção empírica de que pensamentos e percepções

---

10. Hans Blumenberg, *Lebenszeit und Weltzeit* (Tempo de vida e tempo do mundo), Frankfurt junto ao Main, 1986, p. 27-28: "O significado de 'fenômeno' na fenomenologia precisa ser tomado literalmente. Continua marcando o caráter espantoso de seus momentos iniciais o fato de uma filosofia que parece decair no platonismo com a concepção da 'significação' e da 'essência' escolher para si precisamente como título de seus objetos exclusivos aquilo que, enquanto aparição, Platão considerava como não sendo digno de teoria".

11. Edmund Husserl, *Investigações lógicas*. Segundo volume. Primeira parte, Husserliana XIX. 1, org. por Ursula Panzer, Den Haag, 1984, p. 6.

12. Husserl, *Investigações lógicas*. Segundo volume, Introdução; Husserliana XIX.1, p. 6.

13. Husserl, *Ideen I* (Idéias I), Husserliana III.1, p. 12.

14. Ibid.

Terceiro capítulo: O mundo como espaço hermenêutico

estão essencialmente ligados a algo particular, faticamente encontrável no mundo, e de que somente por isto eles seriam pensamentos e percepções. Pensamentos e percepções lidam primariamente com fenômenos e estes fenômenos não são, em contraposição àquilo que é faticamente encontrável, senão "irreais". Isto não significa que eles seriam ficções, mas apenas que eles não são ordenados no mundo real[15]. Eles não têm essencialmente nada em comum com o "mundo experimentado como um fato da experiência"[16]. A experiência, na qual vivências são tomadas enquanto tais como vivências de um fato encontrável no mundo, não determina senão o "conhecimento natural"[17] que é levado a termo na "postura natural".

A fim de alcançar a postura fenomenológica a partir da postura natural, necessita-se daquela transformação do olhar já mencionada aqui uma vez[18], daquela transformação que Husserl indica com o conceito de ἐποχή. O elemento fático da experiência e daquilo que é experimentado precisa, como diz Husserl, ser colocado "fora de ação", alijado, suspenso. Por meio daí, a postura natural não é contestada ou colocada em dúvida; Husserl afasta-se expressamente de uma negação neste sentido[19]. Ao contrário, Husserl descreve a ἐποχή como uma possibilidade de nos tornarmos os observadores de nós mesmos. Tal como ele diz na primeira de suas *Conferências em Paris* (1929), eu conquisto com a ἐποχή "o último ponto de vista pensável da experiência e do conhecimento [...], um ponto de vista sobre o qual me transformo em espectador imparcial de meu eu mundano-natural e da vida de meu eu"[20]. Eu me abstenho de "todos os interesses mundanos"[21] e sou transposto, assim, para o interior da possibilidade de descobrir estes interesses "como temas de descrição"[22]. Realiza-se "uma espécie de cesura do eu": o "espectador transcendental", ou seja, o observador que vai além de si mesmo, mas não chega a uma transcendência real em relação a si mesmo, cinde-se do "eu dado no mundo"[23] e o visualiza. Ele não se liga mais direta e imediatamente àquilo que é percebido, pensado ou representado, mas à execução do pensamento do "eu dado no mundo", e não tem junto a este pensamento "o mundo senão como fenômeno"; ele possui o que é percebido, pensado e representado "enquanto aquilo que aparece dos fenômenos respectivos", ou, como Husserl acrescenta à guisa de explicitação, "como mero correlato"[24].

---

15. Ibid., p. 6.

16. Husserl, *Investigações lógicas*. Segundo volume, Introdução; Husserliana XIX.1, p. 6.

17. Husserl, *Ideen I* (Idéias I), Husserliana III.1, p. 10.

18. Cf. acima p. 28-31.

19. Husserl, *Ideen I* (Idéias I), Husserliana III.1, p. 62-63.

20. Edmund Husserl, *Pariser Vorträge* (Conferências em Paris), Husserliana I, p. 1-39, aqui p. 15.

21. Husserl, *Pariser Vorträge* (Conferências em Paris), Husserliana I, p. 15.

22. Ibid., p. 16.

23. Ibid.

24. Ibid.

Para o ponto de partida de Husserl, este conceito é particularmente elucidativo. Ele conecta o que é percebido e conhecido com a consciência cognoscente, mas não conecta menos a consciência com aquilo ao que ela está ligada ou para o que ela está dirigida. Com a intencionalidade, a consciência encontra a "propriedade fundamental [...] de ser consciência *de* algo"[25]. Esta propriedade fundamental só ganha validade enquanto tal na ἐποχή. A ligação àquilo que é faticamente encontrável é contingente. Não precisaríamos ver a árvore que estamos vendo agora, nós poderíamos fechar os olhos ou virar de costas. Em verdade, isto seria em geral o mesmo que se tivéssemos nos voltado para outra coisa. No entanto, permanece em todo caso encoberto o fato de a ligação a algo que é imanente à consciência ser essencial. Enquanto nos mantemos interessados como entes "dados no mundo" por aquilo que a cada vez se apresenta diante de nossos olhos ou que ganha a nossa consciência, não vemos que, junto à ligação, o que está em questão é uma propriedade fundamental da consciência. Mesmo a tentativa de apreender genericamente aquilo que é percebido não conduz para fora desta postura natural. Ao contrário, ela conduz a uma auto-inquirição exata da postura natural: "Eu encontro constantemente presente como o meu defronte a realidade espácio-temporal, à qual eu mesmo pertenço, tal como todos os outros homens encontráveis nela e ligados a ela da mesma maneira"[26]. É somente quando este interesse é suspenso, colocado fora de ação, que a própria ligação e, em verdade, em sua reciprocidade, fica clara enquanto correlação: a consciência está dirigida para algo e este algo está presente para a consciência.

É justamente isto que é indicado com o conceito de fenômeno. A "palavra fenômeno", tal como Husserl disse certa vez, é "ambígua em virtude da correlação essencial entre o *aparecer* e *aquilo que aparece*"[27]. A palavra não designa apenas aquilo que aparece, mas também o seu aparecer; ela denomina aquilo que existe ao mesmo tempo em sua existência. Por outro lado, é somente isto que faz com que o sentido de ἐποχή se torne compreensível. Na medida em que os fenômenos se descerram nela enquanto tais, a ἐποχή não é nenhuma auto-observação – como se considerássemos a nós mesmos em meio ao pensar e ao perceber a partir de um mirante mais elevado. Ela é muito mais *um retorno à correlação do elemento fenomenal*; ao invés de estar ligado a algo como este algo determinado, nós atentamos para o seu aparecer e podemos ver, assim, este aparecer mesmo como algo que aparece. Por isto, no que concerne à explicitação da ἐποχή, algo que ajuda mais do que a imagem da auto-observação esboçada por Husserl é o seu conceito de "redução fenomenológica"[28]. Nós nos retiramos do correlacionar em direção à própria correlação e consideramos os correlatos tão-somente a partir da correlação, à qual eles pertencem.

---

25. Husserl, *Meditações cartesianas*, § 14; Husserliana I, p. 72.

26. Husserl, *Ideen I* (Idéias I), Husserliana III.1, p. 63.

27. Husserl, *Die Idee der Phänomenologie* (A idéia da fenomenologia), Husserliana II, org. por Walter Biemel, Den Haag, 1950, p. 14.

28. Ibid., p. 44.

Terceiro capítulo: O mundo como espaço hermenêutico

Os correlatos que estão aqui em jogo já são nomeados na auto-inquirição da postura natural: eu mesmo e a "realidade espácio-temporal" ou "o mundo estabelecido como fato da experiência"[29]. Este mundo diferencia-se na experiência, de modo que só lidamos com ele setorialmente, sob determinados aspectos. No entanto, aquilo que é experimentado sempre pertence ao contexto do mundo e é conhecido a partir deste contexto. Desta forma, as coisas comportam-se de um tal modo, que algo me é dado e eu, como quer que isto venha a acontecer, oriento-me por ele. Atentar para a correlação significa, em contrapartida, que nós nos abstraímos tanto de nós mesmos quanto do fato que se nos contrapõe. As coisas não giram mais em torno de "mim", de tal modo que eu determino a mim mesmo como algo que pertence à "realidade espácio-temporal". Fenomenologicamente reduzido, eu não sou mais nem mesmo um ente que está dirigido para e que precisa ter um ponto de partida em seu direcionamento para algo, a saber, um "si mesmo". O que resta de mim é o aparecer daquilo que aparece, e, assim, a correlação se comprova como a fenomenalidade dos fenômenos; ela mesma é o aparecer, o pairar entre aquilo que aparece e o estar dirigido para ele. Um pensamento que não se mantém simplesmente neste pairar, mas o leva em conta enquanto tal, está concentrado no próprio aparecer e é, com isto, fenomenológico.

É característico da compreensão husserliana do fenômeno, porém, que ele compreenda o aparecer como "fenômeno subjetivo"[30] e, por isto, possa interpretar até mesmo aquilo que aparece como momento de seu aparecer. A "propriedade fundamental" da intensionalidade, ou seja, a propriedade de ser "consciência de algo", significa, então, "portar em si enquanto *cogito* o seu *cogitatum*"[31]. Por um lado, a idéia é passível de ser acompanhada em sua gênese: em verdade, é possível encontrar faticamente coisas sem consciência, mas não é possível encontrar, neste caso, nada que apareça; enquanto tal, aquilo que aparece é sempre para uma consciência. Por outro lado, contudo, o aparecer não pode ser identificado com a consciência; aquilo que aparece está efetivamente presente para a consciência, mas não pode ser imputado a ela. Aquilo que a consciência "porta em si" não lhe pertence de uma tal forma que ele seria um momento de seu estar dirigido para ou de seu estar ligado a. O aparecer é um evento que paira estranhamente; ele não pode ser subordinado nem àquilo que aparece, nem àquilo para o que algo aparece. Ele é correlação no sentido de que conecta os seus correlatos, mas não pode ser ele mesmo determinado por meio dos correlatos. Os correlatos só são, tal como eles são, por meio da correlação.

Não obstante, Husserl não avança em direção a uma compreensão tão clarificada da correlação. O pensamento permanece sem ser desdobrado porque Husserl identifica o aparecer com a consciência e assume a partir daí como o âmbito de objetos da fenomenologia uma "conexão ontológica fechada por si"[32], que não

---

29. Husserl, *Investigações lógicas*, segundo volume, Introdução, Husserliana XIX.1, p. 6.

30. Husserl, *Die Idee der Phänomenologie* (A idéia da fenomenologia), Husserliana II.

31. Husserl, *Meditações cartesianas* § 14; Husserliana I, p. 72.

32. Husserl, *Ideen 1* (Idéias 1), Husserliana III.1, p. 105.

necessitaria "por princípio" de nenhuma outra coisa para existir[33]. Todavia, a tentativa de pensar a correlação do fenômeno enquanto tal mostra-se como uma conseqüência do programa husserliano. Tal como se viu, Husserl não abandona de maneira alguma a idéia de uma ligação com os "objetos" exteriores[34]. Além disto, quando a experiência do elemento fenomenal não é mais reservada apenas à filosofia, a postura natural e a postura fenomenológica no sentido explicitado não são mais compreendidas como alternativas. Neste caso, torna-se necessário apreender a postura natural e a postura orientada pelos fenômenos como os dois lados do mesmo, e isto só é possível na medida em que a possibilidade de uma diferença entre a postura natural e a fenomenológica não é determinada a partir dos correlatos. Desta forma, ela não pode mais ser concebida como uma pura e simples mudança de postura; agora, ela só é concebível como um outro grau de uma intensidade correlata. O grau de intensidade correlata peculiar à fenomenologia é alcançado, quando não perguntamos mais sobre os fenômenos, mas procuramos clarificar o que é o próprio aparecer.

Com certeza, aquilo sobre o que perguntamos repele a questão. O aparecer que não é mais tomado em contraste com um "ser" ou com a "realidade" inquestionada da postura natural mostra-se de uma maneira peculiar como inquestionado. Ele é simplesmente o que ele é. O aparecer não pode ser deduzido de nada. Ele possui condições naturais. No entanto, mesmo se fosse possível levá-las todas em conta e descrevê-las de forma apropriada, isto não conduziria a nenhuma compreensão daquilo que o aparecer é. O próprio aparecer, porém, pode ser descrito; nós o experimentamos, e, portanto, é possível dizer o que experimentamos aí, sem que lancemos um questionamento crítico por detrás do aparecer; ele só se dá hermeneuticamente na descrição conceitualmente conduzida. Ele precisa ser mediado como algo que aparece e esta mediação é fenomenológica, quando ela é conduzida por meio da reflexão do próprio aparecer.

Ao aparecer pertence essencialmente o fato de ele acontecer em um distanciamento. Assim, precisamos dar um passo atrás em relação a algo ou mantê-lo diante de nós, afastado de nós, para que possamos vê-lo. No distanciamento reside uma cisão, mas esta cisão acontece em função da ligação. A cisão é aqui ao mesmo tempo o elo; algo está afastado de mim, neste afastamento "retraído" e somente por isto presente para mim.

Esta relação estava presente junto à discussão do caráter próprio às coisas que se encontram contrapostas, sem que tenhamos falado aí do próprio aparecer. Ela também ocorre na auto-inquirição da postura natural em Husserl: "Eu encontro constantemente como o meu defronte uma realidade espácio-temporal"[35].

---

33. Ibid., p. 104: "O ser imanente é [...] sem dúvida alguma um ser absoluto no sentido de que ele por princípio nulla 're' indiget ad existendum". Cf. René Descartes, *Principia philosophiae I*, p. 51; Oeuvres VIII/1, p. 24.

34. Cf. acima p. 138-140.

35. Husserl, *Ideen I* (Idéias 1), Husserliana III.1, p. 63.

Terceiro capítulo: O mundo como espaço hermenêutico

No entanto, esta realidade só pode se mostrar enquanto tal aí defronte se, como a postura natural também o sabe, "eu mesmo pertenço" a ela. Neste caso, o deparar-se *com* algo aí defronte transforma-se em uma experiência *de* algo e, então, o próprio distanciamento deste aparecer precisa pertencer, por sua vez, a esta realidade. À realidade pertence aquilo que poderíamos designar com uma palavra utilizada filosoficamente por Heidegger, com a palavra "clareira". Heidegger define a clareira como a "abertura que permite um deixar aparecer e um mostrar possíveis"[36]. Para a explicitação do modo como precisamos compreender esta definição, ele aponta para a significação da palavra: "clareira (*Lichtung*)" não tem nada em comum com "luz (*Licht*)", mas antes com "leve (*leicht*)"[37]; o que ele tem em vista aí é o espaço livre na floresta, um espaço que possibilita a visão.

Com certeza, a imagem não possui senão um poder explicitativo limitado. Nós imaginamos a realidade por nós experimentada não como um amálgama espesso de coisas, no qual espaços livres são vez por outra desbravados, de modo que sempre precisamos nos ligar uma vez mais por um momento a algo. Por um lado, o que se apresenta é um amálgama espesso; por toda parte *mostra-se* algo neste sentido e mesmo uma clareira com a qual nos deparamos na floresta é *algo* neste sentido. O pensamento do "é" torna tudo espesso; tudo é, como se encontra formulado em Parmênides, total, uno, inabalável e não incompleto[38]; tudo se encontra em conexão, o ente choca-se com o ente[39]; tudo é como a massa de uma esfera perfeitamente arredondada[40]. No entanto, há em tudo isto a possibilidade de se referir a algo diverso para além daquilo que é. Por toda parte há algo, e, contudo, o uno retrai-se em favor do outro.

Agora fica claro por que não podemos imaginar o espaço iluminado da clareira como lugar particular aberto. Por toda parte em que algo se apresenta, ele está ao mesmo tempo aberto. Nós nos lançamos para além dele e vemos para além daí, assim como atravessamos a clareira da floresta, assim como também nos movimentamos na mata espessa das árvores e vemos a luz transparecer na beira da floresta.

Esta experiência articula-se como que por si mesma com a representação do *espaço*. Onde há espaço, temos abertura, há travessia e visualização, o som se expande; no espaço há afastamento e amplitude, no espaço há distanciamento. Tudo isto poderia ser um sinal de que temos de pensar espacialmente a abertura daquilo que se apresenta. Neste caso, mesmo a correlação na qual algo aparece para alguém seria espacial; a compreensão do espaço seria a chave para a compreensão da fenomenalidade. É preciso desenvolver este ponto. Por isto, a nossa próxima questão é: como podemos pensar o espaço e o elemento espacial?

---

36. Martin Heidegger, *O fim da filosofia e a tarefa do pensamento*, in: Heidegger, *Zur Sache des Denkens* (Sobre a coisa do pensamento), p. 61-80, aqui p. 71.

37. Heidegger, *O fim da filosofia e a tarefa do pensamento*, p. 72.

38. Parmênides, VS 28 B 8, 4: οὐλομελές τε καὶ ἀτρεμὲς ἠδ̓ἀτέλεστον.

39. Ibid., 25: τῶι ξυνεχὲς πᾶν ἐστιν· ἐὸν γὰρ ἐόντι πελάζει.

40. Ibid., 43: εὐκύκλου σφαίρης ἐναλίγκιον ὄγκωι.

§ 15: Espaço

A experiência de espaços é a experiência de estreiteza e amplitude. Onde há pouco espaço, nós nos sentimos acossados, restritos não apenas em nossas ações, mas também no sentimento vital[41]. Em contraste com isto, temos o campo aberto; o fato de a visão não se deparar com limites pode ser vivificante – tudo sempre prossegue e isto funciona como uma promessa. Por vezes, mesmo a amplitude é angustiante, não menos do que a altitude e a profundidade. Não resistimos à abertura, tudo se dá como se ela pudesse nos engolir. O caráter demasiado da estreiteza e da amplitude não chamariam a atenção, se não houvesse também espaços dotados de uma medida correta. Neles, a limitação e a abertura mantêm-se suspensas. É somente a delimitação que expõe a ilimitação do aberto; o aberto mantém a delimitação afastada de nós – há a delimitação, sem que ela esteja perto demais de nós.

A estreiteza obriga-nos a nos voltarmos para nós mesmos. Aquilo que ainda se apresenta fora de nós mesmos se torna espesso demais. Na amplitude, tanto quanto na profundeza do abismo e na altitude que se tornou descomunal, nós nos perdemos. Nos dois casos falta a possibilidade da ligação; para que a ligação se estabeleça, é necessário amplitude e, ao mesmo tempo, algo precisa poder ser alcançado. É por isto que a experiência do espaço só é equilibrada, quando ela está conectada com a certeza de que referências são possíveis ou quando ela se conserva na multiplicidade do referir-se. Há, então, espaço suficiente para aceder a algo, assim como para considerá-lo a partir de diversos aspectos; nada chega perto demais e nada daquilo que nos importa está afastado de uma maneira intangivelmente grande. Não reconhecemos tudo à primeira vista, quase nada é reconhecido em uma única visada. Percepção e conhecimento constroem-se, na medida em que apreendem segundo diversos aspectos aquilo ao que estão ligados.

No que diz respeito a uma compreensão mais exata do espaço, este estado de coisas possui um interesse particular. Husserl dedicou-lhe reiteradamente uma atenção. Assim, junto ao exemplo de um dado, ele mesmo diz um "hexaedro", ele deixou claro que algo não "se dá" imediatamente, mas "continuamente como unidade objetiva em uma multiplicidade de modos de aparição multiformes e determinadamente pertinentes"[42]. É somente em aspectos diversos, que não se mostram como nenhuma "justaposição desconexa de vivências"[43], que se constrói a coisa contraposta; é somente assim que ela é "posicionada", "fixada" ou, dito com o termo de Husserl, "constituída". Para que isto possa acontecer, as vivências perceptivas precisam transcorrer "na unidade de uma síntese, de acordo com a qual tomamos consciência nelas de uma e mesma coisa como aquilo que aparece"[44]. Isto não acontece em uma espécie de enumeração conjunta de vivências perceptivas

---

41. Cf. quanto a isto as análises de Hermann Schmitz, *System der Philosophie* (Sistema da filosofia), vol. dois, primeira parte: o corpo, Bonn, 1965, em particular p. 73-89.

42. Husserl, *Pariser Vorträge* (Conferências em Paris), Husserliana I, p. 16.

43. Husserl, *Meditações cartesianas*, Husserliana I, p. 77-78.

44. Ibid., p. 78.

Terceiro capítulo: O mundo como espaço hermenêutico

particulares, fechadas em si, de modo que a unidade da coisa percebida só se daria no fim. Cada vivência possui muito mais "um horizonte intencional de referência [...] desde os lados *propriamente percebidos* do objeto (da coisa contraposta) da percepção até os lados *concomitantemente visados*, que ainda não foram percebidos", mas "se acham antecipados"[45]. Toda percepção é "impregnada [...] por um horizonte vital intencional"[46]; nela entra em jogo a expectativa de toda a coisa sob a forma de um "delineamento prévio que prescreve uma regra para a passagem a novos fenômenos atualizadores"[47]. Além disto, toda vivência perceptiva possui "horizontes de outras possibilidades da percepção enquanto tal que poderíamos ter, se regêssemos ativamente de uma maneira diversa a via da percepção" – ou seja, se movimentássemos, por exemplo, de outra forma os olhos ou assumíssemos uma outra posição[48]. Em toda percepção que se mostra como uma "tomada de conhecimento"[49] e não como um mero registro ótico, a coisa percebida está presente enquanto tal e, contudo, ela só vem à tona naquilo que ela é em meio ao transcurso do perceber, em meio a uma descoberta dirigida de tal ou tal maneira.

O processo da percepção, tal como Husserl o descreve, possui uma semelhança estrutural notável com o processo da interpretação. Com vistas à percepção, o próprio Husserl fala de "apresentação", na medida em que insiste que nós nunca teríamos a unidade de uma coisa percebida senão enquanto "unidade oriunda da apresentação"[50]. Esta não é, por sua vez, uma apresentação compreendida como uma exposição, nem tampouco como uma exegese e uma indicação de sentido; para tanto, falta a consciência da exterioridade da coisa contraposta, assim como a certeza de que se trata do texto desta coisa que só pode se tornar presente enquanto tal por uma ação própria. Por meio da semelhança estrutural, porém, indica-se como é preciso conceber a abertura da apresentação. Ela é espacial e, em verdade, de tal modo que o aberto do espaço se intensifica nela. Em contrapartida, a percepção é uma "vivência"; perceptivamente, nós nos encontramos junto à coisa e não vemos, quando andamos à volta de algo em um movimento de sondagem e de descoberta, o elemento espacial.

O que escapa a uma tal forma é o *estar afastado*. Não obstante, o estar afastado está presente. Ele é indicado com o fato de o perceptível nunca ganhar completamente validade[51], assim como nenhuma interpretação, por mais diferenciada que

---

45. Ibid., p. 82.

46. Edmund Husserl, *Analysen zur passiven Synthesis* (1918-1926/ Análises sobre a síntese passiva), Husserliana XI, org. por Margot Fleischer, Den Haag, 1966, p. 6.

47. Husserl, *Passive Synthesis* (Síntese passiva), Husserliana XI, p. 6.

48. Husserl, *Meditações cartesianas*, Husserliana I, p. 82.

49. Husserl, *Passive Synthesis* (Síntese passiva), Husserliana XI, p. 8.

50. Husserl, *Pariser Vorträge* (Conferências em Paris), Husserliana I, p. 17.

51. Husserl, *Passive Synthesis* (Síntese passiva), Husserliana XI, p. 3: "É impensável uma percepção exterior que esgote o seu percebido em seu conteúdo sensório-coisal; é impensável um objeto perceptivo que, em uma percepção fechada, possa ser dado em todos os seus aspectos no sentido mais rigoroso desta expressão, segundo a totalidade de seus traços sensivelmente intuíveis".

seja, apresenta o texto de sua coisa contraposta de um modo que a esgota. O estar afastado encontra a sua correspondência no *distanciamento* que tomamos perceptivamente em relação àquilo que é percebido. Este distanciamento torna-se expresso na visada perspectivística que se volta para o percebido; a perspectiva pode se alterar e nisto se mostra que é ela que está em questão para aquele que percebe. Na medida em que consideramos algo, nós giramos em torno dele ou sempre o colocamos de maneira diversa diante dos olhos, por exemplo, por meio do fato de o iluminarmos de um modo distinto. Ou o experimentamos como um edifício que vemos à distância e, então, o consideramos de diferentes lados, a fim de entrar finalmente nele e de olhá-lo por dentro. Tudo isto tem algo em comum com distanciamento e, no distanciamento, com o espaço.

No entanto, não é em toda postura em relação ao perceptível que nós o percebemos. Em algumas perspectivas, algo se subtrai à visão porque nós estamos muito próximos ou porque nos distanciamos demais. Nisto se mostra que sempre precisa haver um determinado *afastamento* entre nós mesmos e o percebido, para que este possa ser efetivamente visto e para que ele possa se mostrar na percepção.

Não é por acaso que os momentos destacados não vêm à tona desta forma nas análises de Husserl; ele não considera uma espacialidade da situação perceptiva como um todo. Com maior razão, ele não persegue a questão acerca de saber se há um traço fundamental comum, que está em jogo no estar afastado, no distanciamento e no afastamento; este traço comum pode ser designado como *o ao longe*. Para Husserl, é só o percebido que é espacial, mas não a própria percepção. O percebido, por exemplo, um edifício, nunca está presente senão no "espaço do mundo da percepção corporal"[52]. Nós não o experimentamos de outro modo senão "a partir de pontos de vista diversos" – "em uma orientação alternante, segundo perspectivas [...] diversas, aparições e contornos acentuados"[53]. Para Husserl, contudo, o ser da coisa dada espacialmente precisa ser difenciado do "contorno acentuado"[54], no qual ela é dada. O contorno acentuado com o qual lidamos, por exemplo, quando um edifício aparece inicialmente em seu lado frontal e, então, a partir de seu lado de trás, seria uma "vivência" e, enquanto tal, "não seria possível como espacial"; em contrapartida, aquilo que se mostra em um contorno acentuado é "por princípio" e "em essência espacial"[55].

Por um lado, a idéia é passível de ser acompanhada em sua razão de ser: Husserl não quer deixar que a vivência seja localizada no espaço do mesmo modo que a coisa vivenciada; o asseguramento de que aqui, neste lugar, se dá uma vivência não faz evidentemente jus à essência da vivência. Por outro lado, contudo, o próprio Husserl sempre ressalta uma vez mais a vinculação espacial das vivências perceptivas, na medida em que fala de "diversos pontos de vista", de orientações alter-

---

52. Husserl, *Ideen I* (Idéias I), Husserliana III.1, p. 82.

53. Ibid., p. 88.

54. Cf. Ulrich Claesges, *Edmund Husserls Theorie der Raumkonstitution* (A teoria da constituição espacial de Edmund Husserl), Den Haag, 1964.

55. Husserl, *Ideen I* (Idéias I), Husserliana III.1, p. 86.

Terceiro capítulo: O mundo como espaço hermenêutico

nantes e de "diversas perspectivas". Para experimentar o contorno acentuado das coisas percebidas, no entanto, nós mesmos precisamos nos movimentar e ter nos movimentado no espaço. Isto também é levado em conta por Husserl, ao falar nas *Meditações cartesianas* sobre as "possibilidades da percepção"[56] ou nas *Analysen zur passiven Synthesis* (Análises da síntese passiva) sobre a "motivação quinestética" – sobre os "movimentos do corpo vital que colocam em cena"[57] a percepção. Isto sugere uma conseqüência que não é tirada pelo próprio Husserl: se a percepção em sua perspectividade e a tomada de conhecimento perceptiva das coisas em seus contornos acentuados só são possíveis no espaço, então tudo parece falar a favor da denominação das próprias vivências perceptivas como espaciais.

Esta conseqüência foi tirada por Merleau-Ponty. Articulando-se com as análises realizadas pelo próprio Husserl[58], ele substitui o sujeito pensante, o *cogito* pelo qual Husserl tinha orientado as suas análises, pela vida em sua corporeidade, de modo que também se obtém a partir daí uma imagem completamente diferente das vivências da percepção e do pensamento. Merleau-Ponty compreende estas vivências como dependentes do movimento no espaço. Segundo ele, seria vedado, por isto, conceber a visão como uma operação do pensamento, que projetaria diante do espírito uma imagem (*tableau*) ou uma representação (*représentation*) do mundo[59] e, em verdade, de um mundo da imanência e da idealidade. Aquele que percebe não se apropria daquilo que vê, mas apenas se aproxima dele por meio da visão e se abre para o mundo[60].

Em suas descrições, Merleau-Ponty não está certamente muito distante de Husserl. Husserl teria admitido totalmente que nós, para percebermos um *determinado* contorno acentuado, precisamos ver a coisa percebida a partir de um determinado ponto de vista, que podemos assumir ou abandonar. No entanto, precisamente esta possibilidade o leva a não reduzir as vivências perceptivas às "motivações quinestéticas". Não há apenas os movimentos do corpo vital "que colocam em cena" a coisa da percepção e que pertencem de fato ao mesmo mundo que as coisas percebidas[61], mas também há a encenação dos próprios movimentos corporais, por exemplo, junto à visualização de um edifício. O "sistema dos movimentos corporais" mostra-se em tais experiências como "caracterizado de acordo com a consciência"; ele é, tal como Husserl diz, um "sistema subjetivamente livre"[62] e,

---

56. Husserl, *Meditações cartesianas*; Husserliana I, p. 82.

57. Husserl, *Passive Synthesis* (Síntese passiva), Husserliana III.1, p. 13.

58. Cf. Maurice Merleau-Ponty, *Le philosophie et son ombre* (O filósofo e sua sombra), in: Merleau-Ponty, *Signes* (Signos), Paris, 1960, p. 201-228.

59. Merleau-Ponty, *O olho e o espírito*, p. 17.

60. Ibid., p. 18: "le voyant ne s'approprie pas ce qu'il voit: il l'approche seulement par le regard, il ouvre sur le monde".

61. Ibid.: "Le monde visible et celui de mes projets moteurs sont des parties totales du même Être".

62. Husserl, *Passive Synthesis* (Síntese passiva), Husserliana XI, p. 14.

164 Oposicionalidade – O elemento hermenêutico e a filosofia

neste ponto, uma "potência da consciência" que constrói primeiramente a vivência espacial, ou seja, que a constitui[63].

Sem dúvida alguma, isto não fala contra a vinculação espacial das vivências da percepção. A visualização de um edifício não é certamente planejada como que por um diretor de teatro, que se encontra diante do palco e dirige um ator. Ao contrário, ela mesma é vinculada espacialmente. A escolha e a coordenação dos diversos aspectos pressupõem um sentido para o espaço e para as relações espaciais. Por sua vez, só há este sentido no espaço. De que outra forma ele deveria se formar e se concretizar? Com certeza, nós não poderemos mais compreender aqui o espaço apenas a partir das coisas. Ele tem mais em comum com o vivenciar e com o conhecer do que Husserl tinha pensado.

No sentido de uma tal compreensão do espaço, Merleau-Ponty concebeu em sua obra mais antiga, *Phénoménologie de la perception* (Fenomenologia da percepção), o espaço como um espaço vivido. O espaço não seria nenhuma espécie de éter, no qual as coisas se banhariam, mas o meio segundo o qual a posição das coisas se tornaria possível[64]; de acordo com ele, o espaço seria a força universal de suas conexões, das conexões entre as coisas[65]. O espaço é pensado aqui a partir das relações espaciais que não são vitais sem um "sujeito" (*sujet*) que as represente e porte[66]. O que ele tem em vista com isto é um sistema de localização e de orientação, que é indicado com expressões como "ao lado de", "na frente de", "atrás", "sob" e "sobre". Por um lado, este sistema diz respeito à ligação das coisas entre si; algo acha-se "ao lado" de um outro algo, algo encontra-se "em cima" daquele algo. Por outro lado, porém, isto nunca pode ser experimentado e articulado senão a partir de um ponto de vista determinado. De maneira correspondente, as localizações deste tipo estão ligadas à possibilidade de um "sujeito" posicionar a si mesmo. O fato de algo se encontrar "ao lado" de algo diverso só pode ser enunciado, se nós mesmos estivermos "diante" dos dois e olharmos para ambos. Caso avancemos um pouco mais, andando em volta destas duas coisas, aquilo que antes estava "ao lado" do outro se encontraria "na frente" ou "atrás" dele. Além disto, ao sistema relacional, como o qual o espaço é aqui compreendido, pertence o fato de uma modificação como esta ser possível e ser compreendida. Se nós não soubéssemos que "ao lado de" pode se transformar em "em frente a" ou "atrás de" com a mudança da perspectiva, então nós não poderíamos nos orientar. Nós mesmos pertencemos ao sistema e o concretizamos ao mesmo tempo tal como as regras de um jogo, do qual fazemos parte, por um lado, como jogadores, e o qual não pode ser, por outro lado, jogado sem jogadores que dominem as suas regras. E as-

---

63. Ibid., p. 19.

64. Maurice Merleau-Ponty, *Phénoménologie de la perception* (Fenomenologia da percepção), Paris, 1945, p. 281: "le moyen par lequel la position des choses devient possible".

65. Maurice Merleau-Ponty, *Phénoménologie de la perception* (Fenomenologia da percepção), Paris, 1945, p. 281: "la puissance universelle de leurs connexions".

66. Ibid.: "je pense actuellement les relations qui sont sous ce mot et je m'aperçois qu'elles ne vivent que par un sujet qui les décrive et qui les porte".

Terceiro capítulo: O mundo como espaço hermenêutico

sim como as regras de jogo se tornam expressas nas transgressões, o sistema das relações espaciais ganha a consciência antes de tudo quando é perturbado. Esta é a razão pela qual, em sua pesquisa sobre o espaço, Merleau-Ponty discute detalhadamente estudos psicológicos e psiquiátricos.

Merleau-Ponty não descreve o espaço apenas como um sistema de localização e de orientação no sentido esboçado. Ele também leva em conta o fato de as localizações e as orientações não serem possíveis sem um distanciamento em relação às coisas. Algo só pode ser localizado como "em frente a" e "sobre" mim, e, neste caso, "ao lado de" e "sob" uma outra coisa, se eu experimento um distanciamento em relação a ele, um distanciamento que é exigido para uma articulação. Sem um tal distanciamento, a visão não é possível; nós não vemos o que está diretamente na frente de nossos olhos. No entanto, o distanciamento não se confunde com um tal afastamento que seria mensurável. Se seguimos Merleau-Ponty, as coisas se dão de um tal modo que o afastamento mensurável separa e o distanciamento conecta. Além do afastamento físico ou geométrico que existe entre mim e a coisa, um distanciamento vivido liga-me às coisas que contam e existem para mim, e este distanciamento também conecta as coisas entre si[67].

Todavia, Merleau-Ponty não esclareceu como este distanciamento vivido precisa ser pensado mais exatamente. Para tanto, ele poderia ter recorrido às análises correspondentes feitas por Heidegger. Apesar de Merleau-Ponty também recorrer a *Ser e tempo* na *Phénoménologie de la perception* (Fenomenologia da percepção), ele não viu evidentemente que se encontra aí uma determinação do "distanciamento vivido", na qual se define, além disto, a relação entre este distanciamento e o afastamento físico.

Heidegger já fornece a direção de suas análises, na medida em que fala da "espacialidade do ser-aí" ao invés de falar do espaço. Esta espacialidade é distinta do "caráter daquilo que se encontra dentro de". De acordo com esta distinção, o ser-aí não é nenhum ente "ele mesmo extenso", que estaria "envolvido pelos limites extensos de algo extenso"[68]; o ser-aí é espacial, mas não se acha no espaço. Heidegger, por sua vez, não compreende este fato no sentido de uma distinção rigorosa entre o ser-aí e as coisas que não são dotadas do caráter de ser-aí, de modo que se poderia dizer sobre estas coisas que elas são no espaço. Enquanto "intramundanas", as coisas também são espaciais, ainda que em um outro sentido. A sua espacialidade remonta à espacialidade do ser-aí.

Para Heidegger, a espacialidade do ser-aí é determinada pelo "caráter do *afastamento* e do *alinhamento*"[69]. Neste caso, "a-fastar" (*ent-fernen*) é um termo aná-

---

67. Ibid.: "Outre la distance physique ou géométrique qui existe entre moi et toutes choses, une distance vécue me relie aux choses qui comptent et existent pour moi et les relies entre elles". Merleau-Ponty assume a expressão "distância vivida" de E. Minkowski. *Zur Konzeption des gelebten Raumes* (Sobre a concepção do espaço vivido). Cf. também Bernhard Waldenfels, *In den Netzen der Lebenswelt* (Nas teias do mundo da vida), Frankfurt junto ao Main, 1985, p. 183-193.

68. Heidegger, *Ser e tempo*, GA 2, p. 135.

69. Ibid., p. 140.

logo a "desacostumar" ou "desencantar"; o que se tem em vista com ele é uma suspensão e uma supressão do "ao longe" (*Ferne*)[70]. Portanto, pertence essencialmente ao ser-aí querer aproximar, e, em verdade, querer aproximar aquilo que não pertence ao seu mundo sempre familiar, mas que deve pertencer a ele.

Se este é um traço fundamental do ser-aí, então pertence a ele uma determinada experiência do que está longe. Não se toma simplesmente conhecimento do que está longe enquanto tal, ele é inquietante. Ele é o não-familiar, a proximidade que falta; ele se apresenta como algo que não deve ser. É somente por isto que o que está longe é inquietante e libera o ímpeto para o a-fastamento, ou seja, para aglutinar, integrar e apropriar. Em contrapartida, aquilo que está próximo permanece no geral sem chamar a atenção. Ele pertence ao "em torno" mais próximo, no qual tudo é tangível e, por isto, está "à mão". O "em torno" mais próximo só perde a sua obviedade a partir daquilo que está longe. Logo que a experiência do ao longe é feita desta maneira, nós nos ocupamos com a proximidade de modo "a-fastador".

Isto não significa que a proximidade só assume um caráter espacial por meio do ao longe; ela já é por si espacial. O ente à mão, ou seja, o utensílio que utilizamos cotidianamente, possui o seu "lugar" na "região" à qual ele pertence[71]. No entanto, a espacialidade da "região" permanece sem ser conhecida enquanto tal. Aquilo que deve ser tangível não precisa ser "a-fastado"; um tipo de pega como a que se dá em relação a um lápis e a uma agenda sobre a mesa é suficiente para muitas coisas que se acham próximas; no máximo, precisamos de alguns passos para pegar, por exemplo, um livro na estante. A espacialidade do "em torno" mais próximo só se mostra a partir do ao longe. A proximidade é aquilo com vistas ao que o "a-fastamento" se *alinha* e onde ele, por assim dizer, chega até nós. "De acordo com a sua espacialidade", assim resume Heidegger esta idéia, "o ser-aí nunca é inicialmente aqui, mas sempre lá, um lá a partir do qual ele retorna ao seu aqui"[72]. A espacialidade só ganha validade na amplitude entre o lá e o aqui.

Tal como Heidegger pensa, é somente a partir desta amplitude que o afastamento se torna compreensível no sentido da distância espacial. A idéia é elucidativa: a medição de afastamentos atravessa de maneira mensuradora a amplitude, de um tal modo que entregamos a esta amplitude uma determinação medida a cada vez segundo a unidade de comprimento utilizada. Afastamentos não podem ser

---

70. Günter Figal vale-se, nesta parte de seu livro, de uma série de termos que são normalmente traduzidos por distância, mas que possuem todos peculiaridades específicas: *Abstand* (distanciamento), *Entferntheit* (estar afastado), *Entfernung* (afastamento), *Ferne* (o ao longe) e *Distanz* (distância). No caso da passagem acima, ele se refere ao fato de o termo *Ent-fernung*, que traduzimos por afastamento, implicar uma certa dinâmica de aproximação, na medida em que ele descreve literalmente o movimento de suprimir (*ent*) a *Ferne*. O problema é que nós não temos em português um correlato direto para o termo *Ferne*. Nós dizemos que algo está longe, mas não falamos normalmente do próprio "longe". Assim, nós nos vimos diante da necessidade de substantivar a locução "ao longe". Assim, "a-fastar" precisa ser entendido como o ato de suprimir o ao longe (N.T.).

71. Heidegger, *Ser e tempo*, GA 2, p. 137.

72. Ibid., p. 144.

medidos sem que haja um sentido para a amplitude, ou seja, para a extensão de lá para cá, do ao longe para a proximidade. Neste caso, a amplitude não existe apenas na representação ou na consciência. Se ela não existisse, nada poderia e precisaria ser "a-fastado". Deste modo, faz-se valer com a espacialidade do ser-aí um traço fundamental do próprio espaço; aquilo que é experimentado na espacialidade do ser-aí é o espaço, no qual há distâncias. A análise de Heidegger conduz para fora do em-lugar-algum difuso da vida pura da consciência. Não há espacialidade apenas em relação às coisas. O ser-aí no sentido de Heidegger a possui e experimenta ele mesmo; ele é "espacial em um sentido *original*"[73].

Não obstante, a análise de Heidegger permanece insatisfatória em vários aspectos. Nela, o *status* daquilo que é espacialmente descoberto e daquilo que é passível de ser descoberto não é suficientemente esclarecido e, com isto, o caráter do próprio espaço também permanece indeterminado. Isto conduz, por fim, ao fato de a espacialidade do ser-aí também só se tornar unilateralmente visível.

No que diz respeito ao primeiro ponto, Heidegger não resgata a determinação central de sua análise. Aquilo que está longe, com o qual a experiência da espacialidade é articulada, não é nem determinado em seu *status*, nem descrito em sua peculiaridade. Em verdade, Heidegger dedica alguma atenção à espacialidade do "ente intramundano"[74]. No entanto, ele restringe-se à análise do "manual intramundano" e, com isto, deixa em aberto, como é que aquilo de que o "a-fastamento" toma o seu ponto de partida deve ser ele mesmo compreendido. Este fato não acontece de maneira alguma por acaso, mas é antes expressão de um autêntico impasse. Em *Ser e tempo* não são distintos senão dois tipos de coisas. Há as coisas de uso que se mantêm em uma "familiaridade discreta"[75] e há o ente que perdeu esta familiaridade, de modo que ele não está mais "à mão", mas só continua "presente à vista". Ele não vem mais ao nosso encontro na "lida ocupada", mas só continua sendo visualizado e pode se tornar tema de enunciados. Aquilo que precisa ser "a-fastado" não se encaixa nesta distinção. Enquanto algo presente apenas à vista, ele seria insignificante para o próprio ser-aí; ele teria perdido a sua "significância". Mas por que, então, ele precisaria ser "a-fastado", aproximado e inserido no mundo circundante familiar? Manifestamente há algo que não é à mão, mas também não é simplesmente apenas sem significância; manifestamente, o ente à mão se encontra em uma conexão que o abarca.

Heidegger não encontra nenhum conceito para esta conexão e ele também não a descreve. Mesmo que elabore um pouco mais a distinção entre o ente à mão e o ente à vista e veja "múltiplos níveis intermediários" entre os dois, ele não encontra nenhum lugar para o ao longe. Ele só leva em consideração as diversas possibilidades de falar de algo de um tal modo que não tenhamos de lidar imediatamente com o "caso oposto extremo"[76] à familiaridade cotidiana, a saber, com o enuncia-

---

73. lbid., p. 149.

74. lbid., p. 136-139.

75. lbid., p. 139.

76. lbid., p. 210.

do teórico desinteressado. Heidegger menciona aqui "enunciados sobre acontecimentos no mundo circundante, descrições do ente à mão, 'relatos de situações', o acolhimento e a fixação de um 'estado de fato', a descrição de um estado de coisas e a narração de ocorrências"[77]. Nenhuma destas formas lingüísticas conduz para fora do "mundo circundante" no sentido heideggeriano, ou seja, para fora da proximidade; nenhuma delas produz a aproximação de algo que está longe ou o resguarda na aproximação enquanto o que está longe que ele é. Para o ser-aí, tal como Heidegger o determina e descreve, não há nem coisas, nem coisas contrapostas. Não há nada, ao que pudéssemos nos referir de uma maneira significativa para nós mesmos, sem que tivesse lugar uma imersão na lida ocupada. Com isto, algo permanece sem ser levado em conta, algo cuja consideração não poderia senão confirmar a análise da espacialidade: por fim, o ente à mão só pode ser na proximidade porque algo diverso está longe. Assim, ele pertence a um horizonte de coisas e só vem ao nosso encontro a partir deste horizonte. As coisas são aquilo que está longe. Não há a proximidade do "mundo circundante" sem o ao longe.

O fato de Heidegger não ter desenvolvido nenhuma definição e descrição das coisas que estão longe tem um paralelo em sua compreensão do ao longe, tal como este é experimentável com as coisas. Heidegger também não se volta mais detalhadamente para o afastamento, no qual as coisas que estão longe se encontram. Sem afastamento, contudo, o "a-fastar" não é pensável, e, nesta medida, este conceito também não é suficientemente clarificado. Todavia, o caráter de distanciamento do "a-fastar" e, com ele, o afastamento sempre se apresentam concomitantemente de maneira inexpressa em *Ser e tempo*; por exemplo, quando Heidegger observa que "um caminho 'objetivamente' longo" pode ser mais curto do que um "caminho 'objetivamente' muito curto, que talvez se mostre como uma 'senda difícil' e que se nos mostra como infinitamente longa"[78]. O fato de os caminhos que temos de percorrer não se determinarem primariamente por meio de seu comprimento mensurável faz sentido. A idéia de Heidegger de que as características do comportamento e do ente que vem ao encontro neste comportamento precisariam estar reconectadas com o ser do ser-aí também não é fundamentalmente equivocada. O modo como experimentamos afastamentos reside muito freqüentemente na significância que elas possuem no contexto do ser-no-mundo e do mundo; o que está sempre em questão é o quão importante e urgente é algo que deve ser trazido para perto. A importância e a urgência, por sua vez, são medidas segundo aquilo que a cada vez somos e queremos ser. Daí, porém, não se retira a conseqüência de que o ao longe em questão no ser-aí "nunca" seria apreendido "enquanto distanciamento" no sentido do afastamento[79]. É indiferente o quão curto ou longo um caminho se nos apresenta. Há ainda um caminho a percorrer e, neste

---

77. Ibid.

78. Ibid., p. 142.

79. Ibid., p. 141.

caso, é preciso medir de maneira transversal[80] o espaço. Com certeza, as coisas nem sempre dependem aí do comprimento mensurável do caminho no sentido de um pedaço deste caminho. Ao contrário, o que desempenha um papel é muito mais o gasto que é exigido para produzir a aproximação de algo. O fato de algo "se encontrar (ou não) afastado a uma distância mediana em relação ao ato de alcançá-lo, pegá-lo e visualizá-lo"[81] depende menos de sua própria qualidade do que daquilo que se encontra entre nós mesmos e ele – ou seja, ele depende mais do afastamento.

No entanto, a reserva de Heidegger contra a idéia da distância é explicável a partir do modo como ele formula o problema. Em sua análise da espacialidade, ele procura evitar toda ressonância com a concepção em verdade corrente, mas, segundo a sua convicção, abstrata do espaço. De acordo com esta concepção, o espaço é determinado pela "pura multiplicidade das três dimensões"[82] e precisa ser apreendido mais exatamente como "o puro lugar-onde de ordenação métrica das posições e de determinação situacional"[83]. Heidegger toma esta definição a partir de Descartes: extensão em comprimento, largura e profundidade[84] seria "a constituição ontológica" daquilo que é no mundo, na medida em que o próprio mundo é compreendido como "o todo do ente"[85]: como mundo da res extensa. Para Heidegger, contudo, esta não é nenhuma compreensão derivada do mundo e, com isto, uma compreensão que precisaria ser ao menos indiretamente justificada. Ao contrário, ela é apenas o pressuposto para que "saltemos por sobre o fenômeno do mundo tanto quanto por sobre o ser do ente intramundano inicialmente à mão"[86]. De maneira correspondente, o intuito declarado de Heidegger de evidenciar "o princípio da extensio enquanto determinação fundamental do 'mundo'" em seu "direito fenomenal"[87] também não pode ser compreendido senão como anúncio de uma reformulação radical. Por meio das reflexões kantianas sobre a orientação no

---

80. Com certeza, um dos problemas mais complexos na tradução de textos alemães repousa sobre o uso dos prefixos. Em alemão, os prefixos possuem uma certa autonomia e são amplamente usados para a composição de nuanças verbais a partir de uma matriz comum. Na passagem acima e no que se segue, isto acontece justamente com o verbo messen (medir). Surgem, assim, os verbos bemessen (mensurar), ermessen (apreender a medida), durchmessen (medir de maneira transversal), ausmessen (medir exatamente). Para evitar uma simples homogeneização desses termos e uma conseqüente perda de suas determinações específicas, optamos pela inserção de uma qualificação para cada uma das variantes do termo (N.T.).

81. Heidegger, Ser e tempo, GA 2, p. 143.

82. Ibid., p. 147.

83. Ibid., p. 148.

84. Descartes, Principia philosophiae I, p. 53; Oeuvres VIII, p. 25: "Extensio in longum, latum et profundum".

85. Heidegger, Ser e tempo, GA 2, p. 87.

86. Ibid., p. 127.

87. Ibid., p. 135.

espaço[88] e de sua conseqüência de que toda orientação necessitaria de um "princípio subjetivo"[89], Heidegger vê confirmada a sua suposição da espacialidade enquanto uma determinação do ser-aí que é no mundo. Não se consegue ver, contudo, como é que a "determinação fundamental" da extensão pode ser preservada nesta determinação. Aquilo que o distanciamento e o ao longe são propriamente não se explica a partir do caráter "a-fastador" do ser-aí e, nesta medida, também permanece irresgatado o anúncio de uma reabilitação da *extensio*.

Com isto, a espacialidade do ser-aí também permanece, por fim, subdeterminada. Se o "a-fastar" não é pensável sem afastamento, a relação daquele que "a-fasta" com aquilo para o que ele se dirige também não pode ser apenas descrita sob o ponto de vista da familiaridade e da estranheza. Se algo está afastado de mim, eu também estou afastado dele e, assim, não sou "espacial" apenas no sentido heideggeriano, mas também sou *no espaço*. De outro modo, o "a-fastamento" não poderia se tornar plausível; a tentativa de trazer algo para próximo de nós não é nenhum ato de pegar algo e de trazê-lo para o nosso lado, um ato no qual nós mesmos permanecemos imóveis, mas com freqüência um ir ao encontro de algo. Mesmo quando damos uma volta em torno de um edifício ou o consideramos a partir de diversas posições, aproximamos o edifício de nós. Por conseguinte, ser no espaço não significa em todos os aspectos o mesmo que "ser dotado do caráter daquilo que é dentro de", algo de que Heidegger distingue a espacialidade originária do ser-aí.

Por sobre o pano de fundo da confrontação crítica de Heidegger com Descartes destaca-se uma possibilidade de alijar os encurtamentos peculiares à análise heideggeriana, sem se colocar contra o seu intuito filosófico: o estado de coisas característico do ao longe, ou seja, do afastamento, do distanciamento e de sua superação, precisa ser compreendido de um tal modo que a representação abstrata de um espaço métrico não desempenhe aí mais nenhum papel essencial. Se isto for possível, nós alcançaremos uma compreensão do espaço que leva em conta a espacialidade do ser-aí humano e não reduz, apesar disto, o espaço a esta espacialidade.

Para desenvolver esta idéia, nós podemos nos orientar uma vez mais pela composição estrutural da apresentação que é intrínseca à interpretação. O elemento próprio às coisas contrapostas, que é apresentado na interpretação, é determinado por um ao longe, junto ao qual é possível reencontrar todos os momentos discutidos da espacialidade. Enquanto o exterior que ele é, o elemento próprio às coisas contrapostas está afastado e, em verdade, não necessariamente e não essencialmente no sentido de uma distância mensurável, mas no fato de que ele não pertence ao próximo como o próprio ou familiar. Ele não é cotidiano; logo que se retrai e ganha o hábito ou a rotina da lida cotidiana, o seu caráter de coisa que se encontra contraposta desaparece. A este caráter pertence o fato de algo não estar "para a mão" e, em certa medida, permanecer intocável. Ao elemento próprio às coisas

---

88. Immanuel Kant, *O que significa orientar-se no pensamento?*, AA VIII, p. 131-147.

89. Heidegger, *Ser e tempo*, GA 2, p. 147.

contrapostas pertence "aura". Para Benjamin, a aura é a "aparição única de um ao longe, por mais próximo que ele possa ser"[90].

É o ao longe ou, mais exatamente, o estar afastado do aurático, que faz com que não lidemos com um objeto, do qual sabemos o que ele é e que, por isto, é conceitualmente na proximidade e trazido para a proximidade. Não obstante, a interpretação também é um "a-fastar"; nós aproximamos aquilo que se acha afastado por meio do fato de o apresentarmos; também expomos um quadro que contemplamos, na medida em que o auxiliamos a ganhar a realidade da aparição. O "a-fastar" não tem aqui, porém, o caráter de uma integração ou de uma apropriação. O quadro não é consumado na contemplação, mas deixado no ao longe que lhe é essencial. A contemplação, assim como a exegese e a indicação de sentido, é uma aproximação que confirma o estar afastado.

Em verdade, o afastamento em relação àquilo que se encontra afastado não é nenhuma distância mensurável. No entanto, ele também não exclui em todos os casos esta distância. Ele não existe na literatura, mas certamente se mostra na música e nas artes plásticas, assim como na arquitetura. Quadros só podem ser contemplados, na medida em que nos distanciamos deles e conservamos, deste modo, um afastamento. Um quadro de Monet, por exemplo, um lago de nenúfares no qual o céu se reflete, ou uma meda de feno na fria luz de inverno, dilui-se em uma mistura difusa de cores, em uma confusão de pinceladas, quando nós nos aproximamos demais. O distanciamento "correto", que o observador do quadro precisa ter, seria em verdade mensurável, mas esta mensurabilidade é inessencial: o decisivo é muito mais o afastamento que pertence à aparição do quadro. É somente neste afastamento que ele se apresenta. Isto não significa certamente que ele só seria *visível* no afastamento que lhe é pertinente. Ele também é visível como confusão de pinceladas; mesmo a parte de trás da tela e o pregueado da moldura pertencem à visibilidade do quadro. No entanto, é só enquanto algo que se acha afastado que o quadro pode ser *contemplado*; é somente no afastamento que se mostra o texto do quadro, a sua tecitura de linhas e cores, com a qual ele vem ao nosso encontro de maneira plenamente significativa. As coisas dão-se de maneira similar junto a uma obra musical. Seu som só consegue se desdobrar no distanciamento "correto"; sem este distanciamento, ele se torna indistinto em seu texto ou se transforma em barulho.

De maneira correspondente, nós mesmos não estamos aqui de um tal modo no espaço que, enquanto "entes extensos", somos "envolvidos pelos limites extensos de algo extenso"[91] juntamente com o quadro que contemplamos. Em verdade, a partir de um outro ponto de vista, tanto o observador quanto o quadro poderiam ser localizados neste determinado espaço da coleção de obras de arte. No entanto,

---

90. Walter Benjamin, *A obra de arte na era de sua reprodutibilidade técnica*, segunda versão (1936-1938), Schriften I.2, Frankfurt junto ao Main, 1978, p. 471-508. Cf. Birgit Recki, *Aura und Autonomie. Zur Subjektivität der Kunst bei Walter Benjamin und Theodor W. Adorno* (Aura e autonomia. Sobre a subjetividade da arte em Walter Benjamin e Theodor W. Adorno), Würzburg, 1988.

91. Heidegger, *Ser e tempo*, GA 2, p. 135.

esta não seria senão uma determinação da espacialidade do observador e do quadro, que se abstrai da contemplação e da aparição do quadro. Essencial para eles é o fato de o observador se colocar diante do quadro e de ele mesmo se ligar de forma interpretativa ao quadro. Seu afastamento em relação ao quadro, o afastamento mensurável entre ele e o quadro, pertence à essência espacial de seu observador e do interpretar. Eles determinam-se a partir de sua pertinência a esta essência. O fato de ela ser mensurável é aqui secundário, mas poderia possuir uma significação em outros contextos empíricos. É isto que está em questão e não a mensurabilidade enquanto tal. A orientação por ela induz a erro, quando nos abstraímos dos contextos cotidianos, nos quais ela se encontra. Em geral, as coisas comportam-se de maneira semelhante junto à percepção. Ver e ouvir, os "sentidos para o ao longe", tal como Heidegger os denomina[92], não são inicialmente sensíveis, para em seguida se ligarem adicionalmente com significação. Eles ligam-se àquilo que é escutado em sua respectiva determinação, e, de maneira correspondente, é a experiência do espaço que é feita com eles, a experiência de um espaço "real" e ao mesmo tempo preenchido sempre de uma maneira mais ou menos marcante por significação e sentido[93].

Se as coisas se dão desta forma, então também precisa ser possível determinar a partir daí o próprio ao longe enquanto o traço comum existente entre estar afastado, distanciamento e afastamento. A distância está presente em cada um destes momentos, mas não se confunde com nenhum deles. É ela que mantém separados e que ao mesmo tempo conecta o estar afastado e o distanciamento como dois aspectos de uma relação. Além disto, ela deixa existir entre eles um afastamento – a cada vez determinado. A partir do ao longe, não é possível pensar enquanto tal apenas a relação entre a apresentação e a coisa que se encontra contraposta, mas também a relação entre a percepção e aquilo que é percebido. Isto não acontece, porém, como a partir de um ponto de vista neutro, de acordo com o qual os dois poderiam ser visualizados e localizados no espaço. Enquanto traço fundamental do estar afastado, do distanciamento e do afastamento, o ao longe é ele mesmo o espaço. De maneira correspondente, nós compreendemos a relação entre estar afastado e distanciamento de um tal modo, que nos abstraímos da relação específica entre os momentos e vemos, assim, ao mesmo tempo, como eles estão dispostos espacialmente um em relação ao outro.

Os dois momentos posicionam-se um em relação ao outro; logo que há um deles, o outro também se apresenta. Distanciamento implica estar afastado, aquilo que é visto a partir de um distanciamento está verdadeiramente afastado, nunca se vê aquilo que está afastado senão a partir de um distanciamento. Aquilo que é visto a partir de um distanciamento não pertence a nós mesmos; aquilo que está afastado não pode ser apreendido e, assim, sempre está também em algum outro lugar, longe daquele que o experimenta.

---

92. Ibid., p. 143.

93. Já se precisa, como Heidegger observou certa vez, "de uma postura bastante artificial e complicada, para escutar um 'puro ruído'" (Heidegger, *Ser e tempo*, GA 2, p. 217).

Terceiro capítulo: O mundo como espaço hermenêutico

O ao longe também toma parte no afastamento. Aqui, ele encontra uma determinação que é neutra em relação ao estar afastado e ao distanciamento. É indiferente saber se o afastamento é determinado a partir da perspectiva do distanciamento ou daquilo que está afastado: nos dois casos, ele é o mesmo; nós estamos tão afastados de algo, quanto ele está afastado de nós mesmos. Nesta neutralidade, o afastamento oferece uma primeira possibilidade de experimentar a relação entre distanciamento e estar afastado; ele possibilita uma sondagem desta relação, uma vez que ela é sempre algo determinado nas diversas cunhagens e nos diversos graus do afastamento. Na medida em que o afastamento conduz à relação espacial, ele é um brilho prévio do ao longe.

Se isto procede, então a melhor forma de compreender o próprio ao longe é a partir do afastamento. Por um lado, o afastamento mantém separado; com ele, é possível experimentar o quão afastado algo se encontra, assim como o quão grande é o distanciamento que temos em relação a ele. Com isto, por outro lado, o afastamento também conecta; a grandeza do distanciamento e a medida do afastamento permaneceriam indiferentes se o que estivesse em questão no distanciamento não fosse a sua conservação ou a sua superação e se aquilo que está afastado não fosse aproximado ou se ele devesse permanecer afastado tal como está. Nesta conexão, porém, um não é aproximado do outro ou exposto naquilo que ele tem em comum com o outro. A conexão é de um tal modo, que ela não supera a cisão; ela só provoca o surgimento do fato de a cisão não ser nenhuma justaposição indiferente. A conexão permite que o cindido se conecte enquanto algo cindido. Quanto mais intensa é a conexão, tanto mais intenso é também o estar cindido; quando a conexão se torna mais fraca, aquilo que é afastado perde em significação, o distanciamento não tem mais nenhum sentido e esvaece. É nesta tensão entre conexão e cisão que reside a essência do ao longe.

A tensão que marca a essência do ao longe também pode ser apreendida de modo inverso. A conexão que precisa ser experimentada no afastamento como a cada vez determinada só existe em seu modo de ser porque o conectado permanece cindido. É somente porque nenhum dos dois pode ser derivado do outro, que a relação dos momentos conectados é tal como ela é. Se o percebido fosse um momento da percepção, não falaríamos de percepção; se a apresentação pudesse ser apreendida como manifestação do apresentado, então não falaríamos mais dela como de um estado de coisas. Só há percepção e apresentação porque os dois momentos que lhes pertencem são reciprocamente extrínsecos. O que permite que eles sejam extrínsecos na relação mútua é a *própria exterioridade*. Mas esta é apenas uma outra palavra, uma palavra diversamente acentuada para o ao longe. O ao longe é uma exterioridade que não é indiferente e que não se esfacela no caótico; exterioridade é o caráter irrevogável, insuperável do ao longe e, neste ponto, ela pertence à sua própria essência.

Não há o ao longe e a exterioridade apenas no afastamento. De maneira diversamente acentuada, eles também entram em jogo no estar afastado e no distanciamento. Eles entram em jogo em todas as relações espaciais. O ao longe, a cuja essência pertence a exterioridade, é a essência do espaço.

A definição aqui desenvolvida do espaço também está em concordância com concepções do espaço que não foram levadas em conta até aqui e que não desem-

174 Oposicionalidade – O elemento hermenêutico e a filosofia

penham nenhum papel para o modo como a determinação até aqui foi desenvolvida. O fato de o espaço se revelar em sua essência com a idéia de exterioridade já tinha sido visto por Kant, apesar de ele compreender o espaço como algo subjetivo. "Por meio do sentido externo (de uma propriedade de nosso ânimo)", assim encontramos expresso na *Crítica da razão pura*, "nós nos representamos objetos (coisas contrapostas) como estando fora de nós e estes objetos (estas coisas contrapostas) em conjunto no espaço"[94]. Isto não é pensado, como se as coisas estivessem em um recipiente. Em verdade, podemos considerar um quarto como um recipiente que possui em si a mobília. No entanto, só compreendemos o quarto enquanto espaço, quando não o concebemos como um recipiente, mas quando o concebemos em sua exterioridade; ele é um determinado espaço, no qual as coisas, de maneira correspondente à sua posição privilegiada, são afastadas. O próprio espaço, por sua vez, não é composto a partir de espaços, mas cada espaço determinado está submetido à determinação essencial do espaço. Fora de seu espaço há possivelmente um outro espaço, mas sempre um espaço, no qual aquilo que foi anteriormente experimentado como espaço pode ser ele mesmo experimentado uma vez mais sob o ponto de vista do afastamento. Assim, uma casa que está no espaço está afastada espacialmente de outros espaços. O espaço está "por toda parte", onde há um espaço. Todo espaço oferece a experiência de espaço. Nesta medida, tal como Kant o formula, não podemos nos "representar senão um espaço uno e, quando falamos de muitos espaços, não compreendemos por estes espaços senão as partes de um único e mesmo espaço"[95].

Com base em sua unicidade, o espaço não é nada que exista em meio a algo diverso. Ele não é, dito com Kant, "nenhum conceito empírico que foi deduzido a partir de experiências externas"[96], ou seja, ele não se mostra como algo que é dado juntamente com outras coisas e que pode chamar separadamente a nossa atenção ao lado destas coisas. "Pois", tal como Kant afirma em sua fundamentação, "para que certas sensações sejam ligadas a algo fora de mim (isto é, a algo em um lugar do espaço diverso daquele no qual eu me encontro), assim como para que eu possa representá-las como fora e *ao lado* uma da outra, portanto, não apenas como diversas, mas como estando em diversos lugares, a representação do espaço já precisa se encontrar na base"[97].

Segundo estas determinações, o espaço é a *representação* da exterioridade. Ele é, dito uma vez mais com Kant, "uma representação necessária *a priori*, que se encontra na base de todas as intuições exteriores"[98], ou, como ele também diz, "a forma de todos os fenômenos do sentido externo"[99]. No que concerne ao caráter re-

---

94. Kant, *Crítica da razão pura*, B 37, A 22; AA III, p. 51-52.

95. Ibid., p. 53.

96. Ibid., p. 52.

97. Ibid.

98. Ibid.

99. Ibid., p. 55.

Terceiro capítulo: O mundo como espaço hermenêutico

presentacional do espaço, porém, o próprio Kant dá ensejo a dúvidas. Ao explicitar a ligação entre as sensações e "algo fora de mim" por meio da indicação de que teríamos, neste caso, em vista "algo em um lugar do espaço que é diverso daquele no qual eu me encontro", ele admite que "eu mesmo" preciso ser espacial, para compreender algo como estando fora de mim. Esta espacialidade, contudo, não pode mais ser pensada como uma mera representação. Se o que está em questão é o espaço, uma vez que ele pode ser medido em seu comprimento com passos – e somente este espaço é discutido por Kant –, então nós mesmos precisamos nos posicionar, para que possamos compreender algo como estando fora de nós. Eu só posso avaliar e superar a distância que me afasta daquela parede ali, na medida em que, tal como Heidegger o tinha concebido com o conceito de "a-fastamento", parto de mim mesmo e retorno a mim. No entanto, se nós mesmos precisamos pertencer ao espaço, para que possamos experimentar algo como estando fora, então o espaço não é mais apenas a representação da exterioridade, mas, tal como mostramos, a própria exterioridade.

Isto também é válido para o espaço, tal como ele é descrito por Kant. O "espaço uno" é a exterioridade pelo fato de ele sempre fornecer novamente um fora – para além do quarto, para além da casa, por detrás daquilo que aparece como o horizonte a partir de um determinado ponto de vista. Foi neste sentido que Hegel tratou do espaço na *Ciência da lógica* sob o conceito de quantidade e o definiu aí como o *"ser fora de si"* absoluto"[100]. A exterioridade, assim podemos explicitar a referência à sua "identidade consigo", é a exterioridade de um ao longe irrestrito, que entra em jogo em todas as relações espaciais.

Todavia, mesmo se a essência do espaço é definida apropriadamente como o ao longe – a definição, tal como ela foi desenvolvida até aqui, ainda não é suficiente. Na medida em que foi conquistada em meio à orientação pela composição estrutural da apresentação, é possível que ela seja mais rica em conteúdo do que as definições formais dadas por Kant ou Hegel. No entanto, aquilo que o próprio ao longe é permanece apesar disto obscuro, enquanto o continuarmos apresentando a partir apenas das relações, cujo traço fundamental é por ele constituído. Assim, ele se torna simplesmente pensável, mas ainda não é pensado; o pensamento determinante não é resgatado sem uma descrição. Uma tal descrição que resgata o conceito ainda não foi oferecida para a essência do ao longe. Não obstante, ela é indispensável para o intuito fenomenológico da investigação. É só a partir dela que poderemos pensar relações espaciais a partir da essência do espaço. Portanto, é somente com ela que será possível uma consideração fenomenológica da composição estrutural da apresentação.

Para o estabelecimento de uma tal consideração, vale a pena retornar ainda uma vez ao afastamento. Afastamentos são independentes de se os suplantamos ou não. Entretanto, só reconhecemos o que eles significam, quando nos perguntamos como é que acontece uma tal suplantação. Em um caminho, não é em geral apenas o seu comprimento que desempenha um papel. Também é significativo saber se o

---

100. Hegel, *Ciência da lógica* I, Gesammelte Werke 21, p. 178.

caminho é penoso ou não, se ele é fácil ou difícil de ser encontrado e se é possível que ele esteja ligado a perigos. Portanto, tudo depende do quão trafegável ele é, e de como o afastamento em questão pode ser *medido de maneira transversal.*

"Medir de maneira transversal" significa inicialmente "medir algo", mas também significa "atravessar", "percorrer". As duas coisas co-pertencem-se – e isto pelo fato de um afastamento ser medido de maneira transversal segundo um determinado critério, por exemplo, por meio da indicação dos passos. Todavia, para que estejamos em condições de fazer algo assim, nós precisamos ter uma consciência do trecho que queremos medir transversalmente. Nós precisamos poder *apreender a medida* daquilo que tem de ser exatamente mensurado ou medido de maneira transversal.

Aquilo de que apreendemos a medida é o afastamento, mas nele também o próprio ao longe. Na apreensão da medida reside o sentido para o ao longe e para o modo como precisamos mensurá-lo de maneira transversal. Em espaços fechados, é assim que experimentamos a estreiteza e a amplitude; nós sabemos se há espaço suficiente para nos mantermos nele com prazer. Não é sempre que isto fica claro à primeira vista; nestes casos, nós precisamos estar no espaço, nós precisamos nos manter nele, para podermos apreender a medida de sua amplitude ou estreiteza. Mesmo a medição feita à primeira vista já era naturalmente uma possibilidade de nossa estada; nós estávamos no espaço e tínhamos, ao apreender a sua medida, lançado mão de uma maneira mais ou menos distinta da possibilidade de mensurá-lo de maneira transversal.

Aquilo que pode ser transversalmente mensurado e é avaliado enquanto tal em sua medida é uma *dimensão.* A palavra denomina as duas coisas; *dimensio* é a medição transversal, compreendida como um processo e, do mesmo modo, a extensão à qual este processo pertence. Dimensões são o ao longe sempre segundo uma perspectiva determinada; elas fornecem previamente possibilidades de medir de maneira transversal e podem ser avaliadas em sua medida enquanto tais possibilidades. É deste modo que o comprimento, a largura, a altura ou a profundidade são dimensões do espaço. Em um espaço fechado, podemos ir para frente, nós esticamos os braços para os lados e, no que concerne à altura, já a avaliamos por meio apenas de nosso próprio tamanho. As direções assim compreendidas podem ser confirmadas em uma nova medição; nós constatamos qual é o comprimento, a largura e a altura do espaço.

Com isto, pouco se diz a partir do ponto de vista da significância que o espaço possui para nós mesmos. A grandeza de um espaço nunca possui uma significação e um interesse enquanto grandeza senão com vistas ao modo determinado da estada; tudo depende da organização do espaço, daquilo que queremos fazer nele e daquilo que nele deve acontecer. De maneira correspondente, então, a apreensão da medida e a medição transversal também precisam se mostrar de maneira diversa. Elas não têm algo em comum apenas com a estreiteza e a amplitude intuitíveis, mas provêm do sentido para a abertura própria à estada. Este é um sentido voltado para o modo como podemos nos comportar, um sentido voltado para a possibilidade de estabelecer algo de uma tal forma que ele ganhe validade de maneira apropriada, e, do mesmo modo, para o campo de que alguém necessita para entrar em cena. Neste caso, estão em jogo outros pontos de vista além do compri-

Terceiro capítulo: O mundo como espaço hermenêutico 177

mento, da largura e da altura. Se a medição exata acontece apesar disto, então ela é submetida a estes pontos de vista; assim, ela não é mais determinante para a apreensão da medida do espaço.

Se isto procede, então não é apenas o sentido para o espaço que precisa ser mais rico e diverso do modo como ele ganha validade na medição exata; também as suas dimensões precisam ser determinadas de forma distinta. O espaço da estada possui dimensões que não podem ser apreendidas enquanto tais por meio das determinações de comprimento, largura e altura. Estas determinações só vêm à tona, quando nos abstraímos de toda a significância da estada e não resta outra coisa senão puras relações espaciais: passos para frente, extensões laterais dos braços, um olhar para o alto e para o chão aos nossos pés. O fato de algo que queremos alcançar estar "lá atrás", o fato de estarmos ligados a algo que deixamos ficar "lá atrás", tudo isto não vem mais à tona. A medição exata é agora a única experiência do ao longe, uma experiência com a qual certamente nem mesmo um comportamento cotidiano se contenta.

Na maioria das vezes, porém, a experiência do espaço é pouco marcante no comportamento cotidiano; ela quase não emerge no contexto deste comportamento. Em contrapartida, a apresentação é uma ação refletida e, portanto, mesmo o sentido espacial poderia ser nela intensificado. Se as coisas se dão assim, as dimensões do espaço também vêm à tona de maneira particularmente clara junto à composição estrutural da apresentação; com isto, elas podem ser denominadas a partir da orientação pela composição estrutural da apresentação e discutidas de maneira genérica. O que seria deste modo visualizado poderia ser denominado segundo a experiência que ele revela. Ele seria o *espaço hermenêutico*.

À apresentação pertence, em primeiro lugar, o fato de ela ter lugar em meio a decisões tomadas de maneira mais ou menos consciente por aquele que realiza a apresentação; ela encontra-se e desenvolve-se na abertura de alternativas. Com isto, de acordo com uma compreensão que ainda permanece em verdade indemonstrada, mas que é sustentada pelo uso da língua, ela é determinada pela *liberdade*. Além disto, também lhe pertence o fato de ela dar validade ao texto daquilo que há para ser apresentado e, desta forma, se movimentar, mesmo que em um sentido ainda totalmente desprovido de especificidade e amplo, no interior da *linguagem*. Por fim, o encontro entre a obra e a apresentação é um acontecimento. A apresentação toca a obra em um momento determinado, de modo que ela é inserida no contexto de outras apresentações. Visto a partir da obra, trata-se de uma apresentação repetida, cuja realização possui uma duração determinada. Na medida em que a apresentação acontece deste modo, ela é no *tempo*.

A tríade entre liberdade, linguagem e tempo já veio ao nosso encontro uma vez, a saber, na discussão sobre a filosofia em sua originariedade[101]. Este fato também poderia indicar que ela reside na natureza do elemento hermenêutico. O fato de todos os três momentos serem experienciáveis em múltiplas atividades e acontecimentos é evidente. Isto também torna provável que encontremos com eles de-

---

101. Cf. p. 47, 50-53.

terminações, a partir das quais a composição estrutural da apresentação se coloca em um contexto maior e permite, assim, uma consideração fenomenológica.

Com certeza, a compreensão de liberdade, linguagem e tempo como dimensões espaciais poderia parecer estranha; talvez porque a composição não se mostre como elucidativa, talvez porque nós nos perguntemos o que eles devem ter em comum justamente com o espaço. Antes de explicitarmos estas três dimensões, a resposta não pode ser senão provisória. No entanto, em meio a este caráter provisório, ela é a mesma em relação às duas questões: *na liberdade, na linguagem e no tempo entra em jogo o ao longe.*

Estar livre de algo ou estar livre em relação a algo sempre significa ao mesmo tempo distanciar-se dele. Quem é livre em suas decisões ou em seus afazeres tem um distanciamento ante as suas possibilidades e não imerge totalmente naquilo que está respectivamente fazendo; o afazer permanece refletido e pode ser, por isto, configurado. As coisas comportam-se de maneira similar no que concerne à linguagem. Aquilo sobre o que falamos permanece sempre afastado; ele não é apanhado, utilizado ou consumido, mas permanece existindo por si: ele permanece o que é. Também podemos nos distanciar de algo pelo fato de o debatermos. Assim, situações vitais entram em cena enquanto tais, quando conseguimos dar voz a elas; estados de coisa se destacam da proximidade do comportamento cotidiano e podem ser avaliados. Algo está afastado porque está por vir ou ele se afasta, perecendo com o tempo. Aquilo que é presente chega até nós a partir do afastamento próprio ao futuro e se subtrai no perecimento; na medida em que esta chegada e este perecimento pertencem a ele, ele não subsiste simplesmente, mas ganha a proximidade. Além disto, ele permanece determinado pela possibilidade de que se afaste.

Este esboço por si só já dá a conhecer o fato de ser muito difícil cindir liberdade, linguagem e tempo uns dos outros. A liberdade de decidir é freqüentemente acompanhada pela possibilidade de denominar alternativas enquanto tais que nós temos. A liberdade também se faz valer na possibilidade de dar voz a algo. Mas também há liberdade diante daquilo que é dito; nós não o seguimos simplesmente, mas permanecemos em um certo distanciamento. Com freqüência, a liberdade em relação a algo faz-se sentir com o tempo; quando temos uma relação livre com o passar do tempo, por sua vez, nós o vivenciamos de uma maneira diversa da que se dá quando estamos submetidos a ele sem distanciamento. Linguagem e tempo também estão ligados um ao outro. O tempo articula-se lingüisticamente; no uso de expressões temporais como "logo", "agora" e "outrora", nós não constatamos apenas relações temporais, mas também as tornamos experienciáveis. Por outro lado, o falar é um evento no tempo, cujo sentido é a atualização. Na linguagem, aquilo que passa com o tempo e que se perderia sem a linguagem mantém-se atual.

As conexões esboçadas teriam de ser completadas por outras; o que está aqui em questão não é a completude. Muito mais importante é ver juntamente com a conexão entre liberdade, linguagem e tempo a determinação que cada uma delas a cada vez possui. Conexões não podem ser apresentadas senão a partir de algo que é em si determinável, mesmo que ele não seja jamais experimentado faticamente sozinho. As duas coisas, a co-pertinência e a determinação em si, intensifi-

Terceiro capítulo: O mundo como espaço hermenêutico

cam o fato de ser apropriado apreender liberdade, linguagem e tempo como dimensões. Mesmo os modos abstratos das dimensões sempre vêm à tona juntos na experiência espacial. O fato de um deles faltar e de algo não ser mais do que bidimensional nunca pode ser dito a partir da experiência espacial senão porque conhecemos todas as três dimensões. Justamente isto é exigido aqui para a vida humana. Esta vida é espacial, na medida em que é em um espaço, cujas dimensões são liberdade, linguagem e tempo. Deste modo, a vida humana é sempre determinada por todas estas três dimensões.

Neste contexto, é importante fazer o adendo de que a espacialidade significa o mesmo que ser *no* espaço. Se liberdade, linguagem e tempo precisam ser pensados como dimensões, eles não são nenhuma propriedade do homem, nem pertencem tampouco à dotação própria a um sujeito transcendental, como quer que este sujeito venha a ser concebido. Eles constituem o lugar, *no qual* somos, de tal modo que somos em meio às coisas e que o "elemento coisal" vem ao mesmo tempo ao nosso encontro como aquilo que é diverso de nós mesmos. Também as coisas são na liberdade, elas são na linguagem; o fato de elas serem no tempo se mostra como imediatamente elucidativo. Isto não significa naturalmente que as coisas são livres da mesma maneira que nós, ou que elas são lingüísticas ou temporais, no sentido de que elas possuem linguagem e estão em condições de ter uma experiência do tempo. Ao contrário, significa que, sem elas, a vida na liberdade, na linguagem e no tempo não pode ser conduzida e apropriadamente descrita. Liberdade, linguagem e tempo são as dimensões do espaço, ao qual pertence o comportamento e no qual *tudo* é. Compreendido a partir desta totalidade, o espaço hermenêutico é o mundo.

Isto poderia parecer uma equiparação arbitrária. Por que é que uma compreensão apropriada do mundo deveria ser possível a partir da discussão do espaço hermenêutico? Isto só poderá ser fundamentado, na medida em que o conceito de mundo for assumido e discutido com vistas ao conceito do espaço hermenêutico.

§ 16: O conceito de mundo

Na maioria das vezes falamos do mundo em duas significações: "mundo" é ou bem o conjunto daquilo que é, ou bem a conexão peculiar da vida humana. Esta segunda significação pode ser pensada em contraste com a vida religiosa, de modo que o mundo se mostra como a conexão da vida meramente humana, apartada de Deus e, neste ponto, também pecaminosa. Ou o conceito é especificado, na medida em que ele designa uma conexão vital particular, por exemplo, o mundo da arte ou o mundo científico. Também podemos falar deste modo de religiões ou culturas como "mundos"[102]. Neste caso, o mundo é a conexão, à qual corres-

---

102. Cf. Günter Abel, *Interpretationswelten. Gegenwartsphilosophie jenseits von Essentialismus und Relativismus* (Mundos interpretativos. Filosofia do presente para além de essencialismo e relativismo), Frankfurt junto ao Main, 1993. Cf. também Nelson Goodman, *Ways of Worldmaking*, Indianapolis, 1978.

180 Oposicionalidade – O elemento hermenêutico e a filosofia

ponde uma "imagem do mundo" ou uma "visão de mundo" determinada[103]. O mundo, compreendido desta maneira, é o "mundo espiritual"; ele é a suma conceitual de uma vida, que é embebida em formas e instituições, em "valores e bens", tal como Dilthey o diz, e que os modifica ao mesmo tempo, forjando-os sempre uma vez mais. O mundo é "a conexão de efeitos" da vida espiritual[104].

É a esta compreensão do mundo que o conceito deve a sua posição central na filosofia orientada hermenêutica e fenomenologicamente. Em seu desenvolvimento, a outra compreensão do mundo citada em primeiro lugar serve de maneira mais ou menos aberta como papel de contraste. Como conjunto daquilo que é, o mundo é subdeterminado e, em verdade, de modo definitivo, quando tudo depende da *conexão* daquilo que é. Neste caso, não é mais suficiente completar a representação de um conjunto daquilo que é por meio da representação de um "mundo espiritual"; o que este conceito indica precisa ser muito mais concebido de um tal modo, que ele torna compreensível aquilo que é em sua conexão.

Foi neste sentido que Heidegger desenvolveu o conceito de mundo em *Ser e tempo*. Se todo ente só é clarificável em seu ser por intermédio do ser do ser-aí, então o seu caráter "intramundano" só pode se tornar compreensível por intermédio da "mundaneidade" do ser-aí[105]. Mundo é, e, em verdade, exclusivamente, um "caráter ontológico do ser-aí"[106]. Heidegger combina com esta compreensão do mundo os dois conceitos de mundo, que podem ser considerados como predecessores dos aqui distintos. Na medida em que compreende o conjunto daquilo que é a partir de sua "significância" aberta no ser-aí, ou seja, a partir de sua significação e de sua importância para o ser-aí, ele coloca uma vez mais em jogo a compreensão do mundo enquanto um estado ordenado, uma compreensão que tinha sido visada com a palavra grega para "mundo", a saber, κόσμος. E uma vez que Heidegger concebe esta conexão a partir do ser-aí *humano*, ele remonta à compreensão neotestamentária do κόσμος, ou seja, à compreensão do mundo como um "estado" e uma "conjuntura" dos homens[107]. Segundo a coisa mesma, Heidegger reage, com isto, à denúncia nominalista daquilo que Hans Blumenberg chamou o "cosmo-conservadorismo", algo que surge a partir de um "arranjo do cristianismo com

---

103. Cf. Günter Figal, *Welt (philosophisch)* (Mundo – pensado em termos filosóficos), in: *Religion in Geschichte und Gegenwart*, quarta edição, vol. 8, Tübingen, 2005, colunas 1390-1392 e *Weltbild (philosophisch)* (Imagem de mundo – pensada em termos filosóficos), colunas 1406-1407; Wilhelm Dilthey, *Weltanschauungslehre: Abhandlungen zur Philosophie der Philosophie* (A doutrina das visões de mundo: ensaios sobre a filosofia da filosofia), GS VIII, org. por B. Groethuysen, segunda edição, Berlim, 1960; Karl Jaspers, *Psychologie der Weltanschauungen* (Psicologia das visões de mundo), Berlim, 1919.

104. Cf. quanto a isto Dilthey, *A construção do mundo histórico nas ciências humanas*, GS VIII, p. 153.

105. Quanto à distinção entre "mundano" e "intramundano", cf. Heidegger, *Ser e tempo*, GA 2, p. 88.

106. Heidegger, *Ser e tempo*, GA 2, p. 86.

107. Martin Heidegger, *Da essência do fundamento* (1929), GA 9, p. 123-175, aqui p. 143.

Terceiro capítulo: O mundo como espaço hermenêutico

a metafísica antiga"[108]. Se o mundo enquanto ordem não pode se tornar mais plausível a partir da criação, ainda há agora a possibilidade de encontrar a ordem a partir do homem. O mundo do utensílio e do instrumento, tal como ele é descrito em *Ser e tempo*, é uma resposta ao modo como uma tal ordem precisa ser pensada.

Heidegger não se satisfez com o conceito de mundo, tal como ele o desenvolveu em *Ser e tempo*. É possível acompanhar as razões que o levaram a esta insatisfação: enquanto mundo do utensílio e do instrumento, o conjunto daquilo que é não é apreendido senão de maneira por demais estreita. Nesta medida, o conceito de mundo concebido a partir da significância não pode substituir a compreensão do mundo como o conjunto do ente. Como se estivesse buscando uma correção da concepção de *Ser e tempo*, Heidegger trata em seu ensaio *Da essência do fundamento* da determinação kantiana do mundo como a "totalidade absoluta da suma conceitual das coisas existentes"[109]. Tal como Heidegger o expressa, o mundo compreendido de tal forma como totalidade "ultrapassa" "os fenômenos e, em verdade, de tal modo "que ele é *rearticulado* com eles enquanto a *sua* totalidade"[110]. Com o mundo enquanto totalidade conquistamos um ponto de vista que se encontra fora dos fenômenos, para nos comportarmos em relação aos fenômenos como um todo.

Heidegger quer se dirigir para este pensamento. O que está em questão para ele é retirar uma conseqüência da "transformação" kantiana da compreensão do mundo própria à "metafísica tradicional"[111], conseqüência esta que o próprio Kant não tinha retirado. O fato de não se compreender mais por mundo a "totalidade" das coisas[112], mas de se refletir sobre a possibilidade de uma tal compreensão, vem à tona para Heidegger com a idéia de uma totalidade do ente que é formada a cada vez historicamente no ser-aí. Para ele, a "transcendência" do ser-aí em relação ao ente faz-se valer por meio do fato de o ser-aí ser formador de mundo, ou seja, de o ser-aí deixar o mundo acontecer como totalidade, na medida em que oferece para si "uma visão originária (imagem), que não é apreendida expressamente, mas que, contudo, funciona como modelo para todos os entes manifestos, dentre os quais se encontra o próprio ser-aí respectivo"[113].

Foi antes de tudo na preleção do semestre de inverno de 1931/32 que Heidegger explicitou o que ele entendia por isto no particular[114]. Fala-se aí de um "vincu-

---

108. Hans Blumenberg, *Die Legitimität der Neuzeit* (A legitimidade da modernidade), Frankfurt junto ao Main, 1966, p. 84.

109. Kant, *Crítica da razão pura*, B 447, A 419; AA III, p. 289.

110. Heidegger, *Da essência do fundamento*, GA 9, p. 152.

111. Ibid., p. 151.

112. Heidegger já se volta contra este conceito de mundo em *Ser e tempo*. Cf. Heidegger, *Ser e tempo*, GA 2, p. 87.

113. Heidegger, *Da essência do fundamento*, GA 9, p. 158.

114. Quanto a uma apresentação mais detalhada desta problemática, cf. Günter Figal, *Martin Heidegger zur Einführung* (Introdução a Martin Heidegger), quarta edição, Hamburgo, 2003, p. 94-110.

lar-se projetivo" do ser-aí e do fato de o ser-aí entregar a si mesmo com o projeto de um mundo uma "vinculação", "que permanece desde o princípio imperativa, de modo que todo comportamento subseqüente em particular só pode se tornar e ser um comportamento livre por meio de uma tal vinculação"[115]. Projetos de mundo deste tipo acontecem na ciência, na história e na arte. A ciência natural, compreendida desta forma, não seria apenas pesquisa empírica, mas a delimitação prévia daquilo "que [...] deve ser compreendido futuramente por natureza e por evento natural"[116]. A história, que merece este nome, projetaria "a compreensão antecipativa do *acontecimento* daquilo que denominamos história"[117]. Na arte seriam produzidas as "possibilidades veladas do ser para a obra", de modo que poderia ser conquistada toda uma nova visão daquilo "que realmente é"[118]. Em todo caso, a totalidade do mundo é descoberta de maneira nova, na medida em que aquilo que é, incluindo neste caso o "próprio ser-aí respectivo", é *interpretado* sob um ponto de vista uno. Projeto de mundo e formação de mundo são interpretações do ente a partir da "totalidade absoluta" do conceito de mundo.

A concepção heideggeriana da formação de mundo pertence à história dos efeitos da compreensão nietzschiana da interpretação. Na *Gaia ciência*, Nietzsche tinha acentuado o fato de que o mundo não deveria ser contemplado, mas criado: "todo o mundo eternamente crescente de avaliações, cores, pesos, perspectivas, escalas hierárquicas, afirmações e negações" teria sido produzido como "poesia" pelos "seres pensantes e sensitivos" e "aprendido, exercitado, traduzido em carne e realidade, sim, em cotidianidade, pelos homens práticos [...]"[119]. Todavia, mesmo se Heidegger acolhe esta posição em sua compreensão do mundo, a diferença entre a sua compreensão do mundo e a de Nietzsche é considerável. Nietzsche compreende o mundo – "eternamente crescente" – como um acontecimento caótico da vontade de poder. Por isto, a sua totalidade não pode ser abarcada em uma "idéia". Ela reside no respectivo instante de uma manifestação da vontade – tal como para Leibniz toda mônada contém em um encurtamento específico a imagem do mundo[120]. O mundo, tal como Nietzsche o pensa, é uma "quantidade" finita

---

115. Martin Heidegger, *Vom Wesen der Wahrheit. Zu Platons Höhlengleichnis und Theätet* (Da essência da verdade. Sobre o mito da caverna e o Teeteto de Platão), org. por Hermann Mörchen, Frankfurt junto ao Main, 1988, p. 59.

116. Heidegger, *Vom Wesen der Wahrheit* (Da essência da verdade), GA 34, p. 61.

117. Ibid., p. 62.

118. Ibid., p. 64.

119. Nietzsche, *A gaia ciência* 301; KSA 3, p. 540.

120. De acordo com Leibniz, *Monadologia* § 60, as mônadas são de tal modo representativas (*représentative*) que sua representação com vistas aos detalhes do mundo não seria senão confusa e só seriam claras em uma pequena parte das coisas, a saber, naquelas que são as mais próximas ou, em relação a cada mônada, as maiores ("que cette représentation n'est que confuse dans le détail de tout l'univers, et ne peut être distincte que dans une petite partie des choses, c'est-à-dire, dans celles qui sont ou les plus prochaines, ou les plus grandes par rapport à chacune des Monades"). Se as coisas fossem diversas, cada mônada seria uma divindade ("autrement chaque monade serait une Divinité").

Terceiro capítulo: O mundo como espaço hermenêutico   183

"de força"[121], cujo estado é a cada instante diverso com base na dinâmica da vontade de poder, mas eternamente retorna com todo instante sob a pressuposição de um tempo infinito[122]. Em contrapartida, Heidegger quer pensar a projeção do mundo a partir da "visão prévia" de sua totalidade e unicidade. De outro modo, o projeto que constitui o movimento transcendental do ser-aí não poderia ser nenhum projeto *do* mundo.

De um modo que corresponde à sua diversidade, as duas concepções trazem consigo dificuldades diversas. Se seguirmos Nietzsche, então o mundo nunca existe senão perspectivisticamente, sem que pudéssemos denominar um todo enquanto tal, ao qual as perspectivas pertencem. Neste caso, o mundo nunca existe senão como mundos diversos[123]. Se seguirmos Heidegger, então o mundo é sempre projetado como totalidade, mas o resultado é sempre apenas uma possibilidade do mundo. No entanto, somente uma destas duas coisas pode se dar: ou bem há mundos que surgem e perecem e que se alternam, ou bem há *um* mundo que é interpretável de diversas maneiras. Se o projeto de um mundo pressupõe a idéia do mundo enquanto totalidade, a alternativa está decidida. Em uma perspectiva hermenêutica, esta é a melhor solução: entre diversas interpretações do mundo é possível estabelecer uma mediação, elas podem ser associadas a novas interpretações. Entre mundos, em contrapartida, reside um abismo.

Nem Nietzsche nem Heidegger podem prescindir do conceito de mundo no sentido kantiano; a idéia de uma totalidade absoluta é efetiva tanto na tentativa de pensar o mundo como jogo caótico da vontade de poder quanto na concepção heideggeriana da formação do mundo e do projeto de mundo. Isto é válido até mesmo em um duplo aspecto. A convicção ou suposição de que tudo eternamente retornaria a cada instante só é possível, na medida em que aquilo que é experimentado é tomado como totalidade; *tudo* o que pertence a este instante retorna, por mais confuso e indistinto que ele possa vir a ser pensado. E a idéia da quantidade finita de força, com a qual Nietzsche procura fundamentar a possibilidade do eterno retorno, não é inteligível sem o conceito de uma totalidade absoluta; ela é mesmo apenas uma versão desta totalidade. Em Heidegger, é evidente como a definição kantiana do mundo entrou em sua concepção; ele acolhe a idéia da totalidade absoluta e a reinterpreta de um tal modo, que ela não é mais efetiva como representação ou conceito, mas como projeto ou formação de mundo. Todavia, a definição kantiana também continua efetiva aqui em um outro aspecto: o ente, que é trazido

---

121. Nietzsche, *Nachlass* 1881, 11 (57); KSA 9, p. 502.

122. Em uma anotação póstuma (Nietzsche, *Nachlass* 1881, 11 (48); KSA 9, p. 498), nós encontramos a seguinte formulação: "Qualquer estado que este mundo *possa* efetivamente alcançar, ele já precisa ter alcançado; e isto não uma vez, mas inumeráveis vezes".

123. Foi neste sentido que Günter Abel afirmou que o "discurso acerca do 'mundo na totalidade'" seria "na compreensão nietzschiana meramente uma expressão para o conjunto das ações e reações específicas a partir das centralizações de força particulares" (*Nietzsche: Die Dynamik der Willen zur Macht und die ewige Wiederkehr* – Nietzsche: A dinâmica das vontades de poder e o eterno retorno, p. 206).

em uma "visão originária"[124] para a unidade de um mundo, precisa ser experimentado em sua totalidade, para que ele possa ser realmente interpretado da maneira descrita por Heidegger. O "na totalidade" do ente, de que Heidegger fala em sua preleção inaugural em Freiburg, não é outra coisa senão a totalidade absoluta das coisas existentes, uma totalidade que não é acessível sob o modo de ser de uma suma conceitual, mas de uma tonalidade afetiva descerradora[125]. Assim, o próprio Heidegger fornece uma prova de que há um mundo e não mundos.

Por outro lado, nós podemos acompanhar a razão pela qual Nietzsche e Heidegger não estão dispostos a se satisfazer com a definição dada por Kant. O que está em questão para os dois é uma definição do mundo sob o ponto de vista de sua experiencialidade; mundo, isto deve ser mais do que uma "idéia". Com certeza, a experiência permanece nos dois casos ligada à idéia. Mesmo a cada instante, o fato de "tudo" retornar só pode ser pensado se pressupormos a idéia de uma quantidade finita de força; o fato de a nova interpretação do ente por meio de uma ciência ou a descoberta do possível por meio da arte ser um projeto de mundo só pode ser dito sob a pressuposição de um conceito de mundo. Tanto Nietzsche quanto Heidegger concebem o mundo a partir da realização da vida, enquanto experiência *do mundo*: assim, eles não se libertam da definição kantiana do mundo e não podem, porém, por outro lado, deixá-la vigorar.

Com esta descrição da dificuldade, a sua solução é previamente indicada: tudo depende de pensarmos a experiência do mundo de um tal modo, que não lhe seja exigida uma ligação com o mundo enquanto tal; e isto de uma tal forma que o conceito de mundo enquanto totalidade possa se fazer valer uma vez mais livremente. Experiência do mundo precisa ser experiência *no* mundo; nós não podemos exigir dela que ela se apresente e responda enquanto experiência pelo conceito do mundo. Por outro lado, o conceito de mundo precisa poder levar em conta a experiência do mundo. A totalidade absoluta não pode ser pensada apenas como suma conceitual das coisas existentes, mas do mesmíssimo modo como suma conceitual das experiências possíveis.

É provável que ninguém tenha chegado tão perto de uma tal solução quanto Husserl em suas reflexões tardias sobre o conceito de mundo. Segundo a auto-inquirição da postura natural, tal como ela é apresentada no *Ideen I* (Idéias I), o mundo, compreendido como a realidade espácio-temporal, é algo a que "eu mesmo pertenço, tal como todos os outros homens que são nele encontráveis e que estão ligados a ele da mesma maneira"[126]. Tal como se encontra formulado em seguida no escrito sobre a *Crise*, o mundo é "o todo das coisas"[127]. Aqui, contudo, Husserl empreende uma diferenciação rica em conseqüências, na medida em que não define o mundo como mundo das coisas ou mundo "coisal", mas, além disto, como

---

124. Heidegger, *Vom Wesen der Wahrheit* (Da essência da verdade), GA 34, p. 158.

125. Cf. § 5, p. 41-42; § 33, p. 344-348.

126. Husserl, *Ideen I* (Idéias I), Husserliana III.1, p. 63.

127. Edmund Husserl, *A crise das ciências européias e a fenomenologia transcendental*, § 37; Husserliana VI, org. por Walter Biemel, Den Haag, 1954, p. 145.

Terceiro capítulo: O mundo como espaço hermenêutico

mundo da vida[128]. Enquanto tal, ele é "um reino de um elemento subjetivo completamente fechado em si, que é à sua maneira, que atua em toda experiência, em todo pensamento, em toda vida, ou seja, que se encontra por toda parte presente, mas nunca é visualizado, nunca é pego e concebido"[129].

É quase impossível que não escutemos a ressonância com o discurso sobre o "ser imanente" no *Ideen I* (Idéias I); o que se tem em vista com isto é a imanência da consciência, que é conquistada por meio da ἐποχή, mas que é, então, compreendida como uma esfera de sentido anônimo-coletiva, efetiva em múltiplas relações vitais. Em sintonia com o mundo da vida, o sentido é experimentado, transmitido, transformado e enriquecido de múltiplas maneiras. No mundo da vida, as coisas são significativas de múltiplas maneiras e podem ser experimentadas, confirmadas ou descobertas em sua significância. Nesta medida, ele é comparável com o mundo, tal como Heidegger o descreve em *Ser e tempo*[130]; a única diferença é que a compreensão husserliana é suficientemente neutra, para evitar o encurtamento em um mundo do utensílio e do instrumento.

Com certeza, em um aspecto decisivo, o mundo da vida no sentido husserliano diferencia-se do mundo em *Ser e tempo*: ele não é nenhum mundo, no qual se poderia "decair" em meio à "fuga" ante a abertura e a indeterminação do ser-aí a cada vez próprio[131]. O "ser" no mundo da vida não é nenhum ser-aí "impróprio"; para o

---

128. O conceito está sem dúvida alguma entre os mais discutidos da fenomenologia husserliana. No entanto, o que interessa aqui não é a clarificação do conceito no contexto conjunto do pensamento de Husserl. Como uma contribuição mais recente que também discute a pesquisa em torno do termo, cf. Hans-Helmuth Gander, *Selbstverständnis und Lebenswelt. Grundzüge einer phänomenologischen Hermeneutik im Ausgang von Husserl und Heidegger* (Autocompreensão e mundo da vida. Traços fundamentais de uma hermenêutica fenomenológica a partir de Husserl e Heidegger), Frankfurt junto ao Main, 2001. Gadamer apropria-se expressamente do conceito para a sua hermenêutica filosófica, cf. *Verdade e método*, GW 1, p. 251-252. Além disto: Hans-Georg Gadamer, *Die Wissenschaft von der Lebenswelt* (A ciência do mundo da vida – 1972), in: Neuere Philosophie I, GW 3, p. 147-159. As reflexões tardias de Husserl também são certamente uma resposta a *Ser e tempo*. No entanto, a expressão "mundo da vida" surge em Husserl pela primeira vez em 1924 e, em verdade, na conferência *Kant und die Idee der Transzendentalphilosophie* (Kant e a idéia da filosofia transcendental) (*Erste Philosophie* (1923/24). Primeira parte; Husserliana VII, p. 230-287, aqui p. 232: "O mundo conquistou uma amplitude infinita, logo que o real mundo da vida, o mundo no modo como se dá a vivência, foi considerado"). Heidegger já emprega a palavra na preleção do semestre de inverno de 1919-1920 (*Grundprobleme der Phänomenologie* – Problemas fundamentais da fenomenologia, GA 58, p. 83). É provável que Heidegger tenha acolhido a palavra a partir do escrito de Georg Simmel *Die Religion* (A religião), Frankfurt junto ao Main, 1912; na medida em que Heidegger fala na passagem citada sobre o mundo da vida religioso, isto se torna ainda mais provável. O fato de Heidegger só utilizar a expressão em separado e de mais tarde abandoná-la completamente está em sintonia com o fato de ele substituir o conceito de vida pelo conceito de ser-aí.

129. Husserl, *Crise* § 29; Husserliana VI, p. 114.

130. Cf. Hans-Georg Gadamer, *Die phänomenologische Bewegung* (O movimento fenomenológico), GW 3, p. 105-146, antes de tudo p. 123 e 127.

131. Para uma interpretação mais detalhada deste contexto: Figal, *Fenomenologia da liberdade*, p. 182-190.

ímpeto em direção ao real, ao assegurado, segundo o qual Heidegger compreende a impropriedade, a "postura natural" pôde servir-lhe de modelo; para tanto, contudo, ele não teria encontrado nenhum ponto de apoio no pensamento do mundo da vida, tal como Husserl o desenvolve. O mundo da vida antecede a postura natural, assim como o ser-aí mesmo antecede a decadência no mundo. Ele é, dito com o conceito heideggeriano, o ser-aí *enquanto* mundo, ou, como Husserl mesmo o formula, enquanto o "reino de um elemento subjetivo totalmente fechado em si". Deste modo, o mundo da vida é o mundo no qual tudo é *fenomenal*, sem ser reconhecido fenomenologicamente como fenômeno. Ele é "o universo [...] do subjetivo"[132], no qual "o mundo", compreendido como "o todo das coisas"[133], "chega para nós pela primeira vez a sua existência pura e simples" e, em verdade, por intermédio da "universalidade das realizações sinteticamente articuladas"[134], que residem no "subjetivo". Enquanto mundo, o mundo da vida é aquilo que Husserl denomina "constituição". Nós também poderíamos denominá-lo o mundo dos fenômenos; ele seria o mundo, no qual há a aparição, e não apenas aquilo que aparece e que é considerado como real.

Isto significaria certamente que ele mesmo não é mais reduzido fenomenologicamente e que ele pode ser reabsorvido no aparecer. De fato, ele é o "horizonte"[135] previamente dado, no qual algo se mostra como aparição. O tema "mundo da vida", assim encontramos além disto formulado em Blumenberg, responde pela "intelecção de que a redução não pode ser transplantada das coisas para o mundo": "Nós nos retraímos tanto da experiência quanto da empatia; mas não podemos fazer o mesmo quanto à inserção vital em um mundo"[136]. Não obstante, a "inserção vital em um mundo" pode se tornar expressa. A ἐποχή encontra nela até mesmo um ponto de apoio; ela traz à consciência o mundo da vida em sua "dação prévia". Ela clarifica o "mundo de maneira pura e totalmente exclusiva *como aquele que* e *tal como* ele possui e conquista em figuras sempre novas sentido e validade de sentido em nossa vida consciente"[137].

Por meio do conceito do mundo da vida, o conceito de um mundo natural, experimentado a partir das coisas, não é por conseguinte substituído e, nesta medida, precisamos determinar a relação recíproca entre os dois mundos. Se seguirmos as reflexões de Husserl, então os dois mundos não existem um ao lado do outro, ou seja, eles não existem de um tal modo, que o mundo enquanto o "todo das coisas" seria experimentado a partir do mundo da vida em uma postura natural. Isto é impossível, uma vez que o mundo da vida já é caracterizado por algo assim como uma redução pré-fenomenológica. Tal como Husserl o vê, há muito mais

---

132. Husserl, *Crise* § 38; Husserliana VI, p. 150.

133. Ibid., § 37; Ibid., p. 145.

134. Ibid., § 38; Ibid., p. 149.

135. Ibid., § 37; Ibid., p. 145.

136. Blumenberg, *Lebenszeit und Weltzeit* (Tempo da vida e tempo do mundo), p. 61.

137. Husserl, *Crise* § 39; Husserliana VI, p. 151.

Terceiro capítulo: O mundo como espaço hermenêutico

uma co-pertinência entre os dois mundos: da mesma forma que o mundo das coisas vem à tona no mundo da vida, os sujeitos mundano-vitais vêm à tona no mundo compreendido como o "todo das coisas". Husserl considera este "um com o outro" de "subjetividade no mundo enquanto objeto" e *para* o mundo enquanto sujeito da consciência"[138] como particularmente carente de explicação porque ele vê aí uma "dificuldade realmente séria"[139]. Esta dificuldade deve se mostrar no fato de a realização instauradora de sentido dos sujeitos mundano-vitais não ser compatível com a sua vinculação ao mundo: "Como é que uma parte integrante do mundo, a sua subjetividade humana, deve constituir o mundo todo, a saber, constituir o mundo todo enquanto o seu *constructo* intencional?"[140] A solução husserliana deste "paradoxo"[141] consiste em compreender o sujeito da consciência como "um 'outro' eu"[142] e em determinar desta maneira os homens a cada vez diversamente com vistas a dois mundos diferentes.

Claramente, esta solução, que lembra a distinção kantiana entre um mundo "visível" e um mundo moral que é, neste sentido, inteligível[143], só é necessária se o mundo pensado enquanto o todo das coisas precisar ser *reconduzido* à subjetividade dos sujeitos mundano-vitais e à sua realização instauradora de sentido. O problema desparece, quando o mundo é compreendido como espaço hermenêutico. Neste caso, ele é ao mesmo tempo mundo da vida e mundo das coisas, a totalidade da suma conceitual da experiência e a totalidade da suma conceitual daquilo que é experimentável. A experiência vem à tona na totalidade daquilo que é e aquilo que é, na totalidade da experiência possível e fática. Nesta medida, mesmo o temor de que a "parte subjetiva do mundo" engolisse "o mundo todo e, com isto, a si mesmo"[144], mostra-se como infundado. Do mesmo modo, os "sujeitos" também não sucumbem às coisas existentes. Há os dois: o "elemento coisal", que enquanto tal é extrínseco, e o significante, que se descerra a partir de nós, no contexto de nossas posturas. O mundo da vida e o mundo das coisas são quiásticos, eles se entrecruzam. Eles comportam-se um em relação ao outro como os dois lados de uma mesma coisa.

O fato de as coisas se darem desta forma fica particularmente evidente a partir da composição estrutural da apresentação. Interpretação, apresentação – isto é

---

138. Ibid., § 53; Ibid., p. 184.

139. Ibid., § 53; Ibid., p. 182. Há a mesma dificuldade na concepção heideggeriana da formação do mundo. Heidegger não define o ser-aí apenas como formador de mundo, mas também como tocado pela formação de mundo. A formação de mundo diz respeito a "todos os entes manifestos [...], dentre os quais se encontra o ser-aí" (*Da essência do fundamento*, GA 9, p. 158). A dificuldade, porém, não é certamente discutida por Heidegger.

140. Husserl, *Crise* § 53; Husserliana VI, p. 183.

141. Ibid.; Ibid., p. 182.

142. Ibid., § 54; Ibid., p. 189.

143. Cf. Kant, *Crítica da razão pura*, B 837, A 808; AA III, p. 524; cf. além disto A 288-289, B 334-347; AA III, p. 230-232.

144. Husserl, *Crise* § 53; Husserliana VI, p. 183.

algo que não ocorre apenas no mundo em casos acentuados e, por isto, claramente reconhecíveis. O caráter daquilo que se acha contraposto não pode ser senão cunhado de maneira frágil ou ele pode se elevar até o grau de intensidade da formação daquilo que se encontra contraposto, ou seja, da interpretação expressa. A estrutura, contudo, que se torna distinta enquanto composição estrutural da apresentação, sempre está presente; esta é a razão pela qual todo mirar, todo dirigir-se para algo e todo ser tocado por algo que vem ao nosso encontro precisam ser investigados segundo o ponto de vista da correlação, isto é, fenomenologicamente no sentido aqui estabelecido. A investigação, tal como ela precisa ser empreendida agora, atenta neste caso para o próprio ao longe, a fim de clarificar, com isto, o valor conjuntural da composição estrutural da apresentação. Assim, pode se mostrar *que mundo é este, que chega a esta cunhagem maximamente intensa na composição estrutural da apresentação.*

O fato de isto acontecer em três aspectos, a saber, na sondagem das três dimensões que são próprias ao espaço hermenêutico, possui uma significação central para a compreensão do mundo. Se a totalidade que o mundo é se articula em três dimensões, a totalidade é mais do que uma idéia no sentido kantiano. Como as dimensões do mundo são determinadas em sua essência e como elas são experienciáveis em sua determinação, o mundo pode ser descrito enquanto tal de uma maneira conceitualmente estruturada.

A descrição que é agora iminente não começa do princípio, como se ela não fosse precedida por nada. Liberdade, linguagem e tempo são temas filosoficamente centrais. Conseqüentemente, eles não podem ser apropriadamente discutidos, sem que acolhamos as suas discussões clássicas, que nos levam ao menos em determinados âmbitos adiante. Todavia, nenhuma destas discussões concebe a liberdade, a linguagem e o tempo exatamente como eles são compreendidos aqui; já por isto, a investigação da coisa mesma que está aqui em primeira linha em questão permanece em um distanciamento em relação a eles. O fato de evitarmos uma mera corroboração do clássico como aquilo que é válido em todos os tempos não significa, porém, que as concepções às quais recorremos seriam "destruídas" com vistas a algo que nelas permaneceria em verdade uma motivação, mas não seria conhecido. Só podemos falar aqui de destruição na medida em que as concepções acolhidas são colocadas em um novo contexto e em que este contexto funciona como critério para o julgamento de suas possibilidades e limites. Portanto, o que está em questão é menos uma exegese das concepções às quais recorremos do que uma indicação de sentido desenvolvida a partir da conexão sistemática deste ensaio. Elas são lidas no contexto de uma fenomenologia do elemento hermenêutico. Neste contexto, a consideração fenomenológica recolhe a si mesma, na medida em que, juntamente com o espaço hermenêutico em suas dimensões, ela reflete ao mesmo tempo sobre as suas próprias possibilidades. Ela é o grau de intensidade supremo daquilo que considera e apresenta. É deste modo que ela é originária.

Quarto capítulo
Liberdade

§ 17: Agir

Nós sabemos e ao mesmo tempo não sabemos o que é a liberdade. Em algum momento experimentamos algo, em relação ao qual só aprendemos mais tarde que ele é denominado "liberdade". No entanto, a denominação também ocorre em outros contextos. Nós nos perguntamos, então, se aquilo que está aqui em questão é o mesmo ou algo comparável. Logo que esta questão recebe uma intensidade determinada, a saber, uma intensidade filosófica, ela se mostra como a questão acerca da própria liberdade.

Por um lado, aquilo que deve ser compreendido pela própria liberdade está aqui previamente dado: ela é uma dimensão do espaço hermenêutico, ou seja, uma dimensão do mundo. Esta definição, porém, antecipa algo; nós temos de conquistar primeiro o modo como precisamos compreendê-la. Para tanto, não há nenhuma outra possibilidade para além daquela de retornar a uma compreensão talvez elementar, mas em todo caso o máximo possível imparcial de liberdade. Se só nos orientássemos agora pela composição estrutural da apresentação ou pela experiência filosófica da liberdade, nós não alcançaríamos o intuito de nossa discussão; devemos apreender efetivamente aquilo que se intensifica na apresentação, mas isto não pode ser conhecido junto à própria apresentação.

A palavra "liberdade" só é enigmática se a isolarmos e cravarmos nela o olhar, como se ela precisasse revelar a sua significação. Em contrapartida, tal como acontece com todas as palavras, a significação se clarifica a partir dos contextos, aos quais a palavra pertence. "Livre" é uma palavra que dá a entender *relações*; nós somos livres *de* e livres *para* algo. Um homem livre é alguém que não possui nenhum senhor, ou seja, que está livre da necessidade de ater-se a ordens. Assim, ele é livre para decidir por si mesmo e possivelmente quiçá para dar ordens. Em sentido amplo, nós estamos livres de algo, quando não somos dominados por ele, ou seja, importunados, oprimidos ou restringidos. Se isto acontece, então também estamos com bastante freqüência livres para nos comportar *em relação a* ele.

Nós mesmos somos livres, mas livre é antes de tudo a relação com aquilo que era antes determinante. Nós não somos mais comprometidos por ele, nada é mais prescrito. Vista assim, a liberdade é para nós mesmos aquilo que Kierkegaard descreveu como a experiência do sonho da liberdade: a "possibilidade de *poder*"[1].

---

1. Soren Kierkegaard, *Begrebet Angest* (O conceito de angústia), SV IV, p. 273-428, aqui p. 315.

Com esta possibilidade, porém, nós mesmos é que precisamos fazer algo. É somente neste ponto que a relação livre se mostra como aquilo que ela é e, nesta medida, porém, a liberdade diz respeito a nós mesmos. Nós precisamos apreendê-la, mas descobrimos aí que não somos apenas nós mesmos que somos livres.

Se a liberdade é a "possibilidade de poder", também podemos compreender aquilo que a liberdade tem em comum com o comportamento, mais exatamente, com as possibilidades do comportamento. Junto à experiência da liberdade, o que está em questão é o fato de "as coisas também poderem se dar de maneira diversa": nós poderíamos ter nos comportado de maneira diversa e, neste ponto, somos livres. No entanto, a pergunta acerca do fato de "as coisas também poderem se dar de maneira diversa" não é sempre uma pergunta relativa à liberdade. Se dormimos mal, então as coisas também poderiam ter se dado de maneira diversa, mas isto não tem nada em comum com a liberdade. O fato de termos dormido mal aconteceu conosco; dormir, assim parece, não é nenhum comportamento.

Mas a experiência da liberdade não se insere nem mesmo em todo comportamento. Nós também poderíamos ter gesticulado de maneira diversa do que fizemos, a nossa expressão facial poderia ter se mostrado de modo diverso. Algo deste gênero não acontece conosco apenas como o dormir, o sentir frio ou o tossir. Trata-se aqui de uma expressão daquilo que sentimos e do modo como sentimos, mas também, neste caso, não vem à tona a pergunta acerca do fato de "as coisas também poderem se dar de maneira diversa". Esta pergunta só se coloca, quando o elemento gestual e a expressão facial devem ser controlados, seja porque outros esperam de nós um tal controle, seja porque nós o exigimos de nós mesmos. Com freqüência, isto tem algo em comum com a configuração da relação, mas também com se um determinado gesto e uma determinada expressão facial seriam profícuos ou nocivos. É preciso que esteja em jogo um *plano* de comportamento e este plano tem em geral algo em comum com o fato de querermos *alcançar* algo. Portanto, nós precisaremos nos orientar por um tal comportamento, se quisermos encontrar um acesso àquilo que a liberdade é.

Um comportamento, no qual algo quer ser alcançado, é um *agir*. O agir está ligado a uma *finalidade*. O que fazemos encontra-se em uma relação com esta finalidade; o que está em questão é realizar algo, que foi denominado como finalidade e, com isto, caracterizado como ainda estando pendente. À ação, portanto, pertence tudo aquilo que é visado como uma contribuição a esta realização; se a finalidade fosse realizada por algo que não tinha sido visado desta forma, nós não contaríamos este algo como um agir. A finalidade transforma a ação naquilo que ela é. Ela dá *sentido* àquilo que é feito, ou seja, ela lhe entrega determinação e direção.

Logo que conhecemos a finalidade, uma ação está em geral suficientemente determinada, de modo que não precisamos esclarecer necessariamente os ensejos e os motivos. Em comportamentos desprovidos de finalidade, as coisas se dão de modo diverso. Se alguém, por exemplo, fica dando voltas no quarto sem parar, nós só compreendemos este comportamento, quando descobrimos que ele está esperando por alguém e não consegue conter a sua inquietude ficando sentado. Também há ensejos e motivos junto ao agir, mas nenhum dos dois é essencial para a compreensão da ação enquanto tal. Igualmente inessencial é tudo aquilo que alguém faz em virtude de uma ação, sem que isto esteja ligado à finalidade. A finalidade dá a possibilidade de reconhecer algo deste gênero como inessencial, por exemplo, o fato de nos deixarmos deter ou de divergirmos, de estarmos com os nossos pensamentos em um outro lugar.

Não são apenas as ações que possuem finalidades; um evento também pode estar dirigido para uma finalidade. No entanto, a ligação a finalidades que é própria às ações é diversa daquela que é própria aos eventos naturais. O crescimento de uma planta também tem uma finalidade, a saber, a formação completa daquilo que a planta é. Este crescimento, porém, acontece *por si mesmo*; a finalidade lhe é intrínseca e é de uma maneira correspondente que o processo do crescimento também *está inclinado* para a finalidade. O fato de o processo poder ser interrompido, mesmo suspenso, não pode ser em verdade expresso senão com vistas à finalidade, mas esta constatação é acrescentada de fora ao processo do crescimento. As coisas dão-se de maneira diversa no caso do agir. A finalidade precisa ser *realizada* e isto só é possível se o agente estiver consciente em meio ao fazer, como quer que esta consciência venha a ter lugar. Ações são processos dirigidos para uma finalidade, cuja realização é guiada por um *conhecimento* da finalidade que é cunhado de maneira mais ou menos distinta.

Naturalmente, mesmo este conceito do agir ainda é vago. Ele pode ser apreendido de maneira mais exata, na medida em que o delimitamos e diferenciamos um pouco mais. Assim, agir não é o mesmo que produzir; a produção é determinada pelo fato de a aparição autônoma de uma obra diante de nós ser considerada como a sua finalidade. Mais próximo do agir está a apresentação, se o que estiver sendo pensado com o termo for a realização de algo, por exemplo, a execução de uma peça musical. Também aqui não se falaria sem hesitação de um agir; a atenção está voltada para aquilo que ganha a realidade e menos para o processo em sua própria ligação a uma finalidade. Junto ao agir não é tão importante saber se uma coisa ganha validade por meio de um fazer, mas muito mais se isto acontece *por meio de alguém*, a quem o resultado pode ser imputado. Neste sentido, a pergunta sobre quem é o responsável por algo é co-pertinente ao agir; logo que a questão se coloca, uma produção ou uma apresentação se transformam em ação. De maneira correspondente, também conta mais junto ao agir, se e como os outros são afetados pelo resultado do que fazemos. Se alguém constrói uma casa, a fim de propiciar abrigo para a sua família, então, no que diz respeito ao resultado que se apresenta enquanto obra, trata-se de uma produção. No entanto, no que diz respeito à meta desta obra, trata-se de um agir[2]. Se a atenção recair sobre o fato de *alguém* realizar ou querer efetuar uma determinada meta, então o produzir e o expor também podem ser denominados um agir. Neste sentido, toda atividade orien-

---

2. É neste sentido que podemos dizer juntamente com Hannah Arendt que o agir se dirige para o "mundo compartilhado" (*Vita activa ou da vida ativa*, Munique, 1981, p. 172). Mas isto não precisa certamente significar que o que estaria em questão junto ao agir seria o "expor a si mesmo" (*Vita activa*, p. 179). Na medida em que Hannah Arendt marginaliza a orientação da ação para a finalidade, ela a reduz à presença pública.

192 Oposicionalidade – O elemento hermenêutico e a filosofia

tada para uma finalidade, que não se restrinja à fabricação de algo ou esteja totalmente concentrada na realização de algo, é um agir[3].

No agir, nós queremos alcançar algo. No entanto, também há um agir, no qual aquilo que deve ser alcançado já foi alcançado. Aristóteles chegou mesmo a compreender este agir como o agir em sentido próprio. As ações, nas quais a finalidade não se encontra previamente dada, não seriam, enquanto movimentos (κινήσεις), aquilo que elas devem ser, a saber, elas mesmas uma finalidade[4]. Elas seriam inacabadas tal como, por exemplo, o emagrecimento, que acontece em função da magreza, que ainda não está dada no próprio emagrecer[5]. Portanto, são apenas as ações inacabadas que podem ser consideradas como provocadoras de um efeito no sentido explicitado; elas estão dirigidas para uma finalidade enquanto um resultado determinado, que só é alcançado com o fim da ação. Elas possuem este elemento em comum com o produzir. Em contrapartida, as ações consumadas em si são uma *atuação*. Em uma tal ação, a *realidade efetiva* que está em questão se insere a cada momento. Ela está "na obra" que possui e é, neste ponto, ἐνέργεια[6], uma atuação que é em si realidade efetiva. As coisas também se comportam assim junto ao produzir; o atuar e o realizar estão os dois "na obra". A diferença é apenas o fato de uma atuação não precisar possuir uma determinada duração, enquanto a realização, por exemplo, a apresentação de uma obra, só é concluída quando a obra é apresentada como um todo.

Por mais elucidativa que possa ser a distinção aristotélica entre ações inacabadas e ações consumadas, nós não poderemos defendê-la sem uma diferenciação. Se Aristóteles designa o ver (ὁρᾶν), o ser compreensivo (φρονεῖν) e o pensamento apreendedor (νοεῖν), sim, até mesmo a vida boa (εὖ ζῆν) e o bem-estar (εὐδαιμονεῖν), como exemplos de ações consumadas[7], não se deveria deduzir daí que ele pretendia designar toda a vida como uma única ação; com isto, o conceito perderia todo o seu poder seletivo. A vida boa, por exemplo, consuma-se com certeza no fato de não possuir nenhuma finalidade, mas ser finalidade. Um agir, porém, só é quando se concretiza junto a finalidades que são sempre uma vez mais diversas. Se a vida boa não deve ser nenhum estado, mas um agir, é preciso refletir a cada

---

3. Portanto, agir e produzir não podem ser considerados como duas classes claramente diferentes de atividades, eles são muito mais duas cunhagens possíveis do ser ativo. É nesta direção que argumenta Theodor Ebert, *Praxis und Poiesis. Zu einer handlungstheoretischen Unterscheidung des Aristoteles* (*Praxis* e *poiesis*. Para uma distinção aristotélica em termos de uma teoria da ação), in: Zeitschrift für philosophische Forschung 30 (1976), p. 12-30. Quanto a esta discussão cf. também Friederike Rese, *Praxis und Logos bei Aristoteles. Handlung, Vernunft und Rede in Nikomachischer Ethik, Rhetorik und Politik* (Práxis e Logos em Aristóteles. Ação, razão e discurso na *Ética a Nicômaco*, na *Retórica* e na *Política*), Tübingen, 2003, p. 51.

4. Aristóteles, *Metafísica* IX, p. 6; 1048b 20-22: μὴ ὑπάρχοντα ὧν ἕνεκα ἡ κίνησις, οὐκ ἔστι ταῦτα πρᾶξις ἤ οὐ τελεία γε (οὐ γὰρ τέλος).

5. Aristóteles, *Metafísica* IX, 6; 1048b 19-20.

6. Ibid., 34.

7. Ibid., 23-26.

Quarto capítulo: Liberdade

vez o que é preciso fazer, para que a finalidade da vida boa possa ser alcançada. Na orientação por finalidades limitadas, esta finalidade se mostra sempre uma vez mais como iminente.

Se considerarmos as coisas a partir daí, o elemento comum entre as ações inacabadas e as ações consumadas fica claro: as duas estão *ligadas* às suas finalidades e, por isto, também há para as duas um *afastamento* entre a ação e a finalidade desta ação. Tal como acontece com o emagrecimento, este também pode ser o caso em relação a um fazer limitado, a saber, até o momento em que a finalidade do peso que queremos ter é alcançada. Ou as coisas podem se dar de tal forma, que permanecemos ligados a uma finalidade, que sempre precisamos alcançar novamente, mesmo que já a tenhamos alcançado.

Com certeza, o que está em questão aqui é menos esta diferença do que o modo como o conceito de liberdade pode ser desenvolvido a partir da ligação com uma finalidade que é própria às atividades mencionadas. Para tanto, é preciso insistir ainda uma vez no fato de, juntamente com a ligação a uma finalidade, o afastamento pertencer à essência do agir. Na realização da ação entra em jogo uma ligação, que conduz para além daquilo que a cada vez é feito e, assim, oferece pela primeira vez à realização a sua direção. A ligação propriamente dita do agir é a mirada, ἐφίεσθαι, tal como Aristóteles a denomina em sua linguagem[8]. No afastamento que é experimentado com a mirada reside a *tensão* intrínseca ao agir. Por um lado, a tensão é uma extensão. Nela, o agir é sempre mais do que o respectivo fazer; na mirada, ele extende-se até a sua finalidade e, por isto, o fazer respectivo também precisa ser identificado como um agir a partir de sua finalidade. Por outro lado, a tensão significa o mesmo que aquele tensionamento que se introduz, quando algo permanece sem ser resolvido ou sem ser resgatado. Com este tensionamento expressa-se o fato de a ligação com a finalidade se lançar para além da realização e, com isto, deixar que a realização também permaneça sem ser preenchida mesmo junto às ações consumadas.

O tensionamento do agir pode ser maior ou menor, ele pode ser quase imperceptível ou poderoso como uma incerteza penetrante, como uma dúvida quanto às nossas próprias capacidades. Em todo caso, ele faz com que a *abertura* propriamente dita do agir se torne experienciável. Ela é passível de ser pressentida na menor interrupção e no menor recomeço, como um hiato entre aquilo que agora é feito e aquilo que deve continuar sendo feito. Em sua tensão, o agir é vulnerável; ele pode ser desviado de sua finalidade ou fracassar de algum modo em sua concretização.

Esta possibilidade do fracasso está ligada à convicção de que uma finalidade deve chegar essencialmente a termo *por meio de nós mesmos*. Quando o agir não exige nenhum esforço, ele também não acontece por si mesmo. Nós mesmos podemos e precisamos fixar a finalidade e, como que passo a passo, concretizá-la; se interrompêssemos a concretização e, por fim, a abandonássemos, ficaria definitivamente claro que tudo dependia aqui essencialmente de nós. Em contrapartida, se efetuarmos algo que não tínhamos fixado e aspirado desta maneira, então isto

---

8. Aristóteles, *Ética a Nicômaco* I, 1; 1094a 3.

não acontece em verdade sem nós mesmos. No entanto, ele não acontece por meio de nosso próprio agir, exatamente como quando somos desviados de uma finalidade ou somos obrigados à concretização de uma finalidade.

Em situações como esta entra em jogo a experiência da liberdade. A liberdade do agir é a sua abertura, tal como esta abertura tinha se mostrado como uma tensão entre a realização e a ligação a uma finalidade. Trata-se da abertura que *percebemos* no agir, ou seja: esta abertura está presente para nós e é concretizada por nós mesmos. Ela é inteiramente mensurada e permanece aí uma abertura, enquanto agirmos; nós também poderíamos "ter feito as coisas de outra maneira", ao menos de um tal modo que interrompêssemos ou concluíssemos o nosso fazer. Sem isto, ou seja, sem a tensão aberta entre fazer e finalidade, nenhum agir é possível. De modo correspondente e com uma intensidade maior ou menor, o que está em questão no agir é sempre também esta tensão. Agindo, nós tentamos conservar ou mesmo elevar a liberdade, que reside no agir.

A tentativa de conservá-la pressupõe a experiência da ameaça, assim como a experiência da possibilidade de passarmos ao largo de algo. A ameaça reside na *falta de clareza do ponto de partida*; aquilo que não existe simplesmente, mas é efetuado ou deve continuar sendo real, também pode ser obstruído ou fracassar. Logo que entra em cena algo que nos impede de alcançar uma finalidade, a abertura do agir é cerrada; a relação da realização da ação com a finalidade é perturbada. O que perdemos de vista é a liberdade, na medida em que não nos mantemos no tensionamento com vistas a uma finalidade e não dirigimos o nosso fazer para esta finalidade, mas fazemos algo que não tem nada em comum com ela. Nós fazemos algo, em relação ao que não está claro qual é o efeito que ele produz. Também neste caso perdemos a abertura do agir; nós agimos cegamente e só notamos no resultado aquilo que foi efetuado. Dito com Aristóteles, contrapõe-se à liberdade aquilo que ganha termo por meio da violência ou da ignorância[9].

As duas coisas, porém, só podem ser experimentadas na liberdade, e é apenas a partir da liberdade que elas são determinadas enquanto tais. No contexto do agir, o que é violento não é simplesmente aquilo que ocorre conosco de uma maneira prejudicial, mas somente aquilo que nos impede de concretizar a finalidade, à qual estamos ligados. Ignorância não é aqui nenhum desconhecimento puro e simples, mas a incapacidade em meio à concretização de uma finalidade. Nos dois casos não estamos livres em relação à nossa finalidade. Isto se encontra em contraste com um fazer, que só é o que ele é a partir da *visão intencional* de uma finalidade. Nós percebemos em uma tal visão a liberdade enquanto abertura do agir. Somente assim aquilo que fazemos pode ser *intencional*[10]. "Intencional" significa: determinado pela liga-

---

9. Ibid., III, 1; 1109b 35-1110a 1: τὰ βιᾳ ἤ διοᾶγνοιαν γινόμενα. Quanto à concepção aristotélica da liberdade da ação, cf. também Figal, *Fenomenologia da liberdade*, p. 99-104.

10. Günter Figal joga aqui com o fato de o termo "intencional" em alemão (*absichtlich*) possui uma relação direta com a locução *absehen auf*: lançar o olhar para, visar a. A fim de evidenciar esta relação, optamos pela inserção do adjetivo intencional na tradução de *Absehen auf* (N.T.).

Quarto capítulo: Liberdade

ção aberta, isto é, livre com a finalidade. Esta liberdade faz-se valer quando nada impede o resgate desta ligação e quando nenhuma ignorância a encobre.

Todavia, não há simplesmente a determinação intencional daquilo que fazemos; esta determinação é muito mais concretizada por meio do fato de um agir estar submetido a uma finalidade; o agir é intencional *a partir de uma finalidade*. De maneira inversa, aquilo com que estamos ligados só se mostra enquanto uma finalidade por meio do caráter intencional daquilo que fazemos. Finalidades não são estados de coisa futuros, cujo presente possível vemos vindo ao nosso encontro; à sua essência pertence o fato de só o possuirmos como agentes, ou seja, de nos esforçarmos por alcançá-las por meio de nosso próprio fazer; aquilo que alguém pode alcançar ou alcança de outra forma não é para nós mesmos nenhuma finalidade.

Isto é significativo para a compreensão da liberdade; com a relação recíproca entre a ligação a uma meta e o que intencionalmente fazemos é fixado o modo como experimentamos os dois no agir. Enquanto abertura do agir, a liberdade é o afastamento em relação àquilo com que estamos ligados. No agir, este distanciamento não é nem concretizado enquanto tal, nem vivenciado como algo que ocorreu, mas é mensurado inteiramente a partir do interesse da diminuição do distanciamento. O agir é, dito com o termo heideggeriano, a-fastador. Em verdade, ele não tem necessariamente por intuito aproximar algo que está afastado, a fim de dispor dele ou transformá-lo. Em todo caso, porém, o que está em questão é realizar a finalidade a partir da possibilidade que ela é, sem levar em conta se isto acontece, na medida em que o efetuamos uma única vez ou sempre uma vez mais de maneira nova, ou seja, de maneira atuante.

Mesmo se o agir é "a-fastador", a sua realização permanece determinada pela ligação à finalidade. Esta ligação, contudo, não vem à tona incondicionadamente enquanto tal; o agir pode ser totalmente preenchido pelo esforço de alcançar a sua finalidade e pode imergir deste modo na execução. Neste caso, o agente avança em direção à finalidade, que talvez seja até mesmo antes pressentida do que conhecida. Por isto, Aristóteles considera até mesmo o comportamento de crianças bem pequenas e de animais como livre[11]. A isto corresponde uma ampla compreensão do agir, segundo a qual toda aspiração é uma ação, contanto que a sua finalidade possa ser alcançada por diversas vias; a condição fundamental para que a realização e a ligação possam ser distintas por meio do fato "de as coisas também poderem se dar de modo diverso" é, então, preenchida. Um agir compreendido desta forma poderia ser denominado "elementar". Se contestássemos a possibilidade de ações elementares, precisaríamos supor em relação ao agir que ele precisaria ser aprendido expressamente em um determinado estágio de desenvolvimento da vida humana. Mas como deveríamos poder aprender o agir em sentido mais restrito, se ele não fosse previamente dado de maneira elementar? O fato de as ações elementares ainda não satisfazerem às expectativas que colocamos em ações já conformadas é claro. No entanto, a razão para tanto é menos óbvia. Ela

---

11. Aristóteles, *Ética a Nicômaco* III, 2; 1111b 8.

reside no fato de a liberdade permanecer nas ações elementares como em um invólucro. Ela existe, mas não é percebida no duplo sentido do termo *wahrnehmen* em alemão: ela não é vista e não é concretizada enquanto tal[12]. Falta aqui se distingue o agir dos homens adultos e dotados de maioridade do agir das crianças bem pequenas: tal como os animais, as crianças muito pequenas ainda não refletem em meio à ação. Todavia, diferentemente dos animais, elas podem aprender a refletir. Esta é, ao mesmo tempo, uma experiência da liberdade, na qual esta liberdade se determina de maneira mais rica do que até aqui.

§ 18: Deliberação reflexiva[13]

O ato de pensar sobre o que está aqui em questão nem surge a partir da realização da própria ação, nem se acrescenta a esta ação como algo estranho. Ele desenvolve-se por assim dizer em seu meio, na medida em que se inicia no afastamento em relação à finalidade e apreende este afastamento como liberdade, ou seja, reconhece-o e concretiza-o como tal. O ato de pensar sobre é uma *deliberação reflexiva*, uma ponderação consigo mesmo. Trata-se de um deter-se que mantém separadas a ligação à finalidade e a realização de sua concretização, e que, assim, mantém aberto o afastamento. A deliberação reflexiva vai ao encontro do impulso para a concretização e, nesta medida, ela nos detém.

Por meio desta detenção, porém, o agir não ganha o repouso. Ela não é nenhuma parada, mas um retardo que não revoga a ligação à finalidade, mas a confirma. Na deliberação reflexiva, o impulso de seguir em frente rumo à finalidade é quebrado. Todavia, justamente assim é alcançada uma orientação mais transparente pela finalidade. Na medida em que, nos detendo, tornamo-nos livres da realização da ação, nós conquistamos uma liberdade em relação a esta finalidade. Assim, a orientação pela finalidade torna-se *mais livre* em comparação com as ações elementares. A abertura que é liberdade faz-se valer nela mais intensamente.

Tal como Aristóteles acentua, o que está em questão na deliberação reflexiva (βουλεύεσθαι) é menos a finalidade do que aquilo que é considerado com vistas a uma finalidade[14]. Em contrapartida, a própria finalidade é computada como um modo do descobrir que Aristóteles denomina βουλεύεσθαι. O que se tem em vista com isto é algo que se alterna entre querer e desejar. O humanamente impossível, por exemplo, a imortalidade, também pode ser cobiçado desta maneira. O mesmo

---

12. O termo perceber em alemão (*wahrnehmen*) possui uma duplicidade de sentido que se perde um pouco na tradução para o português. *Wahrnehmen* significa tanto perceber quanto lançar mão de uma possibilidade percebida. Assim, a percepção de uma possibilidade não envolve apenas a sua apreensão, mas também a sua concretização efetiva (N.T.).

13. *Überlegen* é um termo em alemão que possui um campo semântico bastante amplo: ele designa tanto o ato de refletir sobre algo, quanto a deliberação que surge da reflexão. Exatamente por isto, ele é normalmente traduzido por "reflexão", "ponderação", "consideração". A fim de acompanhar a riqueza do termo e seguir as distinções, das quais Günter Figal se vale em seguida, optamos pela tradução por "deliberação reflexiva" (N.T.).

14. Aristóteles, *Ética a Nicômaco* III, 2; 1111b 27: (τὰ) πρὸς τὸ τέλος.

Quarto capítulo: Liberdade

vale para aquilo que só outros conseguem alcançar, tal como a vitória de um competidor, uma vitória que nós queremos ou desejamos como espectadores[15].

Mas seria falso pensar aqui em uma clara distribuição de tarefas entre duas capacidades. As duas interpenetram-se mutuamente. Assim, Aristóteles acentua que a deliberação reflexiva teria algo em comum com aquilo que se encontra junto a nós e pode ser feito[16]. Ela só é válida em relação àquilo que possui significação com vistas a uma finalidade, ou seja, não em relação àquilo que sempre é tal como é ou que, enquanto algo inconstante, não é influenciável, ou mesmo àquilo que, tal como a descoberta de um tesouro, só entra em cena casualmente e se subtrai, por isto, ao fazer planejado. Aquilo que só diz respeito aos outros também não ocorre na deliberação reflexiva[17]. Toda deliberação reflexiva precisa estar ligada à finalidade; o que está em questão é o modo e aquilo por meio do que algo pode ser alcançado[18].

No entanto, mesmo quando a finalidade não se torna tema da deliberação reflexiva, esta só tem um sentido, quando aquilo que é querido ou desejado é realmente uma finalidade. Ela não deve ser inalcançável como a imortalidade ou como a vitória do competidor para o espectador, mas precisa poder ser efetuada ou alcançada na atuação.

O fato de as coisas se darem ou não deste modo clarifica-se na ponderação sobre aquilo que é considerado com vistas à finalidade, logo que a ponderação se encaminha para uma decisão. Neste caso, ela se concentra na escolha preferencial e, na medida em que a escolha é ao mesmo tempo o início do agir, na decisão (προαίρεσις)[19]. No momento em que a decisão determina o agir, não há nenhum querer ou desejar. Aquilo que é querido ou desejável é muito mais julgado sob o ponto de vista da concretibilidade ou em função da concretização.

É neste sentido que se encontra formulado em relação à προαίρεσις que ela se mostra próxima da βούλησις, que ela se mostra juntamente com ela[20]; as duas só são juntas o que elas são, nenhuma delas pode ser pensada sem a outra. A βούλησις tem "mais" em comum com a finalidade[21]; ela ata a deliberação reflexiva à orientação pela finalidade e faz com que ela se concentre como uma escolha seletiva que se dirige para uma determinada possibilidade de ação. Somente se há finalidades, carece-se da decisão. Em contrapartida, é só por meio da προαίρεσις que se clarifica aquilo que pode ser a finalidade *de uma ação*. Somente com vistas à finalidade de uma ação podemos nos decidir por uma determinada possibilidade

---

15. Ibid., 20-24.

16. Ibid., III, 2; 1112a 30-31: βουλευόμεθα δὲ περὶ τῶν ἐφ᾽ἡμῖν καὶ πρακτῶν.

17. Ibid., 3; 1112a 21-30.

18. Ibid., 3; 1112b 15-16.

19. Quanto a uma discussão mais detalhada da προαίρεσις cf. Rese, *Praxis und Logos* (Práxis e Logos), p. 178-204.

20. Aristóteles, *Ética a Nicômaco* III, 2; 1111b 20: σύνεγγυς φαινόμενον.

21. Ibid., 26: ἡ μὲν βούλησις τοῦ τέλους ἐστὶ μᾶλλον.

de ação; quando não há nenhuma decisão com vistas a algo que deve ser, não temos nenhuma finalidade da ação, mas apenas algo que desejamos. Assim, a decisão mostra-se para Aristóteles como o meio do agir; nela encontram-se a deliberação reflexiva em sua vinculação à finalidade e a realização do agir, que está direcionada para a concretização da finalidade. Nesta medida, ela é o elemento comum entre examinar a fundo e aspirar[22], ela é uma aspiração que pode ser deliberada em si reflexivamente[23]. Sob o ponto de vista da decisão, pertence à aspiração por uma finalidade examinar a fundo as possibilidades do fazer. E na medida em que examinamos a fundo estas possibilidades, aquilo ao que estamos ligados permanece uma finalidade. Uma deliberação reflexiva, que conflui para uma decisão, já é em si uma aspiração a uma finalidade; ela não é estabelecida senão para alcançar a finalidade.

A partir daqui torna-se compreensível o fato de Aristóteles designar a decisão como algo livre, sem identificá-la com "aquilo que é livre" (τὸ ἑκούσιον); segundo ele, o que é livre estende-se para além do campo da decisão[24]. Isto é pensado com vistas às ações elementares; estas ações são livres sem decisão. Para Aristóteles, porém, as decisões são livres no mesmo sentido que as ações elementares; elas são uma aspiração, que pode se realizar sem um estorvo violento, e que também não correm o risco de conduzir, por ignorância, a efeitos que não temos a intenção de alcançar. Apesar de a orientação pela finalidade ser mais transparente por meio da deliberação reflexiva e da decisão, o agir acompanhado pelos dois não é mais livre para Aristóteles.

É fácil designar a razão para tanto: Aristóteles compreende a deliberação reflexiva a partir da decisão e vê esta decisão, por sua vez, como uma cunhagem específica da realização da ação com vistas à finalidade, uma cunhagem determinada pela deliberação reflexiva. Por um lado, isto é elucidativo: se a deliberação reflexiva não fosse determinada pela realização da ação, ela também não poderia dirigi-la. Por outro lado, contudo, a ação é alterada pela deliberação reflexiva de uma maneira que não pode ser apreendida apenas a partir da decisão; a deliberação reflexiva não imerge no fato de ela se concentrar a cada vez em uma decisão. Na medida em que se mostra como uma retenção e uma hesitação, reside na deliberação reflexiva a possibilidade de que o afastamento em relação à finalidade não seja apenas inteiramente mensurado, mas de que também seja apreendida a sua medida. Na apreensão da medida, entretanto, a deliberação reflexiva é *mais aberta* na abertura em que ela é, do que o agir que se realiza, e, de maneira correspondente, ela é mais livre.

A apreensão da medida acontece inicialmente, porquanto um círculo reflexivo se abre na deliberação; a possibilidade do fazer e a finalidade são sempre compre-

---

22. Aristóteles, *De motu animalium* 700b 22: κοινὸν διανοίας καὶ ὀρέξεος. Citado segundo Aristotle's De Moti animalium, org. por Martha Craven Nussbaum, Princeton, 1978.

23. Aristóteles, *Ética a Nicômaco* III, 3; 1113a 11: βουλευτικὴ ὄρεξις.

24. Ibid., 2; 1111b 6-8: ἡ προαίρεσις δὴ ἑκούσιον μὲν φαίνετα, οὐ ταὐτὸν δέ, ἀλλ᾽ ἐπὶ πλέον τὸ ἑκούσιον.

Quarto capítulo: Liberdade

endidas enquanto tais uma a partir da outra. Como temos em vista uma finalidade, a reflexão remonta às possibilidades de sua concretização. A sua clarificação permite, por sua vez, uma visualização mais exata da finalidade e faz com que reconheçamos se ela é uma finalidade real, a saber, uma finalidade concretizável. Na deliberação reflexiva sobre as possibilidades de ação, a finalidade que é, enquanto tal, apenas projetada e que pode ser pressuposta como algo irreal, alcança uma determinação antecipada, de maneira alguma apenas inventada. Esta determinação só possui, por sua vez, sentido com vistas à finalidade.

Aquilo que foi descrito aqui não é nenhuma relação oriunda da apresentação, por mais semelhante a esta apresentação que ele possa ser. Para tanto, falta à finalidade a objetividade e à deliberação reflexiva a essência mimética. A finalidade não é nada extrínseco, para o qual criamos uma presença mediada, mas uma possibilidade do agir a cada vez próprio que é jogada no exterior, lançada ao longe. Todavia, na deliberação reflexiva sobre o agir transparece a composição estrutural da apresentação; a deliberação reflexiva prática pertence à história prévia do ato de apresentar; ela pode se intensificar na apresentação.

Na medida em que a deliberação prática é um círculo reflexivo, nela entra em jogo uma compreensão. Se a deliberação reflexiva tem sucesso, nós conhecemos algo a partir de algo. Sem esta compreensão não haveria nenhuma decisão; a tensão com relação à finalidade precisa ser concluída com êxito, para que uma possibilidade do agir seja escolhida com vistas à finalidade, e a finalidade possa ser reconhecida como concretizável com vistas à possibilidade. Assim, a decisão é o ponto central do agir; ela é o elemento livre, junto ao qual a liberdade da ação dirigida pela deliberação reflexiva pode ser fixada. No entanto, aquilo que se concentra nela é uma medição da liberdade na ligação aberta com a finalidade, que encontra o seu êxito na compreensão. O fazer possível é compreendido a partir da finalidade, a finalidade é compreendida como concretizável no próprio fazer. Considerada a partir daqui, a liberdade da decisão não reside apenas na realização desobstruída e não dirigida equivocadamente pela ignorância. Por meio da abertura da ligação que se faz valer no círculo da reflexão, a ação decidida é mais livre do que uma ação elementar pode ser. Ela é mais intencional.

O primado da ligação aberta em relação à decisão ainda é passível de ser reconhecido de uma outra forma: mesmo se a apreensão da medida da liberdade, tal como ela acontece com sucesso em meio à compreensão, se concentra na decisão, ela não se confunde com a decisão. Deliberações reflexivas que foram estabelecidas no contexto de uma ação não perdem a sua significação, logo que chegamos a uma decisão. Clarificações, que foram um dia conquistadas e não são esquecidas, formam a base para novas clarificações; elas se inserem nestas novas clarificações ou chamam a nossa atenção em contraste com o novo. Elas são completadas, diferenciadas, moduladas e às vezes mesmo rejeitadas. Mesmo as possibilidades não escolhidas permanecem aí em jogo. Aquilo que foi um dia rejeitado pode se mostrar uma outra vez como significativo. Se as coisas não se comportam assim, instaura-se diante do horizonte das possibilidades rejeitadas que passaram uma consciência daquilo que está em questão para nós e que podemos e não podemos realizar. Com isto, experimentamos os próprios limites e, deste modo, a nós mesmos, na medida em que somos agentes.

200 Oposicionalidade – O elemento hermenêutico e a filosofia

Isto também diz respeito aos intuitos e aos desejos possíveis. Com a sondagem das possibilidade de agir também se clarifica aqui aquilo que achamos desejável e aquilo que podemos alcançar. Esta clarificação é definida por Aristóteles como φρόνησις; ela é uma razão prática ou, pensada a partir da compreensão, uma prudência compreensiva de ordem prática[25]. Φρόνησις não é nenhuma mera faculdade, mas uma postura própria à deliberação reflexiva capaz de agir, que ganhou clareza por intermédio daquilo que para o homem é bom e ruim[26]. Nesta medida, ela é uma "postura verdadeira", ἕξις ἀληθής. Aristóteles também menciona que ela é acompanhada pela linguagem e por sua substancialidade propriamente dita; ela é μετὰ λόγου. Não obstante, ela não é determinada pela essência da linguagem, mas pela essência da liberdade. Em sua abertura, esta liberdade domina enquanto uma dimensão, ainda que ela também se encontre na dimensão da linguagem, e, aliás, não menos na dimensão do tempo, uma vez que possui algo em comum com o mutável[27].

A prudência compreensiva prática é mais livre do que a deliberação reflexiva particular e do que a decisão. Nela, não apreendemos apenas a medida da tensão entre aquilo que precisa ser feito e a finalidade, mas nela reside um sentido para a abertura da finalidade e para aquilo que pode ser feito em geral.

Sem que a prudência compreensiva seja ela mesma designada livre, Aristóteles levou isto em conta, na medida em que lhe atribui genericamente enquanto campo de objetos "aquilo que para o homem é bom e ruim"[28]. E à guisa de elucidação, ele acrescenta que as pessoas consideravam Péricles e aqueles que eram constituídos como ele prudentes em sua compreensão porque eles estavam em condições de considerar aquilo que era bom para eles mesmos e para os homens[29]. O fato de vir à tona aqui o verbo "considerar", θεωρεῖν, não pode ter acontecido por acaso; Aristóteles poderia ter dito de maneira igualmente pertinente βουλεύεσθαι, ou seja, "deliberar", e se mantido, com isto, até mesmo mais rigorosamente junto à determinação da prudência compreensiva enquanto uma prudência compreensiva de ordem prática. No entanto, justamente por meio de sua suposta inconseqüência, ele faz jus à coisa mesma. A postura que permite denominar alguém como prudente em sua compreensão (φρόνιμος) torna-nos aptos para agir justamente pelo fato de mantermos nela o distanciamento próprio à consideração

---

25. O contexto desta passagem deixa claro que Günter Figal tem em vista pelo termo alemão *Verständigkeit* o grego φρόνησις que normalmente se traduz por prudência. O problema desta passagem é que *Verständigkeit* possui uma relação direta com *Verstehen* (compreender) e com *Verständnis* (compreensão). Para manter esta relação acentuada, sem perder ao mesmo tempo o nexo com o termo prudência, nós optamos pela locução "prudência compreensiva" para traduzir o termo *Verständigkeit* (N.T.).

26. Aristóteles, *Ética a Nicômaco* VI, 5; 1140b 4-6.

27. Ibid., 1; 1139a 13-14: οὐδεὶς δὲ βουλεύεται περὶ τῶν μὴ ἐνδεχομένων ἄλλως ἔχειν.

28. Ibid., 5; 1140b 5-6: τὰ ἀνθρώπῳ ἀγαθὰ καὶ κακά.

29. Ibid., 5; 1140b1 7-10: διὰ τοῦτο Περικλέα καὶ τοὺς τοιούτους φρονίμους οἰόμεθα εἶναι, ὅτι τὰ αὑτοῖς ἀγαθὰ καὶ τὰ τοῖς ἀνθρώποις δύνανται θεωρεῖν.

em relação às ações particulares e às finalidades das ações, àquilo que é bom e ruim para os homens. Com este distanciamento obtemos um afastamento em relação às finalidades, que não é mais determinado pela tensão entre o fazer possível e aquilo que deve ser alcançado. Na postura daquele que é prudente em sua compreensão entra em jogo a liberdade enquanto aquela abertura da ligação, na qual as ações mesmas são voltadas para o espaço ao longe. Nós estamos livres delas e, neste ponto, também livres para elas. Por meio daí, o caráter intencional do agir em comparação com a deliberação reflexiva é uma vez mais intensificado; a intenção não é mais aqui apenas a ligação a uma finalidade, mas ligação à finalidade na escolha das finalidades.

Apesar disto, não podemos imaginar a postura daquele que é prudente em sua compreensão como a postura de uma consideração, a partir da qual se chega por assim dizer pontualmente a um agir. A prudência compreensiva, tal como Aristóteles a descreve, permanece em toda compreensão como sendo em sua essência prática. Apesar de todo distanciamento em relação às finalidades particulares, ela permanece submetida a uma finalidade que Aristóteles transcreve como felicidade (εὐδαιμονία), bem viver (εὖ ζῆν) e bem agir (εὖ πράτειν)[30]. Se indicarmos com isto "o melhor"[31] e o "mais elevado de todos os bens que podemos realizar"[32], então não poderá se tratar mais de uma finalidade particular, de uma finalidade possível entre outras e, conseqüentemente, ela também não poderá ser alcançada em uma ação particular, diversa de outras. Ao contrário, esta finalidade precisa estar sendo visada em todo agir; todas as outras ligações a finalidades, assim como todas as realizações de ações, precisam estar submetidas à ligação com esta finalidade.

Em um aspecto, esta finalidade é a mais imediata; quando ela é descoberta, nós sempre lidamos com ela. Por outro lado, dentre todas as finalidades, ela é a mais longínqua; o afastamento em relação a ela dá-se de um modo tal que todas as outras finalidades e ações são compreensíveis em seu valor conjuntural a partir dela e podem ser compreendidas a cada vez a partir dela enquanto um critério de medida.

Porquanto o que está em questão é a inserção das finalidades intrínsecas às ações e do agir na própria vida, o critério de medida não pode consistir senão na postura da própria prudência compreensiva. Por isto, a questão decisiva é saber se uma determinada finalidade e se o agir que a concretiza se encaixam na liberdade da prudência compreensiva. A postura, na qual esta liberdade se faz valer, é a melhor cunhagem possível da reflexão prática e, enquanto tal, uma das melhores cunhagens possíveis do refletir em geral[33]; ela é ἀρετὴ διανοητική. É nela que a liberdade prática se mostra como a maior possível porque a abertura que se mostra como liberdade determina o âmbito conjunto do agir. Tudo aquilo que é prático pode ser percebido, visto e concretizado sob o ponto de vista da *praxis* na liberdade.

---

30. Ibid., 4; 1095a 18-19.

31. Ibid., 2; 1094a 22: τὸ ἄριστον.

32. Ibid., 4; 1095a 16-17: τὸ πάντων ἀκρότατον τῶν πρακτῶν ἀγαθῶν.

33. Ibid., 13; 1103a 5-6.

Tudo aquilo que é prático – naturalmente, isto não significa até aqui outra coisa senão: todas as finalidades e todas as possibilidades de ação. Todavia, não há senão um número mínimo de finalidades que dizem respeito apenas a nós mesmos. Além disto, o agir não se mostra quase nunca como uma atuação ou uma efetuação, nas quais não precisamos lidar senão com nós mesmos. Em verdade, podemos ter a finalidade de emagrecer ou mesmo de aprender algo. Aquilo que se torna diverso do que era antes com a concretização desta finalidade não é outra coisa senão nós mesmos; depois do emagrecimento, o peso é diverso, e, depois que aprendemos, sabemos algo que antes não sabíamos. No entanto, nos dois casos, temos de lidar com as coisas – com os alimentos que escolhemos ou evitamos, com os livros aos quais recorremos e a caneta que utilizamos. Se as coisas são transformadas intencionalmente durante a concretização de uma finalidade, elas também são levadas em conta na vinculação às finalidades. Em um caso tanto quanto no outro, as coisas encontram-se em uma relação com a liberdade; se a liberdade é uma dimensão do espaço hermenêutico, isto é até mesmo exigido pelo conceito de liberdade: o espaço hermenêutico é o mundo e este é tanto um mundo da vida quanto um mundo de coisas. Portanto, as coisas também precisam pertencer à liberdade; a liberdade precisa ser determinada de um tal modo que ela não exclua as coisas.

§ 19: Liberdade das coisas

Não raramente aquilo que no agir conduz à retenção e à deliberação reflexiva são as coisas. De repente, não conseguimos ir além naquilo que estamos fazendo. Algo apresenta uma resistência; algo não permite que o utilizemos ou algo se coloca no caminho como um obstáculo. Neste caso, isto implica repensar e buscar uma possibilidade nova que conduza à finalidade.

A experiência diz algo sobre o próprio planejamento. Planejar significa projetar possibilidades e esta projeção equivale, por sua vez, a imaginar *esquemas de ação* e a articular passos particulares da ação, assim como a ligar e coordenar diversos esquemas de ação entre si. Um esquema de ação é uma imagem mais ou menos exata de um fazer, não apenas a sua designação como "montar uma casa", mas uma representação que não se atém aos detalhes daquilo que a montagem de uma casa é e daquilo que pertence a esta montagem. Foi neste sentido que Kant explicitou o conceito de esquema; um esquema é uma imagem conceitual, ou seja, ele não é nenhuma intuição faticamente dada, mas uma representação que é tão desprovida de especificidade, que pode corresponder à universalidade do conceito, e tão específica, que um caminho conduz a partir dela até o respectivo fazer no respectivo contexto[34].

Com certeza, a intuição ou, dito de maneira genérica, a experiência também pode preencher o esquema. Neste caso, a escrita fática da carta é ao menos aproximadamente do modo como ela tinha sido esperada. Mas também pode haver di-

---

34. Kant, *Crítica da razão pura*, B 180-181, A 140-141; AA III, p. 135-136.

vergências; quando isto acontece, as coisas se dão de um tal modo que algo não se adequa mais ao esquema. Talvez o esquema tenha sido por demais detalhado, ou seja, talvez ele já tenha se mostrado por demais como uma imagem intuitiva e pouco demais como esquema; ou ele era tão desprovido de especificidade, que era muito provável que a experiência precisasse espantar ou irritar. Nos dois casos, temos de lidar com as coisas.

Espanto e irritação não se excluem mutuamente e nunca podem ser totalmente evitados. Mesmo quando as coisas com as quais lidamos são tão padronizadas, que elas correspondem aos esquemas de ação, elas sempre podem se dar de maneira diversa do que se tinha esperado, talvez condicionadas pelas circunstâncias. A tensão, que tinha se mostrado no agir entre o fazer fático e a finalidade, também se mostra aqui. Há uma abertura do agir para as coisas. Mesmo em sua relação com as coisas, o agir é livre.

A liberdade é compreendida aí tal como junto à tensão entre a realização da ação e a vinculação à finalidade. Ela reside no afastamento, ou seja, primariamente não no fato de nós "também" podermos nos comportar "de outra forma" em relação às coisas. A possibilidade do "fato de as coisas também poderem se dar de maneira diversa", um fato que é relevante para a liberdade, só vem à tona em meio ao caráter intencional e este caráter é dado na relação com as coisas por meio do projeto de um esquema. O esquema de ação também é sempre um esquema das coisas; ele é uma representação do modo como um fazer é realizado enquanto lida com as coisas e do modo como as coisas pertencem desta forma ao fazer. Em contraposição às coisas, porém, tal como elas estão faticamente presentes e como elas vêm ao nosso encontro na experiência, o esquema permanece em um distanciamento; ele as antecipa segundo o modo como elas faticamente são. Somente assim ele permite uma visão das coisas que se mostra como uma intenção.

A intenção é concretizada na lida com as coisas, ou seja, ela é concretizada de um tal modo que nós as utilizamos ou transformamos. Se o esquema não se preenche aí, mas a intenção não precisa ser abandonada, não se trata em última instância de nenhum fracasso. Trata-se muito mais apenas de uma prova de fogo para "o fato de as coisas também poderem se dar de maneira diversa"; nós precisamos nos posicionar em relação às coisas de uma maneira que não tinha sido prevista pelo esquema.

O que acontece aí distingue-se da deliberação reflexiva sobre como uma finalidade poderia ser concretizável. Nesta deliberação, não ponderamos e pesamos os diversos esquemas de ação uns em relação aos outros senão para nos decidirmos por um deles. Posicionar-se em relação às coisas é algo diverso: aqui, os próprios esquemas de ação são colocados em questão; eles precisam ser modificados ou corrigidos, às vezes mesmo rejeitados e substituídos por outros. A intenção vem à tona pelo fato de precisar se ratificar junto às coisas. Aqui se manifesta a autonomia das coisas, uma autonomia que se intensifica no elemento próprio àquilo que se encontra contraposto.

A necessidade dessa ratificação e dessas reformulações dos planos, nos quais a ratificação acontece, faz com que fique claro que as coisas não imergem no contexto do agir. O fato de os esquemas de ação poderem se ratificar e de as reformulações dos planos serem possíveis mostra inversamente que o mundo das coisas não é nenhum mundo totalmente alheio às coisas. Se este fosse o caso, o agir nunca poderia ser designado como livre sem uma reserva cética, uma vez que ele tem algo em comum com as coisas. Esta conseqüência retirada por Kant[35] não é obtida senão sob a pressuposição de que as ações só são realizadas em um mundo descritível completa e suficientemente a partir de leis naturais. Neste caso, elas pertencem a um contexto que exclui toda liberdade; em verdade, elas não são nenhuma ação, mas acontecimentos no mundo das coisas, e não são senão tomadas por ações. Se, sob esta pressuposição, não quisermos abdicar da idéia de liberdade, esta precisará se mostrar como o início do agir na determinação racional da vontade. No entanto, este início precisa ser compreendido a partir do agir como uma pura "idéia transcendental"[36]. Não há um ponto de apoio empírico para ela. Assim, a liberdade transforma-se em uma condição do agir, que precisa ser alocada fora do mundo da ação, uma condição em relação à qual não fica claro, por fim, como ela ainda deve condicionar efetivamente o agir.

Com isto, o conceito de vontade que deve salvar a liberdade em face da representação de um mundo completamente descritível sob leis naturais perde o seu sentido. A vontade não é nada "incondicionado" que se encontraria fora do agir, algo por meio do qual o agir não é senão iniciado[37]; não há nenhum ato de vontade no sentido de realizações específicas no "ânimo", no "espírito" ou em algum outro lugar qualquer[38]. O querer mostra-se muito mais no próprio agir, e, em verdade, no fato de este agir ser realizado no sentido de uma intenção; de outro modo, ele seria apenas um desejar. Todavia, se as coisas se comportam assim, o querer é em sentido literal condicionado. Sem as coisas não há o querer; querer é o não-esmorecimento do agir determinado pela intenção em uma atuação sobre as coisas[39].

O querer compreendido desta forma possui limites: um não-esmorecimento a qualquer preço tem menos chances de sucesso e tampouco se mostra como livre. Ao querer coroado de êxito também pertence o fato de conseguirmos reconhecer as possibilidades e os limites da atuação; precisamos reconhecer que atuações são admitidas pelas coisas e a que atuações elas se opõem – aqui e agora ou em geral. De outro modo, nós insistiríamos intransigentemente em algo que não pode se im-

---

35. Quanto a uma análise mais detalhada da compreensão kantiana de liberdade: Figal, *Fenomenologia da liberdade*, p. 105-123. Além disto, o ensaio: Günter Figal, *Verbindliche Freiheit. Überlegungen zu einer hermeneutischen Variante der morale par provision* (Liberdade obrigatória. Reflexões sobre uma variante hermenêutica da *morale par provision*), p. 105-123, in: Christoph Hubig (org.), *Conditio humana – Dynamik des Wissens und der Worte* (*Conditio humana* – Dinâmica do saber e das palavras).

36. Kant, *Crítica da razão pura*, B 561, A 533; AA III, p. 363.

37. Com relação à crítica à "vontade incondicionada", cf. Peter Bieri, *Das Handwerk der Freiheit. Über die Entdeckung des eigenen Willens* (O ofício da liberdade. Sobre a descoberta da vontade própria), Munique/Viena, 2001, p. 203-242.

38. Quanto à crítica às "volitions", cf. Ryle, *The concept of mind*, p. 62-74.

39. Quanto a uma determinação mais próxima do querer, cf.§ adiante 42.

Quarto capítulo: Liberdade

por, apesar de todo o nosso esforço, e perderíamos, assim, a possibilidade de repensar e de estabelecer um planejamento de maneira diversa.

Mas isto significa que pertence à liberdade do agir o estar afastado que é essencial às coisas. É apenas porque estas coisas não imergem no agir que o "fato de tudo também poder se dar de maneira diversa" é necessário na atuação sobre elas. No entanto, não apenas isto; mesmo a atuação coroada de êxito só é possível, se deixarmos as coisas entregues a elas mesmas. Elas só se deixam utilizar e transformar, na medida em que contamos com aquilo que elas a cada vez são e com as suas constituições. A intervenção só é possível, uma vez que é acompanhada por um deixar ser. No deixar ser, nós permanecemos livres em relação às coisas; em toda intervenção, nós também mantemos um distanciamento e as coisas permanecem afastadas. Neste ponto, porém, elas também são livres; elas permanecem livres de só serem apropriadas sob o ponto de vista da intervenção.

A idéia de que as coisas são livres não é nenhum antropomorfismo. Não atribuímos às coisas a possibilidade do querer e do agir; o fato de elas serem livres, ou, mais exatamente, de elas serem na liberdade, não significa que elas também poderiam lançar mão da liberdade. A única coisa que estamos dizendo é que, em seu estar afastado do agir, elas são determinadas pelo ao longe, um ao longe que também determina o agir. Não obstante, continuaria sendo sempre possível pensar que este ao longe só seria atribuído e reconhecido como pertinente às coisas a partir do ponto de vista do agir. Neste caso, elas só aparecem como livres porque é agindo que percebemos a liberdade. Elas não seriam livres em si, mas colocadas por nós no espaço livre.

A melhor forma de discutir a pergunta sobre como as coisas se comportam neste caso é fazê-lo em articulação com Heidegger. Na determinação da relação com as coisas que ele desenvolveu a partir da análise do utensílio, ele se decidiu pela resposta já esboçada. Alguns anos mais tarde, contudo, completando e revisando a sua concepção, ele buscou igualmente uma resposta que aponta na direção contrária. Na tensão entre estas suas duas soluções, Heidegger oferece a possibilidade de esclarecer de maneira mais detalhada a idéia de uma liberdade das coisas.

Em *Ser e tempo*, Heidegger definiu a essência das coisas como "referência". Com isto, ele tem em vista um tipo particular de ligação de algo a algo diverso: em meio ao uso de algo, nós nos "referimos" a algo diverso, quando encontramos a significação da coisa usada neste algo diverso. De maneira correspondente, a atenção não se volta para aquilo que nós usamos, mas para aquilo ao que ele se refere. A máquina de escrever, por exemplo, é "para escrever"; ela refere-se ao escrever e é descoberta de maneira correspondente à sua essência, na medida em que não estamos com a atenção voltada para ela, mas para o texto que escrevemos.

A referência é um caso particular da possibilidade de compreender algo como algo. Nós não remontamos a algo a partir de algo diverso, mas permanecemos dirigidos para o outro; nós compreendemos algo, na medida em que o perdemos de vista. Para tanto, Heidegger tem o conceito de "conformidade", de cuja ambigüidade ele fez uso. Por um lado, a palavra *Bewandtnis* (conformidade) em alemão significa o mesmo que "constituição"; quando algo se conforma em relação a algo, ele é constituído de tal e tal maneira[40]. Por outro lado, ela designa o "deixar que algo se conforme" com algo[41]; nós não nos preocupamos mais com algo, mas o deixamos estar por si. Segundo a análise heideggeriana, as coisas se dão de tal modo com o utensílio, que os dois momentos precisam ser tomados em conjunto: a respectiva constituição de um utensílio é experimentada, na medida em que repousa sobre si.

Mas isto não é tudo; Heidegger entrega à análise esboçada uma virada "ontológica", na medida em que a essência do utensílio remonta a um deixar conformar-se "prévio" ou a priori. Assim como deixamos que o respectivo utensílio repouse em si a cada vez no uso, nós deixamos que o utensílio seja em geral "previamente", "tal como ele agora é e para que ele seja assim"[42]. Esta seria a "liberação prévia"[43] do ente com vistas à conformidade. Neste caso, o ente seria "liberado" de um tal modo, que ele pode ser acessível e vir ao encontro em uma conformidade. Heidegger sintetiza esta idéia, na medida em que designa o "já-sempre-deixar-se-conformar liberador do ente com vistas à conformidade" um perfeito a priori "que caracteriza o modo de ser do próprio ser-aí"[44].

Enquanto um "perfeito a priori", a liberação é anterior a toda experiência: ela já sempre aconteceu; nenhuma experiência jamais resgata a acessibilidade do ente no sentido da conformidade. Além disto, o fato de esta acessibilidade repousar sobre uma liberação não deve significar, por conseguinte, que ela remontaria a uma resolução, como quer que esta resolução possa vir a ser pensada, a uma ação originária que constitui pela primeira vez o ente enquanto utensílio. A liberação não é efetivamente nenhum fazer, mas um deixar ser e, nesta medida, ela só pode ser compreendida no sentido de uma abertura do ser-aí para a abertura do ente. Quando deixamos algo subsistir ou se realizar, então isto é uma recusa a transformá-lo e, desta maneira, uma confirmação de seu ser independente em relação a nós mesmos. Conseqüentemente, pertenceria ao "modo de ser do ser-aí" o fato de nele o

---

40. A melhor forma de compreender este conceito é certamente a partir da noção de jogo: um bom jogador não é simplesmente alguém dotado de certas características e habilidades vigentes para além do campo de jogo, mas antes de tudo alguém que se mostra como marcado por uma certa qualidade em conformidade com a dinâmica do próprio jogo. O mesmo vale, por sua vez, para o utensílio. É apenas em conformidade com a utilização que ele apresenta a sua constituição própria como bom ou ruim, como adequado ou inadequado, como firme ou instável etc. Exatamente neste sentido, o termo Bewandtnis, que foi acima traduzido por conformidade, também pode ser usado em alemão para designar a qualidade de algo, a sua propriedade ou constituição (N.T.).

41. Nós temos aqui uma segunda possibilidade significativa do termo Bewandtnis (conformidade), que se expressa na locução "sein Bewenden haben lassen". O sentido desta expressão aponta para a imersão de algo em uma situação e para a sua plena inserção no campo de jogo em questão. Nós deixamos que algo encontre o seu valor situacional e que ele se conforme, assim, a partir deste valor (N.T.).

42. Heidegger, Ser e tempo, GA 2, p. 113.

43. Ibid.

44. Ibid., p. 114.

Quarto capítulo: Liberdade

ente já estar desde sempre "descoberto"[45] como algo à mão. Ao ser-aí pertence o estar voltado para as coisas e, do mesmo modo, a possibilidade de descobrir as coisas neste estar voltado para elas.

Não obstante, tal como Heidegger desenvolve esta idéia, ela permanece ambivalente. Por um lado, a liberação do ente compreendida ontologicamente é um "deixar ser"[46]; ela equivale a simplesmente tomar ou assumir o ente como ele é. Por outro lado, porém, algo é acrescentado ao ente por meio de sua liberação. Na liberação também reside uma *dação*[47]; algo que provém do ser-aí é acrescentado ao ente. Isto reside, por sua vez, no fato de Heidegger determinar a liberação visada ontologicamente a partir da conformidade. O que está em questão não é assumir o ente simplesmente enquanto tal, mas "o 'ente' já" deve ser descoberto "a cada vez em sua manualidade"[48]. Aquilo que já é ganha por meio do ser-aí um modo de ser que ele não possui por si mesmo; a liberação e, portanto, o ser-aí liberador são "a condição de possibilidade de que algo à mão venha ao nosso encontro"[49].

Heidegger explicita isto um pouco mais tarde, na medida em que torna compreensível a possibilidade do uso de algo a partir do ser do ser-aí. Segundo ele, o ser-aí já sempre se "referiu a um 'para que' a partir de um poder-ser expressa ou inexpressamente tomado de maneira própria ou imprópria, em virtude do qual ele mesmo é". À guisa de elucidação, então, ele diz em seguida: "Este fato distingue um 'para isto' enquanto o 'junto ao que' possível de um deixar conformar-se que permite que algo se conforme estruturalmente *com* algo. A partir de um 'em-virtude-de', o ser-aí já sempre se refere a cada vez ao com-o-que de uma conformidade, isto é, ele já sempre deixa, na medida em que é, o ente vir a cada vez ao nosso encontro como algo à mão"[50]. O utensílio, assim podemos sintetizar ainda uma vez esta idéia, só pode ser descoberto em seu ser, em sua manualidade, porque o ser-aí é "primariamente um ser-possível" no sentido de um "poder-ser". Ele não se acha previamente dado como algo subsistente, mas pode ser ou não ser, ele pode ser do modo como ele é ou de um outro modo; desta forma, enquanto ele é, ele é a sua própria possibilidade na ponderação e na assunção de possibilidades. Juntamente com o próprio ser-aí, este ser-possível diz respeito ao mundo, no qual o ser-aí é. Ele se comunica com as coisas e, em verdade, por meio do fato de o ser-aí se "referir" a elas em sua estrutura ontológica.

Heidegger desenvolve esta idéia em uma reinterpretação de definições aristotélicas. Quando se diz que o ser-aí se refere "a partir de um em-virtude-de" ao com o que de uma conformidade, então é fácil reconhecer aí a estrutura teleológica do agir que é descrita por Aristóteles. "Em-virtude-de", enquanto tradução literal do οὖ

---

45. Ibid., p. 113.

46. Ibid., p. 113.

47. Em alemão, liberar significa literalmente dar (*geben*) liberdade (*frei*) (N.T.).

48. Heidegger, *Ser e tempo*, GA 2, p. 113.

49. Ibid.

50. Ibid., p. 115.

ἕνεκα, significa o mesmo que finalidade (τέλος)[51]. De maneira correspondente, seria preciso compreender o referir-se às coisas de uso como um virada que sai de uma finalidade estabelecida para a ação e volta para as possibilidades de sua realização; se Heidegger não turvasse a deliberação reflexiva, esta referência cairia sob o contexto da deliberação reflexiva e da decisão. Esta estrutura teleológica da ação é, então, inscrita em uma determinação do em-virtude-de que Heidegger conquista a partir do pensamento aristotélico de uma finalidade suprema. No entanto, Heidegger não compreende o em-virtude-de supremo tal como Aristóteles, enquanto a realidade vital o máximo possível consumada no sentido da vida boa ou da felicidade, mas enquanto um comportamento em relação ao "poder-ser" próprio. Como o ente, para o qual "em seu ser está em jogo *este* ser mesmo"[52], o ser-aí é o seu próprio "em virtude de". Com isto, ele também é para Heidegger o "em virtude de, ao qual todo para-que remonta em última instância"[53]. Se o que está em questão em todo comportamento não é outra coisa senão a possibilidade de ser, a estrutura do contexto, ao qual o comportamento pertence, precisa ser compreendida, tal como Heidegger pensa, a partir desta possibilidade.

Em um aspecto, a análise heideggeriana é convincente. As coisas só formam um contexto de ação, na medida em que há a ação. E se essa ação pode ser uma vez mais compreendida como realização do próprio ser-aí, o contexto da ação não se descerra senão a partir do ser-aí. Isto corresponde à experiência de que tudo aquilo que vem ao encontro na ação é compreendido a partir da ação. Ele é aplicável ou não, favorecedor ou inibidor, significativo ou irrelevante para a realização de uma finalidade. Compreendida desta forma, a ação não pertence senão ao mundo da vida e, portanto, dito juntamente com Husserl, ao "reino de um elemento subjetivo totalmente fechado em si"[54]. A partir do paradigma da lida com as coisas de uso, Heidegger desenvolve a concepção de um "mundo da vida", sem empregar o conceito[55].

Na medida em que levamos em conta a idéia de liberação, exatamente isto se transforma em problema. Porquanto a apreensão ontológica do deixar conformar-se é concebida de maneira puramente ligada ao mundo da vida, ela não realiza aquilo que deveria realizar; em verdade, ela pode tornar compreensível a utilidade, mas não a acessibilidade das coisas para o ser-aí, de modo que ela não corresponde à sua requisição ontológica. Só há o mundo do ser-aí em sua ligação ao mundo da vida juntamente com o mundo das coisas: somente os dois juntos se mostram como o mundo. É apenas porque as coisas também estão livres dos fortes liames do mundo da vida e são acessíveis deste modo, que elas podem ser descobertas como algo à mão. Neste caso, contudo, não se pode mais falar de uma liberação concebida ontologicamente. Nós só liberaríamos as coisas, na medida em

---

51. Cf. Aristóteles, *Física II*, 2; 194a 27-29. A *Física* é citada segundo, Aristotle's Physics, org. por W.D. Ross, Oxford, 1936.

52. Heidegger, *Ser e tempo*, GA 2, p. 116.

53. Ibid., p. 115.

54. Husserl, *Crise*, § 29, Husserliana VI; p. 114.

55. Cf. § 16, p. 185 (nota 128).

Quarto capítulo: Liberdade

que as desonerássemos do laço mundano-vital do agir e as deixássemos ser assim tão afastadas quanto elas o são por si mesmas.

Em uma versão posterior de seu pensamento, Heidegger se aproxima bastante de uma tal reflexão. De uma maneira característica, não se fala mais em *Da essência da verdade* de "liberação", mas apenas de um "deixar ser". O que se tem em vista com isto é, então, desenvolvido sem qualquer ressonância com a discussão do utensílio, de um modo totalmente independente de uma compreensão do mundo em termos do mundo da vida. "Deixar ser" significa "imiscuir-se no aberto e em sua abertura, na qual todo e qualquer ente se inscreve e se encontra". O aberto é o "desvelamento" do ser; ele traz o ente "por assim dizer consigo"[56]. Na medida em que o ente é de tal forma apresentado pelo próprio aberto, ele é "o ente [...] enquanto o ente que ele é"[57]. A questão fundamental que Aristóteles tinha formulado como a questão acerca do ente enquanto ente (ὄν ᾗ ὄν)[58] é respondida a partir do próprio aberto; o ente é tal como ele é, na medida em que pertence ao aberto do ser. A experiência do ente a partir deste aberto é a experiência do deixar ser.

Heidegger não deixa nenhuma dúvida quanto ao fato de esta experiência não ser possível senão a partir de um distanciamento. O deixar-ser desdobra-se "em uma retração ante o ente, para que este se manifeste naquilo que ele é e no modo como ele é e para que a equiparação representadora tome o critério de medida a partir dele"[59]. Em comparação com a idéia do deixar-ser, tal como ela tinha sido desenvolvida em *Ser e tempo*, a relação se inverte aqui: o ente não é mais descoberto a partir do ser-aí, mas o ser-aí determina-se agora a partir da retração em relação ao ente. O deixar-ser é a "liberdade" do ser-aí[60]; o ser-aí não é mais livre em seu ser-possível, mas no fato de ele ser "em si ex-positor, ek-sistente"[61]. Ele é agora a "abertura do aberto"; nele, o aberto do ser está "presente" porque o ser-aí "guarda"[62] o "desencobrimento" do ente no "imiscuir-se ek-sistente" no aberto do ser[63]. Se seguirmos estas reflexões, então a liberdade do "aí" não pode ser pensada sem a liberdade das coisas ou, como Heidegger diz, do "ente". O ser-aí só pode se fazer valer enquanto abertura, na medida em que retira do ente "o critério de medida"; ele é a abertura que ele é, uma vez que se imiscui no aberto do ente e deixa este ente ser.

De maneira diversa da abertura do ser-aí, a liberdade das coisas não pode ser perdida. No entanto, na medida em que a liberdade é determinada como o imiscuir-se no aberto do ser, ela depende do fato de este aberto acontecer no ser-aí – tal como Heidegger o tinha descrito na preleção inaugural em Freiburg a partir da tona-

---

56. Heidegger, *Da essência da verdade*, GA 9, p. 188.

57. Ibid.

58. Aristóteles, *Metafísica IV*, 1; 1003a 21.

59. Heidegger, *Da essência da verdade*, GA 9, p. 188-189.

60. Ibid., p. 189.

61. Ibid., p. 189.

62. Ibid.

63. Ibid.

210 Oposicionalidade – O elemento hermenêutico e a filosofia

lidade afetiva da angústia. Este acontecimento, contudo, o "acontecimento apropriativo", tal como o próprio Heidegger o denomina, é encoberto uma vez mais pelo sentido cotidiano e pelo hábito. O homem, assim se encontra formulado em *Da essência da verdade*, assume "em verdade constantemente" uma posição "em seu comportamento em relação ao ente", mas o deixa "sempre na maioria das vezes encontrar a sua conformidade junto deste ou daquele ente e de sua respectiva abertura". Ele mantém-se "naquilo que é corrente e controlável mesmo lá, onde vige aquilo que é primeiro e derradeiro"[64], ou seja, na experiência do próprio ser que o lança abruptamente pela primeira vez em seu "aí". Mesmo o "corrente e controlável", porém, entram em jogo na liberdade das coisas e, nesta medida, a lida com as coisas nunca pode ser sem liberdade. A liberdade do ser-aí não é jamais a liberdade do próprio ser-aí. Por isto, mesmo o desconhecimento da própria liberdade permanece retida no aberto, que marca o estar afastado das coisas.

Heidegger descreve este desconhecimento como "insistência"; o que se tem em vista com este termo é uma inversão da "ek-sistência", na qual o homem insiste "no asseguramento de si mesmo por meio daquele elemento corrente que lhe é respectivamente acessível"[65]. A partir da auto-imiscuição no aberto surge um "alijamento ek-sistente"[66] desta imiscuição; ao invés de tomar o aberto por "medida", o homem retira agora as suas medidas de seus próprios "propósitos e planos"[67]. Deste modo, ele se "equivoca" tanto mais fundamentalmente em suas "medições", "quanto mais exclusivamente toma a si mesmo enquanto sujeito como medida para todo ente"[68].

A insistência, da qual fala Heidegger, existe. Dela toma parte o ímpeto para se aproximar das coisas a qualquer preço. As coisas devem ser compreendidas apenas a partir dos propósitos, planos e ações. Assim, a atuação humana torna-se aquilo que se encontra à base, ou seja, o ὑποκείμενον ou o *subiectum* para tudo o que é. Esta virada do aberto do ser para a subjetividade forja, para Heidegger, o traço fundamental da Modernidade. Ela realiza-se como o "alijamento apressado de todo afastamento"[69], que é reconhecível tanto na aceleração do transporte, quanto na onipresença das informações e das imagens supostamente divertidas que transformam o mundo em ilusão do mundo da vida e em padronização das coisas, uma padronização estabelecida com vistas à disponibilidade.

---

64. Ibid., p. 195.

65. Ibid., p. 196.

66. Ibid.

67. Ibid., p. 195.

68. Ibid., p. 196.

69. Martin Heidegger, *Der Hinweis* (A indicação), in: *Bremer und Freiburger Vorträge* (Conferências em Bremen e em Freiburg), GA 79, org. por Petra Jaeger, Frankfurt junto ao Main, 1994, p. 3-4, aqui p. 3; cf. Heidegger, *A coisa* (1950), GA 7, p. 187.

Quarto capítulo: Liberdade

No entanto, a "junção no espaço desprovido de distanciamento"[70] precisaria ser levada a termo com um ímpeto menor, caso ela não queira ser contradita sempre novamente por meio do próprio afastamento. A "insistência" no auto-apoderamento e na disponibilização só é possível porque não há apenas o aberto na "ek-sistência" do ser-aí, mas antes de tudo e sempre já o aberto como o estar afastado das coisas. É somente porque as coisas não se ajustam à ação e ao planejamento humanos que há a possibilidade de torná-las disponíveis.

Assim, também precisamos naturalmente tornar compreensível de uma outra forma aquilo que Heidegger denomina a "insistência". Ela não pode ter nada em comum com o fato de o aberto do ente, ou seja, o estar afastado das coisas, sair de nosso campo de visão e, com isto, se perder. Ao contrário, o estar afastado só pode se tornar um problema porque o agir está inserido de maneira tão profunda em uma relação com as coisas que nós não podemos simplesmente deixá-las ser. Não são o próprio planejamento e a própria ação, nem mesmo o instituir-se em meio ao "corrente e controlável", que conduz à perda do sentido para a liberdade das coisas, mas esta liberdade mesma. A partir *dela* surge a possibilidade da não-liberdade, que consiste na aproximação, no anseio por aniquilar a sua estada ao longe. Trata-se de uma não-liberdade que não pode ser superada no acontecimento apropriativo de uma abertura para o aberto das coisas, mas apenas por meio da conservação limitada das possibilidades de ação em meio às coisas. Sem que estejamos livres das coisas não há nenhuma liberdade em relação a elas. O estar livre das coisas, porém, é partilhado com os outros. Deste modo, ele é uma condição para a apresentação e para a consideração livre que a percepção da liberdade *em relação às* coisas é.

§ 20: Liberdade partilhada

Ninguém age apenas a partir de si e para si. Outros já sempre começaram a agir. Eles instituíram-se em um mundo que, transformado por instituições assumidas uma vez mais por outros, busca conservar, proteger, aprimorar ou restabelecer estas instituições depois de destruições. Ou eles destruíram as instituições tradicionais, a fim de colocar as suas próprias instituições – ou o que eles consideram como tal – em seu lugar. Nós temos os outros diante de nós e à nossa volta, nós somos um outro para nós mesmos ou "um de nós".

Como não estamos sozinhos, não precisamos fazer tudo por nós mesmos. Nem estaríamos em condições de fazer isto. As coisas dão-se assim nos primeiros anos de vida e não se alteram fundamentalmente mais tarde. Há sempre algo que não possuímos em meio ao domínio da lida com algo, falta o acesso possível por meio do saber, da habilidade e da ocasião. Mesmo se as coisas se comportassem de maneira diversa, nós não poderíamos fazer tudo por nós mesmos. Deste modo, permanecemos dependentes dos outros, em um aspecto alternante e em uma medida alternante. A dependência pode ser mantida em limites, mas ela não pode ser

---

70. Martin Heidegger, *Der Hinweis* (A indicação), GA 79, p. 4; Heidegger, *A coisa* (1950), GA 7, p. 168.

por princípio eliminada. As coisas sempre se dão uma vez mais de um tal modo, que não temos nenhuma escolha em nossa dependência em relação aos outros. Neste ponto, não somos, ao que parece, livres. Todavia, se considerarmos mais exatamente, a dependência indica que não há liberdade sem laços. A liberdade não é nenhuma abertura indiferente para o próprio arbítrio, mas o ao longe, ao qual algo nos ata justamente pelo fato de estar afastado e, neste laço, conceder a "possibilidade de poder".

O fato de o laço pertencer à essência da liberdade remonta efetivamente à liberdade das coisas. Em seu estar afastado, as coisas nunca são todas alcançáveis; inumeráveis coisas permanecem para além da abordagem, muitas que para outros são acessíveis permanecem inacessíveis para nós mesmos. Este estar afastado das coisas nos permite por vezes pressentir que o próprio ao longe é: uma abertura que jamais pode ser preenchida por nenhum comportamento. O fato de o mundo não ser apenas mundo da vida, mas também mundo das coisas, atinge os momentos mais inaparentes da vida cotidiana. Nós precisamos das coisas, mas as coisas não precisam de nós; elas estão livres de nós e isto nos ata à liberdade em relação a elas. Antes de tudo, porém, isto permite que nos liguemos à liberdade dos outros e, em verdade, sem que isto possa algum dia suspender a vinculação livre às coisas. Ele nos deixa ser dependentes dos outros, sem que esta dependência possa nos liberar da vinculação às coisas.

Não obstante, este laço com os outros não é de maneira alguma a segunda melhor solução, para a qual ainda poderíamos pensar uma melhor. Ela é uma determinação essencial do homem, que se segue a partir da determinação do mundo. A sociabilidade da vida humana explica-se a partir do estar afastado das coisas em um mundo que não é talhado para os homens. Não que não pudéssemos explicar assim o surgimento da vida social; por detrás de sua dação, nenhuma pesquisa por mais escrupulosa que seja reconduz ao "estado de natureza" de uma vida singularizada[71]. A dependência das coisas é muito mais o motivo fundamental que está em jogo em toda sociabilidade; ela é o seu sentido primário. Ao menos Sócrates e Adimanto não encontram para a fundação de uma comunidade elementar de homens, de uma *polis* o máximo possível simples que é levada a termo como um experimento de pensamento, nenhuma outra razão senão o fato de nenhum homem ser autônomo e de todo homem precisar de muitas coisas[72], evidentemente mais do que ele poderia algum dia arranjar sozinho.

No entanto, a fundação da *polis* realizada em pensamentos, uma fundação que Sócrates leva a cabo na *República* juntamente com os seus parceiros de diálogo Glauco e Adimanto, não confirma apenas a carência[73] e, com ela, a dependên-

---

71. Cf. quanto a isto Günter Figal, *Die Rekonstruktion der menschlichen Natur. Zum Begriff des Naturzustandes in Rousseaus Zweitem Discours* (A reconstrução da natureza humana. Sobre o conceito de estado de natureza no "Segundo discurso" de Rousseau), in: *Rousseau und die Folgen.* Neue Hefte für Philosophie 29 (1989), p. 24-89.

72. Platão, *Res publica* 369b: ἕκαστος οὐκ αὐτάρκης, ἀλλὰ πολλῶν [...] ἐδεής.

73. Platão, *Res publica* 369c: χρεία.

Quarto capítulo: Liberdade

cia mútua. Ela deixa ao mesmo tempo claro que a liberdade do agir não pode ser pensada de outra forma senão como esta dependência. Cada indivíduo particular pode perceber a sua liberdade por meio do fato de todos se inserirem reciprocamente em sua carência e concretizarem, assim, o laço mútuo como liberdade. Do mesmo modo que o laço que nos liga aos outros não consiste senão na liberdade, a liberdade partilhada não é sem este laço. Com isto, já a comunidade elementar é mais do que um "sistema das necessidades"[74]. Sem os outros, o agir a cada vez próprio não seria possível em liberdade. Os outros não provocam o surgimento da liberdade própria; desta forma, eles também agem e se comportam em liberdade. Ninguém provoca aqui o surgimento de algo, mas algo se dá; a liberdade do agir faz-se valer, na medida em que é percebida e, neste ponto, *partilhada* na dependência dos agentes entre si. Ela é *liberdade partilhada* no duplo sentido da expressão: liberdade, da qual tomamos parte uns com os outros, na medida em que ela é distribuída pela liberdade dos singulares.

Por conseguinte, a liberdade do agente nunca pode ser senão a liberdade de um agir limitado, mas não isolado. Isto diz respeito de início às *condições* daquilo que se faz. Exatamente como sem aquilo que antecede o nosso próprio fazer juntamente com outras ações, sem que as coisas de uso e o material tivesse sido preparado pelos outros, nós também não poderíamos agir; ninguém começa tudo novamente. Assim, o agir nunca é possível senão no âmbito dos meios disponíveis e das ações já realizadas; nós acolhemos e prosseguimos.

Além disto, os outros nos transpõem para a *capacidade* do próprio fazer. Nós não aprendemos sem os outros; educação e cultura, assim como formação antecedem a todo agir[75]. E na medida em que os outros mesmos fazem algo, eles nos desoneram e excluem de atividades, que eles requisitam para si. Deste modo, eles oferecem a possibilidade de se limitar a um determinado fazer. Somente por meio daí estamos em condições de aprender, exercitar e fazer corretamente aquilo que escolhemos. Tal como Sócrates insiste, nós agimos de maneira "mais bela" (κάλλιον), ou seja, de uma maneira evidentemente melhor mesmo para os outros, quando nos restringimos a uma coisa[76]. Como se precisaria acrescentar a partir de Aristóteles, só tomamos efetivamente decisões sustentáveis, quando nos restringimos a uma coisa, na qual temos experiência. Só podemos pensar seriamente sobre aquilo que conduz a uma finalidade, quando fixamos seriamente as nossas finalidades e transformamos a sua realização em tarefa própria.

Não reside nenhuma deficiência na restrição, nem tampouco um encurtamento violento da liberdade porque os homens são desiguais em suas capacidades;

---

74. G.W.F. Hegel, *Das System der Bedürfnisse* (O sistema das necessidades), in: *Grundlinien der Philosophie des Rechts oder Naturrecht und Staatswissenschaft im Grundrisse* (Linhas mestras da filosofia do direito ou direito natural e ciência do estado em esboço), §§ 189-208; Werke 7, Frankfurt junto ao Main, 1970, p. 346-360.

75. Nesta medida, a referência ao solitário Robson Crusoé não é nenhuma objeção pertinente. Sem as habilidades adquiridas na comunidade com os outros, ele não conseguiria tomar pé sozinho sobre a ilha.

76. Platão, *Res publica* 370b.

nem todos são igualmente talentosos para tudo[77], de modo que nós também não deveríamos tentar fazer tudo. Além disto, ninguém pode realizar tudo porque tudo aquilo que fazemos precisa ser feito no instante correto (καιρός); não se pode esperar em ócio até que aquele a quem a coisa cabe chegue finalmente a ela[78].

A vinculação do próprio agir ao agir dos outros não precisa dizer respeito em todos os casos à experiência da liberdade. O que os outros fazem poderia funcionar como os arredores do próprio agir. Neste caso, o querer e o fazer dos outros permanecem obscuros; eles retraem-se em meio à obviedade, tal como uma casa que entrega ao escritório pela primeira vez o seu lugar e o seu valor conjuntural e que quase não está mais presente para aquele que trabalha. Os outros retraíram-se então. O fato de eles existirem só continua falando a partir daquilo que eles efetuaram – como a partir da escrivaninha, à qual estamos sentados; ou a partir daquilo que lhes pertence, tal como, por exemplo, aquele livro emprestado ali[79]. Ou mais exatamente: o fato de os outros existirem falaria a partir das coisas, se nós as questionássemos, ao invés de simplesmente utilizá-las ou de deixá-las repousar em si mesmas.

A própria experiência da liberdade tampouco precisa, então, ser afetada, quando nós mesmos fazemos algo para os outros. No caso da "preocupação", tal como Heidegger denomina a ligação com os outros em *Ser e tempo*[80], a vida dos outros aparece antes de tudo como aquilo ao que o próprio agir está ligado ou bem de maneira mediata, na medida em que produzimos ou aprontamos algo para eles e na medida em que os apoiamos, ou bem diretamente, na medida em que eles são "tratados" de uma maneira ou de outra. Já neste caso pode ser compreendido o fato de os outros não serem apenas a finalidade de nosso próprio agir, mas também possuírem eles mesmos finalidades e buscarem alcançá-las agindo. Justamente por isto, nós nos dotamos mutuamente com coisas de uso; nós nos empenhamos por fomentar a capacidade recíproca de ação ou, quando ela é danificada, por reproduzi-la. Com certeza, ainda não há nos casos citados nenhuma razão para se ligar às finalidades estabelecidas pelos outros e às suas próprias ações. As coisas só se dão desta forma, quando as diversas finalidades estão sintonizadas umas com as outras.

Com o seu experimento de pensamento sobre a fundação da πόλις, Sócrates nos dá a entender qual é o *status* de uma tal sintonia. O fato de as finalidades daqueles que vivem juntos estarem de algum modo mutuamente coordenadas é natural; este fato reside na essência da própria convivência, de modo que Sócrates também pode designar uma comunidade, na qual a coordenação teve sucesso, como uma ἀληθινὴ πόλις, como uma cidade verdadeira[81]. Ela é a cidade, tal como

---

77. Ibid., 370a-b.

78. Cf. Ibid., 370b.

79. Por intermédio desta presença indireta, Heidegger introduz em *Ser e tempo* o "co-ser-aí dos outros" (GA 2, p. 157-159).

80. Heidegger, *Ser e tempo*, GA 2, p. 162-164.

81. Platão, *Res publica* 372e.

Quarto capítulo: Liberdade

ela deve ser segundo a sua essência, a cidade na qual a sua essência se faz valer sem encobrimentos, sem danificação. A cidade plenamente ordenada é "como algo saudável"[82]. Sua doença não é certamente nenhuma perturbação de uma ordem previamente dada e, por isto, ela também não pode ser comparada senão com a saúde de um ser vivo. Conflitos entre finalidades e ações em uma cidade são desvios que residem na essência da própria convivência tanto quanto a ordenação plena. Quando Sócrates indaga de maneira exata, se seria melhor que cada um fizesse a "sua própria obra"[83], ele também indica com isto indiretamente a alternativa possível, contra a qual o experimento de pensamento da fundação da *polis* como um todo está dirigido: contra a tentativa de efetuarmos sozinhos tudo aquilo que é necessário ou supostamente necessário para nós mesmos. Neste caso, nós não teríamos, por um lado, nada em comum uns com os outros e superestimaríamos, por outro lado, as nossas próprias possibilidades, arrogando-nos capazes de coisas que não conseguimos fazer de maneira alguma, ou que só conseguimos fazer de maneira muito precária. Uma vez que nos sentimos independentes em relação aos outros, não haveria mais nenhum motivo para que nos levássemos mutuamente em conta. Associalidade e arrogância são os dois perigos da convivência. Ou bem ela se destrói na indiferença de estarmos apenas uns ao lado dos outros, ou bem ela se transforma em conflito entre aqueles que se arrogam capazes de tudo e procuram se impor em detrimento dos outros.

Nós poderíamos ver aí uma absolutização da liberdade, mas trata-se na verdade de sua obstrução. Por meio da associabilidade e da arrogância, nós somos repelidos para o interior da não-liberdade que é intrínseca à mera indigência. Nós não conseguimos mais nos livrar de nós mesmos – na indigência característica da mera sobrevivência, tanto quanto na ratificação de um poder irrestrito e, com isto, totalmente desprovido de especificidade; ao invés de um agir que está dirigido a partir de uma deliberação reflexiva para a concretização de uma finalidade, o que está em questão agora não é mais outra coisa senão conservação e elevação da própria existência no sentido da "vontade de poder".

Se as coisas se comportam desta maneira, a distribuição e a atribuição plenamente ordenadas das finalidades não tem algo em comum com a liberdade apenas enquanto uma possibilitação do agir. A intelecção da diferença entre a nossa própria tarefa e a tarefa dos outros pertence à intelecção da liberdade porque não há a liberdade do agir sem que nos limitemos à nossa própria tarefa. Por meio daí, a relação livre com os outros é determinada – sob o ponto de vista do agir, ela é a relação de um distanciamento que se encontra no ponto central entre a indiferença e a usurpação; tudo depende aqui do afastamento correto. A ordem distributiva das finalidades não deve assegurar apenas a sobrevivência em comunidade, mas visa, enquanto condição fundamental da "cidade verdadeira", a este afastamento, ou

---

82. Ibid.: ὥσπερ ὑγιής τις.

83. Ibid., 369e-370c.

216 Oposicionalidade – O elemento hermenêutico e a filosofia

seja, à liberdade que há entre os agentes[84]. Ela é a abertura da vida com os outros, a abertura de ser-um-com-o-outro, que não existe de outra forma.

A medida do afastamento entre os agentes é apreendida de maneira diversa da medida do distanciamento de um agente em relação à sua finalidade. O que está aqui em questão não é a atuação e a efetuação, mas muito mais os limites da efetividade. O poder e o querer que vêm de fora emanam de alguém que pode e quer algo diverso daquilo que nós mesmos podemos e queremos, pois nunca podemos retirar de ninguém o fato de ele poder algo e querer algo diverso; exatamente quando tentamos escravizar ou pôr alguém sob a nossa tutela, o sucesso fático desta tentativa confirma que lhe escapa aquilo que ela propriamente almejava. A escravização pressupõe efetivamente o poder e o querer algo diverso. Ela o manifesta na contestação; ela reprime e quer tornar dócil aquilo que no mais mínimo afrouxamento se faz valer uma vez mais.

Considerar os outros da maneira como eles são em liberdade significa: *fazer jus* a eles. Isto acontece inicialmente, na medida em que nos restringimos a fazer aquilo que nos cabe, algo que define a justiça na *República*[85]. No entanto, a restrição não existe simplesmente; ela precisa ser exercitada, mesmo exigida e imposta. Para impedir usurpações no âmbito de atuação dos outros, existe o direito e a lei que, contudo, só recebem o seu sentido a partir da restrição possível e, em geral, também real que é exercitada individualmente. A liberdade que está em questão no direito e na lei possui a sua correspondência individual no *liberar*[86]. Não se deve compreender este termo aqui no sentido ontológico que Heidegger lhe atribui, mas no sentido literal; a liberação dos outros possui aqui o sentido de soltar e de deixar ser livre, um sentido ao qual corresponde uma retração no próprio agir.

Aquilo que foi descrito com vistas à orientação do agir pela sua finalidade, uma orientação concretizadora e conduzida por meio de uma deliberação reflexiva[87] também existe aqui. No entanto, ele não tem agora o sentido de um retardo, que mantém separados a ligação à finalidade e o levar a cabo a sua concretização. Não se trata de nenhuma retenção *no* próprio agir, mas de uma retenção deste agir mesmo. O avanço em direção a uma finalidade é quebrado, a fim de abrir espaço para os outros. Esta quebra não é nenhum evento que só se daria uma vez. Em verdade, ela pode ser realizada expressamente em uma situação particular de ação.

---

84. Na *República*, a cidade verdadeira é um modelo de partida que conduz a uma descrição das relações políticas fáticas. Logo que as situações não correspondem mais àquelas da cidade verdadeira, necessita-se dos "guardiões", que não à toa são designados os "artesãos da liberdade", δημιουργοὶ ἐλευθερίας (Platão, *Res publica* 395b).

85. Platão, *Res publica* 433a, 433e.

86. As minhas primeiras reflexões sobre este ponto encontram-se em Günter Figal, *Recht und Moral als Handlungsspielräume* (Direito e moral enquanto campos de jogo da ação), in: Zeitschrift für Philosophische Forschung 36 (1982), p. 361-377, reimpresso como: *Recht und Moral bei Kant, Cohen und Benjamin* (Direito e moral em Kant, Cohen e Benjamin), in: Heinz-Ludwig Ollig (org.), *Materialien zur Neukantianismus-Diskussion* (Materiais sobre a discussão neokantiana), Darmstadt, 1987, p. 163-183.

87. Cf. acima p. 196s.

Quarto capítulo: Liberdade

Todavia, ela é em geral exercitada, quando os agentes são de tal modo educados que eles podem se retrair em meio à persecução de suas finalidades ante a liberdade dos outros e podem liberar os outros. Muito daquilo que denominamos "virtudes" não é outra coisa senão a capacidade para tanto.

Quer junto à educação dos outros, quer no próprio agir, o agir é visto nos dois casos a partir dos outros; ele é refletido a partir de um âmbito para além do próprio agir, mas, contudo, no contexto do agir. Os outros não estão para além do ser, mas para além do agir, mesmo quando perseguimos uma finalidade juntamente com eles ou resolvemos com eles conflitos com vistas à vitória ou à derrota[88]. Nós deixamos que *haja* o afastamento entre nós mesmos e o outro; assim, obtemos uma liberdade que precisa ser medida como experiência do agir em seu contexto[89].

Kant procurou conceber o estado de coisas, segundo o qual um agente está sempre também para além do agir, por meio de um conceito limite, na medida em que definiu o agente como "finalidade em si mesmo"[90]. Os agentes não são suficientemente apreendidos por meio das finalidades e metas estabelecidas pelos outros, mas possuem, como Kant o formula, "um valor absoluto"[91]; eles possuem uma significação em si mesmos e não apenas por meio do fato de algo precisar ser efetuado neles ou com eles. Em sua "natureza racional"[92], os agentes não possuem nenhum "valor meramente relativo, isto é, um preço, mas um valor intrínseco, ou seja, uma dignidade"[93]. Daí se segue, para Kant, o mandamento moral de agir de tal modo que a "humanidade," tanto na própria "pessoa, quanto na pessoa de qualquer um outro, seja tomada a qualquer momento como meta, nunca meramente como meio"[94]. Por conseguinte, não é fundamentalmente reprovável querer efetuar algo junto aos outros ou se servir deles junto à concretização de metas próprias. Isto só é reprovável, quando "fazemos algo" aos outros e, neste caso, feri-

---

88. Quanto à idéia de que o outro está para além do ser, cf. Emmanuel Lévinas, *La trace de l'autre*, in: Lévinas, *En découvrant l'existence avec Husserl et Heidegger*, terceira edição, Paris, 1982, p. 187-202, aqui p. 189-191.

89. Como a liberdade assim compreendida entra em jogo entre "mim" e o outro, também poderíamos pretender defini-la com um conceito que remonta a Fichte e a Hegel: com o conceito de "reconhecimento". Com este conceito, porém, a compreensão da liberdade seria indicada a partir dos indivíduos livres, ou seja, a partir de mim e dos outros. Com o conceito de reconhecimento, a liberdade é subjetivada ou, mais exatamente, intersubjetivada. De qualquer modo, contudo, ela é pensada a partir do fato de os indivíduos livres estarem à base. Dois sujeitos reconhecem-se mutuamente e reconhecem-se aí em sua subjetividade (Axel Honneth, *Kampf um Anerkennung. Zur moralischen Gramatik sozialer Konflikte* – A luta pelo reconhecimento. Sobre a gramática moral dos conflitos sociais, segunda edição, Frankfurt junto ao Main, 1998, particularmente p. 63-92). Em verdade, não há o reconhecimento sem a liberdade, mas, segundo a sua essência, ele pertence à linguagem.

90. Kant, *Fundamentação da metafísica dos costumes*, AA IV, p. 428.

91. Ibid.

92. Ibid., p. 429.

93. Ibid., p. 435.

94. Ibid., p. 429.

mos a sua dignidade. Portanto, há um limite no próprio fazer. Este limite não é traçado como uma linha de demarcação, mas consiste no afastamento.

No entanto, uma vez que, na formulação kantiana da "finalidade em si mesma", os outros são concebidos a partir do agir, esta formulação não fornece, tal como dissemos, senão um conceito limite; ela define o limite do agir com um conceito de ação. Os outros só são considerados, na medida em que eles não são absorvidos pelo agir próprio que está ligado a eles; o agir não pode ser dirigido para eles como para algo que deve ser realizado, pois eles já estão "realizados" – eles encontram-se por si mesmos presentes. Todavia, permanece em aberto como esta "presença" pode ser compreendida nela mesma, quando ela é vista apenas a partir da perspectiva do agir. As coisas só se alteram, quando compreendemos os outros em função do estar distanciado, a partir do qual eles vêm ao nosso encontro.

De início, nós permanecemos mesmo aqui orientados pelo agir; os outros aparecem como livres no sentido da liberdade de ação. Eles também poderiam ter se comportado de maneira diversa; a finalidade, que é reconhecível a partir de seu agir ou por meio de suas declarações e referências, também poderia ser uma outra finalidade. Este "fato de que as coisas também poderiam ser de outra forma", porém, possui um outro valor conjuntural em nós mesmos. Ele não é realizável para nós mesmos. Em verdade, nós podemos tentar avaliar, reconstruir a razão de ser ou mesmo imitar a ação do outro. Nós podemos nos manter junto àquilo que os outros dizem para a caracterização e para a explicitação de seu agir, e, em certo sentido, de uma maneira mais ou menos detalhada, em geral também fazemos isto. No entanto, nós já encontramos os nossos limites no fato de as deliberações reflexivas dos outros não serem absolutamente ou só serem insuficientemente conhecidas. Se sabemos algo sobre estas deliberações, o conhecido pertence de qualquer forma a um contexto, que não é concebido por nós mesmos e que, de resto, também não é nunca completamente conhecido. E este último fato também é válido, aliás, do mesmíssimo modo para as próprias deliberações reflexivas que guiam as nossas ações. Junto aos outros, contudo, o caráter irresgatável de seu agir e de seu deliberar encontra-se *à nossa frente*. Neste caso, eles não precisam ser estranhos. *Enquanto* outros, apesar de toda a compreensibilidade daquilo que eles dizem e fazem, eles permanecem *incompreensíveis*. É esta incompreensibilidade que é experimentada a partir do agir como o estar afastado dos outros. A liberação dos outros é a resposta a este afastamento. Mesmo a tentativa de negar o estar afastado e de se aproximar dos outros não é capaz de fazer outra coisa senão confirmar o afastamento. É somente porque, apesar de toda comunidade, a liberdade dos outros é sempre a cada vez própria, é somente porque ela não é uma liberdade disponível para nós mesmos, que podemos não estar dispostos a admiti-la enquanto tal.

O estar afastado existe reciprocamente. Nós estamos tão afastados dos outros, quanto estes estão afastados de nós mesmos. Nós mesmos também temos a possibilidade de tornar mais ou menos apreensível a razão e os motivos daquilo que fazemos. Deliberações reflexivas que conduzem o nosso próprio agir não precisam ser comunicadas e as explicações dos outros quanto ao seu próprio fazer podem ser recusadas de maneira mais ou menos clara. Nós nos distanciamos e re-

Quarto capítulo: Liberdade

traímos, na medida em que tentamos nos subtrair à disposição dos outros. Assim, não tomamos simplesmente conhecimento de que estamos afastados, mas *vivemos este fato enquanto afastamento mútuo*. É só neste afastamento que há também proximidade; nós nos dirigimos uns em direção aos outros e ratificamos, assim, o aberto, no qual a aproximação acontece. No comportamento um em relação ao outro decide-se, a cada vez, de que tipo e de que tamanho deve ser o afastamento "entre nós". O comportamento equilibra a tensão, que consiste no afastamento da liberdade.

Foi Helmuth Plessner quem primeiro reconheceu nesta relação de tensão a essência da socialidade humana[95]. Na medida em que o próprio Plessner desenvolve a tensão mesma como um jogo contraditório entre uma defesa do distanciamento e uma exigência por ligação, ele chama a atenção para os conflitos possíveis na liberdade partilhada e leva em consideração, além disto, como esta liberdade pode deixar de ser alcançada. Quando Plessner desdobra a questão acerca da socialidade como uma questão acerca dos "limites da comunidade", isto não acontece apenas por razões temporalmente condicionadas, mas corresponde à coisa mesma discutida. O fato de a vida humana não ser absorvida em nenhuma comunitarização não precisa ser acentuado apenas contra a sua absolutização populista ou comunista; ele já merece a nossa atenção, quando procuramos conceber como se chega efetivamente a tais absolutizações.

Para Plessner, a possibilidade de uma tal absolutização reside na individualidade radical da vida humana, ou seja, no fato de ninguém poder ser vinculado de maneira fixa ao seu comportamento e à sua ação – ou seja, no que diz respeito à coisa mesma, na liberdade. Tendo em vista a insondabilidade dos indivíduos, Plessner fala de uma "interioridade dotada de uma vontade própria, incomparável em profundidade e em plenitude de propriedades", assim como da "posse de uma alma[96]. O que ele tem em vista com isto é a incompreensibilidade – o caráter irresgatável de pensamentos, sentimentos, motivos e possibilidades de expressão, o caráter insuficiente de toda versão estabelecida a partir de uma reconstrução. Precisamente isto exige o mútuo querer apreender, a descoberta do familiar e similar, da comunidade e, por fim, o ajuste. Enquanto a tentativa de ajuste é conduzida pela experiência do individual, o seu fracasso incontornável é em geral sabido, ao menos, pressentido. No entanto, o ajuste também pode querer se afirmar contra o individual, para o qual ele se dirige. Neste caso, tal como Plessner o denomina, ele se mostra como o "*ethos* da absoluta falta de consideração"[97]; a vida deve imergir na acessi-

---

95. Helmuth Plessner, *Grenzen der Gemeinschaft, Eine Kritik des sozialen Radikalismus* (Limites da comunidade, uma crítica do radicalismo social – 1924), in: Gesammelte Schriften (a seguir: GS), vol. 5, org. por Günter Dux, Odo Marquard e Elisabeth Ströker, Frankfurt junto ao Main, 1981 (Reimpressão, Darmstadt, 2003). Quanto a este escrito de Plessner cf. o volume organizado por Wolfgang Essbach, Joachim Fischer e Helmuth Lethen: *Plessners Die Grenzen der Gemeinschaft*, Frankfurt junto ao Main, 2002. Além disto: Birgit Sandkaulen, *Helmuth Plessner: Über die Logik der Öffentlichkeit*, in: Internationale Zeitschrift für Philosophie, 1994, p. 255-273.

96. Plessner, *Grenzen der Gemeinschaft* (Limites da comunidade), GS 5, p. 62.

97. Ibid., p. 58.

bilidade[98]. Contra a experiência do estar distanciado forma-se a afirmação de uma proximidade incondicionada.

O sacrifício da individualidade que é exigido aqui e que é com freqüência mesmo imposto é, por um lado, um afrouxamento do individual e, por outro, ele está dirigido contra a essência do individual. A esta essência pertence, por um lado, querer ser reconhecido pelos outros; os indivíduos querem estar presentes para os outros. À essência do individual também pertence, contudo, por outro lado, protestar contra a subordinação ao ser reconhecido e subtrair-se ao reconhecimento. Em verdade, nós queremos "nos ver" e queremos "ser vistos como somos". No entanto, nós também queremos "nos ocultar e permanecer desconhecidos"[99]. Para Plessner, isto constitui a "ambigüidade"[100] do individual.

Não obstante, o ocultamento não significa apenas proteção, mas também autoprotenção, até mesmo a única existência possível do individual. Os indivíduos que se expressam diretamente e que querem estar presentes como eles mesmos perdem a autenticidade a que aspiram. O individual entra em cena, como Plessner diz, "sob a lei do fenômeno"[101]. Neste campo, "ele se torna unilateral e já perde aquela profundidade e plenitude, sem as quais ele não está de maneira alguma presente como aquilo como o que ele quer ser e merece ser considerado"[102]. A exteriorização imediatamente visada sem qualquer consideração pelos outros encerra o "risco do ridículo", e, do mesmo modo, como precisaríamos acrescentar, o risco da banalidade. Por isto, o individual só pode estar indiretamente presente enquanto tal; ele precisa de uma "roupagem dotada de forma, para que permaneça mesmo na superfície aquilo que, considerado em sua profundidade invisível, ele é"[103].

A idéia de Plessner ainda pode se tornar mais convincente por meio de uma diferenciação. A tese de que toda expressão que não leve os outros em consideração correria o risco de ser ridícula não é elucidativa. A dor profunda ou o luto marcado na fisionomia e na postura de alguém podem ser tão autênticos e, neste ponto, tocantes, quanto a alegria que ganha expressão sem reserva. Precisamente quando a tonalidade afetiva e os sentimentos são autênticos, eles são freqüentemente acompanhados por uma tendência para encobrir e cerrar, em todo caso por uma discrição. Quanto mais diretamente tentamos apreender em palavras tonalidades afetivas e sentimentos, tanto maior é o risco do clichê da banalidade. Nesta medida, pertence à credibilidade da exteriorização o seu caráter indireto; ela precisa ter encontrado "uma roupagem dotada de forma", a fim de poder realmente alcançar

---

98. Aqui, Plessner aproxima-se bastante da análise do "impessoal", tal como Heidegger a empreendeu em *Ser e tempo*. Cf. Heidegger, *Ser e tempo*, GA 2, p. 153-173. Quanto a este ponto Figal, *Fenomenologia da liberdade*, p. 133-153.

99. Plessner, *Grenzen der Gemeinschaft* (Limites da comunidade), GS 5, p. 63.

100. Ibid.

101. Ibid., p. 71.

102. Ibid.

103. Ibid., p. 70.

Quarto capítulo: Liberdade

os outros. Quanto mais ela é "forma", tanto mais compreensível ela é. Não é à toa que a articulação entre afetos e sentimentos se consuma na arte.

O caráter indireto da comunicação individual pode se tornar compreensível a partir do estar afastado intrínseco ao individual. Somente se, na comunicação, o afastamento, no qual esta comunicação entra em jogo, não é dissimulado, ela pode ser convincente. Porque o próprio indivíduo é algo afastado, a medição transversal do afastamento pertence à sua essência. A sua incompreensibilidade não se encerra em si; ela só é efetivamente em seu afastamento. O indivíduo nunca é senão extrinsecamente o que ele é.

Visto a partir daqui, a contradição entre o indivíduo e a sociedade aparece como abstrata. É somente na medida em que os indivíduos assumem "funções" e "papéis"[104] como formas de apresentação que não são enquanto tais individuais, que eles conseguem dar validade à sua individualidade. Plessner denomina esta existência da individualidade exterior o "nimbo"[105]; trata-se da opinião de que um indivíduo está "ao mesmo tempo" em condições de "se tornar maximamente visível e de se ocular"[106].

Por mais que valorize extremamente o caráter indireto, Plessner não deixa de perceber que formas e papéis também podem se cristalizar. Uma tendência para a cristalização está até mesmo estabelecida neles, na medida em que a relação entre os indivíduos nestas formas e papéis se transforma em uma "relação constante". Como se fosse óbvio, Plessner introduz o conceito de "distanciamento" para a explicitação desta idéia; funções e papéis exigem "um distanciamento que não pode ser nem muito amplo, nem muito estreito, porque o caráter cristalizado da respectiva significação" que um papel ou uma função possuem o impede[107]. Diante de um diretor de uma repartição nós nos comportamos segundo o modo como o serviço na repartição o exige; por isto, o comportamento não se altera essencialmente, quando muda o diretor. Assim como em cerimônias e em rituais, o que está em questão aqui não são os indivíduos. Nesta medida, "a intangibilidade da individualidade", uma intangibilidade que ela tinha conquistado com o caráter indireto, é "adquirida com uma significação representativa"[108]. Ela possui, visto a partir do indivíduo, o caráter de uma "compensação irreal"[109]; o homem se "mascara"; ele abdica "de ser levado em conta e de ser considerado, a fim de ao menos [...] atuar representativamente e ser estimado"[110].

Um ponto forte do projeto filosófico-social de Plessner é o fato de esta observação estar articulada com a idéia do caráter incontornavelmente indireto do indivi-

---

104. Ibid., p. 83.

105. Ibid., p. 84.

106. Ibid., p. 85.

107. Ibid., p. 83.

108. Ibid.,, p. 84.

109. Ibid., p. 82.

110. Ibid.

dual. Mesmo rituais e regulamentos cristalizados pertencem às possibilidades dos indivíduos de se fazerem valer. As alternativas possíveis a isto não são plausíveis. Nós recairíamos na contraposição entre indivíduo e sociedade e pensaríamos os indivíduos ou bem segundo o modelo de atores, para os quais os seus papéis são em geral extrínsecos, de modo que eles também poderiam mudar estes papéis arbitrariamente. Ou os indivíduos seriam como cabides, que não serviriam senão à fixação dos papéis sociais junto a eles[111]. Todavia, Plessner deixa em aberto como é preciso conceber mais exatamente o caráter apropriado ou inapropriado das funções e dos papéis. O conceito de jogo, que ele – com certeza em articulação com Schiller – introduz neste contexto[112], não fornece nenhuma resposta convincente. Nem todas as relações sociais podem possuir o caráter de jogo; o fato de uma sociedade viver "apenas do espírito do jogo"[113] não é elucidativo. O caráter individualmente apropriado ou inapropriado das formas sociais só pode ser reconhecido a partir da liberdade. Quanto mais liberdade um indivíduo possui junto ao preenchimento de uma forma social, tanto mais apropriada é esta forma para ele.

Este caráter apropriado é medido de acordo com o grau de mobilidade de um indivíduo em seu recuo e em sua mensuração transversal dos afastamentos em relação aos outros, assim como de acordo com a capacidade de variação de seu afastamento. Um indivíduo que não precisa se retrair no preenchimento de uma função ou na realização de um papel, mas também vê a possibilidade de que "as coisas se dêem de outra forma", é mais livre do que um indivíduo que realiza de tal modo uma ação, que as diversas possibilidades de realização não possuem nenhuma significação. Ações ligadas ao culto são com freqüência deste tipo; apesar de elas serem ações, o que está em questão nelas é um acontecimento. No entanto, a liberdade é a dimensão, na qual, dito com Aristóteles, tudo depende de *nós*; o espaço livre nos é dado e depende de nós realizá-lo.

A ligação entre o papel e a individualidade tem sucesso o mais imediatamente possível na relação de *representação*[114]. Esta é uma forma prévia da apresentação, na qual um indivíduo tem em verdade de fazer valer mais do que as suas finalidades individuais de ação, mas tem de levar a termo uma tal validação no próprio agir. Isto dá forma e ênfase ao agir individual e o deixa vir à tona ao mesmo tempo em sua individualidade. O representante é mais do que o portador de uma função, ele não é nenhum funcionário; ele também não assume nenhum papel, mas se coloca em nome de uma coisa que não é essencialmente apenas a sua própria. Na medida em que esta coisa – tal como, por exemplo, a soberania de um povo que

---

111. Cf. quanto a isto Alasdair MacIntyre, *After Virtue. A study in moral theory*, Londres, 1982, p. 30-31.

112. Plessner, *Grenzen der Gemeinschaft* (Limites da comunidade), GS 5, p. 93-94.

113. Ibid., p. 94.

114. Quanto a este conceito cf. Hasso Hofmann, *Repräsentation. Studien zur Wort- und Begriffsgeschichte von der Antike bis ins 19. Jahrhunderts* (Representação. Estudos sobre a história da palavra e do conceito desde a Antigüidade até o século XIX), Berlim, 1998; Carl Schmitt, *Römischer Katolizismus und politische Form* (Catolicismo romano e forma política), segunda edição, Munique, 1925.

Quarto capítulo: Liberdade

vive sob a égide de um estado – necessita de representação, ela só pode ganhar validade no agir representativo. Inversamente, o representante deve a sua autoridade peculiar a esta coisa. É por meio do fato de sua ação estar vinculada que a representação se distingue da apresentação. Quando o que está em questão para alguém é a apresentação de uma coisa, ele se comporta em verdade livremente, mas não age mais. De maneira análoga, o fazer apresentador destaca-se do contexto dos agentes, enquanto o que está em questão na representação é este contexto. Enquanto agente, um representante se coloca em última instância a favor da liberdade partilhada. É característico dele não perceber isto, mas, por meio do agir, torná-lo visível e sondá-lo nos limites do agir.

A incontornabilidade de uma tal sondagem subsiste genericamente para o agir, mas o que está em questão com ela não é normalmente a liberdade partilhada enquanto tal. Por meio do fato de os indivíduos estarem afastados uns dos outros em sua essência ainda não está firmado o quanto podemos nos aproximar de alguém; nesta medida, o ritmo de que Plessner trata detalhadamente não é apenas o *sine qua non* da sociabilidade, mas ao mesmo tempo uma percepção da liberdade. O mesmo vale para a "lógica da diplomacia"[115] que, junto à "decisão pela violência"[116], cuida efetivamente para que "a dignidade do outro permaneça intocada"[117] em meio ao conflito de interesses.

Em seu ensaio *Sobre a crítica à violência*, Walter Benjamin chamou a atenção para um outro aspecto da diplomacia que é aqui ainda mais importante. Regulamentações diplomáticas, assim como todas as formas de "acordo civil"[118] possuem para Benjamin um modo de ser particular pelo fato de não serem instauradas em função da imposição de metas próprias. Elas servem muito mais à clarificação das relações, nas quais apenas a persecução de metas ou finalidades próprias é possível. Na medida em que não podem ser concebidas como meios para fins, Benjamin as denomina "puros meios"[119]. Além disto, segundo Benjamin, também seria essencial nelas o fato de elas não se fazerem valer "imediatamente com vistas à arbitragem de conflitos entre os homens", mas indiretamente "no caminho que passa pelas coisas"[120]. À diplomacia pertencem empreendimentos que não possuem diretamente ou que não possuem mesmo absolutamente nada em comum com as finalidades mutuamente antagônicas das ações; eles pertencem, por exemplo, à sociabilidade em sentido mais amplo e fornecem a possibilidade de nos relacionarmos uns com os outros para além de nossas finalidades mutuamente antagônicas. E se conseguimos dirigir a atenção para uma coisa comum, a contenda entre as finalidades é ao menos relativizada. O que falta aos "puros meios" é o caráter "a-fastador", mesmo interveniente

---

115. Plessner, *Grenzen der Gemeinschaft* (Limites da comunidade), GS 5, p. 95.

116. Ibid., p. 98.

117. Ibid., p. 99.

118. Benjamin, *Sobre a crítica à violência*, Schriften II.1, p. 179-203, aqui p. 192.

119. Ibid., p. 191.

120. Ibid.

224 Oposicionalidade – O elemento hermenêutico e a filosofia

do agir dirigido para uma finalidade. Nós lidamos uns com os outros, sem nos dirigir-mos uns para os outros agindo. Assim, o estar afastado é mantido, sem que a liga-ção entre nós perca em obrigatoriedade e tensão.

Não obstante, aquilo que Benjamin tenta conceber com o conceito de "puro meio" é um agir; mesmo com a atividade diplomática, algo deve ser alcançado, mesmo ela possui uma finalidade. O agir mediador, contudo, é um agir de um tipo particular. Ele é um agir que detém, ou seja, um agir cujo sentido é uma liberação; ele é a tentativa de, agindo, liberar ou, então, de atuar de uma tal forma, que surja no fazer uma liberação. O agir liberador se aproxima o mais imediatamente possí-vel daquilo que atua normalmente na ação como um retardo. Ele é uma tentativa – que não raramente tem sucesso – de, agindo, fazer valer a liberdade tal como ela é comum aos agentes. Todavia, a tentativa permanece vinculada ao agir; ela só se desdobra na tensão entre finalidades diversas que concordam em sua diversidade. Algo só pode ser verdadeiramente comum, se se abre em uma contemplação livre.

§ 21: Contemplação livre

Contemplação, Θεωρία[121], também há no agir. Para Aristóteles, lembremo-nos disto uma vez mais, a contemplação é a coisa em jogo para aquele que compreen-de e que procura alcançar clareza quanto àquilo que é bom para os homens[122]. Se não houvesse a contemplação já no agir, aquilo que é experimentado no agir não seria senão radicalmente estranho à contemplação; tudo seria visualizado a partir de um posicionamento alienante – como se víssemos a Terra a partir de uma outra estrela. De volta à Terra, nós não esqueceríamos em verdade a visão de fora, mas ela não teria nada em comum com a vida que levamos. O mundo do agir e o mun-do da contemplação seriam mundos diversos. Uma acessibilidade diversa signifi-ca: o mesmo mundo também pode ser experimentado de uma outra maneira. As-sim, enquanto uma cunhagem da liberdade, oferece-se no mundo a liberdade com vistas ao mundo.

No que diz respeito à contemplação e à ação, este "diverso" não significa ape-nas algo assim como uma mera mudança de olhar. Direcionamentos diversos da visão podem pertencer ao mesmo comportamento, por exemplo, quando conside-ramos um edifício a partir de seus diferentes lados; o que está aí em questão é son-dar o prédio. Na mudança da ação para a contemplação, tudo permanece por um lado o mesmo, contanto que uma contemplação, ao menos uma deliberação reflexi-va, já esteja atuando no agir. Por outro lado, porém, tudo se transforma; na medida em que não agimos mais, o fato de estarmos ligados a uma finalidade desaparece. Não queremos alcançar mais nada, mas não continuamos senão olhando para algo.

---

121. Quanto à história do conceito cf. Hannelore Rausch, *Theoria. Von ihrer sakralen zur phi-losophischen Bedeutung* (Teoria. De sua significação sacral até a sua significação filosófica), Munique, 1982.

122. Cf. § 18, p. 199-201.

Quarto capítulo: Liberdade

Pode haver motivos para a mudança de posicionamento; eles podem ser iguais ou semelhantes àqueles que foram indicados por Parmênides, Descartes, Heidegger e Platão e que se tornaram modelares para a filosofia[123]. A pergunta acerca daquilo que devemos fazer talvez não leve a nenhuma resposta porque não conseguimos vislumbrar as alternativas consideradas. Talvez nos sintamos transpostos de uma única vez por meio de uma tonalidade afetiva para fora da ligação a uma finalidade, talvez a mudança seja uma nova orientação conscientemente levada a termo porque a contemplação se mostra como um propósito metodologicamente empreendido. No entanto, como quer que a mudança venha a ser motivada, ela é uma mudança na liberdade; nós nos livramos da orientação do agir pela finalidade e conquistamos uma liberdade para uma visão que não se acha mais presa à orientação pela finalidade.

Apenas com isto ainda não está garantido que esta visão não seja cativa; nós poderíamos ter trocado um aprisionamento por outro. No entanto, algo já fala agora a favor do fato de o não-aprisionamento ser possível: se também há contemplação no agir, então não se troca simplesmente um posicionamento pelo outro com a mudança para a mera ou para a pura contemplação. Ao contrário, algo que também já estava aí anteriormente é muito mais exposto e, assim, liberado. A contemplação vai até o fundamento do agir, a saber, até a sua liberdade e a percebe expressamente. Antes disto, a contemplação enquanto um pensar sobre e enquanto uma inteligibilidade prática estava encerrada na tensão do agir, agora ela ganhou a liberdade.

A imagem para a liberdade que é própria à contemplação é a mais antiga possível. Platão concretizou-a plasticamente como a imagem da caverna da *polis*, uma caverna a partir da qual nós ganharíamos o espaço livre da luz do dia por meio da educação filosófica[124]. A significação fundamental da imagem é clara; aquilo que pode ser visto só pode ser corretamente visto lá fora, em meio ao espaço livre; é somente fora da caverna que nós lidamos com as coisas mesmas e não mais com as suas aparições. Todavia, a diversidade daquilo que é visto só é obtida por meio do distanciamento ante os posicionamentos mais antigos. Para os habitantes da caverna, não há outra coisa senão as sombras porque eles, amarrados como estão, só conseguem olhar para a parede da caverna. O fato de elas serem sombras só é reconhecido por eles, depois que eles viram a cabeça e abandonam o seu lugar anterior. Agora, eles vêem as coisas que são carregadas diante do fogo que ilumina a caverna, de modo que a sombra das coisas é projetada sobre a parede. Com a mudança de seu posicionamento, os habitantes da caverna podem articular aquilo que eles vêem agora com aquilo que eles tinham visto antes; eles compreendem aquilo que eles viram antes a partir do que é visto agora, na medida em que colocam ao mesmo tempo a sua visão anterior em relação com a sua visão atual. As duas co-pertencem-se inseparavelmente, pois, tomado por si, o ver é nos

---

123. Cf. § 5.

124. Platão, *República* 514a-517a. Aqui, aquilo que os alemães gostam de chamar de "Höhlengleichnis (alegoria da caverna)" é aliás designado como "imagem" (εἰκών). Quanto à história dos efeitos da imagem da caverna: Hans Blumenberg, *Höhlenausgänge* (Saídas da caverna), Frankfurt junto ao Main, 1989.

dois casos o mesmo – uma apreensão pura e simples daquilo que está aí. É somente com a mudança do posicionamento que se obtém uma intelecção que se lança para além do mero ver. Nós a conquistamos com o distanciamento em relação ao posicionamento anterior e ela entra em jogo no afastamento ante este posicionamento. Somente assim o "a partir de algo diverso" que é próprio ao compreender é possível. Não há intelecção, compreensão sem liberdade.

Liberdade e intelecção só se consumam, quando conquistamos uma posição de visão que não pode mais ser experimentada a partir de uma outra. Mesmo na caverna já havia liberdade; de outro modo, o caminho para fora da caverna teria sido impossível. Não se encontra, contudo, mais nenhum distanciamento em relação ao espaço livre fora da caverna; não há nenhum posicionamento possível, a partir do qual este espaço livre ainda pudesse ser experimentado. Em verdade, há o caminho de volta para a caverna. No entanto, a partir da caverna não se consegue experimentar a estada no espaço livre, mas sempre experimentamos a estada na caverna a partir do espaço livre. O fato de entrarmos uma vez mais no interior da visão restrita é uma redução que nós só reconhecemos enquanto tal a partir daquilo que é irrestrito. Mesmo a conquista de uma intelecção não pode ser senão invertida. Aquilo que é produzido e que vemos na caverna está subordinado àquilo que é por si mesmo porque ele é fabricado sob a sua pressuposição. E é a sombra que é lançada por uma coisa, não o inverso; mesmo quando visualizamos a coisa a partir da sombra, nós compreendemos a sombra a partir da coisa. Nós estamos em condições de fazer isto porque a visão das coisas é menos cativa. Ela é mais ampla; na medida em que olhamos para aquilo que se descerra de maneira livre de cerceamentos, nós compreendemos ao mesmo tempo a visão que é mais cativa.

Com isto, ainda não está dito naturalmente por que a ausência de cerceamento reside em uma contemplação que se distancia do agir. A orientação pela meta do agir também poderia continuar determinando a intelecção em sua ausência de cerceamento; neste caso, a intelecção seria uma atuação, compreendida como ação consumada no sentido aristotélico. A teoria seria a forma suprema da *praxis*.

Aristóteles estabelece aqui uma clara distinção: a contemplação é em verdade uma realidade efetiva (ἐνέργεια)[125], mas nenhuma ação (πρᾶξις); a contemplação é muito mais aquilo que resta, quando deduzimos de um ser vivo o agir e mais ainda o produzir[126]. Os deuses, assim encontra-se além disto formulado, não agem, mas contemplam; tudo aquilo que diz respeito ao agir seria mesquinho e indigno dos deuses[127].

A razão para tanto é a independência, a auto-suficiência em um sentido consumado que não se autolimita (αὐτάρκεια). Em verdade, aquilo que é necessário para a vida precisa estar presente[128]; no entanto, na medida em que ele se encontra

---

125. Aristóteles, *Ética a Nicômaco* X, 8; 1178b 7-8 trata da Θεωρητικὴ ἐνέργεια.

126. Ibid., 20-21: τῷ δὴ ζῶντι τοῦ πράττειν ἀφαιρουμένου ἔτι δὲ μᾶλλον τοῦ ποιεῖν, τί λείπεται πλὴν θεωρία.

127. Ibid., 17-18: τὰ περὶ τὰς πράξεις μικρὰ καὶ ἀνάξια θεῶν.

128. Ibid. X, 7; 1177a 28-29.

Quarto capítulo: Liberdade

dado, a própria contemplação não tem mais nada em comum com ele. As coisas podem se dar exatamente assim para determinadas ações, mas estas ações permanecem marcadas essencialmente pela precariedade – por aquilo, portanto, que foi determinado na *República* como fundamento da convivência: mesmo o homem justo continua sempre precisando, como Aristóteles diz, daqueles junto aos quais e com os quais ele pode agir justamente. Em contraposição a isto, a contemplação é autônoma: ela existe simplesmente como ela mesma[129].

Não deveríamos compreender isto no sentido de um solipsismo teórico; Aristóteles não exclui o fato de a contemplação ser partilhada. O único ponto é que o contemplador não se encontra em uma ligação de dependência ante os outros e, exatamente por isto, ele é livre quanto a eles. A relação com os outros não é nem determinada pela vinculação do próprio fazer a um outro fazer, nem pelo bem que vige, segundo Aristóteles, como o bem supremo da vida pública ou política: o prestígio, a honra ($\tau\iota\mu\acute{\eta}$)[130]. Mesmo que a honra resida menos naquele que honra do que naquele que é honrado – por fim, não queremos ser efetivamente honrados senão por homens sensatos, de modo que a sensatez se acha em uma posição mais elevada do que a honra[131]. A honra só existe quando ela nos é atribuída pelos outros. Agindo, nós nos dispomos a nos estabelecer na esfera pública[132]. Junto à contemplação, este seria um motivo alheio à coisa em questão. A contemplação tem por propósito deixar que o afastamento em relação aos outros simplesmente persista. Aquilo que unifica é aquilo que se descerra na contemplação. Ele não pertence a ninguém, ninguém pode reclamá-lo sozinho para si. Se a contemplação é partilhada, então isto não restringe, mas conduz a uma maior diferencialidade. Por meio dos diversos acessos, o contemplar é intensificado.

A independência da contemplação também subsiste aqui, ou seja, ante a coisa contemplada. Nós não queremos transformá-la ou configurá-la, mas deixá-la tal como ela é. De maneira correspondente, nós também somos independentes do fato de as coisas se ajustarem ou não aos nossos intuitos próprios. Para a contemplação, a liberdade das coisas não é ameaçadora. Contemplativamente, é antes possível corresponder a ela. Onde há a liberdade em relação às coisas, nós também estamos livres para elas.

Esta liberdade constitui propriamente o contemplar. À sua essência pertence o fato de nós não vermos mais as coisas apenas no horizonte do mundo da vida. Ao contrário, mesmo o elemento próprio ao mundo da vida pode e deve se tornar coisal na contemplação. Ele assume o modo de ser das coisas contrapostas, e, com isto, as possibilidades da apresentação que já estão estabelecidas no agir se tornam livres.

---

129. Ibid., 30-33.

130. Ibid., I, 4; 1095a 22-23.

131. Ibid.

132. Hannah Arendt transformou esta idéia no centro de sua concepção do agir (*Vita activa*, 164-171).

228 Oposicionalidade – O elemento hermenêutico e a filosofia

Como a contemplação perde o laço mundano-vital, ela *não* tem *lugar* no mundo da vida. Isto faz com que ela se mostre por vezes como sinistra. No entanto, com o olhar de fora obtém-se uma participação de um tipo particular: o interesse intenso pelo fato de algo se mostrar sem encobrimentos. Para a contemplação, tudo possui a liberdade de ser como uma coisa contraposta e, com isto, de ser obrigatória na liberdade. Neste sentido, o que é obrigatório é algo ao que estamos atados e que, contudo, pode permanecer como algo afastado, que pode se encontrar contraposto.

Esta obrigatoriedade comprova-se no fato de a contemplação não ser nenhuma mera fixação do olhar. Ao elemento próprio à coisa contraposta corresponde ser apresentado e, portanto, a contemplação e a apresentação se co-pertencem. Isto fica maximamente claro junto ao fazer de um pintor ou de um desenhista: fixar o olhar e concretizar encontram-se aqui em uma ligação mútua, de tal modo que somente um torna o outro válido. Pintar e desenhar são um fazer em virtude da contemplação; eles são um fazer, no qual a contemplação se intensifica e, ao mesmo tempo, a transposição do visível para o interior de uma visibilidade elevada, uma intensificação daquilo que está presente em um fenômeno ressaltado, destacado. Algo deste gênero é possível em toda apresentação, mesmo na descrição e no trabalho filosófico do conceito.

Em sua co-pertinência, contemplação e apresentação permanecem diversas. Em verdade, nenhuma das duas é possível sem a outra, mas a sua relação mútua não se acha firmada. O acento pode residir mais sobre a apresentação ou mais sobre a contemplação. No primeiro caso, tudo depende mais de concretizar uma ligação com a coisa contraposta; no segundo caso, a concretização é antes uma confirmação da relação contemplativa com aquilo que possui o caráter da coisa contraposta.

Todavia, as duas, a apresentação contemplativa e a contemplação apresentadora, concordam na experiência da liberdade. No fazer apresentador, o afastamento em relação ao elemento próprio às coisas contrapostas ou em relação à coisa contraposta é refletido; por isto, a apresentação não é de maneira alguma possível, sem que se formule a pergunta sobre o "como" da apresentação, o que significa ao mesmo tempo: a pergunta acerca de seu possível "também ser de outro modo".

Aqui, a experiência da liberdade do agir encontra-se modificada de uma maneira peculiar. Em verdade, o fazer apresentador também possui uma finalidade, a saber, fazer valer, da maneira mais apropriada possível, aquilo que precisa ser apresentado. No entanto, a concretização da finalidade está de tal modo vinculada à sua ligação com o elemento próprio às coisas contrapostas ou à coisa contraposta, que ela não pode ser "a-fastadora". Por meio daí, altera-se o valor conjuntural do "também poder ser diverso": uma possibilidade de apresentação não é determinada pelo fato de excluir outras possibilidades. Em verdade, só uma possibilidade pode ser a cada vez concretizada, mas as possibilidades não concretizadas permanecem em jogo. Se não se mostra como um agir, a apresentação não está submetida pelas situações nas quais é levada a termo a petição por inequivocidade na escolha e na rejeição. Para além da ação, nós não temos como fazer experiências em

Quarto capítulo: Liberdade

meio à apresentação sem a perda da seriedade[133]; uma possibilidade que foi inicialmente rejeitada, para ser mais tarde concretizada, não precisa ser inconseqüente. Ela não é nem mesmo arbitrária. Ao contrário, quando corresponde à essência da apresentação, ela acontece com vistas ao interesse da coisa mesma. Na apresentação, o sentido para o "fato de tudo também poder se dar de maneira diversa" está mais desperto, a concretização é mais livre. Isto remonta à objetividade da apresentação.

À contemplação pertence, por sua vez, o fato de ela não vir a termo sem a experiência da liberdade; a imagem platônica da caverna oferece um testemunho plástico quanto a este ponto. A contemplação não acontece sem uma libertação dos laços que nos tornam cativos no agir e da ligação com os outros pensada com vistas ao prestígio. Além disto, ela vive a partir da relação aberta com a sua coisa. Só conseguimos contemplar aquilo que não se abate sobre nós. Por isto, a própria contemplação pode ser um livre deixar subsistir. O ato de se voltar para e o distanciamento, a obrigatoriedade e o afastamento estão em uma relação livre no interior da contemplação; ela é um jogo livre entre distanciamento e afastamento. A contemplação apreende a medida do ao longe, na medida em que se coloca no jogo, com o qual ela se acha vinculada. Nesta medida, ela não é apenas na liberdade, mas é sempre também uma experiência *com* a liberdade. Com a contemplação, portanto, a atenção filosófica encontra-se livre para se voltar para a própria liberdade.

Mesmo esta atenção precisa naturalmente se concretizar; ela precisa ser apresentação. Em verdade, as suas possibilidades de concretização não são pensáveis sem liberdade, mas elas mesmas não são nenhum objeto da liberdade. Elas só podem se tornar concebíveis a partir de uma outra dimensão do espaço hermenêutico. A apresentação pertence essencialmente à linguagem. Quanto a saber qual é o valor conjuntural que a apresentação, mesmo a contemplação apresentadora, possui na linguagem, nós precisaremos considerar agora a linguagem.

---

133. Se a considerarmos a partir daqui, a crítica kierkegaardiana à "existência estética" encontra a sua justificativa no fato de ela revelar a impropriedade de uma transposição da apresentação para a ação. Cf. Soren Kierkegaard, *Enten-Eller. Et Livsfragment* (Ou-ou. Um fragmento de vida), SV II, Kopenhagen, 1901, p. 143-160.

Quinto capítulo
Linguagem

§ 22: A partir da fala

A linguagem é mais do que familiar, ela está presente até mesmo no silêncio. Quando ela está presente, não podemos mais imaginar uma vida desprovida de linguagem. Nós sabemos que os animais não falam, mas nenhum falante consegue mais compreender como é ser sem linguagem. Apesar disto, a língua não é nunca totalmente óbvia. Apesar de a língua ser onipresente, uma consciência da língua é constitutiva da língua; viver na linguagem significa: sempre se aproximar uma vez mais dos limites daquilo que podemos dizer. Do mesmo modo, também é constitutivo da linguagem um empenho em torno da linguagem; o dito, que não é compreendido, pode ser dito de outro modo. Em verdade, é somente junto a outras línguas, nas quais não entendemos uma única palavra, que experimentamos a linguagem. Nós sabemos que as pessoas estão falando, mas não o que é dito.

Uma outra língua é *uma* língua, esta língua particular e, enquanto tal, uma língua passível de ser distinta de outras. Nós também não entendemos inicialmente estas outras línguas. No entanto, mesmo antes de aprendê-las, estamos em condições de reconhecê-las. Línguas soam de maneira diversa, a imagem da escrita assume uma outra aparência. Antes de qualquer descrição mais exata há possibilidades de delimitação e comparação, de modo que uma língua pode vir à tona em sua determinação.

Por meio das outras línguas, a nossa própria língua também se torna *uma* língua. O que dizemos, os outros não entendem, e é no mais tardar neste momento que isto fica claro. Apesar disto, contudo, a intelecção permanece abstrata. Não conseguimos saber como é não entender a nossa própria língua. Ela está próxima demais; em sua proximidade, ela pertence à própria vida. Falar a própria língua é como respirar ou andar; o seu tom peculiar pertence a nós mesmos, quase como a cor da pele ou como os traços do rosto. Com freqüência, os estrangeiros são reconhecidos pela sua aparência. No entanto, eles são sempre reconhecidos pela sua língua.

Apesar de a própria língua estar próxima demais, ela não nos pertence da mesma maneira que a aparência. Nós temos a aparência que temos; alterá-la é ou bem disfarce, ou bem uma violenta intervenção. Todavia, nós podemos aprender outras línguas, sem que atentemos contra a natureza de nossa própria língua; e não há nenhuma língua que não se possa aprender. Neste caso, não se perde completamente a experiência de que falar é como respirar ou andar. No aprendizado da pronúncia, aprender uma outra língua também é um processo corporal e, neste ponto, ele é comparável com o exercício em um outro modo de caminhar.

Quinto capítulo: Linguagem

Logo que vem à tona a co-pertinência entre as línguas na língua, também pode despontar como que por si mesma a questão acerca da essência da linguagem. Por mais diversas que elas sejam, é comum a todas as línguas ser uma língua e, portanto, há algo assim como a linguagem em geral. Esta é a essência intrínseca a toda língua particular, a essência que faz com que ela seja uma língua. Ela é comum a todas as línguas, por mais diversas que sejam. O fato de isto não ser nenhuma abstração vazia também se mostra no fato de toda e qualquer língua ser traduzível em todas as outras. Não obstante, para a idéia da linguagem em geral, o aprendizado e a fala de outras línguas se mostram como a confirmação mais imediata. O fato de algo ser uma língua mostra-se no falar. A descrição gramatical é subordinada a ele, mesmo se o aprendizado começa com ela. A descrição gramatical comporta-se em relação ao falar como a descrição dos passos de dança em relação à dança.

A partir daqui, torna-se compreensível a convicção de que a essência da linguagem e, neste sentido, a linguagem em geral, precisariam ser apreendidas a partir do falar. Esta convicção encontra-se formulada de uma maneira particularmente expressiva em Wilhelm von Humboldt. Segundo ele, a "verdadeira definição" da linguagem" não poderia "ser outra senão uma definição genética" e, neste sentido, a linguagem seria "o trabalho que eternamente se repete do espírito, um trabalho que torna capaz o surgimento do som articulado para a expressão do pensamento". A língua não é para ele "nenhuma obra (*ergon*), mas uma atividade (*energeia*)". Em seguida, Humboldt acrescenta o decisivo: "Considerada de maneira imediata e rigorosa", esta seria a "definição da fala que se dá a cada vez". Todavia, "no sentido verdadeiro e essencial", "não podemos considerar por assim dizer senão a totalidade da fala como a língua"[1]. Compreendida deste modo, a essência da língua é *performance da linguagem*.

Humboldt fundamenta a sua idéia, na medida em que aponta para a força formadora de unidades próprias à fala. No "caos disperso de palavras e regras que costumamos denominar uma língua" é "somente o particular produzido pela fala que está presente e isto nunca de maneira completa, mas sempre a partir da necessidade inicial de um novo trabalho, a fim de reconhecer a partir daí o modo de ser da fala viva e de fazer uma verdadeira imagem da língua viva"[2]. Sem a fala, as palavras e as regras não estão presentes enquanto momentos da língua. Elas são como pedras de um mosaico, cuja determinação só se preenche na conexão em que elas são colocadas. O dicionário não é nenhuma língua e as regras não for-

---

1. Wilhelm von Humboldt, *Über die Verschiedenheit des menschlichen Sprachbaues und ihren Einfluss auf die geistige Entwicklung des Menschengeschlechts* (Sobre a diversidade da construção lingüística humana e a sua influência sobre o desenvolvimento do gênero humano – Póstumo de 1836), citado segundo Wilhelm von Hümboldt *Werke in fünf Bänden* (Obras em cinco volumes), org. por Andreas Flitner e Klaus Giel, Vol. III (*Schriften zur Sprachphilosophie* – Escritos sobre filosofia da linguagem), Darmstadt 1963, p. 418 (corresponde à Akademie-Ausgabe, org. por Albert Leitzmann, vol. VII, p. 46; nós também nos referiremos a seguir à paginação desta edição).

2. Humboldt, *Sprachbau* (Construção lingüística), *Werke III*, p. 418; Leitzmann VII, p. 46.

232   Oposicionalidade – O elemento hermenêutico e a filosofia

mam nenhum sistema cristalizado e fechado em si, mas são combinadas nova-mente como toda declaração; do mesmo modo que as palavras, elas só se trans-formam em momentos significativos de um contexto na unidade que se forma com a fala. Tal como Humboldt acrescenta, "precisamente o mais elevado e sutil" não pode ser "reconhecido [...] junto àqueles elementos separados"[3]. As gradua-ções significativas de uma palavra nunca se mostram senão na medida em que a palavra é colocada de maneira diversa no todo de uma declaração. É somente por meio da diversidade de articulação que a palavra mesma vem à tona em suas pos-sibilidades, de modo que estas possibilidades nunca podem ser constatadas senão como articulações possíveis na fala. As coisas também se comportam assim com as regras; é somente na fala que as regras, por exemplo, as regras de construção frasais, se conjugam de tal forma que elas podem ser reconhecidas em seu senti-do. Isto dá ensejo a Humboldt a intensificar ainda uma vez mais "o fato de a lingua-gem propriamente dita residir no ato de sua produção real"[4].

É só com muita dificuldade que conseguimos nos subtrair ao poder de sugestio-namento da idéia humboldtiana; este poder corresponde ao uso lingüístico e à con-cepção que se formou por meio deste uso[5], além de ser confirmado pela experiên-cia. É elucidativa a afirmação de que o dicionário e a gramática são composições que surgem depois da fala e de que, neste ponto, eles se mostram como abstra-ções. Do mesmo modo, é fácil acompanhar a razão de ser da afirmação de que os "elementos" da língua perdem o seu sentido, quando não os vemos em conexão. Uma palavra se torna cada vez mais alheia, quanto mais longamente procuramos considerá-la e sondá-la por si. Por fim, ela se destaca e se dissolve como um ele-mento lingüístico. Assim, ela se torna um entulho lingüístico[6].

Todavia, apesar de todo poder de sugestionamento, a idéia humboldtiana não é impossível de ser colocada em dúvida. Foi neste sentido que Heidegger se con-frontou com Humboldt[7]. A tentativa heideggeriana de pensar contra Humboldt pos-sui ainda um peso maior porque ela está associada com uma superestimação qua-se insuperável do pensamento lingüístico de Humboldt. Heidegger explicita este fato em três aspectos: em Humboldt, segundo ele, a concepção da linguagem ori-

---

3. Ibid.

4. Ibid.

5. De acordo com o dicionário Grimm da língua alemã, a "língua" significa "em geral a atividade da fala e a capacidade para tanto" (Grimm, *Deutsches Wörterbuch*, Vol. 10, primeira seção, Leipzig, 1905, colunas 2718-2741, aqui coluna 2718).

6. Cf. quanto a isto a seguinte anotação de Paul Valéry: "Comme cela est commun qu'un même mot clair quand on l'emploie est obscur quand on le pèse. Cela tient à ce qu'on les emploie tou-jours avec leur définition momentanée, avec ce qui suffit à les maintenir. Quando isolés, on les re-garde – on cherche à leur substituer l'ensemble indéterminé de leurs relations – au lieu qu'en composition cet ensemble est determiné" (Paul Valéry, *Cahiers*, edição estabelecida e apresen-tada com anotações por Judith Robinson-Valéry (Bibliothéque de la Pléiade), Paris, 1973, vol. 1, p. 386).

7. A conferência *O caminho para a linguagem*, à qual as seguintes reflexões antes de tudo se referem, provém do ano de 1959 (GA 12, p. 227-258).

Quinto capítulo: Linguagem

entada pela fala, tal como esta concepção é indicada com expressões como "língua" – língua, *langue, language*, mesmo com o grego γλῶσσα –, conquistaria uma clareza e distinção conceitual[8]. Além disto, a "consideração da linguagem que se alça na Antigüidade grega e que foi almejada sobre múltiplos caminhos [...]" alcança para ele o "seu ápice" na "meditação lingüística" de Humboldt[9]. Por fim, Heidegger considera que o ensaio tardio de Humboldt determinou "em seus prós e contras, de maneira expressa ou tácita, o conjunto da ciência da linguagem subseqüente e da filosofia da linguagem até os dias de hoje"[10].

Por mais que o julgamento heideggeriano do pensamento lingüístico de Humboldt possa ser exagerado em seu caráter genérico[11], é incontestável que ele toca algo essencial. O fato de Humboldt ter podido se reportar à compreensão de linguagem que é determinante para o uso lingüístico em favor de seu pensamento fundamental está indicado com a referência à concepção da linguagem como "língua" (*Zunge*) nas diversas línguas (*Sprachen*)[12]. Também há pontos de apoio para aquilo que Heidegger diz sobre a significação de Humboldt para a filosofia da linguagem e para a ciência lingüística da Modernidade; assim, em sua determinação da linguagem como "forma simbólica", Ernst Cassirer remonta antes de tudo a Humboldt. E mesmo que não seja sempre fácil fixar de maneira exata a influência do pensamento lingüístico de Humboldt sobre a ciência lingüística, esta é indubitavelmente marcada por ele[13].

Dentre as explicitações feitas por Heidegger, a mais importante em termos filosóficos é a referência à vinculação de Humboldt à tradição. Heidegger não desdobra esta referência, mas ele nos deixa reconhecer claramente que ele vê nas idéias de Humboldt a concentração posterior de uma determinação da linguagem que re-

---

8. Heidegger, *O caminho da linguagem*, GA 12, p. 232.

9. Ibid., p. 234.

10. Ibid., p. 235.

11. Cf. Donatella Di Cesare, Introdução a Wilhelm von Humboldt, *Über die Verschiedenheit des menschlichen Sprachbaues und ihren Einfluss auf die geistige Entwicklung des Menschengeschlechts* (Sobre a diversidade da construção humana da linguagem e a sua influência sobre o desenvolvimento espiritual do gênero humano), org. por Donatella Di Cesare, Paderborn/Munique/Zurique/Viena, 1998, p. 11-128, aqui p. 12.

12. O alemão tem uma palavra para designar a língua enquanto o órgão responsável pelo paladar e pela articulação dos sons (*Zunge*) e uma palavra para denominar a língua enquanto sistema de sinais e elementos lingüísticos (*Sprache*). Como este fato se perde na presente passagem, tomamos por bem inserir as duas palavras entre parênteses (N.T.).

13. Donatella Di Cesare observa que podemos falar mais propriamente de um "humboldtianismo" na lingüística "em relação a algumas correntes [...] do que em relação a representantes particulares" (Di Cesare, *Sprachbau* 15, cf. p. 14-19). A concepção revolucionária para a moderna ciência lingüística, a concepção de Ferdinand de Saussure, não parece ser determinada senão indiretamente por Humboldt, por intermédio das preleções de Steinthal; cf. Di Cesare, *Sprachbau* (A construção da linguagem), p. 15. Quanto a Saussure, cf. também Ludwig Jäger, *Zu einer historischen Rekonstruktion der authentischen Sprach-Idee F. de Saussures* (Para uma reconstrução histórica da idéia autêntica de linguagem de F. de Saussure), Düsseldorf, 1975.

234 Oposicionalidade – O elemento hermenêutico e a filosofia

monta a Aristóteles. Quando Aristóteles caracteriza a linguagem, definindo aquilo "que é na voz", ou seja, os sons, como símbolos das ocorrências na alma[14], este é o padrão fundamental para a compreensão humboldtiana da linguagem como "o trabalho que eternamente se repete do espírito, um trabalho que torna capaz o surgimento do som articulado para a expressão do pensamento". A linguagem não é nenhum instrumento que algo exterior torna disponível, mas algo que pertence ao homem como a mão e os olhos. E para a explicitação desta idéia, Humboldt acrescenta o seguinte: a "atividade intelectual, uma atividade inteiramente espiritual, inteiramente interior que passa em certa medida sem deixar rastros", se torna "interior e perceptível para os sentidos por meio do som". Neste ponto, o som e a língua são "inseparáveis um do outro". Se a atividade intelectual não entrasse em nenhuma "ligação com o som lingüístico", o pensamento não poderia "alcançar a clareza, e a representação não poderia se tornar conceito"[15]. Exatamente isto é visado em Aristóteles com a palavra σύμβολον. A palavra σύμβολον, um sinal de reconhecimento, acentua o fato de a "impressão" que ocorreu a nós mesmos se tornar acessível para os outros na configuração sonora. Considerados por si, os dois são fragmentos, tal como as duas partes de um disco. É somente na exterioridade da fala que o intelecto pode conquistar realidade e as coisas também se comportam assim em relação àquilo que ocorre[16].

Se considerarmos o fato de Heidegger ver nesta idéia o "ápice" do pensamento lingüístico da tradição filosófica, ele formula as suas objeções de uma maneira estranhamente redutora. Humboldt não pensa de modo algum a linguagem "em direção ao homem"[17] e, com maior razão, ele não a compreende como "um tipo e uma forma de visão de mundo elaborada por meio da linguagem na subjetividade humana"[18]. Para Humboldt, não há nenhum "sujeito" "antes" da linguagem, mas a linguagem, compreendida como fala, é ela mesma o "trabalho do espírito". Ela não é nenhum "caso particular" do "universal", que é designado com expressões como "energia, atividade, trabalho, força espiritual"[19]. Se isto procede, então Humboldt também não pensa a partir do homem, mas o homem só pode ser pensado para ele a partir da linguagem. De modo diverso de Hegel, Humboldt pensa a linguagem como o processo experimental e cultural que é indicado com o conceito do espírito

---

14. Aristóteles, *De Interpretatione* 1; 16a 2-4: Ἔστι μὲν [...] τὰ ἐν τῇ φωνῇ τῶν ἐν τῇ ψυχῇ παθημάτων σύμβολα. Citado segundo: Aristotelis Categoriae et Liber de Interpretatione, org. por L. Minio Palvello, Oxford, 1949. Para um comentário detalhado cf.: Aristóteles, *Peri Hermeneias*, traduzido e comentado por Hermann Weidemann (Obras em uma tradução para o alemão, coleção fundada por Ernst Grumach, org. por Hellmut Flashar), vol. 1, Parte II, Berlim, 1994, p. 133-151.

15. Humboldt, *Sprachbau* (A construção da linguagem), Werke III, p. 426; Leitzmann VII, p. 53.

16. Cf. também Heinrich von Kleist, *Über die allmähliche Verfertigung der Gedanken beim Reden* (Sobre a paulatina preparação dos pensamentos no discurso), Sämtliche Werke und Briefe, org. por Helmut Sembdner, 1952, vol. 2, p. 321-327.

17. Heidegger, *O caminho da linguagem*, GA 12, p. 238.

18. Ibid.

19. Ibid.

e, com isto, ele tem ao mesmo tempo em conta a respectiva particularidade cultural deste processo. Comparado com a filosofia do espírito de Hegel, uma filosofia marcada por um distanciamento em relação à linguagem, o pensamento humboldtiano é um gigantesco passo adiante no caminho em direção à linguagem[20].

Apesar disto, as reservas de Heidegger em relação à idéia humboldtiana são justificadas. Na tentativa heideggeriana de "dar voz à linguagem enquanto linguagem"[21] e não enquanto fala, aquilo que permanece impensado em Humboldt vem à tona. A idéia central de Heidegger é resumida em uma sentença: "Nós não falamos apenas *a* língua, nós falamos *a partir* dela"[22]. Com isto, tal como acontece com Humboldt, visa-se nos dois momentos à língua a cada vez determinada; não se pode falar uma língua em geral. Falar uma língua determinada significa: falar de uma maneira determinada – formar certos sons, utilizar determinadas palavras e se ater a determinadas regras que, se seguirmos Humboldt, são trazidas a cada vez na fala à unidade de um dizer. O fato de acontecer justamente isto em meio à fala deveria se mostrar como elucidativo; ele também não é refutado pela sentença heideggeriana. Todavia, Heidegger duvida que a formação da unidade possa ser reconduzida unicamente à fala e ao espírito ativo no falar. Falar *a partir* da língua significa: já sempre estar na língua e formar frases segundo as possibilidades que ela apresenta.

Em Humboldt também se leva em conta o fato de algo ser previamente dado a toda fala. Para ele, o previamente dado é o que foi falado anteriormente; trata-se do legado histórico de uma "nação". O legado ou bem consiste na auto-evidência da fala, ou bem se mostra como o material, junto ao qual o trabalho do espírito pode se confirmar: quanto "mais amplamente uma língua avança com a sua estrutura gramatical", tanto menos se necessita de decisões que dizem respeito à construção lingüística. Segundo ele, a "luta em torno da expressão dos pensamentos" se tornaria aí mais fraca; quanto menos "o espírito se serve daquilo que já foi criado", tanto mais adormece "o seu impulso criador e, com ele, a sua força criadora"[23]. Na medida em que a língua perde este caráter de algo previamente dado, ela dá ensejo a uma nova formação lingüística. Toda língua, diz Humboldt, "já sempre recebeu uma matéria-prima oriunda de gerações precedentes que remontam a um tempo prévio desconhecido" e, por isto, "a atividade espiritual produtora está sempre ao mesmo tempo direcionada para algo já dado, de uma maneira não puramente geradora, mas reconfiguradora"[24].

Para que as duas coisas sejam possíveis, a repetição auto-evidente do que foi falado, tanto quanto a sua reconfiguração, o anteriormente falado precisa ter sido acolhido como "estrutura" ou "matéria prima". Neste caso, porém, pertence à fala

---

20. Quanto à relação entre Humboldt e Hegel cf. Di Cesare, *Sprachbau* (A construção da linguagem), p. 25-26 e a bibliografia secundária indicada lá.

21. Heidegger, *O caminho da linguagem*, GA 12, p. 239.

22. Ibid., p. 243.

23. Humboldt, *Sprachbau* (A construção da linguagem), Werke III, p. 555; Leitzmann VII, p. 166.

24. Ibid., p. 419; Leitzmann VII, p. 47.

uma capacidade de acolhimento e uma prontidão para o acolhimento, que não permitem mais pensar apenas a partir da linguagem. Toda fala é, então, ao mesmo tempo acolhimento, ela é, tal como Heidegger diz, "escuta à língua que falamos"[25]. É preciso tomar esta afirmação em sentido estrito. Heidegger não acha que a fala se encontra em uma alternância com a escuta, de modo que de início escutamos e, em seguida, falamos. Ao contrário, a fala é "por si mesma um ouvir", ela é *antes de tudo* um ouvir"[26]; o falar realiza-se *em* uma escuta que lhe pertence e, contudo, sempre o antecede.

Não precisamos certamente acentuar o fato de, junto à escuta aqui visada, não se tratar de uma recepção dos sons. Não escutamos aqui efetivamente nenhum falante, mas a língua. A escuta é, tal como Heidegger diz em uma outra passagem, um "reunir-se que recolhe com vistas a uma requisição e um apelo"[27]. Na fala, nós experimentamos a atenção peculiar à fala que está em questão neste "reunir-se" como busca por palavras. Quando procuramos formular um pensamento, não criamos a partir de um estoque de palavras e regras, a fim de produzir a partir delas como uma matéria-prima o pensamento em sua forma lingüística. No entanto, também não nos mantemos em uma "estrutura" cristalizada, que reproduzimos sem um empenho intelectual – talvez do modo como encontramos possibilidades de mover as peças em um jogo de xadrez. Nós nos movimentamos na linguagem como em um jogo; uma jogada também não surge aqui sempre da anterior, mas nós estamos atentos para uma abertura, na qual podemos prosseguir. Dito com o termo de Heidegger, precisa tratar-se de uma atenção "reunida" – junto à coisa e, porém, sem estar direcionada para uma solução determinada; logo que um determinado intuito está em jogo, nenhuma solução nos diz mais respeito. Em verdade, a busca e o encontro das palavras[28] inicia-se com o fato de *querermos* dizer algo. Há uma coisa, um tema, e, com isto, talvez uma primeira formulação, uma palavra que está aberta para atrair outras, para chamá-las a si[29]. Estas palavras, porém, precisam se posicionar; se elas pudessem ser derivadas da formulação com a qual começamos, nós não procuraríamos, ponderaríamos, esperaríamos por uma possibilidade que, se tivermos sorte, se fará repentinamente presente. Uma possibilidade que surgiu a partir da língua.

---

25. Heidegger, *O caminho da linguagem*, GA 12, p. 243. Neste contexto, cf. Manfred Riedel, *Hören auf die Sprache: die akromatische Dimension der Hermeneutik* (Escutar a linguagem: a dimensão acromática da hermenêutica), Frankfurt junto ao Main, 1990.

26. Heidegger, *O caminho da linguagem*, GA 12, p. 243.

27. Heidegger, *Logos (Heráclito, Fragmento 50)*, GA 7, p. 219.

28. Cf. quanto à busca por palavras em articulação com Gadamer: Donatella Di Cesare, *Sein und Sprache in der philosophischen Hermeneutik* (Ser e linguagem na hermenêutica filosófica), in: Internationales Jahrbuch für Hermeneutik 2002, p. 21-38, aqui p. 30-31.

29. Cf. Hand Magnus Enzensberger, *Die Entstehung eines Gedichts* (O surgimento de um poema), in: Enzensberger, *Gedichte. Die Entstehung eines Gedichts* (Poemas. O surgimento de um poema), segunda edição, Frankfurt junto ao Main, 1963, p. 55-82.

Quinto capítulo: Linguagem

É somente porque algo dizível surge a partir da língua que a fala é possível. A formulação humboldtiana do "trabalho que sempre se repete do espírito" deixa ao menos esta possibilidade aberta. Um passo de pensamento adiante e o incompleto que torna a repetição possível e necessária poderia ser compreendido como uma abertura que antecede à fala. Ela seria a abertura da *própria linguagem* a ser diferenciada da fala, uma abertura enquanto a essência da linguagem.

Com a idéia de Heidegger de que toda fala provém da linguagem, esta abertura é interpelada. Todavia, Heidegger não mantém a sua idéia, quando subordina uma fala da linguagem à "escuta à linguagem"[30]. Com certeza, isto não é visado no sentido de uma elocução, do mesmo modo que a "escuta à linguagem" não é pensada como uma recepção de sons. Apesar disto, contudo, é retomada uma vez mais com esta formulação a tentativa de se liberar da compreensão humboldtiana da linguagem. Em verdade, a linguagem não é mais agora nenhuma atividade, mas ela é – aliás, exatamente como para Gadamer[31] – um acontecimento. Com isto, tal como em Humboldt, ela é compreendida a partir da fala; portanto, as idéias de Heidegger não conduzem para além de Humboldt.

Se quisermos salvar as idéias de Heidegger, não há senão uma possibilidade: nós precisamos insistir na diferença entre linguagem e fala, desenvolvendo esta diferença enquanto tal. Além disto, é preciso não abandonar as reflexões que estão ligadas à formulação heideggeriana sobre a escuta à linguagem. É suficiente ter clareza quanto à conseqüência problemática da formulação e não absorver esta conseqüência. Se a linguagem não fala, também não podemos escutá-la. Em verdade, a atenção concentrada que lhe cabe na fala também existe na escuta. No entanto, a própria atenção não é nenhuma escuta. Ela é antes uma concentração dos sentidos[32]; nela vive o sentido desperto para a abertura da linguagem.

Esta idéia só pode ser desenvolvida na medida em que a abertura da linguagem é determinada enquanto tal. Ela precisa poder ser compreendida como abertura *lingüística*, como uma abertura que só há com a linguagem. O caminho até aí passa pela fala; segundo as idéias de Heidegger, ela precisa ser efetivamente na linguagem e precisa ser assim determinada por ela e por sua abertura. É importante observar de maneira exata, para que se torne mais claro aquilo que reluziu junto à experiência da busca e do encontro das palavras.

---

30. Heidegger, *O caminho da linguagem*, GA 12, p. 243.

31. Cf. quanto a este ponto Günter Figal, *The doing of the thing itself: Gadamer's hermeneutic ontology of language*, in: The Cambridge Companion to Gadamer, p. 102-125.

32. O termo alemão *sinnen* é um termo de difícil tradução. Ele indica por um lado um tipo particular de ensimesmamento, de autoconcentração, de atenção reflexiva. Por outro lado, porém, ele possui uma relação direta com o substantivo *Sinn* que significa literalmente "sentido". Deste modo, o tipo de concentração aqui em jogo aponta para um certo adensamento dos sentidos. Como Günter Figal se vale em seguida desta relação entre *sinnen* e *Sinn*, optamos pela tradução de *sinnen* por "concentração dos sentidos" (N.T.).

238   Oposicionalidade – O elemento hermenêutico e a filosofia

Para tanto, é por sua vez necessário fixar o singular, mais exatamente, *o falante singular* e, deste, *a frase singular*. A frase é o elementar que pode ser dito. A palavra singular é ou bem uma frase reduzida ou ela é apenas enunciada, mas não é *dita*. Ela é apenas proferida ou lançada ao vento, sem que *algo* seja dito com ela, tal como acontece, por exemplo, em uma aula na qual fazemos exercícios com vistas ao aprendizado da pronúncia ou em uma repetição compulsiva, ritual, levada a termo até que ela deixa de ser uma palavra e se transforma em um mero som. Aquilo que é dito como que ao vento não precisa ser compreendido; nós só nos dispomos a compreender quando algo é dito, de modo que a compreensão se volta para a fala em sua vinculação à coisa e em sua substancialidade. A frase singular, contudo, já é dita *a alguém*. O fato de falarmos "para nós mesmos" não faz com que os outros desapareçam; a determinação do pensamento, tal como ela é desenvolvida no *Teeteto* e no *Sofista*, parte do caso normal do falar para os outros. O ser de uma opinião (δοξάζειν), assim encontramos formulado no *Teeteto*, é um dizer, com a única diferença de que ele não é realizado em relação a um outro e com voz, mas em silêncio para si mesmo[33]. No entanto, tudo aquilo que é dito de tal modo silenciosamente também poderia ser expresso e dito para alguém; é somente por isto que há algo dito e reconhecível enquanto tal. A linguagem reúne três "elementos": "um eu, um tu e um ele (ela) ou algo – alguém fala para alguém sobre algo"[34].

Os três "elementos" da fala se co-pertencem. Ninguém se mostra como falante, sem dizer algo a alguém; ninguém é interpelado discursivamente, sem que algo lhe seja dito. E nada é dito, a não ser que isto aconteça de alguém para alguém. No entanto, o todo da fala não pode ser descrito com uma acentuação alternante; nós podemos dirigir a nossa atenção para cada um dos três "elementos" e deixar os outros se retraírem. Não obstante, os "elementos" não possuem o mesmo valor: o falante e aquele que é interpelado discursivamente são determinados enquanto tais pelo dizer; o "algo", sobre o qual falamos, vem ao nosso encontro aqui. Nesta medida, o dizer é o ponto de partida da consideração.

§ 23: Uma simples frase singular

Nenhuma frase encontra-se sozinha. Mesmo quando as frases não se mostram como uma mera parte de um diálogo ou de um longo discurso, elas pertencem a situações. É por isto que frases em que algo deve ser indicado, frases modelares ou exemplares, produzem na maioria das vezes um efeito ridículo e banal, quando elas são tomadas por si. Em verdade, uma frase escolhida, recolhida ou inventada

---

33. Platão, *Teeteto* 190a: οὐ μέντοι πρὸς ἄλλον οὐδὲ φωνῇ, ἀλλὰ σιγῇ πρὸς αὑτόν. Cf. Platão, *Sofista* 263a.

34. Valéry, *Cahiers I*, p. 403: "Le langage associe trois éléments: un Moi, un Toi, un lui ou chose – Quelqu'un parle à quelqu'un de quelque chose". Cf. também Donald Davidson, *Subjective, Intersubjective, Objective*, Oxford 2002. Cf. também Karl Bühler, *Die Darstellungsform der Sprache* (A forma de apresentação da linguagem), segunda edição, Jena, 1965 e Karl Bühler, *Die Axiomatik der Sprachwissenschaften* (A axiomática das ciências da linguagem), Frankfurt junto ao Main, 1969.

continua possuindo uma ordem, mas não possui mais sentido algum; não dizemos mais nada com ela, e, enquanto ouvintes, não sabemos o que fazer com ela.

Portanto, nós precisamos imaginar uma situação, na qual uma simples frase pode se dar. Em meio a um passeio pelo Schlossberg[35], alguém diz que a torre da catedral se encontra sob uma luz particularmente brilhante. Nós poderíamos denominar esta frase uma asserção. Nós podemos concordar com ela, mas também podemos negar-lhe uma tal concordância. No entanto, as duas coisas dependem do fato de termos compreendido a frase; nós precisamos poder articular algo com ela. Além disto, é preciso que possamos poder ser interpelados discursivamente pela frase, ou seja, é preciso que possamos nos dispor a articular algo com ela ou que articulemos algo com ela involuntariamente. Se isto aconteceu, nós voltamos o olhar para a cidade e, com isto, para a torre da catedral. Neste caso, nós seguimos a frase; nós nos voltamos para aquilo que ela diz. Se estávamos em condições de seguir a frase, nós olhamos para a "torre da catedral" ao ouvir a expressão "torre da catedral".

Portanto, seguir a sentença significa: deixar que ela nos *coloque em referência* a algo. Na medida em que seguimos esta instrução, nós compreendemos o que a frase *tem em vista*. "Ter em vista" significa originariamente: dirigir o seu sentido para algo[36]. Quando seguimos uma frase, isto só é possível porque ela mesma possui uma direção. Esta direção é o *sentido* da frase. Nós seguimos a sua direção, ou seja, nós deixamos que ela nos *mostre* algo, no exemplo dado, a torre da catedral e a luz particularmente brilhante na qual a torre se encontra agora, nesta manhã.

Partindo do pressuposto de que este exemplo é frutífero, o dizer pode ser compreendido como um *mostrar*. De maneira correspondente, o dizer também pode ser mais determinado, na medida em que definimos mais exatamente o mostrar. Neste caso, também deveria se clarificar como o dizer se comporta em relação ao mostrar; se ele é uma possibilidade entre outras do mostrar ou a sua única possibilidade; inversamente, se todo dizer é ou não um mostrar. Se não há nenhum mostrar sem o dizer e nenhum dizer sem o mostrar, os dois se co-pertencem de tal modo que não se compreende um sem o outro. Mesmo o mostrar que tem lugar na *mimesis*, um mostrar que já foi discutido aqui, precisaria ser, então, compreendido como um dizer. Algo não é dito apenas com palavras.

Uma primeira resposta à pergunta sobre o que é o mostrar já foi dada: o mostrar, tal como explicitamos por meio do exemplo acima, dirige-se para algo e, por isto, podemos seguir esta direção. No entanto, isto ainda é por demais impreciso. Mesmo a mirada ou a focalização de uma meta com a qual temos algo em comum no agir possui uma direção. Com a decisão por uma meta entre muitas outras possíveis, nós nos damos uma direção e, na medida em que nos decidimos por possibilidades apropriadas do agir, nós tomamos esta direção.

---

35. Schlossberg é um pequeno morro situado no centro da cidade de Freiburg, no sul da Alemanha, onde se tem uma vista ampla da cidade como um todo, e, em particular, da torre da catedral (N.T.).

36. Grimm, *Deutsches Wörterbuch*, vol. 6, Leipzig, 1885, colunas 1924-1935, aqui 1924.

240 Oposicionalidade – O elemento hermenêutico e a filosofia

Exatamente aí, contudo, reside a diferença entre agir e mostrar. No agir, nós almejamos alcançar aquilo para o que estamos direcionados. No caso do mostrar, as coisas são diversas. O dirigir-se que é um mostrar *mantém* o seu distanciamento; ele *permanece* afastado daquilo que é mostrado. O mostrar é uma tomada de posição referencial, que não é possível sem o afastamento em relação ao que é mostrado. Isto fica totalmente claro no caso do mostrar gestual: nós só podemos apontar para algo que não agarramos e não temos em mãos. Aquilo para o que apontamos não está junto a nós mesmos.

Certamente, isto não parece ser assim em toda mostração. Não podemos apenas apontar para algo, mas também podemos *apresentar* algo – algo para o qual gostaríamos de chamar a atenção de uma outra pessoa ou que uma outra pessoa gostaria de ver. Neste caso, temos em mãos aquilo que é mostrado. Não parece haver aí um distanciamento em relação a ele. Entretanto, aquilo que apresentamos é por nós considerado de uma maneira diversa daquilo que usamos, mesmo quando o fixamos, quando gostaríamos de mantê-lo sob a nossa posse. Ao contrário, nós mantemos o apresentado de um tal modo que ele pode ser visto de maneira própria, ou seja, nós o deixamos distante de nós de uma forma mais ou menos inequívoca. Se compreendemos que algo é apresentado, nós podemos, enquanto aqueles para os quais algo é mostrado, articular um determinado fazer com o gesto apresentador; nós sabemos que não deveríamos agarrá-lo e colocá-lo sob a nossa posse. Portanto, o apresentado também está afastado daquele que mostra, assim como de seus espectadores. Ele encontra-se por assim dizer no meio dos dois, em uma posição que deve ser compreendida como intangível em sentido literal.

As coisas dão-se de maneira similar, quando algo é apresentado, sem que venha à tona alguém que é responsável pela mostração. Este é o caso, por exemplo, em exposições. O proprietário separou-se daquilo que é exposto, de modo passageiro ou duradouro. No entanto, o que é exposto permanece sob a sua posse; com freqüência, ele não se encontra mais nos espaços privados do proprietário, mas em tais espaços que são acessíveis ao público. Aquilo que é exposto, por exemplo, uma coisa contraposta artística, é dado enquanto tal à contemplação e é assim compreendido, na medida em que nos limitamos à contemplação. Segundo a sua essência, ele permanece "em um estado contraposto"[37], ele se mantém aí defronte. As coisas também são semelhantes, quando apresentamos algo de que não podemos nos desfazer, nosso apartamento, por exemplo. Quando isto acontece, nós nos retraímos como moradores e podemos em contrapartida esperar que os visitantes apenas olhem para o todo, ao invés de se comportarem como se estivessem "em casa".

Nós lidamos com um caso particular de apresentação, quando alguém mostra como uma coisa é feita. Um professor de tênis pode mostrar como se bate de revés. Quando ele faz isto, o seu distanciamento em relação ao que é mostrado ou demonstrado não é visível mas, contudo, compreensível. Nós também podemos nos distanciar daquilo que fazemos – pelo fato de "não" o fazermos "realmente", mas de o fazermos justamente apenas para mostrá-lo.

---

37. Estado contraposto é a significação literal do termo alemão *Gegen-Stand* (N.T.).

Quinto capítulo: Linguagem

Há uma terceira cunhagem da mostração. Aqui não se aponta para algo, que é ele mesmo acessível, tal como a torre da catedral, nem tampouco há alguma coisa que pegamos e, com isto, destacamos, tal como acontece quando pegamos algo e mostramos a alguém. Ao contrário, algo não está ou ainda não está dado e, ao mesmo tempo, ele não é inacessível porque é *indicado*. Assim, uma doença pode ser indicada por determinadas circunstâncias e manifestações; um toque de campainha no teatro pode exigir que as pessoas entrem uma vez mais na sala de exibição. Mesmo o anúncio de um evento, por exemplo, por meio de um cartaz e divulgação oral, é uma indicação.

O distanciamento também é característico da indicação. Aquilo que é mostrado está presente na mostração e, ao mesmo tempo, está subtraído. Uma doença que é apenas indicada não é idêntica aos seus sintomas; o gongo requisita um comportamento determinado, mas não iminente; o cartaz cumpre a sua função indicadora, quando ainda não nos encontramos no evento que é indicado por ele. A indicação é uma mostração que vai além do elemento atual do mostrar[38].

Portanto, podemos fixar para as três formas fundamentais da mostração o fato de o distanciamento em relação ao que é mostrado ser essencial para a mostração. De maneira correspondente, a mostração só permanece o que ela é, na medida em que o distanciamento é conservado. Pode ser que, considerada antropologicamente, esta experiência de distanciamento tenha se desenvolvido a partir do ato de pegar algo e tenha se mostrado inicialmente como um movimento de pega fadado ao fracasso e, então, atenuado. Este pode ser o caso ao menos para o ato de apontar para algo[39]. Todavia, o movimento mostrador não pode ser reconduzido ao movimento de pega; ele é algo totalmente diverso. Nenhum animal, assim encontramos formulado em Cassirer, "prossegue até a transformação característica do movimento de pega nos gestos indicadores" e, nesta medida, reside na indicação "um traço dotado de uma significação típica, universalmente-espiritual"[40].

Nós precisamos deduzir, a partir das formas esboçadas da mostração, em que consiste esta significação. Na mostração, nós encontramos uma relação com algo afastado. Este permanece em um afastamento, fora do próprio âmbito de alcance

---

38. Foi neste sentido que Heidegger definiu a função dos conceitos filosóficos como indicadores formais. Eles não chamam senão a atenção para algo que eles mesmos não são. Cf. já a recensão sobre Jaspers (*Observações sobre a "Psicologia das visões de mundo" de Karl Jaspers*) (1919/21), GA 9, p. 1-44, aqui p. 10-11; além disto, *Einleitung in die Phänomenologie der Religion* (Introdução à fenomenologia da religião – GA 60, p. 55-65), assim como *Os conceitos fundamentais da metafísica* (GA 29/30, p. 428-429). Para ele, conceitos como "morte, decisão, história e existência" seriam "*indicações* do fato de a compreensão precisar se arrancar antes de mais nada das garras das concepções vulgares do ente e se transformar expressamente no ser-aí nela" (GA 29/30, p. 428).

39. Cassirer menciona a co-pertinência entre mostrar e pegar no primeiro livro de seu *Filosofia das formas simbólicas* e ele cita como prova uma passagem da *Völkerpsychologie* (Psicologia dos povos) de Wilhelm Wundt (Ernst Cassirer, *Filosofia das formas simbólicas*, primeira parte. A linguagem, *Gesammelte Werke*, Hamburger Ausgabe (a seguir: ECW), vol. 11, org. por Birgit Recki, Hamburgo 2001, p. 125-127).

40. Cassirer, *Filosofia das formas simbólicas*, ECW 11, p. 126.

e, na própria mostração, tampouco reside algum intuito de trazê-lo para este âmbito. Nada deve ser "configurado" ou de alguma forma alterado. A mostração não é "a-fastadora". Ela deixa o que é mostrado lá onde ele está e do modo como ele está. O que está em questão na mostração é aquilo que está afastado enquanto tal; ele vive do afastamento e, mostrando, nós nos inserimos nele.

Não obstante, em meio à mostração, tudo não se mantém como era antes, quando nada ainda tinha sido mostrado. Na medida em que apontamos para algo, pegamo-lo e apresentamos ou indicamos, ele ganha a atenção. Não raramente este é o sentido da mostração; nós mostramos algo, a fim de chamar a atenção para ele. Às vezes, ele já tinha estado antes presente, talvez tenhamos até mesmo atentado para ele. Mas é somente por meio da mostração que ele se destaca e vem à tona. Neste caso, o vir à tona não é *provocado* pelo mostrar. O mostrar não altera nada naquilo que é mostrado. Com certeza, o despertar da atenção provoca o surgimento de um efeito. No entanto, isto não é nenhuma garantia de que uma mostração tenha sucesso. Na mostração não podemos senão *proporcionar* o vir à tona; aquilo que é mostrado precisa vir à tona por si mesmo. Inversamente, a ligação com aquilo que vem de tal modo à tona não pode ser senão uma mostração; se quiséssemos agarrá-lo ou provocar o surgimento de algo nele, então ele não seria mais o que ele precisamente ainda era.

Deste modo, entre a mostração e aquilo que é mostrado existe uma correlação: nós mostramos algo e ele se mostra; ele se mostra e se encontra em uma ligação que não é nada além de mostração. Este último fato não pode valer senão para o instante do mostrar-se; em seguida, o mostrar é preenchido pelo mostrar-se. Ou o mostrar-se é mantido pelo mostrar; uma mostração duradoura ou que sempre se inicia novamente confirma e fixa aquilo que se mostra naquilo que ele é. Aquilo que se mostra é φαινόμενον, fenômeno em sentido literal. O conceito não é aqui visado em sua significação fenomenológica, mas também não em uma significação diversa desta; ele designa muito mais aquilo que se intensifica na fenomenologia.

A atenção para um fenômeno pode ter uma curta duração. Algo só é fenômeno por um instante. Em seguida, ele já se torna uma vez mais um "fato da experiência" ou algo, junto ao que descobrimos possibilidades do agir. Se algo só se torna fenômeno na mostração, a sua fenomenalidade só dura enquanto a tensão da mostração é mantida. Esta limitação do elemento fenomenal pode ser até mesmo desejada, por exemplo, quando em um agir comum chamamos a atenção de alguém para algo, que deve ser atentado. Nós só o alçamos ao âmbito de atenção, para que o agir se imiscua nele.

Neste caso, a atenção para um fenômeno pode ser maior ou menor. Ela pode ser passageira e quase não ganhar a consciência enquanto tal, mas ela também pode ser escolhida como uma postura e mantida conscientemente; com isto, o mostrar se torna um fazer expresso. Isto acontece, por exemplo, quando alguém nos conduz por um edifício ou por uma coleção de obras e, com maior razão, as coisas se dão deste modo em toda apresentação. A execução de uma peça musical ou teatral é uma mostração a partir de algo, a exegese e a indicação do sentido de um quadro ou de um poema, um apontar e um indicar. Aí, em verdade, a correlação entre o mostrar e o mostrar-se não precisa se tornar temática; ela perturba antes a atenção

Quinto capítulo: Linguagem

para aquilo que se mostra, quando isto acontece. Mas a correlação possui na apresentação uma intensidade peculiar; ela vem à tona como tensão, na medida em que a mostração é empreendida apenas em virtude do mostrar-se e em que o mostrar-se deixa as possibilidades do mostrar enquanto tal se tornarem expressas. Com uma clareza particular, o mostrar é aqui um *fazer que remete para além de si*; aquilo que se mostra é *mantido* pelo mostrar *no mostrar-se*. Assim, os dois remetem um ao outro. Na diferença tensa entre mostrar e mostrar-se, a correlação vem à tona enquanto tal. A apresentação é uma intensificação do elemento fenomenal.

Isto nos leva de volta à pergunta acerca da relação entre mostração e linguagem. Em alguns dos exemplos citados, a mostração não envolvia nenhuma fala. Este é o caso da execução de uma peça musical, assim como da exposição de uma coisa contraposta artística; mesmo quando mostramos para alguém como se bate na bola de revés, isto pode acontecer sem palavras. A indicação também não necessita de palavras, apesar de ela também poder se realizar na fala; o gongo que indica o fim da pausa é desprovido de palavras, assim como a elevação da temperatura corporal, o indício de uma doença. No entanto, isto não significa que esta mostração não seria lingüística. Na fala, não é a articulação dos sons que torna aquilo que é articulado uma mostração. Algo, por exemplo a torre da catedral, precisa ser *visado* e não podemos ter algo em vista sem a linguagem. O visar não consiste em um gesto desprovido de linguagem, um gesto ao qual o dizer apenas se acrescentaria.

Um tal gesto, por exemplo, o apontar com o dedo, pode ajudar bastante em certas circunstâncias. Todavia, o gesto não é a "essência" da mostração, de tal modo que a frase e as expressões contidas na frase poderiam ser colocadas em uma direção e fixadas em algo por meio do gesto. Ao contrário, os gestos não mostram nada por si mesmos. Eles poderiam ser uma mera extensão dos braços – por exemplo, a fim de olharmos para o relógio, ou um movimento para puxar de volta para o ombro o casaco que tinha escorregado e descido um pouco, ou qualquer outra coisa. Mesmo se o gesto tivesse sido visado como uma mostração, porém, ele não ajudaria nada se permanecesse apenas como gesto. Em verdade, o gesto se estende até as coisas afastadas, mas isto ainda não é nenhuma mostração, nem tampouco uma ligação. Para o gesto que não é outra coisa senão este gesto, só há fundamentalmente *uma* possibilidade de ganhar voz; o que ele tem em vista é dito com a palavra "este", mesmo "este aí". No entanto, a expressão apenas fortalece o fato de o gesto não ajudar em nada. Ele visa a tudo e a cada coisa que esteja "aí"; ele não visa a nada determinado, mas tão simplesmente a "algo" ou, como Hegel o expressa na discussão da "certeza sensível", "ao ser em geral"[41]. Em verdade, podemos acreditar que estamos apontando com a palavra para aquilo que temos imediatamente diante dos olhos. Tal como Hegel diz, contudo, a linguagem se faz valer ante este visar como "o mais verdadeiro". À medida que a certeza sensível ganha a palavra, "nós mesmos contradizemos imediatamente a nossa opinião e, como o universal é o verdadeiro da certeza sensível e a linguagem não expressa senão este verdadeiro, não é de maneira algu-

---

41. Hegel, *Fenomenologia do espírito*, Gesammelte Werke 9, p. 65.

ma possível que um ser sensível visado por nós possa ser dito um dia"[42]. O que é dito é sempre apenas "este" ou "este aí".

O estender-se até as coisas só se realiza, na medida em que o gesto alcança algo determinado. O gesto só é mostrador, quando ele está ligado a *algo*; é somente com o "algo" determinado que há uma ligação. Neste caso, enquanto este algo determinado, algo precisa ser expressa ou inexpressamente distinto de algo diverso. Dito de outro modo, o gesto precisa ser suportado por uma determinação que, por sua vez, pertence a uma conexão de expressões diversas, que se completam de uma maneira ou de outra. Assim, só podemos apontar para a torre da catedral, se estivermos em condições de diferenciá-la da nave da catedral e a catedral, por sua vez, de outros prédios. Com certeza, é somente por meio do gesto que o outro para o qual algo é mostrado consegue compreender que se tem em vista a torre da catedral. Neste caso, ele compreende o que se tem em vista, sem que se fale uma palavra. Em toda mostração que não envolve nenhuma fala, as coisas se comportam desta forma. Assim, a determinação daquilo que é visado não se torna expressa. Todavia, a apresentação de algo só se torna compreensível, quando está claro aquilo que deve ser apresentado. Nós sempre compreendemos a indicação a partir de algo que é conhecido enquanto tal. Para tanto, por sua vez, ele precisa ser determinado.

Nada possui por si só uma determinação em si; toda determinação pertence à conexão de outras determinações. A torre da catedral precisa ser diferenciável de outras torres e de outros prédios altos; o que é um prédio só se esclarece em uma conexão com e em uma distinção em relação àquilo que não é construído, mas que cresce ou que chegou a termo de um modo diverso, tal como a cadeia de montanhas por detrás da cidade. As determinações às quais pertencem uma mostração estão multiplamente ligadas umas às outras; elas se completam mutuamente, mesmo lá onde são contraditórias. Elas formam um tecido, também poderíamos dizer: uma *textura*. A textura precisa ser distinta do texto[43]. Diferentemente do texto, ela abarca em si todas as possíveis determinações e é assim um tecido espesso; ela é a infinita plenitude concentrada das diferenciações e ligações. Ela é por assim dizer o solo, a partir do qual e sobre o qual se desdobram o falar e o escrever, na medida em que realçam determinadas ligações e diferenciações.

É somente na textura que uma mostração é possível, independentemente do fato de ela ser ou não realizada como fala. A própria mostração é uma ligação a algo em sua determinação; este algo determinado aí deve ganhar a atenção. O gesto demonstrativo, com o qual a mostração se torna intuível, é expressão desta ligação. O gesto vive na textura. Nesta textura, ele se projeta para lá, para este algo determinado, que ele realça como este algo determinado. O gesto provém da textura; sem ela, ele seria uma extensão difusa, mas não seria nenhuma mostração. E ele se estende até o cerne da textura; o algo determinado que deve ser mostrado por

---

42. Ibid.

43. Portanto, o conceito é usado aqui de uma maneira diversa da que tem lugar na teoria da literatura, onde a "comparação textual é" designada "como resultado de um procedimento artístico"; cf. Moritz Bassler, *Textur*, in: Jan Dirk Müller (org.), *Reallexikon der deutschen Literaturwissenschaft*, vol. III, Berlim/New York, 2003, colunas 618-619, aqui 618.

Quinto capítulo: Linguagem

ele encontra-se na textura como este algo determinado e, ao mesmo tempo, se encontra fora dela. Na medida em que se mostra, ele é de um tal modo que tudo se dá como se uma matéria-prima, cujo padrão permanecera sem ser atentado, assumisse em um lugar uma forma exata. Uma vez que algo se mostra, a textura se faz valer e se retrai, contudo, simultaneamente enquanto textura.

Por conseguinte, a textura é o possível de determinação e determinidade, um possível que pode ser desenvolvido e que pode se desenvolver. O gesto e, com maior razão, a frase que por vezes o substitui, por vezes o acompanha, provêm da possibilidade da determinação e são, na medida em que se encaminham para "este aí", visados como determinação; "este aí" deve se mostrar como "este determinado". Quando a mostração tem sucesso, o gesto se aproxima de algo determinado, que veio por sua vez à tona a partir do possível de sua determinidade. Na realidade do gesto, a possibilidade da determinação se articula com o possível da determinidade. Todavia, os dois se mostram como a textura. Com o gesto, a textura é transversalmente medida. Em sua espessura não ressaltada e concentrada, a textura é o aberto da mostração e da automostração porque ela permite realces e desdobramentos. Ela é o aberto de determinação e determinidade. Sua abertura é inversamente a abertura do mostrar e do mostrar-se. De um tal modo, enquanto abertura do elemento fenomenal, a textura é a linguagem, na qual e a partir da qual há uma fala.

A essência textural da própria linguagem faz-se valer na fala, sem que ela simplesmente se revele a partir do caráter da fala. Ela, por assim dizer, transparece no dizer e, em verdade, no fato de ele ser sempre um ligar e um diferenciar e, enquanto tal, uma *indicação*. Isto foi visto pela primeira vez por Platão. No *Sofista*, o caráter de ligação da fala é desenvolvido em articulação com a observação de que nós dotamos algo, por exemplo, o homem, com muitos nomes diversos, na medida em que lhe imputamos cores, formas, grandezas, vícios e virtudes[44]. No entanto, como nem tudo pode ser ligado a tudo, o que importa é saber o que pode e o que não pode ser ligado com o que, de modo que temos de cindi-los um do outro[45]. Aristóteles acolhe esta idéia e se vincula a ela, trabalhando-a. Ele compreende o falar a partir da proposição mostradora (λόγος ἀποφαντικός)[46], a fim de diferenciar, então, duas formas fundamentais desta proposição: ela é adjudicação (κατάφασις) e negação (ἀπόφασις) e, enquanto tal, uma ligação ou uma cisão de determinações: algo possui uma determinada constituição ou ele não possui esta constituição. Mas isto não é nenhuma intelecção da essência da linguagem em sua distincão em relação à fala. Aristóteles compreende a linguagem totalmente a partir da fala; ela é φωνὴ σημαντική[47]. Aristóteles não vê no λόγος nenhum tecido, o λόγος não é para ele nenhum texto que pertence à textura e se destaca dela. Por isto, a essência das diferenciações e das ligações também permanece indistinta nele.

---

44. Platão, *Sofista* 251a.

45. Ibid., 253b-c.

46. Aristóteles, *De interpretatione* 4-5; 17a 2-9.

47. Ibid., 16b 26.

246 Oposicionalidade – O elemento hermenêutico e a filosofia

O modo como Aristóteles estipula as coisas continua marcando até mesmo a tentativa heideggeriana de pensar a linguagem enquanto linguagem. A idéia de que a linguagem "fala" remonta à suposição de que a própria linguagem precisaria ser apreendida como o λόγος inicial, que movimenta pela primeira vez as falas respectivas. Para este λόγος, Heidegger encontra a palavra "saga", mesmo "mostra"[48]. O que ele tem em vista com esta expressão[49] é uma mostração inicial, que deixa tudo "aquilo que se presenta" se mostrar; ela é a própria fala não articulada que já sempre chegou antes da respectiva elocução, a fala que precisa ser escutada no falar. É somente nesta escuta que se manifesta para Heidegger o sentido da presença como um mostrar-se.

Não obstante, não se leva em consideração aí o fato de todo mostrar já contar com a presença possível daquilo que deve ser mostrado. Mesmo com o gesto referencial tem-se em vista um "este aí" e, nesta medida, ele já se encontra em uma abertura que deixa mostrar. Heidegger leva em conta a possibilidade do mostrar-se a partir da linguagem, mas não a possibilidade da mostração. Não temos como considerar as duas coisas, porém, senão se pensarmos a própria linguagem a partir da correlação entre o mostrar e o mostrar-se e a possibilidade desta correlação como linguagem. A linguagem não é nenhum acontecimento mostrador, ela é dimensão.

Além disto, na própria compreensão heideggeriana da linguagem, a determinidade não ocorre. O modo como a mostração pode ser derteminante e aquilo que se mostra determinado não se tornam compreensíveis senão com a idéia de uma presença conferida. A linguagem é dimensão, na medida em que ela é textura; é somente por isto que aquilo que se mostra é sempre mais e algo diverso do "ser em geral" de Hegel. Mas a textura da linguagem ainda não ficou clara até aqui; o que podemos pensar a partir da palavra é vago e provisório. Por isto, é preciso clarificar como a própria linguagem pode ser clarificada em sua essência textural.

Para tanto, a frase com a qual algo é mostrado, por exemplo, a torre da catedral, nos fornece um ponto de apoio. A frase é mais do que uma extensão desamparada dos braços porque algo é dito e o dizer é, por sua vez, reconhecível enquanto tal porque os sons que escutamos são compreensíveis enquanto uma declaração lingüística. A voz articuladora dos sons não é, dito com Aristóteles, uma mera voz[50], mas uma voz que dá sinais, φωνὴ σημαντική[51]. Portanto, trata-se dos sinais que constituem o caráter lingüístico daquilo que é ouvido e, de maneira correspondente, precisaríamos dizer que o mostrar determinante na fala é um designar. Se isto pertence à linguagem, é possível que a própria linguagem se torne cognoscível junto aos sinais.

---

48. Nos dois casos, Heidegger se vale da substantivação de um verbo. No primeiro caso, do verbo *sagen* (dizer) surge o substantivo *Sage* (saga, dito); no segundo, o verbo *zeigen* (mostrar) dá origem ao substantivo *Zeige* (mostra no sentido da configuração originária da mostração) (N.T.).

49. Heidegger, *O caminho da linguagem*, GA 12, p. 242.

50. Aristóteles, *De interpretatione* 4; 16b 32.

51. Ibid., 2; 16a 19 e com maior freqüência.

§ 24: Sinais

Um sinal é algo que mostra. No que diz respeito aos sinais que vêm ao encontro no cotidiano, esta afirmação deve ser elucidativa. Um sinal de trânsito, por exemplo, uma seta branca perpendicular sobre uma base azul, mostra que só podemos seguir aqui em uma direção, a saber, em frente. O sinal não cumpre a sua função senão por si mesmo. Não há ninguém que nos mostre algo, apesar de podermos pensar em uma tal pessoa. Se a regulamentação de que só podemos seguir em frente foi estabelecida há pouco tempo e só vale por um período curto, um policial poderia assumir a tarefa de mostrar o caminho. O sinal seria, então, algo que entra no lugar do policial. Ele o substitui, pois as coisas são, sobretudo em regulamentações duradouras, mais confortáveis assim.

Sinais, assim podemos generalizar a idéia, só recebem a função de mostrar algo, depois que esta função lhes é conferida. Nesta medida, eles são convencionais e arbitrários. Sem que a sua função seja danificada, nós poderíamos trocá-los ou alterá-los. Por isto, tal como poderíamos pensar, eles precisam ser reconduzidos ao mostrar. Mesmo que o mostrar não possa existir sem sinais, os sinais permanecem dependentes do mostrar, pois um determinado mostrar é visado com os sinais. Como este mostrar determinado, o mostrar é sempre o mesmo. Por mais que seja substituído por um sinal, diversas configurações do sinal são possíveis. É preciso ter compreendido o mostrar, para que possamos compreender a mostração empreendida pelo sinal. Compreender um sinal significaria então: reencontrar nele a mostração.

Os sinais (signos)[52] lingüísticos, ou seja, as palavras de uma língua que ganharam voz e que também passaram, então, a ser escritas, encontram-se há muito sob a suspeita de arbitrariedade[53]. Se não quisermos nos entregar a este caráter arbitrário, a idéia de uma mostração que remonta àquele que mostra parece particularmente atraente. Na medida em que a compreensão da linguagem enquanto conexão de sinais (signos) só se impôs efetivamente na alta Antigüidade – a definição aristotélica do λόγος como φωνὴ σημαντική é singular[54] –, esta sugestão também só passa a ser feita aí. Isto acontece em Santo Agostinho nas *Confissões*, no contexto de um relato autobiográfico sobre o aprendizado da língua. Este relato tornou-se efetivamente conhecido pelo fato de Wittgenstein o ter citado e discutido

---

52. O termo *Zeichen* em alemão possui um campo semântico mais abrangente do que o seu correlato "sinal" em português. Na verdade, ele não designa apenas o campo semiológico dos sinais em geral, mas também cobre a esfera de significado do termo "signo". Como este fato se evidenciará mais à frente no âmbito de uma discussão do conceito saussuriano e derridiano de signo, nós optamos por inserir em algumas passagens o termo signo entre parênteses (N.T.).

53. No diálogo platônico *Crátilo*, esta suspeita dá ensejo a toda a discussão e o diálogo não assume com o seu pensamento inicial senão aquilo que era um patrimônio comum dos sofistas. Com certeza, o que está em questão no *Crátilo* não é a relação entre sinal e mostração, mas sim a relação entre o sinal e a coisa designada. Nós trataremos deste ponto mais tarde.

54. Cf. Tilman Borsche, *Zeichentheorie im Übergang von den Stoikern zu Augustin* (Teoria dos sinais na passagem dos estóicos para Santo Agostinho), in: Allgemeine Zeitschrift für Philosophie 19/2 (1994), p. 41-52.

248 Oposicionalidade – O elemento hermenêutico e a filosofia

nas *Investigações filosóficas*. Nesta passagem das *Confissões*, Agostinho reconduz o aprendizado das palavras ao comportamento dos falantes. Ao ver os adultos denominar uma coisa qualquer e movimentar os seus corpos de maneira correspondente em direção a algo, Agostinho considerou e insistiu que a coisa, por meio daquilo que os adultos deixavam soar, foi por eles denominada porque eles queriam apontar para ela. O fato de eles quererem fazer isto, porém, foi mostrado pelo movimento de seus corpos, por meio das noções naturais a todos os povos, noções que são geradas por expressões faciais e olhares, pela ação dos outros membros e do tom da voz, que indica (*indicante*), de uma maneira passível de ser reconhecida, o que acontece na alma, se ela deseja, possui, rejeita ou foge[55].

O ponto de partida para a descrição agostiniana é a suposição de que os sons expressivos, os gestos e os olhares podem ser compreendidos como *verba naturalia*. Sob esta pressuposição, eles são sinais em um duplo sentido: por um lado, eles são indícios, junto aos quais podemos deduzir a consternação e a emoção da alma, a *affectio animi*. Por outro lado, eles são sinais que apontam para algo; a emoção da alma provém de algo, por meio do qual ela foi provocada. No afeto, nós estamos ligados justamente a isto. As *verba naturalia* pertencem, como o nome diz, à natureza humana e, por isto, elas também são comuns aos povos. Assim, tendem-se a tornar compreensíveis a partir delas as línguas que se transformam no decorrer de sua história. Suas palavras só são compreensíveis inicialmente porque elas acompanham as *verba naturalia*. Se as palavras devem assumir mais tarde o seu lugar, a sua subordinação às *verba naturalia* precisa ficar clara.

A idéia de Agostinho não é de maneira alguma desprovida de sentido. Os sons expressivos, os gestos e os olhares que Agostinho compreende como *verba naturalia* não são do tipo daquele querer mostrar desamparado, com o qual a certeza sensível procura se tornar inteligível, segundo a descrição hegeliana. Toda exteriorização mímica ou gestual é muito mais determinada; ela é distinta de uma maneira mais ou menos clara de outras exteriorizações, com as quais ela se encontra em uma conexão. Além disto, a partir das diversas situações próprias às exteriorizações, vem à tona o fato de elas também apontarem para coisas diversas. Se a alma é transposta em medo por algo ameaçador, as *verba naturalia* são diversas de quando ela se alegra com algo, de quando ela cobiça ou se encontra de luto.

Com o seu pensamento, Agostinho varia de modo distintamente reconhecível a definição aristotélica dos sons lingüístico como σύμβολα daquilo que ocorre na alma, na medida em que coloca os sons expressivos, os gestos e os olhares "naturais" no lugar dos sons lingüísticos. Com isto, ele separa o "interior" e a sua linguagem das diversas línguas "exteriores", em sua diversidade apenas conven-

---

55. Santo Agostinho, *Confissões* I, p. 8: cum ipsi appellabant rem aliquam et cum secundum eam uocem corpus ad aliquid mouebant, uidebam, et tenebam hoc ab eis uocari rem illam, quod sonabant, cum eam uellent ostendere. Hoc autem eos uelle ex motu corporis aperiebatur tamquam uerbis naturalibus omnium gentium, quae fiunt uultu et nut oculorum ceteroque membrorum actui et sonitu uocis indicante affectionem animi in petendis, habendis, fugiendisue rebus. As *Confissões* são citadas segundi, *Confessionum* Libri XIII (Corpus Christianorum Series Latina XXVII), org. por Lukas Verheijen, Turnholt, 1981.

cionais; a linguagem natural é a exterioridade do interior e, nisto, ela é uma linguagem autêntica.

Todavia, se considerarmos de maneira mais exata, a idéia de Agostinho não é convincente. O seu ponto fraco é a duplicação da linguagem e a distinção entre sinais naturais e convencionais. Agostinho descreve, tal como Wittgenstein formula de maneira precisa, "o aprendizado da linguagem humana de um tal modo que tudo se dá, como se a criança chegasse em uma terra estrangeira e não compreendesse a língua da terra"; tudo se dá "como se ela já tivesse uma língua, só que não esta"[56]. Portanto, Agostinho não faz nenhuma apresentação elucidativa da primeira aquisição de uma língua; ele já pressupõe a língua, cuja aquisição ele quer tornar compreensível. Além disto, a pressuposição é problemática porque a distinção da língua pressuposta não é evidente. Se a considerarmos mais proximamente, a sua naturalidade se dissolve e ela é como todas as outras línguas.

Isto diz respeito inicialmente à asserção de que toda expressão mímica ou gestual seria por si mesma compreensível. Agostinho não percebe que, em homens com temperamentos diferentes, por exemplo, a expressão de alegria pode se dar de maneira bastante diversa. Com maior razão, as coisas se comportam assim em culturas diferentes; uma cultura não precisa estar de modo algum tão afastada de nossa própria cultura e, apesar disto, nós precisamos aprender a sua linguagem expressiva, assim como a língua das palavras supostamente arbitrárias.

Além disto, não está de forma alguma claro o fato de os sons que acompanham a expressão mímica ou gestual, estarem ligados àquilo que desencadeia o afeto. O som também poderia se mostrar como um grito de alegria ou como um suspiro, ou seja, ele mesmo poderia ser apenas expressão do afeto. Mesmo se a respectiva expressão desse a conhecer claramente o afeto que atua nela, nós precisaríamos poder compreender os sons que acompanham a expressão como sinais, para reconhecer a sua "direção"; nós precisaríamos saber ou, o que é mais provável, aprender, o que ela a cada vez designa e como a sua qualidade designativa precisa ser diferenciada do outro som. Se isto procede, também aprendemos os sinais supostamente naturais como aprendemos os outros sinais, supostamente arbitrários.

Se as coisas se dão desta forma, porém, não há nenhuma diferença essencial entre sinais naturais e sinais artificiais; mesmo as formas de expressão são dotadas do caráter dos sinais. Toda designação e toda expressão transcorrem em meio a sinais. Não há nada "por detrás" dos sinais, nada de que os sinais seriam representativos tal como um sinal de trânsito para um policial. Mesmo a sugestão deste exemplo induz a erro: considerado mais exatamente, o policial não se encontra "por detrás" dos sinais de trânsito – e isto mesmo quando estes sinais o substituem. Mesmo ele dá sinais. Em seus gestos, pode-se fazer valer de alguma maneira o que se passa em seu "interior", em sua consciência. Ele só pode comunicar isto, contudo, na medida em que o mostra. Além disto, ninguém que deve compreender ou compreende os gestos do policial possui um acesso a esta consciência. Ninguém pode pensar os pensamentos de um outro; ninguém sabe imediatamente como são os

---

56. Wittgenstein, *Investigações lógicas*, p. 32; *Schriften 1*, p. 305.

sentimentos de um outro[57]. Em meio à tentativa de alcançar uma compreensão deste gênero, nós somos remetidos para o exterior, para os sinais e, em verdade, apenas para eles. Portanto, é preciso esclarecer como é que compreendemos sinais – como é que sabemos que algo é um sinal e, além disto, o que ele designa.

Há um ponto de apoio para esta tentativa: os sinais saltam aos olhos, para que atentemos a eles. No entanto, a atenção não acontece em virtude deles mesmos, mas possui uma função. Nós devemos compreender, por exemplo, que só é permitido seguir em frente em um cruzamento ou que temos de parar no momento em que vemos a luz vermelha. Mesmo se ainda não soubermos absolutamente como os sinais preenchem esta função, nós podemos de qualquer modo dizer qual é a sua função. Eles servem, tal como Heidegger o expressa em *Ser e tempo*, "à orientação no interior do mundo circundante"[58].

Tal como os exemplos citados o indicam, os sinais são orientadores. Por isto, não é convincente compreendê-los, juntamente com Heidegger, como utensílios em função de sua "serventia". O fato de Heidegger computá-los como utensílios remonta à sua convicção de que seria preciso definir todo elemento coisal em termos do mundo da vida, a saber, na estrutura da "referência". A essência do sinal deve consistir no fato de ele "se referir" para além de si a algo diverso porque ele não é em virtude de si mesmo, mas em virtude de um outro, em última instância, em virtude da finalidade suprema no sentido do ser-aí humano. Esta estrutura concretiza-se no utensílio de maneira particularmente manifesta: ele é "algo para...", um meio para fins, e ele corresponde a isto de uma maneira particularmente boa em sua descrição característica. O instrumento é tanto mais um meio, quanto menos ele chama para si a atenção que deve estar ligada totalmente à meta.

Todavia, sinais como os sinais de trânsito não são usados como instrumentos manuais. Nós *atentamos* para eles ou *tomamos conhecimento deles*, entre outras coisas, para que possamos usar algo de uma maneira determinada, para que possamos concretizar tanto melhor uma meta. Em verdade, Heidegger também leva em conta o fato de os sinais só poderem realizar a sua função por meio "de seu caráter notável"[59]. No entanto, ele subestima a obstinação deste caráter notável. Na medida em que os sinais se destacam de seus arredores, eles vêm *à tona de modo coisal* e saem, assim, da conexão entre atuar e produzir um efeito. É somente desta forma que eles conseguem preencher a função que Heidegger lhes atribui, a saber, possuir "uma totalidade utensiliar expressamente na circunvisão"[60].

No que concerne à pergunta sobre o modo como isto acontece, também recebemos de Heidegger a resposta já conhecida que não nos leva adiante; segundo ele, os sinais seriam utensílios, "cujo caráter utensiliar específico consiste no mos-

---

57. Cf. Thomas Nagel, *What is it like to be a bat?*, in: Nagel, *Mortal Questions*, Cambridge UK, 1979, p. 65 -180.

58. Heidegger, *Ser e tempo*, GA 2, p. 106.

59. Ibid., p. 107.

60. Ibid.

Quinto capítulo: Linguagem

trar"[61]. Todavia, se o mostrar só é compreensível por meio dos sinais, aquilo que um sinal é não pode ser esclarecido por meio do mostrar. Portanto, nós precisamos contornar um pouco mais esta representação da mostração e esperar que sejamos conduzidos até ela por uma outra representação, entrementes conquistada.

Os sinais orientam-nos. No entanto, como acontece exatamente a orientação, por exemplo, a orientação por meio dos sinais de trânsito? Não como se poderia pensar, ou seja, por meio do fato de o sinal apontar em uma determinada direção. Esta hipótese continua ligada à representação supostamente clara do mostrar e induz, além disto, a erro: não são de maneira alguma todos os sinais que apontam em uma direção; por exemplo, uma placa de proibido estacionar não o faz. Nem mesmo a seta branca perpendicular sobre o fundo azul, porém, pode ser compreendida desta forma. No que diz respeito à direção, ela aponta para cima e isto não tem nada em comum com o modo como devemos atentar para o sinal. Ao contrário, o sinal é muito mais orientador pelo fato de indicar uma possibilidade de comportamento e excluir, com isto, outras possibilidades; ele nos dá a ordem de que só podemos seguir aqui em frente. Já esta ordem, contudo, não se encontra por si; ela só é compreensível juntamente com a proibição inexpressa de virar à direita ou à esquerda. Assim, o sinal particular faz com que possamos tomar conhecimento de um contexto. Os sinais, os sinais de trânsito, por exemplo, orientam sobre o modo como temos de nos comportar em um contexto.

Porquanto os sinais se encontram em ligação com um contexto, a sua pluralidade não é casual. A função orientadora dos sinais só é passível de ser preenchida, na medida em que eles mesmos formam um contexto; é somente assim que eles desvelam um contexto. Eles fazem com que o contexto se torne perceptível enquanto tal, por exemplo, uma vez que, como no caso dos sinais de trânsito, eles indicam quais são as possibilidades próprias e em que aspecto temos de contar com o comportamento dos outros. De uma maneira particularmente pregnante, as placas de advertência possuem esta função. Enquanto uma corça que aparece repentinamente na estrada nos *coloca* diante de possibilidades de comportamento e nos obriga imediatamente a assumir um comportamento, o sinal no qual uma corça saltando é representada traz consigo de um tal modo uma possibilidade à consciência, que nós nos *posicionamos* em relação a ela enquanto uma possibilidade. Ainda mais desveladores são os sinais que indicam o caminho, as informações sobre direção e distância. Eles fazem com que alcancemos uma visão panorâmica da cidade e do país.

Uma visão panorâmica não é possível sem distanciamento; nós não conseguimos abarcar com o olhar um contexto, ao qual pertencemos. Em verdade, nós poderíamos sondá-lo sucessivamente e conquistar aí uma representação dele. No entanto, não conquistamos desta forma uma visão de conjunto. Para que algo se ofereça como contexto, nós precisamos considerá-lo a partir de um afastamento, por exemplo, tal como uma paisagem vista de um avião. Neste caso, vemos *simulta-*

---

61. Ibid., p. 103.

neamente a conexão das localidades e das vias de tráfego, com um único olhar. Assim, a paisagem é um tecido mais ou menos distinto; ela é como um texto.

Nem todo contexto pode ser apreendido enquanto tal de cima como uma paisagem. Além disto, a distância tem aqui a desvantagem de nos colocar fora do contexto; para a orientação, ela só nos auxiliaria, se retivéssemos a imagem conjunta que conquistamos e a tivéssemos, então, mais tarde tal como um mapa inscrito na memória. A abertura de um contexto por meio dos sinais de trânsito é diversa. Estes sinais produzem um distanciamento, sem que abandonemos o contexto do trânsito; o contexto é afastado por meio dos próprios sinais.

Isto acontece pelo fato de os sinais serem dotados do caráter de coisa. Como eles se encontram imersos no mundo da vida enquanto coisas, eles permanecem diversos daquilo que é útil e aplicável, eles permanecem afastados. Eles refletem o contexto do mundo da vida, na medida em que o interrompem e duplicam. Eles são conexões do mundo da vida, mas conexões coisificadas e expostas. Deste modo, eles fornecem a possibilidade de que nos *liguemos* ao contexto, no qual já nos movimentávamos anteriormente.

A experiência esboçada não é dependente do fato de os sinais serem expressamente estabelecidos no mundo da vida, ou seja, de eles serem coisas que chamam a atenção para si. Tudo aquilo que vem ao nosso encontro no mundo da vida pode ser tomado como sinal. Isto acontece, por exemplo, quando algo se torna um traço característico. Nós não o consideramos como aquilo que ele é, mas o destacamos e deixamos assumir o lugar de um outro. O ato de mobiliar uma casa pode funcionar como um sinal quanto à natureza e ao estilo de vida daquele que mora nela, os vestígios que alguém deixou em uma casa são sinais para a reconstrução de um crime. A rotação dos astros pode funcionar, tal como no caso da astrologia, como um sinal para as vias do destino da vida humana. Mesmo a interpretação semântica dos sinais possui o sentido de reconhecer uma conexão vital, à qual não temos de outro modo nenhum acesso. Em todo caso, o que está em questão são ligações, o modo como algo concorda com algo diverso, ou, em uma palavra: o que está em questão é o mundo em uma perspectiva a cada vez diversa, até o ponto em que ele ainda não possui, enquanto mundo da vida, a sua ordem e a sua conjunção. Considerados a partir daí, os sinais são como os registros em um mapa; nem tudo o que se encontra na paisagem está assinalado sobre este mapa. Por fim, um mapa que levasse em conta todos os caminhos, todas as árvores e toda elevação precisaria ser tão abrangente quanto a própria paisagem. Neste caso, ele se tornaria como o mundo da vida e não nos orientaria mais neste mundo.

Sinais, é assim que podemos resumir esta reflexão, são fixações mais ou menos duradouras do mundo, na medida em que ele é uma tal textura. Em contrapartida, a textura é a conexão, que pode ser fixada por meio de sinais e que se descerra sempre a cada vez em uma tal fixação. Os sinais marcam a textura em um aspecto diverso e em uma espessura distinta, tornando, com isto, transparente a interpenetração dos momentos e das ligações. Eles atenuam esta interpenetração, porquanto fixam ligações e momentos determinados e, por meio daí, tornam a textura corrente e experimentável de uma maneira definida. Por meio dos sinais, a densidade da textura é desdobrada; ela é *articulada*, de modo que pode ser transversalmente medida de uma maneira determinada.

Quinto capítulo: Linguagem

Isto acontece, na medida em que atentamos para os sinais e os seguimos. Para compreendermos os sinais, é preciso que possamos lê-los. Ou seja: nós precisamos estar em condições de concebê-los em seu contexto e de apreender o contexto que resulta daí como o contexto de algo que não pode ser ele mesmo considerado ou que não pode ser considerado ao menos neste aspecto como um sinal. É preciso que possamos *transportar* o contexto lido para algo que não existe apenas por meio da conexão dos sinais, mesmo quando ele não é acessível senão por meio desta conexão. Os fluxos cerebrais de um ser vivo não podem ser observados diretamente, mas apenas medidos e traçados. Poder ler a curva traçada significa: reconhecer em seu transcurso os fluxos cerebrais.

Em uma discussão da palavra λέγειν, Heidegger chamou a atenção para este duplo sentido peculiar de ler[62]. Por um lado, nós precisamos compreender o ler como um reunir; ele é um coligir que ainda está presente, quando falamos da colheita (leitura) das uvas ou das espigas de milho[63]. Por outro lado, a leitura é um "assentar". O seu sentido é produzir um "assentamento", "na medida em que ele permite um deixar-ficar-aí-defronte-conjuntamente"[64].

Se isto procede, os sinais são aquilo que propriamente mostram. Nós mostramos algo, na medida em que, lendo sinais, usamos os sinais. Em todo uso de sinais está em jogo uma tal leitura; todo uso sintetiza os sinais e descortina por meio daí um contexto ou mesmo apenas algo em seu contexto. Isto também é válido para a fala. Ela é mostradora porque acontece no contexto dos sinais. Os sinais assumem a posição da própria linguagem que é distinta da fala.

Esta idéia é aludida por Aristóteles, ao também falar dos σύμβολα na voz como σημεῖα, como sinais. No entanto, ela só é conseqüentemente implementada na concepção "estruturalista" da linguagem de Ferdinand Saussure[65]. Saussure acolhe a distinção entre língua e fala, a fim de colocar radicalmente o peso sobre a língua. A língua (*langue*)[66] é um sistema de sinais (*signes*), que só se determinam por meio do fato de se distinguirem de outros sinais (signos). Não se tem em vista esta afirmação no sentido de uma constatação de elementos diversos – como se houvesse determinadas unidades lingüísticas que, então, poderiam ser reconhecidas em sua diferencialidade. Não há "*terms positifs*", entre os quais uma distinção seria encontrada, mas as unidades lingüísticas existem por meio da distinção e por

---

62. Heidegger, *Logos (Heráclito, Fragmento 50)*, GA 7, p. 215-217.

63. Günter Figal vale-se uma vez mais de um dos sentidos possíveis do verbo *lesen* em alemão, que não significa apenas ler, mas também reunir e selecionar os frutos de uma colheita (N.T.).

64. Heidegger, *Logos (Heráclito, Fragmento 50)*, GA 7, p. 216.

65. Ferdinand de Saussure, *Cours de linguistique générale*. Edição crítica preparada e editada por Tullio de Mauro, Paris, 1972. A primeira edição foi empreendida em 1915, dois anos depois da morte de Saussure, por seus alunos Bally, Sechehaye e Riedlinger.

66. O que se tem em vista aí é a língua em geral em contraposição a uma língua determinada (*language*).

254   Oposicionalidade – O elemento hermenêutico e a filosofia

meio de nada além disto. Na língua, assim Saussure resume esta idéia, não há nada além de diferenças[67].

A idéia pode ser ilustrada de uma maneira particularmente feliz junto aos sons lingüísticos. O fato de um som ser um som lingüístico só pode ser decidido, na medida em que checamos se ele pertence ou não a um sistema de distinções. Neste caso, a resposta nunca poderá ser dada senão em articulação com uma respectiva língua (*Sprache*); sons produzidos pela língua (*Zunge*), por exemplo, não têm lugar no sistema de diferenciação das línguas européias. Além disto, a resposta sempre estará ligada a um tipo e sempre admitirá, com isto, variações na pronúncia. Tais variações só são desprovidas de problematicidade, quando elas não se chocam com diferenciações estabelecidas no sistema fonético.

A idéia saussuriana de que não há na língua senão diferenças também diz respeito, porém, ao aspecto relativo "ao conteúdo" da língua. Tal como Saussure pensa, o fato de expressões lingüísticas mostrarem algo e de serem neste ponto compreensíveis não pode ser remetido a uma "idéia" que não encontra na expressão própria aos sinais outra coisa senão a sua forma exterior. Para Saussure, o pensamento sem diferenças lingüísticas seria amorfo e indeterminado; é somente por meio da língua compreendida como um sistema de sinais que o pensamento seria para ele mais do que o acúmulo difuso de impressões[68]. Nesta medida, o pensamento ou, para usar o termo de Humboldt, o espírito não está em condições de formar sinais (signos) para si. Sua modulação, transformação ou reconfiguração já pressupõem sempre o sistema de sinais (signos) da língua.

Por um lado, as análises feitas por Saussure podem ser consideradas como um momento de ruptura em direção a uma compreensão apropriada dos sinais (signos) lingüísticos e dos sinais em geral[69]. Saussure foi o primeiro a definir os sinais (signos) de um modo totalmente conseqüente, sem recorrer à atividade designadora do espírito. Nesta medida, as suas análises estão a caminho de uma compreensão diferenciada da língua em sua distinção em relação à fala, da língua não concebida a partir da fala – uma compreensão da própria linguagem, tal como Heidegger à sua maneira descobriu, mas perdeu uma vez mais de vista com a idéia da linguagem que fala.

Todavia, com a idéia de um sistema de sinais (signos), tal como Saussure a desenvolveu, a própria linguagem não é senão insuficientemente definida. Em verdade, os sinais (signos) assumem o lugar da própria linguagem, mas eles não permitem uma identificação com ela. Além dos sinais (signos) constatados, também

---

67. De Saussure, *Cours de linguistique générale*, p. 166 : "dans la langue il n'y a que des différences".

68. De Saussure, *Cours de linguistique générale*, p. 155: "Psychologiquement, abstraction faite de son expression par les mots, notre pensée n'est qu'une masse amorphe et indistincte. [...] Prise en elle-même, la pensée est comme une nébuleuse où rien n'est nécessairement délimité. Il n'y a pas d'idées préétablies, et rien n'est distinct avant l'apparition de la langue".

69. E isto mesmo a despeito de todas as restrições feitas por Umberto Eco, *Introdução à semiótica*, oitava edição, Munique, 1994, p. 28.

Quinto capítulo: Linguagem

pertence à própria linguagem a abertura peculiar da textura; nesta textura encontram-se as marcações dos sinais (signos), o seu contexto é aberto com vistas a estas marcações, ela mesma é evidenciada em sua abertura por meio dos sinais (signos) e é tornada sondável por meio dos sinais (signos) nela inscritos. A textura expõe-se para a linguagem por meio dos sinais (signos) que estão nela estabelecidos; é somente por meio dos sinais (signos) que ela se torna manifesta como textura. No entanto, ela mesma não possui o modo de ser dos sinais (signos). Ela deixa os sinais (signos) serem o que eles são. Na compreensão da própria língua como um sistema de sinais (signos), portanto, o caráter de sinal (signo) dos sinais (signos) permanece obscuro. Mesmo que os sinais (signos) só sejam por meio de "diferenças", eles não se tornam sinais (signos) por meio das diferenças. Sinais (signos) descerram algo. É somente aí que eles possuem a sua *significação*.

Diante da pergunta acerca da significação dos sinais (signos) lingüísticos, Saussure permanece parado como diante de um enigma insolúvel; o modo como algo pode ser formado no âmbito intermediário entre pensamento e som, algo que não é nem pensamento materializado, nem uma espiritualização do som, é para ele um estado de coisas em certa medida misterioso[70]. Em verdade, Saussure pondera, em suas anotações póstumas, se não seria necessário abdicar da compreensão do sinal (signo) como uma unidade sonora de pensamento em favor da suposição de elementos que só são determinados contextualmente[71]. Esta idéia, porém, é apenas uma resposta à pergunta sobre como o sinal (signo) precisaria ser pensado enquanto unidade material e espiritual. Ele não diz como os sinais (signos) alcançam significação. Para esclarecermos isto nós precisamos ter em vista mais do que apenas signos e sinais.

§ 25: Significação

Os sinais abrem um contexto. Com isto, contudo, não dizemos senão muito pouco sobre a sua função. No contexto formado pelos próprios sinais, o seu valor conjuntural é a cada vez diverso; pensando juntamente com Saussure, eles não são outra coisa senão esta diversidade. Portanto, eles também precisam se encontrar em uma relação com os diversos momentos do contexto aberto. Diverso é aquilo que eles significam para este contexto.

"Significar": isto pode ser um "designar", ou seja, um "visar" e um mostrar dotado do caráter dos sinais. Neste caso, a significação de uma expressão lingüística seria aquilo que é "designado" com ela. Nós designamos algo, na medida em que o denominamos e o distinguimos desta maneira de algo diverso, em cujo contexto

---

70. De Saussure, *Cours de linguistique générale*, p. 156: "Il n'y a donc ni matérialisation des pensées, ni spiritualisation des sons, mais il s'agit de ce fait en quelque sorte mystérieux, que la 'pensée-son' implique des subdivisions que la langue élabore ses unités en se constituant entre deux masses amorphes".

71. Cf. Manfred Frank, *Was ist Neostrukturalismus?* (O que é neo-estruturalismo?), segunda edição, Frankfurt junto ao Main, 1984, p. 89-90.

256 Oposicionalidade – O elemento hermenêutico e a filosofia

ele ocorre. Se tudo aquilo que ocorre é de alguma maneira coisal, então o designado seria a coisa visada com uma expressão lingüística.

Esta idéia foi defendida de uma maneira normativa para a filosofia contemporânea por Gottlob Frege. Frege desenvolve a sua compreensão da significação a partir de uma orientação pelo "nome próprio", de tal modo que ele distingue a significação do nome da "representação" que acompanha o seu emprego, assim como de seu "sentido". Neste caso, segundo ele, a representação seria "totalmente subjetiva"[72]; ela é o elemento que se altera bastante de caso para caso e que nós nos representamos quando se designa um nome como "Aristóteles". Quando isto acontece, depende sempre de nós mesmos, se nós pensamos na escultura que se acha diante da entrada principal da Universidade de Freiburg, em uma ilustração qualquer ou em um homem de barba com uma veste grega. Em contraposição a isto, a significação seria "o próprio objeto" (a própria coisa contraposta) que designamos com um nome, ou seja, aquilo que nos representamos de uma maneira diversa, mas que pode ser pensado como o que é conjuntamente representado. No que concerne ao "sentido", Frege diz que ele residiria entre a representação e a significação; ele "não é mais subjetivo como a representação, mas também não é, contudo, o próprio objeto" (a própria coisa contraposta)[73]. Ele é, como podemos acrescentar à guisa de explicitação, a direção de um nome, ou, mais exatamente, a direção da denominação; é no visar que o nome teria, então, o seu sentido.

O âmbito material destas reflexões é traçado aqui de maneira efetivamente estreita; elas só se dirigem, se é que isto realmente acontece, para a significação e para o sentido dos nomes próprios e, neste caso, no que diz respeito à significação, não pode se tratar de nomes de pessoas fictícias. Assim, Frege explicita o seu pensamento, na medida em que diz que a pergunta acerca da significação de "Ulisses" só se coloca quando não consideramos a *Odisséia* como uma obra de arte[74]. De maneira correspondente, a frase "Dormindo profundamente, Ulisses foi posto sobre a terra em Ítaca" sempre possui em verdade um sentido, mas ela só possui uma significação, se há alguém ou algo com o nome "Ulisses"[75].

Nós poderíamos nos inserir na terminologia fregiana e compreender a significação somente em seu sentido. Neste caso, precisaríamos aceitar que somente os

---

72. Gottlob Frege, *Über Sinn und Bedeutung* (Sobre sentido e significação – 1982), in: Frege, *Funktion, Begriff, Bedeutung* (Função, conceito, significação), org. por Günter Patzig, Göttingen, 1962, aqui. p. 44.

73. Frege, *Über Sinn und Bedeutung* (Sobre sentido e significação), p. 44.

74. Ibid., p. 48.

75. Ibid., p. 47. Por isto, a idéia de Frege também pode ser reformulada de um tal modo, que podemos identificar a significação da expressão com as suas condições de verdade. Além de Frege, esta posição também foi defendida pelo Wittgenstein do *Tractatus*, por Carnap, Tarski e Davidson entre outros. Cf. a discussão em Ernst Tugendhat, *Preleções para a introdução à filosofia analítica da linguagem*, Frankfurt junto ao Main, 1976, p. 134-135. Com certeza, não fica claro por que Tugendhat não conta Frege como um representante da "concepção tradicional", segundo a qual "expressões lingüísticas são empregues genericamente para assumir o lugar de algo" (134). É exatamente isto que é dito com a compreensão fregiana da significação.

nomes próprios ou as caracterizações inequívocas tais como "o autor da *Ética a Nicômaco*" e as descrições inequivocamente identificadoras como currículos e biografias possuem uma significação. Aquilo que, em uma compreensão mais abrangente, ligamos ao conceito de significação se transporia para aquilo que Frege denomina "sentido". No entanto, aquilo que o "sentido" é permanece obscuro nas reflexões fregianas; ele é até mesmo contraditório. Frege oferece duas explicitações de "sentido" que não são compatíveis uma com a outra. Por um lado, temos a afirmação de que o sentido seria aquilo "em que o modo de ser dado estaria contido"[76]. Por conseguinte, uma expressão só tem sentido, se algo é efetivamente "dado". Por outro lado, na frase anteriormente citada sobre Ulisses, atribui-se em todos os casos um sentido à expressão lingüística, ou seja, mesmo no caso em que permanece sem ser decidido se há ou não realmente algo com o nome "Ulisses".

O fato de nos vermos aqui diante de um descuido fica claro, quando Frege formula uma vez mais de modo diverso a mesma alternativa e torna possível reconhecer aí a sua insegurança. Talvez, assim encontramos expresso, pudéssemos "admitir que uma expressão formada de maneira gramaticalmente correta, que assume o lugar de um nome próprio, sempre possui um sentido"; só não está dito, "se também corresponderia, então, uma significação ao sentido"[77]. Logo depois disto, porém, Frege elucida a relação entre representação, sentido e significação de um tal modo que ele exclui a existência de um sentido sem significação. Como exemplo, ele cita a observação da lua por meio de um telescópio e compara aí "a própria lua" com a sua significação; a lua seria "o objeto da observação que é mediada pela imagem real projetada pela objetiva no interior do telescópio e pela imagem na retina do espectador"[78]. A imagem no telescópio seria comparável com o sentido, a imagem na retina do espectador, "com a representação ou a intuição". A imagem no telescópio não seria o modo de ver a cada vez próprio, mas um modo de ver possível; em verdade, ele seria "unilateral" e "dependente do ponto de vista". De qualquer modo, contudo, ele seria "objetivo, na medida em que" poderia "servir a muitos observadores"[79].

Se seguirmos a lógica da comparação, então não pode haver de maneira alguma a imagem no telescópio sem o "objeto" (a coisa contraposta) – assim como também não pode haver naturalmente a imagem sobre a retina sem ele. Como Frege diz de maneira pertinente, o telescópio "intermedia" para o observador aquilo que ele observa. Sem esta mediação, o "objeto" (a coisa contraposta) não poderia ser visto da maneira que lhe é peculiar. O fato de devermos atribuir a ele apesar disto "objetividade" está fundamentado em sua acessibilidade universal. A visão por meio do telescópio encontra-se fundamentalmente aberta para todos; as mediações são compartilhadas com os outros.

---

76. Frege, *Über Sinn und Bedeutung* (Sobre sentido e significação), p. 41.

77. Ibid., p. 42.

78. Ibid., p. 45.

79. Ibid.

Frege denomina este próprio elemento universalmente acessível o "pensamento" e, em verdade, não no sentido do ato de pensamento, mas no sentido de seu conteúdo. O ato seria a cada vez individual, "subjetivo" como Frege diria; o conteúdo, porém, é "capaz [...] de se mostrar como uma propriedade comum de muitos"[80]. Portanto, o pensamento equivale ao sentido. Ele é, concebido ainda de uma outra maneira, *aquilo que é dito*, ou seja, aquilo que os sinais dão a compreender e que pode ser compreendido com eles ou junto a eles. Em um emprego menos restritivo da expressão, nós poderíamos compreender o pensamento como a "significação" dos sinais. E, neste caso, também poderíamos dizer de frases sobre Ulisses que elas possuiriam uma significação, independentemente da existência ou não de um homem com este nome.

Se considerarmos as coisas a partir daqui, seria natural abdicar da distinção fregiana entre "sentido" e "significação" e resolver a questão acerca da significação a partir da orientação pelos "objetos" (pelas coisas contrapostas). Foi isto que Husserl defendeu nas *Investigações lógicas*. A referência ao fato de a distinção tampouco ser feita na linguagem cotidiana não é certamente elucidativa. Diferenciações filosóficas do uso lingüístico são sempre possíveis e também se mostram com freqüência como defensáveis. Assim, tal como acontece aqui incessantemente, o sentido de uma declaração pode ser distinto de sua significação; o sentido reside no modo *como* uma declaração – ou mesmo um comportamento – é visado e pode ser compreendido, a significação é aquilo *que* é visado e pode ser compreendido. Duas declarações podem possuir a mesma significação, mas sentidos diversos; por vezes, uma declaração é plenamente significativa e, ao mesmo tempo, desprovida de sentido.

Nós podemos justificar este último ponto juntamente com Husserl. Para ele, pertence "ao conceito de uma expressão" que ela possua uma significação. Por isto, uma "expressão desprovida de significação" não seria "absolutamente nenhuma expressão", mas "na melhor das hipóteses uma coisa qualquer que desperta a pretensão ou a aparência de ser uma expressão"[81], por exemplo, uma seqüência de sons que se mostra como uma palavra, mas que não existe em nenhuma língua.

A resposta de Husserl à pergunta sobre a significação não está tão distante da resposta de Frege. Com certeza, Husserl não se enreda nas dificuldades da concepção fregiana. Ele acolheu os dois momentos que Frege denomina "sentido" e "significação" e reuniu-os em um conceito em si concludente de significação. Segundo ele, na significação constitui-se "a ligação com o objeto" (a coisa contraposta), sendo que o que está em questão aí é a ligação e a dação fática do "objeto" (da coisa contraposta). Em verdade, "usar uma expressão com sentido e se ligar expressivamente ao objeto" (à coisa contraposta) é para Husserl "uma e mesma coisa". Mas já há uma ligação, quando o objeto é apenas representado. Não desempenha aí papel algum, se "o objeto existe ou se ele é fictício, se não mesmo impossível"[82].

---

80. Ibid.,, p. 46.

81. Husserl, *1. Investigação lógica*, II.1, § 15; Husserliana XIX.1, p. 59.

82. Ibid.

Portanto, a significação da expressão reside no *visar a algo*, na intencionalidade que se realiza com o dizer. "De maneira inconfundível", ela reside na "essência do ato em questão"[83].

De uma maneira diversa da concepção de Frege, a concepção de Husserl é em si concludente porque dissolve a contradição, na qual Frege tinha se enredado em sua compreensão do sentido; se a ligação a um "objeto" (a uma coisa contraposta) não está vinculada à sua dação fática, então só pode haver "sentido" – ou, dito com Husserl, "significação" – com base no fato de a ligação ter sido composta. Aquilo que foi chamado em Frege "significação" pode ser compreendido por Husserl como preenchimento da significação; neste caso, corresponde a uma intenção "a possibilidade de uma concretização una"[84], ou seja: aquilo que é visado e que talvez tenha sido aí até mesmo representado é efetivamente dado.

Sem dúvida alguma, a concepção husserliana é problemática em um outro aspecto; ela modula um pensamento que já se tornou conhecido para nós a partir de Humboldt. Do mesmo modo como Humboldt supõe a existência de um espírito que torna "o som articulado apto para a expressão do pensamento"[85], Husserl supõe a possibilidade de um visar que vivifica pela primeira vez os sinais por meio da opinião e que faz com que eles se transformem desta forma em sinais. Trata-se de um visar que antecede aos sinais plenamente significativos. Dito juntamente com Jacques Derrida, a sua suposição é a tentativa de conservar para a vivência uma camada originariamente silenciosa, pré-expressiva[86].

Mas mesmo que o visar permaneça silencioso – ele não pode "conferir" nenhuma significação porque ele mesmo já vive de significações; ele se realiza em significações que possivelmente não são expostas, mas que não estão presentes sem sinais. Como é que elas poderiam ser distintas, sem ser marcadas? Como é que elas deveriam poder constituir a determinidade do visar sem uma distinção?

O fato de não haver o visar sem significações pode ser visto a partir da mostração gestual. O gesto permaneceria voltado de modo desamparado para fora, se não pensássemos em algo determinado, ou seja, se não pensássemos naquilo que pode ser dito com uma outra expressão que preenche "isto" ou "isto aqui". É somente

---

83. Husserl, *6. Investigação lógica*, II.2, Introdução; Husserliana XIX.2, Investigações sobre fenomenologia e teoria do conhecimento, org. por Ursula Panzer, Den Haag, 1984, p. 538. Cf. quanto à teoria husserliana da significação: Rudolf Bernet, *Bedeutung und intentionales Bewusstsein. Husserls Begriff des Bedeutungsphänomens* (Significação e consciência intencional. O conceito husserliano do fenômeno da significação), in: *Studien zur Sprachphänomenologie. Phänomenologische Forschungen* 8, Freiburg im Breisgau/ Munique, 1979, p. 31-64. Além disto: Rolf Kühn, *Wort und Schweigen. Phänomenologische Untersuchungen zum originären Sprachverständnis* (Palavra e silêncio. Investigações fenomenológicas sobre a compreensão originária da linguagem), Hildesheim/Zurique/New York, 2005, p. 59-88.

84. Husserl, *1. Investigação lógica*, II.1, § 15; Husserliana XIX.1, p. 61.

85. Humboldt, *Sprachbau* (A construção lingüística), Werke III, p. 418; Leitzmann VII, p. 46.

86. Jacques Derrida, *A voz e o fenômeno. Introdução do problema do signo na fenomenologia de Husserl*, Paris, 1967, p. 14-15: "Husserl a sens doute voulu maintenir [...] une couche originairement silencieuse, 'pré-expressive', du vécu".

quando sabemos que lá está *algo*, e, em verdade, aquilo que é determinado de tal e tal modo, que chegamos *até lá* de maneira mostradora. O estar afastado, a partir do qual vive a mostração, precisa ser marcado; sem isto não haveria senão uma abertura difusa que não poderia ser transversalmente medida em meio à mostração.

Mesmo a expressão "isto aqui" possui uma significação. Neste caso, não deveríamos dizer que ele possui um sentido. Ele possui um sentido, quando o próprio processo da mostração possui um sentido, por exemplo, o sentido de advertir alguém quanto a algo que está vindo em sua direção ou de chamar a sua atenção para uma visão que experimentamos como particularmente bela. A expressão não denomina nada; não há nenhum "objeto" (coisa contraposta), cuja "concreção una" pudesse preenchê-la. No entanto, aquele que está em condições de realizar uma mostração precisa ter compreendido em lugar do que a expressão ou uma outra expressão que lhe é correspondente se encontram. O que é o compreendido senão a sua significação?

Reflexões como estas podem justificar a convicção que Wittgenstein dirige contra Frege e contra a sua própria posição precedente, a convicção "de que a palavra 'significação' é usada de uma maneira avessa à língua, quando designamos com ela a coisa que 'corresponde' à palavra"[87]. Elas também nos levam à resposta dada por Wittgenstein à pergunta sobre de que outro modo a significação poderia ser concebida. A resposta é lapidar: "A significação de uma palavra é o seu uso na língua"[88].

Não se pode ter em vista com o uso de uma palavra a sua *respectiva* aplicação. Neste caso, nós alteraríamos a cada vez a sua significação; a palavra teria a significação que lhe daríamos a cada vez. Portanto, o uso tem de ser compreendido no sentido do genericamente usual. A significação de uma palavra consiste no modo como ela é *em geral* usada. Por mais diversas que possam ser as situações e os contextos de seu emprego, quem conhece a significação adquiriu ao mesmo tempo a capacidade de empregar a palavra, corretamente, ou seja, no sentido genericamente usual. Com o emprego de uma palavra não nos antecipamos a ela, de tal modo que lhe emprestamos pela primeira vez a sua significação. O emprego é muito mais determinado pela significação da própria palavra; ele é um comportamento *na* língua.

O modelo wittgensteiniano para esta concepção é o *jogo*, na medida em que se compreende por ele uma conexão de regras que não fixam tudo aquilo que pode ser feito se as seguirmos, mas que abrem inversamente pela primeira vez determinadas possibilidades por meio da restrição do que podemos fazer. Só podemos jogar xadrez porque há regras relativas ao modo como podemos mover as figuras; é por meio destas regras que as figuras se diferenciam essencialmente[89]. Todavia, nos limites daquilo que é fixado pelas regras, nós podemos fazer o que qui-

---

87. Wittgenstein, *Investigações filosóficas*, 40; Schriften 1, p. 310.

88. Ibid., 43; Schriften 1, p. 311.

89. Ludwig Wittgenstein, *Philosophische Bemerkungen* (Observações filosóficas), segundo apêndice; Schriften 2, p. 327-328: "Eu não posso dizer: isto é um peão *e* para esta figura são válidas tais e tais regras de jogo. Ao contrário, são apenas as regras de jogo que *definem* esta figura: o peão *é* a soma das regras, segundo as quais ele é movido".

Quinto capítulo: Linguagem

sermos com a figura. Neste caso, não se deveriam compreender as regras como prescrições abstratas. Em verdade, é possível formular tais prescrições, mas nunca concebemos com elas senão o elemento genericamente obrigatório no comportamento. As regras, tais como elas são tratadas por Wittgenstein, determinam o comportamento e elas só se tornam vigentes no comportamento.

A concepção wittgensteiniana da significação de expressões lingüísticas não exclui a denominação ou a caracterização de coisas ou "objetos" (coisas contrapostas) no sentido de Frege. Também aqui a significação da expressão não seria certamente nem o "objeto" (a coisa contraposta) denominado, nem a assunção de uma referência a ele que é realizada com a expressão. A significação consistiria no fato de nós nos ligarmos com uma expressão deste tipo a "objetos" (coisas contrapostas). Ligar-se a "objetos" (a coisas contrapostas) é algo que dominamos como os movimentos no jogo de xadrês e que é co-pertinente a outros "movimentos" na língua que não se mostram como uma referência a "objetos" (coisas contrapostas).

A definição esboçada da significação articula-se bem com a idéia saussuriana da diferença constitutiva das expressões lingüísticas. As diferenças, assim podemos dizer com Wittgenstein, não têm primariamente nada em comum com a configuração sonora das palavras, nem tampouco com as diferenças das figuras de xadrês com a sua aparência. Elas são dadas com as regras de aplicação. Junto às figuras do xadrês, contudo, estas regras são por sua vez determinadas por meio de diferenças, de modo que o emprego de uma figura pode ser explicitado pelo fato de nós a delimitarmos em relação a outros empregos.

Apesar de seus pontos fortes, a concepção wittgensteiniana da significação não é realmente satisfatória. Wittgenstein descreve a linguagem, como se ela fosse um contexto, junto ao qual não haveria nada a compreender para além do jogo, mas apenas algo correto a fazer. Quem é treinado no jogo e está correspondentemente "adestrado"[90], comporta-se de um modo que corresponde ao respectivo "jogo de linguagem" enquanto uma totalidade da "língua e das atividades com as quais ela é entretecida"[91]. Neste caso, as significações não são determinadas na linguagem de maneira fundamentalmente diversa do que nos jogos, pelos quais Wittgenstein se orienta em suas reflexões[92]. No que diz respeito ao aprendizado de uma língua e à capacidade de falá-la, as coisas se comportam de fato assim; não há nenhuma diferença essencial entre o emprego de uma expressão lingüística e de uma figura de xadrês. É possível dizer em relação a uma figura de xadrês que ela possui significação, assim como é possível dizer o mesmo de uma palavra; e, com isto,

---

90. Wittgenstein, *Investigações filosóficas* 5; Schriften 1, p. 291.

91. Ibid., 7; Schriften 1, p. 293.

92. Ibid., 108; Schriften 1, p. 342: "A pergunta 'o que é uma palavra?' é uma pergunta análoga à pergunta 'o que é uma figura de xadrês?'" Quanto à tese de que, com esta idéia, Wittgenstein procurou se livrar do problema da significação, cf.: Donatella Di Cesare, *Die Bedeutung dekonstruieren. Bemerkungen anhand des "Big Typescript"* (Desconstruir a significação. Observações com base no "Big Typescript"), manuscrito. Além disto: Stefan Majetschak, *Ludwig Wittgensteins Denkweg* (O caminho de pensamento de Ludwig Wittgenstein), Freiburg im Breisgau, 2000, p. 175-194.

não há mais nenhuma significação especificamente lingüística. Em contrapartida, se quisermos nos manter junto ao fato de ela ser dada, não podemos compreender a linguagem apenas como um jogo. Ela também é certamente mais do que um jogo: ela é reveladora e, por isto, a significação de toda expressão lingüística descerra-se a partir da essência reveladora da linguagem. Uma significação lingüística possui, então, tudo aquilo que pertence direta ou indiretamente à essência reveladora da linguagem.

Isto não é nenhuma defesa de um retorno ao ponto de partida de Frege ou de Husserl. Não deveríamos abandonar a intelecção de Wittgenstein de que a significação de expressões lingüísticas não pode residir nos "objetos" (nas coisas contrapostas) ou na ligação aos "objetos" (às coisas contrapostas). Por outro lado, porém, a orientação pelos "objetos" (pelas coisas contrapostas) não acontece de maneira alguma por acaso junto à questão acerca da significação das expressões lingüísticas. Ela é sugerida pelo caráter mostrador do dizer, com a única diferença de que só os "objetos" (as coisas contrapostas), ou seja, as coisas, são levadas em conta aqui como aquilo que é passível de ser mostrado e que é mostrado. Todavia, isto não é concludente. O que pode ser mostrado não precisa ser sempre uma coisa, de modo que o mostrar também não é sempre preenchido por meio de uma "intuição unificadora". Sim, mais ainda; o que se mostra não é enquanto tal de maneira alguma uma coisa, mas um fenômeno. É por isto que é importante desenvolver a pergunta acerca da significação lingüística a partir dos fenômenos. Na medida em que perguntamos sobre a evidenciação lingüística dos fenômenos, a sua essência também precisa vir à tona de maneira ainda mais clara. Este é um passo ulterior em direção à compreensão da própria linguagem.

Para tanto, tomemos uma vez mais um exemplo. Nós apontamos para algo, e aquilo que visamos é algo simples. Normalmente, a mostração é mais complexa; neste caso, visamos muitas coisas de uma vez, e, de maneira correspondente, o mostrar é mais diferenciado ou, tal como aquilo que é mostrado, diferenciável. No entanto, toda diferenciação pressupõe o simples, e tudo aquilo que é diferenciado também pode ser igualmente interpelado como simples. Nós apontamos para aquele livro ali, desprezamos todo o resto e não dizemos senão que ele é vermelho. Isto pode ter sido motivado pelo fato de alguém ter denominado "vermelha" uma outra coisa, por exemplo, as cortinas, e de querermos contradizê-lo. As cortinas não seriam vermelhas, mas roxas. Vermelho seria muito mais esse livro ali sobre a mesa.

A expressão "vermelho" designa aqui a cor do livro. O livro *possui* esta cor e não duvidamos disto neste instante; ninguém para quem perguntássemos denominaria a cor do livro em alemão de outro modo senão como *"rot"* (vermelho). No entanto, a concordância só é possível porque podemos comparar a cor do livro com algo diverso que é vermelho; nós precisamos *prosseguir* com a mesma palavra "vermelho", *passar* desta coisa para a próxima. Assim, mostra-se que outras coisas além do livro possuem a mesma cor; inversamente, a cor enquanto tal só se mostra porque prosseguimos. Com isto, ratifica-se o poder mostrador da palavra. Se o livro – e nada além dele – tivesse uma cor determinada, então ele não poderia ser designado com esta palavra, sim, ele não poderia ser designado com nenhuma das expressões conhecidas para designar cores. Nós poderíamos inventar para ela

Quinto capítulo: Linguagem

um nome ou tentar circunscrevê-la de uma outra maneira com as expressões conhecidas para cor. Para tanto, contudo, cada uma destas expressões possuiria o mesmo direito, até que uma palavra se impusesse. No que diz respeito à cor do livro vermelho, porém, também podemos apontar para algo diverso, por exemplo, para esta almofada redonda. Pressupondo que tenhamos aprendido o que é cor, nós compreenderíamos imediatamente na passagem do livro para a almofada que o que tínhamos em vista não era a forma do livro, nem tampouco a sua determinação enquanto algo que está aí para ser lido. No que concerne à sua forma, o livro é retangular, tal como o quadro lá na parede, no qual não há absolutamente nada vermelho. No que diz respeito à lida possível que lhe é apropriada, ele se acha em uma co-pertinência com o jornal que também pode ser igualmente lido. Redondo como a almofada é, em contrapartida, o prato branco, lá ao lado do livro.

Na medida em que o que está em questão é o livro vermelho lá sobre a mesa, a expressão "vermelho" designa a cor do livro. Evidentemente, contudo, a cor *do livro* não é a significação da expressão. A palavra "vermelho" não altera a sua significação quando o que é designado com ela é a cor da almofada vermelha ao invés da cor do livro. Nós poderíamos fazer jus a isto, vendo a significação de uma palavra como "vermelho" no fato de ela poder ser empregada de maneira correta a tudo o que é vermelho. Assim, a significação da palavra não seria o particular que é mostrado a cada vez com ela, mas *o universal*.

Como é, porém, que o universal pode ser concebido como a significação de uma expressão? É possível fixar efetivamente o universal enquanto tal ou será que o "universal" não é outra coisa senão uma expressão para a soma dos casos particulares? Foi assim que o universal foi compreendido pela primeira vez por Aristóteles. A sua palavra para aquilo que se chama em alemão o universal (*das Allgemeine*)[93], a palavra καθόλου, literalmente, "com vistas ao todo", é por ele mesmo definida como aquilo "que subjaz segundo a sua natureza em muitas coisas"[94]. O acento reside aqui sobre "subjazer", ὑπάρχειν. A cor vermelha, mas também algo universal como "ser vivo", só existem naquilo que respectivamente subjaz – a cor na coisa respectivamente vermelha, o ser vivo no homem particular ou no cavalo particular[95]. Todavia, tal como Aristóteles acrescenta, é claro que podemos conceber lingüisticamente o universal e defini-lo naquilo que ele é; segundo ele, haveria "algo assim como uma definição" do universal (τις αὐτοῦ λόγος)[96]. Mesmo se o universal não existe por si, ele pode ser apreendido enquanto tal junto à experiência de suas respectivas dações. É possível ressaltar aquilo que experimentamos em todas as dações: "vermelho" ou mesmo "ser vivo", por exemplo.

A reflexão aristotélica repousa sobre a idéia de que a dação de algo precisa ser concebida exclusivamente como uma subjacência autônoma. Neste sentido, não pode haver o universal; ele não subjaz autonomamente. Isto não nos obriga de ma-

---

93. Literalmente: o que é comum (*gemein*) a todos *(all)* (N.T.).

94. Aristóteles, *Metafísica VII*, 13; 1038b 11-12: ὅ πλείοσιν ὑπάρχειν πέφυκεν.

95. Ibid., 18.

96. Ibid., 19.

neira alguma, contudo, a compreender o universal como o resultado de uma abstração e, então, em conseqüência disto, "nominalisticamente" como um mero *constructo* de 'pensamento. A dificuldade de atribuir ao universal uma dação originária repousa apenas sobre o fato de nós nos orientarmos de uma maneira ou de outra pelo pensamento aristotélico do ser como subjazer. A orientação passa ao largo do decisivo, pois o universal em questão não deve ser efetivamente nenhum ente, mas um fenômeno.

A dificuldade citada ainda continua persistindo mesmo em Husserl que, na filosofia moderna, é certamente o crítico mais decidido da suposição nominalista. Se Husserl rejeita a censura por ser um "realista platonizante" com o argumento de que a compreensão do universal como "algo" não precisa ser pensada no sentido de algo "real" ou efetivo[97], então se confirma com isto, uma vez mais, "o caráter de coisa contraposta" do universal, com a única diferença de que esta dação depende da espontaneidade da consciência[98]; o universal não subjaz, mas só está presente na consciência. Já nas *Investigações lógicas*, Husserl tinha reinterpretado de maneira intuicionista o processo denominado "abstração" e o designado como o ato por meio do qual um "conteúdo abstrato [...] não é em verdade isolado, mas se torna de qualquer modo o objeto próprio de uma representação intuitiva dirigida para ele"[99]. Esta objetivação não altera nada no fato de o conteúdo, com o qual temos de lidar, "não" ser "autônomo" porque ele "não pode ser em si e por si", mas "só ser possível em ou junto a conteúdos concretos"[100]. Aqui, a orientação aristotélica pelo subjacente permanece determinante, mas ela está ligada à idéia de que o universal só seria, na medida em que ganha a consciência, de que ele seria um "objeto" como outros objetos. Assim, a pergunta acerca do valor conjuntural do universal se desprende dos objetos autônomos e desprovidos de autonomia – daquilo que pode se tornar um objeto simplesmente ou somente em conjunto com algo diverso e "fundado" nele.

No entanto, não é sempre que, tendo de lidar com o universal, ele é visado a partir de um outro. Quando algo é designado como "vermelho", o pensamento em "todas as coisas vermelhas possíveis" não está de maneira alguma em jogo. De maneira correspondente, nós não precisaríamos remeter alguém a quem devemos explicar a significação de "vermelho" a todas as coisas vermelhas possíveis. É suficiente chamar a atenção para o fato de não ser apenas esta coisa aqui que é vermelha, mas também aquela lá. Outras coisas também são vermelhas, coisas para as quais podemos passar com a palavra. Nós não precisamos senão mostrar que não estamos restritos com a expressão "vermelho" ao respectivo caso de sua aplicação. A palavra é algo assim como um veículo, com o qual medimos transversalmente a amplitude daquilo que é passível de ser mostrado por ela. Esta é a amplitude de sua significação. A significação é uma determinada abertura; ela é uma

---

97. Husserl, *Ideen I* (Idéias I), § 22; Husserliana III.1, p. 47.

98. Ibid., § 23; Ibid., p. 50.

99. Husserl, *2. Investigação lógica*, III.1, § 41; Husserliana XIX.1, p. 222.

100. Ibid. Ibid., p. 220.

Quinto capítulo: Linguagem

possibilidade determinada do elemento fenomenal que é marcado por meio de uma palavra, mas não necessariamente apenas por esta palavra. A palavra e todas as outras que lhe são equivalentes fixam a abertura e fazem com que esta abertura seja passível de ser transversalmente medida. A palavra é uma abertura, na qual aquilo que pode ser mostrado nela se liga ao seu prosseguimento e à sua transição. Na medida em que o mostrado não é apenas algo vermelho, a abertura faz com que eles estejam ao mesmo tempo mutuamente afastados. Toda significação é em sua determinidade uma amplitude determinada da mostração.

A "universalidade da palavra" também foi determinada por Husserl neste sentido. A passagem da sexta *Investigação lógica* é absolutamente notável. Pois é por assim dizer *en passant* que Husserl conquista uma compreensão de significação que se destaca de suas reflexões até aqui discutidas sobre isto. Embrionariamente, a determinação conduz para além da orientação pelos atos de consciência que conferem significação.

Segundo Husserl, a universalidade da palavra significaria "que, por meio de seu sentido uno, uma e mesma palavra pode abranger de um tal modo uma multiplicidade ideal e firmemente limitada de intuições possíveis (e, se se mostra como um contra-senso falar em abranger, podemos dizer 'levantar uma pretensão') que cada uma destas intuições pode funcionar como base de um ato de conhecimento nominal de mesmo sentido"[101]. Portanto, a palavra não tem a sua significação – pressupondo que sentido e significação seriam equivalentes, Husserl diz ao invés disto "sentido" – no fato de ela se mostrar como co-pertinente a um ato que confere significação, um ato que visa a algo, mas não o toca de uma forma necessária. Na primeira *Investigação lógica*, ainda encontramos a seguinte formulação: na significação constitui-se "a ligação com o objeto" (com a coisa contraposta) e, por isto, "utilizar uma expressão com sentido e se ligar ao objeto (à coisa contraposta), expressando-o (representar o objeto, a coisa contraposta)..." seria "a mesma coisa"[102]. Todavia, tal como Husserl viu em seguida, é a própria palavra que anuncia pela primeira vez o respectivo visar de algo e o preenchimento possível deste visar em uma intuição; ela "levanta uma pretensão", ou seja, ela oferece determinadas possibilidades de intenções e de seu possível preenchimento. Em verdade, Husserl vincula este oferecimento à "possibilidade dos relativos conhecimentos"[103]. No entanto, isto não significa senão que a "pretensão" já não é realizada pela palavra. Se tomarmos a palavra em sua significação por si, ela não é senão uma promessa. É somente quando a utilizamos, que nos inserimos em sua significação e podemos reconhecer algo nesta significação, assim como é somente neste momento que podemos sondar por meio do uso a amplitude da significação. Quando algo é reconhecido, este algo vem à tona no contexto do mundo, tal como ele é visado no contexto dos sinais. Mostrar e mostrar-se articulam-se sob o jugo da significação na textura, um jugo marcado em termos de sinais.

---

101. Husserl, *6. Investigação lógica*, II.2, § 7; Husserliana XIX.2, p. 563.

102. Husserl, *1. Investigação lógica*, II.1, § 15; Ibid., p. 59.

103. Husserl, *6. Investigação lógica*, II.2, § 7; Ibid., p. 564.

Usar uma palavra como "vermelho" significa: mostrar algo vermelho na amplitude limitada de sua significação. Na medida em que temos sucesso aí, *mostra-se* o que a palavra significa; o vermelho vem à tona. A significação não possibilita mais apenas o prosseguimento e a transição da palavra, mas ela se fixa em algo. Este algo, por exemplo, o livro, também poderia ser mostrado de uma outra forma que não por meio da palavra "vermelho"; antes de qualquer outra coisa, acolhendo a palavra "livro", nós poderíamos apontar para ele e dizer que isto é um livro. No entanto, quando se diz "vermelho", todas as outras determinações se retraem. Mesmo o fato de esta coisa vermelha ser um livro pode se tornar, então, irrelevante; para um pintor, por exemplo, mesmo isto poderia se retrair ante a cor. Com a retração das outras determinações, o vermelho vem à tona. Isto pode ser empreendido metodicamente na pintura, de tal modo que não se acentua senão o vermelho ou o efeito auto-intensificador das cores. Pensemos nos quadros de Barnett Newmann com o título *Who is afraid of red, yellow, and blue*[104].

As duas coisas, vir à tona e retrair-se, co-pertencem-se de um tal modo que uma não acontece sem a outra. As determinações que se retraem formam a base para as determinações que vêm à tona; estas determinações se destacam delas como uma cor do fundo do quadro. Este destacar-se é visado com a mostração; o "isto" ou o "isto aqui", no qual a mostração se torna expressa, tem por finalidade a aparição da significação. A palavra, com a qual a significação é marcada, se detém e retém, assim, a significação. Por meio do fato de a palavra se deter, ela é fixada; nesta fixação, ela é fenômeno.

Portanto, não deveríamos pensar que o mostrar se dirige para algo subjacente ou para uma coisa, a fim de fixar nela uma propriedade. Considerando apenas a partir da aparição, a determinação do "subjacente" é uma determinação como as outras. Exatamente como "vermelho", "livro" e "almofada" são expressões, cuja significação se mostra no prosseguimento e na transição. Assim como podemos dizer que este livro aqui é vermelho, esta coisa vermelha aqui poderia ter denominado um livro. Também podemos prosseguir com a palavra "livro"; aquilo que é mostrado no prosseguimento não é nenhuma coisa particular, mas uma significação junto a outras significações. Todavia, ao invés de mostrar algo sempre nesta significação, também poderíamos nos concentrar na medição de suas gradações, variantes e valências. Neste caso, o que estaria em questão não seriam livros, mas *o livro*, assim como ao invés de *vermelho*, *vermelho* e *vermelho*, pode estar em questão *o vermelho*[105].

Em todo caso, a mostração não se dirige para algo subjacente, mas alcança o cerne da textura de uma determinidade possível, ou seja, o cerne da *textura das significações*. Ela pertence a esta textura e mensura a sua amplitude, na medida em que fixa algo nela, de modo que é somente nela que ela pode se destacar. Porquanto isto acontece em meio à retração de outras significações, aquilo que se

---

104. Em inglês no original: Quem tem medo do vermelho, do amarelo e do azul (N.T.).

105. Ernst Jünger, *Die rote Farbe* (A cor vermelha), in: *Das abendteuerliche Herz* (O coração aventureiro). Segunda edição. Sämtliche Werke, vol. 9, Stuttgart, 1979, p. 232-236.

mostra permanece afastado da mostração; em sua co-pertinência àquilo que se retrai, ele permanece contraposto ao mostrar. Todo mostrar dirige-se para um complexo de significações, mas nunca mostra tudo aquilo que pertence a este complexo. Algumas significações se mostram de maneira mais ou menos distinta concomitantemente com a significação ou as significações mostradas, outras permanecem à margem e se desvanecem aí tal como aquilo que não é senão simultaneamente visto à margem do campo de visão.

Aquilo que se retrai com o mostrar-se não é, em última instância, esta ou aquela significação. O que se retrai é a textura. Com o mostrar e o mostrar-se, a textura se torna reconhecível como o tecido das significações que se estendem para além de todo e qualquer destaque. Nela não há apenas, como que implicada, uma limitação. Ao contrário, ela também é sempre ilimitada e, deste modo, aquilo que se retrai, aquilo que nunca se mostra completamente. Não há palavras suficientes para marcar completamente a textura. Por isto, ela pode ser o aberto para o mostrar e o mostrar-se, aquilo que sob a perspectiva da mostração sempre se revela uma vez mais como o que se acha afastado. Da mesma forma, ela é o espaço em que nos mantemos e que sondamos, mantendo-nos junto às marcações dos sinais. As coisas sempre se dão, então, uma vez mais de um tal modo, como se ela se cristalizasse. Com isto, algo se transforma em fenômeno.

A essência da textura abre-se com a significação determinada. A palavra e, juntamente com ela, a mostração possuem significação. Aquilo que se mostra também possui significação; ele possui justamente a significação, na qual o mostrar, na medida em que se mantém junto a uma palavra, se movimenta. A significação *é* a correlação a cada vez determinada do mostrar e do mostrar-se; ela é o elemento articulador, a própria correlação em contraposição aos correlatos. A significação é a correlação sob o modo da fenomenalidade.

Para aquilo que é comum ao respectivo dizer e àquilo que é mostrado e se mostra neste dizer, há em grego uma palavra: εἶδος. O que se tem em mente com esta palavra no uso lingüístico pré-filosófico é aquilo que é visto, e, a partir daí, então, a figura visível, ou seja, o *aspecto* que se nos oferece. Se, no interior da filosofia, a palavra não indica mais agora o visível, mas o pensável, é natural compreender o pensamento como uma apreensão espiritual análoga ao ver. A analogia já se encontra em Platão[106]. Ela foi acolhida enfaticamente por Husserl na filosofia mais recente, na medida em que ele subordina ao "objeto eidético" ou à "essência" a "visualização da essência"[107] ou uma "intuição originariamente doadora"[108].

---

106. Como um exemplo proeminente cf. Platão, *Simpósio* 211d, onde se diz: se a vida é digna de ser almejada pelo homem, então ela o é para alguém que considera o próprio belo (θεωμένῳ αὐτὸ τὸ καλόν). No mesmo contexto, encontramos a afirmação de que, se Sócrates viu algum dia o próprio belo (ὅ ἐάν ποτε ἴδῃς), ele não se disporia a compará-lo com nada que o tenha encantado em meio à visão (οὕς νῦν ὁρῶν ἐκπέπληξαι). Cf. também Platão, *República* 533c-d.

107. Husserl, *Ideen I* (Idéias I), § 3; Husserliana III.1, p. 14.

108. Ibid., p. 51.

Por um lado, a analogia é passível de ser acompanhada em sua razão de ser; e isto antes de tudo quando a compreendemos a partir da significação. O fato de algo se mostrar como este algo determinado acontece em verdade na linguagem, mas não é nenhuma ocorrência lingüística em sentido mais restrito. Ao contrário, algo chama a atenção enquanto este algo determinado e está simplesmente presente para uma tal atenção – assim como algo se encontra simplesmente à vista. Por outro lado, também podemos duvidar da capacidade de sustentação da analogia e, em verdade, do mesmo modo a partir da significação. O que se mostra foi efetivamente mostrado, e isto levanta a suspeita de que ele nunca se mostraria senão assim como nós o mostramos. Neste caso, o discurso acerca da visão espiritual seria uma auto-ilusão; o mostrar-se evidenciar-se-ia como um efeito do fato de algo poder ser dito de tal e tal maneira. O fato de a visualização e a concretização se co-pertencerem[109] poderia ser uma razão para duvidarmos da possibilidade de uma visualização substancialmente condizente.

A dúvida lembra aquilo que Nietzsche denomina "o caráter perspectivístico da existência"[110], com a única diferença de que este caráter é pensado agora a partir da significação. Isto entrega novamente peso ao pensamento nietzschiano. Se há justamente algo assim como um perspectivismo da significação, então não se toca mais o decisivo com a objeção contra a concepção da vontade de poder de que não haveria mais nenhum fora para esta vontade. Neste caso, o elemento perspectivístico está efetivamente fora, ele mesmo é instalado na exterioridade da linguagem que é, enquanto uma dimensão do espaço hermenêutico, um modo da exterioridade. Com cada significação obteríamos uma visão que não se preenche apenas nesta significação, de modo que a visão se altera com a próxima significação. Além disto, se levarmos em conta a possibilidade de combinação das significações, então não teríamos mais quase como controlar a visão que se daria com ela; nós não saberíamos nem mesmo a míriade de elementos que entram em jogo na mostração de uma significação marcada, de modo que, considerando exatamente, toda mostração seria única.

A idéia não transplantada para junto da concepção aqui desenvolvida da significação. Ao contrário, ela resulta do conceito de textura. Com esta idéia, nós tomamos o intangível e o inesgotável da textura como ponto de partida para a compreensão do mostrar e de sua significação; a textura aparece, então, em uma dinâmica ou em uma "flutuância"[111], que determina exclusivamente a essência do dizer mostrador.

Com certeza há textos que se contrapõem a esta idéia. Todavia, compreendidos como unidades de significação fixadas, os textos só existem no interior da textura, de modo que a equivocidade da textura também poderia ser a equivocidade dos textos. Neste caso, toda leitura seria um impulso impassível de ser repetido, ligado ao tecido das significações; em verdade, um impulso comprometido com o

---

109. Cf. acima p. 228.

110. Nietzsche, *A gaia ciência*, 374; KSA 3, p. 626. Cf. acima p. 71-75.

111. Cf. acima p. 134s.

Quinto capítulo: Linguagem

texto, mas que jamais apreende a sua totalidade, um modo de apresentação, com efeito, mas, enquanto leitura, enquanto síntese, sempre apenas por si, sem alcançar o texto enquanto uma ordem idêntica. O texto seria retraído como a textura.

Permanece algo a se comprovar se as coisas realmente se comportam assim. Trata-se da questão de saber *se* e, caso a resposta seja afirmativa, *como* há significações fixas. Uma resposta positiva, tal como temos a intenção de alcançar aqui, precisaria poder ser desenvolvida, na medida em que dizemos como podemos encontrar significações fixas na textura. Somente então há também apresentações, nas quais o texto se faz valer enquanto tal, ao invés de apenas aparecer naquilo que denominamos a sua apresentação tal como um movimento aparece sobre a superfície da água. Somente se houver significações fixas na textura, há escritos que não são em sua significação nenhum jogo labiríntico, mas coisas contrapostas, cuja constância pode ser reconhecida na apresentação.

A pergunta sobre se há significações fixas, contudo, não diz respeito apenas aos escritos e a tudo aquilo que é comparável com eles. Ela diz respeito à vida na linguagem em geral. Sem significações fixas, a liberdade do uso lingüístico só seria restrita pelo hábito, pelo laço social e pelo fato de as transformações em geral serem lentas e nunca afetarem uma língua como um todo. Não obstante, o arbítrio do uso lingüístico não seria marginal. Ele não tocaria apenas desvios individuais daquilo que tinha sido dito antes ou daquilo que outros dizem. Além disto, as possibilidades de tradução seriam de tal modo restritas que o dito ou o escrito nunca poderiam ser restituídos senão como um entrelaçamento significativo que já seria transformado uma vez mais na próxima leitura. E, por fim, não haveria nenhuma obrigatoriedade para o modo como os conceitos normativos para a compreensão e para a condução da vida precisariam ser entendidos. Por princípio, para além da convenção e do vínculo social voluntário ou imposto, tudo seria permitido.

O que isto significa mais exatamente é mostrado nos primeiros dois livros da *República*. A pergunta sobre o que é uma vida justa e sobre como uma vida comum pode ser concebida de maneira justa só pode ser colocada significativamente, se a palavra central para a questão possui uma significação obrigatória e não apenas determinável funcionalmente. De outro modo, a palavra se torna aquilo que Trasímaco afirma com uma franqueza inabitual mesmo para um sofista, a saber, uma etiqueta, com a qual podemos designar aquilo que é compatível com os respectivos interesses de poder[112]. Toda tentativa, mesmo toda tentativa filosófica de uma determinação substancial, permaneceria neste caso sem ter clareza quanto ao seu valor conjuntural próprio.

O fato de sempre podermos introduzir até mesmo uma palavra como "justo" de acordo com os nossos interesses, ainda que ela possua uma significação substancialmente fixa, não pode ser evitado. É bem provável que o discurso orientado para a conquista de poder e para a manutenção do poder não determine menos a

---

112. Platão, *República* 338c: φημὶ γὰρ ἐγὼ εἶναι τὸ δίκαιον οὐκ ἄλλο τι ἢ τὸ τοῦ κρείττονος συμφέρον. Uma compreensão mais amistosa, mas não menos relativista da convivência humana, encontra-se em Richard Rorty, *Contingency, Irony, Solidarity*, Cambridge 1989, assim como em: Rorty, *Solidarität oder Objektivität?* (Solidariedade ou objetividade?), Stuttgart, 1988.

270 Oposicionalidade – O elemento hermenêutico e a filosofia

vida pública sob a pressuposição de significações fixas do que se não houvesse tais significações. Decisivo, porém, é saber se precisamos ou não conceder a última palavra aos sofistas. É somente se a objeção contra o arbítrio e a sua apologia são fundamentadas que a confrontação com elas possui um sentido.

Seria fácil conquistar um fundamento para esta confrontação, se pudéssemos nos reportar a uma intelecção independente da linguagem. Se não há uma tal intelecção – por exemplo, uma intelecção do tipo de uma visão intelectual –, é aí que o relativismo lingüístico recebe pela primeira vez o seu peso pleno. Não obstante, nós não precisamos capitular diante dele; a afirmação de que não há significações fixas não é nem evidente, nem trivial. Ela é contestada pela afirmação de que as coisas se dão de maneira diversa, e, portanto, ela só pode ser defendida convincentemente, se a afirmação que a contesta for refutada; é preciso que se possa mostrar por que a convicção de que há significações fixas é uma auto-ilusão.

A tentativa filosoficamente mais elaborada de apontar uma tal razão foi empreendida por Derrida. Em verdade, o seu empreendimento está em muito comprometido com o pensamento nietzschiano em seu direcionamento para a dinamização e para a fluidificação[113]. Todavia, enquanto Nietzsche explica a auto-ilusão em face do "devir soberano"[114] apenas a partir da necessidade de estabilidade e segurança[115], Derrida também quer esclarecer o *processo* da auto-ilusão; ele quer mostrar como é que acontece de as pessoas acharem que estão se mantendo junto a significações fixas e não perceberem que a linguagem é, tal como se acha formulado em Nietzsche, "um exército de metáforas, metonímias"[116]. Isto acontece como "desconstrução" de uma segurança que Derrida compreende como a segurança da "voz". Em meio à confrontação com ele, portanto, retorna a pergunta sobre a fala, sobre a relação entre fala e linguagem. No entanto, depois que se clarificou a linguagem sob os pontos de vista dos sinais (signos) e das significações, esta pergunta é levantada agora de maneira mais diferenciada e, por isto, também pode ser respondida de maneira mais diferenciada.

§ 26: Desconstrução da voz

Tal como o seu modelo originário, a "desconstrução" no sentido derridiano do termo é pensada como uma supressão da sedimentação daquilo que se tornou

---

113. Cf. Jacques Derrida, *Épérons. Les styles de Nietzsche*, Paris, 1978.

114. Friedrich Nietzsche, *Sobre a utilidade e a desvantagem da história para a vida*, 9; KSA 1, p. 319. Cf. quanto a isto Günter Figal, *Nietzsche*, Stuttgart 1999, p. 44-52.

115. Nietzsche, *A gaia ciência*, 355; KSA 3, p. 594: "Como? Será que a nossa necessidade de conhecimento não seria senão justamente esta necessidade do conhecido, a vontade de encontrar algo que não nos inquiete mais sob todo o elemento estranho, inabitual, questionável? Será que aquilo que chamamos conhecer não seria outra coisa senão o *instinto do medo*? Será que a exaltação do cognoscente não seria justamente senão a exaltação do sentimento de segurança uma vez mais alcançado?"

116. Nietzsche, *Sobre verdade e mentira no sentido extramoral*, 1; KSA 1, p. 880.

Quinto capítulo: Linguagem

fixo por meio do hábito. Tal como a destruição heideggeriana[117], ela procura "quebrar a rigidez" do supostamente certo a partir do desvelamento de "motivos encobertos, tendências e caminhos de interpretação inexpressos, avançando em um *retorno desconstrutivo* às fontes de motivação originárias da explicação"[118]. No entanto, enquanto o que estava em questão para Heidegger era a destruição das tradicionais "representações ontológicas sobre a vida humana"[119], Derrida formula a pergunta acerca das fontes veladas da compreensão da significação dos sinais (signos), uma compreensão que se transformou em auto-evidência.

Isto acontece a partir da concepção saussuriana do signo (sinal). Na medida em que, segundo a convicção de Derrida, esta concepção oferece tanto a possibilidade de uma articulação positiva, quanto o ensejo para a crítica, ela representa para ele um ponto de partida ideal; ela é ao mesmo tempo digna e carente de desconstrução. Neste sentido, Derrida descreve a realização de Saussure em seus pontos fortes e fracos[120]. De uma maneira convincente, Saussure deixou claro, segundo Derrida, a inseparabilidade entre aquilo que é designado (*signifié*) e aquilo que designa (*signifiant*)[121], ou seja, a indivisibilidade do signo (sinal); aquilo que é designado e aquilo que designa seriam dois lados de uma única e mesma produção[122]. Além disto, com a idéia de que os signos (sinais) só poderiam ser determinados por meio de sua diferença mútua, Saussure teria ao mesmo tempo "dessubstancializado"[123] com os signos (sinais) o seu conteúdo. O conceito de signo (sinal), contudo, permanece apesar disto problemático porque ele é ambivalente. Saussure o teria assumido da tradição metafísica e o voltado contra esta tradição, sem poder se libertar aí das inclusões metafísicas deste conceito[124]. Saussure, assim encontramos formulado em uma outra passagem, se mantém para Derrida nos limites da metafísica: na metafísica e para além do conceito de signo (sinal), do qual, porém, ele se serve[125].

---

117. Derrida não assume este conceito, a fim de evitar a ressonância com "destruição". Em *La grammatologie*, isto é explicitado: "la destruction, non pas la démolition, mais la dé-sedimentation". (Jacques Derrida, *De la grammatologie*, Paris 1967, p. 21).

118. Heidegger, *Phänomenologische Interpretationen* (Interpretações fenomenológicas), GA 623, p. 368.

119. Ibid.

120. Jacques Derrida, *Sémiologie et Grammatologie*, in: *Positions. Entretiens avec Henri Ronse, Julia Kristeva, Jean-Louis Houdebine, Guy Scarpetta*, Paris, 1972, p. 25-50.

121. Como existem em alemão duas palavras que são sistematicamente traduzidas por "significado" e "significante", quais sejam, as palavras *Bedeutung* e *bedeutsam*, e como o autor se vale nesta passagem de dois termos compostos a partir do verbo *bezeichnen* (designar), nós optamos pela tradução dos dois termos sem levar em conta os correlatos diretos do texto saussuriano em francês (N.T.).

122. Derrida, *Sémiologie et Grammatologie*, p. 28: "les deux faces d'une seule et même production".

123. Ibid.

124. Ibid., p. 29.

125. Derrida, *De la Grammatologie*, p. 107.

Isto não é visado como uma crítica à falta de conseqüência. Derrida acentua muito mais que uma tal conseqüência não poderia ser de maneira alguma exigida, se nós tivéssemos nos decidido um dia por um conceito como o conceito de signo (sinal); segundo ele, seria impossível acolher um conceito e não permanecer atado às implicações que estão inscritas em seu sistema[126]. Neste caso, a implicação "metafísica" central do conceito de signo (sinal) para Derrida consiste na distinção entre aquilo que designa e aquilo que é designado. Esta distinção deixa aberta a possibilidade de pensar um conceito designado em si mesmo[127] e de assumir, com isto, algo que estaria simplesmente presente para o pensamento e que, assim, seria independente do sistema de signos (sinais) designadores[128]. Sob a pressuposição assumida de Heidegger de que a tradição filosófica teria pensado desde os seus primórdios com Platão e Aristóteles o ente como aquilo que se presenta em sentido próprio[129], Derrida vê no signo (sinal) algo que escapa ao signo (sinal). Para ele, o conceito de signo (sinal) refuta-se como que por si mesmo, na medida em que libera o conceito de algo não designado e, não obstante, presente. Derrida o denomina "o designado transcendental"[130]. Ele é, como deveríamos complementar, aquilo em virtude do que o signo (o sinal) está propriamente aí: a sua significação.

Todavia, Derrida não pode atribuir o efeito metafísico acima esboçado dos signos (sinais) à sua essência e tomar ao mesmo tempo por fundamentalmente significativa uma estratégia antimetafísica como a de Saussure. Por isto, ele não se volta contra a estrutura dos signos (sinais) enquanto tal, mas somente contra a suposição da existência de algo que é transcendentalmente designado. Isto o leva, por sua vez, à crítica filosófica da distinção, na qual a estrutura dos signos (sinais) é articulada; esta estrutura é problemática, na medida em que não exclui a fixação do diverso. Sob o domínio de sua crítica, as coisas se mostram como se o diverso pudesse ser fixado por si, de tal modo que algo perceptível e algo espiritual constituiriam os dois lados do signo (sinal)[131].

A desconstrução inicia-se com a fixação da estrutura dos signos (sinais). Esta fixação deve mostrar que o designado não se distingue *fundamentalmente* do designador[132]. O signo (sinal) não designou, então, nada para além dos signos (sinais),

---

126. Derrida, *Sémiologie et Grammatologie*, p. 29.

127. Ibid., p. 30: "un concept signifiée en lui-même".

128. Ibid.

129. Em Heidegger, cf. a preleção *Platon: Sophistes* (Platão: o sofista, semestre de inverno de 1924/25; GA 19, org. por Ingeborg Schüssler, Frankfurt junto ao Main, 1992), aqui p. 220-225, em particular p. 222: "O ente é aquilo que está presente em sentido próprio". Além disto, a preleção *Logik. Die Frage nach der Wahrheit* (Lógica. A pergunta sobre a verdade – GA 21, 193).

130. Derrida, *Sémiologie et Grammatologie*, p. 30: "signifié transcendental".

131. Ibid., p. 29.

132. Derrida, *De la grammatologie*, p. 108: "toujours déjà en position de signifiant". Cf. também a formulação que diverge leve, mas significativamente desta passagem em *Sémiologie et Grammatologie*. Lá encontramos: "que tout signifié est *aussi* en position de signifiant" (*Sémiologie et Grammatologie*, p. 30; o itálico foi acrescentado).

Quinto capítulo: Linguagem

mas algo que teria ele mesmo o caráter de signo (sinal). Deste modo, aquilo que se denomina significação não seria senão um jogo dos signos (sinais)[133]. Com isto, porém, ainda não está dito como é que se chega à distinção "metafísica" do designado. Somente quando este se mostra como uma fixação problemática e, neste ponto, como efeito de uma ilusão, é possível afirmar também a compreensão não mais "metafísica" do signo (sinal) como elucidativa.

Para Derrida, a distinção do designado é um resultado do primado da fala ante a linguagem. Segundo ele, este primado determina a concepção saussuriana da linguagem[134], e, em verdade, não casualmente, mas porque ele estaria estabelecido no próprio conceito de signo (sinal). O conceito de signo (sinal) porta em si a necessidade de entregar o primado à substância fônica[135] porque esta substância enquanto uma substância designadora se entregaria à consciência como aquilo que estaria mais intimamente ligado à idéia da representação designada[136]. A substância fônica é a *voz (la voix)*. Ela é aquilo que, com base em sua proximidade maximamente exata em relação à consciência, empreende uma designação sem um adiamento ou uma transposição dignos de nota. Ela é o designador *par excellence* e, assim, a chave para a compreensão dos signos (sinais).

Mais ainda, porém: porquanto a voz entrega ao pensamento uma realidade que é inseparável dele, esta realidade pode, tal como acredita Derrida, ser compreendida como a própria consciência[137]. A voz revela-se como uma instância daquela vivência de uma atividade espontânea e impassível de ser derivada que é total e exclusivamente a minha e, assim, ao mesmo tempo a presença inalienada de minhas representações. "Quando falo", é assim que Derrida explicita a sua reflexão, "não estou apenas consciente de que aquilo que eu penso está presente. Além disto, tenho a consciência de guardar de maneira totalmente próxima de meu pensamento e de minha representação algo designador que não se dá no mundo. Eu escuto o que forneço de mim e ele parece ser dependente de minha pura e livre espontaneidade. Não preciso de nenhum instrumento, de nenhum expediente, de nenhuma força que tenha sido acolhida no mundo. Não são apenas o designador e o designado que parecem se unificar, mas, nesta confusão, o designador parece desaparecer ou se tornar transparente, a fim de deixar, assim, que a representação se torne presente por ela mesma como aquilo que ela é, de modo que ela não remete a

---

133. É assim que as coisas também se encontram em Josef Simon, *Philosophie des Zeichen* (Filosofia do sinal), Berlim, 1989.

134. Derrida, *De la grammatologie*, p. 46-50.

135. Derrida, *Sémiologie et Grammatologie*, p. 32: "substance phonique".

136. Ibid.: "la substance signifiante qui *se donne à la conscience comme le plus intimement unie à la pensée du concept signifié*".

137. Ibid.: "la conscience elle-même".

nenhuma outra coisa senão à sua presença. A exterioridade do designador", é assim que Derrida conclui esta reflexão, "parece reduzida"[138].

Para Derrida, a experiência da voz também é, por isto, a experiência fundamental da metafísica. Ela determinou, como a confusão (*confusion*) e o ilusionismo (*leurre*) que ela é, a tradição de Platão a Husserl. Para ilustrar a vinculação do "logos" – poderíamos dizer aqui certamente: da razão – à experiência da voz, Derrida também se remete ao começo do *De interpretatione*. O "logocentrismo" do pensamento ocidental seria um "fonocentrismo", a razão, um efeito da fala[139]. Se aquilo que é na voz[140] é compreendido como símbolo dos estados da alma[141], então a voz se distingue, com isto, como a produtora dos primeiros símbolos[142]; ela designa o estado da alma que não reproduziria ou refletiria as coisas com base em uma semelhança natural[143]. Para exemplificar seu pensamento, Derrida também poderia ter recorrido a Humboldt e à sua compreensão da linguagem como o trabalho em si consumado e, contudo, inconcluso do espírito. Derrida vê na explicitação heideggeriana da consciência como um "chamado"[144], assim como no pensamento de que o homem seria conclamado "pela voz do ser"[145] a por enquanto última cunhagem do fonocentrismo. Com isto, Heidegger também é inscrito na tradição metafísica. Para ele, é somente Saussure enquanto pensador da linguagem em seus limites que prepara o "fechamento"[146] em questão para Derrida. Com a desconstrução do signo (sinal), este fechamento é realizado, por mais que a metafísica também possa durar infinitamente enquanto a "época do signo (sinal)"[147].

---

138. Ibid., p. 32-33: "Quand je parle, non seulement j'ai conscience d'être présent à ce que je pense, mais aussi de garder au plus proche de ma pensée ou du 'concept' un signifiant qui ne tombe pas dans le monde, que j'entends aussitôt que je l'émets, qui semble dépendre de ma pure et libre spontanéité, n'exiger l'usage d'aucun instrument, d'aucun acessoire, d'aucun force prise dans le monde. Non seulement le signifiant e le signifié semblent s'unir, mais, dans cette confusion, le signifiant semble s'effacer ou devenir transparent pour laisser le concept se présenter lui-même, comme ce qu'il est, ne renvoyant à rien d'autre qu'à sa présence. L'extériorité du signifiant semble reduit".

139. Derrida, *De la grammatologie*, p. 23.

140. Aristóteles, *De interpretatione* 1; 16a 3: τὰ ἐν τῇ φωνῇ.

141. Τὰ ἐν τῇ ψυχῇ παθήματα (Aristóteles, *De interpretatione* 1; 16a 3-4) é traduzido por Derrida como "états d'âme" (*De la grammatologie*, 21).

142. Derrida, *De la grammatologie*, p. 21-22: "productrice des *premiers symboles*".

143. Ibid., p. 22: "(La voix) signifie 'l'état d'âme qui lui-même reflète ou réfléchit les choses par ressemblance naturelle".

144. Heidegger, *Ser e tempo*, GA 2, 239- 371.

145. Derrida, *De la grammatologie*, p. 33. Cf. Martin Heidegger, *Posfácio a 'O que é metafísica?'* (1943), GA 9, p. 303-12, aqui p. 307.

146. Derrida, *De la grammatologie*, p. 25: "clôture".

147. Ibid.: "époque du signe".

Quinto capítulo: Linguagem

O discurso derridiano sobre o "fonocentrismo" da tradição filosófica não é inequívoco. Derrida não quer de maneira alguma mostrar que a tradição se orientou pela experiência da voz, mas que a experiência da voz é a verdade sobre a concepção "metafísica" do *pensamento*. Nesta medida, seria justamente o *esquecimento* da voz no sentido de Derrida que seria metafísico. Em verdade, a determinação aristotélica da linguagem no *De interpretatione* é um testemunho do primado da fala ante a linguagem, mas não da compreensão da razão a partir da fala. Não se trata em Aristóteles da permeabilidade peculiar dos signos (sinais) na fala, tal como Derrida a acentua. Para Aristóteles, os nomes das coisas compreendidos como sinais são "de acordo com a convenção"[148], ou seja, eles já sempre pertencem ao mundo; eles são distribuídos e podem servir, assim, ao entendimento[149]. Por isto, não interessa a Aristóteles "reduzir a exterioridade do designado"[150].

No entanto, uma tal redução se dá, quando expressões lingüísticas não são expostas para o "anúncio" de algo, mas acontecem "na vida solitária da alma". Neste caso, é assim que Husserl nos diz na primeira *Investigação lógica*, o que está em questão não é de maneira alguma a "própria palavra": "a expressão parece desviar a atenção de si e dirigi-la para o sentido, apontar para ele" – e isto significa: para o objeto visado, na medida em que ele é visado. Com isto, a "não-existência da palavra" não nos perturba; o "que está em questão não é absolutamente a função da expressão enquanto expressão"[151]. Visto assim, o pensamento aparece como um estado entre falar e não falar; em verdade, nós lidamos com expressões, mas não anunciamos nada. Um tal anúncio seria, como Husserl acentua, "totalmente inútil"; os atos de pensamento "são vivenciados por nós mesmos no mesmo instante"[152], de modo que não precisamos comunicá-los a nós mesmos.

---

148. Aristóteles, *De interpretatione* 2; 16a 19: κατὰ συνθήκην.

149. Sigo aqui a referência de Gadamer de que a fórmula usada por Aristóteles não pode ser compreendida no sentido de uma "teoria instrumental dos sinais". "Ao contrário", é isto que nos diz Gadamer, "a convenção de acordo com a qual os sons lingüísticos ou os sinais da escrita significam algo não é um ajuste dos meios de entendimento – uma tal convenção já pressuporia sempre a linguagem. Ao contrário, ela envolve o fato de se ter chegado a um acordo, sobre o qual se fundamenta a comunidade entre os homens, a sua concordância naquilo que é bom e justo". De maneira correspondente, precisaríamos "ver" os "enunciados terminológicos" do *De interpretatione* "sob a luz da 'política'" (Gadamer, *Verdade e método*, GW 1, p. 435). De maneira similar, Wolfgang Wieland, *Die aristotelische Physik* (A física aristotélica), segunda edição, Göttingen, 1970, p. 163. Com concordância também Herrmann Wiedemann in: *Aristoteles. Peri Hermeneia*, traduzido e comentado por Herrmann Weidemann, Berlim, 1994.

150. Derrida, *Sémiologie et Grammatologie*, p. 33.

151. Hussel, 1. Investigação lógica, II. 1 § 8; Husserliana XIX. 1, p. 42-43.

152. Ibid., p. 43.

276 Oposicionalidade – O elemento hermenêutico e a filosofia

Estas reflexões são o ponto de partida para a discussão derridiana da voz, tal como ela foi levada a termo pela primeira vez em *La voix et le phénomène*[153]. Vemos facilmente aí que a voz não pode ocorrer de maneira alguma no próprio Husserl. O que está em questão junto às expressões na "vida solitária da alma" não é justamente a palavra sonorizada. Esta palavra é colocada fora de jogo e, por isto, ao invés de se voltar para a expressão, a atenção pode se voltar para aquilo que é expresso nela; quando não há nenhuma elocução, visualizamos o conteúdo intencional daquilo que é "vivenciado". Considerando a partir daí, já reside na substituição da "vida solitária da alma" por meio da voz um acento desconstrutivo. Derrida quer mostrar que a consciência está totalmente junto a si no silêncio e que esta impressão se deve em verdade à experiência da fala.

Derrida desenvolve o seu pensamento em uma análise da distinção husserliana entre "indício" e "expressão". Nesta análise, ele compreende o indício (*indice*), que aponta para algo que não é ele mesmo dado, como o sinal propriamente dito e supõe que Husserl também pensa assim[154]. Para tanto, há um ponto de apoio. Husserl está convicto de que "todas as expressões funcionam no discurso comunicativo como indícios; elas servem ao ouvinte como um sinal dos 'pensamentos' do falante, ou seja, de suas vivências psíquicas doadoras de sentido que pertencem à intenção comunicativa"[155]. Em contrapartida, as expressões na vida solitária da alma não são "percebidas" como "estando presentes"[156]. Elas não são, como Derrida o expressa, sinais existentes, que mostram significações ideais, ou seja, não existentes e certas porque presentes na intuição[157]. Elas são sinais em suspenso, nem manifestos, nem totalmente extintos. Elas se tornaram, por assim dizer, transparentes para a coisa por elas mostrada, uma coisa que não é mais experimentada como realmente dada, mas que está apenas presente para a atividade do expressar. Com a consideração das expressões na vida solitária da alma dá-se faticamente o passo[158] – que equivale à redução fenomenológica – em direção à "esfera particular"[159], à consciência, uma esfera independente de tudo aquilo que é exterior[160]. Todavia, mesmo que esta esfera só se faça valer no silêncio em que o seu caráter lingüístico se cala, a fala se revela como a verdade da consciência silenciada. No silêncio ecoa, por assim dizer a voz, ela preenche com o seu eco o silêncio e, então, a consciência enquanto tal é transposta para a exterioridade.

---

153. Para a tradução de *La voix et le phénomène* (*A voz e o fenômeno*), nós conferimos : Jacques Derrida, *Die Stimme und das Phänomen*. Traduzido do francês com um posfácio por Jochen Hörisch, Frankfurt junto ao Main, 1979 e Jacques Derrida, *Die Stimme und das Phänomen*. Traduzido do francês por hans-Dieter Gondek, Frankfurt junto ao Main, 2003.

154. Derrida, *La voix et le phénomène*, p. 46.

155. Husserl, *1. Investigação lógica*, II. 1, § 7; Husserliana XIX.1, p. 40.

156. Ibid., § 8; Ibid., p. 42.

157. Derrida, *La voix et le phénomène*, p. 47-48: "des signes non existants *montrent* des signifiés (*Bedeutungen*) idéaux, donc non existants, et certaines, car présents à l'intuition".

158. Cf. Husserl, *Ideen I* (Idéias I); Husserliana III.1, p. 104.

159. Derrida, *La voix et le phénomène*, p. 44.

160. Husserl, *Meditações cartesianas*; Husserliana I, p. 137 entre outras.

Quinto capítulo: Linguagem

Para mostrar isto, Derrida desenvolve inicialmente o pensamento discutido em *Sémiologie et Grammatologie* da autovinculação peculiar da voz: na voz, algo, um correlato intencional como o significado, encontra de tal modo a sua expressão, que a voz está ao mesmo tempo presente para si mesma. Ela se *escuta*, sem que um sujeito precise ir além de si mesmo e, com isto, o sujeito compreende a si mesmo naquilo que ele escuta. *"La voix s'entend"*[161] – com base na ambigüidade de *s'entendre* estão contidas nesta frase as duas coisas: ouvir e compreender. A consciência só se compreende, na medida em que se escuta. Desta forma, a consciência que consiste em "se-escutar-falar" e em "se-compreender-falando" (*s'entendre-parler*)[162] pode ser compreendida como "auto-afecção"[163]. Esta afecção é um efeito puro da consciência sobre si, não mediado por algo extrínseco, e, com isto, tal como Derrida diz, "sem dúvida alguma" aquilo que se denomina "subjetividade" (*subjectivité*) ou "por-si" (*pour-soi*)[164]. Foi assim que Heidegger já tinha compreendido a auto-afecção[165]. Pensada a partir da voz, ela é com certeza um por-si que se deve à duplicação em uma instância falante e em uma instância que escuta e só pode vir à tona por meio da supressão do ouvir perceptível como pura autopresença. Logo que temos clareza quanto a isto e o compreendemos de tal modo que só há o por-si por meio de uma diferença (*différence*) na auto-presença, a suposta autonomia da consciência se torna problemática, pois, com a diferença, a exterioridade que deveria ser excluída da subjetividade se reapresenta[166]. Naquilo que escuta, a consciência não se liga a si mesma, mas a um signo (sinal) que pertence à linguagem. O que se encontra na consciência aponta para além da consciência. No signo (sinal), a consciência não possui a si mesma, mas sim um complemento que remete para fora[167]. Ela depende deste complemento para a sugestão de sua auto-presença e, nesta medida, ele é o complemento de uma falta[168]; a consciência se

---

161. Derrida, *La voix et le phénomène*, p. 85.

162. Ibid., p. 85.

163. Ibid.: "auto-affection". O conceito remonta a Heidegger, que o introduz junto à interpretação da concepção kantiana do tempo. O tempo, diz Heidegger, seria uma "pura auto-afecção, não uma afecção efetiva que tocaria um si próprio presente"; enquanto "pura", ela formaria muito mais "algo assim como um dizer respeito a si mesmo" (Martin Heidegger, *Kant und das Problem der Metaphysik* – Kant e o problema da metafísica, GA 3, org. por Friedrich-Wilhelm von Herrmann, Frankfurt junto ao Main, 1991, p. 189). Cf. em geral: Heidegger, *Kant und das Problem der Metaphysik* (Kant e o problema da metafísica), § 34; GA 3, p. 338-347 (quanto a isto Derrida, *La voix et le phénomène*, p. 93). Cf. além disto: Heidegger, *Logik. Die Frage nach der Wahrheit* (Lógica. A pergunta sobre a verdade), GA 21, aqui p. 188-195, p. 344-347.

164. Derrida, *La voix et le phénomène*, p. 89.

165. Em Heidegger, no *Kant und das Problem der Metaphysik* (Kant e o problema da metafísica), GA 3, p. 189, encontramos a seguinte formulação: a auto-afecção seria a "essência da subjetividade".

166. Derrida, *La voix et le phénomène*, p. 89.

167. Ibid., p. 97: "supplément".

168. Ibid.: "manque". No uso comum da língua francesa, *supplément* significa "adição a algo que é em si completo". No uso lingüístico mais antigo, porém, ele designa o "complemento de algo incompleto com vistas à sua completude". Cf. *Dictionnaire alphabétique et analogique de la langue française*, por Paul Robert (Le petit Robert), Paris, 1972.

278   Oposicionalidade – O elemento hermenêutico e a filosofia

evidencia como uma não-presença originária para si mesma[169]. Junto à voz, que é por sua vez fundamento da autopresença da consciência, mostra-se, por outro lado, a exterioridade da consciência. Vem à tona o fato de a voz pertencer ao contexto de uma língua estrangeira que só é apropriada no instante da fala como familiar. Ela pertence, tal como Derrida diz, à *escrita*[170]. Aquilo que sempre foi considerado na tradição como a desvantagem da escrita, o seu caráter secundário em relação à expressão oral[171], evidencia-se agora como a sua vantagem. Esta é uma das intelecções mais significativas de Derrida: a escrita não é nenhuma fixação ulterior do discurso, mas a linguagem mesma em sua exterioridade.

Esta exterioridade é insuperável porque o designado pela voz só é aparentemente um conteúdo da consciência. A convicção de que haveria um tal conteúdo surge com o designado; como o designar é realizado enquanto um ato consciente, liga-se a ele a impressão de que também teríamos o conteúdo da designação, ou seja, dito juntamente com Husserl, o seu correlato intencional. Um tal correlato, porém, só está presente com o signo (sinal), ou seja, só como algo indicado. Se quiséssemos apreendê-lo, nós precisaríamos denominá-lo, ou seja, uma vez mais designá-lo, de modo que ele escaparia novamente. Todo signo (sinal) é um *rastro*[172]; o designado já sempre se subtraiu, de tal modo que ele "sempre está na posição do designador"[173]. Quem busca conteúdos encontra novos signos (sinais).

O que Derrida designa com o seu célebre neologismo *différance* é este acontecimento peculiar de uma exterioridade retida. *Différance* é a "operação da diferenciação e do retardo" – o verbo *différer* significa as duas coisas – "que, ao mesmo tempo, fissura e retarda a presença, submetendo-a simultaneamente à divisão e ao adiamento originários"[174]. Na medida em que o acontecimento da *différance* não diz respeito apenas à relação de uma significação que quer se expressar[175] com o indício em sua exterioridade, mas a toda passagem de um signo (sinal) para o próximo, Derrida também pode definir a *différance* como o "jogo sistemático das diferenças"[176]. A linguagem é jogo como conseqüência de substituições infinitas no fechamento de um conjunto finito[177]. Com todo signo (sinal) ou complexo de signos (sinais), nós sempre nos inserimos novamente de uma maneira diversa no conjun-

---

169. Derrida, *La voix et le phénomène*, p. 97: "une non-présence à soi originaire".

170. Programático quanto a isto cf. Derrida, *Sémiologie et Grammatologie*, p. 37-38.

171. Em *De la grammatologie*, p. 21-22, Derrida discute a sua idéia em relação a Aristóteles.

172. Derrida, *La voix et le phénomène*, p. 95: "trace".

173. Derrida, *De la grammatologie*, p. 108.

174. Derrida, *La voix et le phénomène*: "l'opération du différer qui, à la fois, fissure et retarde la présence, la soumettant du même coup à la division et au delai originaires".

175. Ibid., p. 18: "vouloir-dire".

176. Derrida, *Sémiologie et Grammatologie*, p. 38: "le jeu systematique des différences". Quanto ao conceito de jogo, cf. além disto : Jacques Derrida, "A estrutura, o signo e o jogo no discurso das ciências humanas", in: Derrida, *A escritura e a diferença*, Paris, 1967, p. 409-428.

177. Derrida, "A estrutura, o signo e o jogo", p. 423: "ce champ est en effet celui d'un jeu, c'est-à-dire de substituitions infinies dans la clôture d'un ensemble fini".

Quinto capítulo: Linguagem

to dos signos (sinais) porque a significação jamais se estabelece com nenhum signo (sinal). O adiamento (*retard*), do qual fala Derrida, não abre a possibilidade de uma ligação, mas impede que a significação seja apreendida. A fala pode ser desejada como mostração, mas nela não se mostra nada. Tudo permanece sem ser mostrado. A essência da escrita é a indicação. Com toda tentativa de designar "algo" que acreditamos deter, com toda tentativa de designá-lo de outra maneira e, assim, apreendê-lo mais exatamente, acrescentamos algo ao dito. O acréscimo, porém, não enriquece a imagem de uma coisa, mas sempre se coloca uma vez mais diversamente no lugar daquilo que, retendo uma designação, consideramos a coisa[178]. Como não há simplesmente "a coisa", o jogo das designações é infinito na finitude de cada linguagem. De maneira correspondente, toda tentativa de determinar algo é "bricolagem" (*bricolage*), tal como Derrida o diz com um conceito de Claude Lévi-Strauss. A *bricolagem* é um movimento na linguagem que nunca pode se certificar da linguagem como um todo porque não há nenhum ponto arquimediano para a reconstrução da linguagem em sua totalidade[179]. A linguagem é uma conexão, cujos elementos sempre se colocam uma vez mais em uma nova ordem de elementos. Não há estes elementos de um tal modo que poderíamos determiná-los por si e, então, constatar as suas diferenças, mas aquilo que denominamos "elementos" não é outra coisa senão o jogo das diferenças, um jogo que sempre se forma novamente. *Différance* é o acontecimento do distanciamento, por meio do qual os elementos da linguagem se ligam reciprocamente[180]. Na *différance*, a linguagem possui para Derrida a sua abertura, ou seja, a sua dimensionalidade.

Mas a questão é saber se a dimensionalidade da linguagem pode ser compreendida tal como Derrida a descreve. A pergunta concretiza-se como a questão acerca de sua compreensão da voz; esta compreensão é a pressuposição para a sua compreensão da escrita. A idéia da *différance* como o afastamento entre os signos (sinais) que sempre retarda uma vez mais a significação é concebida a partir da certeza da significação da voz e, com isto, a partir da consciência. A experiência do "rastro", ou seja, a experiência da evasão da linguagem, só pode ser feita em meio à expectativa por algo que é transcendentalmente designado, por um *signifié transcendental*. Só há uma tal experiência para uma consciência que quer apreender a significação imediatamente enquanto ela mesma e que, então, vivencia a desilusão de sua vinculação à corrente dos signos (sinais).

Se Derrida não tivesse partido da concepção husserliana da consciência e de sua "esfera particular", ele também teria podido apreender, de uma forma diversa e mais condizente com a coisa mesma, a concepção saussuriana do signo (sinal). Como parte daí, ele paga a dinamização da diferença própria aos signos (sinais), uma dinamização que é indicada com o conceito de *différance*, com o obscureci-

---

178. Ibid.: "Le mouvement de la signification ajoute quelque chose, ce qui fait qu'il y a toujours plus, mais cette addition est flottante parce qu'elle vient vicarier, suppléer un manque du côté du signifié".

179. Ibid., p. 417-18.

180. Derrida, *Sémiologie et Grammatologia*, p. 38: "l'espacement par lequel les éléments se rapportent les uns aux autres".

280   Oposicionalidade – O elemento hermenêutico e a filosofia

mento do pensamento central de Saussure. Saussure tinha procurado mostrar que os signos (sinais) possuem a sua determinidade na diferença mútua que os torna aptos enquanto signos (sinais). Justamente esta determinidade dissolve-se em sua dinamização. Segundo a descrição de Derrida, nós percorremos os signos (sinais) em um jogo incalculável que deixa cada signo (sinal) ser sempre uma vez mais diverso por meio de novas constelações. *Différance* não é apenas o adiamento da significação, mas também a postergação dos signos (sinais). Não se consegue compreender por que os signos (sinais) ainda são reconhecíveis aí como determinados. De maneira correspondente, permanece em aberto como é que o jogo dos signos (sinais) pode ser aquilo que Derrida diz sobre ele: um "jogo sistemático"[181], ou seja, um jogo cujos elementos formam um todo, um jogo com regras e ordem.

A resposta de Derrida à pergunta sobre a essência da conexão entre os signos (sinais) é aporética. Por um lado, ele recusa o conceito de estrutura que provém do contexto da arquitetura e que é, deste modo, estático[182]; o pensamento da *différance* seria incompatível com o motivo estático, sincrônico, taxinômico, a-histórico etc. do conceito de estrutura[183]. Por outro lado, ele não considera este motivo o único, a partir do qual poderíamos definir a estrutura; ao contrário, a *différance* produz transformações sistemáticas e regulares[184]. Segundo ele, decisivo seria apenas o caráter dinâmico do sistema; tudo dependeria "da *produção* de um sistema de diferenças"[185] e, em face disto, seria secundário o fato de este sistema poder ser representado por meio de uma abstração e, de acordo com os motivos citados, como uma estrutura. Com isto, porém, Derrida não resolve a dificuldade: como é que a *différance* pode produzir diferenças sistemáticas e ser ao mesmo tempo incompatível com a sua descrição sistemática? Se a descrição não deve ser nenhuma abstração, ela precisa corresponder à sua coisa, e, então, ela não é de maneira alguma possível senão como "estática, sincrônica, taxinômica e a-histórica". Neste caso, por sua vez, a linguagem não pode mais se tornar compreensível a partir apenas do pensamento da *différance*. Ela é ao mesmo tempo dinâmica e estática[186].

A pergunta sobre como é preciso compreender isto mais exatamente pode ser formulada com os conceitos de Derrida; trata-se da pergunta sobre a relação entre a voz e a escrita. A tentativa de respondê-la pode começar pela voz, e, em verdade, de início junto à descrição que Derrida nos fornece dela. De acordo com esta des-

---

181. Ibid.

182. O conceito já aparece em Humboldt. Cf. acima p. 235s. Quanto à história da palavra cf. o artigo no *Historischen Wörterbuch der Philosophie* (Dicionário histórico da filosofia), org. por Karlfried Gründer e Joachim Ritter, Darmstadt, 1998, vol. 10, colunas 303-334, em particular 303.

183. Derrida, *Sémiologie et Grammatologie*, p. 39: "le thème de la différance est incompatible avec le motif statique, synchronique, taxinomique, ahistorique etc. du concept de structure".

184. Ibid.: "(La différance) produit des transformations systématiques et réglées".

185. Ibid., p. 40: "la production d'un systeme de différences".

186. Cf. como tentativa de resolver a aporia de Derrida: Rodolphe Gasché, *The tain of the mirror*, Cambridge Mass., 1986, p. 186.

Quinto capítulo: Linguagem

crição, a voz é, segundo a sua essência, por si. Todavia, a sua sonorização não quer se adequar corretamente à solidão silenciosa da vida da alma, com a qual Derrida a associa. Ao contrário, segundo a sua essência, a voz está disposta para a comunicação; a exterioridade que ela, em sua dependência em relação aos signos (sinais), possui mesmo para Derrida, se expressa na comunicação. O falar com os outros não é para a voz nenhuma interrupção de sua auto-afecção, mas uma normalidade. As coisas só se mostram de outra maneira, quando a voz é compreendida a partir de uma autoligação espontânea e, neste ponto, ao mesmo tempo pura. Derrida cunha esta idéia sobre a experiência da voz e a isola, com isto, de uma maneira que lhe é inadequada. Isto não significa que a concepção derridiana da voz seria totalmente equivocada. Há a experiência da voz, tal como Derrida a descreve; com a nossa própria voz, também sempre experimentamos a nós mesmo. No entanto, o modo como as coisas se comportam em relação a esta experiência de si só pode ser descrito apropriadamente se nos imiscuímos na essência comunicativa da voz. O que a voz é só se mostra na medida em que a descrevemos em sua exterioridade. Tudo depende do modo como ela se posiciona em sua exterioridade.

§ 27: Posições

Nós percebemos a nossa própria voz, logo que ela ressoa. Nós a ouvimos, e, quem é surdo, sente a ressonância na vibração do som. Já pela escuta sabemos que podemos ser ouvidos. Quem quer permanecer sem ser descoberto ou sem ser notado fica calado. É possível observar, cheirar e tocar em algo secretamente. Mas levantar secretamente a voz é um contra-senso. Quem se faz ouvir é audível; nós sabemos disto porque nos escutamos.

Deste modo, há aquilo que podemos denominar juntamente com Merleau-Ponty[187] um quiasmo, ou seja, um entrecruzamento da voz, e, junto à voz, este quiasmo é mais inequívoco do que em qualquer outra ação corporal. Ver e ser visto, tocar e ser tocado também se co-pertencem: nós não vemos apenas, mas também somos visíveis para nós mesmos; não é só o espelho que comprova isto, mas também todos os olhares que lançamos sobre nós mesmos. Nós não tocamos apenas uma outra coisa, mas podemos tocar a própria mão que toca. No entanto, o ver pode esquecer-se de si, ele pode se entregar completamente àquilo que se encontra em vista. Neste ponto, ele é comparável com o toque. No caso da voz não há este auto-esquecimento. Mesmo no sussurro desatento, no gemido ou no canto e no falar por falar, nós podemos escutar a nós mesmos. No que levantamos a voz, nós estamos fora, mas não nos livramos de nós mesmos.

Isto também significa: na medida em que nos escutamos, nós não nos experimentamos por assim dizer de fora, como a partir da perspectiva de uma outra pessoa; nós nos escutamos, mas não nos ouvimos. Para tanto, a própria voz precisaria ser gravada e reproduzida. Escutá-la desta maneira produz, ao menos a princípio, um estranhamento. Ressoa aí algo estranho, a cuja característica prestamos aten-

---

187. Merleau-Ponty, *Le visible et l'invisible*, e, quanto a isto, o capítulo: L'entrelacs – le chiasme (p. 178-204). Esta idéia é discutida mais detalhadamente no § 36.

ção de maneira envergonhada. Nisto se mostra o fato de ser preciso distinguir exterioridade e estranheza. A voz sempre é ao mesmo tempo exterior, apesar de ela só ser estranha sob determinadas circunstâncias. Com isto, a voz também não é nenhuma "auto-afecção". Ao contrário, ao levantarmos a voz, nós estamos no mundo como não estamos de nenhuma outra maneira. A experiência de nossa própria coisidade ainda não reside de maneira alguma no fato de vermos a nós mesmos; o toque na própria mão ainda não é a experiência de ser tocável como uma outra coisa no mundo. Para experimentar a si mesmo tal como Merleau-Ponty o expressa, isto é, como uma coisa entre coisas[188], nós sempre precisamos nos abstrair também do modo como experimentamos a nós mesmos. Mesmo quando descansamos a nossa própria mão sobre a mesa ou vemos a caneta atravessar o papel, a mão não é para nós mesmos como a lapizeira, o papel e a mesa. Nunca diríamos sobre ela: ela é *algo*. Sempre diríamos: ela sou *eu*. O mesmo se dá com a voz. *Nós mesmos* estamos fora, não apenas algo de nós mesmos; na medida em que nos escutamos, sabemos a cada instante que estamos produzindo um efeito e que somos perceptíveis. Quem levanta a voz nunca está sozinho por si, mas sempre também para os outros. Nós somos voz e escuta ao mesmo tempo – e isto de um tal modo, em verdade, que *sabemos* sobre a nossa própria elocução que ela está fora. Com freqüência, este saber é apenas uma certeza incorporada e desprovida de pensamento. Enquanto tal, contudo, ele suporta a voz e determina o seu ressoar. No que levantamos a voz, nós queremos estar presentes para os outros de maneira mais ou menos expressa. Nós não vemos para ser vistos. O toque é possível sem que aconteça em virtude do ser tocado, e, na maioria das vezes, nós o realizamos assim. Levantar a voz, no entanto, significa: querer ser escutado.

O fato de sermos nós mesmos que levantamos a voz e o fato de querermos ser ouvidos se co-pertencem. O soar da voz não deve ser como um som ou um barulho entre outros; nós queremos ser escutados inconfundivelmente como nós mesmos, tal como nos escutamos. O ouvir-se suporta este querer; na certeza de que podemos ser escutados, a aspiração por ser escutado é iniciada e intensificada.

Quem quer ser escutado não precisa falar. Já o grito, por exemplo, de alegria, temor ou aflição, ou, com maior razão, o grito ao ser atacado, deve ser perceptível. O grito deve manifestar aquilo que queremos e como estamos, ele é um grito de socorro ou deve atemorizar o adversário.

Assim, já se torna reconhecível junto ao grito o que a voz é enquanto tal: a voz é *expressão*, um comportamento que não quer ser nada além de exterior, nada além de apreensível pelos outros. Isto a distingue das caretas e dos gestos. Junto a estes dois é possível depreender o que é exigido de nós. Pelo fato de eles não estarem imediatamente presentes para nós mesmos, porém, falta-lhes aquilo que constitui a essência da voz. Não pertence à essência das caretas e dos gestos o fato de eles serem visados como expressão; em geral, eles são involuntários e devem mesmo ser assim. Toca-nos de uma maneira desconfortável, quando alguém que não é um ator os introduz de uma forma reconhecível como possibilidades de expressão. Aquilo que se compreende por si mesmo junto à voz não é concedido sem

---

188. Merleau-Ponty, *Le visible et l'invisible*, p. 180: "chose parmi les choses".

Quinto capítulo: Linguagem

mais às expressões faciais e aos gestos, por exemplo, quando não podemos nos fazer escutar senão por meio de um gesto, uma vez que a voz não se faz ressoar.

O fato de, segundo a sua essência, a voz ser uma expressão visada não significa que ela seria clara naquilo que quer expressar. Tal como o gemido, o grito também pode ser mal compreendido. Inequívoco, contudo, é o *fato* de a voz ser uma expressão. É somente por isto que respondemos quando alguém levanta a voz. Logo que soa uma voz humana, *alguém* está presente – ela mesma ou ele mesmo. Não podemos passar simplesmente por cima disto, quando reconhecemos que alguém não tem em vista a nós mesmos, mas a um outro. A única coisa que podemos fazer no caso do ouvir é agir como se não estivéssemos ouvindo[189]. Nós podemos desviar o olhar. No entanto, se não fechamos violentamente os ouvidos, a voz continua ressoando mesmo quando afastamos o olhar. Ela continua chamando e seguindo aquele que tenta se manter em um estado de indiferença.

O fato de a voz ser uma expressão visada é válido para toda fala e se comunica em toda fala. Tal como no caso da elocução desarticulada, a expressão é aqui a própria voz; e isto significa: o não-dito. Aquilo que é dito poderia ser dito com uma expressão bastante diversa; ele não está vinculado a uma expressão, mesmo que lhe associemos involuntariamente a uma determinada expressão. Deste modo, aquilo que é dito pode vir ao encontro da expressão em um aspecto substancial, mas ele só ganha expressão por meio do fato de alguém *se comunicar*.

Comunicar-se significa: estar presente para os outros enquanto si próprio. Mesmo que isto seja possível por meio de uma proposição qualquer, exposta em face dos outros porque o que está em questão não é o dito enquanto tal, há de qualquer modo palavras, nas quais a própria expressão se torna cognoscível. A palavra expressiva fundamental chama-se "eu". Mesmo que a palavra seja em geral computada entre as palavras indiciais e considerada conjuntamente com palavras como "aqui", "agora" ou "isto", a palavra "eu" é diversa destas palavras naquilo que há de decisivo. Em verdade, a palavra designa aquele que a cada vez a emprega, assim como "aqui" tem em vista o lugar no qual a palavra é utilizada e "agora" sempre o tempo no qual se usa a palavra. "Isto" sempre pertence do mesmo modo ao contexto da respectiva mostração, na qual ele se liga ao que é a cada vez mostrado. No entanto, o "eu" ainda é diverso pelo fato de o próprio falar se tornar cognoscível com a palavra.

"Eu" é a palavra fundamental da voz. Em verdade, quem diz uma frase com "eu" não se coloca em jogo como este indivíduo determinado, mas se coloca efetivamente em jogo como um falante. Nós não apresentamos simplesmente algo, mas mostramos antes de tudo a nós mesmos como aqueles que vêem, pensam ou avaliam algo de tal e tal forma. Nós mostramos como nos colocamos em relação a algo, e, com isto, neste aspecto, nós mesmos somos colocados; nós assumimos

---

189. O verbo *überhören* significa literalmente "sobreouvir". Ele designa o ato de não dar atenção a algo, de agir como se algo não nos dissesse respeito. Para seguir o sentido básico do verbo, optamos por traduzi-lo pela locução "agir como se não se estivesse ouvindo" (N.T.).

284 Oposicionalidade – O elemento hermenêutico e a filosofia

uma posição. Quem diz "eu" se liga a uma *posição*. Mais do que uma palavra indicial, "eu" é uma palavra posicional.

O dizer-eu só tem naturalmente sentido, quando ele acontece *para alguém* e, assim, a assunção de uma posição é sempre também uma *interpelação*. Interpelando alguém, nós nos voltamos para alguém[190] que está afastado de nós mesmos como um outro. A interpelação mede transversalmente o afastamento, ela cria uma ligação que só subsiste no afastamento porque ela deixa ao outro o seu estar-afastado; o outro pode responder, mas ele não é jamais obrigado a responder.

Como a voz é uma interpelação, a palavra fundamental "eu" está em co-pertinência com uma outra palavra fundamental, a saber, a palavra "tu"[191]. Com esta palavra, a voz encontra a sua direção ou, como também podemos dizer, a sua intenção. A voz não visa a algo, mas a alguém. Soando, ela se encaminha na abertura da fala para alguém e quer alcançá-lo. Quem é interpelado deve fazer aquilo que nós mesmos também podemos fazer: ouvir. Todavia, aquilo que para nós mesmos não passa da experiência da voz em sua exterioridade deve ser concretizado pelo interpelado em seu voltar-se para. Quem é interpelado não deve simplesmente ouvir – quando as condições normais para tanto são preenchidas, isto acontece por si mesmo; o que está em questão para o falante é muito mais o fato de o interpelado *escutar*. Assim, o soar da voz não é nenhum processo primariamente acústico; é somente quando a voz não é reconhecida enquanto tal que ela pode ser um som entre outros. A voz possui por si mesma a direção da interpelação; a escuta à voz apreende esta direção e é um voltar-se para – e isto já na medida em que a escuta distingue a voz de todos os outros sons. Segundo a sua essência, ela é diversa da atenção reunida que precisaria ser compreendida, segundo Heidegger, como a essência da "escuta à linguagem"[192], mesmo que ela seja determinada por uma tal atenção. A escuta à voz é a escuta a uma *reivindicação*. Não é a face do outro que nos torna responsáveis; nós podemos nos desviar da face. É muito mais a voz que nos chama à responsabilidade; nós devemos responder à voz[193].

Escutar significa: acolher aquilo que o outro diz. Mais importante ainda é a intenção comunicativa. Escutando, nós devemos acolher aquilo que o outro *quer* dizer e o modo como ele se coloca na fala em relação àquilo que ele diz. Nós devemos, com uma palavra, perceber a posição do outro. Neste ponto, sempre entra

---

190. Cf. as reflexões de Derrida sobre o "s'adresser" em *Force de la loi. Le 'fondament mystique' de l'autorité* (Paris, 1994).

191. Este é o grande tema da filosofia do diálogo. Cf. Michael Theunissen, *Der Andere* (O outro), Berlim, 1965. A idéia fundamental já se encontra em Wilhelm von Humboldt, *Über die Verwandtschaft der Ortsadverbien mit dem Pronomen in einigen Sprachen* (Sobre o parentesco dos advérbios de lugar com o pronome em algumas línguas), Leitzmann VI, p. 58-75.

192. Cf. acima p. 236-238.

193. Quanto à "face" (*visage*) em Emmanuel Lévinas, cf. em particular *La philosophie et l'idée de l'infini* (Lévinas, *En découvrant l'existence avec Husserl et Heidegger*, p. 165-178, aqui p. 172-174). Além disto: Lévinas, *Totalité et infini. Essai sur l'extériorité*, Den Haag, 1961, p. 22 entre outras.

Quinto capítulo: Linguagem

em jogo também o conhecimento e o reconhecimento de que se trata efetivamente de uma posição. Só há reconhecimento no afastamento entre a voz e a escuta[194]; ele não é nenhum processo apriorístico, mas algo que acontece novamente a cada vez que escutamos. Não obstante, o reconhecimento não é nenhum modo particular de se voltar para, distinguível de outros modos. O fato de a posição de um falante ser reconhecida não possui conseqüência alguma para a maneira como nós nos colocamos em relação a ela. O reconhecimento refere-se ao elemento posicional enquanto tal; ele é o contrário da não-atenção, tal como ela se faz valer quando agimos como se não estivéssemos ouvindo, e, portanto, ela já reside na própria escuta. Nós não podemos escutar, sem que ao mesmo tempo reconheçamos. Neste caso, o reconhecimento é conduzido pela compreensão; a própria posição é refletida pela outra posição, a outra pela própria, sem que as posições cheguem aí necessariamente a uma concordância ou a um equilíbrio. Compreender não é nenhum conceito normativo; mesmo aquilo que queremos recusar precisa ter sido compreendido e, aí, a recusa pode até mesmo crescer com a compreensão; sem compreensão, não recusamos, mas apenas nos negamos a.

O reconhecimento não diz respeito apenas aos outros, mas também àquele mesmo que reconhece. A ele pertence o acordo de se inserir no *jogo* das posições. Trata-se de um jogo no sentido que Derrida atribui aos signos (sinais), ou seja, um jogo tal que ele nunca se determina senão como o respectivo conjunto das posições. Alguém pode abrir o jogo, na medida em que levanta a voz. Logo em seguida, porém, o falante precisa assumir uma postura em relação às posições dos outros que são requisitados por sua fala. Posições não são tão rígidas e firmes quanto a palavra poderia sugerir. Em sua co-pertinência a outras posições, uma posição pode ser modificada, mesmo relativizada e revogada, e isto produz um efeito imediato sobre as outras posições que tomam parte no jogo.

Portanto, nunca há uma posição senão juntamente com outras posições. Por isto, o ato de escutar, como quer que ele seja cunhado, pertence sempre ao ajuste das posições. É preciso deixar as outras posições vigerem até um certo grau e aceitar aquilo que é dito por elas. Mesmo na contenda precisamos de unicidade; nós precisamos concordar ao menos quanto ao que constitui o objeto da contenda. Se não estivéssemos de acordo com os outros, por mais elementar que este acordo fosse, a reflexão sobre a nossa própria posição não poderia mais ter sucesso.

Em sua reflexividade, toda posição é co-pertinente a outras posições; logo que a interpelação acontece e é reconhecida por meio de um voltar-se para, as posi-

---

194. John Burbidge aponta para o fato de, no contexto de Hegel, a linguagem também ser o "meio do reconhecimento". Infelizmente, a referência não é desenvolvida ao ponto de tornar visível como um todo as conseqüências que isto teria para a interpretação da filosofia social de Hegel (John Burbidge, *Sprache und Anerkennung* – Linguagem e reconhecimento, in: Hans-Helmuth Gander (org.), *Anerkennung. Zu einer Kategorie gesellschaftlicher Praxis* – Reconhecimento. Sobre uma categoria da *praxis* social, Würzburg, 2004, p. 33-44, aqui p. 37). Em contrapartida, Lesaar acentua no mesmo volume a finitude do reconhecimento, uma finitude que também é central para as minhas reflexões, cf. Henrik R. Lesaar, *Anerkennung als hermeneutischer Prozess* (Reconhecimento enquanto processo hermenêutico), p. 45-62, aqui em particular p. 60.

ções entram em um *diálogo* mútuo[195]. Com freqüência, o diálogo não precisa ter nenhuma "base" comum; o seu elemento comum não é senão o resultado da reflexividade das posições. Mesmo um diálogo litigioso é um diálogo, com a única diferença de que nele a reflexividade das posições se transforma na tensão, em que o incompatível, por vezes mesmo irreconciliável, impele à cisão, sem que possamos nos livrar da outra posição. Logo que nos encontramos deste modo em um diálogo, porém, é sempre a abertura entre a voz e a escuta que determina a relação recíproca. Assim, o diálogo permanece um jogo entre uma expectativa e um preenchimento ou uma negação, um jogo entre concordância e delimitação, inclusão e exclusão. O jogo é impassível de ser concluído; o excluído não pertence menos à exterioridade que ele é do que aquele que tomamos por "um de nós". Indiferentemente da posição que possuímos – nós sempre permanecemos afastados *uns dos outros*.

Este último fato se faz valer de uma maneira particular, quando o "eu", enquanto palavra fundamental da voz, se modifica e se torna um "nós" e, de maneira correspondente, quando o "tu" se torna um "vós" ou um "eles". Neste caso, o "nós" não é dito em uníssono, a sua concretização não é o trabalho de um coro. Na maioria das vezes é alguém que diz "nós" e que se associa, com isto, a outros, a fim de vincular a si mesmo. Em comparação com o "nós", o "vós" é excludente e o "eles" tanto quanto o "ele" coloca até mesmo fora do diálogo. Isto acontece freqüentemente em virtude de uma inclusão; é preciso ficar claro que a posição excluída não é compatível com a própria posição. Mas também é possível se voltar para "as outras posições", a fim de que elas assumam e compartilhem a nossa própria posição.

Como toda fala, a fala no jogo das posições é uma mostração. O que é mostrado, porém, não é em primeira linha algo, mas alguém. Na medida em que levantamos a voz, nós *nos* mostramos; nós exigimos atenção e entrega e, neste ponto, damo-nos de alguma maneira a conhecer. A fala sempre é também uma *auto-identificação*. A isto também pertence o relato sobre aquilo que fizemos e fazemos, a explicitação do próprio fazer e a tentativa de se colocar em conexão com o fazer de outros, a narrativa autobiográfica elementar ou mais complexa; no entanto, trata-se aí menos do estado de coisas descrito do que de nós mesmos[196].

Além disto, declarações deste tipo estão ligadas, na maioria das vezes, com expectativas que vão além da expectativa de ser escutado. Nós esperamos que o outro assuma uma postura em relação à nossa própria posição e esta expectativa é indicada em uma *instrução*, ou seja, sob a forma de um pedido ou de uma ordem. Cha-

---

195. Cf. acima p. 79-81.

196. É neste sentido que encontramos formulado em Hannah Arendt, *Vita activa*, p. 168: "É somente por meio da palavra falada que a ação se insere em uma conexão significativa, por mais que a função da fala não seja, por exemplo, a função de esclarecer aquilo que foi feito e que a palavra identifique muito mais o agente e anuncie que é ele que age, a saber, alguém que pode se reportar a outros atos e deliberações". Com certeza, não é por acaso que Hannah Arendt discute isto a partir de um conceito mais abrangente de agir. Este fato não acontece em seu pensamento para subordinar a fala à ação, mas para indicar que a automostração é a essência do agir.

Quinto capítulo: Linguagem

mar esta indicação de fato um ato de fala ou um agir comunicativo[197] não faz jus à coisa mesma em todos os aspectos. Em verdade, a ordem e o pedido possuem um caráter de ação, na medida em que algo deve ser alcançado com eles. Todavia, a exteriorização de um pedido ou de uma ordem não é nem a produção de um efeito, nem uma atuação porque o outro pode se subtrair aos dois. Nós não produzimos efeito algum, mas esperamos que o outro faça algo. As coisas comportam-se de maneira inversa, quando apontamos para a possibilidade de algo ou quando prometemos algo. Isto também não pode ser compreendido senão condicionadamente como um agir. Por um lado, temos um intuito, por exemplo, o intuito de manter ou conquistar a confiança do outro. Por outro lado, contudo, nós não agimos, mas apenas indicamos que temos a intenção de agir de uma determinada maneira, ou de que pretendemos ao menos nos empenhar para tanto. O agir lingüístico é a tentativa de provocar algo por meio do ato de mostrar. A ambigüidade da tentativa faz com que fique claro que o mostrar pode ser integrado ao contexto do fazer intencional, mas que agir e mostrar são por conseguinte diversos em sua essência.

Por fim, a identificação e a instrução precisam acompanhar, de uma maneira ou de outra, a *afirmação* de um estado de coisas. Quando alguém diz que está passando mal e pede ajuda, esta declaração contém a afirmação de que ele não conseguirá controlar com suas próprias forças a situação em que se encontra. A própria afirmação já pode ser a formulação indireta de uma expressão ou de uma expectativa. Em caso algum, ela é "neutra" – como se apenas constatássemos um estado de coisas e como se se acrescentassem momentos expressivos e expectativas como tons maiores. A afirmação é sempre "matizada" pela intenção de identificação e pela intenção de instrução; ela não é nenhuma mera constatação de um estado de coisas, mas uma intenção de asserção. Com freqüência, nós só vemos o fato de as coisas poderem se comportar de maneira diversa da que tínhamos afirmado, quando podemos refletir sobre a identificação e a instrução, ou seja, quando podemos levá-las novamente em conta a partir do estado de coisas afirmado.

No jogo das posições, contudo, isto nunca é possível senão em certos limites. Mesmo quando a afirmação não é dominada pelo interesse de nos fazermos conhecidos e quando a expectativa em relação aos outros também se retrai, ela permanece uma afirmação, ou seja, uma constatação que está em jogo juntamente com outras constatações fáticas ou possíveis. É este, e não a vontade a cada vez individual de afirmação, o fundamento para o fato de pertencer essencialmente ao afirmar a inserção da força de convencimento. Estar convencido de algo significa: ter tomado e tomar uma posição. Mesmo a afirmação é posicional.

Como o que está em questão no ato de levantar a voz é a geração e a fixação de posições, a possibilidade da *retórica* reside no falar; o falar tende a se transfor-

---

197. O conceito de ato de fala (*speech act*) remonta a John L. Austin e se tornou conhecido por meio de John Searle, cf. John L. Austin, *How do things with words?*, Cambridge Mass. 1962 e John Searle, *Speech Acts. An essay in the philosophy of language*, Cambridge, 1969. Quanto ao conceito do agir comunicativo, cf. Habermas, *Teoria do agir comunicativo*.

mar em um instrumento de convencimento[198]. O elemento retórico é uma possibilidade da própria voz já dada no momento em que a voz soa. A voz pode nos interpelar de um tal modo que não ouvimos apenas a sua requisição, mas não conseguimos nem mesmo escapar de seu tom. A partir dela falam confiança e entusiasmo por uma coisa, ela desperta compaixão ou compreensão e ela também pode representar de tal modo os nossos interesses ante os outros, que nos sentimos como pertencendo ao partido, ao agrupamento ou à comunidade defendida por ela. A disposição habilidosa do discurso, a clareza da construção frasal e da expressão são atribuídas à própria exposição. É aqui que elas têm de se confirmar e elas auxiliam pouco quando a voz não sustenta a exposição[199]. O discurso é como um rio ressonante, um rio que nos leva e nos arrasta com ele, de modo que perguntamos pouco por aquilo que é dito. Assim, o discurso mais consistente em termos substanciais possui um traço fundamental desprovido de substancialidade.

Isto se altera com a mudança da voz para a escrita. A escrita produz um retardo, ela favorece a retenção. Quem lê e quer compreender olha de maneira exata e coloca questões. A aparência de evidência que pertence à voz está aqui fora de jogo. A posição, a partir da qual se fala, perde em significação e, do mesmo modo, não somos mais transpostos para uma posição enquanto leitores. O lido não nos interpela, ele não exige nada; não estamos menos livres para a leitura do que para a sua interrupção. A escrita é a linguagem fora da voz; ela é o exterior, aquilo que é subtraído ao que quer dizer e ao que quer ser ouvido. Deste modo, ela é a "pura" palavra[200].

No diálogo, que está empenhado em alcançar substancialidade, o importante é, por isto, resgatar o posicionamento da voz; nós a suspendemos e a colocamos fora de jogo. Por meio desta ἐποχή, o dito encontra-se por si; ele não vale mais apenas na realização da fala, mesmo quando esta é articulada dialogicamente. A voz retirou-se, ela passou a servir ao que é dito. Assim se mostra que este não é em sua essência nenhum dito no sentido daquilo que é falado, mas um dito que também pode estar presente de uma maneira diversa na linguagem: na linguagem, na medida em que ela não é nenhuma fala e, deste modo, na medida em que ela é uma *não-linguagem*, ou seja, escrita. Na escrita, o dito é até mesmo mais do que ele é; ele é livre de todo posicionamento, e justamente isto é o que uma voz que se retira quer conservar. A escrita está mais próxima da substancialidade; aquilo que cons-

---

198. Cf. Platão, *Górgias* 453a, onde a retórica é definida como "produtora de convicções" (πειϑοῦς δημιουργός).

199. É neste sentido que a significação da exposição de um discurso (*actio*) é acentuada por Cícero. Sem esta significação, o maior orador não vale nada, enquanto o orador medíocre, instruído na exposição, pode com freqüência vencer o grande orador. Marcus Tullius Cicero, *De oratore III*, in: Cicero in twenty-eight volumes, vol. 4, org. por G.P. Goold, Londres, 1982, LVI, p. 213: Actio, inquam, in dicendo una dominator; sine hac summus orator esse in nummero nullo potest, mediocris hac instructus summos saepe superare.

200. Para o que denominamos aqui a "pura palavra" também é válido aquilo que Gadamer atribui à "palavra interior". Trata-se do "conteúdo material" daquilo que é dito, o "estado de coisas pensado até o fim" (Gadamer, *Verdade e método*, GW 1, p. 426). Quanto à "palavra interior", cf. também Jean Grondin, *Introduction à Hans-Georg Gadamer*, Paris, 1999, p. 191-197 (em alemão: *Einführung zu Gadamer*, Tübingen, 2000, p. 205-12).

Quinto capítulo: Linguagem

tituíra por debaixo da superfície da voz, o elemento substancial, tinha sido sempre o elemento escrito.

O fato de a voz se colocar a serviço do elemento escrito acontece na apresentação, mesmo já naquela que é uma execução. Na leitura em voz alta e em uma conferência, a voz não está presente em virtude dela mesma, mas em nome daquilo que ela fala. Neste momento, ela não é mais nenhuma interpelação, mas uma fala que se tornou livre do diálogo; em verdade, ela é ouvida, mas não exige que nos voltemos para ela. Ela está simplesmente presente a partir daquilo que apresenta; mais ainda do que na fala, isto acontece no canto[201].

Em uma audição, nós estamos empenhados por uma coisa, mas não pela própria substancialidade. Com efeito, a coisa precisa ser mostrada para que ela possa se mostrar. No entanto, aquilo que deve se mostrar está claramente traçado em seus contornos; enquanto texto que é assentado por escrito, ele está plenamente determinado e se encontra presente como uma coisa contraposta. Tudo continua se comportando assim mesmo na exegese e na indicação de sentido das coisas contrapostas. Isto oferece um modelo para a fala substancial, mas não preenche as suas possibilidades. A substancialidade que está agora em questão é o contrapeso em relação à posicionalidade da voz. Ela evidencia-se na apresentação daquilo que, em verdade, está presente na voz, mas que se acha encoberto e dissimulado, enquanto permanecemos na assunção do elemento posicional em termos do mundo da vida – desfigurado pelos interesses, carências, lutas de poder e compromissos. Ela é apresentação das significações, nas quais vivem completamente a fala e, não menos, a escrita orientada pela fala, sem levá-las em consideração. As significações tornam-se livres enquanto tais, quando elas são concebidas por escrito. Como algo dotado do caráter de coisa contraposta, elas são inseridas na liberdade das coisas. A elas corresponde o pensamento escrito. Em Platão, ele se chama "dialética".

§ 28: Pensamento escrito

A palavra "dialética" tem algo em comum com diálogo. Διαλέγεσθαι significa "conversar uns com os outros", de modo que a διαλεκτικὴ τέχνή seria a arte de condução do diálogo. No entanto, logo que a expressão é usada filosoficamente, quase não está mais em jogo se nós estamos ou não faticamente falando uns com os outros. O que importa agora não é mais a alternância das palavras e, neste caso, a troca de pensamentos e opiniões, mas a discussão de uma coisa. O dizer não conta mais como declaração, mesmo que ele continue sendo naturalmente uma declaração. A declaração retrai-se em favor de uma coisa.

Por isto, a coisa que está aqui em questão também é de um tipo totalmente diverso. Ela não é nenhuma contenda que se encontra diante de nós e que nos acomete em sua presença, nem tampouco um problema que seria preciso resolver agora, em virtude da possibilidade de um outro agir. O que interessa não é nenhum

---

201. Cf. Sonja Dierks, *Musikalische Schrift* (Escrita musical), in: *Adorno in Widerstreit* (Adorno em conflito), p. 222-234.

resultado particular que só nos diria respeito em sua particularidade. Assim, em sua substancialidade, a dialética não é apenas uma interrupção clarificadora do agir e da fala posicional; ela não é nenhuma mera retenção, mas uma fala que se priva daquilo que nos acomete, daquilo que é situativamente carente de clarificação e, com isto, daquilo que só está dado aqui e agora, em suma, disto aqui. Em todos estes aspectos, ela é contenção, ἐποχή, e ela é originária: algo que emerge da fala cotidiana e que escapa a ela.

Dialeticamente, nós nos desviamos da direção natural do dizer. Com isto, acontece no interior da linguagem aquela virada que Husserl procurou compreender como a virada reflexiva da consciência em direção a si mesma. Mas como devemos nos dirigir para os pensamentos, se isto não se der de tal modo que os apreendemos lingüisticamente? E como podemos refletir sobre eles de outra forma senão por meio da concentração em sua constituição lingüística? O fato de a ἐποχή fenomenológica ser uma virada na linguagem é encoberto, enquanto a consciência aparece como livre de toda linguagem. Logo que, com Derrida, o seu caráter lingüístico é visualizado, o movimento fundamental da fenomenologia se apresenta de maneira diversa: ele só é realizável enquanto dialética, ou seja, no pensamento escrito.

Nós encontramos o modo como precisamos compreender mais exatamente este estado de coisas na assim chamada "alegoria da linha" da *República*. A partir do exemplo da geometria, o ser é aí descrito na linguagem. Com isto, a diferença entre posturas fundamentais se torna clara e é assim introduzida a possibilidade da dialética. Quando os geômetras fazem os seus cálculos, o que está em questão para eles não é, em verdade, o círculo traçado com giz sobre o quadro-negro, mas sim aquilo que é determinável matematicamente. Não obstante, eles se ligam ao visível. O que eles dizem é apresentado por eles por intermédio das figuras visíveis, apesar de eles não pensarem nelas, mas naquilo ao que as figuras visíveis se assemelham; quando falam, o que lhes interessa é o próprio quadrado e as suas diagonais, não o quadrado que desenharam[202]. Por conseguinte, no que concerne à linguagem, os geômetras se encontram em estado de semi-sonho. Eles têm em vista algo diverso daquilo que formulam, sendo que a confusão reside na semelhança entre estes dois. Eles permanecem presos àquilo que é mostrado e que é designado aqui por meio do visível; e isto apesar do fato de o que está em questão para eles não ser propriamente outra coisa senão aquilo que eles atribuem ao que é mostrado – ou seja, a significação, compreendida como εἶδος.

O aprisionamento é problemático porque ele impede uma clarificação das significações. Quando a visão se dirige para aquilo que se encontra a cada vez presente, e isto, mesmo que seja apenas para apreender nele aquilo que não está a cada vez presente, a significação permanece por assim dizer nas sombras. Para os geômetras, ela é a base da mostração, mais exatamente: ela é algo que eles deixam funcionar como uma tal base, na medida em que se abstraem dela, falando na dire-

---

202. Platão, *República* 510d: τοῖς ὁρωμένοις εἴδεσι προσχρῶνται καὶ τοὺς λόγους περὶ αὐτῶν ποιοῦνται, οὐ περὶ τούτων διανοούμενοι, ἀλλ᾽ἐκείνων πέρι οἷς ταῦτα ἔοικε, τοῦ τετραγώνου αὐτοῦ ἕνεκα τοὺς λόγους ποιούμενοι καὶ διαμέτρου αὐτῆς, ἀλλ᾽οὐ ταύτης ἥν γράφουσιν.

Quinto capítulo: Linguagem

ção normal da mostração. Neste caso, eles podem estar inteiramente conscientes do fato de haver a significação enquanto tal. Com freqüência, no estado de semi-sonho dos geômetras, isto é até mesmo admitido abertamente; os geômetras não estão de maneira alguma presos à mostração, o que também existe, ou seja, eles não permanecem sem saber de nada quanto à significação. Eles assumem muito mais um comportamento em relação a ela, na medida em que "submetem" a significação à sua mostração. Eles *supõem* – em um sentido neutro, de maneira alguma depreciativo – o par, o ímpar, as figuras geométricas, os três tipos de ângulos e outras coisas que são aparentadas com estes elementos; e isto de uma maneira que corresponde ao seu respectivo procedimento. Na medida em que supõem estas coisas como se as soubessem; na medida em que as tomam como ὑπόθεσις, eles não consideram que valha à pena empreender nenhuma demonstração, nem em face de si mesmos, nem em face dos outros, e agem como se tudo estivesse completamente patente[203].

A situação dos geômetras é instrutiva em muitos aspectos. Ela é a situação própria ao tipo de conhecimento que temos de compreender como o modo de conhecimento das "artes" (τέχναι)[204]. A partir dele podemos ver o fato de também haver as significações no conhecimento cotidiano, conduzido em termos do mundo da vida, enquanto aquilo que é diverso do respectivo significado. As idéias não são nenhuma invenção dos filósofos; a suposição de que elas existem é mesmo bastante trivial[205] – uma arte como a geometria não seria possível sem elas. Para os geômetras, acha-se até mesmo parcialmente claro o que as idéias e as significações são, porque eles não se movimentam apenas nas significações como se elas fossem o seu elemento natural, mas as supõem. As significações não são óbvias para eles, mas elas são *colocadas* no espaço da obviedade – como aquilo que deve funcionar por um lado como algo óbvio e que não pode ser, por outro lado, realmente óbvio. Assim, os geômetras também não experimentam o significado simplesmente no caso por vezes particular. Eles sabem que há o significado enquanto algo passível de ser mostrado, pois não visam ao caso por vezes particular, mas neste sempre ao mesmo: à significação, ao εἶδος. Isto, contudo, não fica claro para eles em seu procedimento marcado pela suposição.

A situação dos geômetras também dá a conhecer o modo como o elemento de sonho, que lhe é essencial, precisaria ser superado. Despertar significa: emergir a partir da semi-obviedade da suposição. Em um primeiro momento, isto pode ter lugar como um susto, por exemplo, quando alguém cuja presença não tínhamos percebido liga a luz em um quarto antes na penumbra. O susto é uma remoção, da penumbra para a claridade de contornos distintamente diferenciáveis. Para o esta-

---

203. Platão, *República 510c*: ὑποθέμενοι τό τε περιττὸν καὶ τὸ ἄρτιον καὶ τὰ σχήματα καὶ γωνιῶν τριττὰ εἴδη καὶ ἄλλα τούτων ἀδελφὰ καθ᾽ ἑκάστην μέθοδον, ταῦτα μὲν ὡς εἰδότες, ποιησάμενοι ὑποθέσεις αὐτά, οὐδένα λόγον οὔτε αὑτοῖς οὔτε ἄλλοις ἔτι ἀξιοῦσι περὶ αὐτῶν διδόναι ὡς παντὶ φανερῶν.

204. Platão, *República 511c*.

205. Sócrates pode denominar o discurso sobre as idéias até mesmo algo gasto. Cf. Platão, *Fédon 100b*.

292 Oposicionalidade – O elemento hermenêutico e a filosofia

do de semi-sonho dos geômetras, o despertar equivaleria a uma mudança possível da atenção; aquilo que tinha sido colocado anteriomente no espaço da obviedade pode vir à tona agora e ganhar plenamente a atenção.

Naturalmente, isto não acontece do modo como as imagens da luz e da visão o sugerem na *República*. Como a situação dos geômetras é uma situação na linguagem, a virada precisa acontecer como uma mudança lingüística. Esta virada, por sua vez, não precisa ser pensada apenas, nem preferencialmente como uma mudança de posicionamento – de tal modo que concebemos agora uma palavra de maneira diversa da que concebíamos antes. Ao contrário, é a própria palavra que muda repentinamente; ela assume o modo de ser das coisas contrapostas e, de chofre, não se mostra mais apenas como algo significante, mas só se mantém como significação. O atribuível não é mais determinado a partir do ato de atribuir, mas ele se encontra na palavra simplesmente presente por si.

Na *República*, a possibilidade e a força que são efetivas nesta mudança repentina são determinadas como a possibilidade e a força da dialética. O que se tem em vista com isto não é nenhuma força da razão ou do espírito, uma força que se serviria da palavra, mas a força peculiar à palavra. A própria palavra é – αὐτὸς ὁ λόγος – aquilo que se atém com força dialética à significação no sentido do εἶδος[206]; ela nos transpõe para o interior da possibilidade do pensamento dialético, na medida em que vem à tona como "pura palavra" e torna as significações acessíveis enquanto tais. A captação destas signifições é uma "apreensão" (νόησις) diversa do ato de atravessar aquilo que é mostrado (διάνοια)[207]. No entanto, isto não tem nada em comum com uma evidência plasticamente concreta. Decisivo é muito mais o fato de a νόησις ser tomada como λόγος. Mesmo se devêssemos nos decidir a traduzir esta palavra na passagem citada por "razão", tal como Schleiermacher – como poderíamos deixar de ler concomitantemente junto ao λόγος a essência lingüística de uma tal razão? Um pensamento sem intenção, ou seja, sem um direcionamento para algo a cada vez dado, que deve se mostrar enquanto tal, só existe na linguagem e somente pelo fato de nós o percebermos como uma possibilidade lingüística.

A pura palavra encontra-se aqui em contraste com as palavras respectivamente faladas. Ela não é lingüística no sentido da voz. Mesmo quando é falada, ela recebe o seu sentido da escrita, que assenta simplesmente as significações e as deixa ficar. O passo que vai do emprego de uma palavra para a ligação com a sua significação é um tal assentamento. O assentamento da significação, por sua vez, não é possível sem a palavra. Se não estivéssemos concentrados na palavra, nós apontaríamos para aquilo que é mostrado em uma determinada significação, ou seja, para "isto aqui"; sempre teríamos algo que se mostrou, mas não a sua significação. Para captarmos idéias ou significações, temos de fugir para os λόγοι, isto é, para aquilo que é constatado da não-linguagem[208].

---

206. Platão, *República* 511b: ἅπτεται.

207. Ibid., 511d-e.

208. Platão, *Fédon* 99e.

Quinto capítulo: Linguagem

A significação assentada na palavra, fixada por escrito com ela, não possui nenhum caráter de suposição. A palavra é efetivamente tomada sem uma intenção mostradora e não possui mais nenhuma direção significativa. Ao contrário, ela só continua possuindo a sua significação; ela possui significação e assume o lugar da significação. Com ela enquanto aquilo que não é absolutamente suposto podemos colocar a pergunta imparcial sobre o modo como a própria significação precisa ser compreendida. Com isto, as significações não são mais começos (ἀρχαί) da mostração, mas "verdadeiras suposições"[209], por assim dizer vias de acesso e impulsos[210], para que possamos alcançar o início do todo[211], descendo até aquilo que não envolve mais nenhuma suposição.

Este começo do todo foi discutido anteriormente na *República* como a idéia do bem. Aquilo que o bem tem em comum com a virada daquilo que é mostrado para as significações vem à tona a partir de sua explicitação: junto ao bem, ninguém se satisfaz em apreender aquilo que aparece, mas todos sempre procuram o que é e desprezam neste caso a aparência[212]. Compreendido deste modo, o bem é "aquilo que toda alma persegue e aquilo em virtude do que ela faz todas as coisas, pressentindo por meio de uma inspiração divina que há algo em vista do que ela cai em aporia e nem sempre consegue apreender suficientemente no agir, algo que ela não sabe utilizar como as outras coisas por meio de uma firme confiança"[213]. O bem se cerra enquanto tal contra a obviedade da suposição; em sua essência, ele é aquilo que não é suposto. A pergunta sobre ele conduz para fora da vinculação ao familiar, mesmo apenas convencional, de modo que a abertura do divino a ser pensado sem aparência e ilusão se insere juntamente com ele na vida humana. Quando nos perguntamos efetivamente o que devemos fazer, sempre reside aí um interesse pela resposta correta; de outra forma, não poderíamos nem mesmo perguntar. E se nos satisfizéssemos com uma pseudo-solução, com o mais próximo, com aquilo que é apreciado e esperado pelos outros, então isto seria um desvio – não apenas diante da resposta talvez mais incômoda, mas diante da própria pergunta.

Todavia, no agir e, ligado a ele, na fala posicional, o caráter não ilusório do bem permanece como uma luz distante, sempre passível de irritar. Por insegurança, fraqueza ou zelo, mas não menos por vontade de afirmação, teimosia e limitação, nós abandonamos uma vez mais a abertura da questão. Nós queremos fazer alguma coisa e, com isto, vencer, nós queremos nos afirmar. Por isto, a retenção da questão só dura freqüentemente por um momento.

---

209. Platão, *República* 511b: τῷ ὄντι ὑποθέσεις.

210. Ibid.: ἐπιβάσεις τε καὶ ὁρμάς.

211. Ibid.: μέχρι τοῦ ἀνυποθέτου ἐπὶ τὴν τοῦ παντὸς ἀρχήν.

212. Ibid.: ἀγαθὰ δὲ οὐδενὶ ἔτι ἀρχεῖ τὰ δοκοῦντα κτᾶσθαι, ἀλλὰ τὰ ὄντα ζητοῦσιν, τὴν δὲ δόξαν ἐνταῦθα ἤδε πᾶς ἀτιμάζει.

213. Ibid., 505 d-e: Ὅ δὴ διώκει μὲν ἅπασα ψυχὴ καὶ τούτου ἕνεκα πάντα πράττει, ἀπομαντευομένη τι εἶναι, ἀποροῦσα δὲ καὶ οὐκ ἔχουσα λαβεῖν ἱκανῶς, τί ποτ᾽ἐστὶν οὐδὲ πίστει χρήσασθαι μονίμῳ οἵα καὶ περὶ τἆλλα.

De maneira correspondente, o interesse sincero pela questão só pode se confirmar, quando nos dispomos a apreender em sua essência aquilo que teríamos de fazer. Se aquilo que pretendemos fazer pode ou não ter êxito, se ele seria prudente, corajoso ou justo, só pode ser decidido, quando sondamos o que são propriamente a prudência, a coragem e a justiça. Assim, o interesse pelo que pertence à estrutura do agir conduz como que por si mesmo para a contemplação. Ele concretiza-se com aquela virada que sai daquilo que aparece para as significações. Inversamente, este movimento vive da orientação pelo bem; quem se volta para as significações orientou-se pelo impulso à veracidade que é próprio ao bem e, por maior que possa ser a falta de clareza, aprendeu que as aparições não são tudo.

Não obstante, a relação entre o bem e as significações, ou seja, os εἴδη, não é circular. O bem pode conduzir à pergunta expressa sobre os εἴδη porque ele mesmo é eidético em um sentido *insigne*. Como o bem só permite que se conheça algo a partir da abertura da questão, ele é ἀνυπόθετον, algo não suposto; ele não se encontra apenas fora de toda confiança ante o modo como as coisas se dão (πίστις), uma confiança que é característica do agir cotidiano e da fala posicional, mas também não pode se transformar no ponto de partida óbvio do conhecimento vinculado à aparição. Por isto, o bem precisa e pode nos guiar em meio à superação do estado de semi-sonho ao qual, por exemplo, os geômetras se encontram presos. O fato de ele ser concretizado com a virada para as significações não lhe advém de algum outro lugar, mas é possibilitado por ele mesmo. O impulso à veracidade só pode se dar porque ele é completamente eidético, um εἶδος concentrado, que nega toda aparição de si mesmo, uma pura significação. De maneira correspondente, o que está em jogo na questão acerca do bem é sempre algo mesmo[214].

Neste sentido, o bem também pode ser denominado τοῦ πάντος ἀρχή, o início de tudo. Ele é mais verdadeiro porque se mostra como um início não suposto[215], ou seja, de maneira alguma como uma obviedade suposta e, enquanto tal, não como a possibilitação de um procedimento respectivo, orientado por resultados (μέθοδος)[216]. Tampouco trata-se, porém, de um começo, ao qual retornamos, mas da possibilidade de um acesso totalmente diverso àquilo que pode se mostrar e, enquanto tal, de tudo aquilo que diz respeito "ao todo". Por força do bem, tudo é significação; enquanto puro εἶδος, ele faz com que tudo se torne eidético, assim como o sol coloca tudo sob a luz e, com isto, na visibilidade[217]. Este fato entrega-lhe um primado em relação a todas as outras coisas, sem que ele seja fundamentalmente diferente destas outras coisas por meio daí. Tal como o sol concede a visibilidade àquilo que aparece ao olhar e pode ser ele mesmo ao mesmo tempo – por mais difícil que isto seja – visível, o bem é a abertura do eidético e, ao mesmo tempo, ele mesmo é de um tipo eidético. Ele distingue-se dos outros εἴδη pelo fato de não se

---

214. Na aparição, o bem é velado. É neste sentido que se fala no *Filebo* da fuga do bem para o interior do belo. Platão, *Filebo* 64e.

215. Platão, *República* 510b: ἀρχὴν ἀνυπόθετον.

216. Ibid., 510c.

217. Cf. Ibid., 507a-509b.

confundir com nenhuma mostração e de nada passível de ser mostrado corresponder a ele. Esta posição privilegiada expressa-se no texto da *República*, uma vez que sempre se fala do bem como uma ἰδέα, nunca como um εἶδος. Enquanto idéia, o bem é o iluminador da própria linguagem. Deste modo, ele é a possibilidade da dialética, o início que determina a dialética e que a mantém em sua transparência, ele é a sua independência essencial enquanto a origem que a transpassa e domina. Quando apreendemos o bem, temos aquilo que é possuído por ele[218], ou seja, os εἴδη, e podemos, então, sem utilizar adicionalmente algo visível[219], nos servir dos próprios εἴδη uns através dos outros em direção a eles e, assim, concluir a investigação junto aos εἴδη[220].

Este programa de investigação que não tem nada em comum senão com significações nunca pode ser concretizado senão de maneira exemplar, ou seja, partindo de uma significação, por cuja clarificação estamos empenhados. Esta clarificação possui aí o caráter de uma "verdadeira suposição"; ela é τῷ ὄντι ὑπόθεσις pelo fato de conduzir para a dimensão das significações. Tudo pode ser a princípio uma suposição, uma ὑπόθεσις no sentido do ponto de partida de uma coisa a ser clarificada tal como – na *República* – a justiça ou – no *Sofista* – a sofística ou mesmo algo tão genérico quanto o uno – no *Parmênides* – que é introduzido expressamente como aquilo que é suposto para o exercício dialético do diálogo[221]. Neste caso, o importante é conduzir o suposto até a amplitude das significações, ou seja, desenvolver em que aspectos o uno pode ser encontrado na pluralidade de significações. Se não inseríssemos o dialeticamente suposto como algo uno[222], a investigação não teria nem ponto de partida, nem finalidade; ela não seria nenhuma investigação, mas um salto não planejado de uma significação para a próxima. Se não desdobrássemos o uno na pluralidade, permaneceria obscuro se aquilo que está em questão seria efetivamente uma significação e não muito mais apenas uma palavra – uma palavra que não faria nada além de simular coisas determinadas em sua significação. "Sofista", "político" e "filósofo" – tal como se dispõe no *Sofista* – podem ser palavras que possuem todas três a mesma significação ou três figuras, das quais cada uma pode ser clarificada em sua significação[223].

Com a tensão entre unidade e multiplicidade, a tentativa de clarificar uma significação possui a mesma estrutura que a interpretação refletida que se diferencia em indicação de sentido e exegese. No entanto, enquanto a interpretação não pode ser nunca definida, a clarificação da significação é passível de ser concluída ao menos em uma complexidade menor; a necessidade de revê-la só se dá com

---

218. Ibid., 511b: ἐχόμενος τῶν ἐκείνης ἐχομένων.

219. Ibid., 511b: αἰσθητῷ παντάπασιν οὐδενὶ προσχρώμενος.

220. Ibid., 511c: εἴδεσιν αὐτοῖς δι᾽ αὐτῶν εἰς αὐτά, καὶ τελευτρτᾷ εἰς εἴδη.

221. Platão, *Parmênides* 135e-136a.

222. A partir daqui é possível denominar a dialética juntamente com Petra Schmidt-Wiborg "uma concepção dialética da unidade" (Schmidt-Wiborg, *Dialektik in Platons Philebos* – Dialética no Filebo de Platão, Tübingen, 2005, p. 115).

223. Platão, *Sofista* 217a.

uma compreensão radicalmente diversa da mesma palavra, que tem de se medir, então, naturalmente, a partir da clarificação de uma significação já existente.

O fato de a clarificação da significação equilibrar deste modo a tensão entre o uno e o múltiplo levou Platão a compreender o *número* como a figura fundamental do pensamento dialético. O número, ἀριθμός, não é compreendido aí como uma quantidade determinada de algo: ele não é compreendido como a grandeza do cálculo e da medição. Ao contrário, ele é compreendido em sua "natureza"[224], ou seja, como a co-pertinência entre o uno e o múltiplo. Nós o experimentamos no fato de precisarmos ver de uma única vez o mesmo como um e como muitos ilimitados em sua quantidade[225]. Compreendido dialeticamente, o conceito de número designa a estrutura das significações e nos mantém, assim, atentos para o fato de, dialeticamente, ele só ter algo em comum com as significações[226].

Fica claro no *Filebos* como é que precisamos entender esta concepção mais exatamente, e, em verdade, de tal modo que o desenvolvimento da idéia é articulado com uma determinação mais precisa do caráter de número da significação. Por meio desta determinação, a definição de número dada na *República* é corrigida de uma maneira decisiva. O número não é mais considerado agora simplesmente como a co-pertinência entre o um e os muitos; esta suposição é antes abandonada juntamente com a referência às notórias dificuldades, às quais ela conduz; quem diz que o um seria ao mesmo tempo muitos não poderia evitar a estranha afirmação de que o um seria como muitos e como ilimitado e de que os muitos só seriam como um[227]. Esta dificuldade é evitada, na medida em que o número é compreendido agora dialeticamente como *quantidade determinada*. Se compararmos este ponto com as reflexões da *República* que estavam orientadas pela "natureza" do número e que, em contrapartida, qualificavam de maneira desabonadora a respectiva lida com ele como não filosófica, trata-se aqui de uma volta atrás – para fora da contraposição indiferenciada entre unidade e multiplicidade e em direção a uma concepção que faz jus aos resultados a cada vez determinados de uma investigação dialética. Não se deve confundir isto com uma equiparação da dialética às artes (τέχναι), tal como elas são discutidas na *República* de maneira exemplar a partir da geometria. Ao contrário, é somente agora que a dialética se torna verdadeiramente aquilo como o que ela tinha sido visada na *República*: a investigação de significações puras que está em condições de conservar sua pureza.

Isto acontece por meio do fato de as determinações de unidade e multiplicidade serem completadas no *Filebo* por meio das determinações do limite (πέρας) e da ilimitação (ἀπειρία). Neste caso, o número é compreendido como aquilo que se

---

224. Platão, *República* 525c: φύσις.

225. Ibid., 525a: ἅμα γὰρ ταὐτὸν ὡς ἕν τε ὁρῶμεν καὶ ὡς ἄπειρα τὸ πλῆτος.

226. Mesmo Dorothea Frede acentua que, segundo o aspecto dialético, as idéias seriam independentes das coisas singulares. Cf. Platon, *Philebos*. Tradução e comentário de Dorothea Frede, Göttingen, 1997, p. 141.

227. Platão, *Filebo* 14e: τό τε ἕν ὡς πολλά ἐστι καὶ ἄπειρα, καὶ τὰ πολλὰ ὡς ἕν μόνον.

acha entre a "unidade e a ilimitação"[228]. Ele possui esta posição central enquanto limite (πέρας), ou seja, enquanto uma quantidade determinada de significações, que torna pela primeira compreensível aquilo que foi suposto como uno e que é, por outro lado, possível em variações ilimitadas. Na medida em que podemos compreender algo, ele não é simplesmente algo uno, que pode ser dado em uma amplitude de variações de aspectos indeterminada. Em meio à tentativa de apreender algo deste modo, ele escapa, pois o apreender se mostra como um diferenciar; somente na medida em que se acrescenta a uma palavra outras que lhe são co-pertinentes, nós denominamos a sua significação. Quando é realizado sem limitação, porém, o diferenciar conduz a um turbilhão de determinações, que não têm mais nada em comum umas com as outras. Se o uno escapou e sempre escapa uma vez mais, as muitas determinações não podem ser mantidas juntas e fixadas. Partindo do uno e do múltiplo apenas, portanto, nós não alcançamos as puras significações, com as quais a dialética tem de lidar.

O procedimento dialético, tal como ele é sugerido no *Filebo* como solução deste dilema, tem por meta determinar de maneira diversa as significações puras, a saber, em uma determinada quantidade de significações co-pertinentes. Em vista de tudo, temos de estabelecer e buscar a cada vez sempre uma idéia (ἰδέα) – segundo Platão, nós as encontramos porque elas estão presentes. Se tivéssemos apreendido a idéia única, precisaríamos colocar à prova se há, em verdade, duas e, caso não haja, se há, então, três ou um outro número qualquer. Devemos proceder com cada uma destas unidades exatamente do mesmo modo, até que não vejamos apenas do um em seu respectivo início o fato de ele ser um e muitos e de ele ser ilimitado, mas também quantos ele é. Não se deveria empregar a idéia do ilimitado à multiplicidade, enquanto não se apreendesse o seu número em tudo, um número que estaria entre o ilimitado e o uno. Somente então poder-se-ia deixar que todo um passasse da totalidade para o ilimitado[229].

Decisivo junto a esta reflexão é o fato de o discurso sobre o um e os muitos não ser abandonado, mas reformulado a partir do "número determinado". O um e os muitos no sentido do ilimitado se tornam inteligíveis enquanto idéias e são, com isto, protegidos contra a suspeita de que só se trata junto a eles de palavras vazias. As expressões "um" e "muitos" possuem significação. No entanto, as suas significações não valem nada por si só. Para que compreendamos o que é o um a cada vez inicialmente suposto, nós precisamos deixar entrar em cena a multiplicidade no lugar da unidade e *substituir* por outras significações a respectiva significação que representa o um.

---

228. Ibid.: μεταξὺ τοῦ ἀπείρου τε καὶ τοῦ ἑνός.

229. Ibid., 16 c-e: διεῖν οὖν ἡμᾶς [...] ἀεὶ μίαν ἰδέαν περὶ παντὸς ἑκάστοτε θεμένους ζητεῖν - εὑρήσειν γὰρ ἐνοῦσαν - ἐὰν οὖν μεταλάβωμεν, μετὰ μίαν δύο, εἴ πως εἰσί, σκοπεῖν, εἰ δὲ μή, τρεῖς ἤ τινα ἄλλον ἀριθμόν, καὶ τῶν ἓν ἐκείνων πάλιν ὡσαύτως, μέχριπερ ἂν τὸ κατ᾽ἀρχὰς ἓν μὴ ὅτι ἓν καὶ πολλὰ καὶ ἄπειρά ἐστι μόνον ἴδῃ τις, ἀλλὰ καὶ ὁπόσα. Τήν τοῦ ἀπείρου ἰδέαν πρὸς τὸ πλῆθος μὴ προσφέρειν πρὶν ἄν τις τόν μεταξὺ τοῦ ἀπείρου τε καὶ τοῦ ἑνός, τότε δὴ ῆδη τὸ ἓν ἕκαστον τῶν πάντων εἰς τὸ ἄπειρον μεθέντα χαίρειν ἐᾶν.

Esta formulação pode – e deve – nos fazer lembrar do discurso derridiano sobre a "suplementação". Todavia, o que está em questão aqui não é a substituição de uma expressão por um indício e, portanto, também não a construção de uma pretensão considerada como problemática. Ao contrário, o que está em questão é antes um ganho no mesmo plano; a significação não é "desconstruída", mas só chega a si mesma por meio da substituição. De maneira correspondente, os passos de uma significação para a próxima também não formam aqui nenhuma corrente de desilusões. Compreender uma significação significa: poder mantê-la junta com as significações que entram no seu lugar. A significação e as significações que entram em seu lugar se compensam mutuamente. A pluralidade introduzida não é nenhuma pluralidade arbitrária qualquer, mas uma pluralidade limitada, ou seja: as significações que são novamente introduzidas não são enfileiradas sem relação, mas são visadas *em sua articulação mútua*. A significação de início suposta não devia ser explicitada de maneira exemplar por toda e qualquer significação que foi novamente introduzida; o que se tencionava era muito mais a sua substituição pelo número determinado. A significação de início suposta torna-se compreensível pelo fato de as significações inseridas para ela se completarem reciprocamente em sua diversidade. O que torna uma significação compreensível não é nenhuma quantidade de significações diversas desprovidas de ligação, mas um *complexo significativo*.

Com a constatação de um complexo significativo, porém, a significação de início suposta não se torna apenas compreensível. Ao mesmo tempo, ela perde o seu caráter de suposição. Isto é válido tanto para aquilo *que* é a cada vez concebido como um quanto para o uno enquanto tal. Aquilo que é a cada vez suposto não é mais considerado como algo simplesmente dado; ele só pôde aparecer assim, enquanto nós o acolhemos em uma compreensibilidade difusa e não levamos em conta a sua determinidade. No entanto, logo que fica claro que o uno não se deixa compreender simplesmente como uno, também se evidencia o fato de o uno ser enquanto tal co-pertinente ao número determinado. Com vistas ao complexo significativo, ele mesmo se comprova como significação.

Isto também é válido para o múltiplo no sentido do ilimitado. Na medida em que é compreendido a partir do número determinado[230], ele é por um lado uma outra possibilidade de considerar o que é determinado neste número; assim, o determinado aparece em sua variação infinita. Com vistas ao complexo significativo das determinações que apreendem de maneira diferenciadora algo como aquilo que ele é, toda determinação ulterior é uma modulação. Por outro lado, contudo, trata-se menos de uma mudança de olhar do que de uma ampliação na dimensão das significações: o fato de podermos compreender determinações como modulações dá-se de um tal modo, como se a colocássemos sob um novo sinal; nós a agregamos ao complexo significativo e a inscrevemos, ao mesmo tempo, em uma

---

230. Portanto, o que está em questão é uma "determinação recíproca de unidade e multiplicidade" (Michael Hoffmann, *Die Entstehung von Ordnung: zur Bestimmung von Sein, Erkennen und Handeln in der späteren Philosophie Platons* – O surgimento da ordem: sobre a determinação de ser, conhecimento e agir na filosofia tardia de Platão, Stuttgart, 1996, p. 91).

significação, que não precisa ser conquistada a partir destas determinações mesmas – nós a inscrevemos justamente na idéia do ilimitado.

Assim, por sua vez, o complexo significativo de um número determinado surge em uma ligação essencial com significações que não pertencem a ele mesmo. No *Filebo*, este fato é expresso com a indicação de uma posição intermediária[231]. Por outro lado, as significações entre as quais se encontra o número determinado, isto é, o uno e o ilimitado, estão ligadas a estes dois. Somente o número determinado faz com que os dois sejam acessíveis em sua essência: como um início ainda indiferenciado daquilo que pode ser expressamente determinado e como a amplitude ilimitada de um prosseguimento possível da determinação, uma amplitude na qual uma significação sempre pode ser associada a cada vez a uma quantidade infinita de outras significações condizentes.

Apesar de o uno e o ilimitado serem acessíveis na mesma medida a partir do número determinado como o seu ponto central, o seu valor conjuntural é inteiramente diverso. A simetria, tal como ela poderia ser sugerida pela posição central do número determinado, não é válida para a sua relação com este número. O uno é o ponto de partida e o estabelecimento da determinação; com ele, nós nos ligamos firmemente a uma significação, em nome da qual procuramos formular a pergunta sobre o complexo significativo. Em contrapartida, o ilimitado é a amplitude da textura que é experienciável nas próprias significações. Como o possível de uma outra determinação, ele faz com que o número determinado se torne experimentável em sua limitação; esta limitação eleva-se a partir das significações ilimitadas por ela excluídas como uma constelação a partir do turbilhão da via láctea. A possibilidade do prosseguimento da determinação, contudo, faz com que o complexo significativo limitado seja ao mesmo tempo colocado na amplitude e confere, assim, um aspecto determinado, no qual esta amplitude pode ser experimentada. Aquilo que uma coisa é enquanto um número determinado de significações não se encontra presente e fechado em si em uma tosca rigidez, mas retém a determinabilidade em suas possíveis modulações. Inversamente, a multiplicidade infinita das significações não é nenhum caos, mas ela se desvela a partir de um complexo significativo, ou seja, como uma multiplicidade de modulações. Enquanto o que permanece igual, idêntico como um padrão, o complexo significativo é aquilo que permite que o que lhe é pertinente se destaque da pluralidade infinita das significações.

O modo como precisamos compreender mais exatamente este pensamento acerca do número determinado é apresentado no *Filebo* a partir do exemplo da relação entre voz e escrita[232]; esta apresentação acontece de uma maneira que deixa o diálogo platônico aparecer como uma antecipação da concepção saussuriana. Em verdade, a voz seria *una*; é *ela* que faz soar todos os sons. No entanto, ela diz respeito ao mesmo tempo à quantidade de sons diversos, ilimitados no sentido de uma pluralidade infinita; aqui há infinitas modulações, de modo que nenhum som soa exatamente como um outro. Todavia, só compreendemos aquilo que ressoa e

---

231. Platão, *Filebo* 16e: μεταξύ.

232. Ibid., 17a-18e.

só podemos descrevê-lo, na medida em que distinguimos os sons, nos quais a voz se articula. Para tanto, deve ser determinado de quantos sons se trata; somente assim, em seu número determinado, eles podem ser fixados como diversos e podem ser retirados de suas múltiplas modulações na fala. É apenas no número determinado que há diferenças definidas, pois todo som que é acolhido nele é determinado em si em sua diferencialidade em relação aos outros. Inversamente, a sua determinidade pode ser explicitada em referência à sua diferencialidade em relação às outras determinidades. É somente assim que há sons lingüísticos; não há "o" som lingüístico, do mesmo modo como não há também "a" parte corporal.

No entanto, o número determinado dos sons lingüísticos não é reconhecível, quando nos orientamos apenas pela fala. A voz articula sons em uma pluralidade infinita; se nos atemos apenas a esta pluralidade, então não se acha definido se algo é uma modulação, uma variação ou um som autônomo. Na medida em que a voz articula efetivamente algo, ou seja, na medida em que ela fala, é preciso que se ache definido o que deve ser considerado como som. O número determinado fornece uma estrutura àquilo que denominamos a linguagem. Sem esta estrutura, só há sons desarticulados; sem ela, a voz não pode ser nenhuma fala.

Todavia, aquilo que se encontra definido como cunhagem estrutural da voz precisaria ser constatado expressamente em um distanciamento em relação à voz. Na própria voz, ele é esquecido; a voz só se articula, ela não atenta para aquilo que possibilita esta articulação. Na fala, a voz o ultrapassa. É somente com a sua fixação escrita que ele é reconhecido. Por meio de uma tal fixação, nós tomamos conhecimento da língua e nos tornamos γραμματικός. O estudo da língua e de suas leis, a γραμματική, é propriamente um estudo da escrita. Ela não é "gramática" apenas no sentido de um estudo daquilo que é fixado pela escrita, mas também no sentido de um estudo feito por meio da escrita.

Neste caso, a escrita precisa ser considerada de modo totalmente literal. Para apreender a estrutura da voz, precisa-se dos sinais firmados, cindidos uns dos outros; precisa-se de uma ordem que não subsiste em uma constância material e que é realizada enquanto ordem, ou seja, precisa-se de uma ordem que quer ser lida. De uma maneira diversa da que se dá naquilo que é falado e que, logo ao soar, já desaparece, surge com a escrita uma estrutura independente de todo contexto. Quanto mais algo se mostra como escrita, tanto menos ele precisa ser este som determinado, articulado na voz, que também poderia ser diverso. Ele se destacou da fala e forneceu, por isto, a ordem da fala.

Nós podemos supor que o autor do *Filebo* tinha clareza quanto ao ponto citado em relação à palavra γραμματική. De outro modo, ele quase não teria como ter chegado a pensar em atribuir em um jogo mítico a descoberta da gramática ao deus egípcio Teuth – justamente aquele deus, portanto, que é representado no *Fedro* como o inventor da escrita[233]. Aquilo que é válido para a fala e para os seus sons é em geral pertinente. É somente com a escrita que algo se destaca do fluxo da fala e pode ser constatado. A escrita apresenta estruturas, faz com que ligações

---

233. Platão, *Fedro* 274c-275b.

Quinto capítulo: Linguagem

301

se tornem manifestas. Com ela, além disto, a sucessão do que é dito se volta para a coetaneidade daquilo que somente na diferencialidade recíproca é o que ele é. A escrita retém na coetaneidade aquilo que deve vigir como estrutura do dito.

A escrita, assim se confirma agora, não é nenhuma exterioridade provisória e passageira da linguagem; ela não é nenhum estágio intermediário, nenhum "momento de uma fase" que só retorna à vida, quando se desprende da fixação e é transformado no discurso vivo. O fato de os sinais extrínsecos só serem o que são em sua relação mútua faz com que eles se transformem em chaves de toda ordem, de todo tecido ordenado. A significação do mundo, a textura, aparece nos sinais; ela só aparece, na medida em que é fixada em sinais. E porquanto os sinais são complexos fechados em si mesmos, eles possuem em si uma tendência em direção ao texto. Textos são tecidos unos, reuniões de estruturas, ou seja, λόγος em sentido literal.

Textos podem possuir o sentido de um *realce* de estruturas ou podem deixar que estas estruturas venham à tona. O primeiro caso é válido antes de tudo para textos filosóficos e científicos, o segundo caso, para textos artísticos. Textos teológicos possuem uma proximidade com textos filosóficos, textos religiosos, uma proximidade com a obra de arte. O realce emerge na experiência do elemento próprio às coisas contrapostas. Com ele, o que está em questão não são tanto as modulações e as variações da estrutura, ou seja, o ilimitado. O texto parte dele, permanece aberto para ele, mas ele não é acolhido em geral senão à guisa de ilustração; o ilimitado é como a pluralidade ilimitada dos sons, em nome da qual é importante elaborar na apresentação a estrutura que sempre já se mostra como dominante na fala. Em contrapartida, o texto artístico – e este também pode ser um quadro ou uma partitura – destaca a estrutura do ilimitado, como se ela proviesse deste ilimitado. No texto, o próprio ilimitado se mostra juntamente com a estrutura, de tal modo que, visto a partir da estrutura, ele é *pregnante*[234]. Um quadro, por exemplo, não tem em verdade a propriedade de ser azul, mas ele mostra o azul; todavia, isto não acontece apenas porque lá onde o quadro está temos o azul. No quadro, o azul é transposto para o interior de uma significação legível enquanto este particular na tensão de seus tons, enquanto uma estrutura elementar. A pregnância também pode ser alcançada por meio de uma elevação da complexidade; com a densidade das ligações intensifica-se a estrutura juntamente com aquilo de que ela provém e os dois em sua tensão vêm à tona como uma fenomenalidade intensificada[235].

A estrutura reunida nos textos só se torna acessível por meio da apresentação; quanto mais complexa é a estrutura ou quanto maior a pregnância, tanto mais os

---

234. Cf. o conceito cassiriano da pregnância simbólica em *Filosofia das formas simbólicas* (ECW 14, p. 271). Além disto, Oswald Schwemmer, *Cassirer. Ein Philosoph der europäischen Moderne* (Cassirer. Um filósofo da modernidade européia), Berlim, 1997, p. 116-125.

235. Isto foi trabalhado de maneira particularmente clara por Adorno (Theodor Wiesengrund Adorno, *Teoria estética*, O conceito de composição e de mediação racional, Gesammelte Schriften 7, org. por Rolf Tiedemann, Frankfurt junto ao Main, 1970, p. 86-97, p. 160-171), cf. Güter Figal, *Theodor W. Adorno. Das Naturschöne als spekulative Gedankenfigur* (Theodor W. Adorno. O belo natural enquanto figura especulativa de pensamento), Bonn, 1977, p. 51-63.

textos exigem exegese e indicação de sentido enquanto coisas contrapostas. Isto acontece fundamentalmente do mesmo modo como se dão a exege e a indicação de sentido do elemento próprio às coisas contrapostas, ou seja, na tentativa de uma apresentação o máximo possível una e suficientemente diferenciadora da estrutura. Com isto, também denominamos o critério para a sua *verdade*; ele consiste na pertinência. Interpretações não são enunciados singulares que se mostram em uma simples alternativa entre verdadeiro e falso. Quando são efetivamente interpretações, elas não têm como errar o alvo em relação às coisas contrapostas com as quais elas têm de lidar, assim como a tentativa de descrição da estrutura sonora de uma língua não pode passar ao largo desta língua. Em geral, a pergunta acerca de sua pertinência não é nenhuma pergunta que possa ser respondida com um sim ou um não, mas uma pergunta que envolve uma comparação. Há, como Nietzsche disse certa vez, "graus da aparência"[236]; a partir do caráter indicador da linguagem dever-se-ia antes dizer: graus da fenomenalidade, graus da aparição. Determinados graus não são sempre alcançados aí de uma vez; nós podemos trabalhar a apresentação de uma estrutura em abordagens repetidas e sempre temos, neste caso, a pergunta sobre como a tentativa que se remete ao todo do texto se ratifica em comparação com outras tentativas. A apresentação sempre pertence a uma língua, que não torna acessível o mundo como uma chave, mas que é a acessibilidade do próprio mundo sob o ponto de vista de sua "legibilidade". A apresentação do elemento próprio às coisas contrapostas é uma prova quanto a esta legibilidade do mundo[237]. Ela é confirmada nas coisas contrapostas. No entanto, isto acontece de um tal modo que ela sempre precisa ser colocada uma vez mais à prova. Pois mesmo quando os textos não duram na escrita, eles não podem ser fixados. Eles se afastam e advêm novamente à sua apresentação. Eles são no tempo.

---

236. Nietzsche, *Para além do bem e do mal*, 34; KSA 5, p. 53.

237. Hans Blumenberg, *Die Lesbarkeit der Welt* (A legibilidade do mundo), Frankfurt junto ao Main, 1981.

Sexto capítulo
Tempo

§ 29: Por toda parte e em tudo

O tempo está por toda parte. Por isto, ele quase não é apreensível. Ele não se revela nem mesmo por meio da tentativa de medi-lo, pois esta tentativa já pressupõe uma compreensão do tempo. De outro modo, o olhar para o relógio seria um olhar para pequenas hastes que giram sem qualquer sentido em círculo e passam ao longo de números ou marcações. Aquilo que não é quase apreensível, mas que, todavia, compreendemos, aproxima-se ao máximo da constatação de que tudo possui uma duração restrita, de que tudo chega e perece. O tempo, assim o parece, é a restrição da duração por meio do perecimento e por meio da chegada de algo novo, ou seja, uma restrição por meio de algo que é ele mesmo irrestrito; *sempre*, enquanto houver tempo, algo perece, e sempre chega algo novo. Assim, como restrito pela chegada e pelo perecimento, a própria duração é constitutiva do tempo. Aquilo que dura resiste ao perecimento, mas não resiste para sempre. É disto que fala uma das mais antigas sentenças compreendidas filosoficamente que nos foram legadas: "De onde se dá o surgimento dos entes, para lá também acontece o seu perecimento, segundo aquilo que eles devem uns aos outros. Em virtude da injustiça que eles se infligem mutuamente – na medida em que se suplantam mutuamente –, eles precisam pagar uns aos outros castigo e expiação, segundo a ordem do tempo"[1]. Assim encontramos expresso em Anaximandro de Mileto no século VI a.C. De acordo com a sua sentença, o tempo é a ordem de tudo aquilo que é. Ele ordena, na medida em que deixa todas as coisas virem à tona como entes e subsistir por um curto espaço de tempo; ele entrega a cada ente o seu lugar passageiro e o deixa, então, partir. Nas idas e vindas, ele é a ordem das coisas.

Ainda que, como Heidegger suspeita, a formulação sobre a "ordem do tempo" seja uma adição posterior[2], está-se falando do tempo em Anaximandro; mesmo o cerne da sentença legada trata dele. Em verdade, o tempo não é citado aqui, mas tempo, justamente isto se mostra como imediatamente elucidativo, tem algo em

---

1. Anaximandro, VS 12 B1: ἐξ ὧν δὲ ἡ γένεσίς ἐστι τοῖς οὖσι, καὶ τὴν φθορὰν εἰς ταῦτας ἵγνεσθαι κατὰ τὸ χρεών: διδόναι γὰρ αὐτὰ δίκην καὶ τίσιν ἀλλήλοις τῆς ἀδικίας τὴν τοῦ χρόνου τάξιν.

2. Martin Heidegger, *A sentença de Anaximandro*, GA 5, p. 321-373. De maneira diversa da de Heidegger julgam Geoffrey S. Kirk e John E. Raven, *Os filósofis pré-socráticos*, Cambridge, 1962, p. 117-118.

comum com o devir e com o perecer. Por conseguinte, mesmo o ente, na medida em que é, só pode ser pensado a partir do tempo; enquanto a duração e a permanência que ele é, ele só pode ser determinado em relação com o devir e com o perecimento. A pergunta sobre "ser e tempo", que foi transformada por Heidegger em título de livro, tem o seu fundamento na coisa mesma.

A informação de que o tempo tem algo em comum com o devir e com o perecimento, porém, não é nenhuma resposta à pergunta sobre o que é o próprio tempo. Não podemos identificar o tempo com o devir e o perecimento. Ele é mais do que isto. Por exemplo, ele é a possibilidade de dividir o devir e o perecer e – no sentido duplo da palavra – contar com eles. Ter tempo, reservar um tempo para si, são coisas que precisam ser distintas do fato de algo vir a ser e perecer, e, contudo, eles têm algo em comum com este fato. Na medida em que contamos com o tempo, nós nos dispomos para algo que ocorre com tudo, ou seja, com todas as coisas. Todavia, é somente porque já sempre nos encontramos na ordem das coisas que precisamos nos comportar em relação a elas, sem levar em conta se as elaboramos, lidamos com elas ou, depois que elas assumiram o modo de ser das coisas contrapostas, as interpretamos. Juntamente com as coisas, nós pertencemos ao tempo e estamos submetidos à sua ordem.

Onde e como há, contudo, o tempo enquanto esta ordem? Há o tempo mesmo quando ninguém o percebe? Devir e perecimento dão-se sempre, enquanto há o mundo. Mas será que isto também acontece com o tempo, quando ninguém o experimenta? A pergunta não é fácil de ser respondida. Por um lado, não podemos nos representar o tempo sem a sua experiência; onde ele deveria estar e como ele deveria ser, se ninguém o "tem"? Ao que parece, para que ele se "dê", nós sempre precisamos estar de algum modo conscientes dele. Por outro lado, no entanto, esta consciência é a consciência de algo inevitável; nós "temos" ou não "temos" tempo, nós não "temos mais tempo"; o próprio tempo de vida é limitado e, portanto, não há o tempo apenas na consciência. Portanto, o tempo parece ser algo intermediário, um estranho "tanto quanto". Por um lado, ele parece estar ligado à experiência; neste caso, o universo sem seres que experimentem o tempo seria atemporal. Por outro lado, nós experimentamos o tempo como algo que está presente sem que haja uma interferência própria; neste caso, a experiência do tempo precisaria ser de um tal modo, que só se fizesse valer nela aquilo que também há sem ela.

Se há o tempo, nada mais parece ser sem ele. Ele se arrasta em toda ação, se aninha em toda seqüência de pensamentos, ele bate como um motor de sentimentos e tonalidades afetivas; impaciência, tédio, apreensão e esperança, assim como a angústia sufocante e o desespero pela perda do tempo não há sem a perda de algo. Além disto, a língua se impõe com o tempo; sem verbos (palavras temporais)[3] e formas temporais, não podemos pensar em nenhuma língua. O tempo está, como Aristóteles diz, "por toda parte e em tudo"[4]. Será que podemos compre-

---

3. Em alemão, o verbo é uma palavra (-wort) que designa tempo (Zeit-) (N.T.).

4. Aristóteles, *Física* IV, 10; 218b 13: πανταχοῦ καὶ παρὰ πᾶσιν.

Sexto capítulo: Tempo

endê-lo, então, efetivamente como algo particular ou será que ele é, tal como Heidegger quis mostrar, "o horizonte do ser"?[5]

Aqui deve se mostrar que as duas coisas procedem: o tempo está por toda parte e em tudo e, ao mesmo tempo, ele é algo particular, de tal modo que podemos dizer o que ele é e, em verdade, de uma maneira tal que o distinguimos de algo diverso que é comparável com ele. Neste sentido totalmente particular, ele é o "horizonte do ser". No entanto, como seria preciso acrescentar, ele também é o horizonte do não-ser, do devir e do perecer. Se as duas respostas são corretas, algo específico também deve ser interpelado com ser e não-ser. Com efeito, tal como Parmênides descobriu, pode-se dizer em relação a tudo, por mais diverso que ele possa ser, que ele é, e, com isto, não parece haver nada fora do ser. Todavia, dizer de algo que ele é não é tudo. O ser – ou o devir e o perecimento – pode se retrair até o desaparecimento. O fato de ele ser concomitantemente pensado e dito junto a toda experiência de algo não significa que ele desempenha um papel fundacional para esta experiência. Se dissermos de algo que ele se mostra ou que ele é experimentado enquanto possibilidade para o agir, outros aspectos são tocados, a saber, os aspectos da linguagem e da liberdade. Ou formulado de maneira mais genérica: há experiências de algo, nas quais o tempo não desempenha nenhum papel. Isto não significa que não haveria mais, então, o tempo. Só significa que a experiência também poderia ser cunhada de maneira diversa como temporal e, então, também a experiência do tempo é de um tal modo que ela pode ser descrita em sua particularidade. Para conhecer esta particularidade, nós precisamos descrever a experiência. Assim, existe a possibilidade de que, a partir "do que é conhecido para nós", alcancemos um acesso ao "que é conhecido pura e simplesmente"[6]. Para que a pergunta acerca da relação entre tempo e experiência temporal já não seja respondida de antemão pelos exemplos, estes exemplos precisam ser o máximo possível simples.

§ 30: Algo acontece

O ácer no jardim se retinge; o verde-musgo das folhas torna-se um vermelho brilhante. Um trem passa ao largo; nós o ouvimos chegando, o chacoalhar e o ruído de sua passagem crescem, o som se faz simplesmente presente e vai se tornando novamente mais fraco. Bate-se à porta, e sem que nem bem pudéssemos atender, alguém entra. Nós ficamos surpresos, alegres, talvez mesmo indignados porque fomos perturbados; em todo caso, nos sentimos tocados, comovidos pelo fato de alguém chegar. Tudo isso é algo que acontece.

Não é difícil tornar compreensível o sentido temporal do acontecimento em todos os três exemplos. Na descrição daquilo que acontece, não precisamos introduzir senão expressões temporais. Neste caso, nós fixamos o fato de "agora" as folhas do ácer terem começado a se tingir; "paulatinamente", elas alteram a sua cor, de modo que se tornam "finalmente" vermelhas. Nós sabemos que este vermelho

---

5. Heidegger, *Ser e tempo*, GA 2, p. 577.

6. Aristóteles, *Ética a Nicômaco* I, 4; 1095b 2-3.

não é a sua única cor possível porque podemos "olhar retrospectivamente" em meio à consideração da folhagem vermelha: "antes", elas eram verde-musgo, "agora", elas são vermelhas. "Naquele tempo", nós também poderíamos ter "antevisto" tudo, sem perceber "ainda" os primeiros rastros da mudança de cor. Nós teríamos sabido que as folhas do ácer "ainda" estão "agora" verde-musgo, mas que elas estarão "mais tarde" vermelhas.

Talvez não tenhamos escutado desde o início o trem chegando. O ruído de seu movimento tinha antes se imiscuído furtivamente no silêncio. "Agora", porém, ele está presente e, com ele, a experiência de que o barulho está se tornando mais alto. O "instante" no qual ele passa pela casa em que estamos pode ser "esperado". "Agora", ele chegou e nós acompanhamos o modo como o trem se afasta. "Logo", "em seguida", não conseguiremos mais ouvi-lo e, "então", ele terá ido embora. Por um "momento", as coisas ainda se dão como se o barulho de seu movimento continuasse ressoando.

O bater na porta acontece "de repente" e, do mesmo modo, o visitante entra subitamente. Nós não estávamos "esperando" por ele, a sua vinda não aconteceu de maneira "paulatina", mas "instantânea", como em um assalto. Entre a batida e a sua entrada também não se deu "quase nenhum momento". As coisas tampouco aconteceram "ao mesmo tempo"; nós ainda nos lembramos mais tarde distintamente de que o visitante bateu e, então, entrou, naturalmente sem esperar para ver se alguém responderia à batida na porta.

Por meio da descrição mais detalhada e mais exata que teve lugar em virtude da utilização das expressões temporais, também ficou claro aquilo que de início não tinha podido se mostrar senão como uma vaga impressão. Não é apenas acidentalmente que o tempo tem algo em comum com a experiência de um acontecimento. Ao contrário, ele diz respeito ao *caráter de acontecimento do acontecimento*. É apenas por meio da introdução das expressões temporais que uma declaração pode dizer respeito a um acontecimento enquanto tal. Se dizemos, por exemplo, que o trem passou por esta casa, então o que se tem em vista não é necessariamente um acontecimento; também se poderia estar querendo dizer que a casa fica próxima dos trilhos do trem. É somente quando se diz "agora" o trem está passando, que destacamos um acontecimento. Além disto, por meio das expressões temporais, fica claro que os acontecimentos são inteiramente diversos. Sua diversidade vem à tona por meio da introdução das expressões temporais e isto nos leva a supor que a diversidade subsiste antes de tudo em vista de seu caráter temporal.

O primeiro exemplo aponta para um evento que em algum momento começa e em algum momento acaba. O acontecimento é determinado por começo e fim; ele não pode ser apreendido de outra forma senão pelas duas situações que marcam o seu começo e o seu fim. Estas situações, por sua vez, são mantidas juntas porque elas são situações de *algo*. Este algo, por exemplo, a folhagem do ácer, entrega ao acontecimento a sua unicidade. Por outro lado, ele vem ao nosso encontro em duas situações que se ligam mutuamente por meio do acontecimento da mudança de cor. Assim, há um cruzamento entre algo com o que algo acontece e o acontecimento que faz com que ele se torne manifesto enquanto o mesmo e, contudo, em diversas possibilidades de ser. Aqui, o acontecimento é de um tal modo que *algo se alte-*

ra. A alteração pode, mas ela não precisa ser visível. Ela também pode consistir no fato de, depois de um tempo, alguém ver algo de modo diverso de antes.

O acontecimento do trem que passa já se distingue daquilo que acabou de ser descrito pelo fato de o trem se movimentar. A árvore, cuja folhagem muda a sua cor, permanece no mesmo lugar, enquanto o trem se mantém, em verdade, o mesmo, mas muda o seu lugar. Ele viaja de um lugar para o outro e atravessa, com isto, um trecho, junto ao qual os lugares sempre são uma vez mais marcados ou poderiam ser marcados. Tais marcações também seriam possíveis na mudança de cor da folhagem; nós poderíamos fixar estados diversos do retingimento. No caso do trem, isto só é efetivamente possível, se viajarmos com ele ou se acompanharmos de um outro modo a realização de seu movimento. Assim, nós experimentaríamos que o que está em questão aqui é antes de tudo o *transcurso* do acontecimento. Se nós não movimentássemos senão a nós mesmos e pudéssemos interromper o movimento a qualquer momento, o que estaria em questão seria menos o transcurso e mais a *realização*.

Também experimentamos o transcurso, quando não escutamos senão a chegada, o passar ao largo e o desaparecimento. Em verdade, para aquele que escuta o trem chegando e desaparecendo, o silêncio no qual o barulho do trem surgiu, a princípio, de maneira quase imperceptível e foi se tornando, então, cada vez mais alto pode ter ficado sem chamar a atenção. No entanto, quando aguçamos os ouvidos para escutar o trem que vai se tornando cada vez mais baixo até, então, desaparecer, o silêncio que ele deixa para trás chama a atenção. Neste silêncio não acontece mais nada e, contudo, algo fica para trás: a abertura para o fato de algo ter acontecido e mesmo poder acontecer uma vez mais. Não se trata de nenhum vazio indeterminado, mas da *abertura* peculiar *do acontecimento*, à qual também já tinha pertencido a chegada e o passar do trem – ou seja, a abertura para uma chegada, para a presença e para o desaparecimento. Trata-se da abertura, na qual há um "ainda não", um "agora" e um "não mais", assim como um "sempre ainda" e um "então novamente". Em todo caso, porém, algo está presente e outra coisa não, de tal modo que nós conhecemos a não-presença juntamente com a presença e vice-versa. Neste caso, a presença e a não-presença são mantidas juntas pelas expressões temporais. "Não mais" é co-pertinente a "agora" ou "ainda", tanto quanto "ainda não" a "agora" e "então novamente" a "ainda não". Em sua co-pertinência, as expressões indicam um espaço: um afastamento. Elas cindem naquilo que acontece uma coisa de outra, de tal modo que, sem elas, nem uma coisa nem outra poderiam ser fixadas tal como são fixadas: como afastadas uma da outra por meio de um acontecimento ou no acontecimento.

Também já havia a abertura do acontecimento antes de alguém entrar repentinamente no quarto. Aqui, a abertura não reverbera como depois do desaparecimento do trem, mas ela é confirmada pela *entrada* de alguém, mesmo pela entrada de algo. O fato de algo entrar em cena significa que algo acontece "de repente". Houve preparações que foram percebidas ou mesmo não, mas agora temos algo diverso. Podemos ter a entrada de uma época do ano, do calor ou do frio. Entramos na lua nova. E quando a leitura se inicia, também se trata ao mesmo tempo de uma entrada em cena do texto.

308 Oposicionalidade – O elemento hermenêutico e a filosofia

Por um lado, com efeito, a entrada em cena é um tipo particular de aconteci-mento; algo entra em cena, na medida em que acontece de maneira repentina e surpreendente. Por outro lado, contudo, uma entrada se faz presente em todo acontecimento – as coisas já se davam assim junto à primeira coloração da folha-gem e mesmo quando o trem que veio em nossa direção se tornou de repente audí-vel. Inversamente, por mais repentina que a entrada possa ser, ela nunca é experi-mentada por si só. É essencial a toda entrada que *algo* se torne e tenha se tornado diverso com ela. Por sua vez, nós só experimentamos e compreendemos isto, quando tomamos aquilo que está entrando ou entrou em conjunto com aquilo que foi transformado ou desencadeado por ele. É somente deste modo que percebe-mos a sua entrada. "Agora", assim dizemos então, algo entrou em cena; "antes" as coisas eram diferentes. Ou formulado de uma outra forma: "antes" as coisas eram assim, "mais tarde" algo entrou em cena e a situação se transformou.

As expressões temporais o dizem claramente: na experiência de um aconteci-mento enquanto uma transformação, um transcurso ou uma entrada em cena, nós experimentamos o tempo. Mas esta afirmação é trivial; por meio das expressões temporais, ainda não sabemos o que é o tempo. Algo poderia entrar em cena, sem que viesse a ser algum dia notado. Em um sistema solar capaz de ser observado a partir da terra, dois astros poderiam se dirigir rapidamente um em direção ao outro e se destroçar mutuamente. "Antes", "mais cedo", eles teriam existido, "então", ou seja, "mais tarde", eles deixaram de existir. No entanto, se ninguém os observasse e se o acontecimento não tivesse sido acompanhado, este acontecimento também não seria, ao que tudo indica, dividido em um antes e um depois. Logo que nos re-presentamos o choque e o destroçamento dos astros, ele com certeza se insere em nossas possibilidades de realizar a experiência de um acontecimento. Sem esta re-presentação, ele seria nulo; conceitos, que sempre ligamos apenas às nossas re-presentações, ricocheteiam naquilo que posicionamos fora de nossa representa-ção com a sua irrepresentabilidade. Se as coisas se dessem assim, "antes" e "depois" se mostrariam como conceitos ordenadores e como representações de uma or-dem, com os quais estruturamos transformações, ou melhor, com os quais já sem-pre as estruturamos e, assim, experimentamos como transformações. O choque dos dois astros em um sistema solar afastado é, então, atemporal no sentido de que nós não podemos nem mesmo pensar o seu caráter temporal. As coisas tam-bém se comportam deste modo com a sua atemporalidade. Para pensar esta atem-poralidade, nós precisamos pensar para além de nós mesmos. Todavia, nós não podemos remontar a um ponto por detrás de nosso pensamento e de nossas repre-sentações. Logo que simulamos mesmo apenas como exemplo algo como o des-troçamento dos astros, nós o colocamos no tempo.

Para estas reflexões, nós podemos nos reportar à compreensão kantiana do tempo, tal como ela é desenvolvida na *Crítica da razão pura*; esta compreensão encontrou a sua formulação clássica na definição de que o tempo seria uma "for-ma pura da intuição sensível"[7]. O tempo, assim Kant explicita o seu pensamento,

---

7. Kant, *Crítica da razão pura*, B 47, A 31; AA III, p. 58.

Sexto capítulo: Tempo

não poderia nem "subsistir por si mesmo", nem se atrelar "às coisas como uma determinação objetiva". No primeiro caso, ele também seria real, mesmo se não houvesse nada além dele, e este, poderíamos completar desta forma o argumento kantiano, é um pensamento sem sentido, uma vez que nunca se pode falar do tempo senão com vistas a algo que acontece no tempo. Em contrapartida, se o tempo fosse uma propriedade das coisas, ele não poderia ser considerado como a ordem das coisas a ser diferenciada destas coisas, uma ordem como a qual ele de qualquer modo funciona manifestamente[8]. Além disto, sob a pressuposição de que nós só temos fenômenos dos "objetos", o tempo não pode ser conseqüentemente "nenhuma determinação dos fenômenos exteriores"[9]. Nós não o experimentamos segundo o modo de ser das coisas ou dos acontecimentos *no* tempo. Ao contrário, o tempo determina "a relação das representações em nosso estado interno"[10], ou seja, ele não é outra coisa senão a ordem das representações segundo as possibilidades do antes, do depois e do ao mesmo tempo.

As coisas não podem se dar desta maneira. Tal como podemos tornar facilmente claro para nós mesmos, o antes e o depois sempre dizem respeito também às próprias coisas. Há pouco tempo, as maçãs ainda eram comestíveis, agora elas estão podres. Quem constata isto não ordena apenas as suas representações de uma maneira transcendental pertinente à própria percepção, mas toma conhecimento de algo comprovável. As maçãs mudaram *sem dúvida alguma* o seu estado. Esta mudança pode ter acontecido relativamente a determinados hábitos e necessidades e nós a experimentamos em uma determinada perspectiva; a comestibilidade não é nenhuma propriedade "objetiva", que advém simplesmente às maçãs, mas uma propriedade que pressupõe seres vivos, a cuja alimentação pertencem as maçãs. No entanto, sob a pressupossição deste ser vivo, a comestibilidade é algo que advém às maçãs; elas são efetivamente comidas. Deste modo, este caráter fático também é válido para a mudança, na qual as maçãs perdem a sua comestibilidade. A ordem, que é expressa com os termos "antes" e "depois" ou "mais cedo" e "mais tarde", não diz respeito apenas às representações, mas também ao próprio representado. O que lhe acontece ou o que acontece com ele realiza-se de acordo com esta ordem. Estados diversos não são apenas distintos de nós e aí separados uns dos outros, de modo que eles só estão afastados uns dos outros para nós. O afastamento subsiste efetivamente.

Foi neste sentido que Aristóteles determinou o tempo e forneceu, com isto, uma definição basilar para todas as reflexões filosóficas sobre o tempo. Naturalmente, pertence ao destino de sua determinação o fato de o seu conceito diretriz ter sido inteiramente mal compreendido. Neste aspecto, rica em conseqüências foi antes de tudo a asserção heideggeriana de que Aristóteles não ofereceria senão uma definição do tempo medido, ou seja, do tempo compreendido de maneira "vulgar", que

---

8. Ibid., B 49, A 31-33; AA III, p. 59.

9. Ibid., B 49, A 33; AA III, p. 60.

10. Ibid., B 50, A 33; AA III, p. 60.

permanece óbvio na postura "natural"[11]. Este tempo, tal como Heidegger o afirma, seria "o tempo que se mostra no acompanhamento presente e contabilizador do ponteiro que se move"[12]. Com certeza, Aristóteles favorece uma tal incompreensão por meio do conteúdo literal de sua definição do tempo. O tempo, assim encontramos afirmado em Aristóteles de uma forma tão concludente quanto em uma fórmula, é o número do movimento com vistas ao antes e ao depois[13].

Se a interpretação heideggeriana é uma incompreensão, o termo, junto ao qual ela encontra seu conteúdo, ou seja, o termo número, não pode ser visado no sentido de uma quantidade de unidades de tempo contadas – minutos, horas, dias ou anos. A importância da contagem do tempo tomada neste sentido será levada em conta mais tarde; com fundamento material, uma determinação da medição do tempo só é possível se tivermos esclarecido anteriormente a essência do tempo. Para tanto, por sua vez, a discussão da definição aristotélica do tempo é um passo importante.

O número, é isto que o próprio Aristóteles nos diz, possui uma dupla significação: ele precisa ser compreendido como aquilo que é contado (ἀριθμούμενον), ou como aquilo com o que contamos (ᾧ ἀριθμοῦμεν)[14]. Neste caso, aquilo com o que contamos é o contável, isto é, aquilo de que indicamos a quantidade na medida em que o contamos. Com a quantidade, assim Aristóteles explicita esta distinção, nós conhecemos o conjunto, por exemplo, o conjunto dos cavalos – este é o exemplo escolhido por Aristóteles. Com um cavalo, porém, nós temos o número dos próprios cavalos[15]. Para que uma quantidade possa ser constatada, sempre precisa haver algo em relação ao que ela é uma quantidade. Ele é tomado como uno e pertence concomitantemente, como aquilo "com o que contamos", à quantidade que fixa aquilo que é determinado de maneira una em sua respectiva pluralidade dada[16]. A pluralidade é sempre pluralidade de algo; algo, compreendido enquanto aquilo que

---

11. Cf. Heidegger, *Ser e tempo*, § 81, em particular GA 2, p. 556. Além disto, Heidegger, *Grundprobleme der Phänomenologie* (Problemas fundamentais da fenomenologia), GA 24, p. 327-369. Tal como deve se mostrar no que se segue, certamente não ajudaria senão muito pouco rejeitar esta crítica com o argumento de que já se encontraria em Aristóteles a temporalidade perfilada por Heidegger contra o tempo vulgarmente compreendido (Enno Rudolph, *Zeit und Gott bei Aristoteles aus der Perspektive der protestantischen Wirkungsgeschichte* – Tempo e deus em Aristóteles a partir da perspectiva da história efetiva protestante, Stuttgart, 1986, aqui p. 14 e 87-88). A significação do tratamento aristotélico do tempo consiste justamente no fato de este tratamento não antecipar a perspectiva heideggeriana – da qual tratarei mais tarde. Quanto à interpretação heideggeriana de Aristóteles, cf. Figal, *Fenomenologia da liberdade*, p. 307-312.

12. Heidegger, *Ser e tempo*, GA 2, p. 556.

13. Aristóteles, *Física* IV, 11; 219b 2: ἀριθμός κινήσεως κατὰ τὸ πρότερον καὶ ὕστερον.

14. Ibid., 6-9.

15. Ibid.,12; 220b 20-22: τῷ μὲν γὰρ ἀριθμῷ τὸ τῶν ἵππων πλῆθος γνωρίζομεν, πάλιν δὲ τῷ ἑνὶ ἵππῳ τὸν τῶν ἵππων ἀριθμὸν αὐτόν.

16. Comparando com a concepção do número determinado, tal como ela é desenvolvida no *Filebo* (cf. acima p. 296-300), a definição "de conteúdo" do número chama a atenção pela sua concordância. No entanto, enquanto Platão pensa em um complexo de momentos dotados cada um do mesmo direito, o que está em questão para Aristóteles é o uno em uma pluralidade de estados.

Sexto capítulo: Tempo

é determinado de maneira una, nunca é fixável na pluralidade senão como quantidade determinada.

Sobre o tempo, Aristóteles nos diz, então, que ele só precisaria ser compreendido como número no sentido da quantidade[17]. Assim, ele não é o elemento uno que entrega a cada vez à pluralidade a sua determinação, mas é ele mesmo uma pluralidade. Ora, mas uma pluralidade de quê? Depende da resposta a esta pergunta se e em que aspecto o tempo tem algo em comum com as coisas.

Aristóteles dá a sua resposta em muitos passos. O primeiro consiste no fato de ele determinar aquilo "com o que contamos" com vistas ao tempo enquanto agora (τὸ νῦν). Se isto não é visado no sentido de uma medição do tempo, ou seja, no sentido da contagem de unidades de medida do tempo – minutos, horas, dias, anos –, precisamos dizer mais exatamente o que ele pode designar. A palavra νῦν significa "agora" no sentido de "presente"; οἱ νῦν ἄνθρωποι são os homens que vivem no presente. De acordo com isto, νῦν parece ser uma expressão temporal e isto nos conduziria à estranha suposição de que o tempo é contado com o tempo. No entanto, quando Aristóteles diz que o tempo seria o número no sentido daquilo que é contado e não no sentido daquilo com o que contamos, fica claro que o νῦν mesmo não pode ter nenhum caráter temporal. Como aquilo "com o que contamos", o νῦν funciona como o elemento a cada vez determinado, cuja quantidade denominamos. Portanto, ele forma a unidade para a pluralidade que é o tempo enquanto tempo contado.

Aristóteles indica como temos de compreender esta posição em sua fórmula para o tempo, na medida em que determina o tempo como número do movimento (κίνησις); e isto apesar de a palavra "movimento" ser pensada de maneira tão ampla, que inclui todo acontecimento. Aristóteles não quer identificar reciprocamente tempo e movimento. O movimento, assim ele insiste, nunca seria senão naquilo mesmo que se movimenta. O tempo, porém, é em toda parte e em tudo. Segundo ele, além disto, o movimento poderia ser mais rápido ou mais lento, mas o tempo não. A rapidez ou a lentidão do movimento são muito mais determinadas pelo tempo, uma vez que constatamos o quão pouco ou o quanto de movimento acontece em que tempo; um movimento é rápido, quando algo se movimenta muito em um curto espaço de tempo, e ele é lento, quando algo não sai do lugar em um longo tempo[18].

Se o tempo e o movimento precisam ser distintos desta maneira, não se pode ter em vista com a fórmula para o tempo senão o fato de tempo e movimento se co-pertencerem em sua diferencialidade. Se esta comum-pertencência é essencial, não há nenhum tempo sem movimento. Por isto, assim acentua Aristóteles, nós também não percebemos o tempo sem o movimento. Se nada se move ou se o movimento nos escapa, não parece haver nenhum tempo para nós[19]. Já com a formulação que acabamos de citar, contudo, Aristóteles não deixa nenhuma dúvida

---

17. Aristóteles, Física IV 11; 219b 7-8: ὁ δὴ χρόνος ἐστὶν τὸ ἀριθμούμενον καὶ οὐχ ᾧ ἀριθμοῦμεν.

18. Ibid., 218b 10-20.

19. Ibid., 23: οὐ δοκεῖ ἡμῖν γεγονέναι χρόνος.

quanto ao fato de se tratar aí de uma ilusão. Os lendários dorminhocos sardos, que ele toma como exemplo, apenas deixam de perceber o tempo que existe; o tempo lhes escapa porque se lhes subtrai o movimento que se realiza enquanto estão dormindo[20]. Para eles, não *parece* haver tempo algum, mas há o tempo. Com certeza, *não* há o tempo *sem movimento* e, por isto, também só o percebemos junto ao movimento.

O "não sem" não pode ser compreendido aqui no sentido de uma condição ou mesmo de uma causa, ou seja, ele não pode ser compreendido em analogia com a afirmação de que sem fogo não há fumaça. Ao contrário, não há o tempo sem movimento, assim como não há a liberdade sem o agir, a linguagem sem os sinais. Assim como o agir não é o que ele é sem a liberdade, a liberdade é a abertura que se revela segundo a sua essência como abertura do agir; mesmo a liberdade das coisas, a liberdade da contemplação, não pode ser pensada sem o agir. Do mesmo modo, os sinais só são possíveis na linguagem; a linguagem, contudo, permaneceria vazia – e, então, não seria mais linguagem –, se não pudesse ser compreendida como o afastamento e o ao longe que entram em jogo nos sinais.

O próprio Aristóteles fornece-nos um exemplo de como precisamos explicitar mais exatamente a relação entre tempo e movimento. Ele distingue-se em muitos aspectos por meio de sua concretude plástica particular e pode, por isto, representar todos os tipos de movimento que Aristóteles leva em conta sob o ponto de vista do tempo: perecimento e crescimento, transformação e movimento de um lugar para o outro[21]. O exemplo também diz respeito a este último tipo citado: Corisco, suponhamos, é um homem jovem que vai de Likeion, uma região ao norte de Atenas, para a praça do mercado. Ele é o mesmo que se detém inicialmente em Likeion, que atravessa em seguida as ruas e alcança, por fim, a praça do mercado. Só há movimento enquanto movimento de algo ou alguém; neste caso, enquanto o movimento de Corisco. O movimento está "nele", na medida em que é *ele* que se movimenta. Sob o ponto de vista do tempo, contudo, não é tanto este fato que está em questão, mas muito mais o próprio movimento; o decisivo é o modo como o movimento é experimentado em sua unidade e em seu caráter multifacetado.

Isto é possível na dupla experiência do agora. Porquanto o agora é tanto unidade quanto pluralidade, ele forma o número do movimento. Corisco está *agora* em Likeion; em seguida, ele se coloca a caminho e *agora* ele alcançou a praça do mercado. O primeiro agora acontece antes, o segundo depois. Assim, o número do agora forma o número do movimento com vistas ao antes e ao depois.

O número, tal como o exemplo o concretiza, é o menor número possível, a saber, o dois[22]. O um não é nenhum número no sentido da quantidade, mas pura e simplesmente uma unidade, junto à qual não há nenhuma contagem. Naturalmente, porém, o número poderia ser maior do que dois. Ao invés de dizer "agora" apenas

---

20. Ibid., 23-27.

21. Ibid., 14; 223a 30-33.

22. O próprio Aristóteles também insiste no fato de o dois ser o menor número possível: Aristóteles, *Física* IV, 12; 220a 27.

Sexto capítulo: Tempo

em Likeion e na praça do mercado, nós poderíamos marcar cada estação que Corisco alcança em seu caminho e uma vez mais abandona com um "agora". É isto que leva Heidegger a pensar no relógio junto à concepção aristotélica do tempo. Corisco seria, então, como o mostrador dos segundos, cujo movimento sempre pode ser mais amplamente comentado com "agora e agora e agora e agora..." Por isto, o tempo, tal como Aristóteles o pensa, é para Heidegger um "tempo-agora"[23].

Com isto, um aspecto importante da concepção aristotélica é certamente abafado. Aristóteles não compreende o tempo como uma seqüência de agoras contáveis, mas como a multiplicidade *de um* agora que é igualmente a unidade para a multiplicidade das fases do movimento. O agora, diz Aristóteles, seria por um lado o mesmo e, por outro lado, não se mostraria como o mesmo. Porquanto ele é em um outro e uma vez mais para um outro, ele seria diverso; no entanto, aquilo que o agora é enquanto algo sem determinação temporal e, neste sentido, enquanto algo que é em qualquer tempo, seria o mesmo[24]. Ele é o mesmo, na medida em que ele, como Aristóteles afirma, segue (ἀκολουθεῖ) aquilo que é movido (τῷ φερομένῳ) – nós também poderíamos traduzir: na medida em que ele acompanha aquilo que é movido[25]. Quando Corisco sai de Likeion e vai para a praça do mercado, durante todo o movimento Corisco é "agora"; o ser agora do próprio Corisco não é marcado temporalmente pelo fato de nós o dotarmos com um "antes" ou um "depois". Corisco é sem um antes e um depois *agora*. Ele não é o agora; este não se deixa identificar com o que se dá agora[26]. O agora representa muito mais a simples presença de Corisco, o fato de ele *ser* sem qualquer determinação temporal ulterior, mas em um tempo determinável. A fórmula ὅ ποτε ὄν, com a qual Aristóteles indica este fato[27], é para tanto maximamente apropriada: ποτε significa "a qualquer tempo", tanto no sentido de "sempre", quanto no sentido de "um tempo indetermi-

---

23. Heidegger, *Ser e tempo*, GA 2, p. 557. Cf. quanto a isto também Figal, *Fenomenologia da liberdade*, p. 307-312.

24. Aristóteles, *Física* IV, 11; 219b 12-15: τὸ δὲ νῦν ἔστι μὲν ὡς τὸ αὐτό, ἔστι δ'ὡς οὐ τὸ αὐτό. ᾗ μὲν γὰρ ἐν ἄλλῳ, ἕτερον [...], ὅ δέ ποτε ὄν ἐστι τὸ νῦν, τὸ αὐτό.

25. Aristóteles, *Física IV*, 11; 219b 22-23.

26. Nesta medida, Wolfgang Wieland vai longe demais com a sua tese de que o "agora" seria "um predicado da coisa movida" (Wieland, *Die aristotelische Physik* – A física aristotélica, p. 325). Assim, o agora é compreendido como "o que se dá agora", p. 324. Na mesma direção segue Walter Mesch, *Reflektierte Gegenwart* (Presente refletido), Frankfurt junto ao Main, 2003, p. 380.

27. Quanto à compreensão desta fórmula cf. Franco Volpi, *Chronos und Psyche. Die aristotelische Physik IV*, 14, 223a 16-29 (Chronos e psyche. A Física aristotélica IV, 14, 223a 16-29) e Hartmut Kuhlmann, *Jetzt? Zur Konzeption des* νῦν *in der Zeitbehandlung des Aristoteles (Physik IV 10-14)* – Agora? Para a concepção do νῦν no ensaio de Aristóteles sobre o tempo (Física IV 10-14), in: Enno Rudolph (Org.), *Zeit, Bewegung, Handlung, Studien zur Zeitbehandlung des Aristoteles* (Tempo, movimento, ação. Estudos sobre o ensaio de Aristóteles sobre o tempo), Stuttgart, 1988, p. 63-96. Cf. além disto: Adolf Torstrik, *Ὅ ποτε ὄν: ein Beitrag zur Kenntnis des aristotelischen Sprachgebrauches* Ὅ ποτε ὄν: uma contribuição para o conhecimento da terminologia aristotélica), in: Rheinisches Museum 12, 1857. A interpretação aqui desenvolvida diverge das citadas.

nado", "quando quer que seja". Ele designa uma presença temporalmente resgatável e, nesta medida, temporalmente relevante, mas, ao mesmo tempo, temporalmente indiferente – também poderíamos dizer: um simples ser-aí. O que é deste modo não possui, por um lado, o caráter daquilo que é subtraído ao tempo e, neste sentido, é atemporal. Por outro lado, considerado por si, ele não é temporal, uma vez que ele é *indiferente* em relação a um tempo determinado, mas ele pode ser temporal "a qualquer momento". Se só houvesse o ὅ ποτε ὄν νῦν, então o tempo entraria por assim dizer em repouso; ele seria como um caminho que ninguém jamais percorre ou leva em consideração enquanto caminho. No entanto, aquilo que entra aqui em repouso de maneira temporalmente indiferente é como que talhado para aquilo que Aristóteles denomina "tempo"; como algo que é diverso do antes ou depois, ele pode ser dividido em um antes e um depois dilatado em si. Por meio do antes e do depois há um afastamento nele; ele mesmo é aquilo em que há afastamento.

O afastamento torna-se explícito, quando o agora é marcado com as expressões temporais "antes" e "depois". Neste caso, o "agora" é pluralizado e, com isto, um agora é no mínimo diverso de um outro. A diversidade só pode ser expressa na relação entre *antes* e *depois*. Assim, há a presença que é antes ou depois enquanto esta presença aí ou que acontece mais cedo do que a anterior que, então, em relação a ela, se mostra como a posterior. Para designá-la de maneira mais detalhada, contudo, nós precisaríamos dizer de *que* ela é a presença. Neste caso, não é suficiente denominá-la a presença de Corisco. Ao contrário, esta presença precisa ser determinada como presente e, mais exatamente, de um tal modo que ela possa ser distinta de outras presenças do Corisco que, em termos temporais, está indiferentemente presente no que concerne a ela: ou seja, por exemplo, por meio de "Corisco em Likeion" ou "Corisco na praça do mercado".

Corisco está sempre *em algum lugar*; por conseguinte, designações deste tipo são sempre possíveis. No entanto, elas só são importantes, quando o que está em questão não é *o próprio Corisco*. Nós poderíamos simplesmente caracterizá-lo – por exemplo, como o filho de X e como natural de Atenas –, sem nos referirmos ao lugar onde ele a cada vez se encontra. Trata-se aqui de caracterizações que sempre são aplicáveis a Corisco. Mesmo que ele não esteja mais vivo, se as pessoas continuam conhecendo-o, ele permanece o filho nascido em Atenas de seu pai e identificável enquanto tal. Em contrapartida, quando falamos de Corisco em um determinado lugar – ou mesmo em uma determinada situação – de um determinado modo, o que está em questão é algo passível de transformação e que é efetivamente transformado. Quando Corisco vai de Likeion para a praça do mercado, ele mesmo realiza o movimento. Mas ele também poderia deixar que o movimento acontecesse com ele, por exemplo, ao viajar de navio de Atenas para Creta. E a transformação também poderia ocorrer sem a sua interferência: antes de tudo, na medida em que ele envelhece e, por fim, morre.

Corisco é apenas um exemplo: o que está em questão não é o fato de ele ser um homem – ele não precisaria ser nem mesmo um ser vivo. O que foi elucidado a partir dele em termos temporais poderia ter sido mostrado junto a todas as coisas, e, nesta medida, Corisco está no tempo, tal como Aristóteles tinha em vista o tempo, ele é uma coisa entre coisas. O único pressuposto aqui é o fato de serem as *coisas singulares* que se mantêm como idênticas na mudança dos estados. Enquan-

Sexto capítulo: Tempo

to este algo idêntico, elas precisam estar "em algum lugar", em um estado respectivo qualquer. Para Aristóteles, uma coisa singular compreendida desta maneira é algo que se encontra à base e que, em seu encontrar-se à base, se acha diante de nós, um ὑποκείμενον; ela é tangível enquanto "algo que se encontra aí dentro", uma forma materialmente dada[28], à qual podemos nos referir em sua identidade reconhecível, a fim de seguir, então, em direção ao transcurso de um movimento uno por meio do idêntico[29]. A concepção aristotélica do tempo é feita tão-somente para as coisas singulares neste sentido, para as "substâncias", tal como elas foram posteriormente denominadas[30]. Um acontecimento difuso ou "elementar"[31], tal como o surgimento de uma tempestade ou o jogo das cores sobre a água em meio à luz solar, não pode ser apreendido com os conceitos que Aristóteles desenvolveu. Não há aqui nenhum suporte, ao qual poderíamos nos ater junto à descrição; não há nada que se mantenha de tal modo no transcurso do movimento, que nós poderíamos compreender este transcurso a partir dele.

Na discussão do tempo, porém, o que está em questão para Aristóteles não é tanto certamente o que permanece idêntico, mas muito mais a mutabilidade e a transformação. Por isto, ele valoriza sobremaneira a co-pertinência entre tempo e movimento. Por meio do movimento, não importa de que tipo ele seja, algo se transforma; ainda que algo seja identificável como algo que se mantém, ele não se encontra fora do tempo. Nesta medida, o tempo é a acessibilidade da transformação e daquilo que está submetido à transformação. Porquanto algo se encontra submetido à transformação, ele não é simplesmente, mas *ele é respectivamente*. O respectivo, por sua vez, mostra-se deste modo, uma vez que ele se encontra na ordem do tempo, tal como ela é dada com a distinção entre "antes" e "depois". Algo é temporal, na medida em que se refere a um outro, que foi por sua causa. É neste sentido que Aristóteles define o tempo segundo a sua essência como aquilo que ocasiona o perecimento[32]; para ele, o tempo seria efetivamente o número do movimento e o movimento transformaria aquilo que se encontra à sua base[33]. Ele

---

28. Aristóteles, *Metafísica VII*, 11; 1037a 29: τὸ εἶδος τὸ ἐνόν.

29. Aquilo que se encontra à base pode suportar o movimento porque ele, é neste movimento, aquilo "que é mais conhecido": γνώριμον δὲ μάλιστα τοῦτ᾽ἔστιν (Aristóteles, *Física* IV, 11; 219b 29). Os movimentos, nos quais Aristóteles pensa, são designados, na medida em que dizemos inicialmente o que é que se movimenta. Aquilo que se movimenta, assim se acha formulado (*Física* IV, 11; 219b 30-31), é um "isto aí", mas não é o movimento: τόδε γάρ τι τὸ φερόμενον, ἡ δὲ κίνησις οὔ.

30. Cf. Günter Figal, *Substanz* (Substância), in: *Religion in Geschichte und Gegenwart (RGG* – Religião na história e no presente*)*, Quarta edição, vol. 7, colunas 1824-1827.

31. Quanto à idéia do elementar neste sentido, cf. John Sallis, *Force of imagination* (Força da imaginação), Bloomington, 2000, p. 147-183.

32. Aristóteles, *Física* IV, 12; 221b 1-2: φθορᾶς γὰρ αἴτιος καθ᾽ἑαυτόν.

33. Ibid., 2-3.

funde tudo, tudo se torna velho por meio do tempo e recai em esquecimento[34]. O tempo abate-se até mesmo sobre aquilo que se acha à base.

Todavia, sem aquilo que se encontra à base, a extensão entre o antes e depois não seria tangível. Se o esquecimento e o passado fossem completos, não haveria mais nenhum tempo experimentado. Só há um tal tempo, na medida em que aquilo que perece permanece presente. Neste sentido, Aristóteles fala de um *agora* anterior. O anterior, que é "fundido e alijado" por meio do movimento, permanece presente enquanto o anterior. É somente por isto que o agora posterior pode ser compreendido enquanto tal. O fato de haver tempo traz consigo o fato de Corisco na praça do mercado poder ser associado a Corisco em Likeion no interior do afastamento provocado pelo tempo.

Com certeza, considerado mais exatamente, o discurso acerca de um "agora anterior" não é de maneira alguma tão claro quanto poderia parecer, quando nós nos orientamos pelo transcurso do movimento. Nós poderíamos ter em vista o agora no sentido de um agora anteriormente dado e dito, mas que só passou posteriormente; quando Corisco ainda se encontrava em Likeion, ele estava lá em um "agora"; tinha-se um presente e este presente passou, então, posteriormente[35]. No entanto, como é que o presente deve perecer? O que perece não é o próprio presente, mas aquilo que se achava inicialmente presente, mas que, em seguida, passou. A formulação aristotélica tampouco se refere, contudo, ao caráter de presente deste passado como o anterior em relação ao presente "de agora"; Aristóteles fala inequivocamente de um "agora anterior".

A formulação, porém, não é desprovida de sentido. Ela só se mostra assim quando pensamos que se estaria visando com ela a um estado anterior, a algo que passou, que pontualmente aconteceu e que mais tarde se dissipou. Um agora pontual no sentido de uma série de momentos – agora e agora e agora e agora... – não pode senão perecer. Em contrapartida, algo anterior permanece presente, quando o pensamos a partir do movimento. Um movimento, que pode ser perseguido e determinado, sempre sai de um estado respectivo para um outro – Corisco vindo de Likeion em direção à praça do mercado, o autotingimento da folhagem do ácer de um verde-musgo para o vermelho. Quando o movimento se realiza, o ponto de partida e a meta permanecem presentes nele pelo fato de ele ser este movimento determinado – daqui para lá, e uma coisa é anterior, a outra posterior. Do mesmo modo, no transcurso do movimento, o ponto de partida fica para trás e a meta se encontra à frente. Mesmo quando a meta é alcançada, o movimento que conduz a ela permanece apreensível como este movimento determinado, e o ponto de partida permanece presente com ele; de outro modo, a meta não seria o que ela é.

Esta determinação é válida para o próprio movimento, não apenas para a sua experiência. Não é de maneira alguma incomum que o ponto de partida e a meta

---

34. Ibid., 211a 31-32.

35. Walter Mesch compreendeu o seu livro sobre o *Reflektierte Gegenwart* (Presente refletido) como uma defesa da possibilidade de um tal perecimento. Cf. quanto a isto também Kuhlmann, 'Jetzt'? *Zur Konzeption des* νῦν *in der Zeitabhandlung des Aristoteles (Physik IV 10-14)*, p. 92.

Sexto capítulo: Tempo

de um movimento permaneçam obscuros para um observador; quem vê Corisco andando pela cidade não precisa saber que ele está vindo de Likeion para a praça da cidade. Exatamente este, porém, é o movimento que ele realiza. O fato de o ponto de partida e a meta estarem no próprio movimento é que faz com que ele efetivamente se transforme em um movimento. O fato de haver um antes pertence ao movimento, tanto quanto o depois intrínseco à sua conclusão; e isto simplesmente e também, na medida em que ele ainda está em curso.

Mas o transcurso só pode ser a partir daquilo que se movimenta. No transcurso do movimento, o antes e o depois se mostram como um *agora* por meio da presença temporalmente indiferente daquele que se movimenta. É a sua existência que se diferencia no transcurso do agora anterior e do agora posterior. Portanto, só há o agora anterior e o agora posterior na co-pertinência cruzada entre a existência temporalmente indiferente e o movimento estendido. Esta co-pertinência é, pensado juntamente com Aristóteles, o tempo. Compreendido como o número do movimento, o tempo é *a possibilidade do acontecimento do movimento*. Ele é o distanciamento a cada vez preenchido por algo, na medida em que este algo se distribui em movimento. O movimento é, inversamente, uma existência que acontece em meio ao afastamento.

Esta reflexão é apoiada pelo fato de Aristóteles atribuir inicialmente o antes e o depois ao próprio movimento e só ver a sua significação temporal dada na ligação com o agora. Segundo ele, o antes e o depois seriam inicialmente locativos (ἐν τόπῳ) e, em verdade, no sentido da situação ou da posição (θέσις), mas, então, também no que concerne à grandeza (μέγεθος), e, como o movimento também precisa ser compreendido como grandeza, mesmo no que concerne ao movimento[36]. O primeiro ponto é visado simplesmente como uma explicação literal: πρότερον e ὕστερον também podem significar "em frente" e "atrás". No que diz respeito à grandeza, precisamos pensar aqui, antes de tudo, em dilatação e em expansão; se considerarmos uma linha, então aquele dentre os seus fins que se encontra mais próximo é o que está na frente e aquele que se acha distante, o que está atrás. No entanto, é somente quando *retraçamos* a linha que o temporalmente *antes* e *depois* entram em jogo.

Precisamos compreender a partir daqui por que Aristóteles define o antes e o depois como aquilo que o movimento é sem determinação temporal e, neste sentido, a qualquer tempo[37]. Há o caminho que leva de Likeion para a praça do mercado, sem que alguém o percorra. O caminho pode ser descrito; quando há um ponto de partida para ele, ele pode ser mostrado e, do mesmo modo, podemos traçá-lo em um mapa. Neste caso, há sempre o seu ponto de partida, Likeion, e, do mesmo modo, existe a sua meta, dada com a praça do mercado. No entanto, é só quando alguém se coloca a caminho que o ponto de partida se torna o agora anterior e a meta se transforma no agora posterior – presente no movimento e, do mesmo modo, ficando para trás ou adiante. Alguém colocou sua existência a caminho e transpôs aí o seu ser temporalmente indiferente para o interior daquilo que é res-

---

36. Aristóteles, *Física IV*, 11; 219a 14-18.

37. Ibid., 19-21: ἔστι δὲ τὸ πρότερον καὶ ὕστερον ἐν τῇ κινήσει ὅ μέν ποτε ὄν κίνησις.

318 Oposicionalidade – O elemento hermenêutico e a filosofia

pectivamente. A duração da realização, o ficar para trás no interior dela e o ser iminente daquilo que é respectivamente acontecem no tempo do movimento.

O tempo do movimento é por um lado *um* tempo. Ele é o tempo da perduração do movimento e, com isto, o tempo no qual o movimento é lento ou rápido. Todavia, o tempo não chega ao fim com o movimento. Nesta medida, o movimento dura em verdade um tempo, mas ele acontece *no* tempo. O tempo é sempre "mais longo" do que o tempo próprio ao respectivo movimento porque toda meta, enquanto algo que se dá a cada vez, funciona como o ponto de partida para outros movimentos. Uma vez que o "no tempo" seria como um "no número", poderíamos apreender um tempo que, tal como Aristóteles diz, é maior do que tudo que está no tempo. Por isto, aquilo que está no tempo precisaria ser abarcado pelo tempo[38]. Desta forma, mostrou-se definitivamente que o tempo não pode ser identificado com o movimento. Já sempre existe tempo antes do início de um movimento. É somente no tempo que algo pode acontecer.

Este tempo "abrangente", porém, só desempenha um papel para a compreensão aristotélica do tempo, na medida em que pode ser fixado em um determinado movimento. Por isto, levanta-se a questão de saber se o tempo não é efetivamente independente de alguém que o constata. O movimento, compreendido como o caminho que podemos percorrer, não possui nenhum caráter temporal, assim como aquilo que não está senão simplesmente presente como forma determinada também não é relevante em termos temporais. É somente na medida em que os dois coincidem que há tempo, ou seja, somente porquanto algo é no movimento – assim como se ele se colocasse a caminho. Apesar de Aristóteles não compreender o tempo como um ingrediente ordenador em relação ao movimento e, neste sentido, tal como Kant, "subjetivamente", ele não trata em vão da questão de saber se poderia ou não haver o tempo sem a alma, mais exatamente, sem o pensamento que conta (νοῦς)[39].

A questão é diferenciada e mesmo respondida de maneira concludente no âmbito da concepção aristotélica: por um lado, em favor de um tempo independente da alma; por outro lado, de um modo tal que ganha validade qual é significação que a alma que conta possui para o tempo. Aristóteles apresenta a solução do problema da seguinte maneira: se não houvesse outra coisa senão a alma a cuja natureza pertence o contar, então não poderia haver nenhum tempo, caso não houvesse a alma. A única coisa que poderia existir seria aquilo que o tempo é sem qualquer determinação temporal e, neste sentido, a qualquer momento, assim como também poderia haver movimento sem a alma. O antes e o depois seriam no movimento e justamente isto seria o tempo, na medida em que ele é contável[40].

---

38. Ibid., 12; 221a 26-28.

39. Ibid., 223a 16-25. Quanto à discussão desta passagem na tradição e na pesquisa mais recente, cf. Volpi, *Chronos und Psyche. Die aristotelische Aporie von Physik IV, 14, 223a 16-29* (*Cronos e psyche. A aporia aristotélica da Física IV, 223a 16-29*). A interpretação sugerida a seguir diverge de tudo aquilo que é discutido por Volpi.

40. Aristóteles, *Física IV*, 14; 223a 25-29: εἰ δὲ μηδὲν ἄλλο πέφυκεν ἀριθμεῖν ἢ ψυχὴ καὶ ψυχῆς νοῦς, ἀδύνατον εἶναι χρόνον μὴ οὔσης [...], ἀλλ'ἢ τοῦτο ὅ ποτε ὄν ἔστιν ὁ χρίνος, οἷον εἰ ἐνδέχεται κίνησιν εἶναι ἄνευ ψυχῆς. Τὸ δὲ πρότερον ἐν κινήσει ἐστίν· χρόνος δὲ ταῦτ'ἐστὶν ᾗ ἀριθμητά ἐστιν.

Sexto capítulo: Tempo

Tal como já se dera tanto junto à discussão do agora quanto junto à discussão do antes e do depois, é a fórmula ὅ ποτε ὄν que se torna a chave para a questão sobre a dependência e a independência do tempo ante a alma. Aqui, esta fórmula designa o próprio tempo – de maneira alguma o movimento, tal como se pensa em articulação com a formulação que apreende o antes e o depois como sendo no movimento. O movimento é aduzido por Aristóteles à guisa de comparação, tal como a formulação οἷον εἰ ἐνδέχεται κίνησιν εἶναι ἄνευ ψυχῆς o atesta inequivocamente. Como o caminho também é caminho quando não é respectivamente percorrido, também há o tempo sem que alguém o conte, ou seja, sem que, orientado pela presença de algo que se movimenta ou de algo movido, alguém distinga um agora anterior de um agora posterior e articule mutuamente os dois. O tempo contado neste sentido é o tempo, tal como ele é experimentado junto a um movimento respectivo; ele é o tempo deste movimento e, neste sentido, o tempo respectivo.

Esta formulação, não menos do que o discurso acerca daquilo que o tempo é sem determinação temporal e a qualquer momento (τοῦτο ὅ ποτε ὄν ἔστιν χρόνος), pode despertar a impressão de paradoxia. No entanto, esta é apenas uma impressão: com a idéia de que o tempo pode ser constatado em qualquer movimento, o tempo não é submetido ao tempo. Quando algo acontece e é constatado com vistas ao seu caráter respectivo, então ele acontece em um tempo determinado. Mesmo quando não é constatado, contudo, ele seria constatável, pois acontece no tempo. Na medida em que constatamos o tempo, nós nos posicionamos *em relação a* ele; perseguindo um movimento, nós nos comportamos *nele*; nós acompanhamos, por assim dizer, o movimento, e isto não pode acontecer senão no tempo. Uma coisa, porém, não é sem a outra; perseguindo um movimento no tempo, nós também nos comportamos em uma medida diversa em relação a ele. Isto só é possível porque o tempo está aberto e pode ser medido numericamente. É somente porque o tempo é a abertura já vigente para o movimento, que podemos nos comportar nele e em relação a ele.

Não obstante, a resposta aristotélica não deixa de ser problemática. Nela se mostram concentradas todas as dificuldades da concepção aristotélica do tempo. Aquele que conta e que persegue um movimento pode ser facilmente representado como um observador: alguém está à janela e vê Corisco andando de Likeion até a praça do mercado. Neste contexto, ele "conta" a presença de Corisco lá, aqui e lá. Com certeza, o próprio Corisco também poderia observar o seu agora anterior e posterior e manter os dois juntos. Neste caso, ele se compreenderia como aquele que está simplesmente presente e que realiza o movimento de Likeion até a praça do mercado. É aqui que reside, porém, a dificuldade. De acordo com a concepção aristotélica do tempo, Corisco veria a si mesmo exatamente como a pessoa que o vê da janela, ou seja, a partir da perspectiva do observador. Segundo esta perspectiva, ele precisaria se compreender como uma coisa singular; não teria lugar em seu "contar" o modo como ele experimenta o tempo caminhando.

Por um lado, a abstração em relação à perspectiva performativa tem a sua razão de ser na coisa mesma; no que diz respeito ao tempo, não há nenhuma diferença entre o percurso de Corisco e o transcurso de uma esfera que rola sobre um plano inclinado. Deste modo, no que concerne ao tempo, seria adequado que nos víssemos como uma coisa entre coisas, ou, no âmbito da ontologia aristotélica, como uma substância entre substâncias. Assim, só haveria o tempo como o *tempo de decurso*. Por outro lado, contudo, na medida em que caminha, Corisco sabe mais sobre o tempo do que quando ele se evade de si em pensamentos e se vê simplesmente como algo que se move. Ele sabe justamente que se transforma em meio ao caminhar, mesmo que esta transformação seja por demais insignificante. Mesmo que não esteja de posse dos conceitos, está claro para ele que o tempo, tal como Aristóteles diz, também se abate sobre aquilo que se encontra à base. Na medida em que se compreende como substância, ele se abstrai daí. Como substância, ele precisa se definir de maneira temporalmente indiferente naquilo que ele é, ele precisa se definir como forma (εἶδος) e apreender o tempo de seu caminho de Likeion até a praça do mercado como extensão e articulação da existência temporalmente indiferente desta forma. Neste caso, poderia ficar claro para ele que a concepção aristotélica do tempo define o tempo a partir de algo temporalmente indiferente. Ela equipara o fenômeno temporalmente indiferente dado em uma designação juntamente com o νῦν de um presente, compreendendo o tempo a partir deste presente. No entanto, se mesmo aquilo que se encontra à base é acometido pelo tempo, este presente – todo presente – pertence ao tempo. O tempo não pode ser compreendido a partir daquilo que não pertence ao tempo. Ao contrário, nós sempre o pressupomos: na medida em que não consideramos mais algo indicado como um fenômeno, mas o consideramos com vistas ao fato de algo lhe acontecer efetivamente agora, nós o transpomos para o interior do tempo.

Portanto, resultou daí o fato de sabermos mais sobre a realidade do tempo a partir da perspectiva performativa supostamente "subjetiva" do que quando nos vemos, abstraindo-nos de nós mesmos no tempo, como uma substância entre substâncias. Também sabemos, então, mais claramente que o tempo efetivamente passa e que tudo se dá em relação a nós mesmos neste passar como em relação a uma coisa entre coisas. Na experiência do tempo que é própria ao mundo da vida, o tempo do mundo das coisas se faz valer melhor do que quando nos abstraímos do mundo da vida. No entanto, todo tempo é em última instância um tempo mundano-coisal. O saber sobre o tempo provém do tempo e pertence ao tempo e isto só pode ser constatado, na medida em que nós mesmos estamos no tempo. Isto já é válido quando um movimento não é senão perseguido e, nesta medida, a relação entre alma e tempo também pode ser considerada de maneira inversa: Em verdade, não há jamais um tempo sem a alma que conta, mas a alma que conta só existe no tempo. Precisamos explicitar agora o que isto significa mais exatamente.

§ 31: Ser no tempo

Algo acontece, mas ele acontece a alguém ou por meio deste alguém mesmo. As duas coisas juntas também são possíveis, até mesmo habituais: nós podemos fazer algo e nos transformar em meio a este fazer. Ou fazemos algo e nos transformamos aí sem uma intenção prévia; só constatamos subseqüentemente o fato de termos nos tornado outros. Tal como todo e qualquer movimento, aquilo que fazemos acontece no tempo e possui o seu tempo. Todavia, sempre experimentamos aí o tempo e a nós mesmos no tempo. O fazer evidencia-se como temporal.

Sexto capítulo: Tempo

Há um exemplo clássico de como devemos compreender isto. Ele provém de Santo Agostinho que trouxe consigo e fez valer com a sua análise a experiência do tempo que tinha sido desconsiderada por Aristóteles. Agostinho toma como exemplo uma apresentação: eu canto uma canção que conheço – *dicturus sum canticum, quod noui*[41]. Este também é um movimento, mas a sua realização está fixada: aquele que canta tem de realizá-lo por si mesmo e o que ele realiza é o movimento. Aquilo que denominamos "experiência temporal" só se revela, quando tratamos detidamente desta idéia e, com isto, no que diz respeito à consideração, trocamos a perspectiva do observador pela perspectiva performativa. O exemplo que Agostinho coloca no centro de sua consideração é visado neste sentido: só há o movimento aqui em questão, ou seja, o cantar, por meio daquele mesmo que canta, e ele se vivencia aí. No entanto, a realização do movimento não é arbitrária. Por mais que haja sempre algo a ser decidido no momento em que cantamos uma canção, ao menos o seu tempo está fundamentalmente dado de antemão. A velocidade do canto não poderá ser de modo algum uma velocidade qualquer. Além disto, a canção é longa ou breve. Ela carece de seu tempo. Nesta medida, aquilo que fazemos é ao mesmo tempo um acontecimento; a perspectiva da realização é concomitantemente a perspectiva de um transcurso. Trata-se da perspectiva, na qual algo acontece por meio de nós mesmos ou junto a nós mesmos.

Neste caso, o que está em questão não é mais o tempo do movimento, mas antes de tudo o tempo daquele que se movimenta. Este é um tempo que *é experimentado* por aquele que se movimenta *como o seu tempo*. Enquanto tal, contudo, ele não é apenas o respectivo presente distribuído de algo presente que se estende no movimento, um presente como o qual o tempo precisou ser compreendido a partir de Aristóteles. Ao contrário, ele se mostra desde o princípio e durante a realização como iminente para aquele que se movimenta e fica para trás como o tempo daquilo que já foi realizado. Em contrapartida, a realização é presente em sua própria fase respectiva. Logo que o que está em questão não é mais apenas o movimento que se estende temporalmente, mas a realização ou mesmo apenas a correalização deste movimento, as determinações temporais de um agora anterior e posterior não são mais suficientes. Além delas, entram agora em jogo *futuro, passado* e *presente*[42].

---

41. Santo Agostinho, *Confissões* XI, 28, p. 38.

42. Em articulação com o livro de John Ellis McTaggart, *The nature of existence*, Cambridge 1927 (reedição 1968), introduziu-se a distinção entre "série A" (para passado, presente e futuro) e "série B" (para antes e depois). Não acolherei estas designações, uma vez que elas não fazem jus nem à relação elaborada por Aristóteles entre anterior e posterior, nem à co-pertinência entre passado, presente e futuro. A distinção macttaggartiana parte de uma datação de acontecimentos que são compreendidos a cada vez como "acontecendo agora". Neste caso, pode-se dizer que um acontecimento A1, se ele é anterior a um acontecimento A2, é sempre anterior a A2. Em contrapartida, um acontecimento A é primeiro dotado do caráter de futuro para alguém, e, então, na medida em que entra em cena, se torna presente para, por fim, passar. Em meio à distinção entre um agora anterior e um posterior, porém, tal como esta distinção foi estabelecida por Aristóteles, o que está em questão não são dois acontecimentos, mas sim a extensão temporal de um movimento. Ficará claro em seguida por que a conexão entre passado, presente e futuro no sentido de Santo Agostinho não é nenhuma série.

322 Oposicionalidade – O elemento hermenêutico e a filosofia

Agostinho descreveu esta conexão de maneira bastante plástica e introduziu aí alguns conceitos que são imprescindíveis para a experiência temporal, assim como para a tentativa de concebê-la em meio à apresentação. Isto acontece na elucidação de seu modelo exemplar: antes de começar a cantar, o todo da canção se estende em minha *expectativa* (*expectatio*). Depois que comecei a cantar, o cantado se estende na *memória* (*memoria*). Em contrapartida, aquilo que está sendo agora cantado está presente para a minha *atenção*. Aquilo que era dotado do caráter de futuro atravessa esta atenção, para assim se transformar em algo passado[43]. Deste modo, sendo a cada vez, a canção atravessa em seu ser o tempo. A abertura que ela percorre, contudo, subsiste enquanto tal. Ela também já subsistia antes de eu ter começado a cantar, e, por isto, cantar foi efetivamente possível. A canção não estava presente como algo cantado, mas ela já se encontrava em minha expectativa; depois do fim do canto, ela não está mais presente no cantar, mas se encontra em minha memória.

Aquilo que pode soar aqui óbvio e pouco estimulante é para Agostinho a chave da compreensão do tempo. Na medida em que expectativa e memória são levadas em conta, resolve-se justamente um problema que Aristóteles já tinha visto: como é que aquilo que a cada vez não está aí pode, contudo, estar presente? Aristóteles tinha respondido esta pergunta por meio da compreensão do tempo que é levada a termo a partir da extensão temporalmente indiferente do tempo e da presença temporalmente indiferente daquele que se movimenta: o ponto de partida e a meta no sentido de um ser respectivo estão presentes no movimento determinado – e isto por meio de sua determinação. E aquilo que sustenta a realização do movimento é a duração daquele que se movimenta; o seu caráter de agora diferencia-se nos estados do agora anterior e do agora posterior e, assim, mantém coesa a extensão do movimento no ser respectivo. Deste modo, o tempo tinha se revelado como a multiplicação coesa da presentidade em relação ao ser respectivo com vistas à extensão do movimento. Santo Agostinho pensa de maneira diversa: ele nem recorre à extensão temporalmente indiferente da canção, que possui um começo e um fim e, com isto, possui tal e tal tamanho, nem a presença temporalmente indiferente daquele que se movimenta lhe oferece a segurança suficiente para que um agora anterior e um posterior se co-pertençam. O modo como se dá a canção que, como diz Agostinho, é conhecida, desempenha um papel tão pequeno quanto a presença contínua daquele que canta. Ao contrário, o não-ser do anterior ou posterior já é suspenso pela própria experiência temporal. E, contudo, há no espírito a expectativa do futuro. Isto é correspondentemente válido para o passado e até mesmo para o presente: aquilo que é presente, o verso da canção que acaba de soar agora, também já passa em meio ao soar. Aquilo que permanece, porém, é a atenção que é sempre válida para o ente a cada vez em seu passar[44]. A

---

43. Santo Agostinho, *Confissões XI*, 28, p. 38.

44. Ibid., p. 37: Quis igitur negat futura nondum esse? Sed tamen iam est in animo expectatio futurorum. Et quis negat praeterita iam non esse? Sed tamen adhuc est in animo memoria praeteritorum. Et quis negat praesens tempus carere spatio, quia in puncto praeterit? Sed tamen perdurat attentio, per quam pergat abesse quod aderit.

Sexto capítulo: Tempo

condição para o fato de algo temporal estar presente reside tão-somente na experiência do tempo.

Este pensamento funcionou como ponto de apoio para que se compreendesse Agostinho como o pai da moderna filosofia do tempo[45]. Com uma ênfase particular, Husserl se apropriou das descrições dos onze livros das *Confissões* como uma "análise" fundamental "da consciência de tempo"[46]. Todavia, não há em Agostinho a concentração fenomenológica em uma "consciência interna do tempo", que se descerra por meio do "alijamento do tempo objetivo", do "tempo do mundo"[47]. Não se pode falar de um "retorno à imanência do espírito que compreende tempo"[48]. Com a experiência temporal é muito mais o ser daquilo que é no tempo que é ele mesmo interpelado, e isto, por sua vez, em um sentido duplo: por um lado, aquilo que ainda não é, aquilo que é justamente agora e aquilo que não é mais só têm a sua acessibilidade na experiência temporal. A canção a ser cantada, a canção que está soando justamente agora e a que foi cantada só é nos "três tempos" futuro, presente e passado. Por outro lado, expectativa, atenção e memória são para Agostinho estes três tempos: em contraposição a eles, não há nenhum tempo "objetivo" ou "exterior", que poderia ser "alijado"[49]. Ao contrário, nos três tempos, a própria vida humana é temporal. Agostinho compreende o seu exemplo da canção cantada como representativa desta vida em geral que é conduzida no presente, que é iminente e que já sempre ganhou também o passado[50].

---

45. Quanto à tipologia de tais paternidades, cf. Hans-Peter Schütt, *Die Adoption des 'Vaters der modernen Philosophie. Studien zu einem Gemeinplatz der Ideengeschichte* (A adoção do 'pai da filosofia moderna'. Estudos sobre um lugar comum da história das idéias), Frankfurt junto ao Main, 1998.

46. Edmund Husserl, *Vorlesungen zur Phänomenologie des innerren Zeitbewusstseins* (Preleções sobre a fenomenologia da consciência interna do tempo), primeira impressão in: *Jahrbuch für philosophischen und phänomenologische Forschung*, 1928, p. 368-490. As preleções fazem parte da Husserliana X, org. por Rudolf Boehm, Den Haag, 1996, aqui 3.

47. Husserl, *Zeitbewusstsein* (Consciência do tempo), Husserliana X, p. 4.

48. Assim temos em Friedrich-Wilhelm von Herrmann, *Augustinus und die phänomenologische Frage nach der Zeit* (Agostinho e a questão fenomenológica acerca do tempo), Frankfurt junto ao Main, 1992, p. 9. A interpretação de Agostinho no sentido de Husserl também é refutada por Mesch, *Reflektierte Gegenwart* (Presente refletido), p. 327, por Ernst A. Schmidt, *Zeit und Geschichte bei Augustin* (Tempo e história em Agostinho) e por Kurt Flasch, *Was ist Zeit?* (O que é tempo?), Frankfurt junto ao Main, 1993.

49. Quanto a isto cf. Agostinho, *Confissões XI*, 20, p. 26: tempera sunt tria, praesens de praeteritis, praesens de praesentibus, praesens de futuris. Sunt enim haec in anima tria quaedan et alibi ea non uideo, praesens de praeteritis momeria, praesens de praesentibus contuitus, preasens de futuris expectatio. Quanto a isto também Schmidt: "O passado (e o futuro) na alma não são uma redução psicológica do fenômeno tempo sob a negação de sua presença objetiva, mas eles são os modos como o tempo objetivo é visualizado pelo homem" (*Zeit und Geschichte bei Augustinus* – Tempo e história em Agostinho, p. 25).

50. Agostinho, *Confissões XI*, 28, p. 38: Et quod in toto cantico [...] hoc in tota uita hominis.

Como a vida humana é assim no tempo, ela não pode ser para Agostinho nenhuma totalidade fechada em si; ela se estende muito mais, *tenditur*[51], nas diversas direções de expectativa e memória, ela é "distendida", *distenditur*[52]. Distensão, *distentio*, é o traço fundamental do espírito e, com ele, da vida humana. *Distentio*, porém, é a essência do tempo. Assim, o tempo não é outra coisa senão a distenção da vida humana.

Para compreender este resultado precisamos atentar para o fato de Agostinho conquistar a sua compreensão do tempo a partir da análise da própria experiência temporal. O fato de o tempo precisar ser compreendido como distenção não se encontra de maneira alguma firmado desde o princípio. Agostinho acolhe previamente o seu conceito central a partir da tradição estóica e neoplatônica. Enquanto tradução de διάστασις, *distentio* significaria certamente em primeira linha "expansão"; com o conceito ter-se-ia em vista a extensão entre um agora anterior e um agora posterior. Com isto, o conceito também é introduzido no tratado sobre o tempo do livro onze das *Confissões*. O fato de o tempo ser "uma espécie de *distentio*"[53] é dito em uma articulação imediata com uma reflexão sobre os diversos "espaços" de tempo. Isto não implica, contudo, que o tempo precisaria ser apreendido como a *distentio* no sentido de uma dispersão e de um estilhaçamento na multiplicidade, ou seja, nos três tempos do espírito. É somente depois de obtermos este resultado a partir da análise da experiência temporal que também podemos dizer que a *expansão* do tempo precisa ser tomada como *distenção* da vida humana[54].

A partir da significação dupla de *distentio* podemos compreender melhor agora o valor conjuntural da determinação agostiniana do tempo: indiferentemente do fato de se ele estava consciente disto ou não, Agostinho reinterpreta o pensamento aristotélico do movimento que acontece temporalmente, uma vez que compreende a vida humana como um movimento e acentua a incompletude deste movimento. Esta incompletude é essencial para a vida humana, e, em verdade, de tal modo que esta vida não é apenas incompleta, mas, enquanto determinada por expectativa e memória, não é conduzida senão a partir do conhecimento desta incompletude. É isto antes de tudo que constitui a sua incompletude; se esta incompletude não fosse consciente na condução da vida, então ela poderia ser indiferente. O interesse pela incompletude assim compreendida da vida humana dirige a consideração de Agostinho para as formas da experiência temporal, ou seja, para a expectativa, a atenção e a memória; é somente nelas que a essência do movimento, o qual

---

51. Ibid.

52. Ibid.

53. Ibid., 23, p. 30.

54. Ibid., 26, p. 33: Inde mihi uisum est nihil esse aliud tempus quam distentionem: sed cuius rei, nescio, et mirum, si non ipsius animi. O que Agostinho ainda pondera aqui enquanto possibilidade ele vê confirmado um pouco mais tarde, a saber, em Ibid., 29, p. 39: ecce distentio est uita mea; assim como novamente um pouco mais tarde: at ego in tempora dissilui. Cf. quanto a esta problemática as observações esclarecedoras de Schmidt, *Zeit und Geschichte bei Augustin* (Tempo e história em Agostinho), p. 23-24, assim como p. 43-44.

a vida humana é, pode se fazer valer[55]. De maneira correspondente, o caráter numérico do tempo também é definido agora de maneira diversa: o tempo não é mais número enquanto um presente articulado no movimento, mas temporalmente indiferente por si. Ao contrário, ele é a tríade dos "tempos", uma tríade que só poderia encontrar a sua unidade na eternidade de Deus, à qual o Cristo se refere na crença.

Como Agostinho compreende a vida humana, na medida em que ela é realizada e acontece aí, como o *único* movimento junto ao qual o tempo pode ser elucidado em sua essência, ele não consegue distinguir entre um tempo "objetivo" e um "subjetivo", pensado a partir da experiência temporal. O fato de não haver nele esta distinção é o ponto decisivo de seu tratado sobre o tempo. Agostinho não chega nem mesmo a dar um primeiro passo em direção a uma "subjetivização" do tempo, tal como esta "subjetivização" foi empreendida por Kant e Husserl, e, nesta medida, também não temos como criticar a sua análise da experiência temporal como inconseqüente[56].

Com certeza, podemos duvidar de que Agostinho faça realmente jus à relação entre um movimento realizado no tempo e a experiência temporal. Para articular esta dúvida, nós não precisamos ir além das asserções de seu tratado sobre o tempo. Basta considerar uma vez mais de maneira mais detida o modelo pelo qual Agostinho se orienta.

Eu canto uma canção que conheço – Agostinho só descreve este processo sob o ponto de vista da questão sobre como aquilo que ainda não é pode estar presente. Em contrapartida, permanece sem ser levado em conta o fato de a expectativa e a realização do movimento, a realização do movimento e a memória não precisarem ser sempre totalmente equivalentes. Ao contrário, a expectativa pode se destacar da realização do movimento; neste caso, ela se lança para além de uma tal realização e alcança uma outra dimensão. Este seria o caso, por exemplo, na impaciência; não podemos esperar até ter cantado todas as estrofes da canção. Uma vez que cantar necessita de seu tempo, porém, a expectativa se lança para além da realização do movimento. As coisas se comportam de maneira similar no que diz respeito à lembrança. Nela, não está presente apenas aquilo que pertence à respectiva realização do movimento; a lembrança coloca esta realização em um contexto que vem à tona de maneira mais ou menos clara e que pode determinar, assim, o movimento que acaba de ser realizado de uma maneira ou de outra – por exemplo, por meio do fato de eu gostar particularmente desta canção em função da situação, na qual a ouvi pela primeira vez. Neste caso, nós retornamos a um

---

55. Ernst A. Schmidt chama a atenção para o fato de Agostinho não ter de maneira alguma descoberto estas formas. Em Aristóteles (*De memoria*), já se falava delas e elas eram correntes para Agostinho a partir da "tradição escolar da gramática" (Schmidt, *Zeit und Geschichte bei Augustinus* – Tempo e história em Agostinho p. 21). Com certeza, foi Agostinho que tornou efetivo para a reflexão filosófica para além dos tempos aquilo que era deste modo corrente para ele.

56. Assim Karen Gloy, *Die Struktur der Augustinischen Zeittheorie im XI. Buch der Confissiones* (A estrutura da teoria agostiniana do tempo no livro XI das Confissões), in: Philososphisches Jahrbuch 95 (1988), p. 72-95.

326 Oposicionalidade – O elemento hermenêutico e a filosofia

ponto por detrás daquilo que acaba de ser lembrado em uma distância mais ou menos clara da memória. A atenção, por fim, pode ser mais ou menos marcada. Talvez nos desviemos daquilo que estamos precisamente fazendo; nós estamos desconcentrados – não estamos junto à coisa do modo que é exigido por nós mesmos ou pelos outros; também aqui alcançamos em nossas possibilidades de ligação um ponto para além daquilo que é a cada vez realizado.

Esta reflexão lança uma luz sobre a concepção agostiniana de tempo; ela torna compreensível por que Agostinho não consegue levar em conta a dissociação entre a realização do movimento e a experiência temporal: segundo a sua concepção, a memória e a expectativa são sempre "preenchidas"; elas "contêm" as partes da canção que não estão atualmente presentes. Toda a vida só existe em expectativa, memória e atenção, e, deste modo, nunca como um todo, mas "esfacelada" ou "dispersa". Não obstante, os três "tempos", tal como Agostinho os denomina, são três presentes que permitem falar da vida na totalidade e de seu desmembramento. Os três tempos que Agostinho distingue são o presente do passado, o presente daquilo que é presente e o presento do futuro[57]. Tal como Aristóteles, portanto, Agostinho interpreta o tempo a partir do presente. A única diferença é que não se trata nele da idéia de um presente temporalmente indiferente que se estende e se articula no tempo, mas da idéia de uma totalidade que só é real em Deus, enquanto ela se decompõe na vida humana. O tempo é esta decomposição compreendida a partir do presente.

A dificuldade deste pensamento está documentada no próprio Agostinho; ele não se esquiva de acolher dois presentes, um presente do próprio tempo e um presente no tempo. Neste ponto, ele mostra em sua análise que só o presente no tempo é descoberto pela experiência. Portanto, o importante é repetir a análise da experiência temporal de um tal modo, que ela não seja soterrada pela idéia de um presente que abarca o tempo. Nós precisamos descrever a experiência da realização do movimento no tempo de maneira diversa da de Agostinho, para que a dissociação entre transcurso do movimento e memória, expectativa e atenção possa se tornar compreensível.

§ 32: Tempo performativo

O exemplo dado por Agostinho também nos leva mais adiante. Eu canto uma canção que conheço. Normalmente, quem faz isto ou quem faz algo assim se encontra totalmente engajado. De outro modo, é muito difícil fazer algo deste gênero. Nós perderíamos o ritmo ou nos confundiríamos com o texto. Estar engajado na coisa mesma significa aqui: imergir totalmente no fazer. Questões interpretativas, por exemplo, a questão acerca do tempo da apresentação musical, precisam ter sido dirimidas o máximo possível anteriormente; de outra forma, elas apenas produziriam uma perturbação. No entanto, quem está desta maneira engajado na coisa não se refere em geral àquilo que já foi cantado, ou pensa sobre as estrofes da

---

57. Santo Agostinho, *Confissões XI*, 20: tempora sunt tria, praesens de praeteribus, praesens de praesentibus, praesens de futuris.

Sexto capítulo: Tempo

canção que ainda estão por vir. O movimento inerente ao cantar é simplesmente *realizado* e, em verdade, no tempo.

Quanto à resposta à pergunta sobre como o caráter temporal desta realização tem de ser compreendido, foi Husserl quem prestou a contribuição mais prestimosa[58]. Segundo as análises husserlianas, no ouvir ou no cantar – e, enquanto exteriorização da voz, o cantar também é efetivamente um ouvir – só temos em verdade presente aquilo que já soa. Apesar disto, porém, o som finalizado não se dissipa simplesmente, nem é tampouco lembrado como algo que esteve aí algum dia anteriomente. Nós não pensamos nele como em uma vivência anterior, que se acha muito atrás e que não tem nada em comum com aquilo que vivenciamos no presente. Ao contrário, nós o fixamos na realização do cantar ou mesmo apenas do ouvir – e isto mesmo quando soa um novo som. Husserl denomina esta fixação "*retenção*"[59]. A palavra *retentio* também é usual no latim clássico. Ela é formada a partir do verbo *retineo* (*retinere*) e significa reter, por exemplo, uma quantia em dinheiro, e pode designar até mesmo a parada de uma carruagem[60]. Não largamos alguma coisa, não a deixamos seguir. Exatamente isto é visado com a palavra no que diz respeito ao passado. Em verdade, algo não se encontra mais presente, mas ainda não é tão passado quanto algo que ficou para trás há mais tempo. Ele ainda é mantido e, contudo, já se colocou em um outro lugar.

Porquanto aquilo que é fixado neste sentido não está mais imediatamente presente, Husserl só vê uma possibilidade de determinar a retenção. Tal como ele pensa, a retenção precisa se mostrar como um modo da memória. Ela é "memória primária"[61] e precisa ser diferenciada da "memória secundária", da "relembrança"[62], tanto quanto da escuta fática a um som, algo que Husserl designa como o "som-

---

58. A base para a seguinte confrontação com a filosofia do tempo husserliana é formada antes de tudo pelas "Vorlesungen zur Phänomenologie des inneren Zeitbewusstseins (Preleções sobre a fenomenologia da consciência interna do tempo)", organizadas por Martin Heidegger. Até o ponto em que o material sobre a problemática do tempo foi publicado em sintonia com as anotações póstumas de Husserl, ele se encontra acessível nos volumes X e XXXIII da husserliana. Quanto à concepção husserliana do tempo, cf.: Rudolf Bernet, *Die ungegenwärtige Gegenwart. Anwesenheit und Abwesenheit in Husserls Analyse des Zeitbewusstseins* (O presente inatual. Presença e ausência na análise husserliana da consciência do tempo), in: Bernet, *Zeit und Zeitlichkeit bei Husserl und Heidegger* (Tempo e temporalidade em Husserl e Heidegger – Phänomenologische Forschung 14), Freiburg em Brisgau/ Munique, 1983, p. 16-57. Além disto: Klaus Held, *Lebendige Gegenwart. Die Frage nach der Seinsweise des transzendentalen Ich bei Husserl am Leitfaden der Zeitproblematik* (Presente vivo. A pergunta acerca do modo de ser do eu em Husserl a partir do fio condutor da problemática do tempo – Phänomenologica 24), Den Haag, 1996.

59. Husserl, *Zeitbewusstsein* (Consciência do tempo), Husserliana X, p. 30.

60. Karl Ernst Georges, *Ausführliches Lateinisch-Deutsches Handwörterbuch*, 7a. edição, 1880, vol. 2, coluna 211.

61. Husserl, *Zeitbewusstsein* (Consciência do tempo), Husserliana X, p. 30.

62. Ibid., p. 35.

agora"[63]. Logo que um som se dissipa e um outro lhe segue, a percepção do primeiro som se transforma em uma redução e abre lugar para a percepção de um novo som. Quanto mais sons são produzidos, tanto mais complexa se torna a retenção. Com cada som que passa entra em jogo uma nova retenção que não subsiste, contudo, simplesmente por si, mas que mantém o "seu" som junto com aqueles que lhe precederam. Neste sentido, tal como Husserl diz, todas as "apreensões-agora" ou todas as impressões originárias são "por assim dizer o cerne de uma cauda de cometa de retenções"[64].

Na medida em que Husserl não atribui um som às retenções, mas antes a co-pertinência originária de cada som aos sons que lhe são precedentes, ele gostaria de fazer jus ao elemento particularmente fluido da experiência do movimento e do tempo. "Fluindo constantemente", a "consciência que acolhe impressões" se transpõe "para o interior de uma consciência sempre nova que empreende retenções". Além disto, toda retenção é em si um "contínuo"; o som se inicia e prossegue incessantemente. Este prosseguimento é mantido ele mesmo na retenção. Toda retenção seria "em si mesma uma modificação continuada" que porta "em si, sob a forma de uma série de sombreamentos, a herança do passado"[65].

A descrição husserliana já é por si só impressionante porque ela deixa que o caráter dinâmico da experiência do tempo ganhe validade – muito mais do que isto tinha acontecido na descrição de Agostinho. Enquanto, sob a pressuposição de um presente que abarca o tempo enquanto tal, Agostinho pensa a *memoria* como um receptáculo no qual aquilo que passa é acolhido[66], Husserl não elabora apenas a distinção entre memória primária e memória secundária, mas também leva em conta, além disto, a circunstância em que a memória se transforma ela mesma com o progresso da experiência.

Não obstante, a descrição husserliana não é satisfatória em todos os aspectos. Husserl descreve o processo da experiência do tempo como se o tempo avançasse aqui como o ponteiro dos segundos em um relógio de quartzo[67]. A razão para tanto é a sua concepção, que permanece totalmente óbvia, daquilo que se mostra a cada vez presente como um "ponto agora". Husserl descreve o "fluxo" do tempo como uma seqüência de agoras; sempre uma vez mais, a respectiva percepção se transforma repentinamente em uma retenção, de modo que uma nova percepção pode segui-la. Tal como Aristóteles e Agostinho, Husserl também compreende o tempo a partir do presente, com a única diferença de que este agora se torna pontual, ele se transforma no instante da respectiva apreensão. O fato de haver aqui

---

63. Ibid., p. 29.

64. Ibid., p. 30.

65. Ibid., p. 29-30.

66. Pensamos aqui na definição da *memoria* no livro X, onde ela é denominada uma "aula ingens" (*Confissões X*, 8).

67. Quanto a uma crítica inicial à orientação husserliana pelo agora cf. também: Klaus Held, *Phänomenologie der 'eigentlichen Zeit' bei Husserl und Heidegger* (Fenomenologia do tempo próprio em Husserl e Heidegger), in: *Internationales Jahrbuch für Hermeneutik 2005, p. 251-272.*

Sexto capítulo: Tempo

um desacordo torna-se compreensível já a partir das metáforas empregadas por Husserl: a metáfora do fluxo, da qual ele se serve inteiramente para a descrição do tempo, e a metáfora do ponto não se coadunam. Ou bem aquilo que acontece flui continuamente a partir do presente para o interior do passado e, neste caso, seu passar também é vivenciado. Ou bem ele escapa à "impressão originária" em direção ao cerne da retenção, de modo que jamais fazemos senão a experiência de seu ser passado. Há pouco ele ainda estava aí e agora ele não é senão mantido.

Apesar da dificuldade citada, podemos angariar uma compreensão para a descrição husserliana. Tal como poderíamos pensar, a dificuldade resulta da própria coisa descrita ou, mais exatamente, daquilo que pode ser chamado a *negatividade do tempo*: agora acontece algo; ele dura um momento e, então, é dissolvido por algo diverso. Ao som produzido segue-se um outro, de modo que aquilo que anteriormente soou não está mais presente. Como as coisas se comportam assim, precisamos distinguir a percepção e a retenção de maneira tão clara quanto Husserl o fez. A retenção mostra-se, neste caso, como uma "intencionalidade peculiar"[68], ou seja, não como uma modificação imanente da percepção. Por isto, não podemos confundi-la com uma percepção que vai se atenuando, tal como o ecoar de um som[69]. Mesmo um som ecoante continua sendo percebido, enquanto o som dissipado "não está realmente subsistindo por si na consciência que empreende a retenção"[70].

Isso é incontestável e, contudo, a descrição não faz jus àquilo que é experimentado na realização ou na correalização da música. Os sons ou a série de sons produzidos não se transformam repentinamente, mas fluem – mesmo quando eles são tocados em *staccato*. Eles não seguem uns aos outros como unidades discretas, mas *resultam uns dos outros*. Na realização ou na correalização vem à tona a clara distinção entre as percepções atuais e as retenções. Neste caso, não se perde de vista aquilo que precisa ser diferenciado segundo a coisa mesma. Percepção atual e retenção não são duas fases diversas da experiência do tempo, mas *aspectos* desta experiência que desempenham um papel em cada uma de suas fases. A percepção que tem caráter temporal é atual e empreende do mesmo modo *em si* retenções; as retenções daquilo que é percebido pertencem à percepção. É só o entrecruzamento das duas que constitui a experiência da realização ou da correalização de um acontecimento.

Isto se mostra junto à própria percepção. No acontecimento, esta percepção não é – de maneira diversa da contemplação de um quadro – a experiência de algo presente, mas a experiência de algo que vem e vai. Na contemplação de um quadro, podemos nos esquecer do tempo. O um-depois-do-outro não desempenha papel algum. Em verdade, a contemplação também é aqui no tempo; nós olhamos para o todo e, então, para aqui e para ali. No entanto, a realização e o transcurso são desimportantes para aquilo mesmo que é contemplado; "de uma vez", ele se faz presente como um todo e tentamos corresponder a este todo na contemplação,

---

68. Husserl, *Zeitbewusstsein* (Consciência do tempo), Husserliana X, p. 31.

69. Ibid., p. 31-32.

70. Ibid., p. 31.

na medida em que colocamos o seu transcurso sob o ponto de vista de uma simultaneidade possível; o quadro é texto e escrita.

Em contrapartida, um acontecimento como a música que soa é no tempo. O som nunca "é", mas ele vem a ser e perece, ou, mais exatamente, ele só é no devir e no perecer; todas as fases de seu soar são uma chegada ou um desaparecimento. A chegada e o desaparecimento estão presentes enquanto tais e, naquilo que está presente, há chegada e desaparecimento. Isto também é válido para a melodia ou para a obra musical como um todo. Na medida em que uma obra soa, ela não é em sua existência outra coisa senão acontecimento. Sua estrutura textual está presente na mobilidade articulada do soar e do dissipar-se; ela é apreensível no contínuo dos sons, assim como na modificação, variação e repetição. Precisamos acolher este acontecimento em sua unidade e articulação, a fim de que possamos escutar a peça como um todo. O que ouvimos não é algo que está presente por um instante e que se liga, então, a lembranças, juntando-se, assim, pela primeira vez a um todo. Ao contrário, ele é este acontecimento.

Como se poderia pensar, a descrição até aqui ainda não seria compatível com aquela de Husserl. Husserl também leva em consideração a experiência esboçada do desaparecimento, na medida em que analisa a possibilidade da ressonância e do eco. Todavia, ele não retira daí a conseqüência de pensar a própria percepção atual como temporal. A percepção ou a "impressão originária" possui um som presente que pode ser mais forte ou mais fraco. Com toda alteração do som dá-se um novo agora – ainda o ouvimos agora, quase não conseguimos escutá-lo agora. Mas se o som não está simplesmente presente, mas chega e desaparece, e se justamente isto é percebido, a própria percepção precisa ser no tempo. É somente assim que podemos ouvir o próprio perecimento.

Com certeza, só podemos falar de um entrecruzamento da percepção com as retenções se continuarmos podendo experimentar na escuta não apenas o que acaba de perecer, mas também o que pereceu. O fato de as coisas se comportarem efetivamente assim fica claro a partir de uma experiência que já foi mencionada uma vez. Um trem passa por nós, o barulho de sua passagem fica cada vez mais fraco e, então, tudo volta ao silêncio. Tal como precisaríamos dizer com Husserl, nada mais está agora presente, mas o barulho do movimento do trem só nos é acessível por meio da retenção; nós nos lembramos dele. O ouvir, contudo, não se interrompe de maneira alguma, quando não conseguimos mais escutar som algum. Aquilo que escutamos neste momento é o *silêncio*. Este silêncio, porém, também pode continuar sendo preenchido totalmente por aquilo que podíamos escutar, quando nada mais acontece de uma maneira acusticamente constatável. Enquanto silêncio, ele é sempre diverso de acordo com aquilo que acabou de passar. A percepção do silêncio não é possível enquanto tal, sem que tivéssemos algo a escutar. Ela não é composta com uma lembrança, mas paira de maneira atual a partir daquilo que não está mais presente. Assim, aquilo que se dissipa atinge o cerne da própria escuta. Aquilo a partir do que ele atinge um tal cerne é o tempo.

O mesmo processo pode ser descrito sob o ponto de vista da retenção. Ao escutar uma peça musical, a retenção não é nenhuma lembrança realizada por si que segue aquilo que a cada vez está soando. Ao contrário, ela é uma fixação *durante*

Sexto capítulo: Tempo

o soar ou durante o silêncio que ainda pertence ele mesmo ao soar. A fixação é possibilitada por aquilo que está soando ou pelo silêncio que lhe é pertinente. No soar ou no silêncio, a escuta atinge o cerne do que se dissipou e encontra aí a sua tensão peculiar. Sem o soar ou sem o silêncio percebido, aquilo que se dissipou estaria simplesmente ausente. Nós não poderíamos mantê-lo, mas ele precisaria ser lembrado – sob o modo daquilo que Husserl denomina "relembrança" ou "memória secundária".

Portanto, não podemos pensar a retenção sem a percepção, assim como não podemos pensar inversamente a percepção sem a retenção. Na medida em que escutamos o perecimento daquilo que está soando, o direcionamento da dissipação está co-presente na percepção. Ao inverso, o direcionamento daquilo que se dissipa e, com ele, o que se dissipou pertencem à abertura da percepção. E como o direcionamento da dissipação só pode ser vivenciado a partir do soar, ele também entra em jogo na percepção. A percepção daquilo que acontece é em si marcada pelo empreendimento da retenção porque o tempo entra em jogo na percepção. Como o tempo é esta abertura peculiar de acontecimento e percepção, as retenções pertencem à percepção; e isto contanto que esta percepção seja mais do que o registro pontual de um sinal acústico.

Há reflexões em Husserl, nas quais ele se aproxima efetivamente do ponto em que poderia retirar esta conseqüência. Assim, ele leva em consideração que nós só podemos designar uma melodia na totalidade como uma melodia percebida. Todavia, a partir da fundamentação deste fato fica claro que só se trata para Husserl de uma percepção em sentido figurado. Uma melodia como um todo só pode ser designada como percebida "porque a extensão da melodia não é dada apenas ponto por ponto em uma extensão da percepção, mas porque a unidade da consciência que empreende a retenção ainda 'fixa' ela mesma na consciência os sons decorridos e produz continuamente a unidade da consciência ligada ao objeto temporal uno, à melodia"[71]. Aquilo que aparece aqui como percepção remonta à potência constituinte da consciência. A consciência mantém de tal modo juntos o ser e o não-ser, a percepção e a "não-percepção", que eles, tal como parece no fluxo da vivência, podem "passar um para o outro"[72]. Na conjunção de percepção e memória primária, a diferencialidade entre os dois não chama mais a atenção. No entanto, se seguirmos Husserl, o importante é fixá-los enquanto momentos da experiência daquilo que acontece. Neste caso, não há certamente nenhuma percepção de um acontecimento, mas apenas uma consciência complexa dele, e, nesta medida, é conseqüente quando Husserl não se dispõe a falar da "percepção" de toda uma melodia senão em sentido figurado e superficial[73].

O fato de a perecibilidade daquilo que é percebido pertencer à própria percepção, porém, é confirmado por um aspecto do tempo performativo que ainda não foi levado em conta até aqui. À realização e à correalização de um acontecimento não

---

71. Ibid., p. 38.

72. Ibid., p. 39.

73. Ibid., p. 38.

pertence apenas a extensão até o cerne daquilo que foi, mas também a prontidão para o fato de que algo está acontecendo. As respectivas cunhagens desta prontidão são denominadas por Husserl "protensões" ou "intenções ligadas a expectativas". Sua função consiste em "constituir e captar de maneira vazia aquilo que está vindo, preenchendo-o"[74]; ou seja, são as protensões que tornam pela primeira possível o fato de algo que está acontecendo poder chegar à percepção. Elas são, dito de outro modo, cunhagens diversas da prontidão para a percepção. Como Husserl disse certa vez, é por meio delas que "a apreensão" chega ao "novo agora"[75].

A idéia é elucidativa: a percepção de algo que acontece nunca é possível senão quando aquilo que acontece pode *chegar* e *nos concernir*: para que algo possa entrar em cena, uma abertura para aquilo que entra em cena e para o seu próprio entrar em cena precisa estar presente. Também é elucidativo dizer que esta abertura sempre é uma abertura específica: sentado no auditório onde se realizará um concerto, nós esperamos que, depois do levantar da batuta, justamente a peça que se encontra no programa soe. Se já conhecermos a peça, também teremos certamente uma maior ou menor representação daquilo que ouviremos agora. Não sabemos, contudo, como é que ela soará exatamente e, nesta medida, a "intenção ligada a expectativas" é sempre determinada por uma abertura concebida de tal ou tal maneira, por uma abertura maior ou menor.

Esta abertura pertence à percepção de algo que está acontecendo e àquilo mesmo que acontece na percepção. Ela é um momento essencial da realização ou da correalização, assim como do acontecimento que é realizado ou correalizado. Por isto, mesmo que seja muito específico, não podemos caracterizar a expectativa juntamente com Husserl como uma "representação intuitiva de um acontecimento futuro"[76]. Para tanto, precisaríamos nos abstrair do caráter de acontecimento daquilo que é realizado ou correalizado. Mesmo quando nós, como Husserl diz, "possuímos um plano definido de maneira exata e, representando o planejado plasticamente, o acolhemos por assim dizer com pele e cabelo como uma realidade futura"[77], isto só se mostra como mais do que uma conjectura neutra, se a incalculabilidade daquilo que está acontecendo marcar a própria representação. A tensão da entrada em cena pertence ao fato de uma tal representação possuir o caráter de uma expectativa. É apenas esta tensão que transforma as protensões naquilo que elas são. A idéia husserliana de uma "consciência profética", que tem "dian-

---

74. Ibid., p. 52.

75. Edmund Husserl, *Die Bernauer Manuskripte über das Zeitbewusstsein* (Os manuscritos de Berna sobre a consciência do tempo – 1917/18), Husserliana XXXIII, org. por Rudolf Bernet e Dieter Lohmar, Dordrecht/Boston/Londres, 2001, p. 4. Husserl só passou a prestar atenção mais tarde ao significado das protensões. As passagens dedicadas a elas foram mais tarde inseridas nas *Preleções*, cf. Husserl, *Zeitbewusstsein* (Consciência do tempo), Husserliana X, p. 52, Observação do editor.

76. Husserl, *Zeitbewusstsein* (Consciência do tempo), Husserliana X, p. 55.

77. Ibid., p. 56.

te dos olhos todo caráter da expectativa, daquilo que vem a ser"[78], é orientada pela presença intuitivamente dada de um "ser", na medida em que transpõe esta presença simplesmente para o futuro. Assim, porém, nós não experimentamos o elemento futuro de uma realização ou correalização. Ele não pertence a uma potência autônoma da consciência, uma potência que se acrescenta à experiência daquilo que é agora, mas pertence, enquanto a abertura para o que entra em cena, à percepção daquilo mesmo que acontece. Uma percepção deste tipo não "possui" o seu conteúdo, mas este conteúdo *lhe advém*. Ele entra em cena e passa. E aquilo que é realizado não é preenchido, mas sempre está ao mesmo tempo aberto para o fato de algo entrar em cena. Isto marca a experiência da duração; nós só sabemos que algo dura, na medida em que pressentimos a possibilidade de que ele seja transformado e pereça ou na medida em que experimentamos como ele permanece, enquanto outras coisas, coisas sempre novamente diversas, chegam e passam.

Estas reflexões podem ser elucidadas de maneira particularmente feliz a partir de exemplos que falam aparentemente em favor do contrário, ou seja, em favor de uma expectativa claramente determinada e dotada de uma concretude plástica. O exemplo de Agostinho, eu canto uma canção que conheço, é um exemplo deste tipo. Aqui parecemos saber exatamente o que acontecerá, e poder antecipar o acontecimento enquanto tal na representação, de modo que o processo do canto não seria outra coisa senão um levar a termo aquilo pelo que se espera. Além disto, nós mesmos somos aqueles que o executam; aquilo que acontecerá reside, ao que parece, tão-somente em nós mesmos. Não obstante, a execução é diversa; ela é fundamentalmente incalculável. Falta-lhe a certeza do conhecimento e do poder, e mesmo se uma tal certeza devesse estar presente, ela se retrai com o salto para o interior do acontecimento. Esta é a experiência do "nervosismo". Ela vem à tona, quando o salto para o interior do acontecimento é iminente. Com isto, não se está afirmando apenas que podem surgir perturbações, com as quais não tínhamos contado antes; mesmo quando tudo é bem preparado e transcorre segundo os "planos", irritações são possíveis, por exemplo, por meio do fato de algo soar repentinamente como se nunca o tivéssemos imaginado. E agora, neste momento, pode irromper para nós o sentido de uma linha dos versos da canção cantada, de modo que a expressão se configura de uma maneira que não tinha sido passível de ser planejada.

Tudo isto reside no fato de todo fazer também ser um acontecimento. Disposição, exercício e intenção não podem suspender o caráter de acontecimento enquanto tal. O fundamento disto é o tempo: tudo aquilo que é feito está no tempo e é aí algo que se dá a cada vez, chegando e passando. Por isto, ele é determinado pela indisponibilidade do chegar e do passar. Deste modo, tudo aquilo que é feito se encontra sob a expectativa do próximo passo; ele está aberto para o modo como este passo chega no fazer e, neste sentido, nunca é apenas fazer, mas também espera. Aquilo que é feito está, além disto, definido por aquilo que ainda está sendo feito e que foi feito. Assim, o fazer está aberto para o inalterável e não apenas tranforma, mas também deixa ser. As duas coisas pertencem ao próprio fazer; ele não poderia

---

78. Ibid.

ser nenhum fazer sem a chegada do novo e sem o perecimento na inalterabilidade. O fazer é sempre também um acontecimento; neste ponto, ele possui o caráter temporal e não é livre[79].

Mas nem tudo que acontece é também feito; algumas coisas acontecem simplesmente. Chove, o vento se eleva e arrefece uma vez mais. O dia começa e segue seu curso, até que entardece e cai a noite. Na mudança das épocas do ano, os dias tornam-se mais longos ou mais curtos, mais quentes, mais brilhantes e, então, tudo fica frio e cinzento. Todo fazer e todo agir se destacam enquanto tais deste acontecimento; eles lhe pertencem, na medida em que eles mesmos são um acontecimento. O tempo é a *dimensão* do acontecimento, ou seja, ele é a abertura, na qual tudo aquilo que é se mostra como um acontecimento. Assim, no vir e no perecer, ele é a proveniência e a destinação de tudo aquilo que acontece.

O fato de as coisas serem deste modo podia ser visto junto ao tempo performativo. Aí se mostra como, no ato de fazer música ou na escuta, a obra apresentada, enquanto aquilo que acontece, pode chegar e perecer na percepção e, com isto, como a abertura do acontecimento sempre entra em jogo ao mesmo tempo no fazer. No fazer, o acontecimento pode permanecer sem ser notado; quanto mais livremente nos sentimos, tanto mais o acontecimento se retrai. Isto não precisa provocar o desaparecimento da liberdade, tal como é o caso quando perdemos o controle ou quando somos caçados, impelidos para frente, quando somos alguém para quem a vida só continua acontecendo[80]. As coisas também podem se dar de tal forma que nós, por causa do saber-fazer, atentamos para o acontecimento e para o tempo do acontecimento. Este atentar para o tempo fica totalmente claro, quando vem à tona a diferença entre fazer e acontecer e quando nos vemos colocados por meio daí em uma relação com o caráter temporal do acontecimento. Neste caso, o atentar para o tempo é um contar com ele. Nós levamos em consideração o tempo, nós contamos com ele, mesmo quando ainda não o medimos propriamente e o contamos, deste modo, em minutos, horas, dias e semanas. Ser no tempo, isto significa agora: ter tempo ou não ter tempo algum.

O acontecimento fica ainda mais claro em seu caráter temporal, quando nós o comparamos com um outro acontecimento e o medimos desta maneira. Neste momento, sabemos o quão longa ou o quão brevemente algo dura. Foi neste sentido que Platão representou a ordem das coisas, o κόσμος, no *Timeu* como um grande relógio. Em termos míticos, a criação do tempo está aqui ligada à ordem dos astros, do céu. É só quando os astros percorrem as suas trajetórias "em consonância

---

79. Quando Agostinho procura tornar concreta a experiência do tempo a partir de um fazer ou de um "agir", isto não significa que o fazer seria exemplar enquanto tal para o tempo; cf. Rainer Enskat, *Zeit, Bewegung, Handlung und Bewusstsein im X. Buch der 'Confissiones' des hl. Augustinus* (Tempo, movimento, ação e consciência no livro X das 'Confissões' de Santo Agostinho), in: Enno Rudolph (Org.), *Zeit, Bewegung, Handlung* (Tempo, movimento, ação), p. 193-222. Se o que estivesse em questão não fosse o acontecimento no fazer, Agostinho não poderia compreender o tempo como *distentio animi*.

80. Quanto a este ponto cf. Peter Bieri sobre a ausência de liberdade e o tempo em *Handwerk der Freiheit* (Artesanato da liberdade), aqui p. 134-159.

Sexto capítulo: Tempo

com o caráter numérico", ou seja, a uma distância fixa, que há a experiência do tempo; no entanto, o tempo não é o próprio movimento dos astros. Ao contrário, ele apenas ganha validade junto a este movimento. Ele é "aquilo que foi e aquilo que virá a ser"[81] na rotação dos astros, ou seja, a abertura do chegar e do passar. As rotações determinadas – dias e noites, meses e anos – são "partes do tempo"[82], tempos no sentido de que é possível fixar nelas o chegar e o passar. Todo acontecimento possui o seu "tempo"; um acontecimento, porém, que se regula de maneira consonante com o caráter numérico e se realiza em rotações fixas, fornece uma medida para a respectividade do acontecimento. O sol chegou ao fim de seu curso e tudo ficou escuro; temos aí um dia. Algo diverso que acontece, por exemplo, uma viagem, dura sete dias. Este foi o seu tempo. O que se denomina medição do tempo não é outra coisa senão a construção de uma imagem daquilo que acontece tendo por base um acontecimento dotado de uma constância que possui a maior grandeza possível. Deste modo, também colocamos o nosso próprio fazer no acontecimento; nós nos damos um tempo determinado, no qual algo precisa ser feito, e, medido a partir deste algo, o fazer pode ser mais rápido ou mais lento. Com freqüência, nós não nos damos o tempo que o fazer propriamente necessitaria, e, assim, nós nos submetemos a um tempo determinado. O tempo que "temos" ou "não temos" não é o acontecimento pelo qual nos medimos, mas aquilo que está aberto na diferença entre o acontecimento normativo e o próprio fazer. Nós deixamos algo chegar, por exemplo, a próxima hora, e nos propomos algo para a abertura determinada que está dada com esta chegada. Neste caso, nós continuamos sempre nos orientando pela ordem que, segundo o *Timeu*, é a ordem do tempo. O relógio é um modelo do céu, uma representação da rotação celeste.

Na medição do tempo, o ser colocado no tempo se torna passível de ser intuído; com ela, nós sabemos que não é apenas para um fazer particular, mas em geral que não temos senão um tempo determinado. Na diferença em relação à rotação celeste irrompe a tensão entre o "tempo da vida" e o "tempo do mundo"[83]. Quando a tensão se intensifica, a própria possibilidade da realização vital pode se tornar questionável; quando o tempo da vida e o tempo do mundo se "dissociam sensivelmente"[84], a vida perde o seu sentido, ou seja, ela perde a sua "direção" na abertura do chegar e do perecer, de modo que não consegue mais ser "conduzida", mas só continua acontecendo. Tudo parece colocado agora no indisponível e no imutável.

Por isto, o tempo ou, como *pars pro toto*, "o dia" também podem ser compreendidos como aquilo que sobrecarrega e acossa a vida humana. É neste sentido que podemos encontrar em Píndaro a afirmação de que o tempo se agarra insidiosamente aos homens e torce o caminho da vida[85]. Ele faz com que o caminho da

---

81. Platão, *Timeu* 37e: τό τ'ἦν τό τ'ἔσται.

82. Ibid., 36e: μέρη χρόνου.

83. Blumenberg, *Lebenszeit und Weltzeit* (Tempo da vida e tempo do mundo).

84. Ibid., p. 86.

85. Píndaro, 8. Ode ístmica, Verso 14-15: δόλιος γὰρ αι)-/ ὢν ἐπ'ἀνδράσι κρέμαται,/ ἑλίσσων βίου πόρον. Citado a partir de *Pindar. Siegeslieder*, org., trad. com uma introdução de Dieter Bremen, Munique, 1992.

vida se torne inabarcável com o olhar e que seja entregue ao que a cada vez se dá, de modo que o tempo pode ser considerado a partir daí como aquilo que domina o homem. O tempo, assim o formula Michael Theunissen, é "o modo insigne como a totalidade do mundo exerce um domínio sobre nós"[86]. Uma variante deste pensamento encontra-se em *Assim falou Zaratustra* de Nietzsche, onde o tempo se expressa antes de tudo sob o ponto de vista da imutabilidade do passado e de sua concretização plástica no "espírito de peso". Fala-se aí do "foi" como o "ranger de dentes e como o mais solitário calvário da vontade"; "impotente contra aquilo que está feito", a vontade seria um "mau espectador de todo passado"[87].

Com certeza, só podemos falar do peso, da carga ou mesmo do domínio do tempo, se o tempo não for a dimensão do acontecimento, mas se ele também abrir a possibilidade de nos comportarmos em relação ao acontecimento e ao seu "domínio". A experiência de que o tempo nos "sobrecarrega", porém, não é neste caso extratemporal ou atemporal; ela é uma experiência temporal *com* o tempo. O tempo enquanto tal só deveria ser chamado de alienante ou de essencialmente estranho ao homem, se nenhuma possibilidade temporal conduzisse para além de sua sobrecarga[88]. No entanto, nós só podemos julgar se as coisas se comportam ou não assim, caso a experiência com o tempo tenha vindo à tona de maneira mais clara; as reflexões sobre a medição do tempo não foram senão uma preparação para tanto. O que está em questão agora é a *temporalidade* da vida humana.

§ 33: Temporalidade

No tempo de realização e no tempo de transcurso, tal como eles acabaram de ser descritos, há a experiência mais simples possível do tempo. Algo acontece e é por meio de nós mesmos que ele acontece; ou ele acontece e nós acompanhamos a realização do acontecimento. Nós estamos no fluxo do acontecimento e experimentamos este fluxo ao mesmo tempo como chegada e perecimento. Algo só pode chegar, na medida em que uma outra coisa perece; algo perece e deixa uma outra coisa chegar. Assim, experimentamos o tempo no transcurso do acontecimento.

O tempo passa a chamar a atenção, quando não imergimos no fluxo do acontecimento. As coisas dão-se desta forma quando algo acontece *aceleradamente*, ou seja, de maneira muito rápida, ou quando ele acontece *retardadamente*, ou

---

86. Michael Theunissen, *Negative Theologie der Zeit* (A teologia negativa do tempo), Frankfurt junto ao Main, 1991, p. 41. Cf. também Michael Theunissen, *Pindar. Menschenlos und Wende der Zeit*, Munique, 2000, em particular p. 79-122.

87. Friedrich Nietzsche, *Assim falou Zaratustra* II, KSA 4, p. 103-190, aqui p. 179-180.

88. É isto que diz Friedrich Fulda contra Theunissen: "A violência que o tempo exerce sobre nós não é um domínio, mas apenas poder e sua *actio*; tomado rigorosamente, ela não é nem mesmo violência do tempo, uma vez que subjuga até mesmo a nossa resistência, uma resistência que pertence igualmente ao tempo" (Fulda, *Das Konzept einer entfremdend über uns herrschende Zeit. Erwägung, Einsprüche, Fragen* – O conceito de um tempo que exerce um domínio alienante sobre nós. Ponderação, objeções e questões, in: Emil Angehrn entre outros [org.], *Der Sinn der Zeit* – O sentido do tempo, Weilerwist, 2002, p. 85-97, aqui p. 93).

Sexto capítulo: Tempo

seja, de modo muito lento. Neste caso, tudo se comporta de uma maneira tal, que não seguimos mais, ou só seguimos com esforço o acontecimento ou que nos "antecipamos" ao acontecimento. No primeiro caso, o momento da retenção se intensifica; no segundo caso, o momento protensional; nas duas vezes chegamos a uma incongruência entre o acontecimento e a vivência. Com esta incongruência, o tempo enquanto tal é intensificado.

Pois bem, também pode ser que algo se destaque do acontecimento. Ele não pertence mais, então, ao movimento que acontece e é realizado ou correalizado, mas se encontra em uma *ligação*. Assim, uma decisão que tomamos poderia chamar a atenção, por exemplo, porque ela se demonstrou como fatídica. Tal como costumamos dizer, nós não nos conformamos com isto. A intervenção equivocada é inalterável; nós gostaríamos de ter feito as coisas de uma outra forma, mas agora é tarde demais e, justamente por isto, não conseguimos nos livrar da coisa. Ou escutamos uma conferência e não conseguimos compreender um determinado rumo de exposição da coisa. O orador seguiu em frente muito rápido ou se expressou de maneira obscura. Com isto, "ficamos na mão" – pelo fato de, como acreditamos, termos perdido uma sentença imprescindível e, com ela, também o desenvolvimento do todo.

Algo comparável é possível em relação àquilo que chega. Aquilo que é esperado como um prosseguimento do que está acontecendo faz com que esperemos por ele – por exemplo, a espera pela resposta a uma pergunta no diálogo. Ele permanece de fora, de modo que se torna urgente como algo iminente. Nada é mais importante agora do que a resposta que faltou.

Por fim, também há do mesmo modo uma experiência deste tipo com vistas àquilo que chegou e que ainda não passou. Escutando uma conferência, uma formulação nos toca de maneira particular. Ela se fixa e sai, assim, do acontecimento da conferência. Quanto à conferência, nós perdemos o desenvolvimento ulterior do pensamento. Como não deixamos uma coisa partir, vedamos a uma outra a possibilidade de chegar. Com isto, aquilo que é fixado perde a sua conexão. Na medida em que está presente, ele permanece incompreensível e distante.

Em experiências do tipo esboçado, algo se fixa: esta decisão da qual nos arrependemos, esta sentença que perdemos, a resposta que não vem, a formulação que nos cativa totalmente. Apesar disto, algo continua acontecendo; o movimento, ao qual aquilo que se fixou tinha pertencido, prossegue. Por um curto espaço de tempo, em verdade, ele pode ter se retraído em favor daquilo que se encontra agora sob a nossa atenção. Mas ele está aí, quanto mais não seja porque aquilo que se fixou lhe pertence. Ele pertence a um determinado estágio do movimento e, na medida em que é retido, entra em um contraste com aquilo que o movimento é enquanto tal. Além disto, algo chega, mas aquilo em que permanecemos fixados não vem; algo passa, mas aquilo em que pensamos não aconteceu simplesmente; ou algo é retido no movimento, de modo que se distingue daquilo que chega e daquilo que passa. Não experimentamos mais, tal como no tempo de transcurso e no tempo de realização, o fluxo do acontecimento, mas experimentamos algo que foi detido em uma determinada posição do fluxo, que foi alçado para além do fluxo. Aquilo que se fixou como algo que não chega é *futuro*. O que não passa simplesmente, mas se encontra fora do fluxo do acontecimento enquanto algo que passou, é *passado*. E aquilo que está aí agora, na medida em que mantém a atenção presa a ele, é *presente*.

Tudo soa como se tivéssemos restituído a razão a Agostinho. O futuro seria, assim, aquilo que está presente como algo iminente, aquilo que é presente estaria presente no presente e aquilo que passou estaria presente enquanto aquilo que não é mais. Mas não há nenhum presente que abarca o tempo, um presente que se decompõe no presente daquilo que é futuro, daquilo que é presente e daquilo que é passado. Aquilo que é futuro não está presente, mas se mostra como o que ainda não chegou e que é experimentado a partir daquilo que chega. Em contraposição a tudo aquilo que pertence ao fluxo do acontecimento, ele é *algo* que é representado e determinado de tal e tal modo. Todavia, ele não *é*, mas é possível. Ele pode chegar, ele pode até mesmo já ser concebido na chegada, sem pertencer aí a uma realização. Enquanto se mantém futuro, porém, sua chegada permanece *retida*. Com aquilo que passou, as coisas se dão de maneira semelhante. Ele não passa, mas também não *é*. Ao contrário, ele é *subtraído*; ele passa irrevogavelmente. Com o tempo, ele fica cada vez mais para trás. Enquanto algo que passou, contudo, ele permanece em seu "não mais". Em contrapartida, aquilo que é presente é aquilo que *é*. Ele subsiste e é constatável porque *dura* no tempo. Nada que brilhe como um raio por um momento é presente; o instantâneo é antes como uma cesura no tempo; ele é uma interrupção e, em verdade, pelo fato de algo entrar em cena. No entanto, ser presente e ser de tal modo significa: ser mais ou menos constante; o que é encontra-se no tempo. Todo o resto pertence ao fluxo do acontecimento; ele chega e passa.

Em verdade, aquilo que é futuro e aquilo que passou destacam-se por um lado do chegar e do passar. Por outro lado, porém, os dois são determinados pelo ser daquilo que está presente. Os dois são *algo* e, nisto, eles são concebidos segundo o modelo do ente. Ao mesmo tempo, contudo, os dois, cada um à sua maneira, são a refutação deste modelo: não simplesmente nada, mas um não-ente, negação do ser enquanto retenção e subtração. Assim, por sua vez, os dois só podem ser concebidos a partir do chegar e do passar. Somente o que pode ser presente e, então, enquanto algo que passou, ter sido, pode ser futuro; somente aquilo que foi um dia presente e antes disto futuro pode ser presente; e somente aquilo que não é mais futuro e ainda não é passado pode ser passado. Algo que nunca pode vir a ser presente e que nunca ganha, então, o passado não é futuro. Ele é uma mera representação de algo que não pode existir e não existe. Somente aquilo que pode ser, que a cada vez é ou foi é no tempo.

Portanto, aquilo que é futuro e aquilo que passou não estão, como Agostinho pensava, presentes de uma maneira modificada. Por meio daí, contudo, não se está refutando a determinação agostiniana do modo como eles se dão. Não há em si aquilo que é futuro e aquilo que passou, mas apenas para a expectativa e para a memória. Isto não significa que eles seriam meras representações; de outro modo, aquilo que é futuro não poderia entrar em cena e aquilo que passou não poderia ter sido. De qualquer forma, enquanto algo futuro e enquanto algo que passou, eles só existem relativamente. Aquilo que ainda é futuro hoje pode ser passado amanhã; o que hoje é passado, ontem era futuro. Para aquilo que é presente vale o mesmo; aquilo que é presente não está simplesmente aí, mas ele só está aí quando efetivamente dura e pode ter a atenção voltada para si. Da mesma maneira, aquilo que é futuro não está aí apenas *por meio* da expectativa, nem aquilo que passou somente *por meio* da memória. Ao contrário, eles estão aí *para* elas. Os dois não estão, como Agostinho diz, "na alma"[89]. Todavia, tal como eles são, também não estão sem ela.

É apenas no interior desta co-pertinência entre algo e a ligação na qual ele se encontra com a sua experiência possível, que existe aquilo que Agostinho já tinha assumido como a realização de um acontecimento: os três tempos, ou seja, as três possibilidades fundamentais do tempo, nas quais experiências podem ser feitas com o tempo junto a algo que possui o caráter temporal. Está em plena sintonia com isto o fato de "futuro", "presente" e "passado" serem expressões que podem ser atribuídas tanto a *algo* quanto a *alguém*; algo pertence ao futuro e o futuro pertence a alguém que pode esperar por algo. Futuro, presente e passado são o aberto, na medida em que algo pode estar presente para alguém de uma maneira a cada vez particular. Neles e somente neles há uma *correlação* a cada vez específica entre algo e a sua experiência possível, a saber, a correlação entre expectativa, atenção e memória. Quando conseguimos apreender mais exatamente as correlações, os tempos também vêm à tona de maneira mais exata.

Quanto a isto, a primeira coisa que precisamos observar é que expectativa, atenção e memória não são possibilidades neutras de ligação. Elas são sempre matizadas positiva ou negativamente, elas são sempre passíveis de serem pressentidas de maneira mais ou menos clara – mesmo a aparente indiferença tende ainda para um lado ou para o outro. Expectativa é sempre esperança ou receio, atenção é sempre um estar atraído ou repelido e a memória é ou bem alívio porque uma coisa passou, ou bem lamento por uma perda.

Todos estes posicionamentos podem vir à tona com intensidades diversas. A esperança pode permanecer sem ser quase pressentida, ela pode ser uma aprovação serena; quando aquilo que esperamos entra em cena, é justo que seja assim. Ou a esperança pode se mostrar como insistente; neste caso, segundo a nossa própria compreensão, a felicidade vital e talvez mesmo o mero viver dependem de que algo entre em cena. As possibilidades do receio estendem-se desde o desconforto até o temor de morte. Há uma escala comparável para as duas cunhagens da atenção; o ser atraído vai desde a entrega esquecida de si a algo até a tomada de conhecimento antes incidental; o ser repelido abarca desde uma leve contrariedade até o nojo ou o horror marcado pelo pânico. O lamento por uma perda pode ser sereno, assim como pode assumir a forma do mais profundo luto. Há alívio como satisfação pelo fato de algo que estava nos amuando ou cansando ter passado e como gratidão pelo fato de termos escapado uma vez mais de algo.

Deste modo, as diversas formas da expectativa, da atenção e da memória não estão dirigidas apenas para algo determinado que elas "têm em vista" como algo

---

89. Agostinho, *Confissões* XI, 20, 26: in anima.

dado por si. Elas vivem a partir do modo *como* algo é visto enquanto possível ou provavelmente chegando, a partir do modo como vivenciamos a existência de algo e o fato de ele ter passado. Há, com efeito, cada vez nas duas cunhagens, expectativas, atenções e memórias tanto calmas quanto impacientes; e isto também se dá, uma vez mais, em diversos graus de intensidade. O modo como o posicionamento se mostra a cada vez sob este ponto de vista depende de como ele é, e ao mesmo tempo, de como nós nos comportamos em relação à sua chegada, à sua duração e ao seu ter passado. Dito de outra maneira, ele depende do modo como aquilo que é futuro, presente ou passado está *ligado* por meio do fato de algo ter acontecido ou acontecer àquele que o experimenta. Além disto, as diversas cunhagens da expectativa, da atenção e da memória são *posicionamentos* quanto ao modo como algo está no tempo; neles, algo é mantido fora do acontecimento, algo que se desprendeu deste acontecimento. Ele está *próximo* ou *longe*, ele é mantido na proximidade enquanto algo constante, ou já se encontra na possibilidade do afastamento enquanto algo inconstante. Aquilo que não acontecerá imediatamente pode ser esperado de maneira insistente como algo que em pouco tempo vai acontecer e já se anuncia em sua chegada, mas ele não poderá ser receado de forma tão violenta quanto algo em breve iminente. A atenção àquilo que existe mais constantemente pode ser mais serena do que a atenção ao inconstante; mas o duradouro também pode nos sobrecarregar, a inconstância pode ser motivo de esperança. Alívio e lamento guiam-se pela determinação do quão distante algo já se afastou no passado. Por isto, pode ser que o luto só se torne realmente profundo algum tempo depois da perda. Logo depois da perda, nós não tínhamos absolutamente como mensurar este luto porque a existência daquilo que se perdeu ainda se encontrava diante de nossos olhos de modo por demais vivaz. Comparativamente, é depois que tivemos a oportunidade de evitar o infortúnio no último minuto que o alívio se apresenta da forma mais intensa possível. Com o afastamento daquilo que passou, o alívio se atenua, o lamento cresce. O fato de o tempo ser um ao longe vem claramente à tona aqui.

Se considerarmos as posturas ainda mais exatamente, também poderemos compreender por que elas são, segundo a sua essência, posturas no tempo. Como quer que possam ser, o que é essencial para elas é *o fato de algo acontecer nelas para alguém*. Cada uma delas é um πάθος no sentido exato da palavra: algo que ocorre com alguém. Não podemos tomar esta ocorrência no sentido estreito de que algo sucede faticamente a alguém. Isto só é possível no presente, ou seja, somente quando algo entra em cena e afeta alguém em seu presente; algo o toca e transforma o seu estado, possivelmente até mesmo a sua vida. Aquilo que ocorre com alguém, porém, não precisa ser nada presente; também pode ocorrer o fato de algo ser retido ou subtraído, ou seja, de algo ser futuro ou passado.

Uma ocorrência não é nenhuma mera tomada de referência a algo; nós não nos decidimos por ela. Nós nos encontramos muito mais colocados em uma relação com algo, e isto também significa que aquilo que nos ocorre indica a posição e o posicionamento nos quais nos encontramos. Aquilo que é retido ou subtraído, mesmo aquilo que está presente, coloca-nos no tempo, de tal modo que determina por si o afastamento o qual vem ao nosso encontro. Ele se impõe ou recua, oferecendo-se a nós mesmos como importuno, de forma que gostaríamos de escapar

Sexto capítulo: Tempo

dele, ou como recusado, de forma que talvez procuremos superar o afastamento, no qual nos encontramos. Isto é impossível, porém, quando aquilo que vem ao encontro temporalmente permanece o que ele é. Neste caso, ele sempre permanece à sua maneira afastado e sua ocorrência se dá neste afastamento. Nós caímos sob a influência das coisas, nós somos colocados de maneira tanto mais enfática no acontecimento que se mantém aberto das coisas.

Neste sentido, Aristóteles definiu as πάθη como aquilo, por meio do que aqueles com os quais uma transformação acontece se distinguem com vistas à entrada em cena desta transformação, uma transformação à qual segue dor ou prazer[90]. As πάθη são os modos, nos quais vivenciamos uma transformação, e, em verdade, de tal forma que a entrada em cena da transformação (κρίσις) é dolorosa ou prazerosa. Isto também não precisa ser pensado no sentido da experiência fática de dor e prazer. Um πάθος nos deprime ou nos entusiasma mesmo quando a transformação, enquanto uma transformação que já teve lugar, tem a sua sede firme na memória ou é antecipada na representação.

Este último é o caso junto ao temor (φόβος), que Aristóteles define como a dor ou a perturbação em face da representação de um mal iminente, que é degradador ou produtor de dor[91]. Neste caso, o temor não é nenhum sentimento paralelo em relação ao fato de algo ser experimentado como ameaçador. Ao contrário, ele é muito mais o próprio acometimento de algo ameaçador; se não experimentássemos algo iminente como ameaçador porque nos sentimos seguros em relação a ele, também permaneceríamos sem temor. O temor também não é uma antecipação ilustrativa daquilo que é iminente. O fato de a própria expectativa (προσδόκημα) de um acontecimento desagradável ser desagradável e, correspondentemente, de o próprio acontecimento desagradável ser desagradável, já se acha firmado no *Filebos*[92]. Isto só é possível por meio do tempo. O tempo, compreendido como temporalidade, é o ao longe no qual algo nos acomete.

Se pensarmos assim, porém, nós suporemos que algo *pode* efetivamente nos acometer. A referência e o posicionamento, para os quais somos remetidos por meio do acometimento de algo, precisam ter sido viabilizados pelo fato de nós mesmos estarmos abertos para nos deixar ser acometidos por algo. Esta foi a reflexão que guiou a compreensão heideggeriana do tempo. De acordo com esta reflexão, nós só podemos ser acometidos e afetados por algo no tempo porque nós mesmos *somos* temporais. Temporalidade é o "sentido ontológico" do "ser-aí", ou seja, aquilo "em que" se mantém "a compreensibilidade" do ser-aí, "sem que ele mesmo" precise "ser visualizado expressa e tematicamente"[93]. É somente a partir

---

90. Aristóteles, *Ars rhetorica II*, 1; 1378a 19-21: ἔστι δὲ τὰ πάθη δι᾽ ὅσα μεταβάλλοντες διαφέρουσι πρὸς τὰς κρίσεις οἷς ἕπεται λύπη καὶ ἡδονή. Citado segundo: Aristotelis Ars rhetorica, org. por W.D. Ross, Oxford, 1959.

91. Aristóteles, *Ars rhetorica II*, 5; 1382a 21-22: ἔστω δὴ φόβος λύπη τις ἢ ταραχὴ ἐκ φαντασίας μέλλοντος κακοῦ φθρτικοῦ ἢ λυπηροῦ.

92. Platão, *Filebos* 32c.

93. Heidegger, *Ser e tempo*, GA 2, p. 428-429.

da temporalidade que o ser-aí humano pode ser compreendido em seu ser, é somente como temporal que ele é tal como ele é enquanto ser-aí. No entanto, a vinculação do ser-aí à temporalidade, tal como Heidegger pensa, também pode ser invertida. Assim como o ser-aí é temporal segundo a sua essência, o tempo compreendido como temporalidade pertence exclusivamente ao ser-aí. Heidegger ainda vai um passo além: para ele, somente a temporalidade é o tempo propriamente dito; é só quando o tempo é compreendido como temporalidade que ele é apreendido em sua essência. Segundo a sua determinação primeira e essencial, o tempo é a temporalidade do ser-aí.

A idéia heideggeriana não é fácil de ser rejeitada. Esta afirmação também é válida se não quisermos compreender o tempo tal como ele, ou seja, enquanto temporalidade, mas se quisermos pensar a temporalidade como uma cunhagem consciente do tempo. Exatamente neste momento precisamos testar até que ponto a idéia de Heidegger nos leva, a fim de colocar à prova a capacidade de suportação de uma concepção alternativa em relação a ela. Se acabasse por se mostrar que a idéia heideggeriana conduz por si mesma a uma concepção da temporalidade muito diversa da sua, nós poderíamos acolher a sua intenção, sem seguir o seu próprio trabalho de elaboração. Neste caso, um interesse particular recai sobre a discussão heideggeriana da relação entre ocorrência e tempo. Na orientação por suas elucidações, esta relação pode se tornar ainda mais clara, e, ao mesmo tempo, pode cair uma luz ainda mais incisiva sobre a compreensão da temporalidade. Para Heidegger, a temporalidade não é uma experiência com o tempo no sentido até aqui desenvolvido. Ele quer mostrar muito mais que há uma experiência da temporalidade, na qual esta temporalidade se destaca do tempo, na medida em que algo acontece nele, e se torna manifesta como a sua possibilitação. A experiência com o tempo seria, então, a chave para uma determinação sintética da essência do próprio tempo.

A compreensão heideggeriana da temporalidade pode ser desenvolvida em articulação com a definição aristotélica do temor. Heidegger acolhe esta definição como um exemplo[94], a fim de tornar compreensível a possibilidade do temor a partir do ser-aí e o caráter iminente do elemento ameaçador a partir de sua temporalidade. Neste caso, o pensamento decisivo é o de que só podemos temer algo determinado porque, com toda ameaça, é o próprio ser-aí que se acha em última instância ameaçado. Se o que estivesse em questão não fosse o próprio ser-aí, nós apenas constataríamos aquilo que se acha iminente, sem sermos tocados por ele de alguma maneira. Como diz Heidegger, o temer "não" está ligado "apenas a 'algo futuro', se tomarmos este algo como significando aquilo que está chegando 'no tempo'. Ao contrário, este ligar-se mesmo é futuro no sentido temporal originário"[95]. De outro modo, o estar ligado a algo futuro não poderia ser nenhum temor. Só há a abertura peculiar do ser-aí que o temor é porque pertence ao ser-aí o ain-

---

94. O fato de o temor não ser senão um exemplo e de também podermos colocar à base da análise outros afetos é acentuado expressamente: Heidegger, *Ser e tempo*, GA 2, p. 456-457.

95. Heidegger, *Ser e tempo*, GA 2, p. 451.

Sexto capítulo: Tempo

da-não-ser. Neste "ainda não" entra em cena algo que pode acontecer. Na medida em que ele entra em cena, ele pode nos acometer.

Para Heidegger, a partir apenas do caráter de futuro do ser-aí, a possibilidade do temor não se torna compreensível. A "expectação"[96] dirigida para o futuro que é própria ao temor faz com que o elemento ameaçador "*remonte*" muito mais "ao poder-ser que se ocupa faticamente"[97]. A partir da situação de uma ameaça, isto se torna imediatamente compreensível: algo só pode ser ameaçador, na medida em que aparece como nocivo para uma situação dada; o que é temido em relação a ele é que algo seja danoso com vistas à nossa própria pessoa, à nossa forma de vida ou às nossas circunstâncias vitais. O atemorizar-se diante de algo sempre se mostra também, tal como Heidegger o expressa, como um "temer *por*..."[98] Nós tememos pela nossa própria vida, mesmo quando esta não é ameaçada enquanto tal, mas em um determinado aspecto – por exemplo, em sua organização, estipulações e possibilidades. O que está em questão no temor, dito com a formulação de Heidegger, é o "caráter de jogado" do ser-aí. Este caráter, por sua vez, não está simplesmente dado. Ele constitui aquilo mesmo que a cada vez essencialmente foi e só pode ser experimentado na abertura temporal daquilo que Heidegger denomina o "que foi essencial". Portanto, o temor só é possível, na medida em que o ser-aí enquanto tal é tanto algo que essencialmente foi, quanto algo por vir.

Com isto, porém, ainda não mencionamos o pensamento decisivo da análise heideggeriana da temporalidade. O fato de o futuro e de aquilo que essencialmente foi, como eles foram esboçados aqui, serem formas da temporalidade do ser-aí não se faz valer, tal como Heidegger pensa, no temor, mas apenas quando conseguimos nos distanciar do acontecimento que determina, por exemplo, o temor. Quando quer que algo ameaçador advenha a alguém em um aspecto determinado, de tal modo que ele retorne ao ser que foi essencialmente, a abertura peculiar da temporalidade permanece sem ser experimentada. Esta abertura é, tal como Heidegger pensa, francamente encoberta e, em verdade, por meio do fato de se tentar *assumir um comportamento* em relação à ameaça, tal como o temor a desvela. A temporalidade enquanto tal só se faz valer, quando o presente do comportamento não se sobrepõe ao futuro e ao que foi essencialmente. Todavia, isto só é possível, se aquilo que é iminente e acontece se tornou desimportante.

O caráter encobridor da temporalidade que é próprio ao comportamento é explicitado a partir do exemplo do temor. Na medida em que se busca encontrar uma

---

96. Heidegger utiliza-se em *Ser e tempo* do verbo *gewärtigen* para descrever a relação extática do ser-aí com o futuro. Traduzido ao pé da letra, este verbo significa "estar à espera de". No entanto, o acento aqui não recai simplesmente no fato de estarmos tomados por uma certa expectativa, mas antes no fato de ter lugar uma concentração do ser-aí em vista de algo que está por acontecer e na sua conseqüente abertura para este algo. Para acompanhar este acento, optamos por traduzir *gewärtigen* por "expectação", uma vez que o termo em português encerra uma mobilidade interna que se aproxima do sentido do original alemão (N.T.).

97. Heidegger, *Ser e tempo*, GA 2, p. 452.

98. Ibid.

344   Oposicionalidade – O elemento hermenêutico e a filosofia

saída ante a ameaça, nós nos esquecemos de nós mesmos e saltamos "do mais imediato para o mais imediato, sem lançar mão de nenhuma possibilidade determinada"[99]. Isto cerra, por sua vez, o caráter de jogado do ser-aí, na medida em que não nos sentimos mais versados no mundo, a partir do qual só as possibilidades do comportamento podem ser conhecidas e tomadas. O "esquecimento da confusão", que deve ser dominante no comportamento acéfalo daquele que se atemoriza, também modifica igualmente o futuro; ele seria aqui justamente a "expectação oprimida ou confusa" que é característica do temor e que se distingue "de uma pura expectativa"[100].

Esta descrição é acentuadamente unilateral. Com certeza podemos chegar no temor a um comportamento acéfalo do tipo que é esboçado por Heidegger, mas não faz sentido afirmar que esta seria a única possibilidade. E, apesar de Heidegger se reportar à definição aristotélica do temor para a sua descrição, não temos como responsabilizar esta definição pela sua unilateralidade. Quando Aristóteles define o temor como ταραχή, ele não tem em vista com isto nenhuma confusão intelectual, mas, como o paralelo com a dor por si só já o indica, uma perturbação; aquilo que se mostra como iminente ou bem ameaça ser doloroso, ou bem ameaça confundir as relações vitais ordenadas. No entanto, podemos reagir a esta ameaça de maneira inteiramente sensata; neste caso, tomamos as medidas apropriadas, a fim de nos proteger ou tentamos afastar a perturbação ou ao menos mantê-la no interior de certos limites.

Se Heidegger não leva em conta esta possibilidade, isto não se encontra em relação senão com o intuito de sua descrição: ele quer descrever a situação na qual algo determinado é iminente como uma situação de auto-esquecimento, a fim de que a experiência da temporalidade possa se destacar desta situação tanto mais claramente. Somente quando nada determinado se acha iminente, o tempo se revela como temporalidade, e, com isto, como o próprio tempo do ser-aí.

Enquanto tal, a temporalidade torna-se manifesta na *angústia* que Heidegger descreve a partir do temor e em contraste com ele[101]. A angústia, que diferentemente do temor não é nenhum afeto, mas uma tonalidade afetiva, traz "o ser-aí para diante do seu mais próprio caráter de jogado" e desvela "a estranheza do ser-no-mundo cotidianamente familiar"[102]. Tal como Heidegger procura mostrar, isto é possível porque não há nada determinado na angústia que seja ameaçador. Segundo ele, "nada" seria aqui "propriamente" angustiante[103]. A angústia, no sentido heideggeriano, simplesmente emerge sem um ensejo determinado, de modo que não podemos assumir nela um comportamento. Enquanto se mantém, a angústia

---

99. Ibid., p. 453.

100. Ibid.

101. A concepção da angústia discutida a seguir não se confunde com a concepção da preleção inaugural em Freiburg, que foi discutida acima p. 50-53.

102. Heidegger, *Ser e tempo*, GA 2, p. 453.

103. Ibid., p. 248.

Sexto capítulo: Tempo   345

paralisa e exclui toda funcionalidade[104] febril. Na angústia, não há nada determinado que chegue até nós, e, assim, também não somos remetidos ao "poder-ser fático" em um determinado aspecto. Na angústia, nada nos ameaça, mas nos sentimos "estranhos"[105].

A estranheza, tal como é indicada aqui, não é nenhum construto. Ela pode ser explicitada a partir de exemplos diversos. Estranho é aquilo que não é familiar, por exemplo, algo assim como um prédio abandonado que se encontra no escuro, como uma situação à qual não nos sentimos capazes de fazer frente, talvez mesmo como uma estrangeiridade repentinamente experimentada em relação a pessoas, com as quais nos sabíamos ligados até aqui. Na angústia, nós perdemos por assim dizer o solo sob os pés. As coisas não se dariam desta forma se pudéssemos fixar em uma coisa qualquer a estranheza experimentada. O prédio que está no escuro não é ameaçador, assim como não o é a situação de uma prova; nós podemos estar maximamente preparados e, apesar disto, nos angustiar. Os outros dos quais nos sentimos repentinamente cindidos também não provocaram o surgimento do estranhamento por causa de seu comportamento. "Não há aí propriamente nada" e justamente isto é o estranho.

Heidegger interpreta este estado de coisas na medida em que define a angústia como uma relação com o mundo. Na medida em que o mundo enquanto a conexão familiar do ser e do comportamento cotidianos se esvai, o "mundo enquanto tal" pode ser compreendido como "o ante o que da angústia". O "ente intramundano" é "completamente irrelevante"; apesar de ainda sabermos plenamente para que ele poderia ser utilizado, nós estamos separados dele como que por uma parede de vidro. Ele não possui mais para nós mesmos nenhuma significância e, justamente "com base nesta insignificância", as coisas se dão de tal modo que "o mundo não se impõe mais para nós agora senão em sua mundanidade"[106]. Com isto, porém, também se impõe do mesmo modo a possibilidade de ser no mundo e de assumir um comportamento no mundo. Na medida em que o ente se torna estranho, e, com isto, também insignificante, esta possibilidade permanece em aberto; ela não é respondida por meio de planos, perspectivas e modos de comportamento possíveis. Por-

---

104. O termo alemão *Betrieb* é um correlato direto do vocábulo latino "indústria" e designa fundamentalmente uma atividade incessante de transformação de materiais. A partir deste termo surgem em alemão o adjetivo *betriebsam* que qualifica aquilo que possui o modo de ser de uma tal atividade e o substantivo *Betriebsamkeit* que encerra em si o caráter daquilo que possui uma tal qualidade. Heidegger vale-se por sua vez deste substantivo para qualificar antes de tudo o mundo da técnica moderna em sua constante apropriação disponibilizadora da totalidade e a dinâmica da vida cotidiana em sua imersão ininterrupta em modos familiares de comportamento. Para acompanharmos o campo semântico do termo original, sem perdermos ao mesmo tempo o seu uso técnico no pensamento heideggeriano, optamos, assim, pela tradução por "funcionalidade", uma vez que a funcionalidade indica tanto o caráter daquilo que se encontra em funcionamento, quanto o ideal mesmo de todo funcionamento (N.T.).

105. Heidegger, *Ser e tempo*, GA 2, p. 250.

106. Ibid., p. 248.

346 Oposicionalidade – O elemento hermenêutico e a filosofia

quanto não sabemos mais como devemos e podemos ser no mundo, o "próprio ser-no-mundo" se revela como o "pelo que da angústia"[107].

Por conseguinte, a angústia não é uma experiência radical do ser possível que surge a partir da impossibilidade. No ser-aí, a experiência da impossibilidade possível[108] lança de volta para o próprio ser-aí e para a sua relação de dependência frente ao mundo. De maneira correspondente, é assim que Heidegger pensa, a temporalidade do ser-aí também não se encontra mais dissimulada na angústia. Nós não assumimos um comportamento e, por isto, o presente permanece aberto; tal como Heidegger diz, ele permanece enquanto "instante [...] no salto"[109]. Como o comportamento se cristaliza em sua possibilidade, o ser que foi essencialmente também não pode formar a conexão óbvia, a partir da qual só o comportamento é possível. Assim, ele se faz valer como ser-possível; ele é reconquistado como aquilo que ele já sempre tinha sido em contraposição ao perder-se no comportamento. No entanto, como isto não significa que se conquistaria agora a partir da conexão do mundo uma possibilidade do comportamento, mesmo o futuro do poder-ser permanece em aberto. Deste modo, a angústia "não retira apenas das possibilidades 'mundanas'", mas entrega "ao mesmo tempo" no ser-aí "a possibilidade do poder-ser *próprio*", ou seja, do poder-ser pensado tão-somente a partir do próprio ser-aí[110]. A angústia, compreendida desta forma, é como uma retenção no ser-aí. Nós somos extraídos da realização do ser-aí e isto abre a temporalidade deste ser-aí, assim como uma rua, justamente quando não é trafegada, chama a atenção enquanto tal. Na medida em que o que foi essencialmente, o futuro e o presente permanecem vazios, faz-se valer, tal como Heidegger pensa, a abertura que a temporalidade é enquanto tal.

Isto é por um lado elucidativo: o fato de não haver nenhum ser-aí sem o que foi essencialmente só se mostra, na medida em que não pensamos na coisa determinada que fomos; nós atentamos para o caráter presente do comportamento, na medida em que experimentamos que nós poderíamos nos comportar "instantaneamente" e não precisamos nos entregar ao transcurso e à realização de um fazer determinado. E, por fim, a futuridade do próprio ser-aí só vem à tona quando a pergunta sobre como podemos ou queremos ser permanece em suspenso.

Por outro lado, contudo, nós nunca experimentamos a possibilidade isolada. A angústia não transpõe para o interior do puro ser possível; ela apenas leva a termo uma interrupção. Ela não seria o que é, se aquilo de que ela se isola estivesse totalmente fora de jogo. A insignificância do mundo só é angustiante, uma vez que continua sendo apreendida conscientemente em sua significância. A impossibilidade do comportamento só nos afeta, na medida em que gostaríamos de assumir um comportamento, mas nos sentimos paralisados de uma maneira particular e, por

---

107. Ibid., p. 249.

108. Neste aspecto, a definição heideggeriana da angústia é, aliás, uma inversão da definição kierkegaardiana, segundo a qual a angústia é a experiência de poder. Cf. Kierkegaard, *Begrebet Angest* (O conceito de angústia), SV IV, p. 315.

109. Heidegger, *Ser e tempo*, GA 2, p. 455.

110. Ibid.

Sexto capítulo: Tempo

isto, não o podemos. Com isto, a abertura do poder-ser não se mostra senão como o descerramento de um abismo, quando as possibilidades, os planos e os propósitos ainda estão presentes, mas não significam mais nada. Aquilo que Heidegger descreve como angústia é o sentimento de ser, por assim dizer, excluído do mundo. Para aquele que se angustia, porém, o acontecimento do mundo prossegue. Ao invés de o ser-aí ser lançado aqui de volta para a sua temporalidade originária, abre-se um fosso entre a temporalidade e o tempo das coisas, ou, dito juntamente com Blumenberg, entre o "tempo da vida" e o "tempo do mundo". Sem que possam ser cindidos, o tempo próprio e o tempo em que algo acontece não se conjugam mais. Nisto reside o elemento aflitivo e sufocante da angústia, um elemento que já nos fala a partir da própria palavra, mais exatamente, a partir de seu parentesco com o vocábulo latino *angor*; *angor* designa o aperto, o estrangulamento, a pressão na garganta. A mesma experiência fundamental podia residir na passividade plúmbea da depressão; o mundo também está presente aqui como um mundo, no qual podemos estar e no qual nos perdemos; e isto ao mesmo tempo de uma maneira penosa e opressiva. A expectativa, a atenção e a memória permanecem vazias; não há nada que se fixe nelas como algo futuro, presente e passado. E se, em termos do tempo da realização, continuássemos sendo colocados em um acontecimento, nós permaneceríamos de qualquer modo alheios. De uma maneira radical, nós não estaríamos junto à coisa em questão. Esta coisa transcorreria como um movimento de coisas; nós as realizaríamos e não teríamos, contudo, nada em comum com elas.

Considerando a partir daqui, por meio da análise da angústia viria à tona o contrário daquilo que Heidegger tinha em vista. Ao invés de descerrar o ser-aí humano como um "poder-ser singularizado, puro e jogado"[111], a angústia teria feito valer a dependência do ser-aí em relação ao mundo. A angústia não seria nenhuma ἐποχή, na qual seríamos libertados da vinculação ao mundo. Enquanto ἐποχή, ela teria nos inserido tanto mais enfaticamente no mundo com a experiência da "es-tranheza"[112].

Heidegger aproximou-se deste estado de coisas em uma outra análise e, em verdade, em uma de suas melhores análises fenomenológicas. Com certeza, a qualidade da descrição também se deve à pertinência da coisa descrita; melhor ainda do que na tonalidade afetiva da angústia, a temporalidade do ser-aí se faz valer no interior do tédio. Neste caso, em comparação com *Ser e tempo*, o intuito da descrição heideggeriana não se alterou essencialmente na preleção do semestre de inverno de 1920/30; tanto antes quanto depois, Heidegger procura mostrar que o tempo precisa ser essencialmente concebido como a "temporalidade originária"[113] do ser-aí. De maneira análoga, ele estabelece de um tal modo a sua análise do tédio, que ela sempre conduz cada vez mais para além daquilo que acontece. Não há mais nenhum ensejo para o tédio propriamente dito – um tédio que Heidegger denomina o "tédio profundo"; ele emerge, de uma maneira impassível de ser explicada por meio de algo que poderia nos entediar, a partir do próprio ser-aí. Não é *algo*

---

111. Ibid., p. 250.

112. Ibid., p. 252.

113. Heidegger, *Os conceitos fundamentais da metafísica*, GA 29/30, p. 201.

348 Oposicionalidade – O elemento hermenêutico e a filosofia

que nos entedia aqui, por exemplo – menciono aqui os exemplos dados por Heidegger –, o encontro social à noite do qual participamos ou a espera na estação de trem, junto à qual de algum modo passamos o tempo. Ao contrário, está-"se" entediado. O tédio profundo não diz respeito ao respectivo acontecimento que não nos interpela, nem tampouco ao próprio "se" impessoal como alguém que não sabe o que fazer consigo mesmo. Ele é abrangente e anônimo. Nele, como Heidegger diz, nós "não somos meramente subtraídos da personalidade cotidiana, nós não nos distanciamos e nos tornamos de algum modo estranhos a ela. Ao contrário, juntamente com isto, nós também somos alçados para além da respectiva situação determinada que nos envolve aí"[114]. No tédio profundo reina uma indiferença abrangente, uma indiferença que não se apresenta menor em relação a nós mesmos do que em relação àquilo que está fora de nós. Esta indiferença faz, como Heidegger diz, "com que tudo valha tanto e tão pouco"[115], e, assim, com que o ente "na totalidade" se torne indiferente[116]. Quando não esperamos mais por nada, quando nada preenche a memória ou quando nada mais chama a nossa atenção, a temporalidade, vazia como ela é agora, se torna efetiva enquanto tal. No tédio, que veda todo e qualquer voltar-se para, o ser-aí é requisitado pela própria temporalidade. O ser-aí, assim Heidegger sintetiza este pensamento, é na temporalidade e é "banido" por ela[117].

Heidegger dá importância ao fato de este banimento não precisar ser concebido em contraste com o acontecimento no tempo. Segundo ele, o tempo que bane não é "o tempo estagnado em contraposição ao fluxo", mas o tempo "para além de um tal fluir e de uma tal estagnação"; trata-se do "tempo que o próprio ser-aí seria a cada vez na totalidade"[118]. Em última instância, esta rejeição que permanece sem ser ulteriormente fundamentada é elucidativa, quando a lemos juntamente com uma formulação que lhe é contrária, uma formulação que se encontra um pouco antes desta. A retração que se anuncia junto ao ente, diz Heidegger aqui, só é possível, "se o ser-aí não puder mais ser com"[119]. "Com" o que o ser-aí "não" poderia mais ser? Sem dúvida alguma com o acontecimento que é no tempo. Uma vez que Heidegger procura fazer valer a temporalidade do ser-aí da maneira mais pura possível, ele não consegue deixar de pensá-la em sua copertinência com o tempo do acontecimento. A partir daí, só falta um passo para chegarmos à intelecção de que a inserção mundano-vital na temporalidade e não menos no tempo performativo não pode ser preenchida sem o mundo das coisas e sem o tempo de seu acontecimento. Sem o mundo das coisas e sem o seu "tempo do mundo", o mundo da vida é sem sentido em seu tempo de realização e em sua temporalidade.

---

114. Ibid., p. 207.

115. Ibid.

116. Ibid., p. 208.

117. Ibid., p. 221.

118. Ibid.

119. Ibid.

Inversamente, isto significaria: há sentido pelo fato de o "tempo da vida" e o "tempo do mundo" concordarem. Não poderíamos produzir esta copertinência ou provocar, de algum modo, o seu surgimento: quando nos ocorre de nos sentirmos de repente por assim dizer arrancados ao acontecimento do mundo, o contrário também precisa se dar por meio de ocorrências. O que ocorre conosco dá ou toma a possibilidade do sentido. Como toda ocorrência é uma experiência temporal, aquilo que dá e toma é o tempo.

§ 34: Constelações do sentido

Sentido, precisamos nos lembrar disto uma vez mais, é direção, por exemplo, tal como o "sentido dos ponteiros do relógio" indica a direção do giro. O sentido de uma declaração lingüística é aquilo que é visado, ou seja, o que é dito com vistas àquilo que deveria ser mostrado. Alguém fala sobre a torre da catedral e gostaria efetivamente de chamar a atenção para ela. Assim, aquilo que é dito possui sentido. O sentido de uma ação é, com isto, a meta para a qual ela aponta. Aquilo que é feito é significativo, quando serve à realização daquilo que tencionamos.

Mesmo quando as metas das ações são tencionadas, aquilo que uma ação provoca não surge por nós mesmos. Ele nos advém a partir da conexão da vida no mundo; mesmo quando escolhemos a meta livremente, há um ensejo para a escolha e este ensejo sempre está ligado a expectativas; nós esperamos ou receamos algo. Até o ponto em que é possível, nós agimos "no sentido" da expectativa matizada de uma maneira ou de outra. Isto entrega um sentido à ação.

Se as coisas se comportam assim, o sentido do agir tem sempre algo em comum com ocorrências. Algo precisa ter se fixado como futuro na expectativa e nos afetar deste modo, para que possamos tencionar efetivamente algo. As coisas são similares no que concerne àquilo que dizemos, quando ele está dirigido para os outros. Nós esperamos nos tornar compreensíveis e receamos que os outros não nos compreendam apropriadamente; por isto, buscamos palavras. Ou de repente a luz nos ornamentos em filigranas que cobrem as janelas da catedral nos chamam a atenção. Ela ganhou o espaço da atenção, se acha presente, e nós gostaríamos que um outro compartilhasse conosco este espaço; assim, mostramos para ele o que vemos. Mesmo a memória pode dar um sentido àquilo que dizemos e fazemos. Nós fazemos algo em lembrança de alguém que perdemos; nós falamos de algo que vivenciamos e que continua nos enchendo agora como antes de alegria ou tristeza. É assim que as coisas também se dão no que diz respeito à estória que é história em um sentido mais amplo. Ela só possui uma "utilidade para a vida"[120], se está ligada a uma instauração de sentido, por exemplo, por meio do fato de entregar ao próprio fazer uma conexão que se estende para além dele. Se algo deste gênero não está em jogo, o fazer se transforma em um gesto vazio, a narrativa em algo que repetimos sob encomenda ou que empreendemos como uma mera enumeração de fatos. Neste caso, as duas coisas são sem sentido.

---

120. Nietzsche, *Da utilidade e da desvantagem da história para a vida*, KSA 1, p. 243-244.

O sentido não reside aqui nem no fazer, nem no dizer, nem tampouco, contudo, na ocorrência. Ele entra em jogo no afastamento entre eles. Algo afastado é lançado em jogo, ele nos diz respeito. Nós correspondemos a ele na medida em que nos comportamos *no sentido* daquilo que foi lançado em jogo. Agindo ou falando, nós nos dirigimos para aquilo que nos diz respeito e acolhemos aí a direção que ele tinha ao nos dizer respeito. Nós invertemos esta direção e lhe correspondemos neste ponto. Uma vez que nos comportamos no sentido de algo, o comportamento é plenamente dotado de sentido.

Por conseguinte, o sentido é a correlação entre aquilo que é futuro, aquilo que é presente ou aquilo que é passado e o comportamento a cada vez próprio. Trata-se de uma relação que sempre pode ser vista "de dois lados", "em duas direções". Mas ela provém da ocorrência, e, portanto, daquilo que nos diz respeito; só há sentido, uma vez que algo ocorre de tal forma que podemos nos comportar em seu sentido.

O afastamento que entra em jogo em meio à correlação do sentido é um afastamento do tempo. No tempo, algo é conferido de um modo que nos diz respeito e o comportamento também possui caráter temporal. Enquanto agir ou falar, ele sempre é também um processo temporal. Quando o agir e o falar são simplesmente eles mesmos, isto se retrai. Neste caso, eles não são no tempo, mas primariamente na liberdade e na linguagem. O fato de eles também possuírem caráter temporal só se faz valer, quando eles não se realizam mais despreocupadamente, mas quando vem à tona o distanciamento em relação àquilo que gostaríamos de efetuar ou dizer; aquilo que é tencionado só é penosamente alcançado, aquilo que se gostaria de dizer só pode ser dito em incursões repetidas. A correlação do sentido torna-se conseqüentemente tanto mais clara, quanto maior é a demora do comportamento em sua aspiração por corresponder à ocorrência. Com o afastamento daquilo que ocorre cresce a intensidade de sua experiência e isto também significa: da experiência do tempo.

Com uma intensidade crescente também fica mais claro aquilo que já sempre se mostrara como válido para a correlação do sentido: na medida em que aquilo que ocorre é temporal, nós não o resgatamos. Um comportamento no sentido daquilo que é futuro só é possível enquanto este permanecer o que ele é, ou seja, enquanto ele não chegar. Enquanto aquilo que é presente se mostra como o duradouro, ele dura para além de todo comportamento que deva corresponder a ele. E o passado permanece sempre retraído; nenhum fazer em seu sentido e nenhuma lembrança que ganhe expressão jamais o recuperam.

Em todo caso, porém, tal como entra em cena, a correlação de sentido também pode esvaecer ou desaparecer uma vez mais; a ocorrência não nos liga mais, aquilo que ocorre se retrai ou permanece como que isolado na expectativa, na atenção ou na memória. Por isto, algo pode perder o seu sentido ou algo que sempre tínhamos feito de tal modo ou de maneira semelhante pode receber repentinamente um sentido ou um novo sentido. O sentido permanece em todo caso instável, dependente daquilo que se fixa na expectativa, na memória e na atenção. Possivelmente, isto já venha a ser revisto no momento seguinte por meio da chegada e do ir embora de algo. Algo acontece e refuta a expectativa, retira daquilo que é presente a sua duração ou faz com que o que foi lembrado se torne irrelevante. O sentido, assim se mostra, então, não possui nenhum ancoramento naquilo que acon-

Sexto capítulo: Tempo

tece. Como é também que algo deveria poder estar ancorado no fluxo daquilo que chega e vai embora. A correlação do sentido é propriamente *constelação*[121]; algo entra em cena conjuntamente no tempo e forma uma ponte no tempo.

No entanto, também há uma experiência de constância na chegada e no ir embora: a *repetição*. Parece claro o que isto significa: algo acontece que já aconteceu uma vez ou várias vezes. Por exemplo, um dia começa uma vez mais e fazemos novamente o mesmo que tínhamos feito nos dias anteriores. Aqui, algo se repete, nós mesmos repetimos algo, mas quase não o experimentamos como repetição. Ele é por demais uniforme, há aí muito pouca tensão. Em verdade, o dia começa "uma vez mais", mas isto acontece na mudança familiar que se repete. Aquilo que se transformou em hábito não sai da continuidade do cotidiano. Com efeito, as coisas se comportam de maneira diversa quando uma festa ou um ritual se repetem. Também neste caso, contudo, a repetição quase não salta aos olhos enquanto tal. Mesmo quando pensamos na mesma festa do ano anterior, a festa se encontra totalmente por si a cada vez em que se festeja. A *celebração* da festa ou do ritual é aqui o decisivo, não a repetição[122].

A repetição também não é quase experimentada enquanto tal, quando ela é realizada intencionalmente. Um tal fato só se mostra como paradoxal em um primeiro momento. Quando repetimos o que fizemos ou dissemos anteriormente, quando até mesmo o anunciamos, o novo é predominante; mais importante do que o "uma vez mais" é o fazer. A memória só fornece, por assim dizer, o salto para a visão da finalidade. É neste sentido que Kierkegaard denomina a repetição uma "lembrança voltada para frente", enquanto ele designa a memória como uma "repetição voltada para trás"[123]. E ele acrescenta que a repetição torna o homem feliz, a memória o deixa triste; a repetição conduz a algo passível de ser alcançado, enquanto a memória nunca tem nada em comum senão com aquilo que passou em sua retração. É somente por isto que a repetição ativa não está ligada ao que é lembrado; no "uma vez mais", o mesmo não retorna, mas, em contraposição a ele, nós estabelemos uma diferença; como agentes, nós somos agora diversos ou outros frente àquilo que éramos no passado. É por isto que Gilles Deleuze pode designar a repetição como um "puro movimento criador"[124] e dizer que nela um "elemento diferencial" seria dissimulado[125]. Deste modo, sob o aspecto da repetição ativa, até mesmo o irrepetível pode se mostrar como passível de repetição. O experimento

---

121. Quanto ao conceito de constelação cf. Figal, *Die Komplexität philosophischer Hermeneutik* (A complexidade da hermenêutica filosófica), p. 22 e p. 28-30.

122. Gadamer, *Verdade e método*, GW 1, p. 129. Cf. também: Gadamer. *A atualidade do belo*, GW 8, aqui p. 132-133, assim como Gadamer, *Zur Phänomenologie von Ritual und Sprache* (Para a fenomenologia de ritual e linguagem), GW 8, p. 400-440, aqui p. 414-415.

123. Soren Kierkegaard, *Gjentagelsen* (A repetição), SV III, Copenhagen 1901, p. 169-264, p. 173.

124. Gilles Deleuze, *Diferença e repetição*, primeira edição, Paris, 1968, p. 36: "pure mouvement créateur".

125. Ibid., p. 2. Cf. também Bernhard Waldenfels, *Die verändernde Kraft der Wiederholung* (A força transformadora da repetição), Zeitschrift für Ästhetik und allgemeine Kunstwissenschaft 46 (2001), p. 5-17.

de pensamento nietzschiano do eterno retorno do mesmo é efetivamente uma apoteose da unicidade. Se tudo retorna exatamente como já foi uma vez – "esta aranha e esta luz do luar entre as árvores e igualmente este instante"[126] –, então a experiência do retorno não pode pertencer àquilo que retorna. Ou seja, aquilo que retorna não é experimentável enquanto tal. Apesar disto, porém, podemos dizer que queremos mais uma vez isto que é exatamente como ele é.

Desta forma, já está dito indiretamente sob que condições a repetição enquanto tal pode se fazer valer. Precisa-se de um liame claro com aquilo que foi essencialmente, ou seja, de um liame que não seja dado apenas por meio de decursos naturais ou por meio do hábito, assim como se precisa de uma experiência clara do novo, sem que esta experiência pertença a um fazer plenamente intencional. Por outro lado, permanece velado ou ao menos obscuro aquilo que possibilita a repetição e aquilo que entra em jogo nela, de modo que ela também é experimentada a partir dele: o tempo. No entanto, também podemos inverter esta afirmação: na medida em que experimentamos a repetição, nós experimentamos, e, em verdade, com uma intensidade particular, o tempo. A repetição é um efeito temporal, no qual a essência do tempo enquanto tal ganha validade. Portanto, a constância que acompanha a repetição é uma constância do tempo.

O modo como precisamos compreender isto se mostra de uma maneira particularmente impressionante em uma cena do romance de Proust *O tempo reconquistado*[127]. O narrador está a caminho de um concerto no palácio municipal do Conde de Guermantes. No pátio do palácio, ele demora tanto a notar um carro que está passando ao seu lado que se vê obrigado a dar um salto para a esquerda. Neste momento, ele pisa nas pedras mal lapidadas que se encontram na beira do pátio e é arrancado inopinadamente de seus pensamentos. Na medida em que coloca um pé sobre uma pedra que é algo mais alta do que a anterior, ele se vê tomado por uma felicidade (*félicité*) que se lhe mantém inicialmente inexplicável. Ele tenta esclarecer sua vivência, colocando várias vezes o pé sobre a pedra, mas o teste permanece sem resultado[128]. Somente a "repetição voltada para trás" que é empreendida de início de uma maneira por assim dizer tateante e, acompanhando-a, o esquecimento daquilo que é futuro oferecem um ponto de apoio; nos dois casos, as-

---

126. Nietzsche, *A gaia ciência*, p. 341; KSA 3, p. 570.

127. Marcel Proust, *À busca do tempo perdido*. Edição publicada sob a direção de Jean-Yves Tadié, I-IV.

128. Esta é a passagem à qual se ligam as reflexões seguintes: "Chaque fois que je refaisais rien que matériellement ce même pas, il me restait inutile; mais si je réussissais, oubliant la matinée Guermantes, à retrouver ce que j'avais senti en posant ainsi mes pieds, de nouveau la vision éblouissante et indistincte me frôlait comme si elle m'avait dit : 'Saisis-moi au passage si tu en as la force, et tâche à resoudre l'énigme de bonheur que je te propose'. Et presque tout de suite, je la recconus, c'était Venise, dont mes efforts pour la décrire et les prétendus instantanés pris par ma mémoire m'avaient jamais rien dit, et que la sensation que j'avais ressentie jadis sur deux dalles inégales du baptistère de Saint-Marc m'avait rendue avec toutes les autres sensations jointes ce jour-là à cette sensation-là et qui étaient restées dans l'attente, à leur rang, d'où un brusque hasard les avait impérieusement fait sortir, dans la série des jours oubliés" (Proust, *Tempo reconquistado*, IV, p. 446).

Sexto capítulo: Tempo

socia-se com a irregularidade das pedras uma promessa. Ela é resgatada por meio de um reconhecimento, que não tem nada em comum com a lembrança na qual o passado se fixou. Ao contrário, as pedras da calçada em Paris associam-se com as lajes do chão do batistério de São Marco, de tal modo que ela deixa pressentir uma vez mais a estada do narrador em Veneza. Ao mesmo tempo, a estada em Veneza se insere em uma relação com o presente em Paris.

O que é descrito aqui é uma experiência que não resulta senão da conjunção de dois momentos diversos e, contudo, consonantes; trata-se de uma constelação de grande intensidade, que mantém os dois momentos em suspenso e os retira deste modo da orientação natural pelo que acontece faticamente e pelo que é faticamente lembrado. Sem a lembrança da estada em Veneza, as pedras irregulares no pátio do palácio municipal seriam insignificantes; é somente na medida em que elas se encontram em relação com uma vivência lembrada que elas são significativas. Isto também é válido para a vivência, da qual o narrador repentinamente se lembra; durante a visita à basílica, a irregularidade das lajes do chão não devem ter quase chamado a sua atenção. É somente pelo fato de uma vivência presente remeter a algo passado, a partir do qual o presente é por sua vez experimentado, que a felicidade sentida pelo narrador chega a termo.

A remissão, tal como Proust a descreve, não é imediatamente clara. Ela emerge muito mais, na medida em que só atua inicialmente como aquele sentimento de felicidade indeterminado, que é ao mesmo tempo exortação e promessa. Com o sentimento de felicidade, a experiência sai instantaneamente do fluxo da vida cotidiana. A situação experimentada é afastada por assim dizer do tempo e inserida nele uma vez mais, ela é por assim dizer subtraída e dada uma vez mais. Este elemento instantâneo, porém, não poderia ter o caráter de uma promessa, se a referência a algo passado não estivesse contida nele. No instante, a constelação de sentido é como que adensada; ela permanece sem desdobramento, ela é como um botão que já contém em si o florescimento. Se o instante portador de felicidade não pudesse se desdobrar na constelação de sentido, ele logo perderia uma vez mais a sua intensidade e mergulharia de volta no fluxo do acontecimento. É somente com vistas ao desdobramento possível que o instante conta; é somente no ao longe que o tempo é que ele pode ser resgatado. Portanto, o instante não é nenhum "átomo de eternidade", tal como pensava Kierkegaard; ele é tempo adensado, não desdobrado.

Aquilo que chega a termo por meio da ligação entre as duas vivências não é nenhuma lembrança; a lembrança está simplesmente presente, a saber, nas tomadas fotográficas momentâneas (*instantanés*) que a memória (*mémoire*) do narrador tinha apreendido em Veneza[129]. As imagens estão presentes e poderiam ser evocadas. No entanto, a idéia de descrevê-las já conduz por si só à aversão e ao enfado. Elas são como uma exposição de fotografias[130], que se tornaram indiferentes para o narrador. Isto só se altera por meio da experiência, na qual se associam uma

---

129. Proust, *Tempo reconquistado*, IV, p. 444.

130. Ibid.: "comme une exposition de photographies".

354 Oposicionalidade – O elemento hermenêutico e a filosofia

vivência presente e uma passada. Assim, uma coisa recebe uma direção por meio da outra. Aquilo que é presente já possui esta direção no primeiro momento, antes de toda conjectura, na medida em que se refere àquilo que passou. A vivência passada, por sua vez, reflete a vivência presente; ela só pode ser experimentada enquanto vivência e não enquanto uma "tomada momentânea" porque o presente atesta o seu caráter de vivência. Somente agora as imagens da memória, que antes só possuíam uma significação, possuem um sentido.

A formação de sentido acontece por meio da repetição. No "uma vez mais" forma-se a constelação das duas vivências, sem que todas as duas permaneçam sem sentido. Só há a constelação, porém, por meio do afastamento no tempo. Se pisássemos muitas vezes uma depois da outra nas pedras irregulares da calçada, a experiência descrita por Proust não teria lugar. Aquilo que é presente precisa se estender até aquele ao longe que constitui a essência do tempo.

Para a repetição, tal como Proust a descreve, o sensível é indispensável. As "vivências" das quais se fala são *sensations*[131]; isto é para ser tomado ao pé da letra. Sem a sensação, seja a sensação das pedras irregulares da calçada, seja mesmo a sensação das *madeleines* molhadas no chá, às quais Proust retorna no contexto da cena discutida, só haveria as tomadas momentâneas da memória. Não obstante, a ventura que transpassa o narrador da *Recherche* ao pisar as pedras irregulares da calçada não é a felicidade da sensação. Ela também não é, como a sensação da *madeleine*, primariamente uma coisa própria aos nervos gustativos. A ventura também é enigmática no sentido de que a experiência da felicidade é a experiência de um enigma e que o enigma é por sua vez uma promessa. Por isto, o enigma não quer ser resolvido, mas resgatado, de tal modo que sigamos a direção que é dada com ele. O enigma promete um sentido e é este sentido que é importante compreender.

Aquilo que promete sentido é a sensação, uma vez que ela é percepção daquilo que se encontra contraposto. Algo assume o modo de ser das coisas contrapostas, na medida em que *entra em cena* e promete a possibilidade da repetição, seja do modo como é descrito por Proust, como a "repetição voltada para trás", na qual se confirma o fato de a sensação já ter sido uma repetição, seja como uma "lembrança voltada para frente", agora, porém, no sentido de que uma nova experiência daquilo que entrou em cena e se colocou aí defronte é considerada possível. O "contra" naquilo que se encontra contraposto é o caráter temporal que lhe é próprio; ele não pertence a nenhum acontecimento e não imerge em expectativa, atenção e memória. Ele acha-se no tempo, na medida em que remete para possibilidades futuras e passadas.

O caráter de coisa contraposta daquilo que é experimentado pode ser um momento; no instante em que a constelação entre as duas sensações descritas por Proust é afrouxada, as pedras que ainda davam precisamente uma direção mergulham de volta no contexto cotidiano do mundo da vida. No entanto, juntamente com o caráter das coisas contrapostas tornou-se manifesto o fato de as sensações

---

131. Ibid., p. 446.

Sexto capítulo: Tempo

e as vivências não estarem ligadas mutuamente apenas em termos do mundo da vida. No tempo, há a vinculação ao mundo, na medida em que ele é o mundo das coisas. E com o tempo há sentido neste mundo.

Apenas por meio das sensações, este sentido não fica claro. Sem as "tomadas momentâneas" da estada em Veneza, não haveria nenhuma conexão que pudesse ser desvelada pela repetição. O sentido carece de apresentação e antes ainda das significações, nas quais esta apresentação se mantém. Carece-se de uma abertura, na qual possamos tomar as direções que são indicadas no tempo. Deste modo, Proust denomina hieróglifos as coisas que deixam para trás a sua impressão na sensação. Em relação a tais hieróglifos, nós acreditamos inicialmente que eles só representam coisas materiais[132]. Sua decifração seria em verdade difícil, mas somente ela forneceria uma verdade que precisa ser *lida*. Comparadas com ela, as verdades diretamente apreendidas pelo entendimento, ou seja, as verdades apreendidas sem inculcamentos das coisas de maneira transparente no mundo da luz diurna são menos profundas, menos necessárias do que aquelas que a vida nos comunica contra a nossa vontade em uma impressão que, como se insere por meio de nossos sentidos, seria material, mas da qual, contudo, nós poderíamos destacar o espírito[133]. A única questão é que a referência à vida já diz de maneira suficientemente clara que isto não pode ser compreendido como uma dissociação do "espírito" em relação às impressões sensíveis, ou seja, às ocorrências no tempo. As verdades, que só se desvelam por meio da leitura das impressões, só retêm a sua vinculação à escrita porque são passíveis de serem comprovadas junto à escrita por meio da repetição. Caso elas não devessem se transmutar nas verdades do entendimento sem profundidade e sem necessidade, elas seriam carentes de uma tal prova. Somente a impressão sentida no tempo, repetível no tempo, é, tal como se encontra formulado, um critério de verdade[134].

O que se tem em vista com isto é a verdade do escritor, ou seja, a verdade das interpretações da escrita das impressões, interpretações que possuem elas mesmas o caráter de escrita. Todavia, tal como aquilo que se encontra contraposto, não são apenas as obras escritas em sentido restrito, mas todas as coisas contrapostas que se acham no tempo. As impressões que as obras escritas deixam para trás ainda são mais profundas do que as impressões daquilo que se encontra contraposto; as constelações de sentido, em que elas colocam seus leitores, espectadores e ouvintes são mais profundas e ao mesmo tempo mais claras do que as

---

132. Ibid., p. 457: "caractères hiéroglyphiques, qu'on croirait représenter seulement des objets matériels".

133. Ibid.: "Sans doute ce déchiffrage était difficile, mais seul il donnait quelque vérité à lire. Car les vérités que l'intelligence saisit directement à claire-voi dans le monde de la pleine lumière ont quelque chose de moins profond, de moins nécessaire que celles que la vie nous a malgré nous communiquées en une impression, matérielle parce qu'elle est entrée par nos sens, mais dont nous pouvons dégager l'esprit".

134. Ibid., p. 458: "un critérium de vérité".

constelações de sentido da escrita sensitiva, tal como esta pode ser lida de resto na "semi-obscuridade"[135]. Enquanto intensificação do caráter daquilo que se encontra contraposto, elas são ao mesmo tempo possibilidades de experiência do tempo. Enquanto tais, elas são clarificações da vida humana.

---

135. Ibid., p. 457: "il fallait tâcher d'interpréter les sensations [...] en essayant de penser, c'est-à-dire de faire sortir de la pénombre ce que j'avais senti".

Sétimo capítulo
Vida

§ 35: No espaço hermenêutico

Nós somos tridimensionais; em todos os nossos comportamentos e experiências, em tudo aquilo que fazemos e em tudo que ocorre conosco, nós somos em liberdade, linguagem e tempo. Na medida em que uma reflexão entra em jogo no agir, ele tem algo em comum com a linguagem, e a realização do agir é simultaneamente um transcurso no tempo. O falar pode ser co-pertinente ao agir. No jogo das posições nós também nos mostramos como alguém que faz ou fez algo, indicando correspondentemente outras coisas; nós deixamos que o agir se mostre. Só há o pensamento escrito no interior da livre contemplação. O falar, por sua vez, tem algo em comum com o tempo; ele é um processo temporal. Além disto, sem que algo entre em cena ou aconteça, nada pode ganhar voz; tudo aquilo que vem ao nosso encontro é no tempo, e a abstração recebe este nome porque se abstrai daquilo que vem ao encontro, pressupondo-o. O modo como experimentamos o tempo não se faz valer sem a linguagem. O tempo articula-se da maneira como a linguagem o apresenta com expressões e formas temporais enquanto futuro, presente e imperfeito. Expectativa e memória precisam ganhar voz; sem que encontremos para elas uma formulação lingüística, aquilo que se acha iminente ou que passou ainda não existe de um modo apreensível. O fato de o tempo ser a abertura do acontecimento evidencia-se particularmente no agir; sem a liberdade do agir, uma experiência não poderia ser nenhuma experiência de não-liberdade.

A tridimensionalidade não diz respeito apenas a nós, mas também às coisas; também elas são em liberdade, linguagem e tempo. Elas são livres, na medida em que são independentes de nós e acessíveis nesta independência. Elas são na linguagem, na medida em que se mostram, mas também na medida em que sua indeterminação é a reluzência da textura. Elas pertencem ao tempo, uma vez que algo acontece com elas tal como conosco ou uma vez que algo ocorre conosco a partir delas.

Isto indica que a nossa tridimensionalidade é co-pertinente com as coisas. Se nós não fôssemos no tempo conjuntamente com as coisas, nada poderia ocorrer conosco a partir delas; na chegada, na presença e no passar, nós compartilhamos com elas o mesmo destino. Também não poderíamos mostrar as coisas se não estivéssemos juntamente com elas na linguagem. E elas não se mostram fundamentalmente de maneira diversa da nossa; nós não somos apenas aqueles que mostram, mas também algo que se mostra. Por fim, não poderíamos fazer nada com as coisas,

358   Oposicionalidade – O elemento hermenêutico e a filosofia

nem efetuar nada nelas, se não estivéssemos juntamente com elas na liberdade. Nós estamos com as coisas e, em alguns aspectos, somos até mesmo como as coisas, no espaço hermenêutico, nós compartilhamos com elas o mundo. Mundo da vida e mundo das coisas não são duas possibilidades, que subsistem de algum modo uma ao lado da outra. O mundo da vida sempre é, ao mesmo tempo, mundo das coisas. A diferença entre nós e as coisas não é outra senão o fato de elas também serem em verdade no mundo da vida, mas não mundano-vitais.

A questão é, então, como devemos designar e compreender mais exatamente a partir de uma tal designação este elemento tridimensional, ou seja, o elemento mundano-vital e o elemento mundano-coisal que somos. Esta questão sempre foi uma vez mais respondida por si mesma, na medida em que, agora exatamente como já havia acontecido antes, uma palavra se ofereceu: a palavra "vida". Há duas razões para explicar a obviedade com a qual ela se instaurou: por um lado, a palavra é desprovida de uma especificidade pensável, sem ser uma palavra que não diz nada. A única coisa com a qual o vivente se encontra em contradição é o não-vivente, e este só é compreensível a partir da vida. Sem vida não há nada não-vivente e, com maior razão, nada morto; o não-vivente absoluto, um universo, no qual nada vive, não poderia ser chamado nem mesmo de não-vivente.

Tão desprovida de especificidade quanto ela é, a palavra se oferece, por outro lado, quando buscamos evitar designações dotadas de uma conotação mais forte e, além disto, problemática. Uma designação deste tipo seria "sujeito" e, enquanto uma designação daquilo que constitui um sujeito, "subjetividade". Logo que conquistamos uma clareza quanto à proveniência da palavra em relação a *subiectum* e ὑποκείμενον, não nos dispomos mais a empregá-la sem hesitações. Heidegger chamou a atenção para o fato de "sujeito" possuir uma ressonância de fundo com "aquilo que se encontra à base", algo que Aristóteles tinha exposto como o traço fundamental do que possui propriedades e pode ser em estados alternantes. "Toda idéia de 'sujeito'" continua lançando mão, "caso não seja elucidada por meio de uma determinação ontológica fundamental prévia", "*ontologicamente* do ponto de partida do *subjectum* (ὑποκείμενον)"[1]. No entanto, mesmo por meio da explicitação aludida por Heidegger, a palavra não perde o seu caráter problemático. Segundo esta explicitação, e isto significa mais exatamente, em Husserl, ela representa a imanência da consciência que é contraposta à transcendência do objeto.

Todavia, quando Heidegger fala de ser-aí ao invés de sujeito, ele não vai realmente além do ponto de partida do sujeito. Em verdade, a "construção" da diferença entre esfera interior e exterior não deve se fazer valer para o ser-aí; ao ser-aí deve pertencer "o fato de este ente, na medida em que é, já sempre se manter junto a um ente que está à vista"[2]. No "dirigir-se para... e na apreensão, o ser-aí não sai, por exemplo, de sua esfera interior", mas ele "já sempre está 'fora' segundo o seu

---

1. Heidegger, *Ser e tempo*, GA 2, p. 62.

2. Heidegger, *Die Grundprobleme der Phänomenologie* (Os problemas fundamentais da fenomenologia), GA 24, p. 90.

Sétimo capítulo: Vida

359

modo de ser primário"[3]. Esta exterioridade, porém, tal como Lévinas sempre acentuou uma vez mais[4], é antes uma imanência radicalizada; se tudo aquilo que é só é compreensível e determinável em seu ser a partir do ser-aí, então tudo o que é pertence ao ser-aí, mas não o ser-aí a tudo o que é. Esta unicidade de sentido provém do fato de, junto ao desenvolvimento de seu conceito de ser-aí, Heidegger estar orientado pela intencionalidade. Mesmo que esta intencionalidade não deva ser "nem objetiva, nem subjetiva em sentido usual", mas muito mais "as duas coisas em um sentido muito mais originário", a elucidação dada por Heidegger confirma novamente a unidade de sentido, ao invés de relativizá-la, tal como tinha sido anunciado. A intencionalidade, enquanto "pertencente à existência", possibilitaria "que este ente, o ser-aí, se comportasse existindo em relação ao ente que se encontra à vista"[5].

O fato de o conceito de ser-aí não poder levar em conta este caráter correlativo não tem algo em comum apenas com a "história prévia" do conceito no interior do pensamento da intencionalidade, mas remonta igualmente ao seu sentido ontológico. Heidegger, nós precisamos nos lembrar disto uma vez mais agora, vê a distinção ontológica do ser-aí no fato de não pertencer a ele apenas a compreensão de seu próprio ser, mas, do mesmo modo, "uma compreensão do ser de todo ente desprovido do caráter de ser-aí"[6]. Com isto, Heidegger repete a idéia aristotélica de que a questão acerca do "ente na medida em que ele é um ente" (ὄν ᾗ ὄν) só poderia ser respondida, uma vez que reconduzíssemos as diversas possibilidades de falar do ente a uma significação fundamental diretriz[7]. Na medida em que o que está em questão é a *compreensão* do ser, a constatação de Heidegger é trivial; nenhum ente jamais pode ser compreendido em seu ser senão por um ente que pode compreender. No entanto, a distinção ontológica do ser-aí não se segue daí, se a referência a um ente "desprovido do caráter de ser-aí" não deixar que este ente seja determinado a partir do ser-aí ou ao menos apenas a partir do ser-aí. Todavia, se o ser-aí precisar ser determinado a partir do "ente desprovido do caráter de ser-aí" exatamente como vice-versa, então não há mais nenhuma razão para a distinção ontológica do ser-aí.

Com a concepção correlativa da relação entre "nós" e "as coisas", porém, não é apenas a ontologia existencial, mas também a ontologia em geral que é colocada fora de jogo. A correlação não é nenhuma determinação do ser; ela só seria uma tal determinação se os correlatos só pudessem ser determinados em seu ser um pelo outro, e este não é o caso sob o ponto de vista da compreensão de ser que tinha vindo à tona junto à discussão do tempo. Ser, concebido em contraste com o devir e com o perecer, é duração, subsistência. Esta é uma determinação neutra,

---

3. Heidegger, *Ser e tempo*; GA 2, p. 83.

4. Cf. antes de tudo Lévinas, *En découvrant l'existence avec Husserl et Heidegger*, Paris, 1949.

5. Heidegger, *Die Grundprobleme der Phänomenologie* (Os problemas fundamentais da fenomenologia), GA 24, p. 91.

6. Heidegger, *Ser e tempo*; Ga 2, p. 18.

7. Aristóteles, *Metafísica IV*, 2; 1003a 33-34.

360   Oposicionalidade – O elemento hermenêutico e a filosofia

que se mostra como pertinente tanto em relação a nós quanto em relação às coisas. No entanto, ela se mostra como pertinente para nós de uma maneira diversa da que ela se mostra em relação às coisas. Nossa duração pertence à tensão entre devir e perecimento. Nós somos colocados na abertura de expectativa e memória. Nossa duração não é nenhuma mera subsistência. A ela pertence o "reencontrar" do tempo descrito por Proust, ou seja, o sentido que surge entre presente e passado. Portanto, "ser" é um conceito que, quando o que está em questão somos "nós", precisa ser especificado por uma outra determinação, não mais ontológica, de nós mesmos. Nossa relação com as coisas não se clarifica mais sob o ponto de vista do ser.

As referências ao caráter peculiar de nossa duração, assim como de nosso devir e de nosso perecimento reconduzem como que por si mesmas ao conceito de vida. Nossa duração, nosso devir e nosso perecimento não têm lugar simplesmente, mas são "vivenciados" e "vividos" em múltiplos aspectos. O fato de uma tal multiplicidade ser levada em consideração com a palavra "vida" é um de seus pontos fortes. A vida é, tal como o jovem Heidegger diz de maneira precisa, um πολ-λαχῶς λεγόμενον[8], e, por isto, o que está em questão também é "transformar" a plurissignificância da coisa tanto quanto da palavra "em uma plurissignificância expressamente apropriada e transparente"[9]. Mas esta não se confunde mais agora com a pergunta acerca do "caráter ontológico" da vida[10]. Ao invés de conceber a vida em sua "plurissignificância" no âmbito de uma consideração ontológica enquanto ser, para então determiná-la com vistas ao uno de uma "significação fundamental diretriz"[11], o que importa é conservar a "plurissignificância" como referência à complexidade da coisa.

Por isto, tampouco se tenciona aqui um retorno à "filosofia da vida" do final do século XIX e do início do século XX. O que é diretriz não é a representação de algo uno, como quer que pensemos esta unidade; seja ela a unidade de um elemento "que joga demoniacamente" ou de um elemento "inconscientemente criador"[12], seja ela a unidade de um "fato fundamental"[13] que não pode ser pensado previa-

---

8. Em grego no original: algo que se diz de muitas maneiras (N.T.).

9. Heidegger, *Phänomenologische Interpretationen* (Interpretações fenomenológicas), GA 62, p. 352.

10. Ibid., p. 348. Cf. em relação a esta virada antiontológica o Conde Paul Yorck von Wartenburg, *Bewusstseinsstellung und Geschichte. Ein Fragment aus dem philosophischen Nachlass* (Posicionamento da consciência e história. Um fragmento a partir da obra póstuma filosófica), introduzido e organizado por Iring Fetscher, Tübingen, 1956, p. 38; assim como a correspondência entre Wilhelm Dilthey e o Conde Paul Yorck von Wartenburg, org. por E. Rothacker, Halle, 1923, p. 203.

11. Heidegger, *Meu caminho na fenomenologia*, p. 81.

12. É assim que Plessner caracteriza a concepção de vida da filosofia da vida (Helmuth Plessner, *Die Stufen des Organischen und der Mensch* – Os graus do orgânico e o homem, 1928, GS IV, p. 37).

13. Dilthey, *A construção do mundo histórico nas ciências humanas*, GS VII, p. 261.

Sétimo capítulo: Vida

mente e que não pode ser concebido, mas apenas vivenciado e revivenciado[14].
Também não é diretriz a representação daquele "poder obscuro, impulsivo, insaciável que deseja a si mesmo", com o qual Nietzsche define a vida – antecipando
em uma fórmula que se encontra isoladamente presente o pensamento da "vontade de poder"[15]. A vida é diversa; ela não é nenhum poder uno, mas um complexo
de momentos, cuja co-pertinência é apenas indicada e não determinada com o infinitivo substantivado o "viver"[16].

Apesar disto, a pergunta acerca da co-pertinência não é desprovida de orientação. Para respondermos a esta pergunta nós podemos nos articular com a correlação peculiar, uma vez que não simétrica, entre nós e as coisas. O fato de nos ligarmos às coisas e de sermos ao mesmo tempo afetados por elas, o fato de estarmos
em meio às coisas e, contudo, de estarmos aí de um modo diverso do delas é uma
chave para aquilo que a "vida" significa em relação a nós e para nós.

O estado de coisas que é aqui denominado correlação mostrou-se inicialmente
como a composição estrutural entre interpretação e objeto, como a composição
estrutural da apresentação. Este foi o ponto de partida para a pergunta acerca do
caráter aberto da correlação, acerca da abertura em jogo nesta correlação; isto levou-nos à discussão de liberdade, linguagem e tempo. Agora, o que está em questão é a relação sob o ponto de vista dos momentos que se encontram em correlação, ou, dito mais exatamente, a questão acerca do que significa em vista de um
destes momentos estar em correlação com o outro. Como, esta é a questão, a sua
essência se determina em e a partir da correlação? Esta é, além disto, uma questão
fenomenológica; ela parte do fenômeno do vivente em sua ligação com algo diverso e mantém assim em suspenso o vivente, ao invés de tomá-lo como um fato.

Por conseguinte, a questão acerca da vida orienta-se por nós. Além disto, na
resposta a esta pergunta encontra-se incessantemente em vista a mais intensa e
clara possibilidade da correlação pela qual somos determinados, ou seja, a composição estrutural da apresentação. Este procedimento está comprometido com a
convicção formulada por Aristóteles, segundo a qual a vida de um ser vivo precisa
ser determinada pela exteriorização vital que lhe é peculiar[17]. A vitalidade do ser
vivo está concentrada em seu ἔργον compreendido desta forma. Conseqüentemente, o homem é um ser vivo hermenêutico; o peculiar à vida humana reside na
apresentação – na capacidade para tanto, assim como no fato de estar ligado ao
ato de apresentar e às apresentações.

Aquilo que já se mostrou na discussão do espaço hermenêutico também é válido aqui. A idéia que se encontra a cada vez em questão não pode ser desdobrada
se nos limitarmos à consideração da composição estrutural da apresentação. O
fato de nossa vitalidade estar concentrada nesta composição só se torna compre-

---

14. Ibid., p. 136.

15. Nietzsche, *Da utilidade e da desvantagem da história para a vida*, KSA 1, p. 269.

16. A palavra vida em alemão (*das Leben*) é formada a partir da substantivação do verbo viver
(*leben*) (N.T.).

17. Aristóteles, *Ética a Nicômaco* I, 7; 1097b 24-1098a18.

362 Oposicionalidade – O elemento hermenêutico e a filosofia

ensível quando descobrimos a correlação pela qual ela é determinada mesmo em outras exteriorizações vitais. Se isto é possível, a correlação pode ser compreendida como determinação da própria vida; na medida em que a esclarecemos, a essência do vivente, ou seja, a própria vida, vem à tona.

Portanto, o caminho não nos leva de uma compreensão genérica da vida para a delimitação de uma vida particular, mas, ao contrário, partindo de uma estrutura particular, para o interior do complexo das determinações essenciais. Estas determinações esclarecem-se na medida em que destacamos os momentos singulares que pertencem a esta estrutura. Nesta medida, o procedimento é diverso do procedimento de uma filosofia da natureza genérica, que visa a clarificações antropológicas e só procura apreender a essência do elemento hermenêutico a partir destas clarificações. Plessner formulou o seu programa de maneira concludente: "Sem uma filosofia do homem, não há nenhuma teoria da experiência humana nas ciências humanas. Sem uma filosofia da natureza, não há nenhuma filosofia do homem"[18]. O homem, porém, é uma intensificação da natureza; aquilo que a natureza é faz-se valer nele de uma maneira particularmente expressiva. Se as coisas se dão desta forma, a autoclarificação fenomenológica do homem conduz para o interior da natureza. Ela conduz de nós para a compreensão de vida e, apesar disto, não conduz para além de nós.

§ 36: Destaque e entrecruzamento

O ponto de partida para a discussão é fornecido, como dissemos, pela composição estrutural da apresentação. Apresentando, nós deixamos algo que nos escapa estar presente. Este algo está indubitavelmente fora e, contudo, possui a sua realidade a partir de si mesmo. Este fato também é válido para a apresentação, ainda que de uma outra maneira; ela ganha a realidade, na medida em que dá realidade a algo diverso. Foi neste ponto que se intensificou a relação fundamental entre nós e as coisas: se não estivéssemos em meio às coisas, nada poderia vir ao nosso encontro. Por outro lado, contudo, as coisas só estão efetivamente presentes *enquanto* coisas por meio de nós. Na medida em que, em meio às coisas, nos ligamos a elas, nós nos destacamos simultaneamente delas. É somente por meio daí que há, visto a partir de nós, um fora. Em meio às coisas, nós já sempre estamos colocados em um distanciamento em relação a elas. Nós somos este distanciamento, nós o vivemos; com o distanciamento, nossa vida ganha validade e, com a nossa vida, a vida em geral.

O fato de a vida poder ser compreendida a partir do distanciamento também é uma idéia fundamental da filosofia da natureza de Plessner. Neste caso, Plessner orienta-se inicialmente de maneira genérica pelas coisas, a fim de diferenciar delas o ser vivo por meio de seu caráter de distanciamento. A descrição de Plessner é, em última instância, elucidativa porque ela só é convincente em certos limites. Ela permite que fique claro o fato de a vida, apesar de estar em meio às coisas, não se

---

18. Plessner, *Die Stufen des Organischen und der Mensch* (Os estágios do orgânico e o homem), GS IV, p. 63.

Sétimo capítulo: Vida

descerra em um caminho que passa pelas coisas. Esta tentativa não leva senão a demarcações insuficientes e pára antes do passo decisivo.

Plessner parte do pressuposto de que tudo o que é se encontra em um "duplo aspecto". Com isto, tem-se em vista a co-pertinência entre dentro e fora, ou, como Plessner já diz claramente em vista do ser vivo, entre "corporeidade e interioridade"[19]. Também as coisas inanimadas, porém, possuem um dentro e um fora. Fora, elas aparecem; aquilo que elas oferecem à percepção é o seu lado de fora, que pode ser experimentado em diversas perspectivas. Este é o lado das propriedades que precisam ser diferenciadas do "cerne da substância"[20]. Certamente, Plessner dá ao conceito de substância uma aplicação que se tornou possível por meio da fenomenologia husserliana. As propriedades não são mais consideradas, tal como em Aristóteles, como algo que advém à substância "que se encontra à base" e que é suportado por ela. Ao contrário, tal como Plessner diz, todo "lado realmente presente implica a coisa toda"[21]. Propriedades, compreendidas desta forma, são *aspectos*; na medida em que percebemos algo redondo ou vermelho, vemos *algo* que é redondo ou vermelho. Assim, aquilo que é percebido é de um tal modo que podemos descobrir a partir dele outros aspectos da mesma coisa; neste caso, o redondo e o vermelho se mostram, por exemplo, como aromático ou, no morder, como comestíveis. Cada um destes aspectos é um "recorte a partir de uma estrutura que não aparece ela mesma de uma vez só, apesar de ser intuível como a totalidade aí presente"[22].

Estas reflexões são facilmente reconhecíveis como uma variação daquilo que Husserl denomina "sombreamento"[23]. No entanto, de uma maneira diversa da de Husserl, o que está em questão para Plessner não é o desempenho constitucional da consciência, um desempenho por meio do qual as diversas percepções perspectivisticamente ligadas se articulam pela primeira vez e formam algo uno. Contra esta orientação pela subjetividade, Plessner tem claras reservas. Importante é para ele muito mais o fato de algo percebido, um "fenômeno real", fornecer ele mesmo a "direção para o interior da coisa e em torno da coisa". Na medida em que experimentamos algo como aspecto de uma coisa, nós o experimentamos como um componente da "estrutura intuitivamente dada de maneira concomitante"[24]. A partir do "fenômeno real", por conseguinte, nós encontramos um caminho para o interior da estrutura da coisa.

Isto só é possível, porém, se todo "fenômeno real" pertencer a uma coisa e se houver entre as coisas um *limite*: aqui uma coisa se interrompe e algo diverso se inicia; nós podemos entrar no âmbito da coisa e deixá-lo uma vez mais. Algo pertence à coisa, um outro algo, não; na medida em que este é percebido, ele conduz

---

19. Ibid., p. 115.

20. Ibid., p. 131.

21. Ibid., p. 129.

22. Ibid., p. 130.

23. Cf. acima p. 155-156.

24. Plessner, *Die Stufen des Organischen und der Mensch* (Os estágios do orgânico e o homem), GS IV, p. 130.

para uma outra direção, para um outro "interior", para uma outra "estrutura". Mas o limite é extrínseco à coisa. Ele é, como Plessner diz, "uma pura passagem de um para o outro"[25]. O fato de a coisa possuir um limite não lhe importa nada; propriamente falando, ela não o "possui", mas existe o limite entre esta coisa e uma outra.

Exatamente isto é o que distingue para Plessner os seres vivos das coisas sem vida. Junto ao ser vivo, as coisas se dão de um tal modo que o que é "garantido" não é apenas "a passagem para o meio impulsionador" – ou seja, para aquilo que se encontra fora –, a possibilidade de passar de uma coisa para outra. Ao contrário, o ser vivo, tal como Plessner diz, "realiza" a passagem "em sua delimitação" e, assim, ele é "esta passagem mesma"; *pertence* ao ser vivo o seu limite porque, "além de sua delimitação, ele possui como propriedade a própria passagem do limite"[26].

Para o desenvolvimento ulterior deste pensamento, Plessner introduz um conceito central para a sua concepção, o conceito de "posicionalidade" ou de "caráter posicional"[27]. Um ser vivo só pode ultrapassar o limite que lhe pertence, na medida em que é posicionado "para além de si"; e o limite que ele ultrapassa só pode lhe pertencer, na medida em que ele é posicionado "no interior deste limite"[28]. O posicionar não deve ser entendido aqui no sentido de Fichte, ou seja, no sentido de um trazer-à-realidade espontâneo e, neste ponto, desprovido de pressupostos[29]. Ao contrário, Plessner destaca muito mais a posição desvinculada do ser vivo; neste sentido, no que concerne ao ser vivo, ele fala em certo momento sobre o "afrouxamento de seu ser"[30]. Isto precisa ser explicitado a partir do conceito de posicionamento. O posicionar "como um assentar" tem "por pressuposto um ter se erguido, um ter se alçado"[31]. A isto corresponde a expressão do posicionamento, que deixa "ressoar o momento do ter se alçado, do ser-em-suspenso", "sem perder, por isto, o outro momento do repousar e do ser fixo"[32].

Com isto, deve ter se tornado clara a intenção de Plessner; ele tenta conceber a essência do vivente, destacando-a do ser das coisas. No entanto, na medida em que a sua tentativa permanece orientada pelo ser das coisas, a vitalidade dos seres vivos não é visualizada aí senão de maneira insuficiente. Os seres vivos aparecem na descrição de Plessner como coisas que realizam o seu caráter coisal e que, por meio daí, são em verdade limitadas, mas não estão presas a seus limites. Ora, mas

---

25. Ibid., p. 154.

26. Ibid.

27. Ibid., p. 184.

28. Ibid., p. 183.

29. Johann Gottlieb Fichte, *Base da doutrina conjunta da ciência* (1794), Sämtliche Werke I, p. 96: "Ou seja, o posicionamento do eu por meio de si mesmo é a sua pura atividade. – O eu *posiciona a si mesmo* e *é* graças a este mero posicionamento por meio de si mesmo; e inversamente: o eu *é* e ele *posiciona* seu ser graças ao seu mero ser".

30. Plessner, *Die Stufen des Organischen und der Mensch* (Os estágios do orgânico e o homem), GS IV, p. 187.

31. Ibid., p. 183.

32. Ibid., p. 184.

Sétimo capítulo: Vida

o que pode significar a afirmação de que um ser vivo "ultrapassa" os limites que lhe pertencem? Um ser vivo que se liga perceptivamente a algo não passa efetivamente para o interior deste algo. Em verdade, perceptivamente ele não está "junto a si", ou seja, ele não está preso em si de maneira crepuscular, mas junto àquilo que percebe. Todavia, ele não abandona a si mesmo com isto e, portanto, também não retorna a si a partir daquilo que é percebido. A representação de que ele poderia ser de um tal modo permanece vinculada nas reflexões de Plessner a uma consideração das coisas que chega de fora; em meio a esta consideração, nós podemos abandonar uma coisa e passar para uma outra. No entanto, na medida em que nós mesmos somos coisas, não conseguimos fazer isto. Mesmo que a referência às coisas só seja possível em meio às coisas, ela não é simplesmente coisal. Precisa haver nesta referência ao mesmo tempo algo coisal e não-coisal.

Esta idéia foi desenvolvida por Merleau-Ponty. Ele denomina "*chiasme*", quiasmo, e mesmo "*entrelacs*", entrançadura, entrelaçamento, o estado de coisas, segundo o qual a referência às coisas só é possível quando o próprio referir-se possui o caráter coisal, sem que a própria referência se torne coisal por meio daí[33]; o estado de coisas e o conceito foram colocados em jogo com vistas ao mundo, mesmo junto à discussão da voz, mas não foram detalhadamente clarificados. Em verdade, as reflexões de Merleau-Ponty não são visadas como resposta à pergunta o que é a vida, mas possuem o sentido de tornar compreensível a possibilidade da percepção. Segundo a coisa mesma, porém, o que está em questão é uma compreensão da vida. Esta compreensão é aqui interessante porque ela se distingue radicalmente daquela de Plessner. Enquanto Plessner conquista a vitalidade dos seres vivos na orientação pelo caráter de coisa, Merleau-Ponty determina o caráter de coisa dos seres vivos a partir de sua referência vivente às coisas[34].

Se Merleau-Ponty diz que a percepção não lida apenas com meros correlatos[35] dos respectivos atos da percepção, mas com as coisas mesmas, então a virada crítica contra a compreensão husserliana da intencionalidade é inconfundível. Para Merleau-Ponty, esta compreensão é um encurtamento da correlação plena. Ela deixa em aberto a razão pela qual as coisas aparecem efetivamente em minha visão. Como é que chegamos ao ponto, assim pergunta Merleau-Ponty, em que nossa visão não encobre as coisas, na medida em que as abarca, mas as desvela envolvendo-as?[36]

A resposta parece simples: a visão precisa pertencer ao mesmo mundo que aquilo que é visto; ela precisa ser, tal como Merleau-Ponty o formula, a incorpora-

---

33. Merleau-Ponty, *Le visible et l'invisible*, aí: L'entrelacs – le chiasme, p. 172-204.

34. Como uma apresentação conjunta concisa cf.: John Sallis, *Phenomenology and the Return to Beginnings*, segunda edição, Pittsburgh, PA 2003.

35. Merleau-Ponty, *Le visible et l'invisible*, p. 173.

36. Ibid.: "D'où vient que, les enveloppant, mon regard ne les cache pas, et, enfin, les voilant, il les dévoile?"

ção daquele que vê no visível[37]. Merleau-Ponty elucida este fato a partir do sentido do tato[38], em relação ao qual os olhos não fornecem por fim senão uma variação digna de nota[39]. Aqui, o ponto fundamentalmente comum, o parentesco[40] entre os dois, se revela no fato de a própria mão que tateia e toca ser acessível de fora, ser ela mesma passível de ser tocada, por exemplo, por meio de uma outra mão[41]. A mão que toca está entre as coisas que ela toca; aquilo que ela toca, portanto, são as coisas.

Se levarmos mais exatamente em consideração esta resposta, talvez decepcionante em sua simplicidade, ela nos propõe enigmas. Com efeito, o exemplo da mão que toca é por um lado elucidativo; o toque não é nenhum ato de uma consciência, que também pode se abstrair da dação exterior de seu correlato, mas ele acontece realmente em meio às coisas. Por outro lado, contudo, o que é tocado pela mão que toca a outra mão não é o tocar próprio a esta mão. É fácil fazer o experimento: logo que juntamos as nossas duas mãos, uma é sempre a que toca e a outra sempre a que é tocada. Merleau-Ponty também fala neste contexto sobre um "hiato" entre a minha mão direita tocada e a minha mão direita que toca, entre a minha voz ouvida e a minha voz articulada, entre um momento de minha vida tátil e o próximo[42]. O corpo é um ente com dois lados[43], sendo que cada um destes lados também é o outro, quando nós o viramos. Ele é esta "reversibilidade" (réversibilité) que constitui a essência do corpo para Merleau-Ponty. O quiasmo entre perceber e ser percebido e a reversibilidade é o mesmo[44].

Com o conceito de reversibilidade, contudo, acrescenta-se um pensamento decisivo. Em verdade, ele indica que o mesmo é percipiente e perceptível, mas nunca as duas coisas ao mesmo tempo. É sempre apenas um lado que se volta para a experiência, nunca temos os dois lados e, assim, também nunca experimentamos como os dois são o mesmo. As coisas sempre se dão de um tal modo que, pouco antes da fusão dos dois lados, um deles se subtrai. Por isto, também se pode dizer sobre a invertibilidade do tocar e do tocado que ela nunca se concretiza, mas se acha sempre iminente[45].

---

37. Ibid.: "incorporation du voyant au visible".

38. O modelo para esta explicitação encontra-se aliás junto ao próprio Husserl. Cf. Husserl, *Ideen II* (Idéias II); Husserliana IV, p. 144-145. No entanto, no contexto de seu ponto de partida filosófico-transcendental, Husserl não retira de suas análises a conseqüência de conceber a intencionalidade enquanto tal a partir do entrelaçamento.

39. Merleau-Ponty, *Le visible et l'invisible*, p. 175: "Une variante remarquable".

40. Ibid., p. 176: "Rapport de principe, quelque parenté".

41. Ibid.

42. Ibid., p. 195: "hiatus entre ma main droite touchée et ma main droite touchante, entre ma voix entendue et ma voix articulée, entre un moment de ma vie tactile et le suivant".

43. Literalmente: "um ente com dois lados (un être à deux feuillets)" (Ibid., p. 180).

44. Ibid., p. 317: "Le chiasme est cela: la réversibilité".

45. Ibid., p. 194.

Sétimo capítulo: Vida

Se as coisas se comportam desta forma, então a perceptibilidade do perceber precisa se mostrar de uma outra forma. Se ela não está presente no próprio perceber, ela precisa vir ao nosso encontro a partir daquilo que é percebido. Merleau-Ponty revisa o seu pensamento fundamental neste sentido. O quiasmo, a reversibilidade, é assim que ele se chama agora, seria a idéia de que toda percepção é duplicada por uma contrapercepção; a idéia do quiasmo significa que toda ligação com o ser é, ao mesmo tempo, um tomar e um ser tomado, o tomar é tomado, ele é inscrito e, em verdade, no mesmo ser que ele toma[46].

Desta forma, se pertence a *todo* ver um ser visto, então este ser visto precisa vir das próprias coisas vistas. Como alguém que vê, eu me sinto, tal como Merleau-Ponty o diz, observado pelas coisas[47], de modo que todo ver é, em verdade, uma interpenetração de ver e ser visto. Isto faz com que desapareça a coordenação inequívoca que é visada com o discurso sobre "sujeito" e "objeto". Se o ver é, ao mesmo tempo, a experiência da visibilidade, então é possível de fato dizer que aquele que vê e o visível experimentam um intercâmbio mútuo e que não se sabe mais quem vê e quem é visto[48]. A compreensão, entendida desta maneira, é um narcisismo fundamental de todo ver[49]. Nós olhamos para algo e vemos, sem o sabermos, em verdade a nós mesmos; o supostamente outro é em verdade o mesmo.

Este narcisismo é "fundamental" porque ele diz respeito a tudo e, assim, faz com que toda correlação se mostre como uma relação recíproca. De uma maneira indiferente e desapercebida, tudo o que vem à tona tem no outro, diante do qual ele se apresenta, a si mesmo, e, contudo, não a si mesmo. Neste sentido, Merleau-Ponty compara a percepção com dois espelhos virados um para o outro, nos quais "se encontram contrapostas duas séries infinitas emaranhadas umas nas outras que não pertencem, em verdade, a nenhuma das duas superfícies, uma vez que cada uma delas é a réplica das outras e, por conseqüência, as duas juntas formam um par, que é mais real do que cada uma delas em particular"[50].

Portanto, Merleau-Ponty quer resolver o enigma da correlação, dissolvendo os correlatos em uma indiferença elementar. Tudo é um; tudo é como a água, na qual é possível fixar por um instante momentos particulares, ondas, turbilhões, um encrespamento da superfície, antes de eles se retraírem uma vez mais no caráter indistinto do elemento. Assim, a tomada de referência a algo tanto quanto o irromper

---

46. Ibid., p. 319: "l'idée du *chiasme*, c'est-à-dire: tout rapport à l'être est *simultanément* prendre et être pris, la prise est prise, elle est *inscrite* et inscrite au même être qu'elle prend".

47. Ibid., p. 183: "je me sens regardé par les choses".

48. Ibid.: "de sorte que voyant et visible se réciproquent et qu'on ne sait plus qui voit et qui est vu". Em *Le philosophe et son ombre*, Merleau-Ponty tinha dito que a distinção entre o sujeito e o objeto estaria enevoada em meu corpo (Merleau-Ponty, *Signes*, p. 211: "la distinction du sujet et de l'objet est brouillée dans mon corps").

49. Merleau-Ponty, *Le visible et l'invisible*, p. 183: "un narcisisme fondamental de toute vision".

50. Ibid.: "deux séries indéfinies d'images emboîtées qui n'appartiennent vraiment à aucune des deux surfaces, puisque chacune n'est que la réplique de l'autre, qui font donc couple, un couple plus réel que chacune d'elles".

na percepção são como um encrespamento naquilo que Merleau-Ponty denomina a "carne" (*chair*). Carne é um elemento[51]; ela é o mundo enquanto elemento vivo, enquanto vida elementar.

A dificuldade inerente a esta idéia é evidente. Na medida em que Merleau-Ponty reconduz a correlação entre percepção e ter sido percebido à indiferença do elementar, ele não consegue tornar compreensível a diferença essencial entre percepção e ter sido percebido, uma diferença que ele tinha definido como entrelaçamento e reversibilidade. Ao contrário, a abertura entre os dois, que Merleau-Ponty indicou com a palavra "hiato", só existe na diferença essencial, enquanto ela desaparece com o pensamento do elementar. Ela só vem à tona porque aquilo que se refere é *diferente* daquilo que apenas se encontra em uma referência. Considerando as coisas por este prisma, o enigma da correlação está na descontinuidade do referir-se; é somente com esta descontinuidade que algo se encontra em uma referência e somente com ela que ele não imerge na referência. O que importa, portanto, é tornar compreensível o referir-se em meio às coisas em sua descontinuidade. Aquilo que se refere a algo salta para fora da conexão com ele e, contudo, continua pertencendo a ela. Ele não é compreensível a partir das coisas – nem porquanto ele, dito com Plessner, é uma modificação do ser das coisas, nem porquanto ele, como Merleau-Ponty queria mostrar, pertence ao ser das coisas e confirma este ser[52]. O referir-se é uma exteriorização vital na exterioridade da vida; ele provém do vivente, que está em meio às coisas, e não pode ser derivado deste vivente, mas constitui a sua vitalidade a partir da suspensão da referência. Ele é originário.

§ 37: Originariedade

A originariedade da vida salta inicialmente aos olhos junto ao movimento. Em verdade, algo vivo também é movido por um outro, mas o essencial é: ele se movimenta. Isto é reversível; aquilo que se movimenta se mostra como vivo, por exemplo, o jogo das nuvens, que se transformam em figuras sempre novas, o bater do mar nas bordas, a luz sobre a superfície da água. Esta vitalidade, porém, é emprestada; permanece velado o fato de a mobilidade de algo advir de algo diverso. O mobilizador, por exemplo, o vento que impele as nuvens para frente e as leva a formar aí suas figuras, retrai-se com a impressão da vitalidade. Em contrapartida, algo é verdadeiramente vivo, quando ele realmente se movimenta a partir de si mesmo, *por si mesmo*.

Há uma palavra grega para este "por si mesmo": φύσις. Nós poderíamos traduzir esta palavra com o termo "natureza", se não se perdesse aí precisamente o momento significativo que nos interessa aqui. A φύσις indica um acontecimento; traduzindo literalmente, φύσις é "o crescimento". O crescimento sempre acontece a partir de si, por si mesmo. Ele é a essência daquilo que, sem hesitação, denomina-

---

51. Ibid., p. 184.

52. É neste sentido que Merleau-Ponty diz que o espaço conhece a si mesmo por meio de meu corpo (Merleau-Ponty, *Signes*, p. 210-211: "que l'espace lui-même se sait à travers mon corps").

mos "natural". Ele se mostra como possuindo uma tal essência junto às coisas naturais e, inversamente, é na consideração das coisas naturais que se descerra a essência que a φύσις é.

Por isto, em sua discussão da φύσις[53], Aristóteles também pode perguntar de início sobre as coisas que são φύσει, ou seja, sobre as coisas que são determinadas por meio da φύσις e no interior dela. Como coisas deste tipo, Aristóteles denomina os seres vivos ou os animais (ζῷα), as suas partes, as plantas, os corpos simples tais como a terra, o fogo, o ar e a água[54]. Tudo isto é caracterizado pelo fato de possuir em si um início do movimento e do repouso[55]. O modo como se tem em vista este fato é explicitado, então, em contraste: uma cama, um vestido ou outras coisas deste tipo não possuem em si nenhum ímpeto inato para se tornarem diferentes[56], a não ser por meio do fato de eles serem de pedra ou de barro e, como precisaríamos acrescentar, comportarem-se conseqüentemente no sentido de um "corpo simples".

A comparação com os artefatos, com as obras de artesanato e com as obras de arte parece clara, e, no entanto, não é fácil de ser explicada. O fato de os artefatos serem produzidos, reunidos e montados, enquanto os φύσει ὄντα ganham o ser de uma outra forma, é pertinente, mas perde de vista o ponto decisivo. Mesmo os φύσει ὄντα não são por si; eles têm isto em comum com os artefatos. Todavia, o que está em jogo não é de maneira alguma a questão da proveniência. Decisivo é muito mais o fato de eles não serem tal como os artefatos *o que* eles são por meio de um outro e a partir de um outro. Artefatos como a cama e a roupa são engendrados e produzidos para o uso. O seu sentido reside em estar pronto ou preparado para o uso de uma maneira que deve acontecer o máximo possível sem qualquer perturbação. Por meio daí, eles entregam ao uso a segurança inquestionada que o favorece e é isto que constitui, como Heidegger o expressa no ensaio sobre a *Origem da obra de arte*, a sua "confiabilidade"[57]. Neste sentido, os φύσει ὄντα não são confiáveis; não pertence à sua essência estar parado ou firme, mas eles têm, como Aristóteles diz, o ímpeto enraizado para a alteração; mais exatamente: para a transformação, ou seja, para ser agora de um tal modo e, de repente, de um outro.

Isto pode ser mais ou menos característico; não raramente ele tem algo em comum com a lentidão ou a rapidez de um movimento. Pensemos no abrir-se de uma florescência e no desaparecimento rápido como um raio de um lagarto do qual chegamos muito perto. O movimento do lagarto salta mais aos olhos porque é mais surpreendente. A surpresa é um ponto de apoio para a experiência do "a par-

---

53. As reflexões que se seguem não seriam possíveis sem o ensaio de Heidegger *Sobre a essência e o conceito de* Φύσις. *Aristóteles B 1* (GA9, p. 239-301). No entanto, elas não seguem Heidegger nem em seu curso de pensamento, nem em sua intenção.

54. Aristóteles, *Physica II*, 1; 1921b 9-11.

55. Ibid., 13-14: ἐν ἑαυτῷ ἀρχὴν ἔχει κινήσεως καὶ στάσεως.

56. Ibid., 18-19: οὐδεμίαν ὁρμὴν ἔχει μεταβολῆς ἔμφυτον.

57. Heidegger, *A origem da obra de arte*, GA 5, p. 19.

370 Oposicionalidade – O elemento hermenêutico e a filosofia

tir de si" ou "por si mesmo" no movimento. Quando somos surpreendidos por um movimento, nós não o vemos a partir de algo, mas em si.

O fato de os φύσει ὄντα possuírem em si um "ímpeto para a alteração" não significa que eles seriam concebidos em uma alteração constante. A alteração, para a qual eles possuem um ímpeto enraizado, remonta a eles mesmos, ou seja, ela pode ser descrita como alteração *deste* φύσει ὄν. Ela possui nele o seu início e é a *sua* alteração mesmo em transcurso. É isto que Aristóteles tem em vista – assim como já acontecera com Platão[58] – com a palavra ἀρχή. Ἀρχή é o início que permanece essencial para aquilo que nele se inicia; ἀρχή é um início dominante, que nunca fica para trás e que, neste ponto, é *origem*. Para algo que se movimenta e se altera, o iniciar é originário, de tal modo que ele mesmo é determinado pela originariedade. Φύσις é originariedade; tudo aquilo que é originário possui a essência da φύσις.

Alteração é sempre movimento. Logo que algo encontra o repouso, ele não se altera, mas permanece como é. No entanto, para os φύσει ὄντα, o ímpeto enraizado para a alteração permanece essencial, mesmo quando eles não estão em movimento. É por isto que Aristóteles também diz que eles possuem o início determinante para o movimento *e* o repouso. Algo que pode se movimentar encontra o repouso de maneira diversa daquilo que precisa ser colocado em movimento. Ele *detém-se*, ou seja, seu repouso é sempre compreendido a partir do movimento, assim como o seu movimento é sempre inversamente compreendido a partir do repouso; somente aquilo que pode se movimentar pode se comportar também com a quietude própria ao repouso. Visto assim, nenhum tipo determinado de movimento é característico dos φύσει ὄντα. O que os caracteriza é antes o modo como o movimento e, da mesma forma, o repouso se co-pertencem neles, pertencendo, com isto, a eles. Nós compreendemos o seu movimento e o seu repouso, na medida em que compreendemos os dois como originários.

É somente a partir daqui que podemos julgar apropriadamente a enumeração dos φύσει ὄντα, com a qual Aristóteles inicia a sua discussão da φύσις. Os "corpos simples", ou seja, os elementos, não se movimentam de tal maneira que eles também poderiam se deter. Segundo a sua essência, o fogo sempre queima em verdade para cima. Mas ele queima até o ponto em que aquilo que é passível de ser queimado é consumido. O fogo não pode se deter e o mesmo vale para todos os outros elementos. Neste caso, porém, os elementos também não são φύσει ὄντα em sentido exato. Φύσει ὄντα são, em contrapartida, as plantas que se movimentam, na medida em que crescem, e os seres vivos no sentido dos animais, apesar de os homens também estarem incluídos aí. Dito de modo mais simples: só *seres vivos* são φύσει ὄντα em sentido exato. Um ser vivo é um φύσει ὄν compreendido no sentido exato. Aristóteles expressa este fato ao dizer sobre o elementar que ele não seria nenhuma φύσις, nem possuiria nenhuma φύσις, mas só seria "no sentido da φύσις"[59]. Em verdade, ele não é nenhum artefato como uma cama e uma roupa, mas algo "natural".

---

58. Cf. acima § 28, p. 291.

59. Aristóteles, *Física II*, 1; 192b 36-193a 1: τοῦτο γὰρ φύσις μὲν οὐκ ἔστιν οὐδ᾽ἔχει φύσιν, φύσει δὲ καὶ κατὰ φύσιν ἐστίν.

Sétimo capítulo: Vida

Isto faz, contudo, com que fique ainda mais claro o fato de a φύσις não ser a natureza no sentido de um âmbito diverso do âmbito artificial. Se é possível conceber a φύσις como a origem de movimento e repouso de um ser vivo, então ela constitui a originariedade deste ser vivo. Φύσις é a originariedade da vida. Ela é a emergência e o encontrar-se fora de uma conexão por parte do vivente, de tal forma que este vivente consegue se ligar a algo que vem ao seu encontro agora como algo externo. Com a φύσις, há o caráter exterior da vida.

O que se tem em vista com isto precisa ser depreendido dos movimentos de um ser vivo. Este movimento é aquilo que se comunica no momento em que somos surpreendidos. O movimento de um ser vivo não é caracterizado pelo fato de ele se iniciar e, então, tomar seu curso. Em verdade, há tais movimentos, mas é por meio deles que chamamos algo de "vivo". O movimento de um paraquedista que salta de um avião inicia-se, com efeito, com ele. No entanto, ele não é originário no sentido dos movimentos da vida porque não há junto a este movimento a possibilidade de se deter.

Originariedade no sentido explicitado não advém a algo, de tal modo que ele seria uma coisa entre coisas e, além disto, ainda teria em si a originariedade de repouso e movimento. Ao contrário, algo em que há esta originariedade é fundamentalmente distinto de algo diverso. Ele é um ser vivo e, enquanto tal, não é uma mera coisa. Por isto, pode ser natural compreender a originariedade no sentido da φύσις como o *ser* do ser vivo. Somente assim, poder-se-ia pensar, podemos levar em conta o fato de um ser vivo não ser apenas penetrado por sua vitalidade, mas de ele ser enquanto ser vivo essencialmente esta vitalidade.

Além disto, a mobilidade do ser vivo nunca vem à tona senão em meio às coisas. Aqui, ela é constatável – assim como a forma de uma pedra ou como o quebrar-se do mar. Por isto, o ser dos seres vivos não poderia ser o ser de uma coisa, mas também não poderia se distinguir absolutamente das coisas.

A discussão aristotélica da φύσις encaminha-se para esta idéia. Se a idéia é plausível, a discussão da φύσις teria de ser reconduzida da vida para o ser. Em verdade, o conceito de vida e de vitalidade não seria substituível por determinações ontológicas, mas permaneceria, a fim de ser compreensível, de qualquer modo ligado a tais determinações. Ao contrário, se for possível mostrar que a idéia é problemática, nós conquistamos um argumento adicional para a reserva ante uma ontologia da vida. No último caso, também se poderia mostrar mais claramente por que a vida, em sua originariedade, vai além de toda determinação do ser.

Em sua compreensão ontológica da φύσις, Aristóteles parte do ser vivo. Para ele, tudo aquilo que pode ser interpelado discursivamente como φύσει ὄν é οὐσία, entidade; quer dizer, ele é algo que se encontra à base e a φύσις sempre estaria em algo que se encontra à base[60]. O ser vivo é entidade no sentido daquilo que se encontra à base, na medida em que, tal como cada coisa particular, ele pode ser considerado como um suporte de suas propriedades e estados. O fato de, para Aristó-

---

60. Ibid., 33-34: καὶ ἔστιν πάντα ταῦτα οὐσία· ὑποκείμενον γὰρ τι, καὶ ἐν ὑποκεινένῳ ἐστὶν ἡ φύσις ἀεί.

teles, a φύσις só ser naquilo que se encontra à base pode ser esclarecido a partir desta determinação. Um ser vivo só pode "se" movimentar enquanto algo que se encontra à base; é somente enquanto algo que se encontra à base que lhe advém a autonomia de que ele precisa, para que possamos lhe atribuir repouso e movimento. Estados em conexões complexas, por exemplo, tal como vemos no jogo das nuvens, não "se" alteram. Aqui, a alteração permanece um processo aberto, mesmo difuso, sem ponto de apoio. Portanto, também não há vida sem seres vivos. E se seguirmos Aristóteles, só há o ser vivo como algo que se encontra à base. Justamente neste ponto, ele é uma coisa entre coisas, pois a cama e a roupa também são algo que se encontra à base.

No entanto, os seres vivos não são coisas como as outras coisas porque a φύσις está neles. Aristóteles, por sua vez, procura determinar o que isto significa a partir do contraste entre seres vivos e artefatos. Neste caso, os artefatos fornecem as determinações, a partir das quais os seres vivos podem se mostrar em contraste em relação a eles. Trata-se das determinações de *matéria* e *forma*, a partir das quais Aristóteles desenvolve uma analogia entre a φύσις e a arte de produção (τέχνη), a fim de responder, com isto, à pergunta sobre o ser do vivente.

O fato de matéria e forma serem para Aristóteles conceitos "artesanais" já se mostra a partir da expressão utilizada por ele para aquilo que, como é usual, se denominou aqui "matéria". Aristóteles fala em ὕλη, ou seja, em madeira no sentido da madeira de construção; matéria é para ele material. De maneira correspondente, a forma (μορφή) é a forma forjada, conquistada e cunhada na elaboração do material.

Partindo destes pressupostos, há para Aristóteles fundamentalmente duas possibilidades de compreender a φύσις como ser. Enquanto o início determinante da alteração, tal como ela foi concebida, ela tem algo em comum ou bem com o material, ou bem com a forma. A primeira possibilidade é alijada; a φύσις não é o primeiro material, que reside à base de tudo que possui em si o início determinante de movimento e transformação[61]. Neste caso, nada daquilo que é poderia ser *por meio* da φύσις; o material é aquilo que não é senão possível, alterável e, com isto, relativamente indeterminado; ele é material para aquilo que deve surgir a partir dele, ou seja, para a forma. Este fato, por sua vez, pode ser uma vez mais confirmado junto ao ofício do artesão: algo não é considerado como um artefato quando é apenas segundo a possibilidade, mas somente quando se acha presente de maneira consumada (ἐντελέχεια)[62], ou seja, em sua forma, possuindo o εἶδος, ou seja, a figura ou a aparência daquilo que ele deve ser. As coisas também se comportam assim junto àquilo que é composto por meio da φύσις: a carne ou mesmo os ossos não possuem a sua φύσις, antes de terem assumido a aparência indicável, com o auxílio da qual dizemos determinantemente o que são a carne e os ossos[63].

---

61. Ibid.,193a 29: ἡ πρώτη ἑκάστῳ ὑποκειμένη ὕλη τῶν ἐχόντων ἐν αὑτοῖς ἀρχὴν κινήσεως καὶ μεταβολῆς.

62. Ibid. *II*, 1; 193b 7.

63. Ibid., 193a 35-193b 2: οὔτ᾽ἐν τοῖς φύσει συνισταμένοις: τὸ γὰρ δυνάμει σάρΞ ἢ ὀστοῦν οὔτ᾽ἔχει πω τὴν ἑαυτοῦ φύσιν, πρὶν ἂν λάβῃ τὸ εἶδος τὸ κατὰ τὸν λόγον, ᾧ ὁριζόμενοι λέγομεν τί ἐστι σὰρξ ἢ ὀστοῦν.

Sétimo capítulo: Vida

A idéia esboçada pode ser aduzida como uma confirmação da tese heideggeriana, segundo a qual Aristóteles compreenderia ser como "ser produzido"[64]. Por isto, contudo, é particularmente interessante mostrar a partir dela o que há de problemático nesta compreensão. As coisas não se dão de maneira alguma de tal modo que o "a partir de si" se revelaria da melhor forma possível junto à produção[65]. É possível tornar compreensível em múltiplos aspectos o quão problemática é a analogia que se faz valer no contraste.

A primeira coisa que salta aos olhos é o fato de não se falar mais nas reflexões aristotélicas sobre a φύσις como o início ou a origem inerente ao ser vivo; φύσις não é mais aqui a vida que precisa ser percebida como repouso e movimento autônomos, mas se mostra antes como uma instância da produção que é compreendida em analogia com os artesãos. A idéia é conquistada a partir da orientação pela capacidade de reprodução dos seres vivos, uma capacidade que Aristóteles compreende conseqüentemente a partir da produção artesanal. Já pelo discurso acerca da "composição por meio da φύσις" fica evidente que esta compreensão não é desprovida de problematicidade: um ser vivo não é composto como um estrado, mas ele cresce. De maneira correspondente, a compreensão de carne e ossos no sentido do material também não é elucidativa; os dois não se encontram diante de nós como os troncos das árvores, que podem ser talhados e, então, trabalhados como madeira com vista à fabricação de um estrado.

Não se deve supor em relação a Aristóteles que ele não sabia disto. A violência da analogia é tão evidente, que é bem provável que ele a tenha aceito de maneira intencional. A razão para tanto provém da direção da idéia apresentada. Aristóteles quer mostrar que a φύσις é responsável pela forma do ser vivo e isto parece ser uma vez mais possível na analogia com o ofício do artesão. Deste modo, não seria a φύσις enquanto tal, mas a intenção de compreendê-la a partir da forma, que sugeriria e – sob o domínio da idéia de forma – tornaria concludente a analogia com o ofício do artesão.

A forma é discutida aqui de duas maneiras. Ela é ἐντελέχεια[66], ou seja, a consumação, o estar-junto-à-meta próprio ao crescimento, que é compreendido a partir da consumação de uma atividade de produção que é realizada por meio da arte. E ela é εἶδος κατὰ τὸν λόγον[67], isto é, a aparência do ser vivo determinável em sua estrutura – aquilo que o ser vivo *é* como aquilo que é determinado de tal e tal modo. Enquanto consumação, a forma é intrínseca ao ser vivo. Ela é aquilo, que

---

64. Heidegger, *Phänomenologische Interpretationen* (Interpretações fenomenológicas), GA 62, p. 374, p. 398.

65. Isto fala contra Aristóteles, mas também contra Heidegger, que desenvolve nos *Beiträgen zur Philosophie* (Contribuições à filosofia) uma espécie de genealogia da orientação filosófica pela produção a partir da experiência da φύσις. Cf. Martin Heidegger, *Beiträge zur Philosophie* (Contribuições à filosofia), GA 65, org. por Friedrich-Wilhelm von Herrmann, Frankfurt junto ao Main, 1989, p. 190-191.

66. Aristóteles, *Física II*, 1; 193b 7.

67. Ibid., 1-2.

está efetivamente em questão na produção e, ao mesmo tempo, aquilo que é propriamente realizado; se o material não fosse elaborado de tal maneira que ele recebesse uma forma determinada, a produção fracassaria. No entanto, para que a forma possa ser exposta de um tal modo, ela precisa guiar a produção em todos os momentos. Ela já precisa estar de antemão presente; há esta forma, tal como Aristóteles diz em uma outra passagem, "na alma" daquele que produz[68]. Algo similar se dá junto ao surgimento de um ser vivo; também isto acontece de εἶδος para εἶδος. Como prova disto, Aristóteles toma a circunstância de que os seres vivos sempre vêm a ser a partir de seres vivos da mesma espécie; assim, um homem surge de um homem – a saber, como Aristóteles tem em vista, a partir de um homem que o gera[69]. A força de reprodução do vivente consiste no fato de ele poder passar adiante a sua φύσις e de isto só acontecer por meio da φύσις. No entanto, como o resultado do surgimento de um ser vivo é um εἶδος, o seu início, a φύσις, também precisa ser um εἶδος. Deste modo, Aristóteles pode insistir em que a φύσις seria forma e em que a forma seria "mais φύσις" do que o material[70].

Apesar de Aristóteles empregar bastante cuidado na dedução deste resultado, restam dúvidas quanto à sua plausibilidade. Estas dúvidas dizem respeito às duas determinações da forma que foram introduzidas por Aristóteles – tanto a determinação da forma como ἐντελέχεια quanto a sua determinação como εἶδος κατὰ τὸν λόγον. No que concerne à primeira determinação, a idéia de uma consumação alcançável de maneira processual só é elucidativa com vistas à produção de artefatos e, em verdade, precisamente se acolhermos a idéia aristotélica de que mesmo o crescimento pertence ao movimento peculiar dos seres vivos e, portanto, possui o seu começo determinante na φύσις[71]. Aquilo que cresce já é sempre o que é logo que efetivamente é; ele já é sempre este ser vivo, mesmo quando ainda pode se desenvolver. Além disto, a capacidade de desenvolvimento pertence à sua consumação enquanto ser vivo. As coisas dão-se de maneira diversa junto aos artefatos; somente um artefato pode estar mais ou menos pronto, consumado e não consumado. Todavia, logo que algo está presente e pode crescer como um ser vivo de uma determinada espécie – por exemplo, como homem –, ele está consumado. Seu ter sido consumado comprova-se precisamente no fato de ele crescer e também poder desvanecer uma vez mais, e, contudo, não estar inacabado ou em um estado reduzido. Neste caso, porém, a φύσις também não pode ser identificada com o ter sido consumado no final de um processo de surgimento. Ao contrário, é intrínseco a ela algo que possui, em verdade, forma, mas que não está ligado necessariamente com esta forma de uma maneira fixa; pensemos nas metamorfoses vitais da lagarta que se transforma em borboleta, nas metamorfoses vitais em geral. Seres vivos não são formas consumadas, mas algo peculiarmente não fixado, mesmo quando a sua aparência é mais constante do que a de uma lagarta. Um ser vivo pode se desenvolver, se alterar, e isto tem algo em comum com a originariedade que lhe é intrínseca.

---

68. Aristóteles, *Metafísica VII*, 7; 1032b 1.

69. Aristóteles, *Física II*, 1; 193b 8,12.

70. Ibid., 192b 30-31; 193a 6-7.

71. Ibid., 15.

Sétimo capítulo: Vida

De uma maneira ainda mais distinta vem à tona a diferencialidade entre φύσις e forma na segunda explicitação da forma que é dada por Aristóteles. A formulação εἶδος κατὰ τὸν λόγον faz com que reconheçamos claramente que se trata aqui da "aparência" de algo sob o ponto de vista de sua apresentação lingüística. Poderíamos traduzir a formulação por "forma no sentido da determinação". Pois bem, em verdade, a determinação de algo em sua forma nunca é pertinente e elucidativa senão quando o que é determinado possui realmente esta forma. De outro modo, a constatação da forma permanece sempre o realçar de uma estrutura e, com isto, uma abstração da multiplicidade de estados, nos quais algo pode se encontrar. Só se apreende estruturas na restrição a um determinado número de momentos essenciais[72]. Com a sua constatação é apreendido aquilo que algo sempre é, ou seja, sempre foi e também é agora, ou como Aristóteles o denomina com uma expressão cunhada por ele: "aquilo-que-era-ser" (τὸ τί ἦν εἶναι)[73]. Com esta restrição, porém, nós nos abstraímos daquilo que é decisivo para a φύσις, ou seja, nós nos abstraímos justamente do fato de que algo em que a φύσις se mostra como intrínseca é determinado em cada momento pela possibilidade da alteração. As coisas permanecem assim, mesmo quando a determinação estrutural é escolhida de tal forma que ela denomine o potencial de alteração de algo. Neste caso, ela é com efeito desenvolvida a partir da φύσις, mas não se deixa imiscuir mais amplamente na φύσις. Com certeza, ela relativiza, então, a determinação ontológica do εἶδος κατὰ τὸν λόγον. Fica claro que a determinação daquilo que é vivo precisa ser concebida a partir de algo, que esta determinação se subtrai à ontologia, e que, com isto, o vivente enquanto tal se subtrai à ontologia. Ente, no qual a φύσις é intrínseca, não é mais apreensível em sua essência como ente.

Não obstante, é possível reconstruir em que medida Aristóteles pôde compreender a própria φύσις como ser. Ele só precisou acompanhar o uso lingüístico, segundo o qual a palavra φύσις, exatamente com a palavra "natureza", pode designar a essência de uma coisa. Neste caso, o que se tem em vista é a coisa tal como ela é a partir dela mesma – como se ela viesse ao nosso encontro de maneira viva, a fim de estar totalmente presente sem encobrimentos. "Físico", "natural" neste sentido, é algo, quando ele é enquanto algo crescido[74], ao invés de dever o seu surgimento a um posicionamento por meio de um intuito e de uma perspectiva humanos e só ser

---

72. Cf. quanto a isto as exposições sobre dialética no § 28, em particular p. 293-297.

73. Cf. quanto a este ponto Aristóteles, *De anima II*, 1; 412b 10-11, onde Aristóteles identifica a οὐσία κατὰ τὸν λόγον – e esta expressão é idêntica ao εἶδος κατὰ τὸν λόγον – com o τί ἦν εἶναι. Quanto a esta expressão cf. Curt Arpe, *Der τί ἦν εἶναι bei Aristoteles* (O τί ἦν εἶναι em Aristóteles), Hamburgo, 1937; Wolfgang Wieland, *Die aristotelische Physik* (A física aristotélica), p. 174-175; Hermann Schmitz, *Die Ideenlehre des Aristoteles, Kommentar zum Buch 7. der Metaphysik* (A doutrina das idéias de Aristóteles. Comentário ao livro 7 da Metafísica), Bonn, 1985, p. 13-22.

74. No dicionário Liddell & Scott, a significação discutida de φύσις é explicitada da seguinte forma: "*the natural form or constitution* of a person or a thing *as the result of growth*" (Henry G. Liddell e Robert Scott, *A Greek-English lexicon*, nona edição, Oxford, 1940). Como prova aponta-se para Aristóteles, *Política* 1252b 32: οἷον γὰρ ἕκαστόν ἐστι τῆς γενέσεως τελεσθείσης, ταύτην φαμὲν τὴν φυσιν εἶναι ἑκάστου. Citado segundo: *Aristoteles Politica*, org. por W.D. Ross, Oxford, 1957.

376 Oposicionalidade – O elemento hermenêutico e a filosofia

válido segundo um acordo. Neste sentido, chegamos à contraposição central para a sofística e para a confrontação com ela entre φύσις e νόμος[75].

Neste conceito de φύσις, Heidegger não viu senão uma "ressonância"[76] da compreensão originária. Além disto, ele considerou como um enfraquecimento a restrição aristotélica do conceito ao vivente enquanto "um âmbito próprio (em si demarcado) do ente"[77]. Para Heidegger, a φύσις é ser em sentido originário; a "essência" – compreendida no sentido de um verbo[78] – deste ser é "desencobrir-se, despontar, vir à tona no desvelado"[79]. Por conseguinte, ser é um aparecer originário; ele é, mesmo compreendido como "essência", o acontecimento da acessibilidade, que é exposta em toda mostração e, em geral, em todo comportamento em relação ao ente enquanto aquilo que é acessível.

Mas este sentido de "ser" é pensado a partir da φύσις como a "essência" do vivente. Isto pode ser atestado pelo fato de a aparição, como Heidegger quer compreender a φύσις, acontecer a partir de si mesma e estar, assim, determinada pelo traço fundamental do vivente; o "a partir de si" não é conhecido de outra forma, afinal, senão como a essência do ser vivo. Neste "a partir de si" também reside a possibilidade da retração, o "encobrir-se"[80], que Heidegger compreende como co-pertinente ao emergir no desvelado. O próprio Heidegger sugere que sigamos nesta direção, uma vez que vê a sua idéia comprovada pela sentença de Heráclito, segundo a qual a φύσις ama esconder-se[81]. Φύσις em Heráclito não significa, como Heidegger traduz, "ser"[82]. Tampouco poderia ser visada aí a natureza das coisas no sentido de um εἶδος κατὰ τὸν λόγον, de tal modo que Heráclito diria que o que algo é permaneceria velado por detrás da aparição superficial. Φύσις precisa ser compreendida aqui muito mais no sentido do "fogo eterno"[83], que constitui com suas "viragens" a vitalidade da ordem do mundo (κόσμος). A ordem do mundo é "dia noite, inverno verão, guerra paz, saciedade fome" e ela "se transforma como o fogo que, quando se mistura com fumaça, recebe um nome de acordo com o cheiro de

---

75. Cf. quanto a isto de maneira introdutória W.K.C. Guthrie, *A history of Greek Philosophy*, Vol. III, Part 1: The world of the Sophists, Cambridge, 1969.

76. Heidegger, *Da essência e conceito de* Φύσις. *Aristóteles, Física B 1* (1939), GA 9, p. 239-301, aqui p. 300.

77. Ibid., p. 299.

78. Em alemão, o termo "essência" pode ser pensado verbalmente como um essencializar-se (N.T.).

79. Heidegger, *Da essência e conceito de* Φύσις. GA 9, p. 300-301.

80. Ibid.

81. Heráclito, VS 22 B 123: φύσις [...] κρύπτεσϑαι φιλεῖ.

82. Heidegger, *Da essência e conceito de* Φύσις. GA 9, p. 300.

83. Heráclito, VS 22 B30: πῦρ ἀείζωον.

Sétimo capítulo: Vida

cada um"[84]. A φύσις esconde-se em suas metamorfoses. Nós nos detemos em um respectivo estado e deixamos de ver nele a vida do mundo.

A questão sobre o que pode significar compreender o mundo na totalidade como vivo não deve ser mais amplamente perseguida aqui. A única coisa que nos interessa é o fato de o conceito de φύσις também indicar em sua aplicação filosófica primeva a originariedade da vida e não o "ser". Quando Heidegger, vindo de Aristóteles, insere o pensamento do ser em Heráclito por meio de sua leitura, ele introduz, com isto, o questionamento ontológico compreendido a partir de Aristóteles no pensamento mais antigo. O próprio Heidegger, contudo, já dá a entender que a vida não é o ser, na medida em que recorre ao conceito de φύσις para conquistar um distanciamento em relação à ontologia normativa para a tradição.

Vida não é ser. Ela é, tal como se mostra na consideração dos seres vivos, a originariedade inteiramente determinante de um ser vivo de movimento e repouso, e, com isto, ao mesmo tempo, o início da co-pertinência entre ser e devir. Isto significa inicialmente o seguinte: um ser vivo, quando cresce e se desenvolve, não mantém simplesmente a sua forma, mas ele também não se torna simplesmente outro. A forma não se acha como uma ilha no interior do fluxo do devir, mas não é de maneira alguma forma sem o devir. Ela não é forma do ser vivo em sua aparência, mas *forma de vida*, possibilidade e modo de ser da vida. Este modo, porém, não pode ser absolutamente pensado a partir de um ser vivo que consideramos como um ente. Sem se mostrar em estados determinados, mesmo alternantes, um ser vivo não pode ser de maneira alguma. Ele necessita da confirmação e do complemento por meio de algo que lhe advém de fora, e também é igualmente constitutivo para ele proteger-se e fechar-se contra aquilo que vem de fora. Também pertence à forma de um ser vivo aquilo para que ele está aberto; somente aquilo que está de tal modo aberto para algo pode também se cerrar em relação a ele. Algo pode parecer à primeira vista como uma coisa entre coisas. Então, contudo, ele se movimenta em direção a algo ou se afasta de algo. Neste momento, ele é reconhecido como vivo e, então, a sua abertura para aquilo que vem ao seu encontro se faz presente. Aquilo que vem aí ao encontro de maneira mais ou menos clara é a sua forma de vida.

§ 38: Forma de vida

A expressão "forma de vida", tal como ela é empregada aqui, corresponde a uma palavra grega: a palavra ψυχή. A palavra grega toca ainda melhor aquilo que temos em vista; ela mantém a posição central entre o conceito de forma de vida mais amplamente concebido, aplicável também às relações sociais, e o equivalente usual para ψυχή, "alma". Na medida em que não usamos este último termo, nós nos mantemos livres de representações que se ligam à palavra familiar, e familiar mesmo de uma maneira que conduz a erro, uma palavra que talvez te-

---

84. Ibid., B 67. A partir do contexto em Hipólito, que legou a sentença, fica claro que o que se tem em vista aqui é κόσμος e não o deus (Θεός). Desviando-se das versões usuais, então, as sentenças dizem: κόσμος ἡμέρη εὐφρόνη, χειμὼν θέρος, πόλεμος εἰρήνη, κόρος λιμός [...], ἀλλοιοῦται δὲ ὅκωσπερ <πῦρ>, ὁπόταν σιμμιγῆι θυώμασιν, ὀνομάζεται καθ᾽ἡδονὴν ἑκάστου.

378 Oposicionalidade – O elemento hermenêutico e a filosofia

nha se tornado suspeita[85]. Além disto, tudo aquilo que pode trazer alguma elucidação aqui foi dito em grego. Nós não aprendemos com a filosofia moderna o que significa conceber a vida como "alma" e o ser vivo como "animado", mas só o aprendemos a partir de um recurso a Aristóteles e, então, também a Platão; as discussões mais recentes que são aqui pertinentes só se tornam compreensíveis a partir das discussões clássicas[86]. Visto assim, a coisa mesma também nos remete de volta à palavra grega.

Ψυχή é aquilo que faz com que um corpo (σῶμα)[87], que considerado por si seria uma coisa entre coisas, seja animado. A ψυχή se afastou do morto, que antes estava vivo. Esta é a representação de ψυχή que pode ser atestada em Homero; ψυχή é o sopro vital – ψύχειν significa "soprar"[88]. Mesmo que não representemos a ψυχή como algo que habita o corpo, a determinação dada acima pode se mostrar como plausível. Neste caso, a ψυχή não é como um sopro, mas ela é a *essência do movimento* do corpo – não o seu movimento atual, mas o fato de o corpo conseguir se movimentar e também conseguir, por conseguinte, permanecer em repouso. Ela não é a originariedade de movimento e repouso, mas a possibilidade de movimento e repouso deste algo determinado, o conjunto de suas possibilidades de movimento e repouso. Assim, ela é forma de vida.

O modo como precisamos compreender aí mais exatamente o conceito de forma de vida também se esclarece em articulação com Aristóteles. Este denomina a ψυχή a primeira consumação de um corpo natural, que possui vida segundo a pos-

---

85. Isto também é válido para a filosofia. No que diz respeito à terminologia filosófica do século XX, Helmut Holzhey insiste que a "alma" perdeu "amplamente o *"status* de um conceito plenamente definido". Sua aplicação mostra "uma recaída no anacronismo" e, assim, a expressão conseguiria "transportar e tornar presentes de maneira vaga e sentimental 'conteúdos de crença' que não são mais apresentáveis racionalmente" (Holzhey, *Seele*, in: *Historisches Wörterbuch der Philosophie*, vol. 9, colunas 26-52, aqui 50). Quanto a uma reabilitação teológica mais recente do conceito de alma, cf. Walter Sparn, *Fromme Seele, wahre Empfindung und ihre Aufklärung. Eine historische Anfrage an das Paradigma der Subjektivität* (Alma devora, sensação verdadeira e seu esclarecimento. Uma inquirição histórica do paradigma da subjetividade), in: D. Korsch e J. Dierken (org.), *Subjektivität im Kontext. Erkundungen im Gespräch mit Dieter Henrich* (Subjetividade em contexto. Sondagens em diálogo com Dieter Henrich), Tübingen, 2004, p. 29-48; Ulrich Barth, *Selbstbewusstsein und Seele* (Autoconsciência e alma), in: Zeitschrift für Theologie und Kirche, 2004, p. 198-217.

86. Quanto ao tratamento analítico na "philosophy of mind", cf. Erik Ostenfeld, *Ancient greek psychology and modern mind-body debate*, Aarhus, 1987. Com certeza, o que está em questão aqui é antes ajustar Aristóteles aos esquemas da discussão mais recente, ao invés de aprender com ele.

87. O conceito ainda é utilizado aqui de uma maneira desprovida de especificidade, ele só se esclarece na distinção entre corpo físico e corpo.

88. Bruno Snell, *A descoberta do espírito: estudos sobre o surgimento do pensamento europeu com os gregos*, quarta edição revisada, Göttingen, 1975, aqui p. 19. Como uma obra de referência que continua sempre sem ser ultrapassada sobre a significação de *psyche* na arte e na religião: Erwin Rohde, *Psyche: Seelencult und Unsterblichkeitsglaube der Griechen* (Psyche: culto à alma e à crença grega na imortalidade), terceira edição, Tübingen, 1903.

Sétimo capítulo: Vida

sibilidade[89]. A definição é construída de maneira cuidadosa, ela é em si consonante como um verso acabado. Por isto, ela necessita de interpretação. É preciso apresentar os seus diversos momentos e mostrar aí como estes momentos se interpenetram e se completam reciprocamente.

A primeira coisa em que precisamos insistir é no fato de a ψυχή significar *vitalidade*. Ela é a vitalidade de um corpo, ou seja, não a sua vida realmente realizada, mas a sua vida δυνάμει, a sua vida segundo a possibilidade. Ela é a vida como algo que se deu, não no sentido de determinadas exteriorizações vitais, mas como a ordem ou a estrutura determinada, à qual pertencem as exteriorizações vitais. Para um ser vivo, ela é a possibilidade a cada vez característica do "por si mesmo", aquilo que dá ensejo a que possamos esperar de uma maneira determinada por um "por si mesmo" no sentido da φύσις. Ψυχή é o originário de um modo a cada vez determinado. A originariedade sempre pode ser experimentada nela como em determinadas possibilidades do "por si mesmo".

O conceito da "primeira consumação" também visa a esta ordem ou a esta estrutura que precisam ser compreendidas a partir do movimento possível. Ele é um conceito que indica uma posição central: por um lado, ele está ligado ao corpo, e, por outro lado, tem algo em comum com a vida, ζωή. Por um lado, a ψυχή é a *consumação* do corpo, ou seja, nela o corpo é o que ele é, a saber, algo em si ordenado, não produzido, isto é, algo que possui uma φύσις e que, com isto, é ele mesmo φυσικόν. Ele é originário em sua vitalidade, um φύσει ὄν. A vitalidade, porém, que a φύσις é, possui, por outro lado, no que concerne às reais exteriorizações vitais, o caráter da *primeira* consumação. De outro modo, o ser vivo não poderia ser o que ele é enquanto φύσει ὄν, a saber, algo que é em si originariamente movimento e repouso. A primeira consumação é, por sua vez, uma *disposição* originária para um movimento e um repouso determinados.

Por um lado, uma disposição ou uma propriedade disposicional é caracterizada por meio de uma latência. Ela não precisa realmente estar naquilo ao que ela é atribuída[90]. Por outro lado, porém, é só a partir da realidade, só a partir da "segunda consumação" que é possível decidir se ela foi atribuída com razão. Deste modo, a atribuição de uma propriedade disposicional tem sempre algo de um anúncio. Ela é, para usar um conceito do jovem Heidegger, um *indicativo*[91]. No entanto, trata-se de um indicativo que é pensado como uma mostração. Se a atribuição for verdadeira, a propriedade advirá de fato àquilo ao que ela é atribuída. Isto só pode ser dito, por sua vez, na medida em que indicamos uma realidade futura. Portanto, a mostração de propriedades disposicionais é comparável com uma promessa; elas

---

89. Aristóteles, *De anima II*, 1; 412a 27-28: ἐντελέχεια ἡ πρώτη σώματος φυσικοῦ δυνάμει ζωὴν ἔχοντος.

90. Ryle, *O conceito de mente*, p. 43: "To possess a dispositional property is not to be in a particular state, or to undergo a particular change; it is to be bound or liable to be in a particular state, or to undergo a particular change, when a particular condition is realized".

91. Pela primeira vez em Heidegger: *Observações à "Psicologia das visões de mundo" de Karl Jaspers*, GA 9, p. 10. De maneira particularmente esclarecedora: Heidegger: *Einführungen in die Phänomenologie der Religion* (Introduções à fenomenologia da religião), GA 60, p. 55.

380 Oposicionalidade – O elemento hermenêutico e a filosofia

são a antecipação de um futuro que já possui validade agora. Se dissermos, por exemplo, que este homem é sincero, então não estamos dizendo apenas que ele sempre se comportou de maneira sincera. Também poderíamos ter isto em vista de maneira cética, com reservas. Dizer que este homem *é* sincero significa: atribuir-lhe algo a partir de sua realidade futura. Algo, portanto, a que podemos atribuir propriedades disposicionais, é sempre mais do que ele é faticamente, no modo como o encontramos diante de nós atualmente. Ele nunca pode ser constatado como algo que é de tal e tal maneira. Todavia, exatamente isto o constitui no modo como ele vem ao nosso encontro.

Aristóteles explicita a primeira consumação, ou seja, o conjunto ordenado de propriedades disposicionais, que é como ele compreende a ψυχή, dizendo que ela não seria como o contemplar (θεωρεῖν), mas como o saber (ἐπιστήμη)[92]. Ela é algo intermediário entre a mera possibilidade de assumir uma determinação e a realidade desta determinação no acontecimento e no fazer, ela é uma latência determinada e, ao mesmo tempo, uma determinidade latente[93].

A ψυχή mostra-se inicialmente como uma determinação deste tipo com vistas ao corpo. Aquilo que denominamos assim é mais do que apenas uma coisa entre coisas pelo fato de um ser vivo conseguir se comportar "corporalmente", de maneira correspondente às possibilidades dadas com a ψυχή. O corpo, por sua vez, precisa ser apto para tanto, ou seja: ele mesmo precisa ser determinado com vistas às possibilidades da primeira consumação. Ele é determinado desta forma, na medida em que é "como os instrumentos", ὀργανικόν[94], algo que é derivado de ὄργανον, instrumento. Nunca é possível tornar compreensível o que os órgãos são senão a partir de sua respectiva função – justamente por isto, eles são como os instrumentos. No entanto, na medida em que o corpo é como é a partir da ψυχή, a função sempre precisa ser compreendida como corporalmente vinculada; a ψυχή é a primeira consumação *de um corpo*. O poder, do qual se fala como a primeira consumação, pertence segundo a sua essência aos órgãos. Por isto, ele também pode ser deduzido deles. Com os olhos e os ouvidos de formatos diversos que pertencem a um ser vivo, com as mãos ou as garras, barbatanas, patas ou pés, vem à tona, como um indício de modos diversos de comportamento, um poder a cada vez diverso.

Na medida em que um ser vivo enquanto tal é determinado por propriedades disposicionais, ele nunca pode ser constatado como algo que se encontra à base e que possui determinadas propriedades ou estados. *Enquanto* ser vivo, ele está para além de si. Segundo a sua essência, ele é mais do que aquilo que se encontra faticamente dado de antemão. A sua essência não pode ser de maneira alguma pensada sem este "mais". Se Aristóteles, porém, designa esta essência como uma

---

92. Aristóteles, *De anima II*, 1; 412a 10-11.

93. Cf. o comentário de Theiler in: Aristóteles, *Über die Seele* (Sobre a alma), trad. Por Willy Theiler, sétima edição, inalterada em comparação com a terceira edição, Darmstadt, 1994, p. 107 e as passagens paralelas lá indicadas.

94. Aristóteles, *De anima II*, 1; 412a 28-412b 1.

Sétimo capítulo: Vida

"entidade de acordo com a mostração"[95], então esta é uma versão reduzida; não é possível resgatar o seu sentido senão como o jogo recíproco entre indício e mostração. Além disto, o conceito de "entidade" alcança aqui um limite. A essência que é visada não é mais nenhuma *essentia*, nenhuma entidade, ou seja, nenhuma οὐσία, mas uma essência à qual pertence a abertura de seu desdobramento.

Desta forma, ela é uma essência no sentido verbal, para o qual Heidegger chamou a atenção[96]. Ela é uma essência que possui o ao longe e, neste sentido, é uma *essência espacial*. Esta "exterioridade" do ser vivo não é contraposta a nenhum "interior". Fora do caráter fechado da superfície perceptível que ele tem em comum com todas as coisas, aquilo que poderia ser chamado aqui de "interior" é apenas o estar-fora retido, o poder distinto da realização[97]. Dito com uma palavra usada por Martin Heidegger, ele é um "durar"[98] no sentido de um manter-se em si que é diverso do durar no sentido do movimento. Manter-se em si e movimento se co-pertencem de tal modo que é só em sua conjunção que vem à tona o que um ser vivo é.

Já com isto está dito que o durar dos seres vivos não pode ser compreendido como presença difusa e indiferenciada. Ele é muito mais um jogo de disposições co-pertinentes que, completando-se mutuamente, se fazem valer; e isto na maioria das vezes de um tal modo, que algumas delas estão como que no estado de espera, enquanto outras são reais. Algumas, por sua vez, retrocedem em sua realidade, para deixar por assim dizer o palco para outras. Em sua co-pertinência, elas constituem uma totalidade que nunca é completamente dada e que podemos denominar uma forma, a fim de apreender a sua determinação[99]. Mas ela é uma forma de um tipo particular: uma forma de vida. A palavra é ambígua de uma maneira esclarecedora: por um lado, ela denomina uma forma da vida, ou seja, a forma que a vida permite que se estabeleça, e, por outro lado, uma forma que só é o que é, na medida em que é vivida.

Deste modo, a forma de vida é comparável com a forma que o texto escrito é. Textos também nunca estão completamente presentes, mas só estão presentes segundo o modo como são respectivamente interpretados. A sua estrutura nunca vem à tona senão no jogo de iluminação e sombreamento; e isto de tal maneira que ela sempre permanece uma vez mais reservada e é novamente interpretável. Todavia, a forma de vida não precisa de nenhum intérprete que, vindo de fora, se encaminhe para ela. Ela interpreta, por assim dizer, a si mesma. Esta interpretação

---

95. Ibid., 412b 10-11: οὐσία [...] κατὰ τὸν λόγον.

96. Martin Heidegger, *A pergunta sobre a técnica* (1953), GA 7, p. 5-36, aqui p. 31-32. Cf. acima p. 376s.

97. Se isto é válido para Aristóteles, então não há para ele nenhum dualismo entre corpo e psyche; cf. quanto a este tema também: Annette Hilt, *Ousia – Psyche – Nous: Aristoteles' Philosophie der Lebendigkeit* (Ousia – Psyche – Nous: A filosofia aristotélica da vitalidade), Freiburg em Br./ Munique, 2005, p. 36-37.

98. Heidegger, *A pergunta sobre a técnica* (1953), GA 7, p 32.

99. Aristóteles, *De anima II*, 1; 412a 19-20: α ψυχή como εἶδος.

382　Oposicionalidade – O elemento hermenêutico e a filosofia

é a vida; ela vem da forma, "a partir de si" e "por si mesma". O seu vir à tona pertence à forma e a esta forma também pertence a abertura para este vir à tona. Em verdade, a forma só pode ser determinada a partir daquilo que entra em cena e que, neste sentido, vem "para fora"[100]. Aquilo que vem à tona, contudo, remete para o aberto de determinadas latências, um aberto ao qual ele pertence.

No que concerne à ψυχή, Aristóteles distingue uma série de possibilidades de movimento, mas realça claramente três dentre eles: a autoconservação em suas duas matizes da conservação e da procriação (τροφή)[101], a percepção (αἴσθησις) e o pensamento (νοεῖν ou φρονεῖν). Além disto, são nomeados o movimento de um lugar para outro e, de modo co-pertinente com ele, a permanência em um lugar (κίνησις καὶ στάσις κατὰ τόπον)[102], assim como o perecer e o crescer (φϑίσις τε καὶ αὔξησις)[103].

O realce de autoconservação, percepção e pensamento acontece a partir de uma intenção claramente reconhecível. Aristóteles o toma como ponto de partida para diferenciar diversos tipos de seres vivos com vistas à sua ψυχή: a vida das plantas consiste apenas na autoconservação, a vida dos animais nesta conservação e na percepção. É apenas para o homem que é característico e essencial o pensamento. Não precisamos discutir aqui até que ponto esta é uma divisão plausível; o que está em questão não é a classificação dos seres vivos, mas compreender o que é a vida em uma forma de vida, e o que é a forma de vida em sua vitalidade.

Para tanto, porém, o que precisamos insistir em primeiro lugar é o fato de o movimento, no qual a vitalidade é real, não acontecer sem algo diverso em relação ao ser vivo. Neste sentido, a alimentação é descrita por Aristóteles como acolhimento do contraposto (ἐναντίον)[104]; ela é o acolhimento de algo de que o ser vivo necessita, que não é nenhuma parte de seu corpo e que, contudo, lhe pertence. Mesmo a percepção está ligada a algo exterior. Isto se mostra no fato de ela ser um ser movido e um sofrer[105], pois ela é movida pelo perceptível que vem de fora. Em verdade, no que diz respeito ao pensamento, uma exterioridade comparável é inicialmente contestada; o pensável estaria "de algum modo" na própria ψυχή[106]. Mais tarde, contudo, Aristóteles distingue entre uma razão, para a qual algo ocorre, e uma razão produtiva, de tal modo que, ao menos em relação à razão para a qual algo ocorre, parece haver algo exterior[107]; precisaremos retornar a este ponto.

---

100. Ibid., 4; 415a 18-20: πρότεραι γάρ εἰσι τῶν δυναμένων αἱ ἐνέργειαι καὶ αἱ πράξεις κατὰ τὸν λόγον.

101. Certamente, porém, a procriação quase não é tratada no *De anima*.

102. Aristóteles, *De anima II*, 1; 413a 23-24.

103. Ibid., 25.

104. Ibid., 4; 416a 21-21.

105. Ibid., 5; 416b 33: κινεῖσθαί τε καὶ πάσχειν.

106. Ibid., 417b 20.

107. Ibid., 23-24: ταῦτα δ'ἐν αὐτῇ πώς ἐστι τῇ ψυχῇ.

Sétimo capítulo: Vida

Na alimentação, a relação entre o ser vivo e aquilo que lhe é exterior é ainda mais elementar. A água, por meio da qual a planta se alimenta, é em verdade diversa da planta; ela é água que ainda não está no corpo da planta. Por outro lado, porém, ela está tão próxima de suas raízes que estas raízes podem simplesmente absorvê-la. Além disto, o exterior não subsiste enquanto tal na alimentação; a conversão (μεταβάλλειν) do outro em próprio, ou seja, a digestão, constitui o caráter de movimento da alimentação[108]. Assim, o exterior só está presente aqui para perder a sua exterioridade. Ele deve ser tomado e absorvido, valorizado e assimilado corporalmente naquilo que é valioso para a vida.

Na percepção, em contrapartida, o exterior não é mais assimilável. O percebido advém ao ser vivo e lhe ocorre. Ele vem claramente de fora, mas também permanece fora. Com isto, o próprio ser vivo é mais extrínseco; ele está em meio às coisas, mas também tem mais espaço e, deste modo, mais jogo para o movimento e para o reter-se em si. Podemos deduzir daí que, assim, ele também é mais vivo. A sua vida é mais intensa do que a de um ser unicelular que apenas absorve e assimila o que lhe é exterior. O exterior faz-se valer enquanto tal na percepção; ele está indubitavelmente presente enquanto algo exterior porque é sensivelmente apreensível. Por isto, a percepção é particularmente apropriada para a descrição da forma de vida. A partir dela, é possível mostrar particularmente bem a exterioridade da forma de vida – o fato de a exterioridade ser uma forma de vida, um modo da vida e, ao mesmo tempo, de o ser vivo se encontrar corporalmente em meio às coisas.

Um som penetra no ouvido, algo surge no campo de visão ou algo se aproxima e se impõe como algo que nos toca. Com isto apenas ainda não se tem certamente nenhuma percepção. Só há a percepção, quando o ser vivo capaz de percepção não é simplesmente dominado pela produção de um efeito sobre ele. Ele não pode ser apenas movimentado, mas precisa poder ser ele mesmo em movimento. De outro modo, o ser vivo seria como um aparelho técnico que registra ou anota algo. Mas é apenas se o ser vivo é em movimento que o mobilizador está presente como algo percebido. Pertence à percepção o fato de algo que atua sobre o ser vivo também estar ao mesmo tempo presente por meio dele e para ele.

Neste sentido, a percepção é determinável como uma realidade do ser vivo perceptivo, uma realidade que é provocada, "produzida" pelo impulso vindo do exterior. A percepção, enquanto aquilo que sofre a ação de, não tem o caráter de uma transformação, junto à qual algo é destruído por meio do efeito oriundo do que lhe é contrário; portanto, ele não é do tipo, por exemplo, do resfriamento de algo que é quente por meio da água fria. Sofrer a ação de algo, diz Aristóteles, equivale muito mais a um despertar e à conservação de algo que está presente segundo a capacidade e que, então, ganha a realidade por meio daquilo mesmo que atua de fora. Neste caso, aquilo que atua de fora seria igual à capacidade e, em verdade, assim como a capacidade se comportaria em relação à consumação[109].

---

108. Ibid., 4; 416a 33.

109. Ibid., 5; 417b 2-5: σωτηρία [...] τοῦ δυνάμει ὄντος ὑπὸ τοῦ ἐντελεχεια ὄντος, καὶ ὁμοίου οὕτως ὡς δύναμις ἔχει πρὸς ἐντελέχειαν.

384 Oposicionalidade – O elemento hermenêutico e a filosofia

Esta igualdade ganha expressão como que obviamente em designações que correspondem umas às outras: a respectiva capacidade perceptiva é sempre estimulada por aquilo que é perceptível e que lhe é a cada vez coordenado – ou seja, o ver por meio do visível, o ouvir por meio do audível e assim por diante. Mas mais ainda: só há ouvir onde há também algo audível; ver apenas onde há algo para ser visto. Nenhum dos dois é real sem o outro.

Aristóteles concebe isto de uma maneira ainda mais decidida e toca, assim, exatamente no estado de coisas: a realidade do perceptível e a realidade da percepção seriam uma e a mesma, mas o ser não seria para eles o mesmo[110]. A percepção só é um movimento real por meio do perceptível e, enquanto algo percebido, este perceptível é real na percepção. Ele não produz apenas um efeito na percepção, mas ele está nela presente enquanto algo real de um modo que não reside apenas na produção do efeito.

Em contrapartida, podemos objetar que Aristóteles diz da realidade do percebido que, tanto quanto a realidade daquele que é capaz de percepção, ela residiria na capacidade de percepção[111]. No entanto, não se tem isto em vista no sentido de uma defesa de um "subjetivismo" da percepção; Aristóteles se afasta expressamente da convicção sofística, segundo a qual só há o perceptível na percepção[112]. Aristóteles não quer dizer que o perceptível não seria real e que aquilo que tomamos como sendo a sua realidade só seria propriamente a realidade daquele que é capaz de percepção. A sua formulação é suficientemente clara: o perceptível tem a sua realidade no que é capaz de percepção; aqui ele é real como perceptível. As badaladas dos sinos que ouvimos não são nenhum produto da escuta, mas aquilo que ressoa no ouvido são realmente os sinos. Por isto, a percepção de um som, tal como Aristóteles observa, pode ser descrita tanto como um ouvir quanto como um ressoar[113]. É somente porque ela é as duas coisas que ela é a realidade que ela é.

Com isto, aquilo que se denominou "a realidade" mostrou-se como algo complexo. Trata-se da realidade do que é capaz de percepção, uma realidade que é produzida por meio da atuação do perceptível sobre ele. E é a realidade do perceptível que ele encontra na percepção no sentido explicitado. Duas coisas que, dito juntamente com Aristóteles, são diversas no ser se encontram duplamente em uma relação mútua. A relação entre o perceptível e o que é capaz de percepção não é a relação entre estímulo e reação – como se algo acontecesse inicialmente ao ser vivo e ele assumisse, então, um comportamento em relação a este algo. Ao contrário, aquilo que é capaz de percepção está ligado a algo, na medida em que este algo atua sobre ele. Se o efeito do perceptível cessasse, a percepção também se dissiparia da mesma maneira que quando o que é capaz de percepção perde provisoriamente ou de modo duradouro a sua capacidade.

---

110. Aristóteles, *De anima* III, 2; 425b 26-27: ἡ δὲ τοῦ αἰσθητοῦ ἐνέργεια καὶ τῆς αἰσθήσεως ἡ αὐτὴ μέν ἐστι καὶ μία, τὸ δ'εἶναι οὐ τὸ αὐτὸ αὐταῖς.

111. Ibid., 426a 10-11: ἡ τοῦ αἰσθετοῦ ἐνέργεια καὶ ἡ τοῦ αἰσθητικοῦ ἐν τῷ αἰσθητικῷ.

112. Ibid., 426a 20-26.

113. Ibid., 426a1: τὸ μὲν εἶναι ἄκουσιν τὸ δὲ ψόφησιν.

Sétimo capítulo: Vida

A realidade da percepção é um *entrecruzamento*. Ela é em si dupla, como os dois lados de uma folha, dos quais Merleau-Ponty falou certa vez[114]. Neste caso, o entrelaçamento não é o entrelaçamento de "interior" e "exterior", mas o entrelaçamento de duas direções. Compreendido a partir da intenção da percepção, aquilo que aparece é o percebido, por exemplo, o que é ouvido. Compreendido a partir do efeito produzido, ele é aquilo que pode ser percebido, por exemplo, aquilo que ressoa ou soa. Se tomássemos cada um dos dois em sua presença subsistente, isto é, em seu "ser", então desconheceríamos que não temos aqui duas coisas que se compõem e que constituem, desta forma, o estado de coisas que denominamos "percepção", mas que se trata antes de uma abertura, na qual o diverso se co-pertence por meio do vínculo e da distância entre eles. A percepção tem a sua essência no fato de algo que se aproxima do ser vivo estar ao mesmo tempo à distância. O que *acontece* para o ser vivo é ao mesmo tempo *fenômeno*. Ele é algo que está "aqui" ou "lá", mesmo quando faltam estas expressões. A percepção é espacial, sem que o espaço já se elucide nela de maneira hermenêutica. Ela não avalia o espaço enquanto tal; ela ainda não está aberta para a linguagem e para o tempo. A abertura só se dá na forma de vida do ser vivo. E ela se mostra no movimento, que é a realidade da percepção.

Na percepção entrelaçam-se dois movimentos, dos quais o primeiro remonta ao perceptível e o outro ao percipiente. O primeiro é uma transformação que provoca algo e é, neste sentido, κίνησις. O outro é realidade que está em si consumada e que sempre se preenche ao mesmo tempo uma vez mais, ou seja, ἐνέρεια; e ele é esta realidade de uma maneira tão inequívoca, que a possibilidade da percepção própria ao ver pode servir até mesmo como exemplo modelo para a essência da ἐνέρεια[115]. Com certeza, não se poderá pensar a percepção simplesmente como uma ação contínua, que está a cada instante junto à sua meta. O caráter consumado do perceber é muito mais obtido com o aparecimento do percebido. Em sua aparição, a percepção é real; enquanto o que aparece está presente, a percepção se mantém. Assim, enquanto movimento, ela é ao mesmo tempo um estado. Portanto, mesmo que o percebido aconteça no tempo, mesmo que ele mude, se transforme ou, como na escuta de uma música, se dê em transcurso, a percepção possui, na medida em que chega à realidade no sentido da ἐνέρεια, uma quietude peculiar. Não se trata da quietude do manter-se-em-si, mas a quietude na qual estamos *ligados* a algo. Nesta ligação, a percepção está junto à sua coisa, e, deste modo, em sua meta, por mais intensa e freqüentemente que ela também possa se modificar e se dispor de uma forma diversa para a sua coisa. A percepção é tanto mais ela mesma quanto mais fortemente esta ligação se cunhar nela. No brilho repentino junto à queda inesperada de um raio, o ser movimentado é mais forte do que o movimento. É somente neste movimento, contudo, que o perceber se cunha.

Na medida em que só há a percepção como o entrelaçamento do ser movido e do movimento compreendido como ἐνέρεια no sentido explicitado, a sua reali-

---

114. Merleau-Ponty, *Le visible et l'invisible*, p. 180.

115. Aristóteles, *Metafísica IX*, 6; 1048b 23-24.

386 Oposicionalidade – O elemento hermenêutico e a filosofia

dade não é nem uma coisa nem outra. Ela é ao mesmo tempo quietude e transformação, ela é uma ligação e um acontecimento; mas isto de um tal modo que os dois são no respectivo outro o que eles são. Esta interpenetração dos dois é *mobilidade*.

Heidegger introduz este conceito, a fim de determinar a co-pertinência entre repouso e movimento. O "mais puro desdobramento da essência" da mobilidade precisaria "ser buscado lá onde o repouso não significasse o cessar e a quebra do movimento", "mas onde a mobilidade se reunisse no manter-se quieto" e onde "este manter-se em si" revela "a mobilidade"[116]. Para Heidegger, a mobilidade assim compreendida significa o mesmo que ἐνέργεια. O conceito de mobilidade, porém, no sentido da explicitação heideggeriana, também pode ser compreendido de maneira diversa. Neste caso, ele indica a relação, na qual κίνησις e ἐνέργεια são mantidas, por assim dizer, em suspenso uma em relação à outra. Na mobilidade não se constata nada, e, contudo, as coisas todas não estão em fluxo. Ela é como um redemoinho na água corrente, como o ficar parado de um inseto no ar, que não é possível sem movimento, e que , contudo, é mais e diverso do movimento. Com a ligação a algo, nós escapamos do devir e do perecimento, nós nos evadimos deles, sem sermos estáticos. A relação é originária.

Mobilidade neste sentido é a realidade de um ser vivo, tal como ela é tangível na percepção. Ela o é inicialmente no fato de um ser vivo ser movimentado e estar ao mesmo tempo em movimento por si mesmo e em ligação a algo. Ele é em movimento porque ele é movimentado; na medida em que está em movimento, ele acolhe o ser movido e o deixa ser o *seu* ser movimentado, correspondendo-lhe. Isto é possível porque o mobilizador chega ao repouso da ligação; ele não concerne mais apenas, mas aparece. Por isto, o movimentar-se do ser vivo também não é nenhuma "reação" ao ser movimentado. Ele não se dá "automaticamente", mas a partir de um repouso da ligação, que acolhe o ser movimentado. No que um ser vivo se movimenta e acolhe o ser movimentado, ele torna manifesta a sua originariedade, a φύσις que determina a sua essência. Ele torna manifesto o repouso da mobilidade, no qual apenas pode haver um repousar e um movimentar por si mesmos.

Considerando a partir daqui, a mobilidade se mostra como um *estado* do ser vivo que é realizado em movimento; o ser vivo realiza em ligação a algo uma possibilidade de sua forma de vida. Todavia, considerando a partir do ser movimentado, a mobilidade também é um estado, *no* qual o ser vivo é. No que ele acolhe o ser movimentado e o transforma deste modo em algo seu, ele torna ao mesmo tempo manifesto o seu pertencimento a tudo aquilo, por meio do que ele é e pode ser movimentado. Ele é em meio às coisas. Sua forma de vida não se distingue das coisas como algo radicalmente diverso delas, mas está como que inscrita nelas. Ela concebe a sua descrição como um texto na textura.

Dito juntamente com Merleau-Ponty, os dois lados da mobilidade só são compreensíveis, quando os vemos juntos, sem perguntar sobre uma unidade que os envolva. Um destes lados não se converte de tal modo no outro que ele desaparece

---

116. Heidegger, *Da essência e conceito de* Φύσις, GA 9, p. 284.

Sétimo capítulo: Vida

com a aparição do outro, nem os dois são como formações de um elemento. Eles não possuem o caráter de algo que pode ser descrito de duas maneiras alternativas, tal como a luz pode ser descrita como partículas e como onda. Eles também não submergem em algo difusamente comum, tal como as figuras de uma corrente que sempre se dissolvem uma vez mais no rio que sempre flui adiante. Ao contrário, cada um dos dois "lados" só é o que é a partir do outro. A percepção só pode ser a percepção de *algo* porque há o ser movido; o movente só é percebido, na medida em que é acolhido segundo as possibilidades da forma de vida e em que se encontra para ela em ligação, sem, por isto, precisar estar presente como ele mesmo ou de uma maneira própria às coisas contrapostas em sentido exato. Na conjunção dos dois "lados", o ser vivo está aberto tanto em sua possibilidade de ligação quanto para aquilo com o que ele se liga. A abertura de um ser vivo reside, conseqüentemente, na *diferença entre estado e em-um-estado*, ou, como também podemos dizer, em uma correlação que se mostra como o entrelaçamento entre relação e ocorrência. Quanto mais decididamente a diferença vem à tona no entrelaçamento, tanto mais claramente vem à tona também a vitalidade de um ser vivo. Vida significa: um estado determinado em si por movimento e um estar *em* um tal estado.

Com isto, a estrutura da vida ainda não é suficientemente descrita. É isto que se mostra, quando não consideramos mais a forma de vida apenas a partir da percepção, mas quando vemos a percepção, juntamente com Aristóteles, em sua co-pertinência com outras possibilidades de vida. O percebido, tal como Aristóteles o descreve, não é apenas um fenômeno para o ser vivo; na medida em que ocorre, ele pode *concernir* ao ser vivo percipiente de uma maneira ou de outra. Neste caso, ele é agradável ou doloroso e vem ao encontro em meio ao prazer (ἡδονή) ou à dor (λύπη). Como Aristóteles acentua, isto já é válido para o sentido mais simples, o sentido do tato (ἁφή), um sentido que advém a todos os seres vivos[117]. Nas ocorrências de prazer e dor, um ser vivo é alcançável para outras coisas como uma coisa entre coisas.

Pertence à essência de prazer e dor, porém, que eles não sejam apenas registrados. Ao contrário, eles co-pertencem a um *comportamento*. Aristóteles concebe este comportamento como *aspiração a* (ὄρεξις). Na ψυχή, ele é aquilo que transpõe o ser vivo em um movimento no sentido da κίνησις; ou como o próprio Aristóteles diz: na medida em que um ser vivo é capaz de aspiração, ele também é capaz de se mover, ou seja: de ir em direção a algo e de se afastar de algo[118]. Pertence a um ser vivo que ele *assuma um comportamento* em relação àquilo que lhe ocorre.

Como o comportamento co-pertence às ocorrências, ele não é sem ensejo. Sem que acontecesse algo ao ser vivo que alterasse o seu estado, ele não precisaria aspirar a um outro estado ou à reconquista de seu estado mais antigo. Todavia, a aspira-

---

117. Aristóteles, *De anima II*, 3; 414b 3. Não é totalmente claro, se isto inclui as plantas ou não. No âmbito da discussão aristotélica, contudo, a questão não pode ser outra senão se estamos preparados para atribuir-lhes o sentido do tato ou não. Se a resposta for positiva, então também é válido para elas fundamentalmente tudo aquilo que é em seguida desenvolvido.

118. Aristóteles, *De anime III*, 10; 433b 27-28: ᾗ ὀρεκτικὸν τὸ ζῷον, ταύτῃ αὐτοῦ κινητικόν. Cf. também *De anima III*, 9; 432b 16-17.

ção não é nenhuma mera conseqüência do que ocorre. Em verdade, ela é condicionada por aquilo que acontece ao ser vivo, mas ela não é fixada por meio dele. Por mais elementar que a sua abertura possa ser, se pudermos efetivamente dizer que um ser vivo se comporta, o comportamento não remonta a uma disposição, que sempre se concretiza, quando algo determinado acontece, tal como a fragilidade de uma vidraça. O comportamento já esta fundado em si mesmo pelo fato de ser uma aspiração. Enquanto tal, ele não pertence mais àquilo que ocorre por meio de um outro, mas é um *poder* não fixado por meio da ocorrência. Um ser vivo que, por exemplo, sente frio precisa procurar inicialmente calor para si, um calor que o traga de novo para o seu estado normal de vida. Um ser vivo que tem fome procura comida para si; ele não a acolhe simplesmente como conseqüência da fome.

Portanto, o poder que a aspiração é pertence *originariamente* ao ser vivo. Nele, a φύσις faz-se valer de maneira até mesmo particularmente clara. O comportamento é sempre "por si"; por isto, ele pode estar aberto para a liberdade. Não obstante, a ocorrência também é originária, na medida em que é co-pertinente ao comportamento. Esta co-pertinência faz com que o comportamento seja aquilo que ocorre com *um vivente*; é ela que distingue fundamentalmente aquilo que ocorre com um ser vivo de outros efeitos. Os efeitos podem, considerados por si, ser os mesmos em diversos casos. Eles são simplesmente algo que concerne a algo ou a alguém, sem que este algo seja necessário, quando ele é considerado a partir da essência daquilo que é concernido. Um choque, por exemplo, pode dizer respeito a uma pedra ou a um ser vivo, e pode ser mesmo que aconteça algo similar com a pedra e com o ser vivo. Uma tartaruga talvez possa ser projetada tão rapidamente para o lado que, em uma visão insuficiente, ela venha a ser confundida com uma pedra. Todavia, o choque não afeta de maneira alguma a pedra, enquanto a tartaruga assume um comportamento. Ela tentará se colocar em segurança e aspirará a que um estado normal se estabeleça uma vez mais. Neste caso, a aspiração será respectivamente característica de um ser vivo. Um gato ou um homem comportar-se-ão de maneira diversa de uma tartaruga em um choque. De maneira geral, os seres vivos diversos também se comportam de maneira diversa, quando algo ocorre com eles; mesmo a aspiração por alimento é diversa em um inseto do que ela é em um ruminante e, aqui, uma vez mais diversa em um felino predador ou em um peixe.

Em todo caso, o ser vivo não se comporta em relação a um acontecimento isolado. A sua forma de vida indica o que ocorre com ele, o que ele pode perceber e como ele pode se comportar. Inversamente, a forma de vida é determinada por meio daquilo que deste modo lhe pertence. Um ser vivo não é simplesmente em meio às coisas, mas possui um *meio ambiente*. O que pode acontecer com ele é delimitado pelo meio ambiente, mas se encontra aberto neste meio ambiente. Além disto, ele é limitado porque um ser vivo só pode ser afetado em determinados aspectos. Nem tudo pode acontecer com todos os seres vivos; eles precisam estar muito mais abertos para determinadas ocorrências. Seres vivos como répteis, cuja temperatura do corpo não se diferencia da temperatura de seu meio ambiente, não podem sentir frio, mas apenas congelar. Na medida em que também há a ocorrência na percepção, um ser vivo vive em seu meio ambiente de modo ameaçado ou

Sétimo capítulo: Vida

favorecido, e quanto mais claramente ele puder perceber isto, tanto melhor ele tomará cuidado neste meio ambiente. Mas isto sempre significa ao mesmo tempo: ele se comporta *neste* meio ambiente e *em relação a* ele, de tal forma que pode se orientar nele. A percepção é a aparição daquilo que acontece e a aparição do meio ambiente, de modo que ela pode ser diretriz para o comportamento no meio ambiente. Em todos os aspectos, porém, temos aqui um estado e este estado é ao mesmo tempo um encontrar-se-em-um-estado.

No meio ambiente só subsiste, portanto, uma conexão mais frouxa entre as ocorrências e as metas – de tal modo que as duas se co-pertencem fundamentalmente, mas não estão mutuamente sintonizadas. Se uma meta realmente corresponde ou não à situação que chegou a termo por meio da ocorrência, não se acha fixada desde o princípio. Há aqui um retardo e, por meio dele, uma abertura: aquilo que não é esclarecido entre o comportamento e o sucesso e, com isto, um distanciamento, por menor que ele seja, em relação àquilo que envolve o ser vivo.

Seres vivos são espaciais, sem que eles compreendam necessariamente o espaço no qual são. Só há uma tal compreensão com o alargamento da espacialidade, tal como este alargamento é dado na liberdade, na linguagem e no tempo. No entanto, o que é compreendido é o espaço de toda vida, se é que esta pode ser descrita tal como o fizemos aqui. Na liberdade, alarga-se a diferença entre ocorrência e comportamento; na linguagem, a aparição essencial para a percepção pode ser um mostrar-se co-pertinente com a indicação; e o tempo, ao qual tudo aquilo que acontece está submetido, alarga-se com a sua experiência até a abertura do transcurso e da realização e até a temporalidade. Liberdade, linguagem e tempo não são nada que o homem traga consigo como que a partir de um outro mundo, a fim de viver à sua maneira em um espaço que ele compartilha com todos os seres vivos. Não há a vida humana sem liberdade, linguagem e tempo; a vida humana lhes pertence e só vem à tona por meio deles como vida humana.

Com isto, porém, clarifica-se o próprio espaço. Tal como em um papel fotográfico exposto à luz no revelador, talvez pudéssemos pensar aqui em uma paulatina aparição de contornos e diferenciações; aquilo que só se apresentou por meio da iluminação do papel vem à tona. O homem seria, então, um ser vivo com o qual se "revelaria" (desenvolveria)[119] a espacialidade da vida em um aspecto determinado, sem que a revelação (o desenvolvimento) precisasse ser esclarecida a partir daquilo que é revelado (desenvolvido) ou o revelado (o desenvolvido) pudesse se tornar compreensível em sua possibilidade a partir da revelação (do desenvolvimento). O homem seria um grau de intensidade da vida, assim como a estrutura da apresentação é um grau de intensidade da vida humana. Assim, há na apresentação o entrelaçamento de um estado e de um encontrar-se-em-um-estado como o círculo de reflexão das duas possibilidades da compreensão e da coisa compreendida. As duas encontram-se ao mesmo tempo em uma realidade dupla, que é tanto a realidade da execução da apresentação quanto a realidade daquilo que é apresentado.

---

119. O verbo alemão *entwickeln* não significa apenas revelar uma foto, mas também aponta para um processo de desenvolvimento. Como Günter Figal joga aqui com esta dupla significação do termo, optamos por inserir o sentido concomitantemente visado entre parênteses (N.T.).

Como já está em jogo na percepção a mesma figura fundamental que na apresentação, a apresentação se inscreve muito facilmente na percepção e a intensifica, de tal modo que a apresentação eleva a percepção e parece liberar aí pela primeira vez todas as suas possibilidades. Assim como nos graus de intensidade, mesmo nos outros casos nem o estado precedente se mostra como uma forma prévia do estado posterior, nem o estado posterior, intensificado, pode ser deduzido do anterior. De qualquer modo, porém, podemos representar em um jogo mútuo os diversos estados em meio a uma descrição fenomenológica, a fim de deixar vir à tona, desta forma, uma figura fundamental comum. Neste caso, a descrição sempre tem de se orientar por aquilo que emerge com a intensificação. Ela tem uma cunhagem da vida diante de si, uma cunhagem a partir da qual ela revela (desenvolve) a estrutura da vida, na medida em que investiga aquilo que tem diante de si com vistas a esta estrutura.

Neste sentido, podemos apreender diferentes intensidades da vida. Elas são diversos estados que precisam ser considerados por si e, portanto, também são diversas possibilidades da vida em um estado. Com cada novo estado, o "anterior" não se dissipa, mas ele perde a sua intensidade, na medida em que é colocado no campo de tensão de um outro grau de intensidade. É preciso esclarecer o que isto significa mais exatamente. Neste caso, os conceitos orientadores são os conceitos de estado – de início, os conceitos de corpo físico e de corpo vital[120], e, em seguida, o conceito de razão.

§ 39: Corpo físico e corpo vital

Em um estado, um ser vivo é inicialmente de um tal modo que algo pode acontecer com ele. Ele pode ser empurrado, mas também pode ser apenas tocado. O ser vivo pode ser afetado por isto. Ou algo acontece com ele que ele não nota, ou bem porque o toque, por exemplo, lhe escapa, ou bem porque não há absolutamente nada para sentir; o ser vivo é percebido, ele é observado ou farejado. Neste ponto, o ser vivo não se diferencia de todas as outras coisas no mundo. Ele pode se encontrar ao lado ou em meio às coisas e quase não consegue se destacar delas. Por vezes, a figura de um ser vivo – para o seu proveito – até mesmo depende desta indiferencialidade. O gafanhoto parece uma haste do arbusto no qual ele se assenta; a pele do sapo quase não se destaca da cor do lago no qual ele vive. Na camuflagem revela-se a pertinência do vivente às coisas. Quando a camuflagem é coroada de êxito, um ser vivo imerge, no que diz respeito à aparição, totalmente em seu meio ambiente.

---

120. O alemão possui duas palavras para designar o que chamamos de corpo: *Körper* e *Leib*. O primeiro termo é usado para designar o corpo no sentido de uma determinada configuração espacial e de uma certa presença física. Assim, ele é normalmente utilizado para falar dos corpos em geral. O segundo termo, por sua vez, possui uma relação direta com a vida e descreve o corpo animado, o corpo dotado de vida, o corpo em seu processo vital de interação com os elementos em jogo em seu processo de corporificação. *Leib* (corpo) possui de fato um parentesco etimológico com *Leben* (vida) na língua alemã. A fim de acompanharmos esta distinção, optamos pela inserção dos adjetivos "físico" e "vital" ao lado dos dois termos (N.T.).

Sétimo capítulo: Vida

O que faz com que o ser vivo pertença de tal modo às coisas é o seu *corpo físico*. Na linguagem da física, tudo aquilo que é espacialmente delimitado e aí identificável é um corpo físico, independentemente do fato de o corpo físico ser ou não um corpo sólido, líquido ou gasoso. Portanto, pertence à significação da palavra o fato de ela também poder ser empregada para aquilo que não está vivo. Esta palavra corresponde ao termo latino *corpus* e ao grego σῶμα; os dois termos designam efetivamente o corpo inanimado. Homero só utiliza a palavra σῶμα com esta significação[121] e mesmo a palavra alemã é empregada de início preponderantemente no sentido de cadáver[122]. O fato de um ser vivo ser corpóreo pertence à sua essência, mas só tem algo em comum com a sua vitalidade como a sua condição. Em termos corpóreos, um ser vivo é uma coisa entre coisas; ele é *em* um estado e, para além disto, ele não é nada. Ele é corpóreo enquanto uma coisa, cuja vitalidade ou bem não percebemos, ou bem percebemos como algo alheio, autonomizado, como algo em relação ao que podemos assumir um comportamento como em relação a uma coisa, por exemplo, quando na doença há uma falha na sua serventia. Um ser vivo também é corpóreo, na medida em que perde a sua vitalidade; ele é algo outrora vivente e, neste ponto, ele não é nem ser vivo, nem simplesmente coisa. Ele é algo que lembra a sua vitalidade de outrora e que precisa ser compreendido a partir desta vitalidade.

Quando um ser vivo, que se mostrava anteriormente como uma coisa entre coisas, repentinamente chama a atenção em sua vitalidade, isto provoca espanto ou mesmo assusta. O ser vivo sai da esfera das coisas e se mostra repentinamente como propriamente é. Em verdade, o ser vivo também continua sendo uma coisa entre coisas. No entanto, este fato não constitui a sua vitalidade. Quando assume a roupagem de uma coisa entre coisas, a sua vitalidade permanece escondida. Logo que ele se movimenta e sai, assim, da esfera das coisas, isto vem à tona. Aquilo que anteriormente tinha aparecido como um corpo físico é agora um *corpo vital*[123].

Em alemão, a expressão "corpo vital" (*Leib*) possui um parentesco com a palavra "vida" (*Leben*). A palavra poderia mesmo significar a mesma coisa que "vida". No entanto, ainda que as duas sejam distintas, o que se tem em vista com a palavra é o ser vivo enquanto tal. Em um uso lingüístico antigo, *lîp* é a pessoa viva em contraposição ao morto, *wal*[124]. Na maioria das vezes, em verdade, a palavra designa o homem, mas não está de maneira alguma restrita a ele; ela também é usual para a designação de animais superiores. Com certeza, nós logo concedemos a um ser vivo um corpo vital, uma vez que sua mobilidade vital aparece a par-

---

121. Snell, *A descoberta do espírito*, p. 16.

122. Cf. Grimm, *Deutsches Wörterbuch* (Dicionário alemão), vol. 5, Leipzig, 1873, coluna 1834.

123. Em contraposição a isto, Waldenfels emprega o conceito como um conceito superior que abarca a "coisa corpórea" e o si mesmo vitalmente corporal (Bernhard Waldenfels, *Das leibliche Selbst. Vorlesungen zur Phänomenologie des Leibes* – O si mesmo vitalmente corporal. Preleções sobre a fenomenologia do corpo vital, org. por Regula Guiliani, Frankfurt junto ao Main, 200, p. 248-249).

124. Grimm, *Deutsches Wörterbuch* (Dicionário alemão), vol. 5, Leipzig, 1885, coluna 580.

392 Oposicionalidade – O elemento hermenêutico e a filosofia

tir dele mesmo como familiar, de tal modo que achamos que podemos "reconstruí-la", que podemos "nos sentir" nela. O corpo vital é o ser vivo, na medida em que está concretamente presente a partir de sua mobilidade vital.

Sem dúvida alguma, nós também podemos inverter este estado de coisas: a mobilidade vital não é sem o corpo vital. Um ser vivo movimenta-se corporalmente de maneira vital e as coisas não se dão de maneira diversa com os seus movimentos que são menos patentes. Toda percepção é corporalmente vital e o mesmo acontece com a tensão e o esforço peculiares que pertencem à aspiração. Não obstante, o movimento que a vida é precisa ser distinto do corpo vital. Não se vê sem os olhos, assim como não se ouve sem ouvidos; mas ver e ouvir não se confundem com os olhos e com os ouvidos.

É evidentemente natural determinar esta relação a partir do esquema meio e fim. Neste sentido, Husserl denomina o corpo vital "o meio de toda percepção"[125] e retoma aí, intencionalmente ou não, um modo de pensar e de falar atestável pela primeira vez em Platão; na *República*, fala-se sobre os instrumentos que têm algo em comum com a percepção[126]. Aristóteles lança mão desta posição, na medida em que designa o corpo físico dos seres vivos (σῶμα) na totalidade como ὀργανικόν, ou seja, como instrumental; a passagem já foi citada aqui uma vez[127].

A analogia com os instrumentos pode ser elucidativa em um aspecto: assim como os instrumentos, os orgãos sensíveis pertencem a uma determinada realidade; eles são determinados pela possibilidade desta realidade. Por outro lado, porém, a analogia não é convincente. Não se enxerga com os olhos da mesma forma que se escreve com o lápis ou que se bate em um prego com o martelo. Todos os instrumentos são cambiáveis e, por vezes, podemos até mesmo abdicar de instrumentos. O mesmo não é válido para os órgãos sensíveis. Sem os olhos não há visão, sem o ouvido não há escuta. No entanto, nós podemos pregar um prego na parede com uma pedra e simplesmente escrever na areia com o dedo. Nesta medida, o órgão sensível também não é determinado apenas a partir de uma realidade, mas esta realidade está ligada em sua possibilidade ao órgão sensível. Não compreendemos o que é o ver sem pensarmos sempre também nos olhos, e o mesmo se dá com as outras percepções. Um ver e um poder ver sem olhos é irrepresentável.

Por isto, é equivocado o pensamento desenvolvido por Heidegger de que os órgãos sensíveis só podem ser determinados a partir da respectiva realidade que lhe é atribuída. "É o poder ver", diz Heidegger em sua discussão sobre a vida animal, que "possibilita pela primeira vez a posse de olhos"[128]. E ele acrescenta um pouco mais tarde à guisa de explicitação: "Nós não podemos dizer que o órgão possui aptidões, mas é a aptidão que possui órgãos"[129]. Como demonstração desta tese, Hei-

---

125. Husserl, *Ideen II* (Idéias II), § 18, Husserliana IV, p. 56.

126. Platão, *República*, 508b: τὰ περὶ τὰς αἰσθήσεις ὄργανα. Cf. também *Teeteto* 184c-185e.

127. Aristóteles, *De anima II*; 412a 27-412b 1.

128. Heidegger, *Os conceitos fundamentais da metafísica*, GA 29/39, p. 319.

129. Ibid., p. 324. Cf. também: *Ser e tempo*, GA 2, p. 217, assim como *Logos (Heráclito – Fragmento 50)*, GA 7, p. 220.

Sétimo capítulo: Vida

degger pode se remeter, em verdade, ao fato de haver seres vivos que, por exemplo, não possuem nenhum órgão específico para a alimentação e para a digestão, mas realizam tanto uma quanto a outra no protoplasma, que assume diversas funções na realização da alimentação e da digestão. No entanto, daí não se segue que a "capacidade" de alimentação e digestão é "anterior aos respectivos órgãos"[130]. Em verdade, "anterior" não é para ser entendido aqui de maneira necessariamente temporal. O que se tem em vista é antes muito mais aquilo que, segundo a essência, é o anterior e, neste sentido, o prioritário, ou seja, aquilo a partir do que algo precisa ser compreendido. Mesmo neste caso, porém, a definição é problemática; na medida em que mesmo o inverso é válido e em que a percepção não pode ser compreendida sem os órgãos, existe entre a percepção e os órgãos uma relação recíproca como uma dependência unilateral.

Por um lado, isto diz respeito ao ser movido, um fato sem o qual não há a percepção. A ocorrência, que é significativa para a percepção, é acolhida pelos órgãos; a luz incide sobre os olhos, o som penetra nos ouvidos, o cheiro entra pelo nariz. Por outro lado, contudo, mesmo a capacidade e a realidade da percepção não são pensáveis sem os órgãos. Elas podem ser até mesmo fixadas junto aos órgãos; não é à toa que podemos dizer de alguém que ele tem um "bom olho", ou seja, a capacidade de olhar para algo e apreendê-lo exatamente, que ele tem na percepção uma boa visão.

Este fato possui uma significação fundamental. Na medida em que um ser vivo não é mais experimentado como um corpo físico, mas como um corpo vital, também se compreende de maneira diversa aquilo que é perceptível nele. Os seus olhos não são nenhuma parte de uma superfície formada de tal e tal modo. Ao contrário, eles são no movimento de olhar; seus ouvidos não são nenhuma abertura formada de maneira estranha, mas pertencem, por exemplo, à atenção que é constitutiva do ser vivo. O órgão fornece um ponto de apoio para que possamos compreendê-lo; com o órgão, a capacidade, tanto quanto a sua realização recebem um *lugar*. Não se compreendem apenas os olhos a partir do olhar, mas também se experimenta o olhar junto aos olhos visíveis. Sem o seu lugar, não podemos pensar capacidade e realização.

Um lugar não é nada ele mesmo, mas algo está *nele*. Ou mais exatamente: algo é um lugar, porquanto não é visualizado como ele mesmo, mas como algo no qual algo é. Assim, o tampo da mesa é um lugar para os livros aí colocados, a praça, um lugar no qual as pessoas podem se encontrar. Considerado por si, o tampo da mesa é algo determinado; ele possui uma forma determinada e é feito de um material determinado, ou seja, ele possui determinadas propriedades. Isto, porém, não desempenha papel algum, se ele é o lugar de um livro determinado. Quando precisamos, procuramos o livro neste lugar.

Algo pode mudar o seu lugar. Ao invés de estar na mesa, o livro também poderia estar na estante; ao invés de se encontrarem na praça, as pessoas também poderiam se encontrar na frente da entrada principal da universidade. Nestes casos, aquilo

---

130. Heidegger, *Os conceitos fundamentais da metafísica*, GA 29/39, p. 327.

394 Oposicionalidade – O elemento hermenêutico e a filosofia

que está em um lugar não tem essencialmente algo em comum com o próprio lugar. Lá, onde se encontra agora este livro, poderia ser posto um outro ao invés dele; em frente da porta de entrada da universidade, diretamente ao lado da estátua de Aristóteles, outras pessoas poderiam ter marcado um encontro. No entanto, algo também pode estar vinculado ao seu lugar, de tal modo que ele sempre está neste lugar ou nunca pode se dar senão neste lugar. Uma montanha, por exemplo, está sempre presente lá onde ela está; mesmo se fosse possível transportá-la e colocá-la uma vez mais em outro lugar, não se trataria mais da mesma montanha. Algo similar acontece, por exemplo, com o repique dos sinos do mosteiro de Freiburg. Se retirássemos os sinos e os colocássemos em um outro lugar, o seu repique não seria mais o repique do mosteiro de Freiburg. Aquilo que segundo a sua essência não pode ser cindido de seu lugar possui, tal como Aristóteles o denomina, um lugar que lhe é peculiar[131]. Nunca podemos experimentá-lo senão em seu lugar.

Assim se dão as coisas com o ver e o ouvir, tanto quanto com toda mobilidade da vida. Do mesmo modo como não há o texto sem os sinais da escrita, os sinais sonoros e os sinais imagéticos, nunca é possível encontrar os movimentos da vida senão em seus "órgãos" e em sua co-pertinência a um corpo vital. É sempre apenas o ser vivo singular que se encontra corporalmente presente de maneira vital. No entanto, o ser vivo nunca se acha presente senão como uma pluralidade de capacidades que se completam mutuamente. Nesta medida, ele é *organismo*. Se não quisermos pensar, porém, o organismo segundo o modelo de uma máquina, cujas partes estão coordenadas umas às outras e formam uma totalidade em sua ação conjunta, não podemos compreendê-lo senão como *lugar da forma de vida e da vitalidade*[132]. Experimentar algo como corpo significa: fazer a experiência de uma forma de vida e da vitalidade. A forma de vida não está apenas ligada ao corpo vital de um tal modo, que ela se serviria dele como de um meio para se tornar presente. Com o corpo vital, a própria forma de vida está presente.

Por isto, nós nos comportamos em relação à corporeidade vital de um ser vivo de maneira diversa do que fazemos em relação às meras coisas. Tratar um corpo vital como uma coisa significa: ou bem não tomar conhecimento dele como corpo vital, ou bem querer tocá-lo, feri-lo ou matá-lo em sua corporeidade vital por meio do seu tratamento como coisa. Mas isto seria impossível, se um ser vivo só fosse corpo vital e não fosse também corpo físico. Enquanto experimentamos algo como um ser vivo, nenhum destes dois corpos chega efetivamente a desaparecer totalmente. Todavia, um pode se retrair e se colocar por detrás do outro, de modo que experimentamos mais corpo vital ou mais corpo físico. A fim de alcançarmos uma concretude plástica, talvez pudéssemos pensar naquelas imagens enigmáti-

---

131. Cf. Aristóteles, *Física VII*, 3; 253b 34-254a 1: οἰκεῖος τόπος.

132. Nós podemos nos reportar com esta idéia a Merleau-Ponty, que também denomina o corpo vital um lugar, certamente, porém, sem explicitar mais amplamente esta denominação. Cf. Maurice Merleau-Ponty, *Kandidatur am College de France*, in: *O olho e o espírito*, Hamburgo, 2003, p. 99-110, aqui p. 101 (Original francês: Merleau-Ponty, *Un inèdit de Merleau-Ponty*, in: Revue de Métaphysique et Morale 67 [1962], p. 401-409). Cf. também Schmitz, *System der Philosophie* (Sistema da filosofia), segundo volume, primeira parte: O corpo vital, em especial 6.

Sétimo capítulo: Vida 395

cas, junto às quais uma e a mesma forma aparece, por exemplo, uma vez como uma jovem moça em uma perspectiva de costas e, em seguida, como uma velha senhora de perfil. A mudança entre corpo físico e corpo vital, contudo, não é nenhuma mudança de estado e em-um-estado. Desta forma, temos algo em comum com a espacialidade do corpo físico e do corpo vital.

Um corpo físico vem ao encontro no espaço. Ele é percebido, ele é distinto enquanto este corpo físico de outros corpos físicos, de modo que ele pode se mostrar como este corpo físico. Ele é algo, no que podemos atuar de um modo ou de outro ou com o que algo pode ser efetuado. E ele é algo com o que algo pode acontecer, de modo que ele é alterado e na alteração dura ou perece.

O fato de as coisas se comportarem de maneira diversa no que diz respeito ao corpo vital já vem à tona a partir de sua determinação como lugar. Um lugar não é algo no espaço. Ele também não é nenhuma parte do espaço, como se este espaço fosse composto de lugares. Um lugar é muito mais uma posição espacial, que dá ao mesmo tempo espaço: um aqui ou um lá que, enquanto aqui, abre a ligação com o lá e vice-versa[133]. Um lugar é uma fixação espacial, que torna pela primeira vez experimentável a essência do espaço, como o ao longe. O ao longe sempre entra em jogo a partir de algo e para além deste algo – em direção a algo diverso ou mesmo em direção a uma amplitude que é indeterminada.

A partir daqui é possível tornar compreensível a perspectividade da percepção como uma característica essencial do corpo vital. Sempre percebemos algo *a partir de um lugar qualquer*. Se localizássemos o ser vivo percipiente em termos corpóreos, ele não seria apreendido. Ao contrário, isto só aconteceria, se compreendêssemos a localização, por exemplo, como a localização de um direcionamento do olhar. Neste caso, a mudança de um ponto de vista também não seria nenhum "movimento daqui para lá" no sentido de um movimento que transcorre temporalmente, mas um "movimento que vem de algum outro lugar". O corpo vivo é um lugar que pode mudar o seu lugar.

Um corpo vital também é um lugar da vitalidade no sentido de que ele é um lugar ocupado por vitalidade. Enquanto um lugar deste tipo, um corpo vital não é simplesmente aqui ou lá, mas nós só o experimentamos no *encontro*. Como a vitalidade está presente com ele, não há aqui nenhuma mera subjacência, mas um poder comportar-se e um comportamento. Como um meio ambiente pertence a este comportamento, um meio ambiente se abre juntamente com todo ser vivo. O seu possível comportamento está sempre indo em direção a algo ou se afastando de algo, sempre em ligação a algo ou indo ao encontro de algo. Nós mesmos, como aqueles que vão ao encontro, pertencemos a este meio ambiente; o ser vivo que vai ao encontro pertence ao próprio meio ambiente. O encontro é recíproco e, neste caso, entrelaçado; nós pertencemos ao estado do outro ser vivo e somos nós

---

133. É neste sentido que acolho a idéia de Martin Heidegger de que um lugar sempre abre "a cada vez uma região de encontro" (Martin Heidegger, *Die Kunst und der Raum* – A arte e o espaço, in: *Aus der Erfahrung des Denkens* – A partir da experiência do pensamento, 1910-1976, GA 13, org. por Hermann Heidegger, Frankfurt junto ao Main, 1983, 203-210, aqui 207).

mesmos um estado, ao qual o outro ser vivo pertence. Mas sabemos que estamos no estado do outro ser vivo; nós experimentamos este ser vivo enquanto tal.

Este estado de coisas fica particularmente claro na troca de olhares. Onde os olhos de um outro ser vivo são vistos, nós vemos juntamente com os olhos a sua visão. É assim que as coisas se dão geralmente: no que nos ligamos a um ser vivo dotado de um corpo vital, a vida retorna. Aquilo que vem ao encontro é sempre a possibilidade do comportamento. Nós nos inserimos de maneira análoga no encontro com outros seres vivos. Quando eles aparecem como ameaçadores, não os percebemos como uma coisa possivelmente perigosa, com a qual podemos lidar de um modo ou de outro, mas nós contamos com as possibilidades de seu comportamento, em relação ao qual buscamos por nossa parte assumir um comportamento. Os seres vivos vêm ao encontro como seres vivos corporalmente vitais, na medida em que nós os encontramos.

Encontros deste tipo só são possíveis a partir de um pressuposto: a corporeidade vital de um outro ser vivo não pode ser experimentada sem uma corporeidade vital própria. Este fato não é válido apenas no sentido trivial de que não há a possibilidade da percepção sem a corporeidade vital. Ao contrário, no encontro com seres vivos sob o ponto de vista da corporeidade vital, nós *também nos apercebemos de nossa própria corporeidade vital*[134]. Percebendo a visão com os olhos do outro ser vivo, nós nos vemos olhados. Na medida em que nos colocamos em relação a um ser vivo segundo o ponto de vista de sua periculosidade, nós vivenciamos a nós mesmos como ameaçados.

Portanto, pertence ao ser vivo sob o ponto de vista do corpo vital um ter sido percebido de um tipo totalmente próprio. A sua corporeidade vital o coloca em ligação com uma outra vida corpórea. Esta ligação pertence à sua vitalidade. Entre os seres vivos reside um afastamento, que não é apenas o afastamento característico de uma ligação a algo. O estado de coisas é muito mais o estado de coisas de uma intencionalidade duplicada. Esta intencionalidade não se adiciona simplesmente a partir de uma intencionalidade ou de outra, mas há aqui realmente a abertura que Merleau-Ponty compara com a abertura de dois espelhos voltados um para o outro[135]. Trata-se da abertura da própria vida dotada de um corpo vital, na alternância de aspirações, da aparição e da ocorrência.

É constitutivo da vida dotada de um corpo vital uma parcialidade; nós estamos como que cativados para o interior do estado do outro ser vivo, o jogo de espelhos da experiência não oferece nenhuma saída. Este é um traço fundamental da corporeidade vital; ele também se faz valer, quando algo, uma coisa, é visualizado, quando ele nos afeta ou se mostra como a meta de uma aspiração. A abertura que pertence ao corpo vital e à qual pertence a vida corporal permanece sem ser experimentada enquanto tal; o corpo vital não a apreende. Para tanto, é necessária uma

---

134. Esta é uma alternativa à concepção do corpo vital de Hermann Schmitz, *Der unerschöpfliche Gegenstand: Grundzüge der Philosophie* (O objeto inesgotável: Traços fundamentais da filosofia), Bonn, 1990, p. 115, que parte da auto-experiência do "sentir". Cf. também Schmitz, *System der Philosophie* (Sistema da filosofia), segundo volume, primeira parte: O corpo vital.

135. Cf. acima p. 368.

Sétimo capítulo: Vida

cesura, que permeia a experiência e quebra o encanto da corporeidade vital. Só há uma tal cesura com a razão.

§ 40: Razão

A palavra alemã *"Vernunft"* (razão) tem algo em comum com *"vernehmen"* (notar). Notar é acolher, conceber e, em verdade, também no sentido da percepção, mas, de qualquer modo, na maioria das vezes em um outro sentido, a saber, no sentido "espiritual", como quer que venhamos a pensar este termo. As coisas também se comportam assim em relação ao termo grego correspondente, ao termo νοῦς. Νοεῖν também pode significar "perceber com os olhos". Ver e notar, porém, não são termos co-pertinentes apenas no que diz respeito à história da palavra. Não há nenhuma dúvida de que, quando a razão deve ser determinada em sua essência, as comparações óticas se impõem. O fato de todo homem "tender por natureza ao saber" é explicitado por Aristóteles com uma referência ao amor pela percepção e, em verdade, particularmente pela percepção com os olhos; segundo ele, dentre todos os sentidos, o ver é aquele que nos deixa conhecer mais e que revela o maior número de diferenças[136].

Saber e notar significam, portanto, perceber diferenças. Perceber diferenças, por sua vez, significa ver estas diferenças em sua co-pertinência e, assim, reconhecer o diverso como aquilo que ele é. O diverso não é nenhum mero emaranhado inerente ao múltiplo; ele é aquilo que se encontra separado um do outro e, neste ponto, que está ligado um ao outro. O diverso pertence a um tecido, ele é na textura. Assim como o ver não está fixado sobre o singular isolado, mas obtém uma imagem conjunta mais ou menos clara, o notar apreende uma conexão; o saber que precisa ser apreendido como uma notação consiste neste conhecimento. Νοεῖν também é a apreensão de uma situação, algo assim como um sentido para o todo. Mesmo quando um todo deste tipo precisa de prospecção e, por isto, nós o percorremos em diversos aspectos, ele está de uma vez só presente; ele é simultâneo, como um texto, e é notado nesta simultaneidade. Sem isto, não se daria a possibilidade de um tal percurso; só sabemos que algo precisa ser sondado de maneira ainda mais exata quando queremos percebê-lo e notá-lo como um todo.

Só há uma tal notação, quando não nos fixamos no particular, nem somos fixados por ele. É preciso ter um distanciamento em relação ao particular, de tal modo que não sejamos afetados e absorvidos por ele. É neste sentido que Aristóteles pode dizer sobre a razão que ela seria "sem que nada ocorra"[137]. Na medida em que ela acolhe *tudo*, ela precisa permanecer "sem mistura"[138] com aquilo que ela acolhe. Em sua essência, ela não é para ele outra coisa senão dotada de uma possibilidade ou possível[139].

---

136. Aristóteles, *Metafísica I*, 1; 980a 21-24.

137. Aristóteles, *De anima III*, 4; 429a 15: ἀπαθές.

138. Ibid., 18: ἀμιγῆ.

139. Ibid., 22: δυνατός.

Aristóteles não descreve aqui o pensamento respectivamente realizado, que é um pensar dinâmico (διάνοια)[140]. Ao contrário, ele descreve a sua possibilidade no sentido da primeira consumação: o νοῦς também é uma de suas cunhagens; mesmo ele não pode ser pensado como a contemplação atualmente realizada, θεωρεῖν, mas como o saber, ἐπιστήμη. A razão é a capacidade de apreender aquilo que pode ser pensado de maneira dinâmica.

Para Aristóteles, o pensamento é a forma (εἶδος). Em verdade, esta forma constitui a realidade daquilo de que a forma é forma, na medida em que ela é "a forma que é internamente"[141] e que deixa a coisa aparecer como aquilo que ela é. Não é desta maneira, contudo, que a razão apreende a forma – não como "o caráter arrebitado do nariz"[142], que também não pode ser pensado sem o nariz visível, passível de ser tocado. A forma notada na razão também não é a forma dada na percepção – não se trata da respectiva grandeza ou da respectiva água, mas daquilo que é o ser da grandeza ou da água[143]. O perceptível não atua sobre a razão; a razão depreende do perceptível as suas formas.

Se pudermos compreender as formas como significações puras, a razão é voltada com isto para o interior da linguagem; o discurso acerca daquilo "que é o ser da grandeza" pode ser facilmente reconhecido como uma variante da fórmula "aquilo-que-era-para-ser", τὸ τι ἦν εἶναι. Portanto, ele também designa aquilo que Aristóteles denomina εἶδος κατὰ τὸν λόγον, a saber, a determinação de uma coisa naquilo que ela é.

O fato de a razão ganhar validade em tais determinações precisaria se mostrar como elucidativo. A determinação de uma coisa continua se mostrando como complexa, quando a coisa é compreendida enquanto uma coisa singular e não no sentido platônico enquanto momento de um complexo significativo. A capacidade de distinguir os momentos de um complexo significativo e de mantê-los juntos em sua diversidade chama-se razão. Só há significação na pluralidade, ela só é determinada em estruturas; a razão apreende estruturas.

Não é apenas aqui, porém, que há razão, mas também na ação e no tempo. A razão é efetiva, quando o respectivo fazer se mantém junto com aquilo que é buscado, ou seja, na livre ligação a uma meta. Ela também é efetiva nas constelações do sentido, seja na compreensão de um fazer a partir de algo futuro ou passado, seja na consonância entre duas vivências, tal como Proust a descreve. Não há aqui significações puras lingüisticamente destacadas, mas acontece a correpondência entre duas vivências, de tal modo que elas se completam mutuamente e formam algo pleno de sentido. O acontecimento é temporal; sem que aconteça algo sensivelmente, ele não pode ser pensado. O fato de se notar o complemento é uma realização da razão. É somente na razão que ela está presente como complemento.

---

140. Ao pé da letra, διάνοια significa "pensar através de" (N.T.).

141. Aristóteles, *Metafísica VII*, 11; 1037a 29-30: τὸ εἶδος τὸ ἐνόν. Cf. acima p. 315s.

142. Aristóteles, *De anima III*, 4; 429b 14: τὸ σιμόν.

143. Ibid., 429b 10-11: τὸ μεγέθει εἶναι, [...] τὸ ὕδατι εἶναι.

Isto não seria possível, se a distância entre a vivência de agora e a vivência lembrada também não estivesse presente. O complemento, tal como Proust o descreve, atravessa o tempo. A distância está da mesma forma presente, quando aquilo que se faz ou se pensa fazer se encontra em uma ligação a algo que se busca. Sem que a distância enquanto tal estivesse presente e fosse experimentável como inteiramente mensurável na ação, não haveria nenhum planejamento e, antes de tudo, nenhuma certeza de se poder fazer algo. Por fim, a distância precisa estar presente enquanto tal, para que uma significação se destaque daquilo que nela é indicado e, assim, também possa entrar pela primeira vez em um complexo com outras significações. Sem a razão não podemos seguir mais além com uma palavra em sua significação e chegar a algo diverso que deve ser mostrado; sem ela, não há nenhuma transferência, e para tudo isto a abertura precisa estar presente. Portanto, a razão é determinada pelo próprio ao longe. A razão é a notação da diferença e daquilo que se mostra aí como mutuamente co-pertinente. A razão é um *sentido relacional* puro que se faz valer enquanto tal. Ela entrega a possibilidade de se comportar e é, deste modo, a primeira consumação da compreensão.

Se seguirmos Aristóteles, a existência do ao longe é causada na razão pela própria razão. Com certeza, o elemento efetivante é a razão em um outro aspecto. Em contraposição à razão dotada de potencialidades ou à razão possível, Aristóteles o determina como realidade[144] e denomina a sua atuação um produzir ou um provocar o surgimento de[145]. Há aqui uma clara orientação pelo modelo da τέχνη: a razão deve ser concebida em sua essência de acordo com o fato de haver na τέχνη a matéria acolhedora e, do mesmo modo, a causa eficiente que cunha nela a forma.

O que se tem em vista fica mais claro, quando Aristóteles, em uma clara ressonância com a assim chamada "alegoria do sol" da *República*[146], compara aquilo que provoca o surgimento de algo com a luz[147]; segundo ele, isto também transformaria "de certa maneira" as cores possíveis em cores reais[148]. O adendo "de certa maneira" esclarece-se pelo fato de Aristóteles se desviar aqui de uma definição da relação entre luz e cor que é desenvolvida por ele no segundo livro do *De anima*. Nesta definição, a luz é concebida como a realidade daquilo que é transparente[149]; logo que há luz, algo transparente como o ar ou a água se manifesta em sua transparência, enquanto sem a luz ele só é transparente segundo a possibilidade. A cor, por sua vez, é compreendida por Aristóteles como o visível[150], como aquilo que é realmente visto, quando ele movimenta o realmente transparente, de modo que

---

144. Ibid., 5; 430a 18: ἐνέργεια.

145. Ibid., 16: ποιεῖν.

146. Platão, *República*, 507b-509a.

147. Aristóteles, *De anima III*, 5; 430a 15: οἷον τὸ φῶς.

148. Ibid., 16-17: τρόπον γάρ τινα καὶ τὸ φῶς ποιεῖ τὰ δυνάμει ὄντα χρώματα ἐνέργεια χρώματα.

149. Aristóteles, *De anima II*, 7; 418b 9-10: φῶς δέ ἐστιν ἡ τούτου ἐνέργεια, τοῦ διαφανοῦς ᾗ διαφανές.

150. Ibid., 418a 26-27.

este pode colocar a capacidade de visão em movimento[151]. Se as coisas se comportassem de maneira análoga na razão, ela seria colocada em movimento por aquilo que é notado e, então, ela não poderia, tal como Aristóteles tinha firmado, ser "sem que algo ocorra". No entanto, como a razão é ao mesmo tempo determinada como capacidade, precisa haver algo que a traga para a realidade, sem que este algo seja efetivante em sentido estrito. O pensamento de que isto seria algo análogo à luz é concludente. Se não pensarmos em um raio de luz dirigido de forma ofuscante para os olhos, mas na claridade homogênea do dia, então podemos de fato dizer que a luz deixa realmente a capacidade de visão se dar; na luz, ela está desperta, enquanto no escuro ela repousa em sua possibilidade. De maneira correspondente, a razão seria transposta para a vigília por meio de algo análogo à luz; trata-se da abertura real, na qual algo pode ser notado, ou dito com Aristóteles: trata-se da própria razão, na medida em que entrega, dá aquilo que é passível de ser notado.

O que Aristóteles procura apreender aqui não é nem a relação entre duas cunhagens diversas da razão, nem a auto-relação de uma única razão que "afetaria" a si mesma e que se traria por meio daí à realidade. O que está em jogo é o *racional*, que vem ao encontro da razão com a notabilidade de algo. Algo só é notável porque é racional – assim como uma obra confeccionada de maneira artística pertence à arte. Isto não significa que precisaríamos retornar ao saber do produtor, para compreendermos aquilo que se apresenta contraposto como artístico. Aquilo que é artístico se encontra na arte e vem ao nosso encontro a partir dela. O mesmo se dá com o racional; ele é uma estrutura que, em sua notabilidade, provém do racional e co-pertence juntamente com o notar a uma razão exterior que abarca o notar.

O fato de Aristóteles pensar no divino em meio à menção à razão exterior está fora de dúvida; o fato de ela ser designada como imortal e eterna[152] fala inequivocamente a favor disto. O que se tem em vista é o fato de a razão também persistir quando, com a morte de um homem, desaparece a respectiva capacidade de notação. A capacidade pode surgir novamente, mas ela sempre se insere na mesma abertura que a deixa realmente ser. O sentido da idéia é o de que a realidade da razão vem de fora[153]; é somente em sua exterioridade que a razão é realmente razão.

O que foi desenvolvido também é válido para o mundo no sentido do espaço hermenêutico; há o mundo para capacidades de notação nele que chegam e passam. O mundo é a abertura da vida racional, a razão exterior, à qual a capacidade é tão "similar" quanto, segundo a *República* platônica, os olhos em relação ao sol como a fonte da luz que torna as coisas acessíveis. Com base nesta "similitude", razão e mundo não podem ser cindidos um do outro. A razão é abertura para o mundo. A razão não é *no* mundo; ela é tão mundana quanto o mundo é racional em sua abertura, de modo que, junto à razão, estado e encontrar-se-em-um-estado são coi-

---

151. Ibid., 419a 13-15.

152. Aristóteles, *De anima III*, 5; 430a 23: ἀθάνατον καὶ ἀΐδιον.

153. Aristóteles, *De generatione animalium* 736b 28: λείπεται δὴ τὸν νοῦν μόνον θύραθεν ἐπεισιέναι καὶ θεῖον εἶναι μόνον (citado segundo: Aristotelis opera, org. por Academia Regina Borisica, vol. 1, Berlim, 1831).

Sétimo capítulo: Vida

sas congruentes. Em verdade, nem tudo o que é no mundo é notado, mas o mundo é sempre notado; não um mundo, nem tampouco um recorte dele; o mundo está sempre aberto em suas três dimensões.

Isto implica o fato de a razão ser *desprovida de lugar*. Ela não é encontrável, não é localizável, mas só é reconhecível no modo como um ser vivo se comporta com base em sua notação do mundo. A ausência de lugar da razão pode ser reconhecida de maneira particularmente boa no fato de um ser vivo racional poder assumir diferentes perspectivas em relação a algo. Em verdade, quando o que está em questão são percepções, isto nunca é possível senão de maneira corporalmente vital; o lugar da vitalidade muda neste caso o seu lugar. No entanto, remonta à razão o fato de podermos manter uma perspectiva junto com a outra e já agora, em uma visão prospectiva, esta perspectiva estar em um lugar diverso de agora e do mesmo modo agora, em uma visão retrospectiva, em um lugar diverso de antes. Com um direito ainda maior é possível dizer que não há para nós o todo de um edifício, em torno do qual andamos para sondar os seus diversos lados, sem razão. O fato de nos movimentarmos em torno de um edifício e de o considerarmos a partir de diversos ângulos é um fato corporal vital; o fato de um todo emergir na ligação retida a algo é racional – não no sentido de uma realização "interior" da "subjetividade", mas no jogo tridimensional de liberdade, linguagem e tempo.

O exemplo também faz uma referência ao modo como a razão enquanto tal pode ganhar validade na vida: por meio do fato de sua ausência de lugar se destacar do caráter locativo do corpo vital. Como lugar, o corpo vital aparece inversamente apenas na abertura desprovida de lugar da razão. Os dois completam-se e, mesmo que seja possível fixar significações puras e não se ater provisoriamente a algo particular, que lhes é mostrado, vale para a vida o fato de ela ser ao mesmo tempo racional e vitalmente corporal. Considerada assim, a vida não é simplesmente uma forma de vida, mas possui uma composição estrutural feita a partir de diversas disposições e cunhagens, ela é uma *composição estrutural vital*.

§ 41: Composição estrutural vital

Nós já nos comportamos em relação a nós mesmos quando nos consideramos ou consideramos algo por si. Este algo pode ser esta mão que, segurando a caneta, corre a folha e associa uma linha à outra. A mão pode ser desenhada; Eduardo Chilida fez isto com freqüência. Ele continuou transpondo para mais além e variando a forma que, destacada e transposta, ele assim encontrou, por exemplo, nos "cumes do vento" (*Peine del viento*), que estão montados nas montanhas, na costa de São Sebastião[154]. Uma tal consideração, com ainda maior direito, o desenho da própria mão reconhecida como a própria, não é possível sem a razão. Para tanto, é necessário o afastamento, no qual esta mão se torna passível de ser conhecida em sua forma; e necessita-se daquela cesura que não é remontável a nada e que torna compreensível algo que é visto como algo visto.

---

154. Cf. Klaus Bussmann (Org.), Eduardo Chilida. *Hauptwerke* (Obras centrais), Mainz/ Munique, 2003. Fotografias dos cumes do vento 92-93. Desenhos da mão 148-149.

Com certeza, a consideração e mesmo o desenho da própria mão são um comportamento em relação a si. Todavia, o fato de eles serem um comportamento *em relação a si* não se torna compreensível apenas a partir da capacidade de considerar e de desenhar. A própria mão não se diferencia de uma outra coisa qualquer pelo fato de poder ser contemplada e desenhada. Quando consideramos o desenho de Chilida, não conseguimos mais saber, além disto, se o que estamos vendo é realmente a mão do artista. Os desenhos de Chilida aqui em questão chamam-se simplesmente "mão" (*Esku*). E mesmo que seja realmente a sua própria mão que ele considera e desenha, a sua forma transposta é de qualquer modo comparável com a forma de toda e qualquer outra mão. Ela possui, mais ou menos, a mesma forma. Portanto, a consideração sob o aspecto da forma e o desenhar podem ser faticamente um comportamento em relação a si. Não obstante, eles conduzem para além de si mesmos.

Se as coisas devessem ser diversas, o percebido precisaria permanecer ligado àquilo que ele percebe. Isto se dá, quando o percebido aparece ao mesmo tempo como percipiente ou como algo, com o que podemos perceber, ou seja, como órgão do próprio corpo físico. A mão considerada ou desenhada é uma mão, com a qual nós mesmos podemos agarrar algo. Se perseguirmos o modo como a mão, segurando a caneta, percorre o papel, então fica claro que ela é a nossa própria mão; nós escrevemos efetivamente "com ela". A apreensão da mão como um órgão mantém-se, vista a partir daqui, no ponto médio entre o distanciamento e a ausência de distanciamento; ela oscila entre as duas como entre duas possibilidades de consideração de um enigma figurado. Trata-se de "minha mão" e, contudo, eu posso considerá-la com distanciamento. Isto só acontece desta forma na abertura da razão porque a razão distingue as duas possibilidades e as tem diante de si em sua diferencialidade.

A possibilidade de apreender o próprio perceber ou poder perceber comunica-se a tudo aquilo que é percebido. O percebido enquanto tal não é percebido sem um conhecimento do perceber ou do poder perceber, e isto pode se fixar em um órgão. Neste caso, a consideração da mão é tanto uma consideração do perceber quanto a consideração de um percebido. Além disto, o artista que desenha a mão dá a conhecer o que é o próprio desenho; ele mostra de onde ele provém.

Se a mão não é mais apreendida apenas como algo percebido de uma forma determinada, mas também é apreendida como percipiente, ela vem duas vezes à tona: ela é fisicamente corpórea e pertence ao mesmo tempo ao corpo vital. Neste ponto, ela é tanto mais a mão própria, quanto mais ela é experimentada de maneira corporalmente vital. Na consideração aparece, então, a vitalidade, à qual ela pertence; com ela se mostra a possibilidade do escrever, do tocar ou do agarrar. No desenho, isto é conservado como o passado do desenhar. Assim, com o desenho, o artista que desenha a sua mão assume um comportamento em relação àquilo que ele faz. Na medida em que podemos ver no desenho o desenhar, o desenho pertence a um comportamento em relação a si mesmo.

Este comportamento ainda não está certamente concentrado em nós mesmos. Em verdade, ele é mais um comportamento em relação a si mesmo do que a consideração da própria mão em sua forma ou constituição; neste caso, a mão é

Sétimo capítulo: Vida

vista em sua vitalidade e não mais como uma outra coisa qualquer. No entanto, a vitalidade também pode aparecer junto a qualquer outra coisa além da própria mão. No desenho, que é um desenho feito à mão, vemos a possibilidade do desenhar. Em verdade, há um outro modo de saber o que é o tocar. Ele dá-se quando nós mesmos podemos fazer a experiência do tocar. Aqui, nós o sabemos de um modo diverso daquele em que conhecemos o vôo da gaivota e o arrastar-se silencioso da cobra. Nós compreendemos a vitalidade, porém, sem termos especialmente esta vitalidade que consideramos. De acordo com isto, esta compreensão da vida ainda não é nenhum comportamento inequívoco em relação a *si*. Nós mesmos somos co-visados, mas não expressamente visados.

As coisas comportam-se de maneira diversa, quando aquilo que é considerado, ou, dito de maneira genérica, aquilo que é experimentado, é uma ocorrência real ou possível ou um comportamento real ou possível. Nos dois casos precisamos ser expressamente visados. Mas também não podemos simplesmente tomar conhecimento disto. Ao contrário, ele obriga-nos a assumirmos sempre um comportamento em relação a ele. Somente um tal comportamento em relação a um comportamento é inequivocamente um comportamento em relação a si. O que está em questão aqui uma compreensão da vida, que não pode mais ser conquistada a partir de um outro. Ela consiste no próprio comportamento e está ligada a nós mesmos.

Nós precisamos explicitar este fato segundo vários aspectos. Em primeiro lugar, resulta da estrutura esboçada uma compreensão mais exata do pronome reflexivo "si", em relação ao qual se mostra o comportamento que precisa ser aqui esclarecido. A expressão não designa nada substancial – como se nós mesmos estivéssemos de alguma forma previamente dados e ainda pudéssemos nos comportar em relação a isto que é previamente dado[155]. Aquilo que poderia ser apreendido como previamente dado, o corpo físico ou o corpo vital, não é visado exatamente sob o ponto de vista do comportamento em relação a si como uma substância, mas apenas a partir da possibilidade do comportamento ou da ocorrência: ele é aquilo que é ameaçado ou afetado pela ocorrência, ou seja, o próprio ser ameaçado ou o ser afetado pela ocorrência. Do mesmo modo, ele é aquilo sem o que determinadas possibilidades de comportamento não subsistem, aquilo por meio do que elas são favorecidas, obstruídas ou, depois de terem subsistido antes, excluídas. Escapando de ameaças, às quais estamos expostos corporalmente, nós não nos comportamos em relação ao nosso corpo físico, mas em relação a nós mesmos. E restrições ou enfermidades próprias ao corpo físico não são para nós nenhum defeito em uma entidade passível de ser descrita em termos científico-naturais, mas ocorrências dolorosas e restrições do comportamento, ocorrências e restrições em relação às quais precisamos assumir por nossa parte um comportamento. Na idéia do comportamento em relação a si fica, então, novamente claro de uma maneira particular que não há na vida nada substancial. No comportamento "em relação a si", a vida se mostra muito mais como uma *composição estrutural vital* – como

---

155. Cf. Figal, *Lebensverstricktheit und Abstandnahme* (Enredamento vital e distanciamento).

uma composição estrutural, na qual transcorre um comportamento e mesmo um comportamento em relação a um comportamento.

Com a estrutura esboçada, nós nos deparamos com uma nova compreensão da vitalidade. A vitalidade não aparece agora simplesmente como uma conjunção de ocorrência e comportamento, tal como Aristóteles a tinha elaborado a partir da percepção. Ao contrário, sob o ponto de vista do comportamento, a vitalidade aparece muito mais encurtada, nós poderíamos mesmo dizer "internalizada", de modo que se poderia falar juntamente com Kierkegaard de uma "relação que consigo mesma se relaciona" ou do fato de uma "relação se relacionar consigo mesma"[156].

Isto não significa, porém, que a vinculação do ser vivo a algo diverso seria com isto suspensa ou extinta. Antes como depois, o efeito sobre algo diverso, assim como o efeito produzido por algo diverso continuam subsistindo. Com certeza, este efeito é determinado e eventualmente até mesmo sobreposto pela relação indicada com a formulação kierkegaardiana. O que se poderia denominar a interiorização da vida precisa ser compreendido como uma tal sobreposição. Há uma possibilidade de assumir um comportamento na exterioridade da vida, ou, mais exatamente, na estrutura da vitalidade, que não se apresenta sem o exterior. Nós nos encontramos em meio às coisas, mas quase não conseguimos mais vê-las, pois estamos lidando "conosco".

Para mostrar o que isto significa mais exatamente, nós deveríamos começar por um comportamento em relação a si mesmo, que ainda está livre da sobreposição "internalizante". Somente assim pode ficar claro como é que o comportamento em relação a si mesmo se insere na vitalidade que, segundo a sua essência, se mostra como exterior. É somente a partir daqui que se torna compreensível a sobreposição da essência exterior enquanto tal.

A descrição da vitalidade sob este ponto de vista pode se articular com a *República*, mais exatamente, com as passagens, nas quais Sócrates trabalha a estrutura da vitalidade humana de um tal modo, que ela passa a poder formar o ponto de partida para todas as concepções ulteriores do problema. A discussão da ψυχή na República é motivada pela pergunta acerca de sua articulação. Na resposta a esta pergunta fundamenta-se aquilo que Aristóteles já pressupõe – o fato de precisarmos compreender a vitalidade como uma pluralidade definida e, mais exatamente, como uma composição estrutural de diversas possibilidades vitais. Enquanto Aristóteles considera, contudo, estas possibilidades antes de tudo por si, o que está em questão na descrição platônica é justamente a sua diversidade e a sua conjunção tensa. É só com isto que surge a possibilidade de um comportamento em relação a si.

O argumento que Sócrates torna vigente para a articulação da ψυχή repousa sobre a necessidade de tomar de maneira absolutamente desprovida de contradições cada uma de suas determinações: segundo ele, é claro que o mesmo não pode

---

156. Sören Kierkegaard, *Sygdommen til Doden. En christelig psychologisk Udvikling til Opbyggelse og Opvaekkelse af Anti-Climacus* (A doença para a morte. Uma discussão psicológica cristã de Anti-Climacus para a edificação e o despertar), SV XI, Kopenhagen, 1905, p. 111-241, aqui p. 128.

Sétimo capítulo: Vida

produzir e sofrer o mesmo ao mesmo tempo, sob o mesmo aspecto e com vistas ao mesmo[157]. Se não acolhêssemos esta forma do princípio de não-contradição – aliás, a sua forma mais antiga –, então algo precisaria ser determinado ao mesmo tempo como ele mesmo e como o seu contrário. Para a vitalidade do homem, isto significa concretamente o seguinte: desejar algo e não desejar algo não pode remontar sob o mesmo aspecto à mesma possibilidade de vida. E se desejo e intelecção se contradizem mutuamente, por exemplo, na medida em que reconhecemos algo com o que sentimos prazer, então isto aponta para as diversas "partes" da vitalidade. Não podemos pensar estas "partes" como elementos construtivos destacados uns dos outros. A ψυχή não é nada que possa ser previamente encontrado como um ente. A composição estrutural vital, que a ψυχή é, só se mostra no respectivo modo de vida – no fato de alguém conseguir ou não fazer valer de maneira consonante todos os momentos da composição estrutural vital.

A idéia de uma composição estrutural vital é elucidativa, se a vitalidade tender em si mesma fundamentalmente para o conflito; no conflito, as diversas forças vitais se mostram em sua diversidade. E se o conflito está fundado na estrutura da própria ψυχή, a possibilidade do conflito permanece insuperável. A conjunção das forças vitais nunca pode ser senão um equilíbrio ameaçado, que sempre precisa ser uma vez mais encontrado.

O fato de as coisas se mostrarem deste modo fica claro a partir da caracterização das forças vitais que é desenvolvida por Sócrates. Já a primeira distinção, basilar para todas as distinções ulteriores feitas por Sócrates, é a distinção própria a uma oposição; trata-se da oposição entre concordar – literalmente: balançar a cabeça em sinal de concordância (ἐπινεύειν) – e recusar – literalmente: levantar a cabeça em sinal de recusa –, ou seja, entre sim e não. Estas duas possibilidades são diversas – fundamentalmente diversas. No entanto, elas só o são, quando o não não pode ser compreendido como um sim escamoteado, mas não é outra coisa senão um não. É exatamente assim que ele é compreendido por Sócrates. O sim é um visar a algo, um alcançar algo (ἐφίεσθαί τινος λαβεῖν) e um atrair para junto de si (προσάγεσθαι), o não, uma recusa (ἀπαρνεῖσθαι) e uma repulsa (ἀπωθεῖσθαι)[158].

A distinção fundamental assim explicitada pode ser agora elucidada com referência a diversas forças vitais. Enquanto possibilidades da concordância, Sócrates denomina os desejos (ἐπιθυμίαι), o estar disposto (τὸ ἐθέλειν) e o querer (τὸ βούλεσθαι)[159]. Em contraposição a estas possibilidades, temos como cunhagens

---

157. Platão, *República* 436b: Δῆλον ὅτι ταὐτὸν τἀναντία ποιεῖν ἢ πάσχειν κατὰ ταὐτόν γε καὶ πρὸς ταὐτὸν οὐκ ἐθελήσει ἄμα.

158. Ibid., 437b.

159. Dihle explica a distinção entre ἐθέλειν e βούλεσθαι, na medida em que define o primeiro como um "estar disposto", como um "estar preparado" e, o outro, como o "planejamento compreensivo que antecede à ação" (Albrecht Dihle, *Die Vorstellung vom Willen in der Antike* – A representação da vontade na Antiguidade, Göttingen, 1985, p. 3). Considero fraca a explicitação do βούλεσθαι. No querer há mais do que apenas planejamento.

406 Oposicionalidade – O elemento hermenêutico e a filosofia

da recusa o não querer (ἀβουλεῖν), o não estar disposto (τὸ μὴ ἐθέλειν) e o não desejar (τὸ μηδ' ἐπιθυμεῖν)[160].

Já estas designações por si mesmas deixam claro que a descrição da composição estrutural da vida está orientada pelas forças vitais concordantes; as forças que lhe são opostas são definidas de início apenas negativamente. Apesar disto, contudo, a recusa não pode ser nenhuma denegação: enquanto tal, seria muito difícil que ela se colocasse contra a força vital que tem algo por meta e se apossa de algo. Esta é uma força vital de um tipo próprio, a saber, a força de refletir (λογιστικόν)[161]. Ela só se mostra como efetiva, na medida em que a consideramos a partir do desejar. Sua realização peculiar não é outra senão fixar um estado de coisas, por exemplo, o estado de coisas de acordo com o qual, apesar de nosso apetite permanecer o mesmo, não seria bom continuar comendo. Logo que compreendemos isto ou que isto chega uma vez mais à consciência, esta força vital existe, independentemente de se o desejo pode ser determinado por meio dela ou de se ele ao menos pode ser perturbado por ela. Ela existe e, neste ponto, ela se distingue do movimento em direção a algo, no qual a força do desejo possui a sua realidade. Falta-lhe o caráter performativo do desejar. Isto faz com que ela possa ser cindida do desejar por um limite estrito.

Se estamos vindo de Aristóteles, a idéia é estranha. O que está em questão não é a distinção entre um comportamento racional, uma vez que refletido, e um comportamento irracional, uma vez que impulsivo; e este fato encontra-se em contraste com a convicção que se tornou familiar de que a reflexão poderia ser diretriz na própria força vital impulsionadora – dito em termos aristotélicos: na aspiração a (ὄρεξις). Neste sentido, Aristóteles pode distinguir entre desejar (ἐπιθυμία) e querer (βούλησις) e dizer do querer que ele emerge na força reflexiva, enquanto o desejar provém daquilo que é desprovido de reflexão[162]. No sentido da distinção platônica, seria preciso contrapor a isto o fato de uma reflexão que atua na própria aspiração dizer respeito, em verdade, ao caráter intencional, mas nunca à racionalidade da aspiração: uma reflexão por assim dizer intrínseca à aspiração não pode assegurar esta racionalidade. A aspiração àquilo que é agradável, uma aspiração como a qual Aristóteles define o desejar[163], poderia ser bem refletida e, apesar disto, estar dirigida apenas para aquilo que é agradável, ou seja, ser finalmente irracional (ἄλογος). Aristóteles não invalida realmente esta objeção. Em verdade, ele também vê um conflito entre desejo e reflexão, mas só reporta este conflito à experiência temporal, explicitando-o como tensão entre a vinculação ao instante e a antevisão; a razão ordena uma direção do comportamento por causa do que está por vir, o desejo por causa do que está presente[164]. Com certeza, o que está por vir também

---

160. Platão, *República*, 437 b-c.

161. Ibid., 439d.

162. Aristóteles, *De anima III*, 9; 432b 5-6: ἐν τε τῷ λογιστικῷ γὰρ ἡ βούλησις γίνεται, καὶ ἐν τῷ ἀλόγῳ ἡ ἐπιθυμία.

163. Aristóteles, *De anima II*, 3; 414b 5-6.

164. Aristóteles, *De anima III*, 10; 433b 5-8.

Sétimo capítulo: Vida

pode ser algo meramente agradável, de modo que a reflexão permaneceria submetida ao desejo, ao invés de corrigi-lo.

Por outro lado, também não podemos duvidar seriamente da possibilidade da reflexão que é destacada por Aristóteles. O fato de haver uma distinção entre o desejo impulsivo e o agir refletido se mostra por fim como elucidativo. Na concepção platônica da vitalidade, esta distinção também não é negada. A reflexão, porém, não é imputada à força vital impulsionadora, tal como acontece em Aristóteles. Ao contrário, há aqui um terceiro elemento[165] entre a força vital impulsionadora e a força vital que recusa. Este terceiro elemento constitui o fato de entre as duas outras forças não existir apenas uma oposição, mas uma tensão que é vivida enquanto tal.

Sócrates justifica a sua suposição de que haja um terceiro elemento neste sentido por meio da referência a uma força que entra por vezes (ἐνίοτε) em choque contra o desejo. Esta força atua como um contramovimento, como um impulso que se volta contra o desejo. De início, esta força é denominada θυμός[166], um pouco mais tarde θυμοειδές, "aquilo que possui o modo de ser do *thymos*"[167]; e isto com certeza a fim de marcar a diferença ante a significação tradicional de θυμός como uma vitalidade, que se comprova em fortes emoções vitais, em emoções vitais mesmo desejantes[168]. Enquanto força vital, aquilo que é denominado θυμοειδές não é senão semelhante a esta vitalidade e, em verdade, na aparição. Ele deseja algo, é uma expressão tal como a ira. No entanto, isto se dá a partir de um fundamento racional, sem que ele seja racional em seu modo de aparição. Ele faz-se valer, na medida em que surge impulsivamente contra a força vital impulsionadora, transformando-se, assim, em um aliado da reflexão[169], sem ser ele mesmo certamente reflexão. Ele é uma força vital *que detém*, uma força cuja veemência se encontra a serviço da retenção, de um momento retardador, que deve e pode auxiliar as constatações da reflexão a se tornarem efetivas. Isto é possível porque ele é, em verdade, uma emoção vital, mas não está ligado de maneira desejante a algo e, por isto, também não é impulsionador. Do mesmo modo que a diferenciação ante o desejo, a proximidade em relação a ele também se encontra presente na palavra grega. Ἐπιθυμία designa o θυμός em direção a algo; trata-se do θυμός dotado de uma direção.

O foco secreto de toda a discussão é certamente o fato de esta direção ser difusa. A determinação positiva do estar disposto, do desejar e do querer ilude; o impelir para frente, o querer intervir e o apossar-se de não possuem por si mesmos nenhuma meta, por mais intencional que a sua realização possa ser. Eles nos tocam por-

---

165. Platão, *República* 439e: τρίτον.

166. Ibid.

167. Ibid., 440e.

168. Snell aponta para a proximidade entre θυμός e ψυχή. A partir daí também é possível traduzir θυμός por "vitalidade". Cf. Snell, *A descoberta do espírito*, p. 19-21.

169. Platão, *República* 440b: σύμμαχον τῷ λόγῳ.

408 Oposicionalidade – O elemento hermenêutico e a filosofia

que surgem "de ocorrências e doenças"[170]; eles provêm de um dano, de modo que a sua força se deriva da tentativa de consolidação. Na melhor das hipóteses, porém, eles só conseguem alcançar por si mesmos esta consolidação de maneira casual.

O modo como precisamos compreender isto mais exatamente é desenvolvido no *Filebo*. Aí, a referência às "ocorrências e doenças" é resgatada por meio de uma definição da dor (λύπη). A dor surge, quando a harmonia nos seres vivos e, com ela, ao mesmo tempo também a natureza, são dissolvidas[171]; dor é um estado *em* um estado; algo na vida perde a sua organização e, então, nós colocamos todo o nosso empenho em reencontrar a ordem.

No *Filebo* parece haver um critério claro para dizer se esta tentativa teve ou não sucesso. Na medida em que a ordem é restabelecida, surge prazer[172]. Esta definição, porém, não pode ser invertida. Em verdade, não há prazer sem ordem. Todavia, não é sempre quando o prazer surge que a ordem danificada é restabelecida. Isto se dá porque o restabelecimento não é pensável sem expectativa[173]; o estado ao qual se aspira precisa estar de alguma forma presente. A expectativa, contudo, já é em si agradável, assim como a expectativa de algo doloroso já é ela mesma dolorosa[174]. Por isto, o desejar ou o querer guiados por uma tal expectativa podem seguir em uma direção que apenas promete um restabelecimento do estado ordenado. As coisas só se comportam de maneira diversa sob uma condição: nós precisamos ter encontrado ou mesmo simplesmente tomado conhecimento do estado ordenado por meio de uma reflexão. Neste caso, é possível que também se deseje ou queira o que é correto. Mas isto não está garantido. A concretização do correto pode estar ligada a uma renúncia ao que é atualmente agradável e até mesmo a um desgosto passageiro. No entanto, como o desejar e o querer são determinados pela expectativa agradável, a coisa prossegue na falsa direção. Na realização que eles são, eles não podem escapar desta direção. Uma alteração de direção só poderia surgir de uma outra força vital, a saber, daquela força que se revolta impulsivamente contra o desejar e o querer porque é penetrada por aquele conhecimento do correto e, no seu protesto, supõe este conhecimento.

Agora é possível determinar de maneira resumida a composição estrutural vital, tal como Platão a tornou compreensível. A composição estrutural vital é a co-pertinência entre ligação e realização e um terceiro elemento, que traz à validade na realização aquilo ao que se está ligado. Neste caso, a ligação implica algo afastado; nela, algo é constatado em sua estrutura e permanece do modo como ele foi constatado. Ele foi mostrado e mostrou-se a partir do afastamento daquilo que se mostra. Em contrapartida, a realização tem o caráter da atenuação do distancia-

---

170. Ibid., 439d: τὰ δὲ ἄγοντα καὶ ἕλκοντα διὰ παθεμάτων τε καὶ νοσημάτων παραγίνεται.

171. Platão, *Filebo* 31d: Λέγω τοίνυν τῆς ἁρμονίας μὲν λυομένης ἡμῖν ἐν τοῖς ζῷοις ἅμαλ ύσιν τῆς φύσεως καὶ γένεσιν ἀλγηδόνων ἐν τῷ τότε γίγνεσθαι χρόνῳ.

172. Ibid.: Πάλιν δὲ ρμοττομένης τε καὶ ἐς τὴν αὑτῆς φύσιν ἀπιούσης ἡδονήν.

173. Ibid., 32c: προσδόκημα.

174. Ibid.

Sétimo capítulo: Vida

mento; algo está longe e nós queremos aproximá-lo; assim compreendida, a realização é antes de tudo no tempo. Por isto, precisamos do terceiro elemento, que permanece à distância na realização e que entrega, com isto, ao afastamento o seu direito. Ele é aquilo que retém e que faz valer no movimento da realização o caráter tranqüilo da constatação, na medida em que retarda, apresenta uma objeção ou simplesmente põe termo a algo. Ele vive do caráter lingüístico da ligação e a partir do afeto temporal contra o desejo e a vontade. Nele, porém, vive antes de tudo o sentido da liberdade, pois ele não é simplesmente livre como a intelecção contemplativa, mas traz a liberdade à validade.

A partir daqui também se torna compreensível o que é o comportamento em relação a si. Ele emerge da harmonia das forças vitais, de tal modo que a sua composição estrutural ratifica ou é desfigurada pela inversão das relações naturais. Uma dissolução da composição estrutural não é possível; ela equivaleria à dissolução da própria vida. Todavia, a ordem pode ser perturbada ou danificada. Um ser vivo não *é*, mas se encontra no jogo do ser, ou seja, no jogo de duração e devir, de perecer e ser. A ordem concretizada, que o ser vivo pode ser, sempre veio a ser; ela é um "ser que veio a ser"[175], tal como se encontra formulado no *Filebo*. No entanto, ela sempre é também, por isto, atenuação de ser e perda de ser. Isto condiciona a exigência por restabelecimento que é própria ao desejo e à vontade. No desejar e no querer, nós assumimos um comportamento em relação à ordem da própria vida e, neste sentido, em relação a nós mesmos.

Mas desejar e querer são sem inteligibilidade; olhando apenas para eles, nada é sabido. Por isto, eles não têm condições de encontrar por si mesmos o estado ao qual aspiram. Eles só o encontram por acaso ou se perdem. Esta última possibilidade coloca em jogo a força vital que retém ou que põe termo, uma força que se coloca no sentido da inteligibilidade contra o desejo e a vontade. Também há aqui um comportamento em relação a si.

Em contrapartida, a intelecção permanece neutra de uma forma peculiar. Ela constata e se mostra neste ponto mais como o médico que diagnostica uma doença como perturbação da ordem natural do corpo e a define assim a partir desta ordem do que com aquele que é afetado pela doença. Aquilo que é constatado aqui como ordem e como perturbação não precisa concernir a nós mesmos, mas pode ser o caso junto a qualquer um outro. A intelecção é indolor. Somente o desejo e a vontade que impelem para fora do estado constatado pela intelecção e que assumem aí um comportamento em relação à ordem da própria vida são afetados pela dor. É somente a partir daqui que a própria intelecção também pode se mostrar como dolorosa, algo que vem à tona por vezes de um tal modo que não "queremos" admitir a intelecção. No entanto, de maneira diversa da que se dá com o desejo e a vontade e mesma da que diz respeito à força vital que retém, a intelecção não equilibra nenhum conflito. Na intelecção não há nenhum comportamento em relação a si.

Por conseguinte, o comportamento em relação a si mesmo está ligado ao conflito no interior da composição estrutural vital. Enquanto a ordem da vida não é

---

175. Platão, *Filebo* 27b: γεγενημένη οὐσία.

410   Oposicionalidade – O elemento hermenêutico e a filosofia

perturbada ou danificada, não se precisa assumir um comportamento em relação a si. O "si" não possui aqui a sua significação senão na reflexão; ele só vem à tona, quando um rasgo atravessa a composição estrutural vital. Fala a partir do comportamento em relação a si uma falta; com ela tornam-se manifestas a perda ou a privação de preenchimento e plenitude.

§ 42: Falta e plenitude

O interesse pelo conflito das forças vitais cresce com o interesse pelo comportamento em relação a si. Se compreendermos a vida humana *essencialmente* como comportamento em relação a si, o conflito precisa se encontrar no centro da consideração. Sob a pressuposição de que o homem seria uma "relação que consigo mesma se relaciona"[176], Kierkegaard descreve o homem deste modo, como se o conflito fosse duradouro. Segundo a convicção de Kierkegaard, não há nada humano que conduza para além do conflito, e este conflito existe mesmo quando não vivenciamos as forças vitais em choque, mas quando a vida se encontra aparentemente "em segurança e tranqüilidade". Se a vida enquanto tal está em conflito, este conflito já precisa estar aí desde sempre. Este fato torna-se conhecido, tal como Kierkegaard pensa, na experiência fundamental da angústia. A angústia dá a conhecer o fato de a segurança e a tranqüilidade se mostrarem como um estar à espreita próprio ao conflito, que pode irromper a qualquer momento. "Toda imediatidade", portanto, todo estado que ainda não seja nenhum comportamento em relação a si reconhecível, seria "angústia apesar de sua segurança e tranqüilidade imaginadas e, por isto, inteiramente conseqüente na mais temerosa angústia diante do nada"[177], ou seja, "diante" do indeterminado do comportamento em relação a si que ainda não foi desenvolvido.

Em *Ser e tempo*, Heidegger procede de uma maneira diversa da de Kierkegaard na execução, mas se mantém no mesmo âmbito quanto ao fundamental, ao ver como impassível de ser aplacada e, deste modo, como duradoura a contenda entre propriedade e impropriedade. O comportamento em relação a si, que é compreendido aqui como comportamento em relação ao próprio ser, é o ajuste do conflito entre ser si mesmo e decadência no mundo, um conflito no qual o caráter de possibilidade do ser-aí sempre impele uma vez mais para a fuga em direção à suposta realidade e, conseqüentemente, no qual esta fuga também precisa ser con-

---

176. Para a determinação destas definições cf. Michael Theunissen, *Das Selbst auf dem Grund der Verzweiflung* (O si próprio sobre a base do desespero), Frankfurt junto ao Main, 1991. Além disto: Figal, *Lebensverstricktheit und Abstandnahme* (Enredamento vital e distanciamento); Tilo Wencke, *Kierkegaard: eine philosophische Einführung* (Kierkegaard: uma introdução filosófica), Stuttgart, 2003.

177. Kierkegaard, *Sygdommen til Doden* (A doença para a morte), SV XI, p. 139. A tradução segue aqui a tradução alemã feita por Emanuel Hirsch in: Sören Kierkegaard, *Die Krankheit zum Tode. Der Hohepriester, der Zöllner, die Sünderin*, Obras conjuntas, Seção 24/25, Düsseldorf 1957, p. 1-134.

Sétimo capítulo: Vida

quistada com suor em uma "inversão". Ou, dito na terminologia de Heidegger: o descerramento do ser-aí transcorre no ajuste entre fechamento e decisão[178].

A orientação pelo comportamento em relação a si é em verdade uma condição necessária, mas não o fundamento do fato de o conflito ser pensado nos dois casos como duradouro. Ao contrário, para a suposição de sua duração, o conflito tem de ser pensado de um tal modo que nada conduza para além dele. Tanto em Kierkegaard quanto em Heidegger isto acontece pelo fato de a idéia da vontade estar colocada no centro. Para Kierkegaard, o comportamento em relação a si é "desespero" porque algo que não pode ser colocado em segurança e tranqüilidade deve alcançar nele "segurança e tranqüilidade". Querer algo assim é ou bem uma tentativa de controlar a composição estrutural da vida, ou bem um ímpeto para sair do conflito no interior da composição estrutural da vida. Deste modo, o desespero consiste ou bem no fato de querermos desesperamente ser nós mesmos, ou bem no fato de querermos desesperadamente nos ver livres de nós mesmos, sendo que uma coisa é condicionada pela outra. Nós só podemos querer desesperadamente ser nós mesmos, na medida em que não queremos ser aquilo que somos; e só podemos querer desesperadamente não ser nós mesmos, na medida em que *nós mesmos* não queremos ser nós mesmos e, assim, porém, o queremos uma vez mais[179]. A fuga para a suposta segurança do mundo, tal como Heidegger a descreve, também é uma tentativa volitiva de não querer ser si mesmo. E mesmo que esta fuga seja condicionada pela tonalidade afetiva da angústia e seja quebrada pelo "chamado" da consciência, as duas coisas passariam sem deixar conseqüências, se não quiséssemos ser tocados pela consciência. Em verdade, Heidegger concebeu a decisão em *Ser e tempo* segundo o modelo da ἐποχή husserliana. Todavia, Heidegger só consegue pensar a obrigatoriedade do distanciamento em relação ao mundo, que é fornecida pela ἐποχή, como um "querer-ter-consciência"[180]. Mesmo o "salto" para o interior da crença, que Kierkegaard compreende como uma saída do desespero, é um último ato de vontade, que conduz para além do querer-ser-si-mesmo. A metáfora do salto deixa este fato suficientemente claro.

Kierkegaard e o autor de *Ser e tempo* não se acham sozinhos nesta orientação pelo conceito de vontade. Ao contrário, eles articulam, cada um à sua maneira, uma convicção dominante na filosofia moderna, que Schelling formulou programaticamente para todos aqueles que vieram depois dele. Não há, escreve Schelling em seu ensaio sobre a essência da liberdade humana, "na instância derradeira e suprema nenhum outro ser senão o querer": "O querer é o ser originário"[181]. Foi por meio de Schopenhauer e de Nietzsche que esta convicção produziu o seu efeito mais persistente. O Heidegger que se tornou um crítico da vontade a vê como o

---

178. Figal, *Fenomenologia da liberdade*, § 8, p. 190-269.

179. Kierkegaard, *Sygdommen til Doden* (A doença para a morte), SV XI, p. 133-134.

180. Heidegger, *Ser e tempo*, GA 2, p. 407.

181. Schelling, *Investigações filosóficas sobre a essência da liberdade humana e sobre os objetos que estão associados a isto* (1809), Sämtliche Werke, org. por K.F.A. Schelling, I. Seção, vol. 7, p. 350.

412 Oposicionalidade – O elemento hermenêutico e a filosofia

centro do pensamento no fim da metafísica, e, com isto, não apenas como o centro do pensamento filosófico, mas também da modernidade em geral. A metafísica, tal como Heidegger a compreende, não termina nos últimos fragmentos nietzschianos dedicados à "vontade de poder", mas na revolução técnica, tal como esta se tornou efetivamente apreensível por meio das descrições de Ernst Jünger. Jünger, assim escreve Heidegger nas anotações que ele dedicou ao grande ensaio *O trabalhador*, substitui o "título predeterminado pela tradição da metafísica alemã desde Leibniz", o título "vontade de poder", "pela designação mais adequada ao nosso século, a designação 'trabalho'"[182].

Nas sentenças de Schelling, este desenvolvimento é antecipado sem intenção. Elas são pensadas como uma formulação da intelecção normativa para o "idealismo" ou, mais exatamente, para o pensamento do jovem Fichte, que se articula no conceito fichtiano de uma "ação transformada em ato". O querer, assim nos diz Schelling, é o "ser originário", na medida em que com ele se ajustam todos os predicados emprestados ao ser como com nenhuma outra coisa: "Ausência de fundamento, eternidade, dependência do tempo, auto-afirmação"[183]. Inversamente, porém, todos os predicados que são válidos para o querer também podem ser aplicados ao "ser". Assim, aquilo que foi um dia chamado de "ser" recai em um movimento inconcluso, impossível de ser concluído. Ele não é mais a realidade em si consumada, uma vez que se encaminha apenas para si mesma e chega a si, a realidade que ainda existia para o aristotélico Hegel. Aquilo que se tinha denominado "ser" é agora um *poder*, que ganha validade enquanto tal no movimento e na transformação; ele é um *impelir* a algo e para além de algo; e como ele só pode se ratificar em manifestações sempre novas, ele aponta para aquela *elevação* que Nietzsche concebe com a fórmula da "vontade de poder".

Em suas determinações da vontade, a moderna metafísica da vontade concorda com Platão. Ela compartilha com ele a convicção de que a vontade não é teleológica, mas, tal como Schopenhauer o formula, um "impulso cego"[184]. Não há como pensar que esta concordância tenha acontecido por acaso. Ao contrário, ela é muito mais o resultado de uma leitura minuciosa de Platão – tanto em Schopenhauer quanto em Nietzsche, cuja concepção da vontade de poder não seria senão muito difícil de ser pensada sem as análises correspondentes na *República* e não menos no *Górgias*[185].

---

182. Heidegger, *Zu Ernst Jünger* (Sobre Ernst Jünger), org. por Peter Trawny, Frankfurt junto ao Main, 2004, p. 226.

183. Schelling, *Investigações filosóficas sobre a essência da liberdade humana*, Sämtliche Werke, I. Seção, vol. 7, p. 350.

184. Schopenhauer, *O mundo como vontade e representação*, § 34; Obras reunidas de Artur Schopenhauer, org. por Julius Frauenstädt, segunda edição, Leipzig, 1877, segundo volume, *O mundo como vontade e representação* (a seguir: SW II), p. 212.

185. Cf. o apêndice *Socrates, Callicles, and Nietzsche*, in: Plato, *Gorgias*. A revised text with introduction and commentary by E.R. Dodds, Oxford 1959.

Sétimo capítulo: Vida

Todavia, mesmo um pensador tão crítico da vontade quanto Schopenhauer não deduz da determinação platônica da vontade o fato de o conceito não servir como conceito diretriz de um pensamento crítico da vontade, mas ainda atribui à própria vontade a superação da vontade. No que a vontade se "objetiva" no conhecimento, ela deve poder se transformar no "quietivo da vontade e provocar o fato de a vontade suspender livremente a si mesma"[186]. Mesmo Heidegger fala de um querer do não querer[187], e Nietzsche também considera possível uma auto-aquietação da vontade com o pensamento do eterno retorno do mesmo, que é propriamente um ato de vontade.

A resposta à pergunta sobre por que isto não conduz a nenhuma solução foi dada por Platão com a sua definição do desejar e do querer; Aristóteles acolheu esta definição e variou-a de maneira tão clara quanto lacônica. Nós só podemos querer aquilo que pode ser de outro modo e este poder-ser-de-outro-modo não cessa com o querer; aquilo que é querido também pode ser uma vez mais de outro modo, ou seja, ele pode ser objeto de um querer. Assim, porém, o querer nunca chega ao fim. Só se pode querer, enquanto algo se encontra de fora que, como algo que se encontra de fora, só é visualizado a partir do querer como passível de ser transformado ou como algo que importa deter, apropriar. Só se precisa querer, onde existe uma falta; desejar e querer são determinados por meio do defeito e a permanência do querer não é outra coisa senão a permanência da falta.

Neste âmbito, aquilo que pode se tornar objeto do querer está por outro lado simplesmente presente. Ele precisa ser reconhecido naquilo que ele é, para que possa ser efetivamente considerado sob o ponto de vista da transformação. Este conhecimento o deixa assim como ele é e lhe faz jus neste ponto. A falta, que impele o querer para a frente, não é a falta inerente ao mundo, mas apenas a falta própria a um ser vivo que se deslocou para o querer. Algo só precisa se transformar em um outro, quando "me" falta ou "nos" falta algo; tomado por si, tudo poderia permanecer tal como é. Sob o ponto de vista do querer, tudo se transforma tendencialmente em falta inerente à própria vida. Quanto mais se quer, tanto mais o mundo se torna um estado abrangente do mundano vital; ele recai na imanência de um comportamento universal em relação a si.

Em contrapartida, todo comportamento conduz para o lugar, onde já se está antes de todo comportamento em relação a si mesmo: eles conduzem para fora, para o mundo das coisas. Eles ratificam e renovam aquela única ligação, na qual a realização do desejo e da vontade possui um sentido. E na medida em que o conhecimento não caiu ele mesmo sob o domínio do querer, ele ratifica a plenitude das coisas. Corresponde a esta plenitude a sua apresentação. Nela, as coisas per-

---

186. Schopenhauer, *O mundo como vontade e representação*, § 54; SW II, p. 336.

187. Heidegger, Αγχιβασίη. *Ein Gespräch selbst tritt auf einem Feldweg zwischen einem Forscher, einem Gelehrten und einem Weisen* (Αγχιβασίη. Um diálogo mesmo acontece no caminho do campo entre um pesquisador, um erudito e um sábio), in: *Feldweg-Gespräche* (Diálogos no caminho do campo – 1944/1945), GA 7, org. por Ingrid Schüssler, Frankfurt junto ao Main, 1995, p. 1-159, aqui p. 78, também em particular p. 106.

manecem o que são; elas permanecem afastadas. Justamente por isto, não estamos cindidos delas.

Isto ainda é mais válido para as coisas contrapostas que são os principais correlatos da apresentação, ou seja, da interpretação e, com isto, da compreensão. Em seu encontrar-se contrapostas, elas nos recordam da originariedade da vida que eclodiu e se destacou como algo originário a partir da conexão das coisas. Ao mesmo tempo, porém, a atenção para elas nos increve na conexão das coisas. No comportamento em relação às coisas contrapostas, o estado da vida humana e o seu encontrar-se-em-um-estado são postos em suspenso. A ligação às coisas contrapostas é uma intensificação do sentido. E como as coisas contrapostas são intensificações do mundo das coisas, este mundo das coisas encontra-se com elas da maneira mais intensa possível em meio ao mundo da vida. Por isto, elas são um corretivo contra a imanência que ameaça este mundo da vida a partir de sua essência. Não é o homem que é a medida de todas as coisas. Justamente na medida em que as próprias coisas contrapostas recusam toda resposta e em que recusam sobretudo uma derradeira resposta, elas fornecem uma medida na qual o homem pode ter clareza quanto à sua exterioridade. Como a exterioridade da vida se intensifica com elas, elas nos deixam ser abertos no mundo e descobrir sempre uma vez mais o sentido em toda vida humana da contemplação e da apresentação. Trata-se de um sentido mediador para além daquilo que é apenas humano.

Bibliografia

ABEL, Günter, *Interpretationswelten. Gegenwartsphilosophie jenseits von Essentialismus und Relativismus*, Frankfurt junto ao Main 1993.

_____ *Die Dynamik der Willen zur Macht und die ewige Wiederkehr*, Berlim/New York 1984.

ADORNO, T.W., *Negative Dialektik* (Dialética negativa), Gesammelte Schriften 6, org. por Rolf Tiedemann, Frankfurt junto ao Main 1973.

_____ *Ästhetische Theorie* (Teoria estética), Gesammelte Schriften 7, org. por Rolf Tiedemann, Frankfurt junto ao Main 1970.

ANGEHRN, E., *Interpretation und Dekonstruktion: Untersuchungen zur Hermeneutik*, Weilerswist 2003.

ANZ, Heinrich, "Hermeneutik der Individualität. Wilhelm Diltheys hermeneutische Position und ihre Aporien", in: Hendrik Birus (org.), *Hermeneutische Positionen. Schleiermacher Dilthey – Heidegger – Gadamer*, Göttingen 1982, p. 59-88.

APEL, Karl-Otto, *Die Erklären-Verstehen-Kontroverse in transzendentalpragmatischer Sicht*, Frankfurt junto ao Main 1979.

ARENDT, Hannah, *Vita activa oder vom tätigen Leben* (Vita activa ou da vida ativa), Munique 1981.

_____ *Vom Leben des Geistes* (A vida do espírito), vol. 1: O pensamento, Munique 1979.

ARISTÓTELES, *Über die Seele* (De anima), traduzido para o alemão por Willy Theiler, 7. ed. inalterada em relação à 3. ed., Darmstadt 1994.

_____ *Peri Hermeneias*, traduzido para o alemão e comentado por Hermann Weidemann Werke na coleção tradução para o alemão fundada por Ernst Grumach, org. por Hellrnut Flashar, vol. 1, parte II, Berlim 1994.

_____ *De motu animalium (Aristotle's De motu animalium)*, org. por Martha Craven Nussbaum, Princeton 1978.

_____ *Ars rhetorica (Aristotelis Ars rhetorica)*, org. por W.D. Ross, Oxford 1959.

_____ *Politica (Aristotelis Politica)*, org. por W.D. Ross, Oxford 1957.

_____ *De anima (Aristotelis De anima)*, org. por W.D. Ross, Oxford 1956.

_____ *De interpretatione (Aristotelis Categoriae et Liber de Interpretatione)*, org. por I. Minio-Paluello, Oxford 1949.

416 Oposicionalidade – O elemento hermenêutico e a filosofia

_____ *Physica (Aristotle's Physics)*, org. por W.D. Ross, Oxford 1936.

_____ *Metaphysica (Aristotle's Metaphysics)*, org. por W.D. Ross, 2 vols., Oxford 1924.

_____ *De arte poetica (Aristotelis De arte poetica liber)*, org. por I. Bywater, Oxford 1897.

_____ *Ethica Nicomachea (Aristotelis Ethica Nicomachea)*, org. por I. Bywater, Oxford 1894.

_____ *De generatione animalium*, Aristotelis opera, org. pela Academia Regina Borusica, vol. 1, Berlim 1831.

ARPE, Curt, *Das τί ἦν εἶναι bei Aristoteles*, Hamburgo 1937.

AST, Friedrich, *Grundlinien der Grammatik, Hermeneutik und Kritik*, Landshut 1808.

AUGUSTINUS (Sancti Augustini), *Confessionum Libri XIII (Corpus Christianorum Series Latina XXVII)*, org. por Lukas Verheijen, Turnholt 1981.

AUSTIN, John L., *How to do things with words?*, Cambridge Mass., 1962.

BARBARIC, Damir, Philosophie als Zurückgezogenheit – Rene Descartes, in: *Denkwege* 2, Tübingen 2001, p. 5-50.

BARTH, Ulrich, Selbstbewusstsein und Seele, in: *Zeitschrift für Theologie und Kirche* 2004, p. 198-217.

BASSLER, Moritz, Textur, in: Jan Dirk Müller (org.), *Reallexikon der deutschen Literaturwissenschaft*, vol. III, Berlim/New York 2003, colunas 618-619.

BENJAMIN, Walter, Ursprung des deutschen Trauerspiels (Origem do drama barroco alemão), in: *Gesammelte Schriften*, org. por Rolf Tiedemann, vol. I.1, 2. ed., Frankfurt junto ao Main 1978, p. 203-409.

_____ Das Kunstwerk im Zeitalter seiner technischen Reproduzierbarkeit (A obra de arte na era de sua reprodutibilidade técnica), 2. ed. (1936-1938), in: *Gesammelte Schriften*, org. por Rolf Tiedemann, vol. I.2, 2. ed., Frankfurt junto ao Main 1978, p. 471-508.

_____ Zur Kritik der Gewalt, in: *Gesammelte Schriften*, org. por Rolf Tiedemann, vol. II.1, Frankfurt junto Main 1977, p. 179-203.

BERNET, Rudolf, Bedeutung und intentionales Bewusstsein. Husserls Begriff des Bedeutungsphänomens, in: *Studien zur Sprachphänomenologie. Phänomenologische Forschungen* 8. Freiburg em Brisgau/Munique 1979, p. 31-64.

_____ Die ungegenwärtige Gegenwart. Anwesenheit und Abwesenheit in Husserls Analyse des Zeitbewusstseins, in: Ernst Wolfgang Orth (org.), *Zeit und Zeitlichkeit bei Husserl und Heidegger* (Phänomenologische Forschungen 14), Freiburg im Brisgau/Munique 1983, p. 16-57.

BIERI, Peter, *Das Handwerk der Freiheit. Über die Entdeckung des eigenen Willens*, Munique/Viena 2001.

Bibliografia

BLUMENBERG, Hans, *Ästhetische und metaphorologische Schriften*. Seleção e posfácio de Anselm Haverkamp, Frankfurt junto ao Main 2001.

_____ *Paradigmen zu einer Metaphorologie* (1960), Frankfurt junto ao Main 1998.

_____ *Höhlenausgänge*, Frankfurt junto ao Main 1989.

_____ *Lebenszeit und Weltzeit*, Frankfurt junto ao Main 1986.

_____ *Die Lesbarkeit der Welt*, Frankfurt junto ao Main 1981.

_____ *Schiffbruch mit Zuschauer. Paradigma zu einer Daseinsmetapher*, Frankfurt junto ao Main 1979.

_____ *Die Legitimität der Neuzeit*, Frankfurt junto ao Main 1966.

BOEHM, Gottfried, Der stumme Logos, in: Alexandre Metrauxi Bernhard Waldenfels (org.), *Leibhaftige Vernunft. Spuren von Merleau-Pontys Denken*, Munique 1986, p. 289-304.

_____ *Bildnis und Individuum. Über den Ursprung der Porträtmalerei in der italienischen Renaissance*, Munique 1985.

BORSCHE, Tilman, Zeichentheorie im Übergang von den Stoikern zu Augustin, in: *Allgemeine Zeitschrift für Philosophie* 19/2 (1994), p. 41-52.

BÜHLER, Karl, *Die Axiomatik der Sprachwissenschaften*, Frankfurt junto ao Main 1969.

_____ *Die Darstellungsform der Sprache*, 2. ed., Jena 1965.

BURBIDGE, John, Sprache und Anerkennung, in: Hans-Helmuth Gander (org.), *Anerkennung. Zu einer Kategorie gesellschaftlicher Praxis*, Würzburg 2004, p. 33-44.

BUSSMANN, Klaus (org.), *Eduardo Chillida. Hauptwerke*, Mainz/Munique 2003.

CASSIRER, Ernst, *Philosophie der symbolischen Formen* (Filosofia das formas simbólicas), primeira parte. A linguagem, Gesammelte Werke, ed. hamburguesa, vol. 11, org. por Birgit Recki, Hamburgo 2001.

_____ Die "Tragödie der Kultur", in: Cassirer, *Zur Logik der Kulturwissenschaften*. Cinco estudos, Darmstadt 1961, p. 103-127.

CICERO, Marcus Tullius, De oratore III, in: *Cicero in twenty-eight volumes*, vol. 4, org. por G.P. Goold, Londres 1982.

CLAESGES, Ulrich, *Edmund Husserls Theorie der Raumkontitution*, Den Haag 1964.

CRESCENZI, Luca, Die Leistung des Buchstabens. Ein ungeschriebenes Kapitel zur Unverständlichkeitsdebatte in der deutschen Frühromantik, in: *Internationales Jahrbuch für Hermeneutik* 2002, p. 81-133.

DANNHAUER, Johann Conrad, *Hermeneutica sacra sive methodus exponendarum sacrarum literarum proposita et vindicita*, 1654.

418   Oposicionalidade – O elemento hermenêutico e a filosofia

DAVIDSON, Donald, Radical Interpretation, in: Davidson, *Inquiries into Truth and Interpretation*, Oxford 1984, p. 125-139.

_____ *Subjective, Intersubjective, Objective*, Oxford 2002.

DELEUZE, Gilles, *Difference et repetition* (Diferença e repetição), Paris 1968.

DENIAU, Guy, *Cognitio imaginativa: la phenomenologie hermeneutique de Gadamer*, Bruxelas 2003.

DERRIDA, J. *Die Stimme und das Phänomen* (A voz e o fenômeno). Traduzido do francês para o alemão por Hans-Dieter Gondek, Frankfurt junto Main 2003.

_____ *Force de loi. Le fondement mystique de l'autorité*, Paris 1994.

_____ La Pharmacie de Platon (A farmácia de Platão), in: Platão, *Phedre*, tradução inédita, introdução e notas de Luc Brisson, Paris 1989, p. 257-403.

_____ *Die Stimme und das Phänomen* (A voz e o fenômeno). Traduzido do francês para o alemão com um prefácio de Jochen Hörisch, Frankfurt junto ao Main 1979.

_____ *Eperons. Les styles de Nietzsche* (Eperons. Os estilos de Nietzsche), Paris 1978.

_____ Semiologie et Grammatologie, in: Derrida, *Positions. Entretiens avec Henri Ronse, Julia Kristeva, Jean-Louis Houdebine, Guy Scarpetta*, Paris 1972, p. 25-50.

_____ *De la grammatologie*, Paris 1967.

_____ La structure, le signe et le jeu dans le discours des scienes humaines, in: Derrida, *L'Ecriture et la difference* (A escritura e a diferença), Paris 1967, p. 409-428.

_____ *La voix et le phénomène. Introduction au problème du signe dans la phénomenologie de Husserl*, Paris 1967.

DERRIDA, Jacques / GADAMER, Hans-Georg, *Der ununterbrochene Dialog*, org. por Martin Gessmann, Frankfurt junto ao Main 2004.

DESCARTES, René, *Discours de la methode* (Discurso do método), Oeuvres de Descartes, org. por Charles Adam e Paul Tannery, vol. VI, Paris.

_____ *Meditationes de prima philosophiae 7-8* (Meditações de filosofia primeira), Oeuvres de Descartes, org. por Charles Adam e Paul Tannery, vol. VII, Paris.

_____ *Principia philosophiae I*, Oeuvres de Descartes, org. por Charles Adam e Paul Tannery, vol. VIII. 1, Paris.

DI CESARE, Donatella, *L'utopia del comprendere*, Genova 2003.

_____ Sein und Sprache in der philosophischen Hermeneutik, in: *Internationales Jahrbuch für Hermeneutik* 2002, p. 21-38.

_____ Introdução a: Wilhelm von Humboldt, *Über die Verschiedenheit des menschlichen Sprachbaues und ihren Einfluss auf die geistige Entwicklung des Menschengeschlechts*, org. por Donatella di Cesare, Paderborn/Munique/Zurique/Viena 1998, p. 11-128.

Bibliografia

_____ *Die Bedeutung dekonstruieren. Bemerkungen anhand des "Big Typescript"* [Manuscrito].

DIELS, Hermann / KRANZ, Walther, *Die Fragmente der Vorsokratiker*, 7. ed., Berlim 1954, vol. 1-3.

DIERKS, Sonja, Musikalische Schrift, in: W. Elte, G. Figal, R. Klein, G. Peters (org.), *Adorno im Widerstreit*, Freiburg em Br./Munique 2004, p. 222-234.

DIHLE, Albrecht, *Die Vorstellung vom Willen in der Antike*, Göttingen 1985.

DILTHEY, Wilhelm, *Grundlegung der Wissenschaften vom Menschen, der Gesellschaft und der Geschichte. Ausarbeitungen und Entwürfe zum zweiten Vol. der Einleitung in die Geisteswissenschaften* (ca. 1870-1895), Gesammelte Schriften, vol. XIX, org. por Helmut Johach e Frithjof Radi. Göttingen 1982.

_____ Das Wesen der Philosophie, in: *Die geistige Welt. Einleitung in die Philosophie des Lebens*. Primeira parte: Ensaios sobre a fundamentação das ciências humanas, Gesammelte Schriften, vol. 5, org. por Georg Misch, 4. ed., Stuttgart 1964, p. 339-416.

_____ Die Entstehung der Hermeneutik (1900), in: *Die geistige Welt. Einleitung in die Philosophie des Lebens*. Primeira parte: Ensaios sobre a fundamentação das ciências humanas, vol. V, org. por Georg Misch, 4. ed., Stuttgart 1964, p. 317-338.

_____ Ideen über eine beschreibende und zergliedernde Psychologie (1894), in: *Die geistige Welt. Einleitung in die Philosophie des Lebens*. Primeira parte: Ensaios sobre a fundamentação das ciências humanas, vol. V, org. por Georg Misch, 4. ed., Stuttgart 1964, p. 139-240.

_____ *Weltanschauungslehre: Abhandlungen zu Philosophie der Philosophie*, Gesammelte Schriften, vol. VIII, org. por B. Groethuysen, 2. ed., Berlim 1960.

_____ *Der Aufbau der geschichtlichen Welt in den Geisteswissenschaften* (A construção do mundo histórico nas ciências humanas), Gesammelte Schriften, vol. VII, org. por Bernhard Groethuysen, 2. ed., Stuttgart 1958.

DILTHEY, Wilhelm / WARTENBURG, Conde Paul Yorck Von, *Briefwechsel Wilhelm Dilthey und Graf Paul Yorck von Wartenburg*, org. por E. Rothacker, Halle 1923.

DODDS, E.R., "Socrates, Callicles and Nietzsche", in: Platão, *Gorgias*. A revised text with introduction and commentary by E.R. Dodds, Oxford 1959.

DOSTAL, Robert J. (org.), *The Cambridge Companion to Gadamer*, Cambridge UK, 2002.

DROYSEN, Johann Gustav, *Grundriss der Historik*, Leipzig 1868.

EBERT, Theodor, Praxis und Poiesis. Zu einer handlungstheoretischen Unterscheidung des Aristoteles, in: *Zeitschrift für philosophische Forschung* 30 (1976), p. 12-30.

ECO, Umberto, *Einführung in die Semiotik* (Introdução à semiótica), 8. ed., Munique 1994.

420 Oposicionalidade – O elemento hermenêutico e a filosofia

ENSKAT, Rainer, Zeit, Bewegung, Handlung und Bewusstsein im XI. Buch der "Confessiones" des hl. Augustinus, in: Enno Rudolph (org.), *Zeit, Bewegung, Handlung, Studien zur Zeitabhandlung des Aristoteles*, Stuttgart 1988, p. 193-222.

ENZENSBERGER, Hans Magnus, Die Entstehung eines Gedichts, in: Enzensberger, *Gedichte. Die Entstehung eines Gedichts*, 2. ed., Frankfurt junto ao Main 1963, p. 55-82.

ESSBACH, Wolfgang; FISCHER; Joachim LETHEN, Helmut (org.), *Plessners "Die Grenzen der Gemeinschaft"*, Frankfurt junto ao Main 2002.

FICHTE, Johann Gottlieb, Grundlage der gesammten Wissenschaftslehre (1794), in: *Sämmtliche Werke*, org. por Immanuel Hermann Fichte, Berlim 1845/1846, vol. 1, p. 83-328.

FIGAL, Günter, Dekonstruktion und Dialektik, in: Damir Barbaric (org.), *Platon über das Gute und die Gerechtigkeit*, Würzburg 2005, p. 261-270.

_____ Die Gegenständlichkeit der Welt. Preleção inaugural em Freiburg, 17/07/2003, in: *Internationales Jahrbuch für Hermeneutik* 2004, p. 123-135.

_____ Die Komplexität philosophischer Hermeneutik, in: Figal, *Der Sinn des Verstehens*, Stuttgart 1996, p. 11-31.

_____ Die Rekonstruktion der menschlichen Natur. Zum Begriff des Naturzustandes in Rousseaus "Zweitem Discours", in: Rousseau und die Folgen. *Neue Hefte für Philosophie* 29 (1989), p. 24-38.

_____ Die Wahrheit und die schöne Täuschung. Zum Verhältnis von Dichtung und Philosophie im Platonischen Denken, in: *Philosophisches Jahrbuch* 107 (2000), p. 301-315.

_____ Ethik und Hermeneutik, in: Hans-Martin Schönherr-Mann (org.), *Hermeneutik als Ethik*, Munique 2004, p. 117-133.

_____ Gadamer im Kontext. Zur Gestalt und den Perspektiven philosophischer Hermeneutik, in: Mirko Wischke / Michael Hofer (org.), *Gadamer verstehen – Unterstanding Gadamer*. Darmstadt 2003, p. 141-156.

_____ Leben als Verstehen, in: Eilert Herms (org.), *Leben. Verständnis, Wissenschaft, Technik*. Atas do XI Congresso Europeu para Teologia, 15-19 de setembro em Zurique, Gütersloh 2005, p. 32-40.

_____ *Lebensverstricktheit und Abstandnahme. "Verhalten zu sich" im Anschluss an Heidegger, Kierkegaard und Hegel*, Tübingen 2001.

_____ Logos (philosophisch), in: *Religion in Geschichte und Gegenwart (RGG)*, 4. ed., vol. 7, colunas 498-500.

_____ *Martin Heidegger – Phänomenologie der Freiheit* (Martin Heidegger – Fenomenologia da liberdade), 3. ed., Weinheim 2000.

_____ *Martin Heidegger zur Einführung*, 4. ed., Hamburgo 2003.

_____ *Nietzsche*, Stuttgart 1999.

Bibliografia

_____ Recht und Moral als Handlungsspielräume, in: Zeitschrift für Philsophische Forschung 36 (1982), p. 361-377, reimpresso como: Recht und Moral bei Kant, Cohen und Benjamin, in: Heinz-Ludwig Ollig (org.), *Materialien zur Neukantianismus-Diskussion*, Darmstadt 1987, p. 163-183.

_____ Selbstverstehen in instabiler Freiheit. Die hermeneutische Position Martin Heideggers, in: Hendrik Birus (org.), *Hermeneutische Positionen. Schleiermacher – Dilthey – Heidegger – Gadamer*, Göttingen 1982, p. 89-119.

_____ Substanz, in: *Religion in Geschichte und Gegenwart (RGG)*, 4. ed., vol. 7, colunas 1824-1827.

_____ The Doing of the Thing itself: Gadamer's Hermeneutic Ontology of Language, in: R.J. Dostal, (org.), *The Cambridge Companion to Gadamer*, Cambridge UK 2002, p. 102-125.

_____ *Theodor W. Adorno. Das Naturschöne als spekulative Gedankenfigur*, Bonn 1977.

_____ Über das Nichtidentische, in: Wolfram Ette, Günter Figal, Richard Klein, Günter Peters (org.), *Adorno im Widerstreit. Zur Präsenz seines Denkens*, Freiburg em Br./Munique 2004, p. 13-23.

_____ Verbindliche Freiheit. Überlegungen zu einer hermeneutischen Variante der morale par provision, p. 105-123, in: Christoph Hubig (org.), *Conditio Humana – Dynamik des Wissens und der Worte*. XVII Congresso Alemão de Filosofia. Leipzig 23-27/09/1996. Conferências e colóquios, Berlim 1997, p. 95-105.

_____ Welt (philosophisch) in: *Religion in Geschichte und Gegenwart (RGG)*, 4. ed., vol. 8, Tübingen 2005, colunas 1390-1392.

_____ Weltbild (philosophisch), in: *Religion in Geschichte und Gegenwart (RGG)*, 4. ed., vol. 8, Tübingen 2005, colunas 1406-1407.

_____ Zeit und Erinnerung. Überlegungen im Anschluss an Theunissen, Hegel und Proust, in: Emil Angehrn, Christian Iber, Georg Lohmann und Romano Pocai (org.), *Der Sinn der Zeit*, Weilerswist 2002, p. 101-111.

FLASCH, Kurt, *Was ist Zeit?*, Frankfurt junto ao Main 1993.

FRANK, Manfred, *Stil in der Philosophie*, Stuttgart 1992.

_____ *Was ist Neostrukturalismus?*, 2. ed., Frankfurt junto ao Main 1984.

FRÄNKEL, Hermann, *Dichtung und Philosophie des frühen Griechentums*, Munique 1962.

FREGE, Gottlob, Über Sinn und Bedeutung (Sobre sentido e significação – 1892), in: Frege, *Funktion, Begriff, Bedeutung*, org. por Günter Patzig, Göttingen 1962.

FRUCHON, Pierre, *L'hermeneutique de Gadamer: platonisme et modernité, tradition et interprétation*, Paris 1994.

FULDA, Hans Friedrich, Das Konzept einer entfremdend über uns herrschenden Zeit. Erwägungen, Einsprüche, Fragen, in: Emil Angehrn / Christian Iber / Georg Lohmann / Romano Pocai (org.), *Der Sinn der Zeit*, Weilerswist 2002, p. 85-97.

GADAMER, Hans-Georg, Zur Phänomenologie von Ritual und Sprache (1992), in: *Ästhetik und Poetik I. Kunst als Aussage*, Gesammelte Werke, vol. 8, Tübingen 1993, p. 400-440.

_____ Hermeneutik und ontologische Differenz (Hermenêutica e diferença ontológica, 1989), in: *Hermeneutik im Rückblick* (Hermenêutica em retrospectiva), Gesammelte Werke, vol. 10, Tübingen 1995, p. 58-70.

_____ Text und Interpretation (Texto e interpretação, 1983), in: *Hermeneutik II. Wahrheit und Methode. Ergänzungen, Register*, Gesammelte Werke, vol. 2, 2. ed., Tübingen 1993, p. 330-360.

_____ Lob der Theorie (1980), in: *Neuere Philosophie II. Probleme, Gestalten*, Gesammelte Werke, vol. 4, Tübingen 1987, p. 37-51.

_____ Die Aktualität des Schönen. Kunst als Spiel, Symbol und Fest (A atualidade do belo. Arte como jogo, símbolo e festa, 1974). in: *Ästhetik und Poetik 1. Kunst als Aussage*, Gesammelte Werke, vol. 8, Tübingen 1993, p. 94-142.

_____ Die Wissenschaft von der Lebenswelt (1972), in: *Neuere Philosophie 1. Hegel, Husserl, Heidegger*, Gesammelte Werke, vol. 3, Tübingen 1987, p. 147-159.

_____ Hermeneutik als praktische Philosophie, in: Manfred Riedel (org.), *Rehabilitierung der praktischen Philosophie*, vol. 1, História, problemas, tarefas, Freiburg em Br. 1972, p. 325-344, *Hermeneutik 1. Wahrheit und Methode: Grundzüge einer philosophischen Hermeneutik* (Hermenêutica 1. Verdade e método. Traços fundamentais de uma hermenêutica filosófica), 5. ed., Gesammelte Werke, vol. 1, Tübingen 1986.

_____ Die phänomenologische Bewegung (1963), in: *Neuere Philosophie 1. Hegel, Husserl, Heidegger*, Gesammelte Werke, vol. 3, Tübingen 1987, p. 105-146.

_____ Vom Zirkel des Verstehens (Do círculo da compreensão – 1959), in: *Hermeneutik II. Wahrheit und Methode. Ergänzungen, Register*, Gesammelte Werke, vol. 2, 2. ed., Tübingen 1993, p. 57-65.

_____ Praktisches Wissen (1930), in: *Griechische Philosophie I*, Gesammelte Werke, vol. 5, Tübingen 1985, p. 230-248.

_____ Heideggers theologische Jugendschrift, in: Martin Heidegger, *Phänomenologische Interpretationen zu Aristoteles. Ausarbeitung für die Marburger und Göttinger Philosophische fakultät* (1922), org. por Günther Neumann, Stuttgart 2002, p. 76-86.

GANDER, Hans-Helmuth, *Positivismus als Metaphysik. Voraussetzungen und Grundstrukturen von Diltheys Grundlegung der Geisteswissenschaften*, Freiburg em Br./Munique 1988.

_____ *Selbstverständnis und Lebenswelt. Grundzüge einer phänomenologischen Hermeneutik im Ausgang von Husserl und Heidegger*, Frankfurt junto ao Main 2001.

GASCHÉ, Rodolphe, *The Tain of the Mirror*, Cambridge Mass., 1986.

GLOY, Karen, Die Struktur der Augustinischen Zeittheorie im XI. Buch der Confessiones, in: *Philosophisches Jahrbuch* 95 (1988), p. 72-95.

GOODMAN, Nelson, *Ways of Worldmaking*, Indianapolis 1978.

GREISCH, Jean, *Hermeneutik und Metaphysik. Eine Problemgeschichte*, Munique 1993.

GRONDIN, Jean, *Introduction a Hans-Georg Gadamer*, Paris 1999.

_____ *Der Sinn für Hermeneutik*, Darmstadt 1994.

_____ *Einführung in die Philosophische Hermeneutik*, Darmstadt 1991.

GUTHRIE, W.K.C., *A History of Greek Philosophy*, vol. III, Part 1: The world of the Sophists, Cambridge 1969.

HABERMAS, Jürgen, *Erkenntnis und Interesse* (Conhecimento e interesse), 11. ed., Frankfurt junto ao Main 1994.

_____ *Theorie des kommunikativen Handelns* (Teoria do agir comunicativo), dois volumes, Frankfurt junto ao Main 1981.

HAHN, Lewis Edwin (org.), *The Philosophy of Hans-Georg Gadamer*, Library of Living Philosophers, Peru/Illinois 1997.

HEGEL, G.W.F. *Wissenschaft der Logik I*, ed. histórico-crítica, Gesammelte Werke, org. pela Rheinisch-Westfälischen Akademie der Wissenschaften, vol. 21, Hamburgo 1985.

_____ *Phänomenologie des Geistes* (Fenomenologia do espírito), org. por Wolfgang Bonsiepen e Reinhard Heede, ed. histórico-crítica, Gesammelte Werke, org. pela Rheinisch-Westfälischen Akademie der Wissenschaften, vol. 9, Hamburgo 1980.

_____ *Grundlinien der Philosophie des Rechts oder Naturrecht und Staatswissenschaft im Grundrisse*, Werke 7, Frankfurt junto ao Main 1970.

_____ *Vorlesungen über die Ästhetik I* (Preleções sobre estética), Werke 13, Frankfurt junto ao Main 1970.

HEIDBRINK, Ludger, Intensität als Kategorie ästhetischer Erfahrung, in: *Musik und Ästhetik*, Heft 10 (1999), p. 5-27.

HEIDEGGER, Martin. *Zu Ernst Jünger*, Gesamtausgabe vol. 90, org. por Peter Trawny, Frankfurt junto ao Main 2004.

_____ Logos (Heraklit, Fragment 50 – Logos. Heráclito, Fragmento 50), in: *Vorträge und Aufsätze* (Ensaios e conferências), Gesamtausgabe vol. 7, org. por Friedrich-Wilhelm von Herrmann, Frankfurt junto ao Main 2000, p. 211-234.

_____ *Einführung in die phänomenologische Forschung*, Gesamtausgabe vol. 17, org. por Friedrich-Wilhelm von Herrmann, Frankfurt junto ao Main 1994.

_____ Der Hinweis, in: *Bremer und Freiburger Vorträge*, Gesamtausgabe vol. 79, org. por Petra Jaeger, Frankfurt junto ao Main 1994, p. 3-4.

_____ *Kant und das Problem der Metaphysik*, Gesamtausgabe vol. 3, org. von Friedrich-Wilhelm von Herrmann, Franfurt am Main 1991.

_____ *Beiträge zur Philosophie*, Gesamtausgabe vol. 65, org. por Friedrich-Wilhelm von Herrmann, Frankfurt junto ao Main 1989.

_____ *Ontologie (Hermeneutik der Faktizität)*, Gesamtausgabe vol. 63, org. por Käte Bröcker-Oltmanns, Frankfurt junto ao Main 1988.

_____ *Vom Wesen der Wahrheit. Zu Platons Höhlengleichnis und Theätet*, Gesamtausgabe vol. 34, org. por Hermann Mörchen, Frankfurt junto ao Main 1988.

_____ *Nietzsche: Der Wille zur Macht als Kunst*, Gesamtausgabe vol. 43, org. por Bernd Heimbüchel, Frankfurt junto ao Main, 1985.

_____ *Die Grundbegriffe der Metaphysik. Welt – Endlichkeit – Einsamkeit* (Os conceitos fundamentais da metafísica. Mundo – Finitude – Solidão), Gesamtausgabe vol. 29/30, org. por Friedrich-Wilhelm von Herrmann, Frankfurt junto ao Main 1983.

_____ Der Spruch des Anaximander (A sentença de Anaximandro), in: *Holzwege* (Caminhos da floresta), Gesamtausgabe vol. 5, org. por Friedrich-Wilhelm von Herrmann, Frankfurt junto ao Main 1977, p. 321-373.

_____ *Sein und Zeit* (Ser e tempo), Gesamtausgabe vol. 2, org. por Friedrich-Wilhelm von Herrmann, Frankfurt junto ao Main 1977.

_____ Das Ende der Philosophie und die Aufgabe des Denkens (O fim da filosofia e a tarefa do pensamento), in: *Zur Sache des Denkens*, Tübingen 1976, p. 61-80.

_____ Mein Weg in die Phänomenologie (Meu caminho na fenomenologia), in: *Zur Sache des Denkens*, Tübingen 1976, p. 81-90.

_____ *Der Satz vom Grund* (O princípio do fundamento, 1955-1956), Gesamtausgabe vol. 10, org. por Petra Jaeger, Frankfurt junto ao Main 1997.

_____ Der Weg zur Sprache (O caminho para a linguagem), in: *Unterwegs zur Sprache* (A caminho da linguagem), Gesamtausgabe vol. 12, org. por Friedrich-Wilhelm von Herrmann, Frankfurt junto ao Main 1985, p. 227-258.

_____ *Grundfragen der Philosophie*, Gesamtausgabe vol. 45, org. por Friedrich-Wilhelm von Herrmann, Frankfurt junto ao Main 1984.

_____ Aus einem Gespräch von der Sprache. Zwischen einem Japaner und einem Fragenden (A partir de um diálogo sobre a linguagem. Entre um japonês e um questionador, 1953/1954), in: *Unterwegs zur Sprache* (A caminho da linguagem), Gesamtausgabe vol. 12, org. por Friedrich-Wilhelm von Herrmann, Frankfurt junto ao Main 1985, p. 79-146.

_____ Die Frage nach der Technik (A pergunta sobre a técnica, 1953), in: *Vorträge und Aufsätze* (Ensaios e conferências), Gesamtausgabe vol. 7, org. por Friedrich-Wilhelm von Herrmann, Frankfurt junto ao Main 2000, p. 5-36.

_____ Die Sprache (A linguagem, 1950), in: *Unterwegs zur Sprache* (A caminho da linguagem), Gesamtausgabe vol. 12, org. por Friedrich-Wilhelm von Herrmann, Frankfurt junto ao Main 1985, p. 7-30.

Bibliografia

_____ Das Ding (A coisa, 1950), in: *Vorträge und Aufsätze* (Ensaios e conferências), Gesamtausgabe vol. 7, org. por Friedrich-Wilhelm von Herrmann, Frankfurt junto ao Main 2000, p. 165-187.

_____ Einleitung zu "Was ist Metaphysik?" (Introdução a "O que é metafísica?", 1949), in: *Wegmarken*, Gesamtausgabe vol. 9, org. por Friedrich-Wilhelm von Herrmann, Frankfurt junto ao Main 1976, p. 365-383.

_____ Ἀγχιβασίη. Ein Gespräch selbstdritt auf einem Feldweg zwischen einem Forscher, einem Gelehrten und einem Weisen, in: *Feldweg-Gespräche* (1944/1945), Gesamtausgabe, vol. 77, org. por Ingrid Schüssler, Frankfurt junto ao Main 1995, p. 1-159.

_____ Nachwort zu "Was ist Metaphysik?" (Posfácio a "O que é metafísica?", 1943), in: *Wegmarken*, Gesamtausgabe vol. 9, org. por Friedrich-Wilhelm von Herrmann, Frankfurt junto ao Main 1976, p. 303-312.

_____ Nietzsches Wort "Gott ist tot" (A sentença nietzschiana "Deus está morto" 1943), in: *Holzwege* (Caminhos da floresta), Gesamtausgabe vol. 5, org. por Friedrich-Wilhelm von Herrmann, Frankfurt junto ao Main 1977, p. 209-267.

_____ Hegels Begriff der Erfahrung (O conceito hegeliano de experiência, 1942/1943), in: *Holzwege* (Caminhos da floresta), Gesamtausgabe vol. 5, org. por Friedrich-Wilhelm von Herrmann, Frankfurt junto ao Main 1977, p. 115-208.

_____ Vom Wesen und Begriff der Φύσις. Aristoteles, Physik B, 1 (Da essência e do conceito de physis. Aristóteles, Física B, 1, 1939), in: *Wegmarken*, Gesamtausgabe vol. 9, org. por Friedrich-Wilhelm von Herrmann, Frankfurt junto ao Main 1976, p. 239-301.

_____ Der Ursprung des Kunstwerkes (A origem da obra de arte – 1935/1936), in: *Holzwege* (Caminhos da floresta), Gesamtausgabe vol. 5, org. por Friedrich-Wilhelm von Herrmann, Frankfurt junto ao Main 1977, p. 1-74.

_____ Vom Wesen der Wahrheit (Da essência da verdade, 1930), in: *Wegmarken*, Gesamtausgabe vol. 9, org. por Friedrich-Wilhelm von Herrmann, Frankfurt junto ao Main 1976, p. 177-202.

_____ Was ist Metaphysik? (O que é metafísica?, 1929), in: *Wegmarken*, Gesamtausgabe vol. 9, org. por Friedrich-Wilhelm von Herrmann, Frankfurt junto ao Main 1976, p. 103-122.

_____ Vom Wesen des Grundes (Da essência do fundamento, 1929), in: *Wegmarken*, Gesamtausgabe vol. 9, org. por Friedrich-Wilhelm von Herrmann, Frankfurt junto ao Main 1976, p. 123-175.

_____ *Die Grundprobleme der Phänomenologie* (Semestre de verão de 1927), Gesamtausgabe vol. 24, org. por Friedrich-Wilhelm von Herrmann, Frankfurt junto ao Main 1975.

_____ *Logik. Die Frage nach der Wahrheit* (1925/1926), Gesamtausgabe vol. 21, org. por Walter Biemel, Frankfurt junto ao Main 1976.

_____ *Platon: Sophistes* (Inverno 1924/1925), Gesamtausgabe vol. 19, org. por Ingeborg Schüssler, Frankfurt junto ao Main 1992.

_____ Phänomenologische Interpretationen zu Aristoteles (Anzeige der hermeneutischen Situation). Ausarbeitung für die Marburger und Göttinger Philosophische Fakultät (1922), in: *Phänomenologische Interpretationen ausgewählter Abhandlungen des Aristoteles zu Ontologie und Logik*, Antiga preleção de Freiburg do semestre de verão de 1922, Gesamtausgabe vol. 62, org. por Günther Neumann, Frankfurt junto ao Main 2005 (ed. em separata: *Phänomenologische Interpretationen zu Aristoteles. Ausarbeitung für die Marburger und Göttinger Philosophische Fakultät* [1922], org. por Günther Neumann, Stuttgart 2002).

_____ Einleitung in die Phänomenologie der Religion (1920/1921), org. por Matthias Jung e Thümas Regehly, in: *Phänomenologie des religiösen Lebens*, Gesamtausgabe vol. 60, Frankfurt junto ao Main 1995, p. 3-156.

_____ Anmerkungen zu Karl Jaspers "Psychologie der Weltanschauungen" (Observação sobre a "Psicologia das visões de mundo" de Karl Jaspers, 1919-1921), in: *Wegmarken*, Gesamtausgabe vol. 9, org. por Friedrich-Wilhelm von Herrmann, Frankfurt junto ao Main 1976, p. 1-44.

_____ *Grundprobleme der Phänomenologie* (1919/1920), Gesamtausgabe vol. 58, org. por Hans Helmuth Gander, Frankfurt junto ao Main 1993.

_____ Die Idee der Philosophie und das Weltanschauungsproblem (1919), in: *Zur Bestimmung der Philosophie*, Gesamtausgabe vol. 56/57, org. por Bernd Heimbüchel, Frankfurt junto ao Main 1987, p. 1-117.

_____ Die Kunst und der Raum, in: *Aus der Erfahrung des Denkens* 1910-1976, Gesamtausgabe vol. 13, org. por Hermann Heidegger, Frankfurt junto ao Main 1983, p. 203-210.

HELD, Klaus, Phänomenologie der "eigentlichen Zeit" bei Husserl und Heidegger, in: *Internationales Jahrbuch für Hermeneutik* 2005, p. 251-272.

_____ *Lebendige Gegenwart. Die Frage nach der Seinsweise des transzendentalen Ich bei Husserl, entwickelt am Leitfaden der Zeitproblematik* (Phänomenologica 24), Den Haag 1966.

HERRMANN, Friedrich-Wilhelm von, *Augustinus und die phänomenologische Frage nach der Zeit*, Frankfurt junto ao Main 1992.

HESÍODO, *Opera et dies* (Os trabalhos e os dias), org. von Friedrich Solmsen, Oxford 1970.

HILT, Annette, *Ousia – Psyche – Nous: Aristoteles Philosophie der Lebendigkeit*, Freiburg em Br./Munique 2005.

HOFFMANN, Michael, *Die Entstehung von Ordnung: zur Bestimmung von Sein, Erkennen und Handeln in der späteren Philosophie Platons*, Stuttgart 1996.

HOFMANN, Hasso, *Repräsentation. Studien zur Wort- und Begriffsgeschichte von der Antike bis ins 19. Jahrhundert*, Berlim 1998.

Bibliografia

HOLZHEY, Helmut, Seele, in: *Historisches Wörterbuch der Philosophie*, org. por Joachim Ritter / Karlfried Gründer, vol. 9, Basel 1995, Colunas 26-52.

HONNETH, Axel, *Kampf um Anerkennung. Zur moralischen Grammatik sozialer Konflikte*, 2. ed., Frankfurt junto ao Main 1998.

HOSSENFELDER, Malte, *Einleitung zu: Sextus Empirikus, Grundriss der phyrrhonischen Skepsis*, Frankfurt junto ao Main 1968.

HUFNAGEL, Erwin, *Einführung in die Hermeneutik*, St. Augustin 2000.

HÜHN, Lore, *Fichte und Schelling oder: Über die Grenze menschlichen Wissens*, Stuttgart 1994.

HUMBOLDT, Wilhelm von, *Ueber die Verwandtschaft der Orts adverbien mit dem Pronomen in einigen Sprachen*, Wilhelm von Humboldts Werke, org. por Albert Leitzmann, vol. 6, Berlim 1907, p. 58-75.

_____ *Ueber die Verschiedenheit des menschlichen Sprachbaues und ihren Einfluss auf die geistige Entwicklung des Menschengeschlechts* (posthum 1836), Werke in fünf Bänden, org. por Andreas Flitner e Klaus Giel, vol. III (Schriften zur Sprachphilosophie), Darmstadt 1963.

_____ *Über die Verschiedenheit des menschlichen Sprachbaues und ihren Einfluss auf die geistige Entwicklung des Menschengeschlechts* (1830), Wilhelm von Humboldts Werke, org. por Albert Leitzmann, vol. 7. Primeira metade, Berlim 1907.

HUSSERL, Edmund, *Die Bernauer Manuskripte über das Zeitbewusstsein* (1917/ 1918), Husserliana XXXIII, org. por Rudolf Bernet e Dieter Lohmar, Dordrecht/Boston/Londres 2001.

_____ *Logische Untersuchungen*, vol II, segunda parte: *Untersuchungen zur Phänomenologie und Theorie der Erkenntnis*, Husserliana XIX.2, org. por Ursula Panzer, Den Haag 1984.

_____ *Logische Untersuchungen*, vol. II: primeira parte, Husserliana XIX.1 org. por Ursula Panzer, Den Haag 1984.

_____ *Ideen zu einer reinen Phänomenologie und phänomenologischen Philosophie*, Husserliana III.1, org. por Karl Schuhmann, Den Haag 1976.

_____ *Logische Untersuchungen* (Investigações lógicas), vol. I: *Prolegomena zur reinen Logik* (Prolegômenos à lógica pura), Husserliana XVIII, org. por Elmar Holenstein, Den Haag 1975.

_____ *Krisis der europäischen Wissenschaften und die transzendentale Phänomenologie* (A crise das ciências européias e a fenomenologia transcendental, Husserliana VI, org. por Walter Biemel, Den Haag 1954.

_____ *Die Idee der Phänomenologie*, Husserliana II, org. por Walter Biemel, Den Haag 1950.

_____ Pariser Vorträge, in: *Cartesianische Meditationen und Pariser Vorträge*, Husserliana I, org. por S. Strasser, Den Haag 1950, p. 1-39.

_____ Cartesianische Meditationen (Meditações cartesianas), in: *Cartesianische Meditationen und Pariser Vorträge*, Husserliana I, org. por S. Strasser, Den Haag 1950, p. 41-193.

_____ Vorlesungen zur Phänomenologie des inneren Zeitbewußtseins, in: *Jahrbuch für Philosophischen und phänomenologische Forschung* 1928, p. 368-490. As preleções fazem parte da Husserliana X, org. por Rudolf Boehm, Den Haag 1966.

_____ Kant und die Idee der Transzendentalphilosophie, in: *Erste Philosophie (1923/1924)*. Primeira parte, Husserliana VII, org. por Rudolf Boehm, Den Haag 1956, p. 230-287.

_____ *Analysen zur passiven Synthesis* (1918-1926), Husserliana XI, org. por Margot Fleischer, Den Haag 1966.

_____ *Philosophie als strenge Wissenschaft (Filosofia como ciência rigorosa)*, in: *Logos*, vol. 1, 1910/1911, p. 289-341.

INEICHEN, Hans, *Philosophische Hermeneutik*, Freiburg em Br./Munique 1991.

JÄGER, Ludwig, *Zu einer historischen Rekonstruktion der authentischen Sprach-Idee F. de Saussures*, Düsseldorf 1975.

JASPERS, Karl, *Psychologie der Weltanschauung*, Berlin 1919.

JÖGGELER, Otto, *Heidegger und die hermeneutische Philosophie*, Freiburg im Brisgau/Munique 1983.

JÜNGER, Ernst, *Typus, Name, Gestalt*, Sämtliche Werke, vol. 13, Stuttgart 1982, p. 83-174.

_____ Die rote Farbe, in: *Das abenteuerliche Herz*. Segunda versão. Sämtliche Werke, vol. 9, Stuttgart 1979, p. 232-236.

KANT, Immanuel, Was heisst: Sich im Denken orientieren? (O que significa orienta-se no pensamento?), in: *Kants gesammelte Schriften*, org. por Königlichen Preussischen Akademie der Wissenschaften, Berlim 1923, vol. VIII, p. 131-147.

_____ *Kritik der reinen Vernunft* (Crítica da razão pura), Kants gesammelte Schriften, org. pela Königlichen Preussischen Akademie der Wissenschaften, vol. III, Berlim 1911.

KÄSTNER, Erhart, *Der Aufstand der Dinge. Byzantinische Aufzeichnungen*, Frankfurt junto ao Main 1973.

KIERKEGAARD, Soren, *Die Krankheit zum Tode. Der Hohepriester- der Zöllner - die Sünderin*, traduzido para o alemão por Emanuel Hirsch, Gesammelte Werke, seção 24/25, Düsseldorf 1957, p. 1-134.

_____ Sygdommen til Doden. En christelig psychologisk Udrikling til Opbyggelse og Opvaekkelse af Anti-Climacus. (Die Krankheit zum Tode. Eine christliche psychologische Erörterung zur Erbauung und Erweckung von Anti-Climacus), in: *Samlede Vaerker*, org. por A.B. Drachmann, vol. XI, Kopenhagen 1905, p. 111-241.

Bibliografia 429

_____ Begrebet Angest (Begriff der Angst – O conceito de angústia), in: *Samlede Vaerker*, org. por A.B. Drachmann, vol. IV, Kopenhagen 1902, p. 273-428.

_____ Philosophiske smuler (Philosophische Brocken – Migalhas filosóficas), in: *Samlede Vaerker*, org. von A.B. Drachmann, vol. IV, Kopenhagen 1902, p. 171-272.

_____ *Enten-Eller. Et Livsfragment (Entweder-Oder. Ein Lebensfragment)*, Samlede Vaerker, org. por A.B. Drachmann, vol. II, Kopenhagen 1901.

_____ Gjentagelsen (Die Wiederholung), in: *Samlede Vaerker*, org. por A.B. Drachmann, vol. III, Kopenhagen 1901, p. 169-264.

KIRK, Geoffrey S. / RAVEN, JOHN E., *The Presocratic Philosophers*, Cambridge 1962.

KISIEL, Theodore J., Das Entstehen des Begriffsfeldes "Faktizität" im Frühwerk Heideggers, in: *Dilthey-Jahrbuch* 4 (1986/1987), p. 91-120.

KLEIST, Heinrich von, *Über die allmähliche Verfertigung der Gedanken beim Reden*, Sämtliche Werke und Briefe, org. por Helmut Sembdner, Munique 1952, vol. 2, p. 321-327.

KOLLER, Hermann, *Die Mimesis in der Antike. Nachahmung, Darstellung, Ausdruck*, Bern 1954.

KUHLMANN, Hartmut, "Jetzt"? Zur Konzeption des νῦν in der Zeitabhandlung des Aristoteles (Physik IV 10-14), in: Enno Rudolph (org.), *Zeit, Bewegung, Handlung, Studien zur Zeitabhandlung des Aristoteles*, Stuttgart 1988, p. 63-96.

KÜHN, Rolf, *Wort und Schweigen. Phänomenologische Untersuchungen zum originären Sprachverständnis*, Hildesheim/Zurique/New York 2005.

KUHN, Thomas S., *The Structure of Scientific Revolutions*, Chicago 1962.

LAMBERT, Johann Heinrich, *Neues Organon oder Gedanken über die Erforschung und Bezeichnung des Wahren und dessen Unterscheidung von Irrthum und Schein*, Philosophische Schriften, org. por Hans-Werner Arndt, vol. 1 und 2, Leipzig 1965.

LEIBNIZ, Gottfried W., *Les principes de la philosophie ou la monadologie*, in: Gesammelte Werke, vol. 1, org. por Hans Heinz Holz, Darmstadt 1965.

LESAAR, Henrik R., Anerkennung als hermeneutischer Prozess, in: Hans-Helmuth Gander (org.), *Anerkennung. Zu einer Kategorie gesellschaftlicher Praxis*, Würzburg 2004, p. 45-62.

LÉVINAS, Emmanuel, *En découvrant l'existence avec Husserl et Heidegger* (Descobrindo a existência com Husserl e Heidegger), 3. ed., Paris 1982.

_____ La philosophie et l'idée de l'infini, in: Lévinas, *En découvrant l'existence avec Husserl et Heidegger*, 3. ed., Paris 1982, p. 165-178.

_____ La trace de l'autre, in: Lévinas, *En découvrant l'existence avec Husserl et Heidegger*, 3. ed., Paris 1982, p. 187-202.

_____ *Totalité et infini. Essai sur l'extériorité* (Totalidade e infinito. Ensaio sobre a exterioridade), Den Haag 1961.

LORENZER, Alfred, *Sprachzerstörung und Rekonstruktion, Vorarbeiten zu einer Metatheorie der Psychoanalyse*, 4. ed., Frankfurt junto ao Main 1995.

LUKCÁS, Georg, *Geschichte und Klassenbewusstsein. Studien über marxistische Dialektik*, Berlim 1923.

MacINTYRE, Alasdair, *After Virtue. A study in moral theory*, Londres 1982.

MAJETSCHAK, Stefan, *Ludwig Wittgensteins Denkweg*, Freiburg em Br./Munique, 2000.

MAKKREEL, Rudolf A., *Dilthey. Philosoph der Geisteswissenschaften*, Frankfurt junto ao Main 1991.

MARQUARD, Odo, Kompensation. Überlegungen zu einer Verlaufsfigur geschichtlicher Prozesse, in: *Aesthetica und Anaesthetica. Philosophische Überlegungen*, Paderborn/Munique/Wien/Zürich 1989, p. 64-81.

MARX, Karl, *Das Kapital. Kritik der politischen Ökonomie* (O capital. Crítica da economia política). Primeiro vol. Livro 1: O processo de produção do capital, Marx/Engels Werke (MEW), vol. 23, Berlim 1962.

_____ *Thesen über Feuerbach* (Teses sobre Feuerbach), Marx/Engels Werke (MEW), vol. 3, Berlim 1958.

MATUSCHEK, Stefan, *Über das Staunen. Eine ideengeschichtliche Analyse*, Tübingen 1991.

McTAGGART, John Ellis, *The Nature of Existence*, Cambridge 1927.

MERLEAU-PONTY, Maurice, *L'Oeuil et l'esprit*, Paris 1967.

_____ *Le visible et l'invisible*, Paris 1964.

_____ Une inèdit de Merleau- Ponty (org. por Martial Gueroult), in: *Revue de Metaphysique et de Morale* 67 [1962], 401-409 (alemão: Kandidatur am College de France, in: Merleau-Ponty, *Das Auge und der Geist. Philosophische Essays*, org. por Christian Bermes, Hamburgo 2003, p. 99-110).

_____ Le philosophe et son ombre, in: Merleau-Ponty, *Signes*, Paris 1960, p. 201-228.

_____ Le doute de Cézanne, in: Merleau-Ponty, *Sens et non-sens*, Paris 1958, p. 15-44.

_____ *Phénoménologie de la perception*, Paris 1945.

MESCH, Walter, *Reflektierte Gegenwart*, Frankfurt junto ao Main 2003.

MÜLLER-LAUTER, Wolfgang, Nietzsches Lehre vom Willen zur Macht, in: *Nietzsche-Studien* 3 (1974), p. 1-60.

_____ *Nietzsche. Seine Philosophie der Gegensätze und die Gegensätze seiner Philosophie*, Berlim/New York 1971.

Bibliografia

NAGEL, Thomas, What is it like to be a bat?, in: Nagel, *Mortal Questions*, Cambridge UK 1979, p. 65-180.

NIELSEN, Cathrin, Die entzogene Mitte. Gegenwart bei Heidegger, Würzburg 2003.

NIETZSCHE, Friedrich, Die fröhliche Wissenschaft (A gaia ciência), in: Sämtliche Werke, *Kritische Studienausgabe*, org. por Giorgio Colli e Mazzino Montinari, vol. 3, Berlim/New York 1980, p. 343-651.

_____ Jenseits von Gut und Böse (Além do bem e do mal), in: Sämtliche Werke, *Kritische Studienausgabe*, org. por Giorgio Colli e Mazzino Montinari, vol. 5, Berlim/New York 1980, p. 9-243.

_____ Nachlass 1881, in: Sämtliche Werke, *Kritische Studienausgabe*, org. por Giorgio Colli e Mazzino Montinari, vol. 9, Berlim/New York 1980.

_____ Nachlass 1885, in: Sämtliche Werke, *Kritische Studienausgabe*, org. por Giorgio Colli e Mazzino Montinari, vol. 11, Berlim/New York 1980.

_____ Nachlass 1885-1886, in: Sämtliche Werke, *Kritische Studienausgabe*, org. por Giorgio Colli e Mazzino Montinari, vol. 12, Berlim/New York 1980.

_____ Nachlass 1886-1887, in: Sämtliche Werke, *Kritische Studienausgabe*, org. por Giorgio Colli e Mazzino Montinari, vol. 12, Berlim/New York 1980.

_____ Nachlass 1887-1888, in: Sämtliche Werke, *Kritische Studienausgabe*, org. por Giorgio Colli e Mazzino Montinari, vol. 13, Berlim/New York 1980.

_____ Ueber Wahrheit und Lüge im aussermoralischen Sinne (Sobre verdade e mentira no sentido extramoral, 1873), in: Sämtliche Werke, *Kritische Studienausgabe*, org. por Giorgio Colli e Mazzino Montinari, vol. 1, Berlim/New York 1980, p. 875-897.

_____ Vom Nutzen und Nachtheil der Historie für das Leben (Unzeitgemässe Betrachtung II – Da utilidade e da desvantagem da história para a vida – II Consideração intempestiva), in: Sämtliche Werke, *Kritische Studienausgabe*, org. por Giorgio Colli e Mazzino Montinari, vol. 1, Berlim/New York 1980, p. 243-334.

_____ Zarathustra II, in: Sämtliche Werke, *Kritische Studienausgabe*, org. por Giorgio Colli e Mazzino Montinari, vol. 4, Berlim/New York 1980, p. 103-190.

_____ Zur Genealogie der Moral (Para a genealogia da moral), in: Sämtliche Werke, *Kritische Studienausgabe*, org. por Giorgio Colli e Mazzino Montinari, vol. 5, Berlim/New York 1980, p. 245-412.

OSTENFELD, Erik, *Ancient greek psychology and the modern mind-body debate*, Aarhus 1987.

PARMÊNIDES, *Vom Wesen des Seienden. Die Fragmente*, org., traduzido e comentado por Uvo Hölscher, Frankfurt junto ao Main 1969.

PINDAR, *Siegeslieder*, org., traduzido com uma introdução por Dieter Bremer, Munique 1992.

PLATÃO, *Philebos* (Filebo). Tradução e comentário de Dorothea Frede, Göttingen 1997.

[Os diálogos de Platão são citados segundo *Platonis Opera*, org. por John Burnet, Oxford 1900-1907.]

PLESSNER, Helmuth, *Die Stufen des Organischen und der Mensch* (1928), Gesammelte Schriften, vol. 4, org. por Günter Dux, Frankfurt junto ao Main 1981.

_____ *Grenzen der Gemeinschaft. Eine Kritik des sozialen Radikalismus* (1924), in: *Macht und Menschliche Natur*, Gesammelte Schriften, vol. 5, org. por Günter Dux, Odo Marquard und Elisabeth Ströker, Frankfurt junto ao Main 1981 (Reimpressão: Darmstadt 2003).

POLANYI, Michael, *Personal Knowledge. Towards a post-critical philosophy*, Londres 1973.

_____ *The Tacit Dimension*, Garden City NY.

PROUST, Marcel, *A la recherche du temps perdu*. Ed. publicada sob a direção de Jean-Yves Tadie (Bibliothéque de la Pleiade), I-IV, Paris 1987-1989.

QUINTILIANO, *Institutio Oratoria*, Livro IV; cf. a ed. The Institutio Oratoria of Quintilian, traduzida por H.E. Buttler, em quatro volumes, vol. III, Cambridge/Londres 1921.

RAUSCH, Hannelore, *Theoria. Von ihrer sakralen zur philosophischen Bedeutung*, Munique 1982.

RECKI, Birgit, "Tragödie der Kultur" oder "dialektische Struktur des Kulturbewusstseins"? Der ethische Kern der Kontroverse zwischen Simmel und Cassirer, in: *Internationale Zeitschrift für Philosophie* 2000, p. 157-175.

_____ *Aura und Autonomie. Zur Subjektivität der Kunst bei Walter Benjamin und Theodor W. Adorno*, Würzburg 1988.

RESE, Friederike, *Praxis und Logos bei Aristoteles. Handlung, Vernunft und Rede in Nikomachischer Ethik, Rhetorik und Politik*, Tübingen 2003.

RICOEUR, Paul, La fonction herméneutique de la distanciation, in: Ricoeur, *Du texte à l'action. Essais d'herméneutique II*, Paris 1986, p. 101-117.

_____ Phénomenologie et herméneutique: en venant de Husserl, in: Ricoeur, *Du texte à l'action. Essais d'herméneutique II*, Paris 1986, p. 39-73.

_____ *De l'interprétation. Essai sur Freud*, Paris 1965.

RIEDEL, Manfred, *Hören auf die Sprache: die akroamatische Dimension der Hermeneutik*, Frankfurt junto ao Main 1990.

_____ *Für eine zweite Philosophie. Vorträge und Abhandlungen*, Frankfurt junto ao Main 1988.

_____ *Verstehen oder Erklären? Zur Theorie und Geschichte der hermeneutischen Wissenschaften*, Stuttgart 1978.

RIEDEL, Manfred (org.), *Die Rehabilitierung der praktischen Philosophie*, Freiburg em Br. 1972.

Bibliografia

RITTER, Joachim, Landschaft. Zur Funktion des Ästhetischen in der modernen Gesellschaft, Schriften der Gesellschaft zur Förderung der Westfälischen Wilhelms-Universität Münster, vol. 54, Münster 1963. Reimpresso in: Ritter, *Subjektivität. Sechs Aufsätze*, Frankfurt junto ao Main 1974, p. 141-163.

ROHDE, Erwin, *Psyche: Seelencult und Unsterblichkeits glaube der Griechen*, 3. ed., Tübingen 1903.

RORTY, Richard, *Contingency, Irony, Solidarity* (Contingência, ironia e solidariedade), Cambridge 1989.

_____ *Solidarität oder Objektivität?*, Stuttgart 1988.

_____ *Philosophy and the Mirror of Nature* (Filosofia e o espelho da natureza), Nova Jersey 1979.

RUDOLPH, Enno, *Zeit und Gott bei Aristoteles aus der Perspektive der protestantischen Wirkungsgeschichte*, Stuttgart 1986.

RYLE, Gilbert, *The Concept of Mind* (O conceito de mente), Londres 1949.

SALLIS, John, *Phenomenology and the Return to Beginnings*, 2. ed., Pittsburgh PA 2003.

_____ *On Translation*, Bloomington 2002.

_____ *Force of Imagination*, Bloomington 2000.

SANDKAULEN, Birgit, Helmuth Plessner: Über die "Logik der Öffentlichkeit", in: *Internationale Zeitschrift für Philosophie* 1994, p. 255-273.

SAUSSURE, Ferdinand de, *Cours de Linguistique Generale* (Curso de lingüística geral). Édition critique preparée et editée par Tullio de Mauro, Paris 1972.

SCHELLING, F.W.J. *Philosophische Untersuchungen über das Wesen der menschlichen Freiheit und die damit zusammenhängenden Gegenstände* (Investigações filosóficas sobre a essência da liberdade humana e sobre os objetos a ela associados, 1809), Sämmtliche Werke, org. por K.F.A. Schelling, 1. seção, vol. 7.

_____ *Die Weltalter. Fragmente*, Nas versões originais de 1811 e 1813, org. por Manfred Schröter, Munique 1946.

SCHLEGEL, Friedrich, *Über das Studium der griechischen Poesie*, ed. crítica Friedrich-Schlegel, vol. 1, org. por Ernst Behler, Paderborn/Munique/Wien 1979, p. 217-367.

_____ Über die Unverständlichkeit, in: *Charakteristiken und Kritiken I* (1796-1801), ed. crítica Friedrich-Schlegel, vol. 2, org. por Hans Eichner, Munique/Paderborn/Wien 1967, p. 363-372.

SCHLEIERMACHER, F.D.E., *Hermeneutik und Kritik* (Hermenêutica e crítica), org. por Manfred Frank, Frankfurt junto ao Main 1977.

_____ *Hermeneutik*. Segundo os manuscritos reeditados e introduzidos por Heinz Kimmerle, Ensaios da Akademie der Wissenschaften, Philosophisch-historische Klasse, ano 1959, segundo ensaio, Heidelberg 1959.

434 Oposicionalidade – O elemento hermenêutico e a filosofia

_____ Allgemeine Hermeneutik von 1809/1810, org. por Wolfgang Virmond, in: Kurt-Viktor Selge (org.), *Congresso Internacional Schleiermacher*, Berlim 1984, vol. parcial 2, Berlim/New York 1985, p. 1270-1310.

SCHMIDT, Dennis J., Words on Paper, in: Schmidt, *Lyrical and Ethical Subjects. Essays on the Periphery of the Word, Freedom and History*, Albany NY 2005, p. 131-140.

SCHMIDT, Ernst A., *Zeit und Geschichte bei Augustin*, Heidelberg 1985.

SCHMIDT-WIBORG, Petra, *Dialektik in Platons Philebos*, Tübingen 2005.

SCHMITT, Carl, *Der Begriff des Politischen*, 2. ed., Hamburgo 1932.

_____ *Römischer Katholizismus und politische Form*, 2. ed., Munique 1925.

SCHMITZ, Hermann, *Der unerschöpfliche Gegenstand: Grundzüge der Philosophie*, Bonn 1990.

_____ *Der Ursprung des Gegenstandes. Von Parmenides bis Demokrit*, Bonn 1988.

_____ *Die Ideenlehre des Aristoteles*, comentário ao 7º livro da Metafísica, Bonn 1985.

_____ *System der Philosophie*, vol. II, primeira parte: o corpo vital, Bonn 1965.

SCHOLZ, Oliver R., *Verstehen und Rationalität. Untersuchungen zu den Grundlagen von Hermeneutik und Sprachphilosophie*, Frankfurt junto ao Main 2001.

SCHOPENHAUER, Arthur, Die Welt als Wille und Vorstellung (O mundo como vontade e representação), in: *Arthur Schopenhauer's sämmtliche Werke*, org. por Julius Frauenstädt, 2. ed., Leipzig 1877, segundo volume, *Die Welt als Wille und Vorstellung*.

SCHULZ, Walter, *Metaphysik des Schwebens. Untersuchungen zur Geschichte der Ästhetik*, Pfullingen 1985.

SCHÜTT, Hans-Peter, *Die Adoption des "Vaters der modernen Philosophie". Studien zu einem Gemeinplatz der Ideengeschichte*, Frankfurt junto ao Main 1998.

SCHWEMMER, Oswald, *Cassirer. Ein Philosoph der europäischen Moderne*, Berlim 1997.

SEARLE, John R., *Speech Acts. An essay in the Philosophy of language*, Cambridge Mass. 1969.

SEXTUS EMPIRICUS, *Pyrrhoniae Hypotyposes (Pyrrhonische Skepsis)*.

SIMMEL, Georg, Der Begriff und die Tragödie der Kultur, in: Simmel, *Das individuelle Gesetz. Philosophische Exkurse*, org. por Michael Landmann, Frankfurt junto ao Main 1968.

_____ *Die Religion*, Frankfurt junto ao Main 1912.

SIMON, Josef, *Philosophie des Zeichens*, Berlim 1989.

Bibliografia

SNELL, Bruno, *Die Entdeckung des Geistes, Studien zur Entstehung des europäischen Denkens bei den Griechen* (A descoberta do espírito. Estudos sobre o surgimento do pensamento europeu junto aos gregos), 4. ed. revista, Göttingen 1975.

SPARN, Walter, Fromme Seele, wahre Empfindung und ihre Aufklärung. Eine historische Anfrage an das Paradigma der Subjektivität, in: *Subjektivität im Kontext. Erkundungen im Gespräch mit Dieter Henrich*, org. por D. Korsch e J. Dierken, Tübingen 2004, p. 29-48.

STEGMAIER, Werner, *Philosophie der Fluktuanz. Dilthey und Nietzsche*, Göttingen 1992.

STEINER, George, *Real Presences. Is there anything in what we say?*, Londres.

SZLEZÁK. K, Thomas, *Platon und die Schriftlichkeit der Philosophie*, Berlim/New York 1985.

THEUNISSEN, Michael, Philosophische Hermeneutik als Phänomenologie der Traditionsaneignung, in: *"Sein, das verstanden werden kann, ist Sprache". Hommage an Hans-Georg Gadamer*, Frankfurt junto ao Main 2001, p. 61-88.

_____ *Pindar. Menschenlos und Wende der Zeit*, Munique 2000.

_____ *Das Selbst auf dem Grund der Verzweiflung*, Frankfurt junto ao Main, 1991.

_____ *Negative Theologie der Zeit*, Frankfurt junto ao Main 1991.

_____ *Der Andere*, Berlim 1965.

TORSTRIK, Adolf, Ὅ ποτε ὄν: ein Beitrag zur Kenntnis des aristotelischen Sprachgebrauches, in: *Rheinisches Museum* 12, 1857.

TUGENDHAT, Ernst, *Vorlesungen zur Einführung in die sprachanalytische Philosophie* (Preleções para a introdução na filosofia analítica da linguagem), Frankfurt junto ao Main 1976.

_____ *Der Wahrheitsbegriff bei Husserl und Heidegger*, 2. ed., Berlim 1970.

VALERY, Paul, *Cahiers*, édition établiee, presentée et annotée par Judith Robinson-Valery (Bibliothéque de la Pleiade), vol. I, Paris 1973.

VATTIMO, Gianni, *La fine della Modernità*, Milão 1985.

VIGO, Alejandro G., Die aristotelische Auffassung der praktischen Wahrheit, in: *Internationale Zeitschrift für Philosophie* 1998, p. 285-308.

VOLPI, Franco, Chronos und Psyche. Die aristotelische Aporie von Physik IV, 14, 223 a 16-29, in: Enno Rudolph (org.), *Zeit, Bewegung, Handlung, Studien zur Zeitabhandlung des Aristoteles*, Stuttgart 1988, p. 26-62.

WALDENFELS, Bernhard, *Phänomenologie der Aufmerksamkeit*, Frankfurt junto ao Main 2004.

_____ Die verändernde Kraft der Wiederholung, in: Zeitschrift für Ästhetik und allgemeine Kunstwissenschaft 46 (2001), p. 5-17.

_____ *Das leibliche Selbst. Vorlesungen zur Phänomenologie des Leibes*, org. por Regula Guiliani, Frankfurt junto ao Main 2000.

_____ *Antwortregister*, Frankfurt junto ao Main 1994.

_____ *In den Netzen der Lebenswelt*, Frankfurt junto ao Main 1985.

WARTENBURG, Conde Paul Yorck von, *Bewusstseinsstellung und Geschichte. Ein Fragment aus dem philosophischen Nachlass*, introduzido e org. por Iring Fetscher, Tübingen 1956.

WESCHE, Tilo, *Kierkegaard: eine philosophische Einführung*, Stuttgart 2003.

WIELAND, Wolfgang, *Die aristotelische Physik*, 2. ed., Göttingen 1970.

WITTGENSTEIN, Ludwig, *Philosophische Bemerkungen* (Observações filosóficas), Schriften 2, Frankfurt junto ao Main 1970.

_____ *Wittgenstein und der Wiener Kreis*, Schriften 3, extratos da obra póstuma org. por B.P. McGuinness, Frankfurt junto ao Main 1967.

_____ *Philosophische Untersuchungen* (Investigações filosóficas), Schriften 1, Frankfurt junto ao Main 1960, p. 279-544.

_____ *Tractatus logico-philosophicus*, Schriften 1, Frankfurt junto ao Main 1960, p. 7-83.

WRIGHT, Georg Henrik von, *Explanation and Understanding*, Londres/Ithaca NY 1971.

ZAHAVI, Dan, Husserl's Noema and the Internalism-Externalism Debate, in: *Inquiry* 47/1 (2004), p. 42-66.

Índice onomástico

Abel 71, 179, 183

Adorno 144s, 289,301

Agostinho 247-249, 321-326, 328, 333s, 338s

Anaximandro 303

Anz 118,121

Apel 76

Arendt 97, 286

Aristóteles 19s, 32-38, 92, 141,149, 153, 192-198, 200s, 207-209, 222, 224, 226s, 234, 245s, 253, 256, 263, 272, 274s, 278, 304, 309-322, 325s, 328, 341, 344, 358, 361, 363, 369-385, 387, 392, 394, 397-400, 404, 406s, 413

Arpe 375

Ast 103

Austin 287

Barbaric 49

Barth 378

Bassler 244

Benjamin 40-42, 47, 171, 216, 223s

Bernet 259, 327, 332

Bieri 334

Blumenberg 55, 154, 180s, 186, 225, 302, 335, 347

Boehm 77, 147, 323

Borsche 247

Bühler 238

Burbidge 285

Cassirer 137, 140

Chillida 401s

Chladni 69

Cícero 288

Claesges 162

Crescenzi 130

Dannhauer 11

Davidson 68, 238, 256

Deleuze 351

Deniau 11

Derrida 12, 80, 259, 270-281, 284s, 290

Descartes 48-50, 55-57, 61, 158, 169s, 225

Di Cesare 9, 233, 235s, 261

Dierks 289

Dihle 405

Dilthey 11, 15s, 21, 102, 113s, 116-121, 135, 360

Dostal 11

Droysen 113

Ebert 192

Enskat 334

Enzensberger 236

Fichte 63, 131, 217, 364, 412

Figal 17, 28, 77, 89, 96, 103, 106, 116, 134, 137, 140, 145, 147, 166, 180s, 185, 194, 196, 200, 204, 212, 216, 237, 253, 270, 301, 310, 313, 315, 351, 389, 403, 410s

Flasch 323

Frank 121, 255

Frede 296
Frege 256-262
Friedrich 144s
Fruchon 11
Fulda 336

Gadamer 9, 11-13, 15-21, 23-28, 30s,
36-39, 57, 78s, 92s, 95-98, 102s,
116s, 119, 121, 128s, 185, 236s,
275, 288, 351
Gander 15, 19, 185
Gasché 280
Gloy 325
Goethe 69, 130, 143
Gould 123
Greisch 11
Grondin 11, 22, 288
Guthrie 376

Habermas 12, 107, 287
Hahn 11
Hegel 16-18, 21, 25-27, 39, 69s, 97s,
135-137, 140, 153, 175, 217, 234s,
243, 246, 285
Heidbrink 62
Heidegger 11, 17, 19-36, 38s, 46,
49-52, 54-61, 63s, 67, 71, 77, 79,
87, 103, 113s, 116-118, 126, 138,
140-143, 152, 159, 165-172, 175,
180-187, 205-211, 214, 216, 225,
232-237, 241, 246, 250, 253s, 271s,
274, 277, 284, 303-305, 310, 313,
327s, 341-348, 358-360, 369, 376s,
379, 381, 386, 392s, 395, 410-413
Held 327s
Heráclito 77, 71, 376s, 392
Herrmann 323, 373
Hesíodo 47
Hilt 381
Hofmann 222
Holzhey 378

Honneth 217
Hufnagel 11
Hühn 63
Humboldt 231-235, 237, 254, 259,
274, 280, 284
Husserl 20, 26, 28-31, 40, 57, 75, 87,
137-140, 152, 154-158, 160-164,
184-187, 208, 258s, 262, 264s,
267, 274-276, 290, 323, 325,
327-332, 358, 363, 366, 392

Ineichen 11

Jäger 233
Jaspers 180
Jünger 92, 266, 412

Kafka 130
Kant 31, 131, 149, 170, 174s, 181,
184s, 204, 216s, 308, 318, 325
Kästner 144
Kierkegaard 25s, 189, 229, 346, 351,
353, 404, 410s
Kleist 234
Koller 91
Kuhlmann 313, 316
Kuhn 44, 259

Leibniz 72s, 182, 412
Lesaar 285
Lévinas 217, 284, 359
Lévi-Strauss 279
Liddell 375
Lorenzer 107
Lukács 136

MacIntyre 222
Majetschak 261
Marquard 39
Marx 77, 135

Índice onomástico

McTaggart 321
Merleau-Ponty 35, 77, 144, 147, 163-165, 281s, 365-368, 385s, 394, 396
Mesch 316, 326
Minkowski 165
Molière 92
Monet 43, 171
Morandi 145, 147
Mozart 123
Müller-Lauter 71

Nagel 250
Nietzsche 55, 69-75, 134s, 182-184, 268, 270, 302, 336, 349, 352, 361, 411-413

Ostenfeld 378

Parmênides 47-50, 55, 60s, 159, 225
Platão 29, 32, 42, 53, 56, 58, 60-63, 66, 74, 80s, 89, 94, 133, 148, 150-154, 182, 212-214, 225, 238, 245, 267, 269, 272, 274, 288-300
Plessner 219-223, 362-364
Pöggeler 22
Polanyi 112
Proust 43, 353-356

Quintiliano 76

Rausch 224
Recki 137, 171
Ricoeur 81, 107, 152
Riedel 31, 38, 76, 236
Ritter 39
Rorty 12, 269
Ryle 112, 204
Sallis 69
Sandkaulen 219
Saussure 233, 253-255, 271s, 274, 279

Schlegel 130-132
Schelling 21, 25, 63, 412
Schiller 222
Schleiermacher 11, 102, 113, 117, 119-121, 128s, 131, 148, 292
Schmidt, D.J. 81
Schmidtt, C 62s, 222
Schmidtt, E.A. 323
Schmidt-Wiborg 295
Schmitz 138, 160, 375, 396
Scholz 68
Schulz 63
Schwemmer 301
Searle 287
Sextus 29
Shakespeare 130
Simmel 135-137, 185
Simon 273
Simônides 53
Sócrates 32, 54, 58, 89s, 212s, 215, 267, 291
Stegmeier 135
Steiner 85

Tarski 256
Theunissen 25, 284
Tugendhat 31, 256

Vattimo 12
Vigo 32

Waldenfels 74, 77, 165
Wartenburg 23, 28
Weidemann 234, 275
Wieland 275
Wittgenstein 57, 64, 98, 135, 247, 249, 256, 260-262
Wright 76

Zahavi 139

Índice analítico

Abertura, o aberto 12-14, 21, 29, 30, 34-36, 46, 58, 59, 64s, 132, 158s, 162, 176s, 236s, 245s
- da textura 255
- da temporalidade 339
- do agir 193s

Abstração 139, 146
- em Husserl 264

Acontecimento 17, 30s, 38s, 41s, 62, 86, 88, 97, 100, 143, 147, 182, 237, 305-309
- da abertura 209
- apropriativo 50

Acordo 54

Advinhação 119-121

A-fastamento 165-168, 170s, 175, 195, 223, 228
- em meio à mostração 240s
- entre ação e finalidade 193
- no tempo 314

Afeto 74, 248

Afirmação 239, 287s

Agir, ação 35-38, 61, 63, § 17, 114
- elementar 195
- comunicativo 12, 287

Agora 283, 311-317
- pontual 313

Alegoria
- da linha 289-293
- do sol 399

Alheio 27, 118
- estranheza 41, 58, 119, 170, 230, 282

Alma 73, 219, 233, 377s
- *affectio animi* 248

Alteração 41-43, 369s

Angústia 51s, 57, 59, 344-347, 410

Ao longe, o 162, 166-178, 188, 211s

Aparecer 40, 146, § 14, 171s, 185s, 385

Aparição 40, 62, § 14, 162, 186
- das coisas 70
- em Plessner 220
- das coisas no tempo 309

Aplicação 37

Apontar 75, 108, 239

Apreensão 13, 18, 22s, 28, 35s, 104, 111s, 117, 121, 125, 141, 176s, 158s, 208, 226, 267, 292, 304, 328, 332, 358, 397, 402
- de medida 175, 177, 199

Apresentação 88s, 90-99, 103, 124-128, 132, 144-147, 150, 151, 161-163, 172s, 177s, 187s
- e estrutura 301
- e contemplação 228s
- imagética 153
- como intensificação do elemento fenomenal 243

Apropriação 67-69, 119, 166, 171

Aquilo que é dito 54, 76, 238, 258, 283, 288

Aquilo que se encontra à base 371

Aquilo que se encontra contraposto
- equivalente a coisa 38, § 13, 150, 172, 256, 259, 262
- terminológico 21, 23, 133, § 13, 240, 258, 289

Arredores 165-167

Arte 7, 11, 18, 22, 33, 43, 113, 129-131, 148s, 151, 179, 182, 184, 291, 400
- no sentido de "belas artes" 16-19, 89, 97s, 144, 146, 148, 171, 182
- no sentido de τέχνη 33, 85, 129, 291, 369

Arte da escrita (gramática) 300

Arte de interpretação 22
- filosófica 26

Artefato 369, 372, 374

Aspiração 48, 195, 197-199, 387s, 391, 396s, 406s

Assimilação 71, 86, 383

Atenção 22, 58, 90s, 292, 324, 339s
- na escuta 236s
- na mostração 242

Ato de fala 287

Atuar 192, 201, 287
- efeito 88

Aura 171

Ausência de pressuposições 46, 56, 64

Auto-afecção 277, 282

Auto-apresentação 94-98, 99, 103s

Autocompreensão 24, 26, 36, 113s, 117

Autoconsciência 136

Autoconservação 382

Autodemonstração (na linguagem) 287

Auto-evidência 28s, 39s, 59s
- não-obviedade 64
- do elemento cotidiano 53, 55
- posicionamentos auto-evidentes 57

Autopresente 24s, 29, 97, 277

Auto-realização 136s

Autotransparência 24-26, 36

Autovelamento 22

Bem, o 200, 293-295

Bem-estar 192

Caminho 47s, 60, 99, 167-169, 176

Canto 82, 289

Caráter do que é afastado 144, 162, 171-174

Caricatura 91

Carne (chair) 368

Certeza 16
- perda de certeza 17
- incerteza 56

Ceticismo 29, 131
- linguagem do ceticismo 29
- hermenêutico 85

Chegada 178, 303, 330

Ciência 14-16, 22, 29, 38, 43-45, 46, 48s, 56, 97
- hermenêutica 151
- natural 14, 182

Ciências humanas 15-19, 38s

Círculo 7, 26-28, 30, 57, 87, 102-104, 199, 290, 303
- hermenêutico 102, 104
- reflexivo 125s, 198s

Clamor da consciência 274, 410s

Clareira 159

Clareza 21-23, 37, 39

Clarificação 37, 39, 44, 53, 89
- autoclarificação 13s
- e interpretação 78

Cogito 49, 157
- puro 20, 23
- sujeito pensante 163

Coisa 13-17, 30, 35, 45, 56, 59-66, 68, 74, 75, 86, 94s, 98s, 124, 139s, 146, 150, 163-168, 179, 186-188, 252, 289
- de uso, utensílio 43, 67, 88, 93, 140-148, 167, 205-207, 249-251
- mesma 17, 45, 66, 75, 150, 226
- singular 315, 319, 398
- como fenômeno significativo 262
- e corpo 390-391
- perceptiva 164
- cotidiana 44
- em si 70, 142

Índice analítico

Coisificação 40, 140s

Comentário 15, 108

Complementaridade 47, 109

Complexidade 76, 381, 399

Complexo significativo 298, 398

Comportamento 33, 43, 89-94, 142s,
146, 190, 251, 252, 387s
- mimético 90
- em relação a si 402s

Composição estrutural 102, 108,
150-152, 170, 175, 177s, 187s,
199, 401, 403s, 408-410
- da apresentação 150s, 170,
175-178, 188
- da vida 401, § 41

Compreensão 7-10, 12s, 15-17, 20,
22-24, 26-28, 34-41, 44, 47,
113-122, 125, 127-133, 139,
149-153, 157, 159, 164, 169s,
178-182, 185, 188, 200s, 209, 226,
233s, 238, 255s, 259, 262, 268s,
279, 285, 308, 339, 365, 367, 373
- originária 34, 376
- explicação e compreensão 112
- elementar 122, 125
- de ser 359s
- ser compreensivo 192

Comunicação 22, 79, 221, 281

Comunidade 55, 212-215, 218s, 288

Conceito 16, 18s, 21, 31s, 41, 57,
62s, 131, 179-184, 186, 221s, 221s,
224, 285, 296, 324, 360, 364-366,
377, 379, 381, 386, 390, 411
- pensamento conceitual 21
- formação conceitual 29, 38

Condição 7, 17, 27, 34, 40, 42, 118,
195, 204, 207, 211, 215, 312, 323,
391, 404, 411

Confiabilidade 55, 142, 369

Conformidade 129, 205-207, 210

Conhecimento 15, 17, 31, 33, 35s, 38,
44, 64, 66, 69, 78, 86, 91s, 94,
97-99, 104-106, 111, 114, 123,
125-128, 130, 135, 145-147, 150s,
153-155, 160s, 163, 166, 191, 194,
219, 250s, 265, 285, 291, 294, 300,
324, 333, 397, 402, 408, 413
- possibilidade do conhecimento 44
- teoria do conhecimento 15, 16, 21
- cognoscibilidade 92

Consciência 16s, 27, 30, 36, 38-40,
62, 99, 105, 136-141, 150s, 153,
156-158, 161, 163, 165, 167, 176,
185-187, 191, 199, 304, 323, 328s,
331, 333, 358, 363, 366, 406, 411
- contemporânea 16s
- histórica 18
- de tornar-se outro 27
- hermenêutica 36-40
- consciência dissociativa 62
- como auto-afecção 277
- moral 36

Consideração 39, 45, 62, 152, 167s,
175, 178, 188, 196, 200, 211, 219s

Constatação 39, 303, 359, 375, 409

Constelação 299, 351, 353s

Constituição 20, 169, 186, 205s, 245,
290
- performance constituidora 363

Consumação 124, 373s, 378-380,
383, 398s
- primeira 379

Contemplação 83, 171s, 224-229,
240, 294, 312, 329s, 357, 398, 414

Continuidade 20, 27s, 100-102, 105s,
129, 351, 368

Conversão 41, 383
- reviravolta 48

Corpo 163, 248, 366, 369s, 378s,
382s 388, 390-396, 401-403, 409
- vital 163, § 39, 396

Corporeidade vital 396

Corpus 248

Correlação 156s, 159, 188, 242s, 246,
267, 339, 350s, 359, 361s, 365,
367s, 387

Correlato 33, 88, 106, 125, 139, 155, 157s, 166, 247, 267, 277s, 345, 414

Cotidianidade 55, 57, 66, 182
- mundo cotidiano das coisas 33
- pensamento cotidiano 48
- ruptura com a cotidianidade 57

Crescimento 18, 59, 191, 312, 368, 373s

Cristianismo 148, 180

Cruzamento (quiasmo) 61, 250, 306

Cuidado consigo 32

Culto 98, 131, 148, 222
- ação própria ao culto 222

Decisão 39, 45, 113, 197-200, 208, 223, 239, 241, 337
- violenta 223

Defronte 143, 145, 148s, 156, 158s, 354

Deixar ser 205-207, 209, 216, 341

Denegação 406

Descerramento 16, 35, 113-116, 347, 411

Descoberta 39, 46, 88, 102, 104, 106, 142, 161, 182, 184, 197, 201, 205, 219, 300

Desconstrução 50, 270-272, 274
- e destruição 270s

Desejo 200, 405-407, 409, 413

Desenho, pintura 147, 266, 401-403

Desenvolvimento 15, 19, 26, 40s, 55, 59, 71, 84, 87, 136, 180, 195, 233, 196, 337, 359, 364, 389, 412

Desespero 304, 411

Designado/designante 53, 60, 62, 65, 89, 154, 162, 204, 225, 234, 255, 263, 271-273, 275, 278s, 290
- designado transcendental 279
- signifié/signifiant 271s

Destruição 28, 188, 271
- e desconstrução 270s

Desvelamento 59, 209, 271

Determinação 17, 19, 22, 25, 32s, 42, 45, 62s, 66, 89, 98, 107, 115, 123, 128, 133, 142s, 165-167, 169s, 172, 174, 178, 188, 190, 195, 199s, 204s, 233, 265, 309, 311, 313, 322, 340, 357-360, 362, 371s, 374s, 377, 380s, 395, 398
- da natureza humana 33
- da filosofia 45

Determinidade 245s, 259, 265s, 280, 298s, 380

Deus 18, 20, 31, 52, 179, 325s

Devir 41s, 71, 270, 304s, 330, 359s, 377, 386, 409
- e perecimento 303s

Dialética 289s, 292, 295-297, 375
- em Platão 289-294

Diferença 16, 26, 28, 36, 63, 65, 73s, 83, 90, 97, 105, 118, 128, 150, 158, 182, 185, 192s, 215s, 237s, 240, 249s, 261s, 264, 268, 271, 277, 279, 290, 319, 326, 334s, 351, 358, 368, 387, 399, 407
- na linguagem 254
- e significação 262
- e autopresença 277

Dignidade 217s, 223

Dimensões 169,176s, 179, 188, 401
- dimensionalidade 279
- tridimensionalidade 357s

Dinamização 134, 270
- da diferença dos sinais 279s

Direção 25, 31, 46s, 57, 60, 81, 83, 88, 90, 100, 120, 146, 185, 190, 193, 195, 205, 219, 234s, 239, 246, 249s, 251, 256, 284, 290, 293, 354, 363s, 373, 377, 387, 395, 406-408
- dirigir-se 239

Direito 15, 24, 106, 169, 216, 263, 401, 409

Discurso 19, 20, 44, 56, 59, 76s, 79s, 85, 112s, 120, 122, 185, 238, 268s, 275s, 278, 288, 297s, 301, 316, 319, 367, 373, 398

Índice analítico

Disposição 50, 219, 288, 333, 379, 388

Distância 18, 27-29, 39s, 57s, 90, 95, 166, 169-171, 175, 251s, 326, 335, 385, 399

Distanciamento 30, 39, 51, 53, 60s, 67, 69, 100, 106, 109, 119, 138, 168, 170-173, 178, 188, 195, 200s, 203, 205, 209, 211, 215s, 219, 221, 225s, 229, 235, 240s, 251s, 279, 300, 317, 350, 362, 377, 389, 397, 402, 408s, 411
- histórico 18
- da vida cotidiana 57
- em Plessner 221
- junto ao mostrar 239-241

Distenção 324

Diversidade 17, 27, 45, 47, 63, 80, 95, 98, 119, 138, 140, 148, 183, 224, 232, 249, 255, 298, 306, 314, 398, 404s

Dizer 20, 22, 41-43, 45s, 60, 64, 73, 77, 82, 89, 95, 101, 103, 107, 128, 131, 135, 147, 158, 165, 214, 230, 235s, 238s, 243, 245s, 258s, 261, 266-268, 274, 284, 289s, 305s, 311, 324, 330, 332, 350s, 366s, 370s, 384, 388, 392s, 397, 400, 406

Dotação do caráter de coisa contraposta 135, 141

Doutrina artística
- da interpretação 11
- da compreensão 15

Duração 71, 177, 192, 242, 303, 318, 322, 333, 351, 359s, 409, 411

Dúvida 53-55, 57, 61, 63, 84s, 133, 155, 164, 175, 193, 209, 259, 268, 277, 309, 311, 325, 348, 392, 397, 400

Ek-sistência 210s

Elementar, o 238, 368, 370

Elemento 19, 21s, 24-26, 30s, 33, 36, 39s, 42, 44, 49, 55, 57, 59, 60, 63, 66, 72s, 75, 79, 82, 86, 93, 97, 110, 118s, 121, 129, 133, 135s, 139s, 143-146, 148s, 185, 187s, 190, 192, 198, 203, 208, 210, 227s, 241-243, 245, 256, 258, 265, 268, 285, 289, 291, 301s, 311, 326, 333, 343, 351, 353, 358, 360s, 367, 399, 405, 407
- coisal 140
- hermenêutico 66, 81, 151, 178
- teórico 21, 31, 36s, 40

Emergir 52, 54, 61, 145, 152, 291, 376, 401

Encontro 32, 60, 64s, 87s, 91, 95, 107, 133, 138, 143s, 153s, 158, 167s, 177, 179, 188, 195s, 203, 206s, 218, 236s, 247, 252, 283, 306, 348, 357, 362, 367, 371, 375, 377, 380, 387, 395s

Ente 17, 32, 34, 50-52, 54, 140, 157, 159, 165-169, 180s, 206s, 209s, 272, 303, 322, 345, 348, 358s, 366, 376
- na medida em que ele é ente 359
- entidade 371
- na totalidade 50-52
- enquanto ente (ὄν ᾗ ὄν) 34, 209, 359

Entrar em cena 176, 307s, 332s, 338s

Enunciado 77, 164, 167s, 302

Escrita 36, 76s, 80-82, 84, 99s, 110s, 132, 148, 202, 278-280, 288s, 292, 299-302, 330, 355, 394
- como estrutura 300

Escrito 18, 71, 76, 79s, 82s, 99s, 106, 113, 131, 184, 269, 289s, 357, 381

Escutar 146, 281, 283-285, 307, 330

Espacialidade 162, 165-167, 169s, 172, 175, 389, 395

Espaço 39, 58, 63, 86, 110, 136s, 149s, 159-165, 167, 169-174, 189, 201s, 205, 211, 216, 267s, 291s, 303, 311, 349, 357s, 361
- hermenêutico 14, 149, § 15, 177

Esperança 304, 339s

Espírito 25s, 39, 48s, 118, 135, 145, 153, 163, 204, 222, 231, 254, 259, 274, 292, 322-324, ,336, 355
- força do espírito 234
- filosofia do espírito 25, 39

Esquema 202s, 392
- de ação 202s

Essência 15, 17, 29, 35-37, 40s, 43-46, 49, 53, 55, 63, 65s, 72s, 78, 80, 83s, 94, 96, 117, 126s, 132s, 136, 140, 142s, 148s, 172s, 175, 193, 195, 200s, 206, 212, 214s, 219, 221, 223, 227, 231, 237, 245s, 259, 267s, 279, 281, 287, 310, 312, 315, 324, 342, 352, 354, 361s, 368-370, 375-377, 381, 386s, 395, 399, 411, 414

Estado 22, 42-44, 46, 51, 62s, 102, 124, 133s, 139, 147, 160, 167, 180, 183, 192, 212, 217, 240, 255, 274s, 283, 286, 290, 294, 309, 315s, 345, 361, 365, 374, 381, 384s, 387, 390, 395s, 406, 408, 413
- de coisa 46, 102
- de coisa hermenêutico 14
- de natureza 212

Estar ligado 88, 156s, 361

Estilo 18, 121-123, 125, 252

Estrutura 89s, 98, 102s, 146s, 188, 207s, 250, 272, 280, 294-296, 300-302, 330, 362-364, 373, 375, 379, 387, 390, 400, 404s
- ontológica 207
- em Humboldt 235s
- temporal 310

Eu 137, 140, 155, 157, 187, 238, 273, 282, 364
- cogito 49

Exegese 106s, 110, 116, 127, 134, 161, 171, 188, 242, 289, 295, 302
- auto-exegese 26

Existência 20, 40, 115, 130, 138s, 153, 156, 186, 215, 220s, 257s, 268, 272, 317-320, 330, 359, 399
- como determinação geral da presença à vista 34-36, 41, 51, 58, 61, 72, 121, 156

Expectativa 53, 161, 195, 279, 286s, 322-326, 332s, 338s, 344, 347, 349s, 354, 357, 360, 408
- como experiência do tempo 339
- por uma resposta 287

Experiência 153-157, 159s, 166s, 174, 177, 184-190, 194, 196, 202s, 209s, 214, 217, 229s, 232, 263, 274-276, 281s, 301, 323s, 326, 328, 333, 342, 346s, 349, 352s, 362, 369, 389, 396s, 410
- hermenêutica 13, 66
- do caráter daquilo que se encontra contraposto 13
- estética 39
- filosófica 50
- do ente na totalidade 50
- do nada 52
- do "na totalidade" 61
- do fenomenal 158
- do espaço 160
- do mundo 184
- do tempo 323
- do desaparecimento 330
- do novo 353

Exposição 85, 98s, 106, 126, 147s, 161, 288, 337, 353

Expressão 99, 114, 118, 121, 134s, 167, 190, 213, 219s, 231, 234s, 239, 246, 249, 257, 259, 262s, 275s, 278, 311, 333, 350, 364, 372, 375, 377, 391, 403, 407
- funções expressivas originárias 27
- expressão do pensamento 231
- em Husserl 275-277
- como voz 283

Expressões faciais 248, 283

Extensão 118, 169, 193, 243s, 246, 316, 322, 324, 332

Exterior, o 81, 87s, 139, 141, 170, 250, 288, 383, 404
- dos sentimentos e pensamentos 250

Exterioridade 82, 86s, 139-141, 145, 150, 161, 173s, 234, 249, 268,

Índice analítico

274s, 277s, 281, 285, 301, 359, 368, 381s, 400, 404, 414
- das coisas 143-146
- da voz 282
- representação da exterioridade 174

Facticidade, hermenêutica 19-24, 26, 29, 32, 34-36, 138

Falar 23, 39, 52, 79, 118, 139, 163, 165, 178, 208, 230s, 235, 244, 265, 275, 281, 323, 331, 357, 373, 392, 404
- para 245

Familiaridade 51, 58, 167, 170

Fazer 17, 38, 50, 223s, 227s, 286s, 320s, 333, 349, 380
- mediador 224

Fenomenalidade 157, 159, 267, 301s

Fenômeno 45, 147, 150, 152s, 155s, 169, 185, 220, 228, 242, 264, 320, 323, 361, 385, 387

Fenomenologia 20, 23, 29, 157s, 188, 242, 363
- do hermenêutico 188

Filosofia 20, 24s, 29, 31s, 34, 44s, 51, 56, 63, 140, 149, 151s, 177, 213, 267
- da vida 360
- hermenêutica 179
- em Hegel 234
- moderna 134, 141
- prática § 3 (31)
- teórica 31, 34, 38-39

Fim 18, 192, 243, 392
- em si mesmo 217

Firme 47s, 52, 293, 369

Fluxo 78, 300, 329, 336, 348, 351
- da vida histórica 27
- do acontecimento da tradição 30
- da vida 78
- do perecer e do devir 41
- do tempo 328
- do acontecimento 336

Fonocentrismo 274s

Força 41, 48, 50, 62, 70s, 84, 92, 119, 131s, 183s, 234s, 273, 287, 302, 407s
- de refletir 406

Forças vitais 405s, 409s

Forma 33, 41, 43, 53, 57, 142, 147s, 173, 222, 226, 263, 372s, 375, 398
- de vida 43s, 377, § 38, 394
- simbólica 233
- em Kant 308s
- como εἶδος 372-375, 398

Formação de mundo 182, 184

Fusão de horizontes 27

Futuro, o 333, 338s, 343s, 346

Geometria 290s, 296

Hermenêutica 22s, 27, 36s, 40, 113
- da suspeita 107
- moderna 112
- filosófica 113, 151

História 18, 24, 133, 182s

Historicismo 21, 23

Homem 23, 34, 38, 66, 137, 154, 210, 221, 245, 274, 351, 410, 414
- o humano 141

Honra 227

Horizonte 27, 102, 168, 175, 186, 227
- intencional 161

Idealismo 26, 412

Idéia 22, 32s, 35, 46, 52, 59, 113, 121, 135, 182, 184, 204s, 209, 237, 247, 253, 319, 332, 361, 365, 368, 400, 405
- do bem 293
- transcendental 204

Ilimitação 133, 160, 297

Imagem 20, 27, 38, 60, 72, 94, 163, 225, 257, 279, 335
- de mundo 180
- arquétipo 55, 96
- cópia e arquétipo 147

448 Oposicionalidade – O elemento hermenêutico e a filosofia

Imanência 88, 99, 138s, 163, 358, 414
- da consciência 138s, 358
- do sentido performativo 145

Imitação (*imitatio*) 89

Impropriedade 186, 229, 410

Incompreensibilidade 130s, 218s, 221

Indicação 175, 241, 244, 279, 287, 389
- de sentido 15, 106, 109, 151

Indício 20, 40, 46, 135, 276, 278, 298, 380s
- e expressão em Husserl 276

Individualidade 119s, 125, 148, 219-222

Informação 53, 80, 304

Inicial, o 59

Iniciar 82s, 86, 127s, 130, 132, 137, 150, 370

Insistência 17, 210s

Instante 28, 30, 32, 35, 49, 82, 101, 127, 129, 144, 182-184, 214, 242, 275, 278, 367, 385, 406

Instrução 239, 286s

Instrumento 43, 68, 181, 185, 234, 250, 273, 288, 380
- órgão 380, 392s

Intelecção 16, 25, 29, 34, 47, 60, 106, 125, 132, 151, 186, 215, 226, 230, 245, 262, 270, 348, 409, 412

Intenção 75, 79, 82, 87, 97s, 152, 198, 201, 204, 259, 269, 276, 292, 320, 332, 364, 373, 385, 412

Intencionalidade 156, 259, 329, 359, 365, 396

Intensidade, grau de intensidade 62s, 66, 146, 150, 158, 188, 389s

Intensificação 62, 92, 99, 151s, 228, 243, 356, 390, 414

Interior 17, 20s, 27, 33, 39, 41, 51, 56, 62, 69, 74, 87, 95, 114, 117, 135, 147, 154, 215, 229, 249s, 267, 301, 316, 328, 339, 358s, 362, 364, 381, 396

Interiorização 404

Interpretação 35, 49, 66s, 69s, 73, 75, 78, 82, 94, 106, 116, 124, 133, 161, 171, 184, 187s, 271, 295, 310, 361, 379
- carência de interpretação 78

Interrupção 27, 53, 56, 83, 193, 281, 288, 290, 338, 346

Intuição 21, 154, 202, 257, 265, 276, 308
- hermenêutica 40, 124
- mântica 121

Jogo 23, 31, 46, 61, 64, 124, 132, 157, 162, 183, 229, 278-280, 285s, 300, 315, 321, 381, 390, 396
- de linguagem 64, 135, 260-262
- dos sinais 273
- regras de jogo 165

Justiça 52-54, 62, 129, 148, 216, 294s

Lei 130, 216, 220

Leitor 83, 101, 103s

Leitura 15, 19, 50, 130, 143, 253, 268s, 288s, 307, 355, 377, 412

Lembrança 42, 97, 105, 141, 325, 330, 349, 353
- secundária 330
- primária 331

Ler 56, 102, 253, 292
- legibilidade 302

Liberação 23, 49, 206-209, 224

Liberdade 56, 61, 64, 138, 177s, 188-190, 194-196, 199-205, 209-216, 219, 222-229, 269, 289, 305, 312, 334, 350, 357s, 401, 409, 411

Ligação 37, 51, 56, 66, 125, 133, 138s, 149, 156, 158, 175, 195, 201, 208, 214, 227, 243, 258, 284, 299, 339, 353, 361, 367, 385, 395
- a uma coisa 98
- do agir com a sua meta 193
- em meio ao mostrar 242, 244
- e temporalidade 337

Índice analítico

Limite, delimitação 42, 118, 133, 140, 145, 217s, 296, 363s, 381, 406

Língua 65, 68, 111, 121, 177, 230-237, 247, 253-255, 302, 304

Linguagem 15, 23, 29, 54, 61, 64s, 69, 177s, 188, 192, 229, 230, 233, 243, 246s, 261, 270, 275, 300-302, 350, 391, 398
- pensamento lingüístico 23
- a própria linguagem 237

Livro 53, 82, 102, 166, 214, 262s, 266, 324, 393s, 399

Logocentrismo 274

Lugar 20, 31, 36, 48, 80, 166, 179, 214, 228, 279, 293, 341, 382, 393s
- sem lugar 401
- contemplação atópica 228

Manualidade 141s, 207

Matemática 56

Material (matéria-prima) 41, 61, 75, 105, 113, 213, 235, 372, 393

Materialidade 147s

Medição do tempo 310, 335s

Medida, mensurabilidade 63s, 65, 171

Medir inteiramente 167, 169, 175-177
- a abertura no agir 194

Meio ambiente 388s

Memória 146, 252, 322-326, 341, 354, 360

Mensurar 340

Meta 16s, 39, 191, 226, 239, 316, 322, 389, 396
- de uma ação 190-193

Metafísica 23, 49, 59, 181, 271s, 274, 412
- da vontade 412

Metáfora 69, 71, 329, 411

Mímica 248s

Mito da caverna 182

Mobilidade 46, 222, 330, 368, 371, 386, 394

Modelo 31s, 38, 45, 52, 96, 138, 186, 222, 270, 322, 325, 335, 394, 411

Momentos originários 56, 61, 63, 65

Mônadas 72s

Mostração 90, 245s, 376, 379s, 381
- prévia 91, 240, 242

Mostrar-se 151, 265, 267s, 389

Movimento 30, 81, 99, 119, 121, 163, 269, 294, 337, 347, 369, 372, 378, 363, 387, 400
- no espaço 163
- do corpo vital 163-164
- e tempo 311-313
- de todo vivente 371

Mudança, absoluta e relativa 41-43

Multiplicidade 93, 106, 133, 169, 265, 295s, 299, 313, 324, 375
- e unidade 295-298

Mundo 33, 44, 72, 114, 146, 167, 169, 179s, 184, 187, 210, 227, 250, 265, 275, 345, 347, 355, 368, 400
- da vida 184-187, 250-253
- das coisas 33, 184, 358
- e liberdade 299
- como ordem 180
- como totalidade 180s
- utensílio e mundo da oficina 185s
- espiritual 119

Música 69, 77, 84, 171, 329s, 334, 385
- peça musical 78, 84s, 92s

Nada 71, 77, 204, 410

Não-compreensão 115, 128-130

Não-liberdade 211, 215, 357

Não-linguagem 288

Natureza 43, 112s, 153, 230, 252, 296, 362, 368, 375
- humana 33

Negatividade do tempo 329

Noema 139

Nulidade 30

Número 77, 130, 202, 296-300, 310-312, 397
- em Aristóteles 309-313
- em Platão 295s

450 Oposicionalidade – O elemento hermenêutico e a filosofia

O caráter daquilo que se encontra contraposto 136, 142, 145s, 150, 356

O espanto 57s, 64

O modo de ser daquilo que se encontra contraposto 146s

Objetivação 136, 138, 140s, 264

Objetividade 74s, 99, 199, 229, 257

Objeto 21s, 38, 121, 136, 138, 150, 161, 171, 187, 229, 258-261, 264s, 331, 358, 367, 413

Obra 15, 43, 147s, 153, 164, 177, 182, 191s, 215, 231, 330, 334, 400

Obra de arte 23, 39, 43, 147s, 171, 256, 301, 369

Obrigatoriedade 224, 228s, 269, 411

Observador 155, 171s, 257, 317, 319, 321

Ócio 48s, 54, 56, 61, 64, 214

Ocorrência 58, 61, 154, 168, 234, 268, 340-342, 349s, 355, 387-389, 393, 396, 403s

Olhar 35, 40, 52, 86, 88, 93, 143, 155, 177, 189, 224, 228, 239, 243, 251s, 283, 294, 298, 303, 306, 336, 393, 395
- troca de olhares 395

Ontologia 34, 60, 140, 320, 359, 371, 375, 377
- apreciação ontológica 38
- perspectiva ontológica 60
- base ontológica 20
- crítica ontológica 26

Opinião 25, 221, 238, 243, 259
- cotidiana 48s

O que é livre 198

Ordem 76-78, 105, 126, 181, 200, 215, 239, 251, 269, 279s, 287, 300, 303s, 315, 376, 408s
- do mundo (ver κόσμος) 180, 334, 376
- na linguagem 229

Organismo 394

Órgão 233, 392s, 402

Orientação 33, 37, 50, 57, 59s, 88, 91, 118, 138, 172, 216, 225, 250, 264, 342, 361, 365, 399, 411

Origem 40s, 47, 52, 142, 295, 370

Originariedade 40s, 44-47, 52, 55, 61, 65, 177, 374, 377s, 386, 414

Outro 71, 79, 89, 119, 121, 205, 217, 223, 225, 244, 284, 287, 331, 361, 383, 385
- alteridade histórica 25
- poder-ser-outro 33

Outros, os 110, 120, 156, 184, 191, 216, 230, 349

Pairar 157

Palavra 24, 26, 53, 65s, 112s, 134, 147, 152, 156, 173, 189, 232, 243, 260, 264s, 288, 347, 358, 391
- contrapalavra 79
- pura 292

Paradigma 44, 47, 208

Parcialidade 396

Paródia 91

Particular, o 102, 120, 231, 263

Partituras 77

Passado, o 18, 27, 323, 338, 402

Pega 166, 241

Pensamento 27-30, 34, 40, 49, 143, 154, 157, 185, 236, 255, 267, 275, 289, 342, 382, 400
- hermenêutico 12, 40, 82, 146
- conceitual 18
- que apreende 192
- espacial 14
- filosófico 19, 30

Percepção 35, 73, 160-165, 172, 211, 223, 309, 328-333, 354, 365, 367s, 382-387, 389
- conhecimento e realização 55
- vivências perceptivas 161-163

Perda de si próprio 135

Perecer 41s, 135, 304, 316, 330, 334s, 359, 382, 409
- o que perece 33
- e devir 303s

Índice analítico

Perfeito, a priori 79, 206

Permanência 143, 304, 382, 413

Perspectiva 37, 60, 64, 72s, 103, 162, 182s, 218, 252, 267, 281, 309, 320s, 401

Perspectividade 73s, 163

Perspectivístico, o 72s, 75, 268

Plenitude 52, 123, 219s, 244, 410, 413

Poder 33, 134, 144s, 159, 215, 232, 269, 361, 388
- liberdade como possibilidade para o poder 189s

Poema 43, 47, 60, 111, 147s, 242

Poesia 23, 78, 89s, 92, 182

Político, o 62s

Ponto de vista 16, 20, 53, 63, 67, 71, 73, 107, 128, 139, 163, 170, 172, 175s, 181, 197s, 201, 205, 215, 257, 302, 312, 325, 336, 360, 375, 395s, 404, 409

Posição 97, 107, 114, 139, 161, 174, 182, 210, 227, 253, 284, 311, 364, 392
- posicionalidade em Plessner 364

Posicionamento 55, 60, 74, 138, 288, 292, 340s, 364, 375
- metodológico 17
- histórico 18
- fenomenológico 40
- cotidiano 40
- mudança de posicionamento 225
- em relação à temporalidade 339s
- natural 29, 154-156, 158s, 185-187

Positivismo 70

Possibilidade 17, 19, 24, 29, 32, 50, 62, 80, 163, 181, 189, 259, 265, 272, 295, 333, 343, 354, 361, 365, 392, 404

Prazer 341, 387, 405, 408

Precariedade 227

Preconceito 56, 128

Preenchimento 44, 103, 111, 132, 222, 259, 265, 286, 410

Pregnância 46, 86, 98s, 105, 301

Presença 105, 147, 199, 218, 278, 313, 381, 385
- presença real 85s, 88, 95s, 122, 246, 273
- à vista 168

Presente 58, 96, 119, 236, 310, 322s, 326, 339, 347

Pressuposições 112

Pretensão 26s, 108, 258, 265, 298

Produção 33, 126s, 135s, 191, 271, 280, 287, 372, 384

Produzir um efeito 250

Promessa 60, 82, 143, 160, 265, 353, 379

Prontidão para a lida 32, 36

Proposição 245, 283
- mostradora 245

Propriedade 28, 73, 147, 156, 174, 258, 266, 301, 309, 379, 410

Proximidade 166s, 171, 178, 219s, 273, 301, 340, 407

Prudência compreensiva 200s

Psicologismo 154

Público 110, 240
- a esfera pública 227
- superfície pública 59s

Querer 30, 57, 78, 89, 128, 196s, 204, 219, 282, 405, 408, 411

Quiasmo (cruzamento) 281, 365-367

Quietude 56, 147, 370

Racional, o 400

Rastro 234, 278s, 306

Razão 20, 23, 30, 33, 35, 49, 78, 127, 132, 141, 184, 226, 274, 292, 328, 373, 397s
- na história 23
- exterior 400
- prática 32s, 35s
- teórica 36

Realidade 33s, 70, 121, 158, 171, 182, 208, 234, 273, 332, 379, 383, 398, 406, 412

Realização 37, 55, 87, 101, 108, 125, 136, 177, 192, 208, 271, 321, 332, 347, 381, 389, 406
- da ação 207
- do movimento 327
- vital 21, 87, 145-147
- caráter performativo 21
- realização da leitura 102s, 105

Receio 339

Reconhecimento 68, 92, 122, 220, 234, 285, 353

Recusa 18, 24, 35, 80, 142, 206, 285, 405s

Redução, fenomenológica 156, 276

Refletir 37, 111, 181, 192, 196, 274, 287, 406

Reflexão 35, 58, 83, 120, 139, 199, 209, 285, 341, 406, 410
- filosófica 149
- hermenêutica 150s
- da aparição 158

Reflexividade 99

Regra 37, 77, 103, 161, 164, 232, 236, 260, 280

Relação que consigo mesma se relaciona 410

Religião 148
- e teologia 26

Relógio 68, 81, 243, 303, 313, 328, 334s, 349

Repentino, o 58

Repetição 25, 146, 235, 237s, 330, 351s, 354

Representação 30, 46, 86, 88, 132, 148, 159, 202, 222, 234, 251, 256s, 264, 273, 308, 332, 335, 360, 365, 378
- em Frege 256

Responsabilidade 284

Resposta 39, 50, 52, 57, 62s, 79s, 82, 138, 140, 144, 178, 181, 222, 225, 239, 250, 255,280, 293, 352, 361, 365, 387, 404, 413s
- e filosofia 63

Retenção 30, 61, 198, 202, 216, 288s, 293, 327-329, 346, 407

Reter 78, 86, 327, 383

Retórica 287

Retorno, eterno 183, 352, 413

Reversibilidade 366s

Rosto 230

Saber 17, 25s, 36s, 47, 55, 114, 137, 145, 153, 320, 397
- performativo 112, 114s
- absoluto 25s, 137
- prático 36-38
- saber-por-si 75

Salto 42, 295, 333, 346, 351s, 411

Science, normal 44

Semelhança familiar 98

Sentença 32, 36, 49s, 81, 89, 113, 235, 239, 303, 337, 376

Sentido 33-35, 37, 40, 45, 52, 56s, 65s, 69, 72, 81, 87s, 106s, 156, 172, 197, 204, 231, 239, 256, 259, 295, 349s, 354s, 399, 414
- performativo 22, 87s, 115
- em Frege 255-258
- de fato 366
- expectativa e preenchimento de sentido 102s
- "sentido dos ponteiros do relógio" 81

Sentimento 57, 99, 160, 219s, 250, 304, 341, 347, 353

Ser 21, 23s, 32, 48, 59, 61, 114, 116, 162, 192, 209, 243, 263, 274, 323, 331, 335, 346, 369, 371, 373, 379, 384, 391, 398, 411
- ético 38
- constituição ontológica 169
- histórico 24-27
- altruísta 25

Ser-aí 20-24, 29, 34, 51, 58-60, 113, 115, 140s, 165-170, 180s, 183s, 206-210, 250, 314, 341-348, 358s, 410

Índice analítico

- em Heidegger 24s, 29s, 32, 34-36, 113, 116, 140, 165-170, 180s, 358s
Serenidade 49, 56
Ser-subtraído 314, 338, 340, 348
Significação 15, 17, 26, 52, 71, 78, 88, 96, 106s, 141s, 147, 152, 159, 172s, 176, 179, 188s, 217, 221s, 225, 241, 255-269, 271s, 278, 280, 288, 290-298, 301, 310, 317s, 324, 354, 359s, 391, 393, 398, 407, 410
- fixa 268s
Significância 167s, 176s, 180s, 185, 345
- o significante 187
Silenciar 82
Silêncio 80, 82, 230, 238, 276s, 306s, 331
Símbolo 274
Simultaneidade 102, 104, 109, 330, 397
Sinal 60, 159, 271-279, 331
Sistema
- das necessidades 213
- dos sinais 253s
Sofística 151, 295, 376, 384
Som 70, 82, 159, 171, 238, 249, 254s, 259, 281, 284, 299s, 305, 327-330, 383, 393
Sombreamento 328, 363, 381
Sonho 47, 106, 141, 189, 291
- acordado 47
Sorte 236
- e lembrança 354
Subjetividade 25, 119, 187, 210, 234, 277, 358, 363, 401
Subjetivismo 70, 384
- da percepção 386
Substância 25-27, 73, 119, 168, 273, 315, 320, 363
- dessubstancialização do sinal 271
Subtração 58, 64, 338
Sujeito 26, 70, 136, 163s, 179, 187, 210, 234, 277, 358, 367

Suposição 30, 68, 131, 140, 170, 183s, 246, 248, 255, 259, 264, 272, 291, 293, 295, 298, 311, 407, 411
Surgir 88, 101, 333, 372, 400, 408

Teatro 164, 241
Tecido
- como textura 244
- e logos 246
Tédio 51, 304, 347
Temor 51, 187, 282, 339, 341-344
Tempo 15, 18, 48s, 58, 66, 79, 100, 127, 144, 177-179, 183, 200, 235, 283, 306, 308-326, 330, 334-336, 338-342, 347s, 351-356, 385, 389, 412
performativo 326, 331, 334, 348
- agora 313
Tensão 82, 84s, 88, 118, 125, 132, 142, 173, 193s, 200, 203, 205, 219, 224s, 286, 295s, 301, 331, 335, 351, 360, 390, 392, 406
Teoria 33, 35, 38, 44, 76, 96, 154, 226, 362
- crítica 12
Ter por meta 93
Texto 23, 54s, 65, 108, 121, 125, 128-130, 149, 161, 244, 269, 295, 326, 330, 381, 386, 394
- eminente 78
- sagrado 147-149
- teológico 301s
Textualidade 121s
Textura 244s, 247, 252, 255, 265-269, 357, 386, 397
- das significações 265s
Típico, o 92s
Tocar 84, 95, 281, 366, 402
Tomada 57, 61s, 113, 123, 141, 291
- de distância 30
Tonalidade afetiva 50s, 55, 60, 79, 183, 209s, 220, 225, 244, 347, 411
Totalidade afetiva fundamental 51, 54, 56-59

Totalidade 50-52, 55, 61, 66, 94, 103-106, 108, 116, 128, 151, 179, 181-184, 187, 231, 250, 261, 269, 279, 297, 326, 331, 336, 348, 363, 377, 381, 392
- absoluta 181, 183s

Trabalho 24, 44, 56, 123, 135, 228, 231, 234s, 274, 286, 342, 412
- do espírito 274

Tradição 24-28, 30, 38, 40, 46, 59, 73, 112, 119, 128, 148, 154, 233s, 271, 274, 278, 324, 377, 412

Traduzir 292, 313, 368, 375
- tradutibilidade da língua 231

Transcendência 52, 155, 181, 358

Transcurso 72, 76, 101s, 125, 161, 253, 307, 346, 357, 370, 385, 389
- do movimento 100

Transferência 118, 399

Transformação 41s, 110, 144, 155, 181, 241, 254, 308, 312, 314s, 320, 341, 369, 372, 383, 385, 412s

Trazer à linguagem 84

Tu 92, 118, 137, 140, 238
- na linguagem 238

Unidade 27, 65, 86, 93, 102, 107s, 111, 120, 124, 133, 136, 160s, 166, 232, 235, 255, 295s, 311s, 325, 329, 359s
- do texto 107-110
- a partir da apresentação 161
- e pluralidade 295-298
- de um mundo 183

Universal, o
- da palavra 263s

Uso 33, 87, 134, 141s, 167, 205, 207, 213, 232s, 253, 260, 267, 369
- lingüístico 68, 127, 233

Utilitarismo 149

Valor 30, 42, 71, 79, 102, 141, 146, 217, 238

Ver 148, 156, 172, 215, 225s, 281, 296, 367, 392, 394, 397

Verdade 27, 32, 47, 49, 355
- prática 32s

Vida 21s, 26, 31, 33, 44, 63, 74, 79, 86, 92, 113, 118, 135-138, 146, 155, 163, 179s, 184, 186, 192, 202, 212, 219, 269, 276, 301, 324s, 335, 343, 381-384, 392, 395, 401, 408, 413s
- anímica psíquica 113, 117, 120
- consciente 137
- justa 269
- religiosa 179
- alheia 117
- compreensão de vida 44
- condução da vida e experiência de vida 54
- histórica 26-30
- fática 20s, 27, 32, 34
- boa 33s, 192, 201

Vínculo 269, 385

Vir à tona 99, 107, 129, 146, 200, 222, 230, 242, 262, 266, 277, 292, 339, 376, 382, 390

Virtude 75, 128, 245

Visada 27, 30, 57, 65, 79, 91s, 126, 144, 147, 160, 162, 180, 201, 207, 236, 256, 283, 296, 367, 376

Visão de mundo 180, 234

Visar 243, 255s, 259, 265, 405
- como intencionalidade 259

Vitalidade 387, 391, 394-396, 402-404, 407

Vivência 22, 30, 97, 125, 137s, 160-164, 259, 273, 276, 327, 352-354, 399

Voltar-se para 64s, 142, 284s, 348
- liberdade de voltar-se para 63s

Vontade 71s, 182, 268, 287, 336, 355, 409s

Vontade de poder 70, 73s, 182s, 268, 412

Voz 48, 59, 65, 74, 84, 89, 178, 234, 238, 243, 246, 253, 270, 273s, 276-285, 290, 327, 357, 365s

Índice de conceitos gregos

ἀρχή 35, 293, 294, 369-370
ἄπειρον 133
αἴσθησις 35, 382
ἀλήθεια 59, 152
- ἕξις ἀληθής 200
- πρακτική 32
ἀντικείμενον 140
ἀνυπότερον 294
ἀπειρία 42
ἀρετὴ διανοητική 201

βούλησις 197, 406
- βουλεύεσθαι 196, 200, 405

γραμματικός 300

διάνοια 89, 292
δύναμις 33

ἑρμηνεύειν 67
ἔργον 33, 124, 361
- τοῦ ἀνθρώπου 33
εἶδος 126, 267, 290-292, 320, 372, 374, 398
- κατὰ τὸν λόγον 373-376, 398
εἴδη 294, 295
ἐνέργεια 33, 124, 192, 226, 385
ἐντελέχεια 372-374
ἐπιθυμία 405-407
ἐπιστήμη 380, 398

ἐποχή 29, 30, 40, 57, 65, 139, 155, 156, 185, 186, 288, 290, 347, 411
εὖ ζῆν 201

φαινόμενον 152, 242
φρονεῖν 192, 382
φρόνησις 32, 35-37, 200
φυσικά 52
φύσις 368-377, 379, 386, 388
φωνὴ σημαντική 245-247

καθόλου 263
κίνησις 192, 311, 319, 384, 385, 387
κόσμος 180, 334, 376

λογιστικόν 406
λόγος 33, 76, 77, 81, 200, 245, 246, 247, 263, 292, 301

μεταβολή 41
μεταφέρειν 67
μίμησις 89, 127, 152
μορφή 372

νοεῖν 192, 382, 397
νοῦς 35, 318, 398
νόησις 292
νόμος 376
νῦν 311, 313, 320

ὂν ᾗ ὄν 34, 209, 359

ὄργανον 380
οὐσία 371, 381
ὅ ποτε ὄν 313, 314, 319

παράδειγμα 45
πάθος 51, 340
περιαγωγή 150
πέρας 42, 133, 297
πίστις 294
πόλις 53, 214
προαίρεσις 197

θεωρεῖν 200, 380, 398
θεωρία 224
θυμοειδές 407
θυμός 407

σημεῖα 253

σύμβολον 234, 248, 253
σῶμα 378, 391, 392

τέχνη 33, 129, 291, 296, 372, 399
- διαλεκτικὴ τέχνη 290
τό τι ἦν εἶναι 375, 398

ὕλη 372
ὑπάρχειν 263
ὑποκείμενον 210, 315, 358
ὑπόθεσις 29, 291, 295

ψυχή 319, 377-379, 380, 382, 383, 387, 404, 405

ζῷον 369
ζωή 192, 379